D1669333

Für Gaby,
Nina, Niko und Nadine

Grundwissen Internetrecht

mit Schaubildern und Fallbeispielen

Prof. Dr. Volker M. Haug
Ministerialrat im Hochschuldienst
Leiter der Abteilung für Rechtswissenschaft
im Institut für Volkswirtschaftslehre und Recht
der Universität Stuttgart

3., überarbeitete Auflage

Verlag W. Kohlhammer

3. Auflage 2016

Print:
ISBN 978-3-17-029053-2

E-Book-Formate:
pdf: ISBN 978-3-17-029054-9
epub: ISBN 978-3-17-029055-6
mobi: ISBN 978-3-17-029056-3

Vorwort

Das Internet ist nicht einfach ein Medium wie die Tageszeitung oder das Fernsehen, sondern es begleitet unseren Alltag auf Handys, Tablets, PCs und erfasst nahezu alle Lebensbereiche. Egal, ob man im sozialen Netzwerk mit Freunden kommuniziert, auf einer Vermarktungsplattform Einkäufe tätigt, bei einem Wiki-Auftritt Informationen recherchiert, mit Routenplanern oder Bahn-Apps Reisen vorbereitet, in der Cloud Daten verarbeitet oder speichert, Filme und Musiktitel streamt oder gar herunterlädt, Online-Spielangebote nutzt oder einfach ziellos umher surft – so gut wie alles, was man im Netz tut, hat rechtliche Auswirkungen oder stellt einen rechtlich relevanten Vorgang dar.

Dieses Buch wendet sich an alle, die darüber etwas wissen möchten. Dabei setzt es weder irgendwelche Rechtskenntnisse voraus, noch wendet es sich nur an „IT-Freaks". In einer möglichst unjuristischen und verständlichen Sprache erklärt es rechtliche Hintergründe und Zusammenhänge von internetbezogenen Themen wie Provider, Contents, Domains, eCommerce oder eGovernment. Damit eignet es sich zum einen als Studienbuch für Studierende aller Fachrichtungen, die sich mit dem Internet beschäftigen. Dazu zählen nicht nur beispielsweise Informatik- oder Softwaretechnik-Studierende, sondern auch Studierende der Rechtswissenschaft mit entsprechenden Interessen oder Studienschwerpunkten. Zum anderen eignet es sich aber auch als Nachschlage- oder Informationsbuch für Internetpraktiker wie Blogger, Webmaster oder Forenbetreiber.

Die dritte Auflage entwickelt die bewährte Konzeption des Buches mit drei wesentlichen Innovationen weiter:
* Neu sind nun 20 praxisbezogene Beispielfälle mit Lösungen, die Studierenden als Übung für Klausuraufgaben und anderen als Veranschaulichungsbeispiele dienen sollen.
* Außerdem ist mir aus meiner mittlerweile über 20jährigen Lehrpraxis an der Universität Stuttgart gut bekannt, dass eine Grafik oft mehr leisten kann, als ein langer Text. Deshalb ist als zweite Weiterentwicklung die erhebliche Ausweitung der Grafiken, Tabellen und Schaubilder zu nennen, mit denen die mitunter komplexen Themen und Zusammenhänge besser verdeutlicht werden.
* Schließlich wird das Buch für diejenigen, die den O-Ton der Gerichte nachlesen möchten, durch den Internetauftritt „www.grundwissen-internetrecht.de" ergänzt. Dort finden Sie zahlreiche Urteilsauszüge, die nach der Gliederung des Buches geordnet sind.

Vorwort

Andere bewährte konzeptionelle Elemente wurden beibehalten:
- Die prägnanten Zusammenfassungen am Ende eines jeweiligen thematischen Abschnitts („Summary"), um die zentralen Aussagen auf den Punkt zu bringen,
- die Zusammenstellung von Legaldefinitionen (also gesetzlicher Originalbeschreibungen) von zahlreichen internetspezifischen Fachbegriffen im Anhang,
- zahlreiche weiterführende Literaturhinweise in den Fußnoten zu Fachaufsätzen, wenn man ein bestimmtes Rechtsproblem vertiefend nachlesen möchte, und
- ein ausführliches Stichwortverzeichnis, das das schnelle Auffinden konkreter Fundstellen im Buch zu bestimmten Problemen ermöglicht.

Aber natürlich bringt die dritte Auflage auch eine ganze Reihe inhaltlicher Aktualisierungen. Hierzu zählen die gewaltige Entwicklung sozialer Netzwerke, staatliche Überwachungsmaßnahmen vielfältiger Netzaktivitäten nicht zuletzt durch Nachrichtendienste, Fragen der Anschlussinhaberhaftung, neue Straftatbestände, Probleme beim Streaming, die Forderung nach einem „digitalen Radiergummi", Klagen wegen der „auto-complete-Funktion" bei Suchmaschinen, die neue Verbraucherrechterichtlinie der EU oder das E-Government-Gesetz des Bundes.

Bei den Arbeiten an der neuen Auflage habe ich viel Unterstützung bekommen. Mein besonderer Dank gilt Frau Rechtsreferendarin Julia Qualmann und den Herren Rechtsreferendaren Sven Krause und Christian Wilhelm für vielfältige Hinweise, Anmerkungen und Diskussionen. Mit praktischen Tipps haben mir auch die IT-Hilfskräfte meiner Abteilung, Per Guth und Tobias Hirning, geholfen. Außerdem danke ich meinem Sohn stud. iur. Niko Haug für seine kritische Beratung bei den Beispielfällen. Weiteren Dank statte ich meinem akademischen Mentor, Professor Dr. Siegfried F. Franke, Universität Stuttgart, ab, der mich vor vielen Jahren zur ersten Auflage inspiriert hat. Last but not least schließlich schulde ich dem Verlag W. Kohlhammer Dank für die freundliche Betreuung und die zügige Drucklegung.

Allen Leserinnen und Lesern wünsche ich einen größtmöglichen Verständniserfolg mit vielen „Aha-Erlebnissen". Aber natürlich ist nichts so gut, dass es nicht noch besser werden könnte. Daher freue ich mich auf kritische oder lobende Anmerkungen, Rückmeldungen und Ratschläge per eMail an „haug@ivr.uni-stuttgart.de".

Stuttgart, im November 2015   *Volker M. Haug*

Inhaltsverzeichnis

Inhaltsverzeichnis

Inhaltsverzeichnis

Summary-Verzeichnis

Jeder Abschnitt wird mit einem zusammenfassenden Summary beendet, in dem die wesentlichen Kernaussagen wiederholt werden. Diese Summaries sind auch als erste Nachschlagestelle zu bestimmten Themen geeignet.

Verzeichnis der Schaubilder und Übersichten

Verzeichnis der Beispielfälle

Literaturverzeichnis

Dreier, Thomas/Schulze, Gernot, Urheberrechtsgesetz, 4. Aufl. 2013.
Engels, Rainer, Patent-, Marken- und Urheberrecht, 9. Aufl. 2015 (zit. PMU-Recht).
Fechner, Frank, Medienrecht, 16. Aufl. 2015.
Fischer, Thomas, Strafgesetzbuch mit Nebengesetzen, 59. Aufl. 2012.
Gercke, Marco/Brunst, Philip W., Praxishandbuch Internetstrafrecht, 2009.
Gersdorf, Hubertus/Paal, Boris P. (Hrsg.), Informations- und Medienrecht, 2014.
Haug, Volker M., Öffentliches Recht für den Bachelor, 2014.
Heckmann, Dirk, Internetrecht – juris PraxisKommentar, 4. Aufl. 2014.
Heintschel-Heinegg, Bernd von (Hrsg.), BeckOK StGB, 26. Ed. Feb. 2015.
Hoeren, Thomas, Internet- und Kommunikationsrecht – Praxislehrbuch, 2. Aufl. 2012.
Jänich, Volker Michael/Eichelberger, Jan, Urheber- und Designrecht, 2012.
Kaiser, Robert, Bürger und Staat im virtuellen Raum – E-Government in deutscher und internationaler Perspektive, in: Siedschlag, Alexander/Bilgeri, Alexander/Lamatsch, Dorothea, Kursbuch Internet und Politik, Band 1/2001, Elektronische Demokratie und virtuelles Regieren, 2001, S. 57.
Köhler, Markus/Arndt, Hans-Wolfgang/Fetzer, Thomas, Recht des Internet, 7. Aufl. 2011.
Köhler, Helmut/Bornkamm, Joachim, Gesetz gegen den unlauteren Wettbewerb, 33. Aufl. 2015.
Krimphove, Dieter, Werberecht, 2011.
Leupold, Andreas u. a. (Hrsg.), Münchener Anwaltshandbuch IT-Recht, 2. Aufl. 2011.
Maunz, Theodor/Dürig, Günter (Hrsg.), Grundgesetz Kommentar, 72. Ergänzungslieferung, Stand: Juli 2014.
v. Münch, Ingo/Kunig, Philip (Hrsg.), Grundgesetzkommentar, Band 2 (Art. 70–146 GG), 6. Aufl. 2012.
Ohly, Ansgar, Urheberrecht in der digitalen Welt – Brauchen wir neue Regelungen zum Urheberrecht und dessen Durchsetzung?, 2014.
Palandt, Otto (Begr.), Bürgerliches Gesetzbuch, 73. Aufl. 2014.
Peters, Butz, Öffentlich-rechtliche Online-Angebote, 2010.
Pieroth, Bodo/Schlink, Bernhard/Kingreen, Thorsten/Poscher, Ralf, Grundrechte – Staatsrecht II, 30. Aufl. 2014.
Reitze, Helmut, Wer wird Kanzler in de.land? – Wie das Internet die Politik verändert, in: Siedschlag, Alexander/Bilgeri, Alexander/Lamatsch, Dorothea,

Literaturverzeichnis

Kursbuch Internet und Politik, Band 1/2001, Elektronische Demokratie und virtuelles Regieren, 2001, S. 21.

Rittner, Fritz/Dreher, Meinrad/Kulka, Michael, Wettbewerbs- und Kartellrecht, 8. Aufl. 2014.

Schwartmann, Rolf (Hrsg.), Praxishandbuch Medien-, IT- und Urheberrecht, 3. Aufl. 2014.

Sievers, Malte, Der Schutz der Kommunikation im Internet durch Art. 10 des Grundgesetzes, 2003.

Strömer, Tobias H., Online-Recht, 4. Aufl. 2006.

Steckler, Brunhilde, Grundzüge des IT-Rechts, 3. Aufl. 2011.

Abkürzungsverzeichnis

a2a	administration to administration
a2b	administration to business
a2c	administration to consumer
a. A.	anderer Ansicht
AEUV	Vertrag über die Arbeitsweise der Europäischen Union
a. F.	alte Fassung
AG	Amtsgericht
AGBs	Allgemeine Geschäftsbedingungen
ALAC	At Large Advisory Committee (ICANN)
APNIC	Asia Pacific Network Information Centre
APR	Allgemeines Persönlichkeitsrecht
ARIN	American Registry for Internet Numbers
ASCII	American Standard Code for Information Interchange
b2b	business to business
b2c	business to consumer
BayPAG	Bayrisches Polizeiaufgabengesetz
BDSG	Bundesdatenschutzgesetz
Bekl.	Beklagte(r)
BetrVG	Betriebsverfassungsgesetz
BGB	Bürgerliches Gesetzbuch
BGB-InfoV	Verordnung über Informations- und Nachweispflichten nach bürgerlichem Recht
BGG	Behindertengleichstellungsgesetz
BGH	Bundesgerichtshof
BITV	Barrierefreie Informationstechnik-Verordnung
BKA	Bundeskriminalamt
BKAG	Gesetz über das Bundeskriminalamt und die Zusammenarbeit des Bundes und der Länder in kriminalpolizeilichen Angelegenheiten
BMJ	Bundesministerium der Justiz
BMWi	Bundesministerium für Wirtschaft und Technologie
BNetzA	Bundesnetzagentur für Elektrizität, Gas, Telekommunikation, Post und Eisenbahnen
BR-Drs.	Bundesratsdrucksache
BSI	Bundesamt für Sicherheit in der Informationstechnik
BT-Drs.	Bundestagsdrucksache
BWahlG	Bundeswahlgesetz
CCC	Chaos Computer Club
ccTLD	country code Top Level Domain

Abkürzungsverzeichnis

CR	Computer und Recht
DDB	DENIC-Domainbedingungen
DDRL	DENIC-Domainrichtlinien
DENIC	Deutsches Network Information Center eG
DFG	Deutsche Forschungsgemeinschaft
DJT	Deutscher Juristentag e. V.
DNS	Domain Name System
DoS	Denial-of-Service
EGBGB	Einführungsgesetz zum Bürgerlichen Gesetzbuch
EGMR	Europäischer Gerichtshof für Menschenrechte
EGovG	E-Government-Gesetz
EMRK	Konvention zum Schutz der Menschenrechte und Grundfreiheiten
ENUM	Electronic Numbering/Telephone Number URI Mapping
EUV	Vertrag über die Europäische Union
FISA	Foreign Intelligence Surveillance Act 1978 (Amendments Act 2008)
GAC	Governmental Advisory Committee (ICANN)
GewO	Gewerbeordnung
GG	Grundgesetz
GlüStV	Staatsvertrag zum Glücksspielwesen in Deutschland (Glücksspielstaatsvertrag)
GRCh	Charta der Grundrechte der Europäischen Union
GRUR	Gewerblicher Rechtsschutz und Urheberrecht (Fachzeitschrift)
gTLD	generic Top Level Domain
HGB	Handelsgesetzbuch
h. M.	herrschende Meinung
Hrsg.	Herausgeber
html	hypertext markup language
http	hypertext transfer protocol
https	hypertext transfer protocol secure
IANA	Internet Assigned Numbers Authority
ICANN	Internet-Corporation for Assigned Names and Numbers
IDN	Internationalized Domain Name
i. d. R.	in der Regel
i. Erg.	im Ergebnis
IETF	Internet Engineering Task Force
IGF	Internet Governance Forum (ICANN)
InfoSocRL	Richtlinie 2001/29/EG des Europäischen Parlaments und des Rates vom 22. Mai 2001 zur Harmonisierung bestimmter Aspekte des Urheberrechts und der verwandten Schutzrechte in der Informationsgesellschaft
INTA	International Trademark Organization
InterNIC	International Network Information Center
IP	Internet Protocol
ISOC	Internet Society
i. S. v.	im Sinne von
ITU	International Telecommunication Union

IuK	Informations- und Kommunikationsdienste
JMStV	Jugendmedienschutz-Staatsvertrag
JuSchG	Jugendschutzgesetz
JZ	Juristenzeitung
KG	Kammergericht (das nur in Berlin existiert und dort die Funktion des OLG wahrnimmt)
KJM	Kommission für Jugendmedienschutz (§ 14 JMStV)
Kl.	Kläger(in)
LAN	Local Area Networks
LG	Landgericht
LPrG BW	Landespressegesetz Baden-Württemberg
LT-Drs.	Landtagsdrucksache
LTO	Legal Tribune Online
MarkenG	Markengesetz
MDStV	Mediendienste-Staatsvertrag
MMR	MultiMedia und Recht
m. w. N.	mit weiteren Nachweisen
n. F.	neue Fassung
ngTLD	new generic Top Level Domain
NJOZ	Neue Juristische Online-Zeitschrift
NJW	Neue Juristische Wochenschrift
NSI	Network Solutions Inc.
OLG	Oberlandesgericht
p2p	peer-to-peer
PAngV	Preisangabenverordnung
PartG	Parteiengesetz
RBÜ	Revidierte Berner Übereinkunft zum Schutz von Werken der Literatur und Kunst
RegTP	Regulierungsbehörde für Telekommunikation und Post
RFC	Request for Comments
RIPE NCC	Réseaux IP Européen Network Coordination Centre
RL	Richtlinie (als Rechtsakt der Europäischen Union)
RLöP	Richtlinie für die Behandlung von öffentlichen Petitionen
Rn.	Randnummer
RStV	Rundfunkstaatsvertrag
RUDRP	Rules for Uniform Domain Name Dispute Resolution Policy
RVG	Rechtsanwaltsvergütungsgesetz
SigG	Signaturgesetz
SigV	Signaturverordnung
SLD	Second Level Domain
s. o.	siehe oben
StGB	Strafgesetzbuch
str.	streitig
StrÄndG	Strafrechtsänderungsgesetz
s. u.	siehe unten
TDG	Teledienstegesetz
TKG	Telekommunikationsgesetz
TLD	Top Level Domain
TMG	Telemediengesetz

Abkürzungsverzeichnis

TRIPS	Übereinkommen über handelsbezogene Aspekte der Rechte des geistigen Eigentums
UDRP	Uniform Domain-Name Dispute-Resolution Policy
UKlaG	Gesetz über Unterlassungsklagen bei Verbraucherrechts- und anderen Verstößen
UrhG	Urheberrechtsgesetz
URL	Uniform Ressource Locator (Internetadresse)
UWG	Gesetz gegen den unlauteren Wettbewerb
v. a.	vor allem
VoIP	Voice over Internet Protocol (Sprachtelefonie via Internet)
VwVfG	Verwaltungsverfahrensgesetz
WCT	WIPO-Urheberrechtsvertrag
WIPO	World Intellectual Property Organization
WiStG	Wirtschaftsstrafgesetz 1954
WLAN	Wireless Local Area Network (drahtlose lokale Netzwerke)
WUA	Welturheberrechtsabkommen
ZG	Zeitschrift für Gesetzgebung
ZKDSG	Zugangskontrolldiensteschutzgesetz
ZPO	Zivilprozessordnung
ZRP	Zeitschrift für Rechtspolitik
ZSKG	Gesetz über den Zivilschutz und die Katastrophenhilfe des Bundes (Zivilschutz- und Katastrophenhilfegesetz)
ZugErschwG	Gesetz zur Erschwerung des Zugangs zu kinderpornografischen Inhalten in Kommunikationsnetzen (Zugangserschwerungsgesetz)
ZUM	Zeitschrift für Urheber- und Medienrecht

Kapitel 1: Einführung

1.1   Das Internet als alltagsprägendes Massenmedium

Im Zentrum des allgemeinen Medienbegriffs steht die Vermittlerfunktion: **1**
Medien zeichnen sich vor allem dadurch aus, dass sie zwischen Menschen
Informationen, Nachrichten und Meinungen vermitteln. Die Einteilung
der verschiedenen Formen von Medien bewegt sich zwischen den Polen
klassische/digitale Medien und **Massen-/Individualmedien.** Unter den
Klassischen Medien werden die schon seit langem vorhandenen Vermitt-
lungsformen verstanden, während mit den Digitalen Medien die vielfältigen Erscheinungsformen des Internets bezeichnet werden. Massenmedien
wiederum zeichnen sich dadurch aus, dass sich eine Person oder Perso-
nengruppe an eine nicht mehr überschau- oder begrenzbare Personen-
masse wendet, während über Individualmedien einzelne Personen oder
bestimmbare Personengruppen miteinander kommunizieren:[1]

	Klassische Medien	Digitale Medien
Massen- medien	Zeitung Zeitschrift Hörfunk Fernsehen Film	Internet Soziale Netzwerke
Individual- medien	Telefon	eMail Kommunikations-Apps

Übersicht 1: Medienbegriffe

Die digitalen Medien durchbrechen in zwei zentralen Punkten die bei **2**
klassischen Medien geltenden Grenzen:

---

1 Siehe Fechner, Medienrecht, Kap. 1 Rn. 1–16.

- **Interaktivität:** Bei den digitalen Medien verlieren sich die Grenzen zwischen Massen- und Individualmedien. So ist beispielsweise ein Forum oder ein Portal, das weltweit von jedem User eingesehen werden kann, ein Massenmedium, das in dem Moment zum Individualmedium wird, in dem der User mitpostet. Im interaktiven „Mitmach-Web" wird die „klassische mediale Einbahnstraße" von Sendern zu Empfängern überwunden,[2] weshalb die User auch als „Prosumer" – also Produzent und Konsument in einer Person – bezeichnet werden.

- **Internationalität:** Gleichzeitig zeichnen sich die digitalen Medien durch eine absolute und grenzenlose Internationalität aus, womit auch Probleme der erschwerten Kontrolle und Rechtsverfolgung verbunden sind.

3   Das Internet ist jedoch noch mehr als „nur" ein Massen- oder Individualmedium zu Kommunikationszwecken. Es prägt den Alltag und das Leben der Menschen in vielfacher Hinsicht. Dadurch verfügt es über eine enorme **ökonomische, gesellschaftliche, politische und schließlich auch rechtliche Bedeutung.** Deshalb hat inzwischen der Bundesgerichtshof die besondere Querschnittsbedeutung des Internets anerkannt, indem er den Ausfall des Internetzugangs als ersatzfähigen Vermögensschaden eingestuft hat.[3] In der Begründung dazu heißt es wörtlich:

> „Die Nutzbarkeit des Internets ist ein Wirtschaftsgut, dessen ständige Verfügbarkeit [...] auch im privaten Bereich für die eigenwirtschaftliche Lebenshaltung typischerweise von zentraler Bedeutung ist und bei dem sich eine Funktionsstörung als solche auf die materiale Grundlage der Lebenshaltung signifikant auswirkt. [...] Damit hat sich das Internet zu einem die Lebensgestaltung eines Großteils der Bevölkerung entscheidend mitprägenden Medium entwickelt, dessen Ausfall sich signifikant im Alltag bemerkbar macht. Die Unterbrechung des Internetzugangs hat typischerweise Auswirkungen, die in ihrer Intensität mit dem Fortfall der Möglichkeit, ein Kraftfahrzeug zu nutzen, ohne Weiteres vergleichbar sind."[4]

4   Es ist daher nur konsequent, das Internet auch als „kritische Infrastruktur" anzusehen. Darunter versteht man „Organisationen und Einrichtungen mit wichtiger Bedeutung für das staatliche Gemeinwesen [...], bei deren Ausfall oder Beeinträchtigung erhebliche Versorgungsengpässe bis hin zu Störungen der öffentlichen Sicherheit oder andere dramatische Folgen eintreten können".[5] Da wesentliche Bereiche sowohl des privaten als auch des öffentlichen Lebens ohne Internet nicht mehr (hinreichend)

---

2   Köhler/Arndt/Fetzer, Recht des Internet, Rn. 3.
3   Vgl. dazu Jaeger, NJW 2013, 1031 ff., der diese Entscheidung in den nutzungsausfallersatzrechtlichen Kontext einordnet.
4   BGH, Urt. v. 24.1.2013 – Az. III ZR 98/12 = NJW 2013, 1072 = CR 2013, 294, Rn. 17 – „Lebensgestaltung".
5   Amtliche Regierungsdefinition, vgl. BT-Drs. 16/10292, S. 21; noch knapper ist die gesetzliche Legaldefinition in § 17 Abs. 1 Satz 2 Nr. 3 ZSKG: „Infrastrukturen, bei deren Ausfall die Versorgung der Bevölkerung erheblich beeinträchtigt wird".

funktionsfähig sind – wie z. B. die Energieversorgung, der Verkehrs- und der Finanzsektor sowie die Arbeit von Medien, Bildungseinrichtungen und Forschungsinstitutionen –, trifft diese Definition auch auf das Internet zu.[6] Dem trägt angesichts der Bedrohung durch „Cyber-Attacken" auf öffentliche und private Institutionen auch der Gesetzgeber Rechnung. So liegen sowohl ein Vorschlag für eine EU-Richtlinie zur Netz- und Informationssicherheit als auch ein jüngst in Kraft getretenes IT-Sicherheitsgesetz des Bundes vor, die ebenfalls mit dem Begriff der kritischen Infrastruktur arbeiten.[7]

1.2 Das Internetrecht

1.2.1 Keine rechtliche „Vogelfreiheit" im Internet

Das Internet stellt die Rechtsordnung(en) vor besondere Herausforderun- **5** gen. Dies gilt in erster Linie für seine **Internationalität**, die bei den nationalen Einzel-Rechtsordnungen zu einem **hohen Defizit der Rechtsdurchsetzung** führt. So sind beispielsweise die deutschen Behörden weitgehend machtlos, wenn auf einem amerikanischen Server Nazi-Verherrlichungen angeboten werden.[8] Hinzu kommt die **rasante technische Entwicklung** der elektronischen Kommunikationsformen (wer kannte vor einigen Jahren „WhatsApp"?). Viele Erscheinungsformen sind derart neuartig, dass sie mit dem vorhandenen rechtlichen Instrumentarium allenfalls unzureichend erfasst werden können. Deshalb sind Gesetzgeber und Rechtsprechung häufig erst als Reaktion hierauf tätig geworden, was meist mit erheblichen zeitlichen Verzögerungen verbunden ist. [9]

Diese faktischen Durch- und Umsetzungsprobleme haben schon bei man- **6** chen Angehörigen der Internetgemeinde den (irrigen!) Eindruck verursacht, das Internet genieße eine gewisse rechtliche „Vogelfreiheit". Auch ist die Akzeptanz rechtlicher Regeln im Internet unterentwickelt, weil sich das **freiheitliche Lebensgefühl vieler User** mit rechtlichen Bindungen nicht verträgt und technisch vieles möglich ist, was rechtlich unzulässig ist –

---

6 Vgl. Schulz/Tischer, ZG 2013, 339 (343).
7 Gesetz zur Erhöhung der Sicherheit informationstechnischer Systeme (IT-Sicherheitsgesetz) vom 17.7.2015, BGBl. I 1325; obwohl die ersten Entwürfe von 2013 stammen, wurde das IT-Sicherheitsgesetz erst im Juni 2015 vom Bundestag verabschiedet, was nicht zuletzt an der umfassenden Kritik aus der Fachwelt liegt, vgl. Leisterer/Schneider, CR 2014, 574 und Heinickel/Feiler, CR 2014, 708 jeweils zum überarbeiteten Gesetzentwurf des IT-Sicherheitsgesetzes vom August 2014.
8 Eine dem deutschen Strafrecht vergleichbare Strafbarkeit (§§ 86, 86a StGB) dafür fehlt in den USA; vielmehr sind solche Äußerungen dort von der Meinungsfreiheit gem. ersten Zusatz zur Verfassung gedeckt, vgl. U. S. District Court for the Northern District of California, Yahoo v. LICRA, MMR 2002, 26.
9 Vgl. hierzu auch Hoffmann-Riem, JZ 2012, 1081 ff.

nach dem Grundsatz: „**Technik vor Recht**".[10] Aber diese rechtlichen Bindungen sind ja kein Selbstzweck, sondern dienen – wie das gesamte Recht – zentralen Schutzbedürfnissen in der Gesellschaft: dem Persönlichkeitsschutz, dem Jugendschutz, dem Datenschutz, dem Verbraucherschutz etc.

7

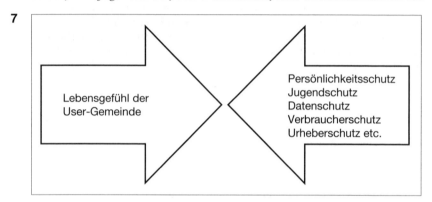

Übersicht 2: Akzeptanzproblem rechtlicher Bindungen

8   Denn gerade im Internet stellen sich viele rechtliche Probleme – um nur ein paar Probleme beispielhaft zu nennen:[11]
- Die nahezu spurenlose Veränderbarkeit von Inhalten steht in einem Konflikt zur Verlässlichkeit von Dokumenten und zur Beweissicherung.
- Die Unterschiedslosigkeit von Original und Kopie führt zu urheberrechtlichen Problemen.
- Die (relativ hohe) Anonymität im Netz erschwert eine zuverlässige Identifizierung etwa von Vertragspartnern.
- Die Schnelligkeit der interaktiven Kommunikation kürzt natürliche Bedenkzeiten beispielsweise beim Abschluss von Verträgen erheblich ab, was eine besondere Schutzbedürftigkeit des Verbrauchers zur Folge hat.

9   Der im Internet weit verbreitete und populäre Ansatz der **Selbstregulierung** kann diese Problemstellungen nicht umfassend lösen (vgl. z. B. die Netiquette gem. RFC 1855). Sowohl die Legitimität als auch die Allgemeinverbindlichkeit sind bei **demokratisch gesetztem Recht** wesentlich höher. Den im Konfliktfall erforderlichen Kontroll- und Zwangsmechanismen kommen dann – wegen der Unterstützung durch das öffentliche Gewaltmonopol – eine entsprechend höhere Wirksamkeit zu. Auch Individual- und Minderheitenrechte sind dann besser geschützt; gerade im

---

10 Schwartmann, FAZ v. 28.6.2012, S. 8.
11 Roßnagel, MMR 2002, 67, 68.

Internet darf es **kein „Recht des Stärkeren"** geben.[12] Deshalb kann es in einer geordneten Zivilisationskultur keine „weißen Flecken" auf der rechtlichen Landkarte geben. Der Geltungsanspruch des Rechts erfasst auch das Internet, was mit der wachsenden Ausformung der Rechtsgrundlagen und der sich verdichtenden Rechtsprechung zunehmend deutlicher geworden ist.

Inzwischen kann das **Internetrecht** als **einigermaßen ausgeformt** gelten. **10** Die wichtigen Rechtsgrundlagen sind geschaffen, und die Novellierungsdichte hat in den letzten Jahren abgenommen. Soweit der Gesetzgeber noch Veränderungen vornimmt, betreffen diese – meist in verschärfender Weise – Einzelfragen (wie etwa die Button-Lösung beim elektronischen Vertragsschluss – s. u., Rn. 667). Zugleich sind inzwischen viele grundsätzliche Streitfragen zu allen Bereichen des Internetrechts durch Entscheidungen des Bundesgerichtshofs – teilweise sogar des Bundesverfassungsgerichts oder des EuGH – höchstrichterlich geklärt. Auch wenn wegen der unverändert hohen Innovationskraft der Informations- und Kommunikationstechnik ständig neue Fragen auftreten, hat das Internetrecht schon seit einigen Jahren nicht mehr den fragmentarisch-tastenden Charakter wie zur Jahrtausendwende.

1.2.2 Struktur des Internetrechts

Das Internetrecht ist kein eigenes, in sich abgeschlossenes Rechtsgebiet. **11** Nicht zuletzt aus diesem Grund hat sich auch (noch) keine allgemein anerkannte Strukturierung des Internetrechts durchgesetzt. Ich unterscheide hier zwischen **Querschnittsthemen** und den einzelnen internetspezifischen **Fachthemen**. Während zu den Querschnittsthemen die online-spezifischen Regelungen für Telekommunikation und Telemedien sowie die Grundrechte zählen, umfassen die Fachthemen das Providing, die Internet-Inhalte (Contents) einschließlich Social Media und Links, Domains, eCommerce und eGovernment. Bei diesen Fachthemen kommen die verschiedenen „tradierten" (also unabhängig vom Internet entstanden) Rechtsgebiete in unterschiedlicher Form zum Tragen, so etwa das Vertrags- und Haftungsrecht bei Providern oder das Namens- und Markenrecht bei Domains. Die nachfolgende Übersicht verdeutlicht diese Struktur:

---

12 Roßnagel, MMR 2002, 67, 69.

12

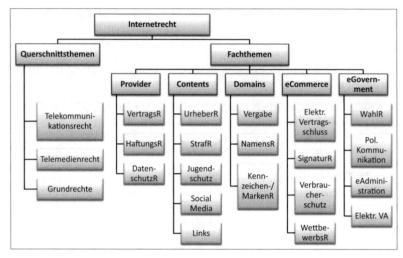

Übersicht 3: Struktur des Internetrechts

13 Somit kann eine systematische Darstellung des Internetrechts entweder anhand der einzelnen Rechtsgebiete oder aber anhand der Internetthemen aufgebaut werden. Ich habe mich für Letzteres entschieden, weil sich das Buch nicht an juristische Profis (die in der Struktur von Rechtsgebieten denken) wendet, sondern an Studierende und Praktiker verschiedenster fachlicher Hintergründe, die das Interesse am Internet eint. Deshalb ist dieses Buch **eng an den Internetthemen orientiert** (Kap. 3–7). In einem vorangestellten Grundlagenkapitel (Kap. 2) werden die Querschnittsthemen (also die onlinespezifischen Regelungen für Telekommunikation und Telemedien sowie die einschlägigen Grundrechte) behandelt.

1.2.3 Rechtsquellen des Internetrechts

14 Das Internetrecht ist sowohl in seinen Querschnittsthemen als auch bei seinen Fachthemen weitgehend durch europäische Vorgaben geprägt. Gerade für ein so grenzüberschreitendes Phänomen wie das Internet ist diese relativ **starke europäische Rechtsharmonisierung** äußerst sinnvoll. Dies erfolgt in aller Regel dadurch, dass der EU-Gesetzgeber Richtlinien erlässt, die sich nicht unmittelbar an den einzelnen Bürger, sondern an die einzelnen Mitgliedstaaten der EU richten; diesen obliegt dann die Umsetzung der Richtlinien in nationales Recht, wobei die Richtlinien häufig nur

Mindeststandards vorsehen, über die die nationalen Gesetzgeber hinausgehen dürfen.[13]

Die nachfolgende Zusammenstellung macht dies für die einzelnen Rechts- **15**
gebiete deutlich, indem jeweils dazu die bestimmenden EU-Richtlinien genannt werden. Hinzu kommt außerdem die Europäische Grundrechte-
Charta, die stets bei der Umsetzung europäischen Unionsrechts (auch
durch die Nationalstaaten) zu beachten ist (Art. 51 Abs. 1 GRCh).[14]

Telekommunikationsrecht	**Telekommunikations-Richtlinienpaket**[15] – Rahmen-RL (RL 2002/21/EG) – Genehmigungs-RL (RL 2002/20/EG) – Zugangs-RL (RL 2002/19/EG) – Universaldienst-RL (RL 2002/22/EG) – EK-Datenschutz-RL (RL 2002/58/EG)
Recht des elektronischen Geschäftsverkehrs	**eCommerce-RL** (RL 2000/31/EG) **Verbraucherrechte-RL** (RL 2011/83/EU) **eGeld-RL** (RL 2009/110/EG)
Recht der elektronischen Signatur	**Signatur-RL** (RL 1999/93/EG)
Fernabsatzrecht	**Fernabsatz-RL** (RL 1997/7/EG)
Datenschutzrecht[16]	**Datenschutz-RL** (RL 1995/46/EG) **Telekommunikations-Datenschutz-RL** (RL 1997/66/EG) **EK-Datenschutz-RL** (RL 2002/58/EG)
Urheberrecht	**Urheberrechts-RL** (RL 2001/29/EG) **Enforcement-RL** zur Durchsetzung der Rechte des geisti- gen Eigentums (RL 2004/48/EG)
Verwaltungsrecht	**Dienstleistungs-RL** (RL 2006/123/EG)

Übersicht 4: Unionsrechtliche Vorgaben (Richtlinien)

---

13 Vgl. Haug, Öffentliches Recht für den Bachelor, Rn. 180–184; nur am Rande sei vermerkt,
   dass auch der deutsche Gesetzgeber die Umsetzungsfristen, die die Richtlinien vorgeben,
   keineswegs immer einhält.
14 Näher hierzu Haug, Öffentliches Recht für den Bachelor, Rn. 456–460.
15 Die Rahmen-RL, die Genehmigungs-RL und die Zugangs-RL wurden durch RL 2009/
   140/EG geändert, ebenso die Universaldienst-RL und die EK-Datenschutz-RL durch RL
   2009/136/EG.
16 Ursprünglich war hier auch die Vorratsdatenspeicherungs-RL (RL 2006/24/EG) zu nennen; sie wurde aber vom EuGH (Urt. v. 8.4.2014 – Az. C-293/12 und C-594/12) für
   europarechtswidrig erklärt.

16 Auf nationaler Ebene sind – teilweise in Umsetzung der genannten EU-Richtlinien – folgende Normen für das Internet besonders relevant:

Telekommunikationsrecht	**Telekommunikationsgesetz** (TKG)
Telemedienrecht	**Telemediengesetz** (TMG) **Rundfunkstaatsvertrag** (RStV) **Zugangskontrolldiensteschutzgesetz** (ZKDSG)
Grundrechte	**Grundgesetz** (GG, dort v. a. Art. 1–19)
Zivilrecht	**Bürgerliches Gesetzbuch** (BGB) **Verordnung über Informations- und Nachweispflichten nach bürgerlichem Recht** (BGB-InfoV) **Signaturgesetz** (SigG) **Signaturverordnung** (SigV)
Wettbewerbsrecht	**Gesetz gegen den unlauteren Wettbewerb** (UWG)
Urheberrecht	**Urheberrechtsgesetz** (UrhG)
Marken- und Kennzeichenrecht	**Markengesetz** (MarkenG)
Verbraucherschutzrecht	**TKG, §§ 43a ff. und §§ 66 ff.** **Preisangabenverordnung** (PAngV) **BGB**, v. a. **§§ 305 ff.** (AGB-Recht) und **§§ 312 ff.** (Fernabsatz/elektronischer Geschäftsverkehr)
Datenschutzrecht	**Bundesdatenschutzgesetz** (BDSG) **TKG, §§ 91 ff.** **Telekommunikations-Überwachungsverordnung** (TKÜV) **TMG, §§ 11 ff.**
Jugendschutzrecht	**Jugendschutzgesetz** (JuSchG) **Jugendmedienschutz-Staatsvertrag** (JMStV)
Strafrecht	**Strafgesetzbuch** (StGB) **und Strafbestimmungen im UWG, UrhG, MarkenG, JuSchG, JMStV**

Übersicht 5: Deutsche Rechtsquellen

17 Darüber hinaus sei auf folgende Rechtsquellen des internationalen Rechts, die alle das Urheberrecht betreffen, hingewiesen:
- (Revidierte) Berner Übereinkunft zum Schutz von Werken der Literatur und Kunst (RBÜ)
- Welturheberrechtsabkommen (WUA)
- Übereinkommen über handelsbezogene Aspekte der Rechte des geistigen Eigentums (TRIPS)
- WIPO-Urheberrechtsvertrag (WCT)

1.2.4 Perspektiven

18 Eine wesentliche Zukunftsperspektive betrifft (zunächst) das nationale Recht. So hat sich der Deutsche Juristentag e. V. (DJT) bei seiner Tagung 2002 mit der Frage beschäftigt, ob angesichts des **Zusammenwachsens von klassischen und neuen Medien** ein gemeinsamer rechtlicher Rahmen angestrebt werden soll. Dafür sprechen zunehmende Zwischen-Erscheinungsformen wie z. B. das TV-Shopping, das Telefonieren über Internet (Voice over IP, z. B. Skype)[17] oder das Live-Streaming von Fernsehsendungen über das Internet, die zu wachsenden Abgrenzungsproblemen in der bisherigen Medienordnung führen.[18] Auch das Domain Name System (DNS) und das Rufnummernsystem sind konvergenzfähig und wachsen im ENUM-System zusammen (s. u., Rn. 473 ff.).

Noch allerdings sind die einzelnen Medienfelder teilweise erheblich unter- **19** schiedlich reguliert. Dies fängt bei den Rechtsgrundlagen an und hört bei der ausdifferenzierten Rechtsprechung noch nicht auf.[19] Bislang ist die **Zeit für eine Zusammenführung der verschiedenen Medien in einen gemeinsamen Rechtsrahmen noch nicht reif**, was nicht zuletzt auch daran liegt, dass die faktische (technische) Konvergenz der Medien in der Breite noch nicht weit fortgeschritten ist. Doch wird sich die Rechtsordnung – schon zur Wahrung ihrer für die Rechtsdurchsetzung nötigen breiten Akzeptanz – **von dieser tatsächlichen Entwicklung nicht abkoppeln** können. Umso stärker die Zwischen- und Mischformen werden, desto stärker wird der Druck zur rechtlichen Zusammenführung. Das Ziel ist also richtig, auch wenn der Weg noch weit ist.

Wegen der internationalen Dimension des Internets und den damit ver- **20** bundenen rechtlichen Durchsetzungsproblemen (s. o., Rn. 5) wird neben der Konvergenzfrage über die Perspektiven und die Notwendigkeit eines möglichst **globalen – also weltweit einheitlichen – Internetrechts** diskutiert.[20] In der Tat legen die individuellen Schutzbedürfnisse (Sicherheit, Jugendschutz, Datenschutz, Verbraucherschutz, Urheberschutz) und die hohe gesellschaftspolitische Bedeutung von Informationszugang eine Notwendigkeit zu allgemein verbindlichen und grenzüberschreitenden Regelungen nahe. Für ein globales Internet-Recht spricht auch der Umstand, dass die User nicht über hundert einzelne und häufig divergierende Nationalrechtsordnungen im Blick haben können. Doch würde dies einen **internationalen Konsens sowohl über die Notwendigkeit zur Schaffung einer globalen Internet-Rechtsordnung wie über deren Inhalte** voraussetzen.

---

17 Zu Voice over IP (Abkürzung von „Voice over Internet Protocol") siehe Katko, CR 2005, 189.
18 Ein engagiertes Plädoyer für eine mutige Reform des Medienrechts hält Schoch, JZ 2002, 798; s. auch Holznagel, NJW 2002, 2351. Mückl, JZ 2007, 1077 beleuchtet die verschiedenen Erscheinungsformen der Konvergenz (1078) und setzt sich ebenfalls mit der Frage der Schaffung eines übergreifenden Ordnungsrahmens auseinander; dem stehen in Deutschland jedoch u. a. auch kompetenzrechtliche Hindernisse entgegen (1083 f.); siehe auch die Beschreibung der fließenden Übergänge zwischen klassischen und neuen Medien bei Doetz, MMR 2011, 629.
19 Interessant ist in diesem Zusammenhang der Ansatz von Fechner, Medienrecht, der – neben einer Darstellung der rechtlichen Spezifika der verschiedenen Medien – gemeinsame übergreifende Rechtsgrundsätze für alle Medien in einem „Allgemeinen Teil" zusammenfasst.
20 Hierzu instruktiv Roßnagel, MMR 2002, 67.

Die erheblichen kulturellen und politischen Gesellschaftsunterschiede, die nicht deckungsgleichen Einstellungen zu freiem Informationszugang und damit zum Medium Internet in den einzelnen Staatsordnungen und schließlich die tradierten Unterschiede der nationalen Rechtsordnungen lassen die Erreichbarkeit dieses doppelten Konsenses noch sehr fernliegend erscheinen. Der Weg dorthin kann allenfalls schrittweise über Verständigungen auf einheitliche Mindeststandards in einzelnen Bereichen führen.[21] Beispielhaft wäre hier die **Cybercrime-Konvention** (s. u., Rn. 308 ff.) zu nennen. Auch im **Telekommunikationsrecht** ist eine zunehmende Entwicklung zu Konvergenz und Mindestharmonisierung festzustellen; so wäre etwa die Ausweitung des Mandats der International Telecommunication Union (ITU) – eine UN-Sonderorganisation zur Setzung internationaler Telekommunikationsstandards – denkbar.[22]

1.2.5 Summary „Internetrecht"

21

1. Das Internet ist ein Massen- und Individualmedium. Die Grenzen zwischen Anbietern und Nutzern („Prosumer") verlieren ebenso an Bedeutung wie die Unterscheidung zu den Klassischen Medien.
2. Das Internet unterliegt – wie alle gesellschaftlichen Erscheinungsformen und Phänomene – der Rechtsordnung. Allerdings erschweren die Internationalität und das hohe Tempo der technischen Entwicklung die Rechtsdurchsetzung im Internet.
3. Das Internetrecht ist kein eigenständiges Rechtsgebiet. Es gibt zwar einige „online-spezifische" Regelungen (v. a. TKG, TMG), aber die meisten der im Internet auftretenden Rechtsfragen gehören zu den klassischen Rechtsgebieten, die dann unter dem besonderen „Internet-Blickwinkel" betrachtet werden.
4. Das Internetrecht ist ganz erheblich europarechtlich determiniert. Dies garantiert zumindest EU-weit ein gewisses Maß an rechtlicher Übereinstimmung. Ein globales Internetrecht jedoch ist wegen erheblicher Rechts- und Kulturunterschiede allenfalls ferne Zukunftsmusik.

---

21 Roßnagel, MMR 2002, 67, 70.
22 Stober, DÖV 2004, 221, 230.

Kapitel 2:   Grundlagen

2.1   Recht der Informations- und Kommunikationsdienste (IuK)

2.1.1   Unterscheidung von Telekommunikation, Telemedien und Rundfunk

Mit dem Begriff der Telekommunikation wird die technische Seite des **22** Internets geregelt. Er ist in § 3 Nr. 22 TKG legaldefiniert als

> „der technische Vorgang des Aussendens, Übermittelns und Empfangens von Signalen mittels Telekommunikationsanlagen".

Unter **Telekommunikationsanlagen** versteht der Gesetzgeber in § 3 Nr. 23 TKG

> „technische Einrichtungen oder Systeme, die als Nachrichten identifizierbare elektromagnetische oder optische Signale senden, übertragen, vermitteln, empfangen, steuern oder kontrollieren können".

Diese Begriffsbestimmungen machen zugleich deutlich, dass der technische Telekommunikationsbegriff nicht nur auf das Internet beschränkt ist, sondern wesentlich weiter reicht und **auch die Bereiche Sprachtelefonie und Mobil- sowie Satelliten-Funk** umfasst.

Die **Telemedien** betreffen dagegen die inhaltlichen Aspekte des Internets **23** und sind in § 1 Abs. 1 Satz 1 TMG umschrieben als

> „alle elektronischen Informations- und Kommunikationsdienste, soweit sie nicht Telekommunikationsdienste ..., telekommunikationsgestützte Dienste oder Rundfunk sind".

Aufgrund dieser gesetzgeberischen Konstruktion des Telemedienbegriffes als Auffangbegriff ist insoweit der Rundfunkbegriff von Bedeutung. **Rundfunk** bedeutet gemäß § 2 Abs. 1 RStV

> „ein linearer Informations- und Kommunikationsdienst; er ist die für die Allgemeinheit und zum zeitgleichen Empfang bestimmte Veranstaltung und Verbreitung von Angeboten in Bewegtbild oder Ton entlang eines Sendeplans unter Benutzung elektromagnetischer Schwingungen".

Darunter werden nicht nur die klassischen Formen von Radio und Fernsehen, sondern auch Internetangebote wie Live-Streaming (d. h. die zusätzliche und zeitgleiche Übertragung herkömmlicher TV- und Radioprogramme über das Internet) und Webcasting (d. h. die ausschließliche Übertragung herkömmlicher TV- und Radioprogramme über das Internet) verstanden.[1] Die „**Schnittmenge**" zwischen **Rundfunk und Telemedien** bilden die

„Telemedien mit journalistisch-redaktionell gestalteten Angeboten, in denen insbesondere vollständig oder teilweise Inhalte periodischer Druckerzeugnisse in Text oder Bild wiedergegeben werden" (§ 54 Abs. 2 RStV).

24 Für diese „**besonderen**" Telemedien gelten ergänzende Bestimmungen in den §§ 54 ff. RStV (s. u., Rn. 42 f.). Der „**einfache**" **Telemedienbegriff** umfasst die große Masse aller „normalen" (d. h. vom Rundfunkbegriff nicht erfassten) Internetangebote. Das fängt bei Internetpräsentationen von Firmen und Privatpersonen an, geht mit Auktionsplattformen weiter und ist mit interaktiven Angeboten zur Bestellung von Waren, Dienstleistungen und Informationen oder auch mit Suchmaschinen noch lange nicht am Ende.

25 Diese begriffliche Struktur lässt sich wie folgt grafisch darstellen:

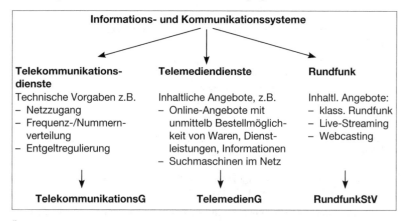

Übersicht 6: Abgrenzung Telekommunikation/Telemedien/Rundfunk

---

1 Vgl. die amtl. Gesetzesbegründung, BT-Drs. 16/3078, S. 13; zu den Begriffserläuterungen vgl. Heckmann, Kap. 1, Rn. 51; wegen der Möglichkeit des potenziellen Rundfunkempfangs über jeden internetfähigen PC hatte das BVerfG in einer Kammerentscheidung auch keine verfassungsrechtlichen Bedenken dagegen, auch diese Geräte den Rundfunkgebühren zu unterwerfen, vgl. BVerfG, Beschl. v. 22.8.2012 – Az. 1 BvR 199/11 = NJW 2012, 3423 = CR 2013, 27 (Rn. 17).

2.1.2 Recht der Telekommunikation

Das TKG war (als Nachfolgeregelung zum Fernmeldeanlagengesetz) nötig **26** geworden, als die heutige Telekom AG privatisiert wurde und der bis dahin hoheitlich monopolisierte Telekommunikationsmarkt liberalisiert wurde. Nun gibt das TKG (zusammen mit den hierzu erlassenen Verordnungen) der privatisierten Telekommunikation (vgl. Art. 87 f GG) einen öffentlich-rechtlichen Rahmen vor, der im Wesentlichen die **technologische Handhabung, die wirtschaftliche Verwertung und die Begrenzung technologiebedingter Gefährdungssituationen** der Telekommunikation betrifft. Zentrale Themenfelder des Gesetzes sind daher z. B. die Zugangsregulierung (§§ 16 ff.), die Entgeltregulierung (§§ 27 ff.), die Vergabe von Frequenzen, Nummern und Wegerechten (§§ 52 ff.) sowie die Sicherstellung des Fernmeldegeheimnisses und des Datenschutzes (§§ 88 ff.). Zugleich regelt es den Schutz der Telekommunikationskunden (§§ 43a ff., 66 ff.). Hauptinstrument zur Durchsetzung dieser Vorgaben ist die **Bundesnetzagentur für Elektrizität, Gas, Telekommunikation, Post und Eisenbahnen (BNetzA)**, die als Bundesoberbehörde dem Bundeswirtschaftsministerium unterstellt ist (§§ 116 ff.).[2]

Die zentralen Funktionen des TKG ergeben sich aus den §§ 1 und 2: **27** Hierzu gehört zunächst die **Sicherstellung und Förderung chancengleicher wettbewerblicher Bedingungen auf dem Telekommunikationsmarkt** (§ 2 Abs. 2 Nr. 2), was aufgrund der historisch bedingten Dominanz des „rosa Riesen"[3] (Telekom AG) erhebliche Schwierigkeiten macht. Das „allgemeine" Wettbewerbsrecht, das von eher gleichwertigen Marktteilnehmern ausgeht, begünstigt tendenziell die Telekom; deshalb spricht sich diese regelmäßig für möglichst wenig wettbewerbsschützende Sondernormen im TKG aus, während ihre Wettbewerber genau hieran sehr interessiert sind. Dieses grundlegende Spannungsverhältnis müssen das TKG und die zu seiner Umsetzung berufene BNetzA austarieren.[4] Es sieht daher die Festlegung „sachlich und räumlich relevanter Telekommunikationsmärkte" vor (§ 10 Abs. 1 TKG), bei denen eine Marktanalyse gem. § 11 TKG durchgeführt wird. Wird dabei für einen solchen Markt festgestellt, dass „beträchtliche und anhaltende strukturell oder rechtlich bedingte Marktzutrittsschranken" (§ 10 Abs. 2 TKG) bestehen und wegen der marktbeherrschenden Stellung eines oder mehrerer Unternehmen auch längerfristig **kein wirksamer Wettbewerb** zu erwarten ist, gelten die wettbewerblichen **Sonderbestimmungen der Marktregulierung** gem. §§ 9 ff. TKG. Dies hat insbesondere zur Folge, dass wettbewerbsrelevante Vor-

---

2 Zum behördlichen Letztentscheidungsvorbehalt der Telekommunikationsregulierung vgl. Broemel, JZ 2014, 286.
3 Vgl. <http://www.heise.de/newsticker/meldung/Rosa-Riese-streitet-erneut-um-Magenta-Update-194764.html> (25.6.2015).
4 Vgl. Schuster u. a., MMR-Beilage 4/2004, 3 ff.

leistungen wie Zusammenschaltungen oder Zugang zu Teilnehmeranschlussleitungen von dem oder den marktbeherrschenden Unternehmen
den anderen Unternehmen diskriminierungsfrei – d. h. „zu den gleichen
Bedingungen und mit der gleichen Qualität ... wie für seine eigenen Produkte" (§ 19 Abs. 2 TKG) – zur Verfügung gestellt werden müssen.[5] Auch
über die Preisschraube können Konkurrenten nicht klein gehalten werden: Die Tarife, die marktbeherrschende Unternehmen für ihre Zugangsleistungen i. S. v. § 21 TKG von ihren Konkurrenten verlangen (§ 30
TKG), bedürfen der Genehmigung seitens der BNetzA. Die Preise, die
von Endkunden zu bezahlen sind, unterliegen dagegen nur noch einer
Missbrauchsaufsicht (§ 28 TKG).[6]

28 Im Zusammenhang damit steht die **Gewährleistung flächendeckend angemessener und ausreichender Dienstleistungen** – insbesondere die Sicherstellung einer effizienten und störungsfreien Nutzung von Frequenzen und
die Sicherstellung einer „flächendeckenden gleichartigen **Grundversorgung [...] mit Telekommunikationsdiensten"** (§ 2 Abs. 2 Nr. 4 TKG).
Diese früher von der Deutschen Bundespost hoheitlich erfüllte Grundversorgung hat in einer Kommunikations- und Mediengesellschaft eine vergleichbar hohe Bedeutung wie die Grundversorgung der Mobilitätsgesellschaft mit Straßen und schienengebundenem Personenverkehr oder auch
mit Strom und fließendem Wasser. Nicht zuletzt vor dem Hintergrund der
Kommunikations-Grundrechte aus Art. 5 Abs. 1 GG muss der hoheitliche
Staat auch nach der Privatisierung der Telekommunikation für eine solche
Informationsinfrastruktur bürgen und dafür – durch die BNetzA und
letztlich in Person des Bundeswirtschaftsministers – gegenüber den Bürgern und Steuerzahlern die Verantwortung übernehmen. Hinzu kommt
die **Wahrung der Nutzerinteressen und der Interessen der öffentlichen Sicherheit** (§ 2 Abs. 2 Nr. 1, 9).

29 Besondere Bedeutung kommt im TKG dem **Verbraucherschutz** zu, dem es
in den §§ 43a ff. eine ganze Reihe von Vorschriften widmet.[7] Angefangen
bei Anforderungen an Verträge (§ 43a), Schadensersatz- und Unterlassungsansprüchen (§ 44), geht es über Haftungsregelungen (§ 44a), die Berücksichtigung der Interessen behinderter Menschen (§ 45) bis hin zu
technischen Fragen (Entstörungsdienst, § 45b; normgerechte technische
Dienstleistung, § 45c; Netzzugang, § 45d). Die meisten Vorschriften haben nicht nur, aber vor allem für die Telefonie große praktische Relevanz.
So hat zum Beispiel der Kunde einen Anspruch auf einen **Einzelverbin**-

---

5 Vgl. Scherer, NJW 2004, 3001, 3002 ff.; Doll/Nigge, MMR 2004, 519; zur Umsetzung der
   europarechtlichen Vorgaben zur Marktregulierung siehe Ellinghaus, CR 2004, 23 ff.; siehe
   auch EuGH MMR 2014, 701.
6 Näher hierzu Scherer, NJW 2004, 3001, 3006 ff.
7 Für eine nähere Erläuterung empfehle ich die übersichtliche und instruktive Darstellung
   von Klaes, CR 2007, S. 220.

dungsnachweis, der so detailliert sein muss, dass die Rechnung überprüft werden kann (§ 45e TKG). Konsequenterweise räumt das TKG ein **Beanstandungsrecht** ein (§ 45i) und auferlegt dem Diensteanbieter die **Beweislast für die technische Fehlerfreiheit des Telekommunikationsnetzes** bis zum Übergabepunkt, an dem dem Kunden der Netzzugang bereitgestellt wird (§ 45i Abs. 3). Außerdem hat der Kunde ein Nutzungsrecht an der ihm zugeteilten Telefonnummer, die er beim Wechsel des Anbieters auch mitnehmen können muss (**Rufnummernportabilität, § 46 TKG**).[8]

In diesen Zusammenhang gehört auch die sog. „Netzneutralität". Darun- **30** ter wird nach dem „**Best-Effort-Prinzip**" die diskriminierungsfreie **Gleichbehandlung aller Datenpakete** – unabhängig von ihrer Größe, ihrem Inhalt, ihrem Absender und Empfänger – verstanden.[9] Dahinter stehen letztlich auch Kapazitätsengpässe der Netze, die zu Überlastungen und damit einer Verlängerung der Transportzeiten von eMails oder bei Seitenaufrufen führen. Damit erhöht sich der Druck, ob bestimmte Mails oder Internetbesuche durch schnellere Abwicklung bevorzugt werden dürfen oder sollen. Denkbar wäre eine Anknüpfung an den Inhalt (was wegen Art. 10 GG ein rechtlich kaum zulässiges Auslesen der Inhalte bedingen würde) oder an den Absender bzw. Surfer, wenn dieser beispielsweise einen Premium-Tarif bezahlen würde. Nach wohl h. M. wären solche Differenzierungen trotz Netzneutralität dann denkbar, wenn eine **hinreichende kommunikative Grundversorgung** sichergestellt ist.[10] Daher gehen sowohl § 41a TKG als auch Art. 22 Abs. 3 der Universaldienste-RL davon aus, dass die Regulierungsbehörde (in Deutschland also die BNetzA) jedenfalls Mindestanforderungen an die Dienstequalität im Sinne eines (zumindest relativen) Best-Effort-Prinzips festlegen können soll, während darüber hinaus **Spielräume für markt-, d. h. preisorientierte Differenzierungen** nicht ausgeschlossen sind.[11] Große Aufregung gab es, als die Telekom im Frühjahr 2013 ankündigte, ab dem Jahr 2016 die Bandbreite ihrer Kunden ab Überschreitung eines gewissen Monatsvolums an Daten (75 GB) zu drosseln, was zu einer massiven Verlangsamung beim Aufrufen von Internetseiten geführt hätte. Für große Inhalteanbieter sollte die Möglichkeit bestehen, sich „freizukaufen", wodurch die Drosselung deren Inhalte nicht betroffen hätte. Gleiches war für Angebote der Telekom und ihrer Tochterunternehmen vorgesehen. Nach einem Proteststurm der

---

8 Allerdings schließt § 46 Abs. 3 Satz 3 TKG die Rufnummernportabilität beim Wechsel vom Festnetz ins Mobilnetz und umgekehrt aus. Zur Gesamtthematik des Anbieterwechsels, die § 46 TKG neu geregelt hat, vgl. Kiparski/Thoenes, MMR 2013, 565 ff.
9 Vgl. Schütze, CR 2011, 785; Frevert, MMR 2012, 510.
10 Klotz/Brandenberg, MMR 2010, 147 (150); Holznagel/Schumacher, ZRP 2011, 74 (77); Körber, MMR 2011, 215 (220); Brubat, DVBl. 2011, 280.
11 Die hohe Sensibilität des deutschen Publikums gegenüber Differenzierungen zeigt sich in den fast 80.000 Unterschriften unter einer ePetition beim Bundestag, die gesetzliche Festschreibung des strikten Best-Effort-Prinzips fordert, vgl. Wimmer, ZUM 2013, 641.

Empörung bis in den politischen Raum hinein („Drosselkom") legte die Telekom diese Pläne ad acta.[12]

2.1.3 Summary „Telekommunikationsrecht"

31

1. Unter Telekommunikation ist die technische Seite des Internets und anderer Kommunikationsmedien wie Telefonie und Mobil- sowie Satellitenfunk zu verstehen.
2. Das Telekommunikationsgesetz (TKG) ist als Folge der Privatisierung des Telekommunikationsmarktes entstanden.
   a) Auf seiner Grundlage soll die BNetzA einen funktionierenden Wettbewerb auf diesem durch die marktbeherrschende Stellung der Telekom geprägten Markt sicherstellen.
   b) Außerdem bietet das TKG die Rechtsgrundlage dafür, die früher vom Staatsmonopolisten garantierte Kommunikationsgrundversorgung durchzusetzen und zu erhalten.
   c) Schließlich liegt eine wesentliche Aufgabe des TKG in der Gewährleistung eines wirksamen Verbraucher- und Kundenschutzes.
   d) In diesem Kontext wird auch die sog. Netzneutralität diskutiert, worunter eine diskriminierungsfreie Gleichbehandlung aller Datenpakete – seien es eMails, seien es Seitenaufrufe im Netz – verstanden wird.

2.1.4 Recht der Telemedien

2.1.4.1 Anwendbarkeit von TMG und RStV

32 Die inhaltlichen Internetangebote werden rechtlich als Telemedien bezeichnet. Soweit es dabei um Informationen oder Mitteilungen z.B. gewerblicher Art an Verbraucher oder andere Marktteilnehmer handelt (**„einfacher" Telemedienbegriff**), gibt für diese Telemedien das Telemediengesetz (TMG) den rechtlichen Rahmen vor.[13] Handelt es sich bei den Internetangeboten dagegen um politisch oder anderweitig meinungsbildende Angebote, die sich an die Allgemeinheit als Ganzes richten, spricht

---

12 <http://www.zeit.de/digital/internet/2013-05/epetition-drosselkom-erfolgreich> (21.3.2015); zur deswegen kurzzeitig diskutierten Netzneutralitätsverordnung vgl. Frevert, ZRP 2013, 166 und Wimmer/Löw, MMR 2013, 636; Brüggemann, CR 2013, 565 (572) plädiert für eine gesetzliche Festschreibung der Netzneutralität über § 41a TKG hinaus, weil sonst die Innovationskraft des Netzes geschmälert würde.
13 Seit das Telemediengesetz 2007 das (Bundes-)Teledienstegesetz und den (Länder-)Mediendienstestaatsvertrag abgelöst hat. Die künstlich wirkende Teilung war dem Kompetenzgerangel zwischen Bund und Ländern geschuldet, dem nun durch das TMG und seine Ergänzung durch den RStV hinreichend Rechnung getragen wird.

man von Telemedien „mit journalistisch-redaktionellem Angebot" („besonderer" **Telemedienbegriff**). Hierfür gelten nicht nur die Bestimmungen des TMG, sondern außerdem die §§ 54 ff. des Rundfunkstaatsvertrags (RStV). Durch seine Anknüpfung an den Begriff der Telemedien stellt sich der RStV auf den Boden des TMG und entwickelt davon ausgehend besondere medienrechtliche Vorgaben (wie sie teilweise auch in den Pressegesetzen der Länder enthalten sind, z. B. das Recht auf Gegendarstellung gem. § 56 RStV).

33

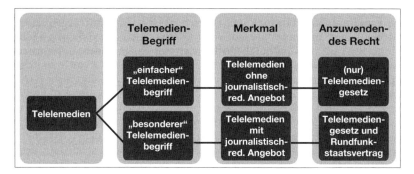

Übersicht 7: Telemedienbegriffe

Der **Schlüsselbegriff** des **„journalistisch-redaktionell gestalteten Angebots"** wird entgegen der sonst im Internetrecht weit verbreiteten Legaldefinitionen weder vom TMG noch vom RStV näher präzisiert. In Anknüpfung an die frühere Abgrenzung der Mediendienste von den Telediensten wird für die Anwendbarkeit des RStV ein **kommentierend-wertender, im weitesten Sinne meinungsbildender Charakter** eines Internetangebots erforderlich sein.[14] Zur besseren Erfassung lassen sich dafür folgende Merkmale identifizieren:[15]   **34**

• Selektivität und Strukturierung,
• Auswahl nach gesellschaftlicher Relevanz,
• Eigenständigkeit der Auswahl und inhaltliche Bearbeitung,
• Ziel, zur öffentlichen Kommunikation beizutragen,
• Ausrichtung an Tatsachen,
• Hohes Maß an Aktualität,
• Gewisses Maß an Professionalität (v. a. bei der Beachtung journalistischer Sorgfaltspflichten),
• Gewisser Grad an organisierter Verfestigung, der ein Mindestmaß an Kontinuität sicherstellt.

---

14 Vgl. auch Fechner, Medienrecht, Kap. 12 Rn. 90.
15 Vgl. OLG Bremen, NJW 2011, 1611; Lent, in: Gersdorf/Paal, Informations- und Medienrecht, § 54 RStV, Rn. 5 m. w. N. und zahlreichen Bsp.

Vor diesem Hintergrund können Blogs, die sich mit Gegenwartsfragen beschäftigen, ebenso als journalistisch-redaktionelle Angebote angesehen werden, wie Internetseiten von Parteien mit regelmäßigen Neuigkeiten oder aktuelle eMail-Newsletter. Foren hingegen dürften in der Regel nicht darunter fallen, weil es für gewöhnlich an der redaktionellen Auswahl und Bearbeitung fehlt. Dasselbe gilt für reine Informationsangebote wie Wettervorhersagen, Straßenverbindungsauskünfte oder Suchmaschinen.

35 Von erheblicher Bedeutung ist daneben die **Abgrenzung journalistisch-redaktionell gestalteter Telemedien gegenüber Rundfunkangeboten.** Denn der Rundfunk (also Hörfunk und Fernsehen) ist – vor allem wegen seiner extrem hohen meinungsbildenden Wirkung – zulassungspflichtig (§ 20 Abs. 1 RStV). Der **Rundfunkbegriff** basiert auf einem „linearen Informations- und Kommunikationsdienst"; Linearität liegt dann vor, wenn der Zeitpunkt der Übertragung vom Anbieter festgelegt wird und nicht – wie etwa bei Video-on-Demand – der Disposition des Abrufenden unterliegt.[16] So fallen beispielsweise Angebote in der Mediathek des Internetauftritts eines Fernsehsenders („Sendung verpasst?") wegen fehlender Linearität nicht mehr unter den Rundfunk-, sondern unter den Telemedienbegriff. Neben den nicht-linearen Angeboten fallen auch solche aus dem Rundfunkbegriff heraus, die ausschließlich persönlichen oder familiären Zwecken dienen oder nicht journalistisch-redaktionell gestaltet sind (§ 2 Abs. 3 Nr. 3, 4 RStV).

2.1.4.2 Wesentliche Regelungsinhalte des TMG

36 Der Anbieterbegriff des TMG umfasst jeden, der eigene oder fremde Telemedien zur Nutzung bereithält (also Content- und Presence-Provider)[17] oder den Zugang zur Nutzung vermittelt (also Access-Provider), § 2 Nr. 1 TMG. Dieser **sehr weite Anbieterbegriff** erfasst sowohl den Betreiber von Internetauftritten, als auch den Betreiber von Internetservern wie auch den Telekommunikationsdienstleister, der die technische Verbindung herstellt. In § 1 Abs. 1 Satz 2 TMG wird außerdem klargestellt, dass auch öffentliche Stellen den Anbieterbegriff erfüllen können. Der ebenso weite **Nutzerbegriff** erfasst jede „natürliche oder juristische Person, die Telemedien nutzt, insbesondere um Informationen zu erlangen oder zugänglich zu machen", also schlichtweg jeden User (§ 2 Nr. 3 TMG).

37 Anders als Telekommunikationsdienstleistungen, die zumindest noch meldepflichtig sind (§ 6 TKG), sind Telemedien **zulassungs- und anmeldefrei** (§ 4 TMG). Folglich ist jede Form von Providing, soweit sie nicht zugleich

---

16 Fechner, Medienrecht, Kap. 10 Rn. 25; Spindler, CR 2007, 239, 240; Hoeren, NJW 2007, 801, 803.
17 Zu den Begriffen s. u., Rn. 84 ff.

dem TKG unterfällt (Access-Provider)[18] ohne behördliches Zutun möglich. Besondere Regeln gelten der **Verantwortlichkeit** für Telemedien. Die §§ 7–10 TMG sehen bestimmte onlinespezifische Haftungserleichterungen vor. Danach ist nur die Haftung für fremde Inhalte – also zugunsten der Betreiber von Internetservern und der Zugangsvermittler – unter bestimmten Voraussetzungen eingeschränkt. Außerdem wird ausdrücklich geregelt, dass bezüglich fremder Inhalte keine Überwachungspflicht im Sinne einer präventiven Kontrollobliegenheit besteht (Näheres zu den Haftungsregeln s. u., Rn. 109 ff.).

In § 3 TMG findet sich das **Herkunftslandprinzip**. Dieses durch Art. 3 **38** der eCommerce-Richtlinie vorgegebene Prinzip bedeutet, dass alle Telemedien – innerhalb der EU – nach „ihrem" Heimatrecht behandelt werden, egal wo sie ihre Geschäfte ausüben bzw. ihre Rechtswirkungen entfalten. Das hat zur Folge, dass das deutsche Recht für Telemedien, die ihren Sitz in einem anderen EU-Staat haben, nicht gilt. Umgekehrt können sich deutsche Telemedienanbieter, die auf ausländischen Märkten in der EU agieren, auf das Herkunftslandprinzip berufen. Allerdings wird das Herkunftslandprinzip „nicht so heiß gegessen, wie es gekocht wird". Da die rechtlichen Vorgaben und Bindungen in anderen EU-Staaten oft deutlich unter dem deutschen Level liegen, würde eine konsequente Anwendung des Herkunftslandprinzips bedeuten, dass ausländische EU-Anbieter auf dem deutschen Markt teilweise leichtes Spiel hätten. Um solche Marktverzerrungen zu verhindern, ist das Herkunftslandprinzip mit **zahlreichen Ausnahmen** in fast allen internetrelevanten Rechtsgebieten aufgeweicht worden. So gilt unabhängig von dem Sitzland eines Diensteanbieters bei in Deutschland rechtlich relevanten Vorgängen das deutsche Recht, insbesondere bei Verbraucherverträgen, bei Grundstücksverträgen, für unverlangte Werbung, für das Datenschutzrecht sowie für das Urheberrecht und verwandte Schutzrechte (vgl. die zahlreichen Bereichsausnahmen in § 3 Abs. 3–5 TMG).

Der hohen kommerziellen Bedeutung des Internets tragen die **Vorgaben** **39** für „**kommerzielle Kommunikation**" (= Werbung) in § 6 TMG Rechnung. Danach müssen Diensteanbieter, die in Telemedien oder auch per eMail Werbung machen, eine Reihe von Transparenzgeboten beachten; diese be-

---

18 Teilweise wird vertreten, eine gleichzeitige Anwendbarkeit von TKG und TMG (bzw. früher TDG/MDStV) schließe sich gegenseitig aus (so Stadler, MMR 2002, 343, 344, der für Access Provider allein das TKG gelten lassen will); doch zeigen gerade die Legaldefinitionen der Anbieterbegriffe, dass zwar Telekommunikation und Tele-/Mediendienste weitgehend verschiedene Anwendungsbereiche haben, aber dennoch eine Schnittmenge in Gestalt der Access Provider besteht; dies belegt auch die Formulierung von § 11 Abs. 3 TMG, die von „Telemedien, die überwiegend in der Übertragung von Signalen über Telekommunikationsnetze bestehen", spricht. Vgl. auch Köhler/Arndt/Fetzer, Recht des Internet, Rn. 906 ff.; Roßnagel, JZ 2007, 743, 745; kritisch zur unklaren Abgrenzung bezüglich des Access Providings Hoeren, NJW 2007, 801, 802.

treffen insbesondere die Erkennbarkeit des Werbecharakters und der dahinter stehenden (natürlichen oder juristischen) Person.

40 Die §§ 11–15 TMG enthalten eine Reihe von Sonderbestimmungen zum **Datenschutzrecht** für Telemedien. Diese enthalten Regelungen unter anderem für

- das Verbot mit Erlaubnisvorbehalt für die Erhebung, Verarbeitung und Nutzung personenbezogener Daten (§ 12 Abs. 1, 2 TMG),
- die Pflicht zur Information der Betroffenen über die Nutzung ihrer Daten (§ 13 Abs. 1 TMG),
- das Widerrufsrecht des Betroffenen und die Hinweispflicht des Anbieters hierauf (§ 13 Abs. 2 Nr. 4, Abs. 3 TMG),
- den Umgang mit Bestands- sowie Nutzungsdaten (§§ 14, 15 TMG; Näheres hierzu s. u., Rn. 159 ff.).

41 Die den **Jugendschutz** betreffenden Vorschriften sind nicht im TMG, sondern im Jugendmedienschutz-Staatsvertrag (JMStV) geregelt (näher hierzu s. u., Rn. 314 ff.). Dies gilt etwa für die Unzulässigkeit bestimmter Angebote wie z. B. Pornografie oder Kriegsverherrlichung (§ 4 JMStV), für Jugendschutzbelange in der Werbung (§ 6 JMStV), für die Pflicht gewerblicher Telemedienanbieter zur Bestellung eines Jugendschutzbeauftragten (§ 7 JMStV), für Jugendschutzprogramme (§ 11 JMStV) und für die Kennzeichnungspflicht bei Altersfreigaben (§ 12 JMStV).

2.1.4.3 Zusätzliche Regelungsinhalte im RStV für journalistisch-redaktionell gestaltete Telemedien

42 Aufgrund des Bezugspunkts des journalistisch-redaktionellen Charakters (s. o., Rn. 34) dieser Telemedien bezieht sich der Regelungsinhalt der §§ 54 ff. RStV auf die klassischen **Journalismus-Themen** wie

- die Pflicht zur Beachtung der verfassungsmäßigen Ordnung (§ 54 Abs. 1 Satz 2 RStV),
- die Verpflichtung auf die journalistische Sorgfaltspflicht (u. a. Wahrheit, § 54 Abs. 2 RStV; vgl. § 6 LPrG BW),
- das Recht des Betroffenen auf Gegendarstellung (§ 56 RStV; vgl. § 11 LPrG BW),
- die Pflicht zur Benennung eines verantwortlichen Redakteurs (§ 55 Abs. 2 RStV; vgl. § 8 Abs. 2 LPrG BW) und
- das Auskunftsrecht des Journalisten gegenüber Behörden (§ 55 Abs. 3 i. V. m. § 9a RStV; vgl. § 4 LPrG BW).

Außerdem enthält § 55 Abs. 1 RStV abweichende Vorgaben für die **Anbieterkennzeichnung (= Impressumspflicht)** gegenüber denen in § 5 TMG (Näheres hierzu s. u., Rn. 207 f.).

43 Besondere Regelungen gelten für **Telemedienangebote, die von öffentlich-rechtlichen Rundfunkanstalten erbracht werden** (§§ 11d, 11 f RStV). Danach wird der gesetzliche Auftrag der öffentlich-rechtlichen Rundfunkanstalten erweitert (§ 11d Abs. 1 RStV); gleichzeitig wird ihnen auferlegt, ihre Telemedienangebote in Telemedienkonzepten zu Zielgruppe, Inhalt, Ausrichtung und Verweildauer zu konkretisieren (§ 11 f Abs. 1 RStV). Sofern neue Angebote eingerichtet oder vorhandene Angebote verändert werden sollen, ist eine dreistufige Prüfung zum gesellschaftlichen Bedarf durchzuführen (§ 11 f Abs. 4 RStV).[19] Außerdem dürfen die Online-Angebote von ARD und ZDF aus Wettbewerbsgründen (gegenüber der Print-Presse) nicht „presseähnlich" sein (§ 11 Abs. 2 Nr. 3 RStV). Dies wird an der Gestaltung festgemacht: So sprechen Textlastigkeit, Spaltenschriftsatz, Schlagzeilen und Unterschlagzeilen für ein pressetypisches Layout, während Bewegtbilder, Audios, Links und interaktive Angebote (z. B. Kommentierungsfunktion) internetspezifisch sind. Dieses Verbot wurde nach Auffassung deutscher Zeitungsverleger durch die tagesschau.de-Seite und die dazugehörige App verletzt, was nach einem erfolgreichen erstinstanzlichen Urteil zu einer tiefgreifenden Gestaltungsrevision der Seite geführt hat.[20]

2.1.5 Summary „Telemedienrecht"

1. Das Telemediengesetz gilt für alle Internetangebote. Soweit diese jedoch „journalistisch-redaktionelle" Angebote enthalten, sind zusätzliche Vorgaben der §§ 54 ff. RStV zu beachten. **44**
2. Die wesentlichen Vorschriften des Telemediengesetzes betreffen
   a) den Anbieter- und Nutzerbegriff,
   b) die Zulassungs- und Anmeldefreiheit,
   c) die Haftungsprivilegierungen,
   d) das Herkunftslandprinzip,
   e) die Werbung und
   f) den Datenschutz.
   Ergänzend finden sich im Jugendmedienschutz-Staatsvertrag die den Jugendschutz betreffenden Vorschriften für Telemedien.
3. Die zusätzlichen Regelungen der §§ 54 ff. RStV betreffen die klassischen medienrechtlichen Fragen wie die journalistische Sorgfaltspflicht etc.

---

19 Näher hierzu Sokoll, NJW 2009, 885.
20 LG Köln, Urt. v. 27.9.2012 – Az. 31 O 360/11; anders aber OLG Köln, Urt. v. 20.12.2013 – Az. 6 U 188/12 (wobei es vor allem um die wettbewerbsrechtliche Relevanz des Verbots presseähnlicher Angebote ging), und BGH, Urt. v. 30.4.2015 – Az. I ZR 13/14; Peters, Öffentlich-rechtliche Online-Angebote, S. 125; Gersdorf, AfP 2010, 421 (423).

2.2 Grundrechte

2.2.1 Vorbemerkung zur Wirkung von Grundrechten

45 Die Grundrechte sind nicht nur **Programmsätze** (objektives Recht), sondern auch unmittelbar geltendes Recht (vgl. Art. 1 Abs. 3 GG), das jedermann mit der Verfassungsbeschwerde gem. Art. 93 Abs. 1 Nr. 4a GG einklagen kann (**subjektives Recht**). Allerdings wirken die Grundrechte vorrangig im Verhältnis **zwischen Bürger und Staat** in Form von

- Abwehrrechten (Abwehr gegen Eingriffe in individuelle Freiheiten, z. B. Religionsfreiheit, Art. 4 GG),
- Leistungsrechten (Ansprüche auf bestimmte Leistungen, z. B. Anspruch der Mutter auf Schutz und Fürsorge der Gemeinschaft, Art. 6 Abs. 4 GG) und
- Teilhaberechten (Ansprüche auf Teilhabe an öffentlichen Angeboten, z. B. an Studienplätzen als Ausfluss der Ausbildungsfreiheit, Art. 12 GG).[21]

46 Im **Verhältnis zwischen privaten Rechtssubjekten** (auch im geschäftlichen Bereich) – und das ist im Internet in aller Regel die maßgebliche Konstellation – gelten die Grundrechte nur mittelbar, nämlich durch gesetzliche Wertungs- und Generalklauseln; so muss die Frage, ob ein Wettbewerbsverhalten unlauter i. S. v. § 3 UWG ist oder ein Vertrag gegen die guten Sitten gem. § 138 BGB verstößt, auch unter Heranziehung grundrechtlicher Wertungen entschieden werden.[22] Im direkten Rechtsverhältnis zwischen Bürgern gelten die Grundrechte nicht, weshalb sie im Internetrecht nur eine untergeordnete Rolle spielen. Allerdings sind sie nicht selten die **Grundlage für einfach-gesetzliche Regelungen**, die im Internetrecht erhebliche Bedeutung haben (z. B. das Eigentumsgrundrecht für das Urheberrecht).

47 Die Grundrechte umfassen **thematisch einen weiten Bogen**, vom Freiheitsprinzip über den Gleichheitssatz, die Glaubensfreiheit bis zum Petitionsrecht (Art. 1–17 GG). Hinzu kommen die Justizgrundrechte und grundrechtsgleiche Rechte wie das Wahlrecht. In diesem Unterkapitel werden jedoch nur einige wenige ausgewählte Grundrechte behandelt, die im Internet eine besondere Relevanz haben.

---

21 Ausführlich zu den Grundrechtsfunktionen siehe Haug, Öffentliches Recht für den Bachelor, Rn. 431 ff.; Fechner, Medienrecht, Kap. 3 Rn. 6 ff.
22 Zur sog. Drittwirkung der Grundrechte siehe Haug, Öffentliches Recht für den Bachelor, Rn. 439 ff.; Fechner, Medienrecht, Kap 3 Rn. 22–24.

2.2.2 Allgemeines Persönlichkeitsrecht (Art. 2 Abs. 1 i. V. m. Art. 1 Abs. 1 GG)

Aus der **Handlungs- und Entfaltungsfreiheit** gem. Art. 2 Abs. 1 GG zu- **48** sammen mit der **Menschenwürde** gem. Art. 1 Abs. 1 GG hat das Bundesverfassungsgericht das sog. „Allgemeine Persönlichkeitsrecht" (APR) entwickelt.[23] Dieses dient dem Gericht quasi als **„Steinbruch" für einzelne Ausprägungen,** die im Lauf der Jahre vor dem Hintergrund konkreter Fälle entwickelt worden sind. Für das Internetrecht hat das APR gleich in mehrfacher Hinsicht Bedeutung, denn daraus folgt u. a. das Recht auf Gewährleistung der Vertraulichkeit und Integrität informationstechnischer Systeme („Online-Durchsuchungen"), das Recht auf informationelle Selbstbestimmung (Datenschutz) und das Recht am eigenen Bild.[24]

49

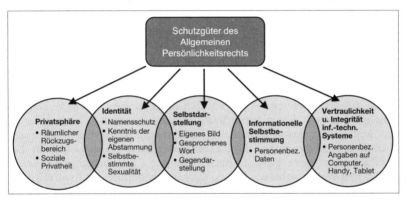

Übersicht 8: Allgemeines Persönlichkeitsrecht

2.2.2.1 Recht auf **Gewährleistung** der Vertraulichkeit und Integrität informationstechnischer Systeme

Die jüngste und zugleich für das Internet unmittelbar relevante Ausprä- **50** gung des APR bildet das Recht auf Gewährleistung der Vertraulichkeit und Integrität informationstechnischer Systeme. Anlass für die „Erfindung" dieses etwas sperrig daher kommenden Grundrechts war die Frage, ob und ggf. unter welchen Voraussetzungen sog. verdeckte „Online-Durchsuchungen" zulässig sind.[25] Seit dieser Entscheidung des BVerfG ist geklärt, dass der Einzelne vor Zugriffen auf in der Regel selbst und **für eigene Zwecke genutzte EDV-Geräte** geschützt ist, wenn die Gesamtschau

---

23 Zum historischen Entstehungshintergrund der kontinentaleuropäischen Persönlichkeitsrechtsdogmatik und deren Konfrontation mit den Herausforderungen des digitalen Zeitalters siehe Peifer, JZ 2013, 853 ff.
24 Umfassend und instruktiv hierzu Martini, JA 2009, 839 ff.
25 Zu den Rechtsgrundlagen zur Durchsuchung persönlicher Datenspeicher siehe den instruktiven Überblick bei Herrmann/Soiné, NJW 2011, 2922 ff.

der dort vorhandenen Daten ein **Bild der Persönlichkeit oder der Lebens-gestaltung des Betroffenen** gewinnen lässt. Neben dem eigenen PC kann dies auch für Handys oder elektronische Kalender gelten. Viele Nutzer vertrauen ihrem eigenen PC umfangreich sensible Daten (Tagebuch, Korrespondenz, Aktivitäten, Termine etc.) an, ohne je daran zu denken, dass darauf unbemerkt von außen zugegriffen werden könnte. Genau dieses Vertrauen in die Vertraulichkeit dieses eigenen informationstechnischen Umfelds wird als Teil des Kernbereichs privater Lebensgestaltung von diesem neu entwickelten Grundrecht geschützt – wenngleich nicht schrankenlos. Wenn „tatsächliche Anhaltspunkte einer konkreten Gefahr für ein überragend wichtiges Rechtsgut bestehen", ist bei Vorliegen einer entsprechenden gesetzlichen Ermächtigung ein richterlicher Eingriff in den Schutzbereich dieser Ausprägung des allgemeinen Persönlichkeitsrechts zulässig.[26]

51   Dieses Grundrecht hat aber nicht nur für Online-Durchsuchungen Bedeutung, sondern auch für die sog. **Quellen-Telekommunikationsüberwachung**. Dabei geht es um die gute, alte Telefonüberwachung (§ 100a StPO), die bei Internet-Telefonie (z. B. Skype) nicht mehr – wie früher – über das Anzapfen der Leitung funktioniert, sondern über einen Softwarezugriff auf den Rechner des Abgehörten (also an der „Quelle"). Dies ist jedoch nur dann zulässig, wenn technisch und rechtlich sichergestellt ist, dass keine über das Abhören von Telefongesprächen hinausgehenden Überwachungsmaßnahmen durchgeführt werden können. Genau an diesem Punkt setzt die (z. B. vom Chaos Computer Club vorgetragene) Kritik an: Die zu diesen Überwachungszwecken verwendete Software könne sehr viel mehr, was sie jedoch nicht darf; das Bundeskriminalamt hält die Zulässigkeitsgrenzen dagegen für gewahrt.[27]

2.2.2.2 Recht auf informationelle Selbstbestimmung

52   Ebenfalls eine ganz erhebliche Bedeutung im Internet kommt dem Recht auf informationelle Selbstbestimmung zu, das als grundrechtliches „Mutterrecht" den gesamten Datenschutz verfassungsrechtlich auflädt. Der Entstehungshintergrund war aber noch stark „analog" geprägt: George Orwell (1903–1950) hat in seinem Zukunftsroman „1984" ein düsteres

---

26 BVerfG, Urt. v. 24.4.2013 – Az. 1 BvR 1215/07 = BVerfGE 120, 274 = NJW 2008, 822 = MMR 2008, 315 m. Anm. Bär = CR 2008, 306 = DÖV 2008, 459 (Online-Durchsuchung); so i. Erg. zuvor schon ähnlich BGH, NJW 2007, 930 m. Anm. Hamm = MMR 2007, 237 m. Anm. Bär = CR 2007, 253; zu den daraufhin geschaffenen gesetzlichen Eingriffsregelungen siehe Soiné, NVwZ 2012, 1585 ff.
27 Deutlich traten die Meinungsunterschiede bei den Referaten von Constanze Kurz (CCC) und Jürgen Stock (BKA) beim 69. Deutschen Juristentag, Abt. Strafrecht, zutage (s. Verhandlungen des 69. DJT, Band II/1, 2012).

Bild einer von „Big Brother" vollüberwachten Gesellschaft gezeichnet.[28] Dieses 1949 erschienene Buch wurde – wohl wegen seines datierten Titels – Anfang der 80er Jahre wieder aktuell. In diesem Klima wurde 1982 ein „Volkszählungsgesetz 1983"[29] verkündet, wonach im Frühjahr 1983 eine allgemeine Volks-, Berufs-, Wohnungs- und Arbeitsstättenzählung durchgeführt werden sollte. Ziel war die Erhebung von Angaben über den neuesten Stand der Bevölkerung, ihre räumliche Verteilung und ihre Zusammensetzung nach demografischen und sozialen Merkmalen sowie über ihre wirtschaftliche Betätigung als notwendige Planungsgrundlage für zentrale gesellschafts- und wirtschaftspolitische Entscheidungen von Bund, Ländern und Kommunen.

Das auf besonders zahlreiche Verfassungsbeschwerden ergangene **Volks-** **53** **zählungsurteil des Bundesverfassungsgerichts** erklärte zwar das Gesetz für weitgehend verfassungsmäßig, statuierte aber – insbesondere im Hinblick auf die erheblichen Erleichterungen der Datensammlung durch die EDV – als Ausfluss des allgemeinen Persönlichkeitsrechts das Recht auf informationelle Selbstbestimmung. Hieraus folge, so das Gericht,

> „die Befugnis des Einzelnen, grundsätzlich selbst zu entscheiden, wann und innerhalb welcher Grenzen persönliche Lebenssachverhalte offenbart werden".[30]

Dieser Befund hat zu einer **gewaltigen Ausweitung datenschutzrechtlicher Bestimmungen auf allen Ebenen** nicht nur zwischen Bürger und Staat, sondern auch im Verhältnis der Bürger untereinander, geführt.[31] Auch wenn man mitunter die Stirn über datenschutzrechtliche Vorgaben bei vergleichsweise banalen Vorgängen runzeln kann,[32] belegen doch Aufsehen erregende Fälle skrupelloser illegaler Datennutzung die Notwendigkeit eines wirksamen gesetzlichen Datenschutzkonzepts.[33] Und nicht zuletzt das Internet trägt erheblich zur Erhöhung der datenschutzrechtlichen Gefährdungslage bei: Die Möglichkeit der Verknüpfung verschiedener Daten – etwa Name und Anschrift – mit Informationen zum Surfverhalten oder zu Kaufinteressen/-gewohnheiten ist für Werbeaktivitäten kommerzieller Anbieter von Waren oder Dienstleistungen von höchstem Interesse,

---

28 Was heute unter dem Titel „Big Brother" im Fernsehen zu bestaunen ist, hat sich Orwell ebenso wenig auszumalen vermocht, wie die weitgehende und freiwillige Entäußerung zahlreicher hochsensibler Daten in sozialen Netzwerken.

29 VZG 1983 vom 25.3.1982, BGBl. I 369.

30 BVerfGE 65, 1, 42 (Volkszählungsurteil).

31 Pieroth/Schlink/Kingreen/Poscher, Grundrechte, Rn. 399.

32 So erscheint es mir übertrieben, wenn ein Landesdatenschutzbeauftragter eine Universität schon deshalb öffentlich an den Pranger stellt, weil diese ihren Geschäftsverteilungsplan mit den Namen der nicht besonders herausgehobenen Mitarbeiter veröffentlicht hat, siehe 23. Tätigkeitsbericht des Datenschutzbeauftragten von Baden-Württemberg, 4. Teil, Ziff. 1.4.2.

33 Man denke nur an Skandale wie die Datenaffäre der Deutschen Bahn von 2009 oder die „Spitzelaffäre" bei der Telekom von 2008.

so dass heute – anders als in den Zeiten des Volkszählungsurteils – eine mindestens gleich starke Bedrohung des Grundrechts auf informationelle Selbstbestimmung von Seiten Privater besteht (näher dazu s. u., Rn. 191).[34]

2.2.2.3 Recht am eigenen Bild

54 Aus dem Recht der Selbstdarstellung wird das Recht am eigenen Bild abgeleitet, wonach jeder **über die Verwendung von Bildern – v. a. Fotos – der eigenen Person entscheiden** kann.[35] Dieses Recht am eigenen Bild ist ein wichtiges Beispiel dafür, wie Grundrechte im Verhältnis von Bürger und Staat durch den einfachen Gesetzgeber auch in das Verhältnis der Bürger untereinander eingespeist werden. So regelt § 22 Kunsturhebergesetz (KUG) den Grundsatz, dass erkennbare Bildnisse einer Person nur mit deren Zustimmung öffentlich zur Schau gestellt oder verbreitet werden dürfen. Die §§ 23 und 24 KUG sehen Ausnahmen von diesem Grundsatz vor; so ist die zustimmungsfreie Veröffentlichung möglich von **Personen der Zeitgeschichte** (wegen des Informationsbedürfnisses der Öffentlichkeit), von Hintergrundpersonen (aus Praktikabilitätsgründen) und bei Steckbriefen (zur Erleichterung der Strafverfolgung). Aber auch diese Ausnahmen sind nicht grenzenlos, vor allem dann nicht, wenn die Verwendung oder Veröffentlichung von Prominentenbildern kommerziellen Interessen dienen.

55 So hat sich vor einigen Jahren der damalige Torwart der deutschen Fußball-Nationalmannschaft Oliver Kahn erfolgreich gegen die Verwendung eines computergenerierten Abbildes seiner Person in einem Fußball-Computerspiel (wozu er nicht gefragt wurde und an dessen Einnahmen er vermutlich nicht beteiligt worden war) gewehrt. Das Gericht sah die APR-Verletzung von Kahn als „keineswegs marginal oder auch nur gering" an:

> „Denn in dem Spiel wird die Person des Kl. gleichsam zu einem willenlosen Werkzeug des Spielers gemacht, der sie nach eigenem Gutdünken führen und auch zu sinnwidrigen oder gar lächerlichen Aktionen einsetzen kann (etwa indem er die den Kläger darstellende Figur fortwährend Eigentore schießen lässt)."[36]

Die Entscheidung zeigt im Übrigen auch, dass nicht nur Fotos oder Videos als „Bilder" gelten, sondern alle visuellen Darstellungen, die eine bestimmte Person erkennbar machen. Ein anderer Anwendungsfall der Kommerzialisierung von Prominentenbildern stellt deren Veröffentlichung in einschlägigen Organen der **Regenbogenpresse** dar. Letztlich erfolgreich hat hier Prinzessin Caroline von Monaco den Rechtsweg beschritten. Anders noch als das Bundesverfassungsgericht, das bei Personen

---

34 Neben sozialen Netzwerken sind dies neben vielen anderen Beispielen auch datenlesende Payback- oder Kundenkarten. Ähnlich auch Fechner, Medienrecht, Kap. 4 Rn. 68.
35 Di Fabio, in: Maunz/Dürig Art. 2 Abs. 1 Rn. 193; vgl. auch Fechner, Medienrecht, Kap. 4 Rn. 28 ff.
36 LG Hamburg, CR 2004, 225 m. Anm. Ernst.

der Zeitgeschichte von einem Vorrang der Pressefreiheit und des Informationsbedürfnisses der Öffentlichkeit gegenüber dem Recht am eigenen Bild ausging,[37] hat der Europäische Gerichtshof für Menschenrechte in einer weitreichenden Grundsatzentscheidung für Prominentenbilder aus deren privatem Alltag einen Verstoß gegen Art. 8 der Europäischen Menschenrechtskonvention (Recht auf Achtung des Privat- und Familienlebens) festgestellt.[38]

Nach dieser sehr „promi-freundlichen" Rechtsprechung des EGMR hat der **56** BGH in differenzierten Entscheidungen zwar weder die Möglichkeit zur Veröffentlichung von „Promi-Bildern" noch die damit verbundene Funktion der Pressefreiheit negiert, aber im Wesentlichen darauf abgestellt, ob mit den fraglichen Bildern ein **Beitrag zu einer öffentlichen Sachdebatte** verbunden sein kann. Ist das der Fall, können auch „Promi-Bilder" aus privatem Zusammenhang ohne Zustimmung der Betroffenen veröffentlicht werden.[39] Dies zeigen exemplarisch die beiden „**Einkaufsbummelentscheidungen**" des **BGH**: Die Bilder, die die ehemalige schleswig-holsteinische Ministerpräsidentin Heide Simonis am Tag nach ihrem Ausscheiden aus dem Amt beim Einkaufsbummel zeigten, durften veröffentlicht werden, während der BGH dies beim Einkaufsbummel der TV-Moderatorin Sabine Christiansen mit ihrer Putzfrau auf Mallorca von der (nicht vorliegenden) Zustimmung der Abgebildeten abhängig gemacht hat.[40] Denn während am privaten Umgang einer Ex-Ministerpräsidentin mit dem öffentlichen Ereignis der Abwahl noch ein hinreichendes öffentliches Interesse bejaht werden kann, fehlt dies bei einer völlig belanglosen Privatsituation einer Prominenten. Denn dann hat nach den Worten des BGH „der Nachrichtenwert der Berichterstattung […] keinerlei Orientierungsfunktion im Hinblick auf eine die Allgemeinheit interessierende Sachdebatte".

---

37 Vgl. BVerfGE 101, 361 = NJW 2000, 1021, v. a. Leitsatz 4; lediglich die Fotos von Caroline von Monaco mit ihren Kindern wurden wegen deren Persönlichkeitsrechten untersagt; siehe außerdem BGH NJW 2004, 1795, wonach Bilder von Begleitpersonen Prominenter in der Regel nicht ohne deren Zustimmung veröffentlicht werden dürfen.
38 EGMR, Urt. v. 24.6.2004 – Az. 59320/00 (Promi-Schutz I); diese Linie hat der EGMR bis heute fortgesetzt, vgl. EGMR, Urt. v. 16.1.2014 – Az. 13258/09 = NJW 2014, 3291 (Promi-Schutz II).
39 Zur BGH-Rechtsprechung zu Promi-Bildern und deren Unterschiede zur Rechtsprechung des EGMR vgl. Fechner, Medienrecht, Kap. 4 Rn. 52.
40 BGH NJW 2008, 3134 (Einkaufsbummel Simonis); BGH NJW 2008, 3138 (Einkaufsbummel Christiansen); nicht unterschlagen möchte ich das dritte BGH-Urteil in dieser Serie (NJW 2008, 3141), zumal es auf einer vorausgegangenen Entscheidung des BVerfG (NJW 2008, 1793) beruht: Dieses betrifft wieder Prinzessin Caroline von Hannover und erlaubt die Veröffentlichung eines Bildes der Prinzessin und ihres Mannes als Bebilderung eines Berichts über die Vermietung der Ferienvilla des Ehepaares von Hannover. In seiner Begründung stellt der BGH maßgeblich darauf ab, dass der Bericht Anlass für sozialkritische Überlegungen der Leser geben könne. Zu allen drei BGH-Urteilen siehe Stender-Vorwachs, NJW 2009, 334; zur Caroline-II-Entscheidung des BVerfG vgl. Hoffmann-Riem, NJW 2009, 20.

2.2.3 Kommunikationsgrundrechte (Art. 5 Abs. 1, 2 GG)

57 Der Oberbegriff der Kommunikationsgrundrechte erfasst
- das Recht, seine Meinung in Wort, Schrift und Bild frei zu äußern und zu verbreiten (**Meinungsfreiheit** – Art. 5 Abs. 1, Satz 1, 1. Alt. GG),
- das Recht, sich aus allgemein zugänglichen Quellen ungehindert zu unterrichten (**Informationsfreiheit** – Art. 5 Abs. 1, Satz 1, 2. Alt. GG),
- die Pressefreiheit und die Freiheit der Berichterstattung durch Rundfunk (einschl. Fernsehen) und Film (**Medienfreiheiten** – Art. 5 Abs. 1 Satz 2 GG).[41]

58 Die Meinungs- und Informationsfreiheit schützt vorrangig die Kommunikationsrechtssphäre des Einzelnen – und zwar in beide Richtungen (im Sinne von **„push and pull"**):

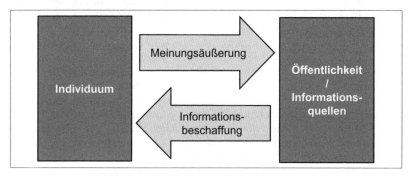

Übersicht 9: Kommunikationsrichtungen

Die Medienfreiheiten zielen demgegenüber vorrangig auf den **Schutz der Medienorgane und des Meinungsbildungsprozesses.**[42]

2.2.3.1 Meinungsfreiheit

59 Die Meinungsfreiheit nimmt **keine Bewertung der einzelnen Meinungsäußerungen** vor, sondern gilt für Wertungsäußerungen jeglicher Art unabhängig von Bedeutung oder Banalität, Wahrheit oder Lüge, Wert oder Unwert. Vom Meinungsbegriff nicht erfasst sind lediglich reine Tatsachenbehauptungen oder statistische Angaben. Auch die bloße Auswahl und Präsentation von Tatsachen setzt eine wertende Entscheidung voraus und unterfällt damit der Meinungsfreiheit. Sogar Werbung kann von der Meinungsfreiheit geschützt sein, nämlich dann, wenn sie einen – wie auch immer gearteten – Beitrag zur öffentlichen Diskussion leistet oder (in den Worten des BVerfG) „Gesprächsgegenstände zur Verfügung [stellt], an die

---

41 Fechner, Medienrecht, Kap. 3 Rn. 2 f.; Haug, Öffentliches Recht für den Bachelor, Rn. 528 ff.
42 Fechner, Medienrecht, Kap. 3 Rn. 3.

sich Diskussionsprozesse und Integrationsvorgänge anschließen können, die sich auf Lebenseinstellungen, Werthaltungen und Verhaltensmuster beziehen". Entwickelt hat das BVerfG diese Argumentation bei der sog. Schockwerbung eines Bekleidungsherstellers, die schweres Leid von Menschen oder Tieren und damit gesellschaftliche oder ökologische Missstände thematisiert hat.[43] Geschützt ist schließlich die sog. „negative Meinungsfreiheit", wonach man auch das Recht hat, Meinungen gerade nicht zu äußern oder nicht zu verbreiten.[44]

Ihre Grenze findet die Meinungsfreiheit erst in den sog. **allgemeinen Ge-** **60** **setzen (Art. 5 Abs. 2 GG)**. Praktisch größte Bedeutung kommt hier dem Strafgesetzbuch zu.[45] So ist die Meinungsfreiheit gegenüber dem Ehrschutz des Einzelnen eingeschränkt, weshalb **individualisierbare Beleidigungen** gem. § 185 StGB strafbar sind; inhaltlich provokante Aussagen allgemeinerer Art, bei denen das Unwerturteil nicht auf wenige konkrete Personen individualisiert wird – wie z. B. „Soldaten sind Mörder" –, sind dagegen noch von der Meinungsfreiheit geschützt.[46] Andererseits können jugendschutzrechtliche Bestimmungen die Meinungsfreiheit begrenzen. Des Weiteren sieht das Strafrecht die Meinungsfreiheit einschränkende Regelungen zum **Schutz des demokratischen Rechtsstaates** vor, weshalb etwa das Führen des Hakenkreuzes (§ 86a StGB), die Verunglimpfung der Bundesrepublik, ihrer Symbole bzw. ihrer Verfassungsorgane (§§ 90a, 90b StGB) und das Leugnen des Holocaust (§ 130 Abs. 3 StGB) unter Strafe stehen.

Wer von der Meinungsfreiheit beherzt Gebrauch macht, eckt nicht selten an. **61** Folglich steht das Grundrecht der Meinungsfreiheit häufig in einem **Spannungsverhältnis zu Grundrechten des betroffenen Gegenübers,** auf das sich die Meinungsäußerung bezieht. Dabei gelten im Internet grundsätzlich dieselben Grundsätze wie bei Printmedien; allerdings kann eine Persönlichkeitsrechtsverletzung im Internet auch dann dem Verantwortlichen für die „Erstveröffentlichung" zugerechnet werden, wenn die Verletzung selbst erst durch die Weiterverbreitung der Erstveröffentlichung entstanden ist.[47] Ty-

---

43 BVerfGE 102, 347 (349 f.) – Schockwerbung; hierzu und zum Schutzbereich der Meinungsfreiheit siehe Fechner, Medienrecht, Kap. 3 Rn. 48 ff. (insb. Rn. 55 m. w. N.); Haug, Öffentliches Recht für den Bachelor, Rn. 522–525.

44 Fechner, Medienrecht, Kap. 3 Rn. 58 f. m. w. N.; Pieroth/Schlink/Kingreen/Poscher, Grundrechte, Rn. 603–605.

45 Ausführlich zu den Schranken Fechner, Medienrecht, Kap. 3 Rn. 61 ff. m. w. N.; Haug, Öffentliches Recht für den Bachelor, Rn. 533 ff.

46 BVerfGE 93, 266 (298 ff.).

47 BGH, Urt. v. 17.12.2013 – Az. VI ZR 211/12 = MMR 2015, 137 = NJW 2014, 2029; siehe hierzu auch Gounalakis, NJW 2014, 2000; ähnlich BGH, Urt. v. 8.5.2012 – Az. VI ZR 217/08 = NJW 2012, 2197 = MMR 2012, 703 = CR 2012, 525; eine weitere Online-Archiv-Entscheidung des BGH betrifft die Verdachtsberichterstattung, vgl. BGH, Urt. v. 30.10.2012 – Az. VI ZR 4/12 = NJW 2013, 229 = MMR 2013, 195.

pischerweise kann der Konflikt zwischen Meinungsfreiheit und Persönlichkeitsrecht nur durch eine Abwägung der gegenüber stehenden Rechte aufgelöst werden. Ein besonders augenfälliges Beispiel dafür bietet das Problem der **Namensnennung verurteilter Straftäter in Online-Archiven** von (i. d. R. Print-)Medien. Wird ein Mörder nach seiner Tat gefasst und verurteilt, wird hierüber für gewöhnlich in den Medien – mit Namensnennung – berichtet. Dies gilt besonders, wenn – wie im zugrunde liegenden Fall – das Opfer besonders prominent war (der bayerische Volksschauspieler Walter Sedlmayr). Während aber die Printmedien rasch im Papiermüll landen und auf diesem Weg schon kurze Zeit später der Name des Mörders in Vergessenheit zu geraten beginnt, bietet das Internet – und dort besonders die Online-Archive der Printmedien – die Möglichkeit, auch noch viele Jahre später mit ein paar Mausklicks den Namen des Mörders zu recherchieren (sog. „Konservierungseffekt"[48]). Dies erschwert die Resozialisierung des Täters, wenn dieser (z. B. wegen guter Führung) nach Jahren freigelassen wird. Es stehen sich dann schwerwiegende Rechtsgüter gegenüber.

62

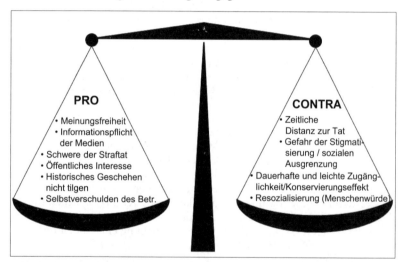

Übersicht 10: Online-Archive

63 Laut BGH[49] fällt die Abwägung nur dann zugunsten des Online-Archivs aus, wenn
- der archivierte Alt-Artikel zum Zeitpunkt seiner ersten Veröffentlichung rechtmäßig war (also nicht schon damals unzulässig in das Per-

---

48 Ladeur/Gostomzyk, NJW 2012, 710.
49 BGH NJW 2010, 757 = CR 2010, 184; BGH Urt. v. 22.2.2011 – Az. VI ZR 114/09.

sönlichkeitsrecht des Betroffenen eingegriffen hat, was etwa bei Verdachtsberichterstattung der Fall sein kann),
- der archivierte Alt-Artikel als solcher gekennzeichnet ist, so dass jeder Eindruck (relativer) Aktualität vermieden wird und
- der archivierte Alt-Artikel nur infolge einer gezielten Recherche angezeigt – also z. B. nicht von Suchmaschinen ungefragt ausgeworfen – wird.

Erst recht zulässig ist die Namensnennung in archivierten Alt-Artikeln dann, wenn der **Zugang dazu erschwert** wird. Dies kann sowohl durch eine Kostenpflicht als auch durch einen Zugangscode (z. B. für Abonnenten) erfolgen, denn damit wird die Breitenwirkung der Archivmeldung weiter reduziert.

2.2.3.2 Informationsfreiheit

Als Gegenstück zur Meinungsfreiheit („push") gibt die Informationsfreiheit („pull") jedem das Recht, sich Informationen aus allen frei zugänglichen Quellen zu beschaffen. Das eine Grundrecht ist ohne das andere nicht denkbar, da **Meinungsbildung Informationen voraussetzt** bzw. in einem Kommunikationsprozess zwischen Meinungsträger und Informant ein fortlaufender interaktiver Rollenwechsel stattfindet. In der modernen Wissensgesellschaft bedeuten Informationen Macht.[50] Begrenzt wird die Informationsfreiheit durch den Datenschutz, was ein austariertes Spannungsverhältnis zwischen der Informationsfreiheit des einen und dem Recht auf informationelle Selbstbestimmung des anderen zur Folge hat.[51] Das Internet stellt – anders als z. B. der Polizeifunk oder Behördenakten – eine frei zugängliche Informationsquelle dar (bis auf solche Seiten, die durch Passwörter geschützt sind). Das Grundrecht der Informationsfreiheit bedeutet freilich nicht, dass es unentgeltlich verwirklicht werden können muss. Deshalb darf die Tageszeitung ebenso wie das Internetsurfen durchaus Geld kosten.[52]

64

2.2.3.3 Medienfreiheiten

Unter den Medienfreiheiten werden die Spartenfreiheiten für **Presse, Rundfunk und Film** verstanden. Geschützt von den Medienfreiheiten ist zum einen der Prozess von der Informationsgewinnung (Recherche) über die Informationsverarbeitung (Redaktionsarbeit) bis hin zur Informationsverbreitung (ungehinderte Auslieferung der Zeitung bzw. Aussendung des Radio- oder Fernsehbeitrags). Wie die Meinungsfreiheit besteht die Medienfreiheit **unabhängig von der journalistischen oder inhaltlichen**

65

---

50 Kloepfer, DÖV 2003, 221, 222 fordert daher aus der Teilhabewirkung der Informationsfreiheit eine gerechte Informationsverteilung zwischen Staat und Bürger.
51 Kloepfer, DÖV 2003, 221, 224 untersucht die einzelnen Facetten dieses Spannungsverhältnisses; neben Gegensätzen macht er auch die Gemeinsamkeit beider Grundrechte aus, die Stellung des Einzelnen gegenüber dem Staat zu stärken.
52 Ausführlich zur Informationsfreiheit Fechner, Medienrecht, Kap. 3 Rn. 80 ff.

Qualität der Informationen; Zeitungen mit „besonders großen Buchstaben" genießen den Schutz der Medienfreiheit nicht minder als beispielsweise die öffentlich-rechtlichen Rundfunkanstalten. Zum anderen schützen die Medienfreiheiten den institutionell-organisatorischen Bestand von Presseorganen und Rundfunkanstalten und damit auch die **Institution freier (und staatsferner!) Medien** als solche. Dieser institutionelle Aspekt der Medienfreiheit dient letztlich der freiheitlich-demokratischen Grundordnung, die ohne freie Medien nicht funktionsfähig sein könnte (deshalb spricht man von der Presse auch als „vierte Gewalt" neben der gesetzgebenden, vollziehenden und richterlichen Gewalt).[53] Die von den verschiedenen Medien veröffentlichten Inhalte unterliegen demgegenüber der Meinungsfreiheit (Ausnahme Film).

66

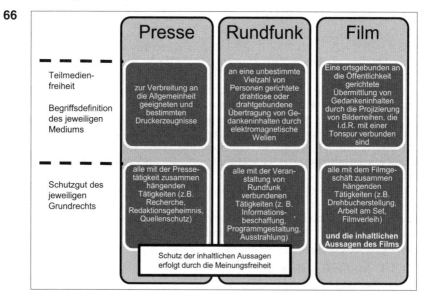

Übersicht 11: Medienfreiheiten

67 Die Differenzierung der Medienfreiheiten in einzelne Medienformen – Presse, Rundfunk und Film – ist historisch bedingt und bildet die mediale Realität immer weniger ab. Insbesondere sind Telemedien als solche aufgrund ihrer anderweitigen technischen Gestaltung von den Medienfreiheiten nicht erfasst; lediglich soweit Telemedien als elektronische Presseorgane angesehen werden können (online-Ausgaben von Zeitungen und Zeitschriften), ist eine Einordnung unter die Pressefreiheit vertretbar; im

---

53 Ausführlich zur Pressefreiheit Fechner, Medienrecht, Kap. 8 Rn. 17 ff.

Übrigen sind **Telemedien auf die Individualkommunikationsrechte des Art. 5 Abs. 1 Satz 1 GG beschränkt.** Da aber die Telemedien eine wichtige mediale Funktion in individuellen oder kollektiven Meinungsbildungsprozessen spielen, jedoch nicht in die drei vorhandenen Schubladen passen, wird in der Literatur eine vierte Medienfreiheit für das Internet gefordert; zur Begründung wird außerdem angeführt, dass die klassische Medieneinteilung durch die Konvergenz brüchig (s. o., Rn. 18 ff.) und die Besonderheit der interaktiven Internetkommunikation („many-to-many" statt „one-to-many") nicht abgebildet werde.[54] Zwar klingen diese Argumente durchaus einleuchtend, doch erkennt man bei näherem Hinsehen, dass es „das" Internet als spezifisches Medium (wie Rundfunk oder Presse) gar nicht gibt. Vielmehr vereinen sich dort so viele unterschiedliche Nutzungsformen mit verschiedenen kommunikationsgrundrechtlichen Aspekten (z. B.: Handelsplattformen, Videokanäle, Online-Zeitungen), dass eine gesonderte **Internetdienstefreiheit** inhaltlich zu breit aufgestellt sein müsste, um noch substantiellen Inhalt aufweisen zu können.[55]

2.2.4 Brief-, Post- und Fernmeldegeheimnis (Art. 10 GG)

Wie bei den Medienfreiheiten differenziert auch Art. 10 GG die Individualkommunikationsformen nach den einzelnen Übermittlungsformen. Da die neuen Medien – insbesondere Internetsurfen oder eMail-Verkehre – unter das Fernmeldegeheimnis (das in modernerer Diktion auch Telekommunikationsgeheimnis heißen könnte)[56] fallen, hat diese Unterscheidung hier keine nennenswerte Bedeutung.[57] In allen Fällen des Art. 10 Abs. 1 GG geht es um den **Schutz individueller Kommunikation, die über räumliche Entfernungen hinweg erfolgt, vor dem Zugriff Dritter (Gewährleistung einer „Privatheit auf Distanz"[58]).** Allerdings hat sich der Bedeutungsgehalt des Grundrechts seit der weitreichenden Privatisierung des Post- und Telekommunikationswesens verschoben: Konnte das Grundrecht früher unmittelbar gegenüber dem hoheitlichen Post- bzw. Telekommunikationsdienstleister Staat eingefordert werden, folgt daraus heute ein **Schutzanspruch gegenüber dem Gesetzgeber,** die privaten Post- bzw. Telekommunikationsanbieter durch geeignete gesetzliche Regelungen zur

68

---

54 Holznagel, MMR 2011, 1.
55 Degenhart, CR 2012, 231 (236 f.).
56 In Art. 73 Nr. 7 GG (bei den Gesetzgebungskompetenzmaterien) wurde das „Fernmeldewesen" durch „Telekommunikation" ersetzt, ohne dass damit eine inhaltliche Änderung intendiert gewesen wäre, vgl. Kunig, in: v. Münch/Kunig, GG, Art. 73 Rn. 33 f.
57 Pieroth/Schlink/Kingreen/Poscher, Grundrechte, Rn. 837.
58 BVerfG CR 2006, 383 = MMR 2006, 217, Rn. 65.

Wahrung des Brief-, Post- und Fernmeldegeheimnisses anzuhalten und Verstöße hiergegen zu sanktionieren.[59]

69 Daher unterliegt sowohl der Inhalt der Telekommunikation als auch die Tatsache, ob jemand an einem Telekommunikationsvorgang überhaupt beteiligt war oder dies erfolglos versucht hat, gemäß § 88 Abs. 1 TKG dem Fernmeldegeheimnis, zu dessen Wahrung jeder Diensteanbieter verpflichtet ist (§ 88 Abs. 2 TKG).[60] Diese dürfen sich auch nur soweit Kenntnis von Telekommunikationsvorgängen verschaffen, wie dies „für die geschäftsmäßige Erbringung der Telekommunikationsdienste einschließlich des Schutzes ihrer technischen Systeme erforderlich" ist (§ 88 Abs. 3 TKG). Ergänzt wird dieser **gesetzgeberische Schutz** durch § 206 StGB, der die Verletzung des Post- oder Fernmeldegeheimnisses unter Strafe stellt. Eingriffe in das Brief-, Post- und Fernmeldegeheimnis sind nur zulässig, soweit sie auf einer ausdrücklichen gesetzlichen Ermächtigung beruhen (Art. 10 Abs. 2 GG). Dies gilt etwa für strafprozessuale Abhörmaßnahmen aufgrund richterlicher Anordnung gem. §§ 100a ff. StPO oder für Überwachungs- und Abhörmaßnahmen zur Sicherung der freiheitlich-demokratischen Grundordnung nach dem G 10-Gesetz.[61]

70 Wichtig ist jedoch, dass sich der Schutz des Fernmeldegeheimnisses nur auf Daten bezieht, die sich zum Zeitpunkt eines etwaigen Zugriffs **in einem aktiven Kommunikationsvorgang** befinden. Davor und danach – wenn also die Mail beim Empfänger angekommen (und auf den Rechner heruntergeladen) ist – greift wieder der Schutz des Allgemeinen Persönlichkeitsrechts in Form des Rechts auf informationelle Selbstbestimmung bzw. des Rechts auf Vertraulichkeit und Integrität informationstechnischer Systeme.[62]

---

59 Umfassend, insbesondere zum Schutzbereich des Art. 10 GG, Sievers, Der Schutz der Kommunikation im Internet durch Art. 10 des Grundgesetzes.

60 Sander, CR 2014, 176 ff. legt dar, dass sich die Ausgestaltung des Schutzes des Telekommunikationsgeheimnisses in Art. 10 GG und § 88 TKG im Einzelnen qualitativ unterscheiden.

61 Vgl. Pieroth/Schlink/Kingreen/Poscher, Grundrechte, Rn. 847 ff.; instruktiv zu dieser Differenzierung Sander, CR 2014, 176 (180 ff.) bezüglich § 88 TKG.

62 BVerfG CR 2006, 383 = MMR 2006, 217 (Grundrechtsschutz von eMails I); BVerfG NJW 2009, 2431 (Grundrechtsschutz von eMails II).

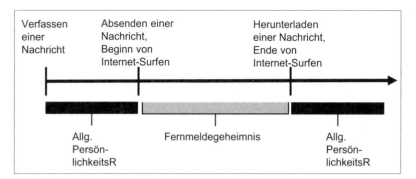

Übersicht 12: Grundrechtsschutz von eMails und Surfen

2.2.5 Berufs- und Eigentumsfreiheit (Art. 12, 14 GG)

Ein nach Art. 12 GG geschützter Beruf ist **jede auf Dauer angelegte und** **72** **dem Lebensunterhalt dienende Beschäftigung.** Dies umfasst daher auch die nicht nur vorübergehende oder finanziell unbedeutende Gewinnerzielungstätigkeit *mit* dem Internet (etwa als Access- oder Presence-Provider) oder *durch* das Internet (im eCommerce, etwa als Online-Auktionshaus). Eingriffe in die Berufsfreiheit sind Regelungen der Berufsausübung (z. B. Standesvorschriften für Ärzte oder Anwälte), Berufszugangsvoraussetzungen subjektiver Art, die in der Person des Berufstätigen vorliegen müssen (z. B. bestimmte Examina), und Berufszugangsvoraussetzungen objektiver Art (z. B. ob ein Bedürfnis nach einer weiteren Apotheke in einer Stadt besteht). Nach der vom Bundesverfassungsgericht entwickelten **Drei-Stufen-Theorie** steigen die Anforderungen an diese drei Eingriffsmöglichkeiten zunehmend an. So müssen Berufsausübungsregelungen lediglich nach vernünftigen Erwägungen des Gemeinwohls zweckmäßig und verhältnismäßig sein. Subjektive Berufszugangsvoraussetzungen sind dagegen erst möglich, wenn und soweit der Schutz eines besonders wichtigen Gemeinschaftsgutes (z. B. Volksgesundheit, Verbraucherschutz) diese zwingend erfordert. Objektive Berufszugangsvoraussetzungen setzen schließlich voraus, dass diese zur Abwehr schwerer Gefahren für ein überragend wichtiges Gemeinschaftsgut (z. B. Funktionsfähigkeit des Straßenverkehrs oder Bekämpfung der Arbeitslosigkeit) notwendig sind.[63]

Der Eigentumsbegriff i. S. v. Art. 14 GG ist einfach-gesetzlich ausgestaltet **73** und umfasst alle privatrechtlichen vermögenswerte Rechte. Hierzu gehören neben dem beweglichen und unbeweglichen Sacheigentum auch das

---

63 BVerfGE 3, 377 (Apotheker-Entscheidung); hierzu näher Fechner, Medienrecht, Kap. 3 Rn. 143 ff.; Haug, Öffentliches Recht für den Bachelor, Rn. 561 ff.

Geldeigentum, Forderungen und die vermögenswerten Aspekte von Urheberrechten (sog. „geistiges Eigentum"). Der Eigentumsschutz gilt nicht nur für „das Haben" vermögenswerter Rechte, sondern auch für deren Nutzung.[64] Somit unterfallen auch die **Verwertungsrechte nach dem UrhG** wie etwa das Vervielfältigungs- oder das Verbreitungsrecht bezüglich urheberrechtlich geschützter Werke dem grundrechtlichen Eigentumsbegriff. Eingriffe sind durch gesetzliche Beschränkungen (z. B. das Recht der Privatkopie gem. § 53 UrhG) oder Enteignungen i. S. v. Art. 14 Abs. 3 GG möglich.[65]

2.2.6 Internationale Perspektive

74 Grundrechts- und insbesondere Persönlichkeitsrechtsverletzungen, die im Internet begangen werden, wirken wegen der Universalität des Netzes weltweit. Daher stellt sich in diesen Fällen die Frage, welche nationale Gerichtsbarkeit für die Rechtsverletzung überhaupt zuständig ist. Die **Zuständigkeit deutscher Gerichte** ergibt sich bei Persönlichkeitsverletzungen aus § 32 ZPO, der auf den Handlungsort abstellt. Als Handlungsort gilt dabei nicht nur der Ort, von dem die Handlung ausgeht, sondern auch der Ort, an dem sie sich auswirkt (sog. „Erfolgsort"). Dies wiederum ist bei Internetveröffentlichungen laut BGH dort der Fall, wo eine Kenntnisnahme nicht nur möglich ist, sondern auch tatsächlich erfolgt. Ob die Publikation auf die Kenntnisnahme im fraglichen Land ausgerichtet ist (sog. „bestimmungsgemäße Verbreitung"), ist dagegen ohne Belang. In einem Fall wandte sich ein Kläger aus Deutschland vor deutschen Gerichten gegen einen Artikel in der New York Times, der auch online erschien. In diesem Artikel wurde der Kläger in Zusammenhang mit einer Bestechung ukrainischer Regierungsbeamte gebracht und als Goldschmuggler bezeichnet. Da die New York Times über 15.000 deutsche Leser im Rahmen der Auslandsregistrierung verfügt, der Kläger in Deutschland lebt und auf der Online-Seite mit der Suchfunktion „Germany" der betroffene Beitrag angezeigt wird, hat der BGH in diesem Fall wegen hinreichenden Inlandsbezugs die Zuständigkeit deutscher Gerichte bejaht.[66] Der EuGH hat in seiner „eDate"-Entscheidung sogar bereits die bloße Abrufbarkeit ausreichen lassen, wenn der Kläger im fraglichen Land seinen Interessenmittelpunkt hat.[67]

---

64 Pieroth/Schlink/Kingreen/Poscher, Grundrechte, Rn. 981 f., 992.
65 Haug, Öffentliches Recht für den Bachelor, Rn. 569 ff.
66 BGH, Urt. v. 2.3.2010 – Az. VI ZR 23/09 = NJW 2010, 1752 = CR 2010, 383.
67 EuGH CR 2011, 808 m. Anm. Roth = MMR 2012, 45 m. Anm. Weber; ihm dann folgend BGH, Urt. v. 8.5.2012 – Az. VI ZR 217/08 = NJW 2012, 2197 = MMR 2012, 703 = CR 2012, 525; kritisch zur Divergenz zwischen BGH- und EuGH-Rechtsprechung Gebauer, IPRax 2014, 513 ff.

75

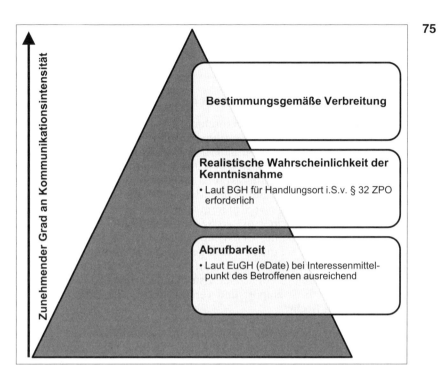

Übersicht 13: Kommunikationsstufen

Die Persönlichkeitsrechte sind nicht nur national – in Deutschland also   76
zuvörderst vom Grundgesetz –, sondern auch international geschützt. So
wurde unter dem Dach der UNO der **Internationale Pakt über bürgerliche
und politische Rechte (IPbpR, auch UN-Zivilpakt genannt)** erarbeitet,
dem mittlerweile die meisten Staaten beigetreten sind. Der IPbpR schützt
in seinem Teil III (Art. 6–27) alle wesentlichen Menschenrechte. So darf
nach Art. 17 Abs. 1 IPbpR niemand „willkürlichen oder rechtswidrigen
Eingriffen in sein Privatleben, seine Familie, seine Wohnung und seinen
Schriftverkehr oder rechtswidrigen Beeinträchtigungen seiner Ehre und
seines Rufes ausgesetzt werden." Da völkerrechtliche Verträge als „living
instruments" an die jeweiligen Entwicklungen der Realität angepasst werden müssen, versteht man unter Schriftverkehr („correspondence" in der
authentischen englisch-sprachigen Fassung) jegliche Form von Kommunikation, also auch eMails oder Internetaufrufe.[68] Allerdings sind die an
diesen Pakt gebundenen Staaten „nur" verpflichtet, diese Rechte „allen in
seinem Gebiet befindlichen und seiner Herrschaftsgewalt unterstehenden

---

68 Fischer-Lescano, JZ 2014, 965 (969); Talmon, JZ 2015, 783 (787).

Personen [...] zu gewährleisten" (Art. 2 Abs. 1 IPbpR); streitig ist daher, ob der Schutz elektronischer Kommunikation gem. Art. 17 Abs. 1 IPbpR auch bei exterritorialen Überwachungsmaßnahmen eingefordert werden kann.[69]

77   **Beispielfall 1: Indiskretionen im Internet**

Sachverhalt: Der bekannte Fernsehmoderator Ferdinand (F) wird wegen des Verdachts der Vergewaltigung seiner Ex-Freundin Evelyn (E) festgenommen. Unmittelbar danach findet die haftrichterliche Vernehmung unter Ausschluss der Öffentlichkeit und ohne Medienvertreter statt. Es beginnt eine intensive und emotional aufgeladene Berichterstattung in der Presse und in den Medien. Während des gesamten gerichtlichen Verfahrens werden intimste Details seines Privatlebens veröffentlicht. So berichtet die große deutsche Tageszeitung T in ihrer online-Ausgabe pikante Details aus der ersten haftrichterlichen Vernehmung, an die sie durch Zufall gelangt ist. Die online-Ausgabe der Zeitung formuliert: Die E habe „auf ihn gewartet mit hochgezogenem Strickkleid" und „wie üblich habe sie Handschellen und eine Reitgerte bereitgelegt". F ist empört und verlangt von T die Löschung dieses Artikels. Zu Recht?

78   **Lösungsvorschlag:** Im Rahmen des Unterlassungsanspruchs von F gegen T gem. § 1004 BGB analog sind die gegenüberstehenden Grundrechte – im Rahmen der sog. mittelbaren Drittwirkung – abzuwägen. F kann sein allgemeines Persönlichkeitsrecht ins Feld führen, das insbesondere das Recht auf informationelle Selbstbestimmung – also das Recht der Preisgabe und Verwendung personenbezogener Angaben – umfasst. Danach soll der Einzelne selbst darüber entscheiden können, ob und innerhalb welcher Grenzen persönliche Lebenssachverhalte offenbart werden. Da sich die angegriffenen Aussagen auf sein Intim- und Sexualleben beziehen, handelt es sich um eine solche persönliche Angelegenheit. Dem steht die Meinungsfreiheit von T gegenüber. Diese schützt Werturteile und in Zusammenhang damit stehende Tatsachenschilderungen, wenn diese als Grundlage einer gesellschaftlichen Debatte dienen können. Hier geht es um das strafrechtlich eventuell relevante Sexualverhalten eines Prominenten, womit diese Voraussetzungen erfüllt sind. Die Pressefreiheit hingegen ist nicht einschlägig, da es hier um inhaltliche Aussagen und nicht um deren Beschaffung o. a. Tätigkeiten im Vorfeld einer Pressepublikation geht.

Bei der nun vorzunehmenden Abwägung ist das allgemeine Persönlichkeitsrecht dann vorrangig, wenn das Schutzinteresse von F die schutz-

---

69 Fischer-Lescano, JZ 2014, 965 (969); Talmon, JZ 2015, 783 (784).

würdigen Belange von T überwiegt. Zugunsten der Meinungsfreiheit von T ist anzuführen, dass die Berichterstattung über den Verdacht einer Straftat zum Zeitgeschehen gehört; dessen Vermittlung ist Aufgabe der Presseorgane. Die mögliche Verletzung der Rechtsordnung und die Beeinträchtigung individueller Rechtsgüter, die Sympathie mit den Opfern, die Furcht vor Wiederholungen solcher Straftaten und das Bestreben, dem vorzubeugen, begründen grundsätzlich ein anzuerkennendes Interesse der Öffentlichkeit an näherer Information über Tat und Täter. Zudem kann die prominente Stellung des F ein Informationsinteresse der Öffentlichkeit an seinem Alltagsleben begründen, selbst wenn sich sein Verhalten weder in skandalösen noch in rechtlich oder sittlich zu beanstandenden Verhaltensweisen äußert. Wegen seiner Prominenz berührt das Verhalten des F die Belange der Gemeinschaft noch stärker, wenn der Vorwurf einer Straftat im Raum steht, als dies bei nicht prominenten Personen der Fall wäre. Demgegenüber ist zugunsten des Schutzinteresses von F zunächst auf die Unschuldsvermutung während laufender Ermittlungs- und Gerichtsverfahren hinzuweisen, was eine entsprechende Zurückhaltung gebietet. Außerdem stellt die Intimsphäre – wozu grundsätzlich auch Ausdrucksformen der Sexualität zählen – einen unantastbaren Kernbereich des allgemeinen Persönlichkeitsrechts dar. Eine Ausnahme hiervon bilden allerdings Sexualstraftaten, da sie einen gewaltigen Übergriff in das Recht auf sexuelle Selbstbestimmung und zumeist auch in das Recht auf körperliche Unversehrtheit des Opfers beinhalten. Andererseits stammen die zitierten Äußerungen aus der nichtöffentlichen Vernehmung des F anlässlich der Eröffnung des Haftbefehls. Dies hat eine besondere Vertraulichkeit zur Folge. Auch wahre Tatsachenbehauptungen können das allgemeine Persönlichkeitsrecht des Betroffenen verletzen, wenn sie einen Persönlichkeitsschaden anzurichten drohen, der außer Verhältnis zu dem Interesse an der Verbreitung der Wahrheit steht. Dies kann insbesondere dann der Fall sein, wenn die Aussage geeignet ist, eine erhebliche Breitenwirkung zu entfalten. Denn dann besteht die erhöhte Gefahr einer besonderen Stigmatisierung des Betroffenen, die zum Anknüpfungspunkt für eine soziale Ausgrenzung und Isolierung zu werden droht (Prangerwirkung). Deshalb ist zugunsten des F zu berücksichtigen, dass er als Person mit sadomasochistischen Neigungen dargestellt wird und dies seinem Ansehen in der Öffentlichkeit zusätzlich abträglich sein kann. Besonders potenziert wird dies durch die Veröffentlichung im Internet, weil damit dieser Effekt sowohl dauerhaft als auch mit großem Empfängerkreis verbreitet wird. Somit sprechen gute Gründe für ein Überwiegen des Schutzinteresses von F gegenüber der Meinungsfreiheit von T. Der Unterlassungsanspruch ist demnach gegeben.

2.2.7 Summary „Grundrechte"

79 | 1. Die Grundrechte vermitteln dem Bürger Rechtspositionen primär gegenüber dem Staat, wirken aber mittelbar – v. a. bei entsprechender einfach-gesetzlicher Umsetzung – auch im Rechtsverhältnis zwischen Bürgern untereinander.
2. Aus dem allgemeinen Persönlichkeitsrecht folgt u. a.
   a) das Recht auf Vertraulichkeit und Integrität informationstechnischer Systeme,
   b) das Recht auf informationelle Selbstbestimmung als wesentliche Grundlage des Datenschutzrechts und
   c) das Recht am eigenen Bild, das für alle Internetauftritte mit Bildern von Personen relevant ist.
3. Die Kommunikationsgrundrechte umfassen die Meinungsfreiheit, die Informationsfreiheit und die Medienfreiheiten.
   a) Die Meinungsfreiheit geht von einem sehr weiten Meinungsbegriff aus und wird durch den Ehr-, Jugend- und Staatsschutz begrenzt.
   b) Die Informationsfreiheit ist das Gegenstück zur Meinungsfreiheit, indem der Einzelne hier nicht seine Meinung abgibt, sondern fremde Informationen aufnimmt.
   c) Die Medienfreiheiten sind auf Telemedien nur dann anwendbar, wenn diese als elektronische Presse- oder Rundfunkorgane agieren.
4. Das Fernmeldegeheimnis gilt auch für das Surfen im Internet und eMails. Hieran müssen sich auch private Telekommunikationsdiensteanbieter halten (§ 88 TKG).
5. Die Berufsfreiheit gilt auch für Gewinnerzielungstätigkeiten durch das Internet als Provider oder im Internet als Online-Verkäufer oder -Auktionator.
6. Die Eigentumsfreiheit gilt auch für die Verwertung von Urheberrechten („geistiges Eigentum").
7. Die Zuständigkeit deutscher Gerichte hängt bei Persönlichkeitsverletzungen im Netz davon ab, ob die entsprechenden Beiträge in Deutschland tatsächlich nachgefragt werden.
8. Neben den nationalen Grundrechten gibt es auch (nahezu) weltweit geltende Vereinbarungen zum Schutz der Menschenrechte.

Kapitel 3:   **Provider**

3.1   Providerdienstleistungen und ihre rechtliche Einordnung

3.1.1   Provider-Arten

Der Begriff des „Providers" leitet sich vom englischen Verb „to provide"   **80**
ab, das so viel wie **beschaffen, liefern und bereitstellen** bedeutet. Damit
sind auch die vielfältigen Tätigkeitsfelder der verschiedenen Provider-Arten im Internet beschrieben. Im Kern geht es um drei verschiedene Arten
von Dienstleistungen (was natürlich Mischformen dieser Grundtypen
nicht ausschließt):

Access-Provider	Presence-Provider	Content-Provider
vermittelt – sowohl den anderen Providerarten als auch dem einzelnen User – den Netzzugang	bietet den inhaltlichen Anbietern im Internet Speicherkapazitäten auf seinen Servern	bietet aufbereitete Inhalte im Internet an (= jeder Betreiber eines Internetauftritts)

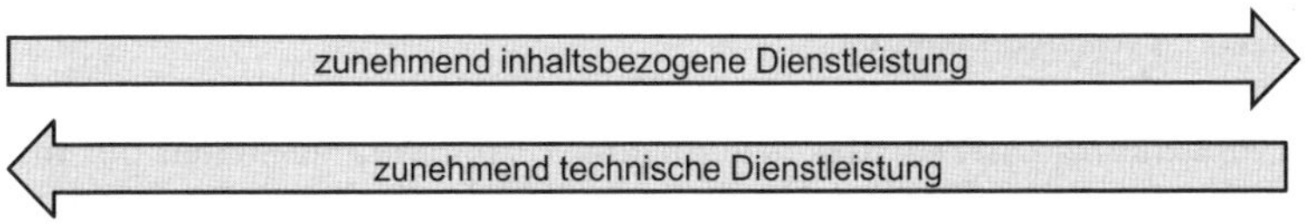

zunehmend inhaltsbezogene Dienstleistung

zunehmend technische Dienstleistung

Übersicht 14: Provider-Arten

3.1.1.1   Access-Provider

Den Zugang (engl.: access) zum Internet bietet der Access-Provider. Er   **81**
stellt die technischen Verbindungen zu den verschiedenen Servern der Presence-Provider her. Anders als bei den übrigen Provider-Arten muss jeder
Internet-User mit (mindestens) einem solchen **Zugangsvermittler** einen
Vertrag haben, um überhaupt einen Zugang zum Internet zu bekommen;
spricht also jemand von „seinem" Provider, meint er in aller Regel den
Access-Provider, der **im allgemeinen Sprachgebrauch als „der" Provider**
angesehen wird.

82 Die Access-Provider lassen sich weiter in zwei Untergruppen differenzieren: Zum einen gibt es die sog. „**Primär-Provider**", die selbst Leitungsnetze im Internet betreiben, und zum anderen die „**einfachen Access-Provider**", die keine unmittelbare „eigene" Verbindung zum Internet haben, sondern diese ihrerseits über einen Primärprovider herstellen. Ein besonderes Beispiel für die letztgenannte Gruppe sind die „**Points of Presence**" (PoP), die lokale Zugangspunkte eines Primärproviders betreiben und daher in einem gewissen technischen Abhängigkeitsverhältnis zu ihrem Primärprovider stehen. Keine Access-Provider im eigentlichen Sinn sind die „**Link-Provider**", die ihre Leitungsnetze an andere zur Benutzung vermieten; hierbei handelt es sich um Infrastrukturanbieter, bei denen ein Access-Provider seine „Hardware" auf Zeit einkaufen kann.[1]

83 Als **rein technischer Dienstleister** handelt es sich beim Access-Provider fraglos um einen Telekommunikationsdienstleister (s. o., Rn. 22), der dem TKG unterliegt. Für ihn gelten daher u. a. die Meldepflicht gem. § 6 TKG und insbesondere auch die Verbraucherschutzbestimmungen in den §§ 43a ff. TKG. Gleichzeitig aber handelt es sich beim Access-Provider auch um einen Diensteanbieter i. S. des TMG,[2] worunter ausdrücklich auch

„jede natürliche oder juristische Person, die [...] den Zugang zur Nutzung [von Telemedien] vermittelt"

verstanden wird (§§ 2 Nr. 1 TMG). Auch mit der Haftungsregelung für die „Durchleitung von Informationen" wird der Geltungsanspruch des TMG (§ 8 TMG) für Access-Provider unterstrichen. Die Access-Provider bilden daher (zusammen mit den Presence-Providern, s. nachf. Rn.) die „**Schnittmenge**" zwischen den Telekommunikations- und Telemedien-Anbietern.

3.1.1.2 Presence-Provider

84 Auf der nächsten logischen Stufe stehen die Presence-Provider, zu deren Servern die Access-Provider den Zugang vermitteln. Sie stellen mit ihren Servern quasi die „**Internet-Hardware**", also die Rechnerkapazitäten, auf denen die Internetangebote der Content-Provider abgelegt sind. Sie bieten also als „Gastwirte" (engl.: host) den **technischen Raum für die Präsenz** der inhaltlichen Angebote im Internet, weshalb man für diese Providing-Art auch den Begriff „**Webhosting**" verwendet. Diese Dienstleistung ist sowohl **technischer als auch inhaltsbezogener Art:** Die technische Komponente liegt in der Bereitstellung von Rechnerkapazitäten, während der Inhaltsbezug in der Bereitschaft zur Einstellung fremder Inhalte auf den eigenen Servern besteht. Der Presence-Provider wirkt daher an der (vom

---

1 Vgl. Strömer, Online-Recht, 3. Aufl., S. 10.
2 Strittig; a. A. Frey, MMR 2014, 650, der aber über eine richtlinienkonforme Auslegung doch dazu gelangt, das Haftungsprivileg des § 8 TMG auf Access-Provider anzuwenden.

Access-Provider geleisteten) Erbringung von Telekommunikationsdienstleistungen mit, weshalb er als Telekommunikationsdiensteanbieter i. S. v.
§ 3 Nr. 6 b) TKG anzusehen ist; zugleich fällt auch er unter den Anwendungsbereich des TMG.

Da ein Internetauftritt nicht nur Speicherkapazität benötigt, sondern auch   **85**
in verschiedener Hinsicht gestaltet oder ausgerichtet sein muss, wird von
Webhosting-Anbietern mitunter ein **Leistungspaket** angeboten. Dieses
enthält neben der Bereitstellung von Speicherkapazitäten auch die „lay-
out-mäßige" Gestaltung und Programmierung von Internetseiten („**Webdesigning**"), die Entwicklung und Realisierung von Internet-Marketings-
trategien („**Webvertising**"), die z. B. die Suchmaschinen durch Metatags
oder Keywords gezielt ansprechen (s. u., Rn. 394 ff.) und die Beratung in
internetspezifischen Sicherheits- und Unternehmensfragen („**Webconsulting**").[3]

3.1.1.3 Content-Provider

Am Ende der Kette der Providerdienstleistungen steht der Content-Provi-   **86**
der als Anbieter von Inhalten (engl.: content). Hierunter fällt – auch wenn
die Anwendung des Providerbegriffs hier eher ungewöhnlich ist – **jeder
Internetauftritt**, vom kommerziellen Internet-Auktionshaus, das täglich
über das Medium Internet immense Umsätze erzielt, bis hin zu einer
harmlosen Privat-Homepage mit Urlaubsfotos. Während die großen Content-Provider über eigene Internetserver verfügen (und damit gleichzeitig
ihre eigenen Presence-Provider sind), mieten die meisten Webseitenbetreiber bei einem externen Presence-Provider die nötige Speicherkapazität.
Damit ist auch klar, dass Content-Provider (für sich genommen) keine
technische, sondern nur eine **inhaltliche** „**Dienstleistung**" erbringen und
daher auch nur als Diensteanbieter i. S. d. TMG (und nicht auch i. S. d.
TKG) anzusehen sind.

3.1.1.4 Beispiele für Mischformen

Neben diesen Grundtypen von Providern gibt es zahlreiche Misch- und   **87**
Zwischenformen. Ein Beispiel dafür ist der **Application-Service-Provider**
(ASP). Ein ASP bietet im Internet eine **Anwendungssoftware** (die sog. „ap-
plications") an, die man als Kunde aber nicht auf den eigenen Rechner
herunterladen kann, sondern die im Internetangebot des ASP verbleibt
und dort vom Kunden „**online**" (also **im Fernzugriff**) benutzt wird. Will
der Kunde die vom ASP angebotene Software mit eigenen Datenbestän-
den nutzen, kann er dies beim ASP auf dessen Speicherplatz tun. Denkbar
ist auch, dass der ASP seinem Kunden die Übernahme einer weiteren Verarbeitung oder Auswertung von dessen Daten (z. B. die Erstellung von

---

3   Strömer, Online-Recht, 3. Aufl., S. 10.

Statistiken oder Kundenprofilen) anbietet.[4] Dabei agiert der ASP als Pre-
sence- und Content-Provider; das Softwareangebot im Internetauftritt des
ASP ist dabei dem Content-Providing und das Angebot zur Nutzung von
Speicherkapazität dem Presence-Providing zuzurechnen. Eine Weiterentwicklung dieser Providing-Form stellt das **Cloud Computing** dar, bei dem
der Kunde seine Daten in einem vom Provider zur Verfügung gestellten
Speicherplatz ablegt und verarbeitet. Wenn nun dieser Provider seinerseits
den Speicherplatz anderweitig „einkauft", ergibt sich eine Kette von
Dienstleistern, die der Kunde nicht mehr durchschaut. In allen Fällen einer solchen nicht-lokalen Speicherung oder Verarbeitung spricht man von
der „cloud" (engl. Wolke), in der die Daten gespeichert oder verarbeitet
werden.

88   Ebenfalls um eine Providing-Mischform handelt es sich beim **Informa-
tion-Provider.** Wie der Begriff „information" nahe legt, besteht die
Dienstleistung hier in der Lieferung von Informationen. Dieser Informati-
onshandel kann als **Informationsbroker** oder mit **Datenbankangeboten**
betrieben werden (z. B. Pressearchive, Recherchedatenbanken). Die inhaltliche Komponente (Content) liegt dabei in dem Angebot der recher-
chierten oder vorgehaltenen Informationen, während deren Nutzung dem
Charakter des Presence Providing nahe kommt.[5]

3.1.2 Provider-Verträge

3.1.2.1 Allgemeines Vertragsrecht

89   Das Bürgerliche Recht kennt eine Reihe von **Vertragstypen,** von denen
drei hier von besonderer Bedeutung sind:
*   **Werkvertrag:** Der Werkunternehmer schuldet dem Besteller die „Her-
    stellung des versprochenen Werkes", also einen konkreten Erfolg
    (§§ 631 ff. BGB). Dies ist beispielsweise der Fall bei der Reparatur
    eines Autos oder bei der Einrichtung von eMail-Accounts.
*   **Dienstvertrag:** Geschuldet ist hier ein Bemühen, ohne dass ein hun-
    dertprozentiger Erfolg garantiert wäre (§§ 611 ff. BGB). Augenfälliges
    Beispiel hierfür ist ein Vertrag über Nachhilfestunden, bei dem nicht
    das Bestehen einer Prüfung vorab garantiert werden könnte. Im Cy-
    berspace wäre zu denken an Netzwerkmanagement, Datensicherung
    und ggf. Hard- und Software-Wartung.
*   **Mietvertrag:** Hier wird eine dem Vermieter gehörende Sache dem Mie-
    ter gegen (meist regelmäßig fortlaufende) Zahlung zur Nutzung über-
    lassen (§§ 535 ff. BGB).

---

4 Näher Röhrborn/Sinhart, CR 2001, 69 f.; v. Westerholt/Berger, CR 2002, 81 f.
5 Strömer, Online-Recht, 3. Aufl., S. 10.

Bei Provider-Verträgen mit Endkunden (= Verbraucher i. S. v. § 13 BGB, **90**
s. u., Rn. 636 f.) ist außerdem das **Verbraucherschutzrecht** zu beachten;
dies kann sowohl für Verträge von Access-Providern mit Usern als auch
für Verträge von Presence-Providern mit Webseitenbetreibern gelten. Herauszuheben sind daraus folgende Bestimmungen:[6]
* **Einseitige Vertragsänderungen** aufgrund eines entsprechenden Vorbehalts in den Allgemeinen Geschäftsbedingungen (AGB) sind generell
  nur dann wirksam, wenn sie dem Kunden zumutbar sind (§ 308 Nr. 4
  BGB). Dies setzt voraus, dass in den AGB klar beschrieben ist, worauf
  sich solche Vertragsänderungen beziehen und unter welchen Voraussetzungen sie erfolgen können.[7]
* **Haftungsausschlüsse durch AGB für materielle Schäden** – etwa aufgrund von Viren o. Ä. – sind nur wirksam, wenn sie sich nicht auf
  Vorsatz und grobe Fahrlässigkeit beziehen (§ 309 Nr. 7b BGB).
  Ebenso ist ein Haftungsausschluss für Mängel bei den zentralen Leistungpflichten des Providers („Kardinalpflichten") nicht zulässig.

Die **Anforderungen der Rechtsprechung an Provider-AGBs** sind relativ **91**
streng. Im Jahr 2004 hat das LG München I auf eine Verbraucherschutzklage hin eine ganze Reihe von Provider-AGBs für unwirksam erklärt; im
Einzelnen betroffen waren Klauseln zur Fortgeltung in Folge-Geschäftsbeziehungen, zur Fortzahlungspflicht trotz rechtzeitigen Widerrufs, zur Vertragsstrafe, zu Lösch- und Sperrvorbehalten des Providers, zur Haftungsfreistellung des Providers, zu Vorauszahlungsansprüchen des Providers
für 12 Monate, zu Bearbeitungsgebühren für Rücklastschriften im Bankeinzugsverfahren und zu einem pauschalen Schriftformerfordernis.[8] In einem anderen Fall hat der BGH entschieden, dass Preisänderungsrechte
des AGB-Verwenders bei fehlender Begrenzung unwirksam sind; auch das
in AGBs enthaltene einseitige Recht zur Änderung von Leistungs- und
Produktbeschreibungen muss hinreichend konkretisiert sein, damit die
wesentlichen Vertragspflichten (essentialia negotii) noch hinreichend erkennbar bleiben. Ebenso darf das Vertragsverhältnis zwischen Provider
und Kunde den AGB-Verwender nicht ungebührlich bevorteilen: So hat
das OLG Koblenz wegen einer Störung des vertragsrechtlichen Äquivalenzverhältnisses AGBs gekippt, die extrem unterschiedliche Kündigungsfristen – nämlich zwölf Monate für den Kunden und nur vier Monate für
den Provider – vorsahen.[9]

Providerverträge erschöpfen sich in aller Regel nicht in einem einmaligen **92**
Vollzug, sondern sind auf eine längere (bestimmte oder unbestimmte) Gel-

---

6 Siehe Strömer, Online-Recht, 3. Aufl., S. 19–21; vgl. auch Spindler, CR 2004, 203, 211 ff.
7 Spindler, CR 2004, 208.
8 LG München I, MMR 2004, 265.
9 BGH MMR 2008, 36 (Provider-AGBs I); OLG Koblenz MMR 2004, 106 (Provider-AGBs
   II).

tungsdauer angelegt. Solche **Dauerschuldverhältnisse** können neben vertragsgemäßem Ablauf der Gültigkeitsdauer auch durch Kündigung beendet werden. Bei einer **ordentlichen (normalen) Kündigung** sind hierfür in aller Regel Fristen, die sich entweder aus dem Vertrag oder subsidiär aus dem BGB ergeben, zu beachten. In schwerwiegenden Fällen ist auch immer – unabhängig davon, ob der Vertrag diese Möglichkeit vorsieht – eine **außerordentliche (fristlose) Kündigung** möglich. Dies ergibt sich aus dem allgemeinen Vertragsrecht und setzt einen sog. **„wichtigen Grund"** voraus. Dies kann zugunsten des Providers erfüllt sein bei dauerndem Zahlungsverzug des Kunden oder bei Einstellung grob rechtswidriger Inhalte durch den Content-Provider beim Presence-Provider. Dem Nutzer kann ein solches Kündigungsrecht beispielsweise zustehen, wenn der Server des Access-Providers über längere Zeit hinweg (z. B. ca. eine Woche) nicht erreichbar ist und die Einwahl deshalb ständig fehlschlägt. Ein Webseitenbetreiber kann seinem Presence-Provider fristlos kündigen, wenn dessen Server fortlaufend abstürzt und deshalb der Internetauftritt nur sehr eingeschränkt oder fast gar nicht erreichbar ist.[10]

3.1.2.2 Vertragsrechtliche Einordnung verschiedener Providing-Dienstleistungen

93

	Access-Provider	eMail-Accounts	Presence-Provider	Web-designing	Application Service Prov. / clouds
Tätigkeit	vermittelt den Netzzugang	stellt ein Postfach mit Abrufmöglichkeit zur Verfügung	bietet den Content Providern Speicherkapazitäten auf seinen Servern	erstellt und überlässt eine Webseitengestaltung	bietet online nutzbare Software oder Speicherkapazität zur Nutzung an
Vertragsart	Bei Flatrate i.d.R. Dienstvertrag; stehen die Volumina im Vordergrund, eher Werkvertrag	Mietvertrag bzgl. Speicherkapazität, Werkvertrag bzgl. Zugriffsmöglichkeit, wenn garantiert		Ergebnis geschuldet, daher Werkvertrag	Mietvertrag

Übersicht 15: Provider-Verträge

3.1.2.2.1 Access-Provider

94 Bei Access-Provider-Verträgen verpflichtet sich der Provider, dem User auf Zeit den Zugang zum Internet zu vermitteln. Hierbei ist die Abgrenzung zwischen Werk- und Dienstvertrag schwierig.[11] Ein Indiz bei der Vertrags-

---

10 Strömer, Online-Recht, 3. Aufl., S. 21 f.
11 Spindler, CR 2004, 203, 206.

einordnung kann das gewählte Vergütungssystem darstellen. Hängt die Vergütung ausschließlich von der Dauer der Nutzungsintervalle oder stark vom Volumen der transferierten Daten ab, steht der Erfolgsbezug im Vordergrund, so dass von einem Werkvertrag auszugehen ist; im Fall einer Grundgebühr, auch wenn sie durch eine zeitabhängige Tarifierung ergänzt wird, ist das dienstvertragliche Element stärker – was bei reinen Flatrate-Lösungen, die sich inzwischen im Access-Providing weitgehend durchgesetzt haben, erst recht gilt.[12] Daher wird überwiegend von einem **dienstvertraglichen Charakter des Access Provider-Vertrages** ausgegangen; der BGH hat sich dem angeschlossen.[13]

Diese vertragsrechtliche Einordnung hat u. a. Folgen für die Bestimmung **95** der Vertragspflichten und insbesondere für das Gewährleistungsrecht. Von besonderer Bedeutung sind in diesem Zusammenhang die **Klauseln zur Zugangsgewährung.** So empfiehlt es sich zur Vermeidung von Unklarheiten, die Leistungspflichten im Vertrag möglichst präzise zu beschreiben; dies gilt insbesondere für die Festlegung eines klaren Prozentsatzes bezüglich der **Erreichbarkeit des Zugangsservers.** Dann kann im Fall der Schlechterfüllung deren Grad verlässlich ermittelt werden; außerdem kann sich der Kunde dann auf den zu erwartenden Umfang von Ausfallerscheinungen einstellen und ggf. Vorsorge treffen. Wird dagegen der Zugang nur „im Rahmen der bestehenden technischen und betrieblichen Möglichkeiten" vereinbart, hat der Provider einen größeren Spielraum, vertragskonform die versprochenen Dienstleistungen zumindest vorübergehend zu modifizieren.[14] Allerdings hat das LG Karlsruhe bereits eine formularvertragliche Klausel, die eine Zugangssicherheit von 99 % garantiert, als einen verhüllten Haftungsausschluss AGB-rechtlich scheitern lassen.[15]

Von besonderer Sensibilität sind beim Access-Providing die vertraglichen **96** Regelungen zur **Sperrung des Netzzugangs:**[16]
- Klar ist, dass sich der Provider ein Recht zur Sperrung für den Fall vorbehalten kann, dass der User seinen vom Provider vermittelten Internetzugang **für rechtswidrige Handlungen missbraucht** (z. B. Versand eines Computerwurms); dies wäre letztlich nur ein Fall des Zurückbehaltungsrechts gem. § 273 BGB.
- Schon schwieriger wird es, wenn der Missbrauch nicht erwiesenermaßen vorliegt, sondern **nur ein entsprechender Missbrauchsverdacht** besteht. Ein vertragliches Recht zur Sperrung des Zugangs muss in sol-

---

12 Spindler, CR 2004, 203, 207.
13 BGH CR 2005, 816 m. Anm. Schuppert = MMR 2005, 373 (Rechtsnatur des Access-Provider-Vertrags).
14 Strömer, Online-Recht, 3. Aufl., S. 18; Spindler, CR 2004, 203, 208.
15 LG Karlsruhe, CR 2007, 396.
16 Nach Spindler, CR 2004, 209 f.

chen Fällen entweder davon abhängig sein, dass dem User zuvor Gelegenheit zur Ausräumung des Verdachts eingeräumt worden ist, oder es muss auf Verdachtsmomente infolge behördlicher Maßnahmen (z. B. Ermittlungsverfahren der Staatsanwaltschaft) beschränkt werden. Aus einer anonymen Denunziation kann sich dagegen noch kein Recht zur Sperrung ergeben.

• Wieder einfacher ist das Recht zur Sperre wegen Zahlungsverzugs oder anderer **Vertragsverletzungen** seitens des Users, wobei neben den Vorgaben von § 45k TKG (u. a. Zahlungsverzug von mehr als 75 €) der Grundsatz der Verhältnismäßigkeit einzuhalten ist.

Im Hinblick auf die vom BGH festgestellte **zentrale Bedeutung des Netzzugangs für die eigenwirtschaftliche Lebenshaltung** (s. o., Rn. 3) wird man die Anforderungen an die Anforderungen an eine vertraglich zulässige Zugangssperre eher streng handhaben müssen.

97 Aus dem **Verbraucherschutzrecht** sind – soweit nicht Flatrate-Lösungen gewählt wurden – bei Access-Provider-Verträgen die §§ **45e ff. TKG zur Abrechnung** zu beachten. Dazu gehören die Verpflichtung zum Einzelverbindungsnachweis gem. § 45 TKG, die vor allem bei Sprachkommunikationsdienstleistungen Relevanz entfaltet, sowie die Vorgaben für die Preisermittlung gem. § 45g TKG und für die Rechnungsstellung gem. § 45h TKG einschließlich der Pflicht zur getrennten Ausweisung von Entgelten für andere Anbieter unter Nennung von deren Namen und Anschrift für alle Telekommunikationsdienstleister, zu denen – wie dargestellt – auch die Access-Provider gehören (s. o., Rn. 83). Gleiches gilt für die Einzelentgeltnachweispflicht bei Beanstandung der Rechnungshöhe durch den Kunden (§ 45i TKG) sowie für die Grundsätze zur Entgeltermittlung bei unrichtiger Ermittlung des Verbindungsaufkommens (§ 45j TKG).

3.1.2.2.2 eMail-Accounts

98 Ein Unterfall des Access-Providing ist die **Einrichtung eines eMail-Briefkastens** (engl.: account). Mit der normalen Zuteilung einer eMail-Anschrift ist in der Regel die Einrichtung eines Accounts verbunden; dabei handelt es sich um eine für diese Anschrift reservierte Speicherkapazität auf dem Zugangsserver des Access-Providers, von dem der Inhaber der Anschrift seine eMails „abholen" und auf den eigenen Rechner herunterladen kann. Der Vertrag zur Einrichtung eines solchen Accounts hat neben der dienst- oder werkvertraglich zu qualifizierenden Komponente des Datenabrufs und der Erreichbarkeit des Accounts eine **mietvertragliche Komponente bezüglich der Speicherfläche.** Sinnvoll ist es, die maximale Aufnahmekapazität des Datenvolumens auf dem Account zu regeln.[17]

---

17 Instruktiv dazu Strömer, Online-Recht, 3. Aufl., S. 25 f.

3.1.2.2.3 Presence-Providing (Webhosting)

Der Schwerpunkt eines Webhosting-Vertrages liegt in der **Zurverfügung-**   **99**
stellung der (Server-)Speicherkapazität des Providers für den Content seines Kunden und hat damit **mietvertraglichen Charakter.**[18] Die Einordnung der damit verbundenen Verpflichtung, dass die User einen Lesezugriff auf die Seite und der Content-Provider einen Lese- und Schreibzugriff
auf seine Seite bekommen, ist strittig. Da zu einem Mietvertrag gehört,
dass die Mietsache zugänglich und bestimmungsgemäß nutzbar ist, kann
man **Zugangsstörungen** als Mangel der Mietsache oder Verletzung miet-
vertraglicher Nebenpflichten qualifizieren;[19] hierfür haftet der Vermieter
allerdings nur bei Verschulden (Vorsatz oder Fahrlässigkeit aufgrund der
Verletzung von Sorgfaltspflichten). Neben dem Umstand, dass Zugriffs-
störungen häufig nicht vom Presence-Provider zu vertreten sind, trägt
diese rechtliche Bewertung zu wenig dem Darstellungsbedürfnis des Content-Providers gegenüber Dritten – nämlich der User-Gemeinde – Rechnung. Denn das mietvertragliche Instrumentarium ist auf die Sachnutzung
beschränkt, während eine dienst- oder werkvertragliche Einordnung auch
das darüber hinaus gehende **Publizitätsinteresse** berücksichtigen kann.[20]
Die Qualifizierung der **Zugriffsbereitstellung als Werkvertrag** setzt eine
einer Erfolgszusage entsprechende Zugangsgarantie (z. B. eine „rund-um-
die-Uhr-Gewährleistung") voraus.[21]

In einem Presence-Providing-Vertrag sollte der **Umfang der gemieteten**   **100**
Speicherfläche in Form von Datenvolumen-Obergrenzen und einer Web-
seiten-Obergrenze definiert werden. Außerdem sollte sich der Kunde einen deutschen **Serverstandort** zusichern lassen, weil mit der größeren
Nähe eine kürzere Zugriffszeit verbunden ist;[22] auch die Zugriffe durch
ausländische Geheimdienste (NSA u. a.) auf die Nutzer oder die Abrufre-
levanz einer Seite können dadurch erschwert sein. Bezüglich der zu regeln-
den **Abrechnungsweise** ist darauf hinzuweisen, dass die Rechtsprechung
traffic-bezogene Messungen nicht als Anscheinsbeweis[23] anerkennt; das
OLG Düsseldorf hat die Zahlungsklage eines Presence-Providers abgewiesen, weil dieser die der Rechnung zugrunde liegenden Volumina des zu
bezahlenden Datenverkehrs nicht beweisen konnte.[24]

---

18 AG Charlottenburg, CR 2002, 297; OLG Köln, MMR 2003, 191.
19 So AG Charlottenburg, CR 2002, 297.
20 Wulf, CR 2004, 43, 44; Härting, CR 2001, 37.
21 OLG Düsseldorf MMR 2003, 474 (Webhosting-Vertrag).
22 Strömer, Online-Recht, 3. Aufl., S. 28.
23 Unter einem Anscheinsbeweis wird eine durch die allgemeine Lebenserfahrung gestützte
    hohe Wahrscheinlichkeit für einen beweisbedürftigen Umstand angesehen. Wird diese
    Wahrscheinlichkeit vom Beweisgegner nicht durch eine von der Lebenserfahrung abwei-
    chende Atypik im konkreten Fall erschüttert, ist bereits mit dem Anscheinsbeweis der
    Beweis i. S. v. § 286 Abs. 1 ZPO erbracht.
24 OLG Düsseldorf MMR 2003, 474 (Webhosting-Vertrag).

3.1.2.2.4 Webdesigning

101 Der Vertrag über die technische und lay-out-mäßige Erstellung und Gestaltung von Webseiten ist als **Werkvertrag** zu qualifizieren, weil ja ein
konkretes Ergebnis geschuldet ist. Da eine Webseite keine bewegliche Sache, sondern ein geistiges Werk darstellt, handelt es sich um einen „normalen" Werkvertrag und nicht um einen Werklieferungsvertrag i. S. v.
§ 651 BGB, auf den das Kaufrecht anzuwenden wäre.[25] Ist eine fortlaufende Seitenaktualisierung und -pflege vereinbart, wäre dies als dienstvertragliche Zusatzabrede einzuordnen.

102 Der vertraglich festzulegende **Abrechnungsmodus** sollte einen vernünftigen Ausgleich zwischen dem Interesse des Designers, nicht erst nach erheblichen Vorarbeiten ganz am Ende bezahlt zu werden, und dem Interesse des Bestellers, nicht zu früh bezahlen und damit „die Katze im Sack
kaufen" zu müssen, darstellen. Deshalb empfiehlt es sich, **Abschlagszah-
lungen in Abhängigkeit von den wesentlichen Arbeitsschritten** bei der Erstellung einer Webseite zu vereinbaren; ergänzt werden kann dies ggf.
durch jeweilige zeitliche Vorgaben. Diese Arbeitsschritte sind
- die **Konzeptphase**, in der der Strukturbaum, das Framekonzept und
  die Platzierung von Links entwickelt werden,
- die **Entwurfsphase**, in der die Basisversion mit den wesentlichen
  Grundfunktionen erstellt wird,
- die **Herstellungsphase**, in der die Endversion erstellt wird und an deren
  Ende die Schlussabstimmung steht und
- (soweit vereinbart) die **Einstellung des Auftritts ins Netz** (was die ausdrückliche Netzfreigabe des Bestellers voraussetzt[26]).[27]

103 Eine **vorzeitige Vertragsbeendigung** ist nach werkvertraglichen Grundsätzen möglich; so kann z. B. der Kunde den Vertrag vor Werkabnahme –
z. B. nach der Konzeptphase – kündigen, doch hat der Designer dann
einen **Entgeltanspruch** für die von ihm bereits erbrachten Leistungen und
für die evtl. bereits investierten Kosten bezüglich der weiteren Arbeitspha-
sen (§ 649 Satz 2 BGB). Weder das Kündigungsrecht des Kunden noch
der Teil-Entgeltanspruch des Designers können durch AGBs abbedungen
werden, weil dies eine unangemessene Benachteiligung i. S. v. § 307 Abs. 1
BGB darstellen würde.[28]

104 Der Webdesigner hat notwendigerweise **Kenntnis von den – für ihn fremden – Inhalten** (zumindest für die von ihm erstellte Startversion). Ist er –
was häufig der Fall ist – zugleich der Presence-Provider für diesen Auftritt,
entfällt damit das Haftungsprivileg gem. § 10 TMG. Aus Sicht des Desig-

---

25 Vgl. Deckers, CR 2002, 900, 901.
26 LG Stuttgart, CR 2002, 376.
27 Nach Deckers, CR 2002, 900, 901 f.
28 Deckers, CR 2002, 900, 903 f.

ners wäre es daher sinnvoll, sich im Vertrag mit dem Kunden einen diesbezüglichen **Freistellungsanspruch im Innenverhältnis** einräumen zu lassen. Würde dann der Presence- und Design-Provider von einem Dritten
etwa wegen Wettbewerbsverstößen auf Schadensersatz in Anspruch genommen, könnte er sein Geld bei seinem Kunden und Auftraggeber zu-
rückholen und hierfür vertragliche Ansprüche geltend machen, die alle-
mal stärker als deliktische Ansprüche sind. Freilich könnte eine solche
Freistellungsregelung nur zivilrechtliche Ansprüche (v. a. Schadensersatz
oder Unterlassung) erfassen; Strafbarkeit lässt sich dagegen nicht auf andere „abwälzen".

Der Kunde sollte seinerseits darauf achten, dass er vom Webdesigner die   **105**
umfassenden und ausschließlichen **Nutzungsrechte am Urheberrecht** –
das dieser ja an der Webseite als seinem Werk hat[29] – vertraglich übertragen bekommt. Sonst kann der Kunde ohne (meist dann kostenpflichtige)
Zustimmung des Designers seinen Internetauftritt „layout-mäßig" weder
umgestalten noch weiterentwickeln. Aus § 13 UrhG folgt außerdem das
Recht des Designers, an seinem Werk eine **Urheberkennzeichnung** (also
eine Art „Copyright-Vermerk") anzubringen. Je nachdem, ob der Kunde
dies ausschließen oder zumindest eingrenzen möchte, sollte das „ob" oder
ggf. das „wie" und das „wo" dieser Urheberkennzeichnung im Vertrag
klar geregelt werden, um späteren Auseinandersetzungen in dieser Frage
vorzubeugen.[30]

3.1.2.2.5 Application-Service-Providing/Cloud Computing

Der wirtschaftliche Zweck eines ASP- oder Cloud-Vertrages besteht da-   **106**
rin, dass der Kunde die auf dem ASP-Server oder in der Internet-Cloud
angebotenen Softwareleistungen via Internet gegen Entgelt nutzt und dadurch **eigene Investitions- und Pflegekosten für die benötigte Software
spart**; dies kann bei besonders schnelllebigen Softwareentwicklungen ein
sehr attraktives Angebot darstellen. Diese Online-Nutzung der vom Provider angebotenen Software oder Speichermöglichkeiten durch den Kunden gegen Entgelt auf Zeit ist als **Mietverhältnis** zu qualifizieren. Die Software bzw. die Speicherkapazität haben die mietrechtlich notwendige
Sachqualität, wenn sie auf einem Datenträger verkörpert sind, was beim
Server des ASP oder in der Cloud der Fall ist. Einen unmittelbaren sächli-
chen Besitz der Mietsache setzt der mietrechtliche Nutzungsbegriff dagegen nicht voraus;[31] ebenso muss der Gebrauch der Mietsache nicht ausschließlich sein – auch bei einem Wohnraum-Mietverhältnis, bei dem

---

29 Und zwar unabhängig davon, ob die Webseite als ein im HTML-Code wiedergegebenes
    Programm i. S. v. § 69a UrhG oder ein Werk i. S. v. § 2 UrhG darstellt.
30 Strömer, Online-Recht, 3. Aufl., S. 33 f.; Zur rechtlichen Einordnung des Copyright-Zei-
    chens siehe Rn. 225.
31 Zur Rechtsnatur eines ASP-Vertrags vgl. BGH MMR 2007, 243; zur Rechtsnatur eines
    Cloud-Computing-Vertrags als Mietvertrag vgl. Wicker, MMR 2012, 783 ff.

mehrere Studenten als WG die Wohnung gemeinschaftlich mieten, liegt rechtlich (auch bei interner Zimmeraufteilung) ein Mitgebrauch mehrerer Mieter nebeneinander vor.[32]

3.1.2.2.6 Mischverträge, z. B. Internet-System-Verträge

107 Natürlich lassen sich auch viele Vertragskonstellationen denken, bei denen die geschilderten Dienstleistungen zusammenfließen. Ein Beispiel dafür ist der sog. „Internet-System-Vertrag", bei dem Webdesigning, Betreuung und Gewährleistung der Abrufbarkeit kombiniert werden. Bei solchen Mischverträgen muss anhand des Leistungsschwerpunkts ermittelt werden, welcher Vertragstyp vorliegt. So hat der BGH bei einem Internet-System-Vertrag im Erfolgsbezug der Leistung den Schwerpunkt gesehen und daher eine werkvertragliche Einordnung vorgenommen.[33] In diesen Fällen hat der Besteller laut BGH ein jederzeitiges Kündigungsrecht gem. § 649 Satz 1 BGB – selbst dann, wenn der Anbieter auf 48 Monate gebunden ist; der Zahlungsanspruch besteht dann nur für die bis zur Kündigung erbrachten Leistungen.[34]

3.1.3 Summary „Provider-Arten und -Verträge"

108
1. Im Kern wird zwischen drei Providerarten unterschieden:
   a) Access-Provider, der als technischer Dienstleister den Zugang zum Netz vermittelt und im Sprachgebrauch als „der" Provider angesehen wird; er ist ein Diensteanbieter sowohl i. S. d. TKG als auch i. S. v. TMG.
   b) Presence-Provider, der die Speicherkapazitäten für die Internet-Auftritte bereitstellt; häufig bietet er ergänzend Webdesigning, Webvertising und Webconsulting an.
   c) Content-Provider, der als Webseitenbetreiber die inhaltlichen Angebote im Internet schafft.
2. Bei allen Providerverträgen mit Endkunden hat das Verbraucherschutzrecht eine hohe Bedeutung. Die Anforderungen der Rechtsprechung an Provider-AGBs sind vergleichsweise hoch.
3. Die meisten Providerverträge sind als Dauerschuldverhältnisse ausgestaltet; ihre Beendigung erfolgt durch Ablauf eines vorab definierten Zeitraums, durch eine Kündigung nach den vertraglich vorgesehenen Fristen oder durch eine fristlose Kündigung aus wichtigem Grund.
4. Die Providerverträge werden in das allgemeine Vertragssystem des BGB eingeordnet:

---

32 Röhrborn/Sinhart, CR 2001, 69, 70 f.; v. Westerholt/Berger, CR 2002, 81, 83 ff.
33 BGH CR 2010, 327 = MMR 2010, 398.
34 BGH CR 2011, 176 = MMR 2011, 311; BGH CR 2011, 528 = MMR 2011, 455.

a) Beim Access-Providing handelt es sich in der Regel (in Abhängigkeit von der konkreten Ausgestaltung) um Dienstverträge; besondere Bedeutung haben die Regelungen zur Sicherheit der Zugangsgewährung und zur Sperrung des Netzzugangs.
b) Ein Vertrag zur eMail-Account-Nutzung ist vorrangig mietvertraglich zu qualifizieren; sinnvoll ist eine Regelung über das maximal im Postfach abzulegende Datenvolumen.
c) Das Webhosting (Presence-Providing) besteht im Wesentlichen in der Vermietung von Speicherfläche; die damit verbundene Gewährleistung der Zugriffsbereitstellung des Servers ist dagegen – je nach Zusicherungsgrad – dienst- oder werkvertraglich einzuordnen.
d) Webdesigning-Verträge stellen Werkverträge dar, bei denen die Abrechnung sinnvollerweise in Arbeitsschritten festzulegen ist. Wegen der automatischen Kenntnis der Inhalte sollte sich der Webdesigner einen vertraglichen Freistellungsanspruch gegen seinen Kunden sichern, während der Kunde an klaren Regelungen zur Nutzung des Urheberrechts interessiert sein muss.
e) Bei Application-Service-Provider-Verträgen und beim Cloud Computing werden die online nutzbare Software bzw. Speicherkapazität an den Nutzer vermietet.

3.2 Provider-Haftung

3.2.1 Haftungsprivileg für Telemedien

3.2.1.1 Bedeutung und Anwendungsbereich des Haftungsprivilegs für Telemedien

Die Haftung für Inhalte ist in den §§ 7 ff. TMG geregelt. Dabei handelt **109** es sich aber nicht um Haftungsnormen im eigentlichen Sinn, die haftungs- oder anspruchsbegründend wirken würden. Vielmehr haben diese Haftungsvorschriften eine gegenteilige, nämlich **haftungsbegrenzende Funktion**, denn eine uferlose Haftung für die in aller Regel unbewusste Provider-Mitwirkung an den vielfältigen Rechtsverstößen im Internet würde das Providing wegen des unüberschaubaren Risikos wirtschaftlich völlig unattraktiv machen. Daher berücksichtigen die haftungsprivilegierenden Vorschriften für Provider die internettypischen Gefährdungslagen und tragen so wesentlich zur Funktions- und Leistungsfähigkeit des Internets bei. Im Mittelpunkt steht dabei die **Unterscheidung zwischen eigenen und fremden Inhalten**; bei letzteren ist die Verantwortung für Verbreitungshandlungen namentlich des Access- oder Presence-Providers eingeschränkt, weil die Menge fremder Inhalte deren Überprüfung auf Rechtsverstöße unzumutbar macht. Allerdings begrenzen die §§ 7 ff. TMG nur die **strafrechtliche und schadensersatzrechtliche Haftung,** während sie Unterlassungsansprüchen nicht entgegengehalten werden können; dies leitet der BGH in seiner Rolex-Entscheidung aus § 8 Abs. 2 Satz 2 TDG (Vorgängervorschrift zu § 7 Abs. 2 Satz 2 TMG) ab.[35]

110

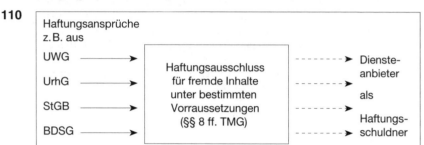

Übersicht 16: Haftungsfilter für Provider

111   Für **eigene Inhalte** (namentlich des Content-Providers) gilt – was eigentlich selbstverständlich ist – die **uneingeschränkte Haftung** (§ 7 Abs. 1 TMG). Für fremde Inhalte hingegen gibt es weitreichende Haftungserleichterungen, die im Wesentlichen darauf abstellen, ob der Provider **von diesen fremden Inhalten Kenntnis hat;** solange und soweit dies nicht der Fall ist, können z. b. der Presence-Provider, auf dessen Server harte Pornoseiten abgelegt sind, oder der Access-Provider, durch dessen Leitungen ein Computer-Virus „braust", nicht strafrechtlich zur Verantwortung gezogen werden, obwohl sie einen kausalen Tatbeitrag zur Verbreitung dieser Daten leisten. Auch kann ihnen kein Fahrlässigkeitsvorwurf deshalb gemacht werden, weil sie nicht zumindest stichprobenweise die von ihnen verbreiteten Inhalte auf Rechtsverstöße überprüfen, oder eine entsprechende Filtersoftware installiert haben; denn § 7 Abs. 2 TMG MDStV statuiert einen ausdrücklichen **Ausschluss von Überwachungs- oder Erforschungspflichten** bezüglich fremder Inhalte, so dass keinerlei vorbeugende Inhaltskontrolle zu erfolgen hat. Dieser Ausschluss gilt allerdings nur für Überwachungs- oder Erforschungspflichten „allgemeiner Art"; „nicht ausgeschlossen sind dagegen Überwachungspflichten in spezifischen Fällen", so der BGH.[36]

112   Für die unter 3.1.1 (Rn. 81 ff.) genannten wesentlichen Provider-Arten stellen sich die Haftungsprivilegien im Überblick wie folgt dar:

---

35   BGH, Urt. v. 11.3.2004 – Az. I ZR 304/01 = NJW 2004, 3102 = MMR 2004, 668 m. Anm. Hoeren = CR 2004, 763 m. Anm. Volkmann (Kein Haftungsprivileg bei Unterlassen – „Rolex").

36   BGH, Urt. v. 12.7.2012 – Az. I ZR 18/11 = NJW 2013, 784 = MMR 2013, 185 m. Anm. Hoeren = CR 2013, 190 m. Anm. Tinnefeld (Alone in the Dark).

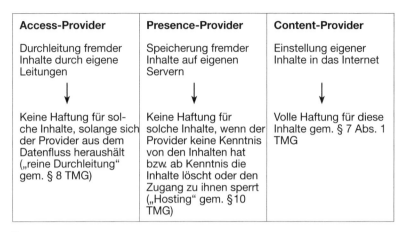

Access-Provider	Presence-Provider	Content-Provider
Durchleitung fremder Inhalte durch eigene Leitungen	Speicherung fremder Inhalte auf eigenen Servern	Einstellung eigener Inhalte in das Internet
↓	↓	↓
Keine Haftung für solche Inhalte, solange sich der Provider aus dem Datenfluss heraushält („reine Durchleitung" gem. § 8 TMG)	Keine Haftung für solche Inhalte, wenn der Provider keine Kenntnis von den Inhalten hat bzw. ab Kenntnis die Inhalte löscht oder den Zugang zu ihnen sperrt („Hosting" gem. § 10 TMG)	Volle Haftung für diese Inhalte gem. § 7 Abs. 1 TMG

Übersicht 17: Haftungsprivilegien der Provider-Arten

3.2.1.2 Die einzelnen Fallgruppen der Haftungsprivilegien

Im Einzelnen unterscheidet die Haftungsbegrenzung für fremde Inhalte **113** nach **drei verschiedenen technischen Verfahrenskategorien:**

3.2.1.2.1 Reine Datendurchleitung und automatische kurzzeitige Datenzwischenspeicherung (§ 8 TMG)

Wer sich auf den technischen Vorgang, ein Kommunikationsnetz zu be- **113a** treiben (also die Daten zu übermitteln, sog. „Routing") oder den Zugang dazu zu vermitteln (**Access-Providing**), beschränkt, haftet nicht. Denn die von ihm technisch ermöglichten Rechtsverstöße sind dann nicht seinem Verantwortungsbereich zuzurechnen.[37] Er muss sich dafür allerdings **konsequent aus dem Datenfluss heraushalten;** sobald er selbst eine Datenübermittlung veranlasst, Adressaten für eine Datenübermittlung auswählt oder die übermittelten Daten auswählt oder verändert, unterliegt er der vollen inhaltlichen Haftung. Auf die Kenntnis der Daten kommt es dabei nicht an; es kann also jemand wegen Eingriffs in den Datenfluss für Inhalte haften, die er nicht kennt. Umgekehrt kann sich jemand, weil er sich aus dem Datenfluss herausgehalten hat, auf das Haftungsprivileg auch dann berufen, wenn er von rechtswidrigen Inhalten (woher auch immer) weiß; nur bei **kollusivem Zusammenwirken mit einem Nutzer** gilt dies nicht mehr (§ 8 Abs. 1 Satz 2 TMG).

Dasselbe gilt für eine **automatische kurzzeitige Datenzwischenspeiche- 114 rung**, die im Rahmen einer Datendurchleitung erfolgt und zeitlich nicht länger dauert, als dies für die Durchleitung erforderlich ist. Damit wird

---

37 OLG Frankfurt a. M. MMR 2008, 166 m. Anm. Spindler = CR 2008, 242 (Verantwortlichkeit des Access-Providers).

dem technischen Umstand Rechnung getragen, dass selbst die bloße Durchleitung über Zwischenspeicherungen erfolgt, dadurch aber keine haftungsauslösende Lücke entstehen soll (§ 8 Abs. 2 TMG).

3.2.1.2.2 Zeitlich begrenzte Datenzwischenspeicherung (Caching, § 9 TMG)

115 Beim Caching handelt es sich um eine **Zwischenspeicherung von Daten,** um deren Weiterleitung an andere Nutzer auf deren Anfrage schneller zu ermöglichen. So werden beispielsweise häufig nachgefragte Daten im Internet in „Proxy-Servern" zwischengespeichert, um einen bei jeder Anforderung sonst nötigen Abruf bei einem evtl. weit entfernten „Heimatserver" der entsprechenden Daten zu vermeiden und dadurch Ladezeiten zu verkürzen;[38] daher wirkt diese Haftungsbeschränkung **vorrangig im Urheberrecht,** weil diese für Dritte erstellten Kopien von urheberrechtlich geschützten Werken ansonsten Haftungsansprüche auslösen könnten.[39] Wie bei der reinen Durchleitung handelt es sich dabei um einen **vollautomatisierten Vorgang,** bei dem der Betreiber in aller Regel keinen eigenen Einblick in die Daten hat; anders aber als bei der Durchleitung ist die zeitliche Begrenzung der Zwischenspeicherung nicht auf die bloße Dauer des technischen Übermittlungsvorgangs beschränkt.

116 Doch ist auch hier das **Haftungsprivileg nicht grenzenlos;** der Betreiber eines Zwischenspeichers (cache) darf insbesondere die vom originären Dateninhaber vorgegebenen **Zugangsbedingungen** (was bei kostenpflichtigen oder jugendgefährdenden Angeboten besonders bedeutsam ist) nicht ausschalten; auch ist er zur Beachtung der anerkannten Regeln zur **Datenaktualisierung** verpflichtet und darf anerkannte Technologien zur Sammlung von Daten über die Nutzung von Informationen (z. B. Zugriffszähler) nicht beeinträchtigen. Erfährt er, dass die von ihm zwischengespeicherten Daten **auf ihrem „Heimatserver" entfernt oder gesperrt** wurden, muss er im cache die Daten unverzüglich löschen oder den Zugang zu ihnen sperren. Geht schließlich die Speicherung über die rein technische Zwischenspeicherung qualitativ oder zeitlich hinaus, entfällt das Haftungsprivileg.[40]

3.2.1.2.3 Dauerhafte Datenspeicherung (Hosting, § 10 TMG)

117 Das Hosting (**Presence-Providing**) umfasst die dauerhafte Speicherung fremder Inhalte auf eigenen Servern. Auch hier ist einleuchtend, dass eine unbeschränkte Haftung für alle so erfassten Daten trotz des damit verbundenen Tatbeitrags zu ihrer Verbreitung zu völlig überzogenen Haftungsfolgen führen würde. Deshalb knüpft dieses Haftungsprivileg an die **Kenntnis des Host-Providers von den bei ihm gespeicherten fremden In-**

---

38 Köhler/Arndt/Fetzer, Recht des Internet, Rn. 768.
39 BT-Drs. 14/6098, S. 24; Köhler/Arndt/Fetzer, Recht des Internet, Rn. 769.
40 Köhler/Arndt/Fetzer, Recht des Internet, Rn. 773.

halten an; hat er diese Kenntnis bezüglich rechtswidriger Inhalte nicht, kann er sich auf die Haftungsfreistellung berufen. Ebenso haftet er nicht, wenn er Kenntnis von rechtswidrigen Inhalten erlangt und diese **unverzüglich löscht oder den Zugang zu ihnen sperrt.**

Diese Haftungserleichterung gilt rechtsgebietübergreifend sowohl im Zi-   **118** vil- als auch im Strafrecht.[41] Streitig ist allerdings, ob sich die den Haftungsausschluss hindernde Kenntnis nur auf die rechtswidrigen Inhalte oder auch auf deren Bewertung als rechtswidrig beziehen muss. Für die Ansicht, dass der Wegfall des Haftungsprivilegs auch die **Kenntnis der Rechtswidrigkeit** erfordert, spricht, dass dem einzelnen Host-Provider der evtl. erhebliche Aufwand einer verlässlichen Klärung der Rechtslage nicht zugemutet werden kann. Denn die bei harten Porno- oder Nazi-Seiten noch relativ einfache Rechtswidrigkeitsfeststellung kann bei Marken- oder Urheberrechtsverletzungen höchst diffizile juristische Prüfungen voraussetzen.[42]

Interessant ist in diesem Zusammenhang die Differenzierung in § 10   **119** Satz 1 Nr. 1 TMG, wonach zwischen **rechtswidrigen Handlungen** einerseits und **Schadensersatzansprüche auslösenden Umständen** andererseits unterschieden wird. Nach der Begründung des Gesetzentwurfs ist damit folgendes gemeint: Wenn der Inhalt als solcher **objektiv – also gegenüber jedermann – rechtswidrig** ist, soll die Kenntnis des Inhalts für den Wegfall des Haftungsausschlusses reichen („rechtswidrige Handlungen"). Dies ist vor allem bei strafrechtlichen Handlungen der Fall, so beispielsweise bei für Minderjährige zugänglichen pornografischen Inhalten, Beleidigungen, Aufforderungen zu Straftaten u. Ä.[43] Ist der Inhalt demgegenüber nicht bereits als solcher rechtlich zu beanstanden, sondern ergibt sich seine **Rechtswidrigkeit aus der Verletzung subjektiver Rechte anderer** („Schadensersatzansprüche auslösende Umstände"), muss sich die Kenntnis auch auf die Rechtsverletzung beziehen, um den Haftungsausschluss zu verneinen. Dies ist relevant z. B. für urheberrechtlich geschützte Werke, deren Verbreitung ja noch nicht rechtswidrig ist, sondern erst dann, wenn der Verbreitende dafür nicht die Erlaubnis des Rechteinhabers hat. In solchen Fällen soll sich die **Kenntnis auch auf die fehlende Verwendungsberechtigung** beziehen.[44] Dieses Verständnis der Differenzierung ist überzeugend, weil es sich eng an den **Wortlaut der Norm** anlehnt und außerdem dem allgemeinen Rechtsgrundsatz, dass Unkenntnis in der Regel nicht vor Strafe (bzw. Haftung) schützt, Rechnung trägt.

---

41 KG, Beschl. v. 25.8.2014 – Az. 4 Ws 71/14 – 141 AR 363/14, NJW 2014, 3798 (Ls. 1).
42 Strömer, Online-Recht, S. 271.
43 KG, Beschl. v. 25.8.2014 – Az. 4 Ws 71/14 – 141 AR 363/14, NJW 2014, 3798 (Ls. 2).
44 BT-Drs. 14/6098, S. 25; so auch Köhler/Arndt/Fetzer, Recht des Internet, Rn. 775; ähnl.
    Fechner, Medienrecht, 12. Kap. Rn. 43.

120   Ein in diesem Zusammenhang öfter (und nicht immer von seriöser Seite) praktiziertes „Spiel" sind **Abmahnungen,** in denen der (angeblich) in seinen subjektiven Rechten Verletzte den Presence-Provider zur Löschung der inkriminierten Inhalte auffordert. Wäre dies schon für den Eintritt der haftungsausschlusshindernden Kenntnis ausreichend, bliebe die Rechtsunsicherheit, ob wirklich (subjektive) Rechte verletzt worden sind, wieder beim Provider hängen. Denn würde der Presence-Provider daraufhin die betroffenen Inhalte löschen, könnte er sich je nach Vertragsgestaltung mietrechtlichen Haftungsansprüchen seines Kunden, des Content-Providers, ausgesetzt sehen. Doch nach Sinn und Zweck des Haftungsprivilegs soll ja gerade dies nicht der Fall sein. Deshalb ist hier von einem **engen Kenntnisbegriff** auszugehen, der erst erfüllt ist, wenn die **subjektive Rechtsverletzung objektiv nachgewiesen wird** – etwa durch ein rechtskräftiges Urteil gegenüber dem Content-Provider.[45]

121   Ebenfalls problematisch kann in größeren Unternehmen – erst recht in Konzernen – die Frage der **Kenntniszurechnung** sein. Arbeitsteiligen Organisationen wird man erst dann die Kenntnis zurechnen können, wenn sie bei ihren Leitungsorganen oder zuständigen Mitarbeitern eingetreten ist. Damit jedoch diese internen Zuständigkeitsverteilungen nicht gegen den in seinen Rechten verletzten Anspruchsinhaber ausgespielt werden können, ist aus der **Organisationsgewalt** der Firma deren Pflicht abzuleiten, eine effiziente interne Kenntniserlangung sicherzustellen. Daraus folgt eine **Beweislastumkehr,** wonach nicht der Anspruchsinhaber die Kenntniserlangung an zuständiger Stelle beweisen muss, sondern die Firma ihre fehlende Kenntnis.[46]

3.2.1.3 Rechtliche Einordnung und Beweislastregelung

122   Umstritten ist die rechtliche Einordnung des Haftungsprivilegs und damit insbesondere die **Zuweisung der Beweislast für die Voraussetzungen des Haftungsprivilegs.** Der Gesetzgeber sieht in den § 8 ff. TMG einen Nach-Haftungsfilter, der haftungsbegrenzend hinter die haftungsbegründenden Normen des Strafrechts, Wettbewerbsrechts, Urheberrechts o. Ä. geschaltet wird. Die Gesetzesbegründung sagt dazu:[46a]

> Sind [...] im Einzelfall die Voraussetzungen der allgemeinen Vorschriften für eine Haftung erfüllt, so ist der Diensteanbieter für die Rechtsgutsverletzung gleichwohl nicht verantwortlich, wenn er sich auf das Eingreifen der §§ 9, 10 oder 11 berufen kann.

123   Die Formulierung, dass sich der Diensteanbieter auf den Haftungsausschluss berufen kann, legt den Schluss nahe, dass er im Streitfall die Voraussetzungen dafür auch beweisen muss. Denn nach den **allgemeinen Be-**

---

45 Köhler/Arndt/Fetzer, Recht des Internet, Rn. 777 ff.
46 Köhler/Arndt/Fetzer, Recht des Internet, Rn. 780.
46a BT-Drs. 14/6098, S. 23.

weislastregeln muss stets derjenige die Voraussetzungen der Norm beweisen, auf die er sich beruft. Demgegenüber hat der BGH für die Vorvorgängervorschrift (§§ 5 TDG/MDStV a. F.) den Standpunkt vertreten, dass es sich bei den Haftungsbeschränkungen um **negative Tatbestandsmerkmale der jeweiligen allgemeinen Haftungsnorm** handelt.[47] Damit erreicht der BGH, dass die Beweislast für die Voraussetzungen des Haftungsausschlusses den Haftungsgläubiger trifft; diese providerfreundliche Auslegung entspricht dem Regelungszweck des Haftungsprivilegs. Ob allerdings diese Grundsätze auch für die Haftungsprivilegien der §§ 8 ff. TMG gelten können, ist mehr als fraglich. Denn die §§ 8 ff. TMG sind als **rechtshindernde Einwendungen mit überwiegend negativen Tatbestandsmerkmalen** formuliert (vgl. §§ 8 Abs. 1 Nr. 1–3, 9 Satz 1 Nr. 1 und 4, 10 Satz 1 Nr. 1 TMG: „sofern"), was nach den klassischen Auslegungsregeln für eine **Beweislast des Anspruchsgegners** – also des Providers – spricht.[48]

Beispielfall 2: Internetauftritte mit Folgen **124**

Sachverhalt: Anton (A) ist Inhaber der Firma „Netpresence now!", die Serverkapazitäten für Internetauftritte anbietet. Mit einigen seiner Kunden hat er Probleme:

a) Seine Kundin Beatrice (B) bietet in dessen Internetpräsenz Gedichte und Kurzgeschichten an. Eine Urhebernennung erfolgt nicht, weshalb offen ist, ob die Texte von B selbst oder anderen stammen. Eines Tages meldet sich Christine (C) bei A und verlangt, den Auftritt von B sofort zu sperren – bis diese das Gedicht „So grün die Büsche strahlen" aus dem Auftritt gelöscht hat. Denn dieses Gedicht sei von ihr (C), und sie habe B die Verwendung nicht gestattet. A teilt dies B mit, die empört darauf besteht, dass das Gedicht von ihr selbst (B) verfasst worden sei.

b) Auch Kunde Dietmar (D) macht Schwierigkeiten: Auf dessen Internetseite werden verschiedene Personen unter Nennung ihres vollen Namens und Wohnortes mit beleidigenden Kraftausdrücken belegt. Dies betrifft auch D's Intimfeind Emil (E), der beruflich als Polizeibeamter tätig ist und als „korruptes Schwein und Bullen-

---

47 BGH NJW 2003, 3764 = MMR 2004, 166 m. Anm. Hoeren = CR 2004, 48 m. Anm. Spindler (Providerhaftung).
48 So Pankoke, MMR 2004, 211, 216 f.; Heckmann, Internetrecht, Kap. 10 Rn. 155, 222, 303 ff. (bei § 10 TMG differenzierend); a. A. OLG Düsseldorf, MMR 2004, 315, 317 m. Anm. Leupold, wonach die Tatbestandsmerkmale des § 11 TDG anspruchsbegründender Natur sein sollen; auch Spindler, CR 2004, 51, will in seiner Anm. zur BGH-Entscheidung diese in zentralen Passagen auf das TMG übertragen, rügt jedoch auch die unklare dogmatische Einordnung der Haftungsregelungen; die Filterlösungen seien nicht brauchbar und sollten „einer klaren Zuordnung zum Tatbestand weichen"; in MMR 2004, 440, 444, spricht sich Spindler für eine sphärenbezogene Aufteilung der Beweislast aus; zum Spektrum der vertretenen Auffassungen zur dogmatischen Einordnung vgl. auch Hoffmann, MMR 2002, 284, 285.

arsch" tituliert wird. E beschwert sich bei A und verlangt die Löschung der entsprechenden Seite.
Was muss A in diesen Fällen unternehmen?

125 Lösungsvorschlag:

a) Wenn das Gedicht von C wäre, läge eine Urheberrechtsverletzung
seitens B vor, zu der A mit der dafür erforderlichen Serverkapazität
einen kausalen Tatbeitrag leisten würde. Denn die Speicherung im
Internetauftritt von B wäre eine unerlaubte Vervielfältigung des
Gedichts von C. Dann wäre A – der jetzt ja Kenntnis von diesem
Problem hat – zur Sperrung verpflichtet (§ 10 Satz 1 Nr. 2 TMG).
Aber: Es steht ja gar nicht fest, ob das Gedicht von C ist. Vielmehr
beansprucht B die Urheberschaft für sich selbst; dann müsste und
dürfte A die Sperrung nicht vornehmen. Folglich kann A mit den
ihm vorliegenden (widersprüchlichen) Informationen nicht erkennen, ob ein Rechtsverstoß vorliegt oder nicht. In diesen Fällen
reicht die Kenntnis des Host-Providers vom Urheberrechtsstreit
noch nicht für eine Sperrung; vielmehr muss sich die Kenntnis des
A auch auf das Vorliegen des Rechtsverstoßes beziehen (§ 10
Satz 1 Nr. 1, 2. Alt. TMG). Dies wäre etwa der Fall, wenn C ein
entsprechendes Gerichtsurteil vorlegen würde. Da dies aber nicht
erfolgt, muss und darf A die Seite mit dem Gedicht nicht sperren.

b) In diesem Fall wird A von E – einem Beleidigungsopfer – auf die
entsprechende Seite hingewiesen. Anders als im Fall zuvor ist hier
der Beleidigungscharakter aufgrund der verwendeten Kraftausdrü-
cke auch für Außenstehende wie A ohne Zusatzkenntnisse offensichtlich. Hier kann und muss A die Rechtswidrigkeit des Internetauftritts seines Kunden erkennen, weil ein für jedermann erkennbarer Rechtsverstoß vorliegt. In solchen Fällen reicht die Kenntnis
über den Inhalt der entsprechenden Webseite aus (§ 10 Satz 1
Nr. 1, 1. Alt. TMG), um die Sperrungspflicht des A als Host-Provider auszulösen. Andernfalls würde er sich der Beihilfe zur Beleidi-
gungshandlung des D strafbar machen. Dies gilt selbst dann, wenn
A nicht wüsste, dass die Bezeichnungen „korruptes Schwein" und
„Bullenarsch" Beleidigungen i. S. v. § 185 StGB darstellen.

3.2.2 Haftung des Internetanschlussinhabers

126 **„Eltern haften für ihre Kinder":** Dieser vor allem auf Baustellen- und
Spielplatzschildern regelmäßig anzutreffende Satz wird auch für die Nutzung des Internets – genauer: des (familiär zur Verfügung gestellten) Internetanschlusses – heftig diskutiert. Dahinter steht letztlich die Frage der
Haftung eines Internetanschlussinhabers für Rechtsverstöße, die andere
durch die erlaubte oder ermöglichte Nutzung des Internetanschlusses begehen. Diese grundsätzliche Haftungsfrage betrifft aber keineswegs nur

Eltern, sondern alle Fälle, in denen private Anschlussinhaber typischerweise regelmäßig anderen Personen Zugang zu diesem Anschluss gewähren: Haftet als Anschlussinhaber ein Ehemann für seine Ehefrau oder ein Student für seine WG-Mitbewohner? Eine besondere Brisanz hat das Thema durch den inzwischen üblichen Einsatz von WLAN-Anschlüssen gewonnen: Haftet ein Wohnungsbesitzer bei schlechter Passwort-Sicherung für seine Nachbarn, die bei ihm „schwarz" mitsurfen? Und wie sieht es im gewerblichen Bereich aus, etwa bei der Zurverfügungstellung eines WLAN-Anschlusses in einem Hotel oder einem Café?

Der BGH hat diesen Problemkreis in mittlerweile drei Entscheidungen **127** eingegrenzt und dabei einen relativ anschlussinhaberfreundlichen Kurs verfolgt.

• **„Sommer unseres Lebens"**: Während der Xavier Naidoo-Titel „Sommer unseres Lebens" über seinen WLAN-Anschluss heruntergeladen wurde, war der Anschlussinhaber im Urlaub. Er hatte allerdings seinen WLAN-Router nicht mit einem persönlichen Passwort gesichert, sondern die werkseitigen Einstellungen belassen. Der BGH lehnte im Fall eines WLAN-Missbrauchs eine Haftungszurechnung als Täter oder Gehilfe ab.[49] Allerdings leitete er aus dem Prinzip der verschuldensunabhängigen Störerhaftung (näher s. u., Rn. 349 ff.) ab, dass Anschlussinhaber ihren WLAN-Router nach dem neuesten Stand der Technik zumutbar zu sichern haben. Weil es hieran fehlte, musste der Anschlussinhaber die Abmahngebühren bezahlen.[50]

• **„Morpheus"**: Der 13-jährige Sohn des Anschlussinhabers hatte auf seinem PC, den er zum 12. Geburtstag geschenkt bekommen hatte, das Tauschbörsenprogramm „Morpheus" installiert und auf diesem Weg zahlreiche Musikstücke urheberrechtswidrig öffentlich zum kostenlosen Download angeboten. Die Eltern hatten ihrem Sohn dies zwar verboten, aber seine PC-Nutzung nicht im Einzelnen überwacht. Der BGH hielt es in diesem Fall für ausreichend, wenn Eltern ihr – im Wesentlichen folgsames – Kind entsprechend belehrt haben und verneinte eine Überwachungspflicht, solange den Eltern keine konkreten Anhaltspunkte für eine Verletzung ihres Verbots vorliegen.[51]

• **„BearShare"**: Im Fall der jüngsten (und mit Sicherheit nicht letzten) einschlägigen Entscheidung des BGH hatte der 20-jährige (und damit

---

49 So aber noch zuvor LG Düsseldorf MMR 2009, 780.
50 BGH, Urt. v. 12.5.2010 – Az. I ZR 121/08 = NJW 2010, 2061 = MMR 2010, 565; vgl. auch AG Frankfurt a. M., Urt. v. 14.6.2013 – Az. 30 C 3078/12, wonach ein individueller WLAN-Schlüssel, wie er bei modernen Routern bereits „mitgeliefert" wird (und meist 22 Zeichen enthält), eine ausreichende Sicherung darstellt.
51 BGH, Urt. v. 15.11.2012 – Az. I ZR 74/12 = NJW 2013, 1441 = MMR 2013, 388 m. Anm. Hoffmann = CR 2013, 324 m. Anm. Brüggemann; wird die Belehrung des Minderjährigen allerdings nicht zur Überzeugung des Gerichts nachgewiesen, haftet der elterliche Anschlussinhaber – so BGH, Urt. v. 11.6.2015 – Az. I ZR 19, 21, 75/14.

volljährige) Stiefsohn des Anschlussinhabers über das Tauschbörsenprogramm „BearShare" über 3.700 Musikdateien zum Download
hochgeladen. Der BGH wies die Klage gegen den Anschlussinhaber
auf Zahlung der Abmahnkosten ab; zur Begründung verwies er auf
das Prinzip der Eigenverantwortlichkeit Volljähriger und auf das besondere Vertrauensverhältnis zwischen Familienmitgliedern.[52]

128   Aus der bisherigen Rechtsprechung lässt sich damit für die **Haftungs-
grundlage** festhalten, dass der Anschlussinhaber grundsätzlich nicht als
Täter oder Teilnehmer der über seinen Anschluss begangenen Rechtsverletzung haftet. Dies setzt freilich voraus, dass der Anschlussinhaber die
Rechtsverletzung nicht selbst begangen hat; ihn trifft insoweit eine sog.
„**sekundäre Darlegungslast**". Das bedeutet, dass zunächst der Anspruchsinhaber darlegen muss, dass über den fraglichen Anschluss Rechtsverletzungen begangen wurden (primäre Darlegungslast); dann muss der Anschlussinhaber die realistische Möglichkeit eines Geschehensablaufs darlegen, die seine eigene Täterschaft oder Teilnahme an der Rechtsverletzung ausschließt (sekundäre Darlegungslast).[53] Dies ist dann erfüllt, wenn
der Anschlussinhaber glaubhaft und konkret darlegen kann, dass (auch)
andere Personen als er selbst Zugang zum Internetanschluss haben – etwa
Ehepartner oder andere Familienmitglieder.[54]

129   Gelingt dem Anschlussinhaber diese Darlegung, kommt nur noch die **ver-
schuldensunabhängige Störerhaftung** in Betracht. Da mit der **Überlassung
des Internetanschlusses die Eröffnung einer Gefahrenquelle**, durch die
(ansonsten unterbleibende) Rechtsverstöße begangen werden, verbunden
ist, erscheint dies angemessen und sachgerecht. Doch selbst gegen diese
geringere Haftungsform wird eingewandt, dass die meisten Bürger das
Internet nur als Informationsmedium nutzen, folglich die Wahrschein-
keit von aktiven Rechtsverletzungen durch die Nutzung des Anschlusses
vergleichsweise unwahrscheinlich ist und demnach durch die Nutzungs-
überlassung keine Gefahrenquelle eröffnet wird.[55] Dem ist jedoch entgegen zu halten, dass – gerade auch von Jugendlichen – das Internet keineswegs nur im Sinne eines passiven Konsumierens von Informationen genutzt wird; wesentlich lebensnäher ist die Annahme, dass viele Internet-
user das Internet aktiv nutzen, als Diskutanten in Foren, beim Hochladen
von Handy-Filmaufnahmen bei Youtube oder eben beim Herunterladen
urheberrechtlich geschützter Filme und Musikstücke. Es liegt auf der
Hand, dass dabei potenziell eine Vielzahl von Rechtsverstößen begangen
werden kann (von Beleidigungen über Persönlichkeitsrechtsverletzungen

---

52   BGH, Urt. v. 8.1.2014 – Az. I ZR 169/12 = NJW 2014, 2360.
53   AG Frankfurt a. M. MMR 2012, 620 (621).
54   AG Frankfurt a. M. MMR 2012, 620; nicht hinreichend konkret waren die nur sehr vagen
     und allgemeinen Angaben einer Mutter mit fünf Kindern, vgl. OLG Köln CR 2010, 336.
55   Solmecke/Müller, Anm. zu LG Düsseldorf, MMR 2009, 780, 781.

bis hin zu Urheberrechtsverstößen).[56] Demnach geht der BGH richtigerweise von einer grundsätzlichen Störerhaftung des Internetanschlussinhabers aus.

Daraus folgt für die **Haftungsintensität**, dass mit der Störerhaftung – aufgrund deren geringeren Hürden – nur maßvolle Prüfpflichten verbunden sind. Diese hat der BGH in den genannten Entscheidungen präzisiert: **130**

- Wer einen privaten WLAN-Router besitzt, muss diesen nach den jeweils üblichen technischen Standards gegen Missbrauch durch unbefugte Dritte sichern – also einen hinreichend sicheren Passwortschutz einrichten.

- Wer seinen Internetanschluss seinen minderjährigen Kindern zur Verfügung stellt, muss diese über die Gefahren bestimmter Internetnutzungen belehren und entsprechende Verbote aussprechen. Eine Kontrollpflicht erwächst erst, wenn dem Anschlussinhaber konkrete Anhaltspunkte für ein verbotswidriges Verhalten des Kindes vorliegen.

Diese maßvolle Ausgestaltung der Prüfpflichten verdient Zustimmung. So berücksichtigt der BGH bei der **Zumutbarkeitsfrage von Prüf- und Überwachungspflichten** den besonderen Schutz der Eltern-Kind-Beziehung gem. Art. 6 GG. Auch die Betonung der Eigenverantwortlichkeit volljähriger Kinder ist konsequent, denn es kann – ganz generell – nicht Ausfluss von Haftungsnormen sein, dass Volljährige andere Volljährige pauschal auf die Unzulässigkeit illegaler Handlungen hinzuweisen haben.[57] Gleichwohl sind noch **viele der oben gestellten Fragen ungeklärt**. Der BGH hat im BearShare-Urteil seine Aussage für die Eigenverantwortlichkeit Erwachsener ausdrücklich auf den familiären Kreis begrenzt;[58] unklar sind demnach noch die Prüfungs- und Überwachungspflichten des Anschlussinhabers durch fremde (volljährige) Personen, deren Nutzungsverhalten im Internet weniger gut einzuschätzen ist, etwa beim studentischen Anschlussinhaber gegenüber den WG-Mitbewohnern oder auch beim väterlichen Anschlussinhaber gegenüber dem volljährigen Freund seiner Tochter. Dennoch spricht vieles dafür, dass der argumentative Ansatz der Eigenverantwortlichkeit Volljähriger auch in diesen Fällen greifen wird.[59] **131**

Erst recht noch ungeklärt ist der gesamte Bereich einer **gewerblichen oder öffentlichen WLAN-Zurverfügungstellung**. Nicht nur Hotels, gastronomische Betriebe und Fluggesellschaften (in ihren Flugzeugen) bieten inzwischen WLAN-Zugänge zum Internet an, sondern auch öffentliche Ins- **132**

---

56 Vgl. auch Stang/Hübner, Anm. zu OLG Frankfurt a. M., CR 2008, 243, 245.
57 So bereits vor der BGH-Entscheidung LG Mannheim MMR 2007, 267 m. Anm. Solmecke und OLG Frankfurt a. M. CR 2008, 243 m. Anm. Stang/Hübner = MMR 2008, 169; anders dagegen LG Düsseldorf MMR 2009, 780 m. Anm. Solmecke/Müller.
58 BGH, Urt. v. 8.1.2014 – Az. I ZR 169/12 = NJW 2014, 2360 (2362), Rn. 28.
59 So auch Borges, NJW 2014, 2305 (2310); a. A. LG Mannheim, Urt. v. 29.9.2006 – Az. 7 O 62/06 (Rn. 21) und OLG Köln MMR 2012, 184.

titutionen wie Städte und Gemeinden experimentieren mit WLAN-Angeboten in Fußgängerzonen etc. als Attraktivitätsfaktoren. Nicht zuletzt gerade wegen der ungeklärten Haftungsfragen ist Deutschland bei öffentlichen WLAN-Angeboten hinter vielen anderen Ländern zurück geblieben.[60] Das LG München I hat daher in einer Vorlage an den EuGH einige Haftungsfragen im Zusammenhang mit WLAN-Angeboten aufgeworfen, so dass man sich von einer **EuGH-Entscheidung** wichtige Klärungen erhoffen kann.[61] Außerdem plant die Bundesregierung eine **Änderung des TMG**, durch die gewerbliche und öffentliche WLAN-Anbieter haftungsrechtlich den Access-Providern gem. § 8 TMG gleichgestellt werden. Sie sollen dann von einer Haftung befreit sein, wenn sie sich aus dem Datenfluss heraushalten, angemessene Sicherungsmaßnahmen gegen den unberechtigten Zugriff außenstehender Dritte getroffen haben und die Zugangsgewährung von einer Nutzererklärung, keine Rechtsverletzungen zu begehen, abhängig ist. Auch privaten WLAN-Anbieter soll dieses Haftungsprivileg offenstehen, wenn sie neben den genannten Voraussetzungen auch den Namen ihrer Nutzer kennen.[62]

3.2.3 Internetsperren durch Zugangserschwerung

133 Im Internet kursieren zahllose Auftritte, die illegale Inhalte enthalten – seien es Nazi-Verherrlichungen, offene Porno-Seiten, Beleidigungen oder Urheberrechtsverletzungen. Soweit es sich dabei um journalistisch-redaktionelle – also meinungsbildende – Angebote handelt, unterliegen diese der staatlichen Aufsicht gem. § 59 RStV. Die zuständigen Behörden gehen dabei zunächst gegen die unmittelbar Verantwortlichen, also die inhaltlichen Anbieter vor. Dies ist jedoch in vielen Fällen nicht möglich oder nicht erfolgversprechend, etwa wenn die Täter im Ausland sitzen. Dann können sich die Behörden zur Bekämpfung illegaler Netzinhalte an Access- und Presence-(Host-)Provider wenden und von diesen die Löschung bzw. Zugangserschwerung bezüglich der betroffenen Webseiten verlangen. Nach § 59 Abs. 4 RStV

---

60 Vgl. die Erhebung des Verbands der deutschen Internetwirtschaft e. V. unter <https://www.eco.de/wp-content/blogs.dir/eco-microresearch_verbreitung-und-nutzung-von-wlan.pdf>, S. 9 f. (23.4. 2015).
61 LG München I, Beschl. v. 18.9.2014 – Az. 7 O 14719/12.
62 Erläuterung auf der Grundlage des bei Drucklegung verfügbaren Referentenentwurfs der Bundeswirtschaftsministeriums vom 11.3.2015, abrufbar <http://bmwi.de/BMWi/Redaktion/PDF/S-T/telemedienaenderungsgesetz,property=pdf,bereich=bmwi2012,sprache=de,¬rwb=true.pdf> (23.4.2015); umfassend zur Thematik und zu den Perspektiven Mantz/Sassenberg, NJW 2014, 3537 (3540 ff.), und dies., CR 2015, 298, die für WLAN-Anbieter wegen deren neutralen Stellung bereits nach geltendem Recht keine ernsthaften Haftungsgefahren, sondern im Gegenteil die Gefahr von Verschlechterungen im Referentenentwurf sehen; ebenso Mantz, GRUR-RR 2013, 497.

„können Maßnahmen zur Sperrung von [rechtswidrigen] Angeboten [...] auch gegen den Diensteanbieter von fremden Inhalten nach den § 8 bis 10 des Telemediengesetzes gerichtet werden".[63]

Denn neben der primären Verantwortung der inhaltlichen Anbieter im Internet stehen – trotz der Haftungsprivilegien – auch die Diensteanbieter gem. §§ 8–10 TMG in der Pflicht, bei der Bekämpfung illegaler Netzinhalte mitzuhelfen. So stellt § 7 Abs. 2 Satz 2 TMG unmissverständlich klar, dass

„Verpflichtungen zur Entfernung oder Sperrung der Nutzung von Informationen nach allgemeinen Gesetzen [...] auch im Falle der Nichtverantwortlichkeit des Diensteanbieters nach den §§ 8 bis 10 TMG unberührt bleiben".[64]

3.2.3.1 Düsseldorfer Sperrungsverfügungen

Den ersten Aufsehen erregenden Fall einer solchen Inanspruchnahme von **134** Access-Providern stellten die **Düsseldorfer Sperrungsverfügungen** dar. So hat die Bezirksregierung von Düsseldorf 2002 gegenüber einigen Access-Providern angeordnet, dass diese den **Zugang zu bestimmten Internetseiten sperren** müssen. Die betroffenen Seiten enthielten verfassungswidrige und strafrechtlich relevante Inhalte rechtsradikaler Art; deren inhaltliche Anbieter saßen im Ausland und waren deshalb für die deutschen Behörden nicht erreichbar. Gegen diese Verfügungen der Düsseldorfer Bezirksregierung erhob sich in der Internet-Gemeinde ein **Sturm der Entrüstung**, der sich auch vielfältig in der juristischen Fachliteratur niederschlug.[65] Mit großer Heftigkeit wurde das behördliche Vorgehen als **Verletzung der Meinungsfreiheit und Verstoß gegen das „kategorische Zensurverbot"**[66] gebrandmarkt. Völlig übersehen wird bei derartigen Vorwürfen, dass die Meinungsfreiheit nicht schrankenlos gewährt ist, sondern in allgemeinen Gesetzen gem. Art. 5 Abs. 2 GG ihre Grenze findet; hierzu zählen auch Regelungen zum Schutz des demokratischen Rechtsstaates (s. o., Rn. 60).

Die Kritikpunkte waren sowohl technischer als auch rechtlicher Natur. **135** So wurde vorgetragen, eine **verlässliche Sperrung sei technisch eben nicht möglich**.[67] Dieses Argument verkennt jedoch, dass die polizeirechtliche Gefahrenabwehr keineswegs eine völlige Gefahrenbeseitigung erreichen

---

63 Eine entsprechende Ermächtigungsgrundlage fehlt im TMG wie im Vorgängergesetz TDG (a. A. – ohne erkennbare Begründung – VG Düsseldorf, MMR 2003, 205). Hier müsste dann auf die polizeirechtliche Generalklausel zurückgegriffen werden.

64 Vgl. LG Hamburg, MMR 2005, 55, das urheberrechtliche Auskunftsansprüche gegen den Access-Provider nach den allgemeinen Grundsätzen der Störerhaftung bejaht hat; a. A. Köhler/Arndt/Fetzer, Recht des Internet, Rn. 784, die die Beseitigungs- und Unterlassungspflichten der Störerhaftung als von der Haftungsregulierung der §§ 8–10 TMG erfasst ansehen.

65 Siehe z. B. das umfangreiche Gutachten von Engel, MMR-Beilage zu 4/2003; Greiner, CR 2002, 620; Stadler, MMR 2002, 343.

66 Engel, MMR-Beilage zu 4/2003, These 19; Stadler, MMR 2002, 343.

67 Instruktiv zu den technischen Schwierigkeiten: Schneider, MMR 2004, 18.

muss, sondern auch eine Gefahrenreduzierung ausreicht. Weiter wurde argumentiert, die Sperrungsverfügungen seien gar **kein adäquates Mittel der Gefahrenabwehr**, weil die inkriminierten Seiten durch die damit verbundene erhöhte Publizität noch viel bekannter und auch begehrter würden; damit werde die Gefahr für die öffentliche Sicherheit und Ordnung nicht eingedämmt, sondern sogar erhöht.[68] Denkt man dieses Argument zu Ende, dürfte gegen Publikations- oder Äußerungsdelikte nie vorgegangen werden, weder präventiv noch repressiv. Schließlich vermögen auch Pauschalargumente (Verstoß gegen ein „völkergewohnheitsrechtliches Interventionsverbot")[69] nicht zu überzeugen. Noch am ehesten Gewicht hat die Kritik, dass die Verfügungen bei Auswirkungen der Sperrung auf zahlreiche legale Inhalte im Hinblick auf das **Informationsgrundrecht der Allgemeinheit** unverhältnismäßig seien;[70] doch ist dem entgegenzuhalten, dass bei einer Gesamtabwägung dem Schutz der Allgemeinheit vor volksverhetzenden Inhalten Vorrang vor dem Zugang zu den mitbetroffenen legalen Inhalten eingeräumt werden kann. Deshalb ist dem VG Düsseldorf zuzustimmen, das die **Angriffe der betroffenen Access-Provider gegen die Verfügungen zurückgewiesen** hat.[71] In einer Entscheidung des VG Köln wird insbesondere auch die **Verhältnismäßigkeit** (Geeignetheit, Erforderlichkeit, Angemessenheit) im Einzelnen geprüft und bejaht.[72]

136 Letztlich sind diese Reaktionen ein Beleg für **fehlende Gewöhnung an polizeirechtliche Gefahrenabwehr**. Die erheblichen Durchsetzungsprobleme der Rechtsordnung im Internet hatten dort ein Gefühl der „rechtlichen Vogelfreiheit" geschaffen, das durch die Düsseldorfer Verfügungen empfindlich getroffen wurde. Dabei können unzulässige – insbesondere strafrechtlich relevante – Internetinhalte ebenso die öffentliche Sicherheit oder Ordnung beeinträchtigen, wie dies etwa bei Umwelt- oder Verkehrsgefährdungen der Fall ist. Aus den **Vollzugsdefiziten im virtuellen Raum** darf nicht der Fehlschluss abgeleitet werden, die Rechtsordnung würde dort nicht ebenso gelten, wie in der „realen" Welt. Schon länger ist dies klar bei der Verletzung subjektiver Rechte (etwa im Wettbewerbs- oder Markenrecht), weil hier der jeweils in seinen Rechten Verletzte dagegen

---

68 Stadler, Anm. zu VG Düsseldorf, MMR 2003, 205.
69 Engel, MMR-Beilage zu 4/2003, These 9.
70 Stadler, MMR 2002, 343, 346.
71 VG Düsseldorf CR 2005, 885 m. Anm. Volkmann = MMR 2005, 794 (Düsseldorfer Sperrungsverfügungen); bereits im Verfahren des einstweiligen Rechtsschutzes hatten das VG Düsseldorf (MMR 2003, 205) und als 2. Instanz das OVG Münster (CR 2003, 361 m. Anm. Vassilaki = NJW 2003, 2183) die Beschwerden gegen die Verfügungen zurückgewiesen.
72 VG Köln MMR 2005, 399 m. Anm. Kazemi = CR 2006, 201 (Sperrungsverfügungen gegen Access-Provider); hierzu vgl. auch OVG Lüneburg, NJW 2008, 1831, bzgl. einer jugendschutzrechtlich motivierten Untersagungsverfügung. Kritisch zur (technischen) Geeignetheit – allerdings vor einem wettbewerbsrechtlichen statt verwaltungsrechtlichen Hintergrund – LG Kiel, MMR 2008, 123 m. Anm. Schnabel.

vorgeht und so das Vollzugsdefizit reduziert. Aber auch beim objektiven Straf- und Gefahrenabwehrrecht werden die Behörden im Internet zunehmend aktiv.

Deutlich enger ist der rechtliche Spielraum für Sperrungen, die zum **137** Schutz des Urheberrechts verlangt werden. Zwar zeigt sich der EuGH grundsätzlich offen für gezielte **Sperrungsmaßnahmen gegen urheberrechtsverletzende Internetauftritte** durch Access-Provider. Im Fall „kino.to" entschied der EuGH auf eine österreichische Vorlage, dass die Abwägung zwischen den Rechten des Providers einerseits und dem in seinen Rechten Verletzten andererseits dazu führen kann, dass der Access-Provider verpflichtet ist, ihm zumutbare Sperrungsmaßnahmen (bzw. Zugangserschwerungsmaßnahmen) vorzunehmen.[73] Voraussetzung dafür ist allerdings, dass die Sperrung möglichst punktgenau auf die betroffene(n) Seite(n) beschränkt ist und „Kollateralschäden" zumindest weitestgehend vermieden werden können; außerdem darf sich der Access-Provider durch diesen Eingriff in den Datenfluss nicht selbst einem erhöhten Haftungsrisiko aussetzen, weil dann für diesen die Zumutbarkeitsgrenze überschritten ist.[74] Aus diesen Gründen ist die **deutsche Rechtsprechung bislang sehr zurückhaltend,** wenn es um Sperrungen zum Schutz des Urheberrechts geht; hierbei wird auch der Eingriff in das Fernmeldegeheimnis als Gegenargument herangezogen.[75]

3.2.3.2 Zugangserschwerungsgesetz

Den durch die Bezirksregierung Düsseldorf mit Einzelfallverfügungen be- **138** schrittenen Weg wollte der Gesetzgeber mit dem „Gesetz zur Erschwerung des Zugangs zu kinderpornografischen Inhalten in Kommunikationsnetzen" (Zugangserschwerungsgesetz – ZugErschwG) aufgreifen und sich zur Bekämpfung kinderpornografischer Angebote im Internet als **generell-abstrakte Maßnahme** zu Eigen machen. Das kurz vor der Bundestagswahl 2009 verabschiedete (und nie in Kraft getretene) ZugErschwG schrieb **Access Providern**[76] vor, den Zugang zu „Telemedienangeboten, die Kinderpornografie nach § 184b des Strafgesetzbuchs enthalten oder deren Zweck darin besteht, auf derartige Telemedienangebote zu verweisen" (§ 1 Abs. 1 Satz 1) zu erschweren.[77] Außerdem mussten die Access

---

73 EuGH, Urt. v. 27.3.2014 – Az. C-314/12 = CR 2014, 469; dazu instruktiv Brinkel/Osthaus, CR 2014, 642 (644 ff.).
74 Brinkel/Osthaus, CR 2014, 642 (644) unter Bezugnahme auf OLG Hamburg, Urt. v. 22.12.2010 – Az. 5 U 36/09 = CR 2011, 735.
75 Jüngst OLG Köln, Urt. v. 18.7.2014 – Az. 6 U 192/11 = CR 2014, 650; eine höchstrichterliche Klärung beim BGH ist anhängig; dazu Brinkel/Osthaus, CR 2014, 643 (646 ff.).
76 Sofern sie mindestens 10 000 Teilnehmer oder sonstige Nutzungsberechtigte haben, § 2 Abs. 1 Satz 1 ZugErschwG.
77 Nach der Gesetzesbegründung zielte diese Vorgabe allein auf eine Handlungspflicht, nicht jedoch auf die Erreichung eines (vollständigen) Sperrungs*erfolgs,* vgl. BT-Drs. 16/12850, S. 6.

Provider die User, die eine solche gesperrte Seite aufrufen, auf eine selbst betriebene Internetseite mit einem roten Stopp-Schild umleiten (§ 4). Welche Internetangebote als kinderpornografisch anzusehen waren, sollte das Bundeskriminalamt (BKA) in einer sogenannten „**Sperrliste**" festlegen (§ 1 Abs. 1 Satz 1).

139 Das ZugErschwG war, was wenig verwundert, von der Internet Community noch kritischer aufgenommen worden als die Düsseldorfer Sperrungsverfügungen. Am deutlichsten wurde dies durch **eine von 134 000 Unterzeichnern unterstützte Online-Petition** beim Bundestag.[78] Diese Kritik hat Eingang in das sehr kontrovers diskutierte Gesetzgebungsverfahren gefunden. Neben den (von den Düsseldorfer Sperrungsverfügungen) bekannten Einwänden der fehlenden Eignung wegen einfacher technischer Umgehungsmöglichkeiten und der „Kollateralgefahr" für legale Inhalte wurde vorgebracht, dass die Ausgestaltung des Gesetzes sogar kontraproduktiv sei: Die Sperrliste lasse sich im Internet gegenüber Personen mit entsprechender krimineller Energie nicht geheim halten und stelle daher eine äußerst hilfreiche Übersicht für entsprechende Straftäter dar. Außerdem – und hier liegt wohl der Kern der heftigen Kritik – sollte mit diesem Gesetz erstmals eine abstrakte (also nicht auf einen Einzelfall beschränkte) „**Zensur-Infrastruktur**" für das **Internet** geschaffen werden, die auch auf andere unerwünschte Angebote (z. B. Nazi-Seiten, Killer- und Glücksspiele bis hin zu Urheberrechtsverstößen) ausgeweitet werden könnte.[79]

140 Auch wenn das Gesetz **verfassungsrechtlich haltbar** gewesen sein dürfte,[80] wäre es rechtspolitisch und juristisch **nur durch die erhebliche Schwere der Kinderpornografie zu rechtfertigen** gewesen. Aufgrund der hohen verfassungsrechtlichen Relevanz der Meinungs- und Informationsfreiheit ist es aber dem Gesetzgeber verwehrt, das Medium Internet substantiell zu ändern und strukturellen Zensurmechanismen zu unterwerfen; daher wäre eine **Ausweitung des ZugErschwG auf andere Internetangebote** regelmäßig an dieser hohen verfassungsrechtlichen Hürde gescheitert. Insofern ist es unter Abwägung aller Gesichtspunkte zu begrüßen, dass das Gesetz noch vor seinem Inkrafttreten durch einen Erlass des Bundesinnenministeriums zunächst suspendiert und Ende 2011 förmlich wieder aufgehoben wurde.[81]

---

78 Stadler, MMR 2009, 581, 582.
79 Stadler, MMR 2009, 581, 582; Marberth-Kubicki, NJW 2009, 1792, 1796; zur französischen Internetsperre wegen Urheberrechtsverstößen vgl. Greve/Schärdel, ZRP 2009, 54.
80 Zu der außerdem kontrovers diskutierten Frage, ob dieses Bundesgesetz als eine der Ländergesetzgebung vorbehaltene Polizeirechtsregelung anzusehen ist (mit der Folge, dass es formell verfassungswidrig wäre), vgl. BT-Drs. 16/12850, S. 5 f. sowie Stadler, MMR 2009, 581, 582; Schnabel, JZ 2009, 996, 997.
81 Gesetz v. 22.12.2011, BGBl. I, S. 2758; zur Begründung vgl. BT-Drs. 17/6644.

3.2.3.3 EuGH-Entscheidungen Scarlet Extended und Netlog

Auch der EuGH hatte Anlass, sich mit generellen Sperrungsmaßnahmen **141**
im Internet zu beschäftigen. In seiner Scarlet Extended-Entscheidung von
2011 stellt er die Europarechtswidrigkeit von gesetzlichen Vorgaben der
EU-Mitgliedstaaten fest, die vom Access-Provider die **Einrichtung eines
generellen Filtersystems zur aktiven Überwachung der vollständigen
Kommunikation** seiner Kunden zur Verhinderung von Urheberrechtsverletzungen verlangen. Das fragliche Filtersystem im belgischen Ausgangs-
fall sollte auf Kosten des Access-Providers sämtliche bei ihm durchlau-
fende Kommunikation unterschiedslos aller Kunden zeitlich unbegrenzt
erfassen und Urheberrechtsverstöße v. a. in Form des Filesharing erkennen
und sperren. Darin sieht der EuGH nicht nur einen Verstoß gegen das
Verbot einer allgemeinen Überwachungspflicht von Providern (Art. 15
Abs. 1 ECRL, in Deutschland umgesetzt in § 7 Abs. 2 TMG), sondern
auch gegen die Grundrechte der Kunden aus Art. 8 GRCh (Datenschutz)
und Art. 11 GRCh (Informationsfreiheit), weil dabei auch die Gefahr der
Sperrung legaler Inhalte besteht. Auch die Berufsfreiheit des Providers
(Art. 16 GRCh) sieht der EuGH im Verhältnis zum Urheberrecht als zu
stark eingeschränkt an.[82] Dasselbe gilt nach der **Netlog-Entscheidung** des
EuGH von 2012 **auch für soziale Netzwerke (Host-Provider)**, die in Bel-
gien derselben Filter-Verpflichtung unterworfen worden waren.[83]

3.2.4 Summary „Provider-Haftung"

1. Zur Vermeidung überzogener Haftungsfolgen für Internetinhalte ist **142**
   die Verantwortlichkeit von Providern für solche Inhalte eingeschränkt, die sie zwar verbreiten, ihnen jedoch nicht zuzurechnen
   sind. Damit wird eine wesentliche rechtliche Bedingung für das
   Funktionieren des Internets gesetzt. Unterlassungsansprüche sind
   von dieser Haftungseinschränkung jedoch unberührt.
2. Diese Haftungsprivilegien bezüglich fremder Inhalte gelten für die
   a) Datendurchleitung (Access-Providing) einschließlich der dafür
      notwendigen kurzzeitigen Zwischenspeicherung, solange sich
      der Provider aus dem Datenfluss heraushält,
   b) Zwischenspeicherung von Daten, um diese anderen auf Anfrage
      schneller zuleiten zu können (Caching), solange die Interessen
      und Rechte des Content-Inhabers in verschiedener Weise beach-
      tet werden,
   c) dauerhafte Datenspeicherung (Hosting/Presence-Providing), so-
      lange der Provider keine Kenntnis von den Inhalten hat bzw.
      sonst sofort den Zugang sperrt oder die Daten löscht; problema-

---

82 EuGH, Urt. v. 24.11.2011 – Az. C-70/10 (v. a. Rn. 38 ff.).
83 EuGH, Urt. v. 16.2.2012 – Az. C-360/10 = CR 2012, 265.

tisch sind die Anforderungen an die Kenntnis bezüglich der Rechtswidrigkeit von Inhalten oder in arbeitsteiligen Organisationen.

3. Die Haftungsprivilegien sind nun als rechtshindernde Einwendungen des Providers ausgestaltet, weshalb diesen die Beweislast für deren Voraussetzungen trifft. Für die Vorgängerregelung hatte der BGH noch anders entschieden.

4. Anschlussinhaber haften für rechtswidrige Handlungen anderer, die über ihren Anschluss erfolgen, nicht als Täter oder Gehilfe. Sie müssen dafür konkret darlegen, dass auch andere Personen regelmäßigen Zugang zu ihrem Anschluss haben. Da die Überlassung eines Internetanschlusses an eine andere Person grundsätzlich die Eröffnung einer Gefahrenquelle bedeutet, haftet der Anschlussinhaber als verschuldensunabhängiger Störer. Er hat zumutbare Belehrungs- und Prüfpflichten, die im familiären Rahmen wegen des besonderen Schutzes durch Art. 6 GG nur dann zur Überwachungspflicht erstarken, wenn dem Anschlussinhaber konkrete Anhaltspunkte für rechtswidriges Handeln des Familienmitglieds vorliegen. Bei erwachsenen Mitbenutzern des Anschlusses gilt jedenfalls innerfamiliär – aber vermutlich auch darüber hinaus – das Prinzip der Eigenverantwortung Volljähriger.

5. Die Düsseldorfer Bezirksregierung hat in rechtlich umstrittenen Verfügungen mehreren Access-Providern aufgegeben, den Zugang zu bestimmten rechtsradikalen Seiten zu sperren, nachdem die verantwortlichen Content-Provider sich im Ausland befinden und nicht belangt werden konnten (§ 59 Abs. 4 RStV). Diese Verfügungen haben zu einem Aufschrei in der Internetgemeinde geführt. Doch die gegen die Düsseldorfer Verfügungen vorgebrachten rechtlichen Einwände greifen letztlich nicht durch; vor Gericht wurden die Verfügungen bestätigt.

6. Das verabschiedete, aber vor seinem Inkrafttreten wieder aufgehobene Zugangserschwerungsgesetz wollte diese Form des Access Blocking als flächendeckendes Instrument zur Bekämpfung der Kinderpornografie einsetzen, was empfindlich die äußersten Grenzen des Zulässigen in einer auf Meinungs- und Informationsfreiheit aufgebauten Gesellschafts- und Verfassungsordnung berührt hätte.

7. Der EuGH hat national-gesetzliche Regelungen, wonach Access- und Host-Provider mit einer Filtersoftware die Kommunikation ihrer Kunden im Hinblick auf Urheberrechtsverletzungen erfassen und ggf. behindern sollen, für europarechtswidrig erklärt.

3.3   Datenschutzrecht für Provider

Daten sind das **Schmiermittel der Informations- und Wissensgesellschaft,**   **143**
weshalb sie als wertvolle Ware Gegenstand lukrativer Rechtsgeschäfte
werden, etwa wenn Firmen die Adressen ihrer Kunden zu Werbezwecken
an andere verkaufen. Überaus erfolgreiche Geschäftsmodelle wie z. B. die
vordergründig kostenlosen sozialen Netzwerke leben von der Verwertung
von Daten. Denn gerade im Internet werden Daten gigantischen Ausmaßes bewegt, weshalb dem Datenschutzrecht hier eine ganz besondere Bedeutung zukommt. Gleichzeitig ist der Informations- und Datenaustausch
im Internet aufgrund des räumlich und zeitlich ungehinderten Zugangs
besonders leicht und zahlreich, was den Datenschutz im Internet zu einer
kaum bestehenden Herausforderung macht.

3.3.1 Allgemeines Datenschutzrecht

Bevor die spezifischen Datenschutzbestimmungen für Provider in den   **144**
Blick genommen werden, sind zunächst die Grundprinzipien des allgemeinen Datenschutzrechts anzusprechen, weil darauf auch das besondere
Provider-Datenschutzrecht aufbaut. Das Datenschutzrecht hat seine verfassungsrechtlichen Wurzeln im Recht auf informationelle Selbstbestimmung (s. o., Rn. 52 f.).

3.3.1.1 Grundsätze **der informationellen Selbstbestimmung**

Hieraus lassen sich im Einzelnen die folgenden datenschutzrechtlichen   **145**
Grundprinzipien ableiten:[84]
- **Datenvermeidung:** Die Verwendung personenbezogener Daten ist
  grundsätzlich unzulässig. Ausnahmen von diesem Grundsatz sind nur
  möglich, wenn und solange der Betroffene wirksam – d. h. nach entsprechender Unterrichtung – einwilligt, oder eine ausdrückliche gesetzliche Ermächtigung vorliegt (§ 4 Abs. 1 BDSG). Diese Regelungstechnik nennt man „präventives Verbot mit Erlaubnisvorbehalt".
- **Normenklarheit:** Der Betroffene muss aus den gesetzlichen Eingriffs-
  normen den Zweck der erlaubten Verwendung seiner Daten entneh-
  men können. So sind in den §§ 28 ff. BDSG ganz konkret die verschiedenen Verwendungszwecke geregelt. Außerdem schreibt § 4a Abs. 1
  Satz 2 BDSG umfassende Hinweispflichten des Datenverwenders vor;
  sind diese nicht erfüllt, liegt keine wirksame Einwilligung des Betroffenen in die Verwendung seiner Daten vor.
- **Zweckbindung:** Die Datenerhebung und -verarbeitung darf sich nur
  an dem ursprünglichen Verwendungszweck orientieren; eine nachträgliche Änderung des Verwendungszwecks ohne Zustimmung des Be-

---

84 Weitgehend nach Steckler, Grundzüge des IT-Rechts, S. 292 f.

troffenen ist unzulässig, weil es dann insofern an der Einwilligung fehlt.

- **Erforderlichkeit:** Der Grundsatz des geringstmöglichen Eingriffs hat hier eine doppelte Dimension: Daten dürfen ihrem Umfang nach und in zeitlicher Hinsicht nur soweit und solange erhoben und verarbeitet werden, wie dies für die Erreichung des Verwendungszwecks unbedingt nötig ist. So schreibt § 3a BDSG (Datenvermeidung und Datensparsamkeit) vor, dass Daten möglichst weitgehend anonymisiert oder pseudonymisiert verwendet werden sollen.
- **Angemessenheit:** Der Verwendungszweck darf kein Selbstzweck sein, sondern er muss seiner Bedeutung nach die Datenerhebung und -verarbeitung rechtfertigen. Die Auswirkungen auf das informationelle Selbstbestimmungsrecht des Betroffenen dürfen nicht ungleich schwerer wiegen als die Bedeutung des Verwendungszwecks.
- **Informationelle Gewaltenteilung:** Im Datenschutzrecht ist der sonst eher kritisch gemeinte Satz *„Die rechte Hand weiß nicht, was die linke tut"* Programm. Daten dürfen vom Erhebenden nur im Rahmen seiner Zuständigkeit oder vertraglichen Rechte verarbeitet werden. Eine Weitergabe an andere Stellen oder Personen ist nur bei entsprechender gesetzlicher oder vertraglicher Festlegung zulässig.[85]
- **Transparenz:** Der Betroffene muss immer wissen können, wer wofür welche Daten von ihm verwendet. Diesem Prinzip dienen die vielfältigen Informationspflichten der Datenverwender (z. B. in §§ 4 Abs. 3, 33 BDSG) und Auskunftsansprüche der Betroffenen (z. B. in §§ 19, 34 BDSG).

3.3.1.2 Anwendungsbereich des Bundesdatenschutzgesetzes

146 Das Bundesdatenschutzgesetz „gilt für die Erhebung, Verarbeitung und Nutzung personenbezogener Daten" (§ 1 Abs. 2 BDSG). Damit lassen sich die Anwendbarkeitsvoraussetzungen zum einen in bestimmte Tätigkeitsformen und zum anderen in bestimmte Gegenstände aufteilen:

---

85 Und auch dann gelten noch strenge Anforderungen; aus diesem Grund hat das BVerfG (BVerfG, Urt. v. 24.4.2013 – Az. 1 BvR 1215/07 = NJW 2013, 1499 = CR 2013, 369 = JZ 2013, 621 m. Anm. Gärditz) die Antiterrordatei für teilweise verfassungswidrig erklärt: „Aus dem Grundrecht auf informationelle Selbstbestimmung folgt insoweit ein informationelles Trennungsprinzip. Danach dürfen Daten zwischen den Nachrichtendiensten und Polizeibehörden grundsätzlich nicht ausgetauscht werden. Einschränkungen der Datentrennung sind nur ausnahmsweise zulässig. […] Der Austausch von Daten zwischen den Nachrichtendiensten und Polizeibehörden für ein mögliches operatives Tätigwerden muss deshalb grundsätzlich einem herausragenden öffentlichen Interesse dienen, das den Zugriff auf Informationen unter den erleichterten Bedingungen, wie sie den Nachrichtendiensten zu Gebot stehen, rechtfertigt." (Rn. 123).

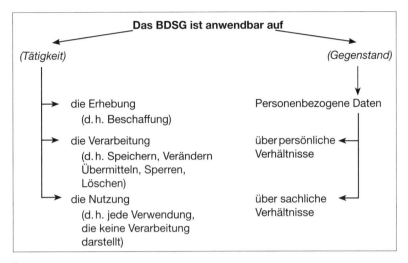

Übersicht 18: Anwendbarkeitsvoraussetzungen des BDSG

Die **Erhebung** von Daten ist legaldefiniert als „das **Beschaffen** von Daten **147**
über den Betroffenen" (§ 3 Abs. 3 BDSG).

Die **Verarbeitung** von Daten stellt einen Oberbegriff von fünf Verarbei-
tungsformen dar (§ 3 Abs. 4 BDSG):

- **Speichern,** d. h. Erfassen, Aufnehmen oder Aufbewahren zum Zweck
  der weiteren Verarbeitung oder Nutzung (§ 3 Abs. 4 Satz 2 Nr. 1
  BDSG),
- **Verändern,** d. h. inhaltliches Umgestalten (§ 3 Abs. 4 Satz 2 Nr. 2
  BDSG),
- **Übermitteln,** d. h. Bekanntgeben an einen Dritten durch Weitergabe
  oder durch Einsicht bzw. Abruf seitens des Dritten (§ 3 Abs. 4 Satz 2
  Nr. 3 BDSG),
- **Sperren,** d. h. Kennzeichnen zum Zweck der Einschränkung der weite-
  ren Verarbeitung oder Nutzung (§ 3 Abs. 4 Satz 2 Nr. 4 BDSG),
- **Löschen,** d. h. Unkenntlichmachen (§ 3 Abs. 4 Satz 2 Nr. 5 BDSG).

Unter der **Nutzung** von Daten versteht § 3 Abs. 5 BDSG „jede Verwendung personenbezogener Daten, soweit es sich nicht um Verarbeitung
handelt." Folglich handelt es sich bei der Nutzung um einen Auffangtatbestand für solche Tätigkeiten, die nicht schon zuvor erfasst worden sind.
Hierzu zählt beispielsweise die Datenauswertung, also die anhand bestimmter Kriterien vorgenommene Ordnung von Daten.

Gegenstand aller zuvor genannten Tätigkeiten müssen – um die Anwend- **148**
barkeit des BDSG bejahen zu können – **personenbezogene Daten** sein. Dieser datenschutzrechtlich zentrale Leitbegriff ist legaldefiniert als „**Einzelan-**

gaben über persönliche oder sachliche Verhältnisse einer bestimmten oder bestimmbaren natürlichen Person" (§ 3 Abs. 1 BDSG). Unter natürlichen Personen werden dabei Einzelpersonen, Familien und andere Personengruppen mit einem eigenen schutzwürdigen persönlichen Bereich verstanden, nicht jedoch juristische Personen (also Personenzusammenschlüsse oder Organisationen mit eigener Rechtsfähigkeit wie z. B. GmbHs, eingetragene Vereine).[86] Diese Begriffsbestimmung erlaubt es daher, große Teile von Daten aus dem Anwendungsbereich des BDSG auszuscheiden – neben Daten von juristischen Personen sind davon vor allem solche personenbezogene Daten, die keiner konkreten Person mehr zugeordnet werden können (beispielsweise, weil sie anonymisiert oder pseudonymisiert worden sind), betroffen.

149 Die Legaldefinition teilt die personenbezogenen Daten in zwei Gruppen ein. Unter personenbezogenen Daten über **persönliche Verhältnisse** versteht man Angaben, die unmittelbar mit der Person und ihrer Identität verbunden sind. Hierzu zählen beispielsweise Konfession und Familienstand, das Geburtsdatum, der Beruf, Charaktereigenschaften, das Erscheinungsbild, die Staatsangehörigkeit, Überzeugungen, Fingerabdrücke, der Gesundheitszustand und auch die Telefonnummer, die eMail-Adresse und die Postanschrift. Zu den personenbezogenen Daten über **sachliche Verhältnisse** gehören der Person zugeordnete Rechtsverhältnisse (z. B. Grundbesitz, rechtliche Bindungen oder Verträge) und Handlungen (z. B. Arztbesuch, Benutzung einer bestimmten Software, Abruf bestimmter Informationen oder Internetsurfen).[87]

150 Das BDSG stellt die Rechtsgrundlage für das allgemeine Datenschutzrecht dar. Für die internetrechtlich besonders wichtigen Felder der Telekommunikation und der Telemedien gelten weitgehend eigene **datenschutzrechtliche Sonderbestimmungen** (§§ 91 ff. TKG, 11–15 TMG), die das BDSG als leges speciales gem. § 1 Abs. 3 BDSG verdrängen. Das BDSG bleibt jedoch für das datenschutzrechtliche Grundverständnis maßgeblich und gilt auch für das Internetrecht subsidiär, also soweit die genannten Sondernormen keine Regelung enthalten.

3.3.1.3 Wesentliche Rechtsfolgen

151 Sind die Voraussetzungen für die Anwendbarkeit des BDSG erfüllt, greifen die bereits dargelegten datenschutzrechtlichen Grundprinzipien (Rn. 145). Daraus lassen sich u. a. folgende konkrete Rechtsfolgen ableiten:

151a Dies gilt zunächst für das **Verbot, personenbezogene Daten zu erheben oder zu verwenden,** soweit dies nicht durch Einwilligung des Betroffenen

---

86 Strömer, Online-Recht, S. 387.
87 Vgl. Steckler, Grundzüge des IT-Rechts, S. 296 f.

oder Gesetz ausdrücklich erlaubt ist (§ 4 Abs. 1 BDSG). Diese Erlaubnis kann auch durch eine **Opt-Out-Regelung** – bei der der Betroffene positiv ankreuzen muss, dass er in einen Verwendungszweck *nicht* einwilligen möchte – AGB-mäßig erteilt werden;[88] der BGH hat auch eine Streichungsmöglichkeit als Opt-out-Erklärung als ausreichend anerkannt, wenn darauf in Fettdruck hingewiesen wird.[89] Generell muss die Einwilligung auf einer freien Entscheidung beruhen und bei mehreren Erklärungen besonders hervorgehoben werden (§ 4a Abs. 1 BDSG).

Daneben bestehen unabdingbare – also nicht (z. B. durch Vertrag oder Einwilligung) verzichtbare – **Rechte der Betroffenen** (§ 6 Abs. 1 BDSG); hierzu gehören **152**

* das **Auskunftsrecht** gem. §§ 19, 34 BDSG, das sich sowohl auf die Daten als solche, als auch auf deren Herkunft, den Zweck ihrer Speicherung und die Stellen, an die sie übermittelt werden oder wurden, bezieht;
* der **Berichtigungsanspruch** gem. §§ 20 Abs. 1, 35 Abs. 1 BDSG bezüglich unrichtiger Daten;
* der **Löschungsanspruch** gem. §§ 20 Abs. 2, 35 Abs. 2 BDSG z. B. bei unzulässiger Speicherung oder Wegfall des Speicherungszwecks;
* der **Sperrungsanspruch** gem. §§ 20 Abs. 3 und 4, 35 Abs. 3 und 4, solange der Löschung noch Aufbewahrungsfristen entgegenstehen oder sich die Richtigkeit bzw. Unrichtigkeit der Daten nicht feststellen lässt.

Außerdem gibt es noch weitere – allerdings verzichtbare – Rechte der Betroffenen wie etwa **153**

* den **Anspruch auf Benachrichtigung** bei Erhebung ohne Kenntnis des Betroffenen gem. §§ 19a, 33 BDSG;
* **Schadenersatzansprüche** gegenüber öffentlichen und nicht-öffentlichen Stellen gem. §§ 7, 8 BDSG oder wegen Verletzung vertraglicher (Neben-)Pflichten oder unerlaubter Handlung i. S. v. §§ 823 ff. BGB;
* das Recht zur **Anrufung des Bundesbeauftragten für den Datenschutz und die Informationsfreiheit** gem. § 21 BDSG.

Hinzu kommen **Sicherungs- und Schutzpflichten** der Datenverwender wie z. B. **154**

* die **Meldepflicht** für automatisierte Datenverarbeitungen vor deren Inbetriebnahme gem. §§ 4d, 4e BDSG; die Meldung erfolgt bei öffentlichen Stellen sowie Post- oder Telekommunikationsdiensteanbietern an den Bundesdatenschutzbeauftragten gem. §§ 22 ff. BDSG und bei nicht-öffentlichen Stellen an die zuständige Aufsichtsbehörde gem. § 38 BDSG;

---

88 OLG München CR 2007, 179 (Opt-out-Einwilligung).
89 BGH MMR 2010, 138 m. Anm. Hanloser.

• die Bestellung betrieblicher Datenschutzbeauftragter gem. §§ 4 f, 4 g
  BDSG.

155 Die datenschutzrechtlichen Pflichten des BDSG gelten zum einen für alle
öffentlichen Stellen des Bundes sowie unter bestimmten Voraussetzungen
(vorbehaltlich der Gesetzgebungskompetenz der Länder) auch für die öffentlichen Stellen der Länder (§ 1 Abs. 2 Nr. 1 und 2 BDSG). Dies überrascht nicht weiter, hatte man doch bei der „Geburtsstunde" des Datenschutzrechts den staatlichen „Big Brother" im Blick. Aber § 1 Abs. 2 Nr. 3
BDSG erstreckt den Anwendungsbereich des Gesetzes auch auf „nicht-
öffentliche Stellen, soweit sie die Daten unter Einsatz von Datenverarbei-
tungsanlagen verarbeiten, nutzen oder dafür erheben oder die Daten aus
nicht automatisierten Dateien verarbeiten, nutzen oder dafür erheben";
ausgenommen sind dabei lediglich ausschließlich persönliche und famili-
äre Tätigkeiten. In § 2 BDSG werden die öffentlichen und nicht-öffentlichen Stellen näher definiert. Dabei geht das Gesetz von einem materiellen
Begriff der öffentlichen Stelle aus (d. h., auch privatrechtliche Organisationen, die hoheitliche Aufgaben wahrnehmen, gelten als öffentliche Stelle,
§ 2 Abs. 4 Satz 2 BDSG) und bezeichnet als nicht-öffentliche Stellen alle
übrigen „natürlichen und juristischen Personen, Gesellschaften und andere Personenvereinigungen des privaten Rechts" (§ 2 Abs. 4 Satz 1
BDSG).

3.3.2 Besonderes Datenschutzrecht für Provider

3.3.2.1 Bedeutung

156 In keinem anderen Bereich hat der Datenschutz eine größere Berechtigung
als im Internet. Die Inanspruchnahme von Internetdiensten erfolgt nur
scheinbar anonym. Tatsächlich aber hinterlässt jeder User im Internet
seine Spuren, weil ihm mit dem Eintritt ins Netz eine IP-Nummer zugeteilt
und dadurch sein **Surfverhalten erfasst** wird. Technisch ist es also gar kein
Problem, auf subtile Weise **personenbezogene Persönlichkeitsprofile** zu erstellen, die Aussagen über die vom Betroffenen angeklickten Internetseiten und damit auch über seine **Vorlieben und Interessenschwerpunkte
beim Surfen** zulassen. Dies ist namentlich für die Werbewirtschaft von
einem hohen kommerziellen Interesse; denn dann können dem Einzelnen
passgenau auf seine Bedürfnislage abgestimmte Werbeangebote unterbrei-
tet werden, was für eine entsprechende Umsatzsteigerung bürgt. Da diese
Erkenntnisse nirgendwo sonst – insbesondere **ohne Mitwirkung oder gar
ohne Wissen des Betroffenen** – gewonnen werden können, ist die datenschutzrechtliche Gefährdungslage im Internet so besonders hoch. Insofern
ist die allgemeine Erkenntnis „Das Internet weiß alles" und „Das Internet
vergisst nichts" eher bedrohender als helfender Natur. [90]

---

90 Vgl. Spindler, JZ 2014, 981 m. w. N.; Köhler/Arndt/Fetzer, Recht des Internet, Rn. 886 ff.

Das BDSG ist in erster Linie auf den Schutz des Individuums gegenüber **157** datenschutzrechtlichen Bedrohungen durch den Staat angelegt und kann die **spezifischen Gefährdungen des Internets** daher nicht abschließend auflösen. Deshalb hat der Gesetzgeber **spezielle datenschutzrechtliche Bestimmungen** für
* Telekommunikationsdienste (§§ 91–107 TKG) und
* Telemedien (§§ 11–15 TMG)
geschaffen, die in weiten Teilen übereinstimmen.

Diese Sondernormen gelten jedoch nur für „onlinespezifische" Daten, die **158** im Zusammenhang mit der Nutzung von Telekommunikations- und Telemediendiensten erhoben werden. Sogenannte **Inhaltsdaten** dagegen, die zwar online erhoben werden, aber in keinem unmittelbaren Zusammenhang mit dem Nutzungsverhältnis eines Online-Dienstes stehen, unterfallen dem (allgemeinen) BDSG.[91] Hier gelten teilweise – wegen der schwächeren Gefährdungslage – geringere Anforderungen an die Datenverwendung. So sieht z. B. § 28 BDSG bei der Datennutzung zu Werbezwecken oder Markt- und Meinungsforschungszwecken keinen Zustimmungsvorbehalt, sondern nur ein Widerspruchsrecht gem. Abs. 4 vor. Betroffen hiervon sind vor allem **Vertragsdaten sogenannter „Offline-Verträge"**, die zwar online geschlossen, aber offline erfüllt werden. Zu diesen Inhaltsdaten zählt beispielsweise die Anschrift eines Kunden, der bei einem Onlinehändler über einen elektronischen Warenkorb ein Buch bestellt.[92]

3.3.2.2 Umgang mit Kundendaten nach TKG und TMG

Von besonderer Bedeutung sind die Kundendaten, zu denen alle für die **159** **Durchführung** des jeweiligen **Provider-Vertragsverhältnisses** erforderlichen Informationen zählen, da gerade für diese teilweise ohne Zutun des Kunden erhobenen Daten die geschilderte onlinespezifische Gefährdungslage besteht. Deshalb sind die Provider hier besonders dazu verpflichtet, von sich aus und unaufgefordert ihre Kunden darüber zu **informieren, welche ihrer Daten zu welchem Zweck wie verwendet werden** (§§ 93 TKG, 13 Abs. 1 TMG). Gerade bei diesen Verfahren, die eine meist leichte und vom Kunden unbemerkte Datenerhebung ermöglichen, ist dieser Ausfluss des allgemeinen datenschutzrechtlichen Transparenzgebotes besonders wichtig (vgl. o., Rn. 145).

Der allgemeine datenschutzrechtliche Grundsatz der Datensparsamkeit **160** findet auch hier in einem präventiven Verbot der Datenerhebung, -verarbeitung und -nutzung mit Erlaubnisvorbehalt seinen Niederschlag (vgl. § 12 Abs. 1 TMG). Die wichtigsten Kundendaten sind die Bestandsdaten

---

91 Wolber, CR 2003, 859, 860 f. m. w. N. (str.).
92 Wolber, CR 2003, 862.

und Verkehrsdaten (im Telekommunikationsrecht) oder Nutzungs- und Abrechnungsdaten (im Telemedienrecht). Für diese gelten datenschutzrechtliche Erleichterungen, in dem bestimmte Datenerhebungen und -verwendungen zu bestimmten Zwecken zustimmungsfrei gesetzlich erlaubt sind.

161   Außerhalb dieser Erleichterungen sind Datenerhebungen und -verwendungen nur mit vorheriger Einwilligung des Betroffenen möglich. Unter bestimmten Voraussetzungen kann diese Einwilligung auch elektronisch erteilt werden (§§ 94 TKG, 13 Abs. 2 TMG):[93]

- Dem Betroffenen darf die Einwilligung **nicht „verdeckt abgeluchst"** werden, sondern er muss sich über die Bedeutung dieser Entscheidung im Klaren sein; dies setzt freilich die Kenntnis aller relevanten Informationen voraus, ohne von einem Informations-„Overkill" (womöglich durch langatmige juristische Texte) erschlagen zu werden,[94]
- die Einwilligung muss **protokolliert** – also dauerhaft verkörpert – werden,
- der Betroffene muss den Inhalt seiner Einwilligung **jederzeit wieder abrufen** können und
- er muss die Einwilligung jederzeit (natürlich nur für die Zeit danach) **widerrufen** können.

162   Insbesondere ist die Anfertigung von **Nutzerprofilen** (etwa zu Interessenschwerpunkten im Surfverhalten), die identifizierbaren konkreten Personen zugeordnet werden können, ohne Einwilligung des Betroffenen nicht erlaubt. Telemedienanbieter können allerdings pseudonymisierte Nutzerprofile zu Zwecken der Werbung, der Marktforschung und der bedarfsgerechten Angebotsgestaltung erstellen, solange und soweit der hinter dem Pseudonym stehende Nutzer nicht widerspricht (§ 15 Abs. 3 TMG, näher hierzu s. u. Rn. 177 f.).

163   Die Begriffe der Bestands-, Verkehrs- und Nutzungs-/Abrechnungsdaten knüpfen an verschiedene Abschnitte und Vollzugsakte des Nutzungsverhältnisses an:

---

93   Vgl. Köhler/Arndt/Fetzer, Recht des Internet, Rn. 938; Ohlenburg, MMR 2004, 431, 433.
94   Problematisch ist in diesem Kontext auch die Frage der Wirksamkeit der Einwilligung Minderjähriger; es ist streitig, ob eine rechtsgeschäftliche Behandlung – die die Zustimmung der Eltern bedingt – oder eine Orientierung an der Einsichtsfähigkeit des Minderjährigen angemessen ist, vgl. Spindler, Persönlichkeitsschutz im Internet – Anforderungen und Grenzen einer Regulierung (djt-Gutachten 2012).

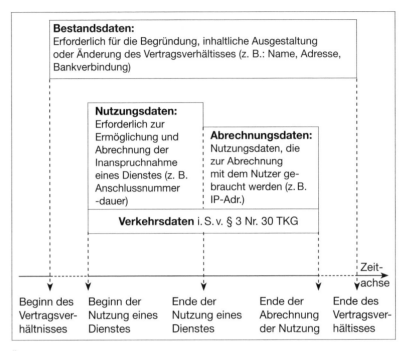

Übersicht 19: Bestands-, Verkehrs- und Nutzungs-/Abrechnungsdaten

3.3.2.2.1 Bestandsdaten

Bestandsdaten sind alle „**Grund- oder Dauerdaten**", die zur Begründung **164** und nachhaltigen Durchführung des Vertragsverhältnisses benötigt werden. Das Telekommunikationsrecht (§ 3 Nr. 3 TKG) bezeichnet diese als

> „[...] Daten eines Teilnehmers, die für die Begründung, inhaltliche Ausgestaltung, Änderung oder Beendigung eines Vertragsverhältnisses über Telekommunikationsdienste erhoben werden; [...]"

In § 14 Abs. 1 Satz 1 TMG werden die Bestandsdaten ähnlich als Daten eines Nutzers definiert, die

> „für die Begründung, inhaltliche Ausgestaltung oder Änderung eines Vertragsverhältnisses [...] über die Nutzung von Telemedien erforderlich sind".

Zu solchen Bestandsdaten zählen beispielsweise der Name, die Rech- **165** nungsanschrift und die Bankverbindung des Kunden. Von der Angabe weiterer Daten wie z. B. Alter oder Beruf darf der Anbieter die Erbringung seiner **Leistungen nicht abhängig machen**, ebenso wenig von der Zustimmung zu anderen Verwendungszwecken (§ 95 Abs. 5 TKG). Deshalb wird oft in Abfragemasken zwischen (meist mit Sternchen markierten) obligatorischen und freiwilligen Angaben unterschieden.

166 Die (zustimmungsfreie) Erhebung, Verarbeitung und Nutzung dieser Bestandsdaten ist nur soweit zugelassen, als dies für die Vertragsdurchführung unbedingt erforderlich ist. Eine **anderweitige Verwendung** – etwa zu Zwecken der Werbung, Meinungsforschung und bedarfsgerechten Angebotsgestaltung – ist nur bei **ausdrücklicher vorheriger Einwilligung des Kunden** oder anderweitiger gesetzlicher Ermächtigung möglich (§§ 95 Abs. 2 TKG, 12 Abs. 2 TMG; für die elektronische Einwilligung s. o., Rn. 161).[95] Die **Weitergabe an Dritte** ist im Telekommunikationsrecht ebenfalls zustimmungspflichtig (§ 95 Abs. 1 Satz 3 TKG), während im Telemedienrecht eine Anzeige ausreicht (§ 13 Abs. 5 TMG). Aus der Zweckbestimmung ergibt sich außerdem, dass der Dienstleister nach Beendigung des Vertragsverhältnisses zur **Löschung der Daten** verpflichtet ist (so ausdrücklich geregelt mit einer „Schonfrist" in § 95 Abs. 3 TKG: „mit Ablauf des auf die Beendigung folgenden Kalenderjahres"; vgl. auch §§ 20, 35 BDSG).

3.3.2.2.2 Verkehrs- bzw. Nutzungs-/Abrechnungsdaten

167 Alle für die **technische Herstellung und anschließende Abrechnung** einer konkreten Verbindung erforderlichen Daten zählen zu den Verkehrsdaten. Im Wesentlichen geht es dabei um Angaben zum Einwählverhalten des Kunden, also Anschlussnummer, ggf. Passwort, Beginn und Ende der Verbindung sowie – soweit abrechnungsrelevant – das in der Verbindung übertragene Datenvolumen (vgl. § 96 Abs. 1 TKG). Den Verkehrsdaten im Telekommunikationsrecht entsprechen die Nutzungsdaten im Telemedienrecht; die dort außerdem definierten Abrechnungsdaten bezeichnen den Teil der Nutzungsdaten, die über die konkrete Erbringung der Dienstleistung hinaus für deren Abrechnung benötigt werden (§ 15 Abs. 4 TMG). Die Bedeutung dieser Unterscheidung liegt in den **verschiedenen Löschungsfristen**, die – da zweckabhängig – auch für die Verkehrsdaten nach dem TKG zu beachten sind (vgl. § 96 Abs. 1 Satz 2 TKG).[96]

168 Eine besondere Bedeutung kommt in diesem Zusammenhang den **IP-Nummern** zu. Bislang haben die allermeisten User beim Einwählen des Internets vom Access-Provider eine zufällige IP-Nummer zugewiesen bekommen, die nach Beendigung des Surfvorgangs an jemand anderes vergeben wurde (sog. **dynamische IP-Nummern**). Grund dafür war die in der alten IPv4-Version begrenzte Anzahl der IP-Nummern. Nur große Konzerne verfügten über **statische IP-Nummern**, die bei jedem Einwählvorgang gleich bleiben. Im Zuge der sukzessiven Umstellung auf die IPv6-Version sind dann allerdings so viele IP-Nummern verfügbar, dass jedem

---

95 Allerdings schränkt § 95 Abs. 2 Satz 2 TKG dies für Post-, eMail- und SMS-Werbung des TK-Anbieters gegenüber seinen Kunden innerhalb der bestehenden Geschäftsbeziehung insofern ein, dass hier die Datenverwendung bis zum Widerspruch des Kunden zulässig ist („Opt-out-Prinzip"; vgl. Ohlenburg, MMR 2004, 431, 433).
96 Vgl. Ohlenburg, MMR 2004, 431, 434.

Anschluss und sogar jedem einzelnen dahinter stehenden Gerät eine statische IP-Nummer dauerhaft zugeteilt werden kann.[97] Die IP-Nummer enthält einen Hinweis über den **Standort des Einwählvorgangs**, weshalb Werbeanbieter – die zwar den User nicht kennen, aber seinen Standort – regionalspezifische Angebote machen können. Auch die Technik des **Geoblocking** – wonach bestimmte Angebote in bestimmten Ländern nicht empfangbar sind – hängt von der Standortaussage der IP-Nummer ab.

Die Frage, ob **IP-Nummern** zu den **Verkehrsdaten** zählen, ist mittlerweile **169** höchstrichterlich positiv entschieden.[98] Streitig ist aber noch die Frage, ob sie auch **personenbezogen** sind. Die überwiegende Auffassung verneint dies und argumentiert damit, dass die Verknüpfung einer IP-Nummer mit einer bestimmbaren Person erst durch das Zuordnungswissen des Access-Providers möglich sei (sog. „relativer Ansatz"). Solange dieses Wissen aber nicht allgemein verfügbar sei, fehle es am allgemeinen Personenbezug. Der Betreiber einer Seite könne zwar erkennen, welche IP-Nummer auf seine Seite zugreife, aber nicht, welche Person dahinter stehe. Der Access-Provider habe weder ein Interesse an der Weitergabe seines Zuordnungswissens, noch sei er dazu überhaupt befugt.[99] Angesichts der Bedeutung des Datenschutzes spricht dennoch viel dafür, von einem absoluten **Bestimmbarkeitsbegriff** auszugehen: Wenn irgendjemand das Zuordnungswissen hat, ist eine Bestimmbarkeit i. S. v. § 3 Abs. 1 BDSG möglich und damit der hinreichende Personenbezug gegeben.[100] Auch die Perspektive der Zunahme statischer IP-Nummern stützt dieses Ergebnis, weil dann die dauerhafte Geheimhaltung erschwert wird. Der BGH hat diese Frage (ohne eigene Parteinahme) mittlerweile dem EuGH zur Klärung vorgelegt.[101]

Die (zustimmungsfreie) Verwendung dieser Daten ist immer **nur soweit** **170** **und solange möglich, wie sie für ihre Zweckbestimmung benötigt werden**; so werden z. B. bei einem Flatrate-Abrechnungsverfahren die einzelnen

---

97 Freund/Schnabel, MMR 2011, 495.
98 BGH MMR 2011, 341 m. Anm. Karg = CR 2011, 178; zuvor pro: OLG Karlsruhe, CR 2009, 373; zweifelnd: OLG Zweibrücken, MMR 2009, 45; ablehnend Meyerdierks, MMR 2009, 8 bzgl. der Einordnung als personenbezogenes Datum i. S. v. § 3 Abs. 1 BDSG; ausführlich zum aktuellen Meinungsstand siehe Osthaus, Verhandlungen des 69. Deutschen Juristentages München, Band II/1, Sitzungsberichte – Referate und Beschlüsse; Voigt, MMR 2009, 377, 378 ff.; Sachs, CR 2010, 547; Krüger/Maucher, MMR 2011, 433.
99 Krüger/Maucher, MMR 2011, 433 (439); referiert auch in BGH, Beschl. v. 28.10.2014 – VI ZR 135/13 = MMR 2015, 131 m. Anm. Bär, Rn 25 f.
100 Auffassung der Datenschutzbeauftragten von Bund und Ländern, vgl. Verhandlungen des 69. Deutschen Juristentages München, Band II/1, Sitzungsberichte – Referate und Beschlüsse; referiert auch in BGH, Beschl. v. 28.10.2014 – VI ZR 135/13 = MMR 2015, 131 m. Anm. Bär, Rn. 24 f.
101 BGH, Beschl. v. 28.10.2014 – VI ZR 135/13 = MMR 2015, 131 m. Anm. Bär, Vorlagefrage 1.

Verbindungszeitpunkte nicht benötigt und dürfen deshalb auch nicht erfasst werden. Auch folgt daraus, dass die ausschließlich technisch nötigen
Daten, die für die Abrechnung nicht benötigt werden, mit dem Ende der
konkreten Nutzung des Dienstes – soweit sie im Telekommunikationsbe-
reich nicht für den Aufbau weiterer Verbindungen o. a. benötigt werden
– zu löschen sind (§§ 96 Abs. 1 Satz 3, 97 Abs. 3 Satz 3 TKG, Umkehrschluss aus § 15 Abs. 4 Satz 1 TMG). Die für die Abrechnung benötigten
Verkehrs- bzw. Nutzungsdaten müssen spätestens sechs Monate nach Beendigung der Verbindung oder Nutzung gelöscht werden, sofern die Abrechnung nicht streitig ist (§§ 97 Abs. 3 TKG, 15 Abs. 7 und 8 TMG).
Eine längere Speicherung soll jedoch dann möglich sein, wenn dies zur
Erfüllung eines urheberrechtlichen Auskunftsanspruchs – der z. B. über
längere Zeit erst vor Gericht geklärt werden muss – erforderlich ist (§ 101
Abs. 2, 9 UrhG).[102]

171 Eine **darüber hinaus gehende Verwendung der Verkehrs- bzw. Nutzungsdaten** zu Marketing- oder Zusatzangebotszwecken (vgl. § 98 TKG) ist – wie bei
den Bestandsdaten – nur mit vorheriger Einwilligung des Kunden möglich;
außerdem müssen die Daten des Gesprächs- oder Verbindungspartners des
Kunden sofort anonymisiert werden (§ 96 Abs. 3 Satz 2 TKG). Die **Weitergabe von Abrechnungsdaten durch den Diensteanbieter an Dritte** ist nur zulässig, wenn die kostenpflichtigen Leistungen von einem Dritten über den
Diensteanbieter erbracht wurden oder der Diensteanbieter dem Dritten den
Forderungseinzug übertragen hat; der Dritte ist in diesen Fällen (selbstverständlich) an das Fernmeldegeheimnis gebunden (§ 97 Abs. 1 Satz 4 TKG).
Telemedien sind außerdem zur **Übermittlung anonymisierter Nutzungsdaten** an Dritte zu Marktforschungszwecken berechtigt (§ 15 Abs. 5 Satz 3
TMG). Diese „Verbindungsdaten" stehen nach Abschluss des Kommunika-
tionsvorgangs unter dem unmittelbaren Schutz des Grundrechts auf informationelle Selbstbestimmung, wie das BVerfG festgestellt hat (s. auch oben,
Rn. 70 f.).[103]

3.3.3 Einzelne Problemkreise

3.3.3.1 Vorratsdatenspeicherung

172 Zur Harmonisierung der Datenerfassung und -speicherung im Zusammenhang mit der Ermittlung und Verfolgung schwerer Straftaten erließ
die EU 2006 die **Vorratsdatenspeicherungs-Richtlinie** (RL 2006/24/EG).
Danach waren die Mitgliedstaaten verpflichtet, nationalrechtlich sicher-

---

102 OLG Hamburg MMR 2010, 338.
103 BVerfG CR 2006, 383 = MMR 2006, 217 (Grundrechtsschutz für Verbindungsdaten);
     siehe auch die Differenzierung zwischen statischen und dynamischen IP-Adressen bei
     BVerfG NJW 2012, 1419 = MMR 2012, 410 m. Anm. Meinicke = CR 2012, 245 m.
     Anm. Schnabel.

zustellen, dass für alle Verbindungen im Telefonfestnetz, im Mobilfunknetz, beim Internetzugang und beim eMail-Verkehr sämtliche Verbindungsdaten (Anschlussnummer und -inhaber, IP-Nummer mit dem dahinter stehenden Kunden, Zeitpunkt und Dauer der Verbindung) mindestens sechs Monate und höchstens zwei Jahre lang erfasst und zumindest im Bedarfsfall den zuständigen Behörden übermittelt werden; nicht erfasst waren die Kommunikationsinhalte. Der deutsche Gesetzgeber hat diese Richtlinie in den §§ 113a, 113b TKG a. F. konsequent umgesetzt und eine Datennutzung für die Verfolgung von (jeglichen, also auch harmlosen) Straftaten, zur polizeilichen Gefahrenabwehr und für die Erfüllung der Aufgaben der Verfassungsschutz- und Nachrichtendienste vorgesehen. Diese Vorratsdatenspeicherung sollte flächendeckend sowie völlig anlass- und verdachtsunabhängig erfolgen.

Diese ungewöhnlich weit reichenden Speicherungspflichten sowie die damit verbundene Präventivüberwachung der gesamten in Deutschland lebenden Bevölkerung – in der jedem einzelnen das Grundrecht auf informationelle Selbstbestimmung und auf die Unverletzlichkeit des Fernmeldegeheimnisses zusteht – sowie die relativ breite Verwendungsbefugnis der Daten hat das BVerfG 2010 wegen Verstoßes gegen Art. 10 GG (s. o., Rn. 68 ff.) für **verfassungswidrig** erklärt.[104] Denn „die anlasslose Speicherung von Telekommunikationsverkehrsdaten [ist] geeignet, ein diffus bedrohliches Gefühl des Beobachtetseins hervorzurufen, das eine unbefangene Wahrnehmung der Grundrechte in vielen Bereichen beeinträchtigen" kann.[105] Und obwohl der Umstand, „dass die Freiheitswahrnehmung der Bürger nicht total erfasst und registriert werden darf, [...] zur verfassungsrechtlichen Identität der Bundesrepublik Deutschland"[106] gehört, hat das Gericht – um einen Konflikt mit dem EuGH zu vermeiden und einer Vorlagepflicht zu entgehen – betont, dass eine **verfassungskonforme Umsetzung der Vorratsdatenspeicherungs-Richtlinie möglich** sei. Daran schloss sich eine langjährige und ergebnislose Auseinandersetzung in der deutschen Politik (und in der Rechtswissenschaft) zwischen Vertretern der inneren Sicherheit (pro Vorratsdatenspeicherung) und Vertretern der individuellen Bürgerrechte und des Datenschutzes (contra) über das „ob" und „wie" der Richtlinienumsetzung an.[107]

173

---

104 BVerfG, Urt. v. 2.3.2010 – Az. 1 BvR 256/08, 1 BvR 263/08, 1 BvR 586/08 (Vorratsdatenspeicherung Deutschland); der Entscheidung waren bereits einstweilige Anordnungen vorausgegangen, die die behördlichen Zugriffsrechte erheblich eingeschränkt haben (BVerfG MMR 2008, 303 m. Anm. Bär = CR 2008, 287; BVerfG NVwZ 2009, 96 = MMR 2009, 29 m. Anm. Bär).
105 BVerfG, Urt. v. 2.3.2010 – Az. 1 BvR 256/08, 1 BvR 263/08, 1 BvR 586/08 (Vorratsdatenspeicherung Deutschland), Rn. 212.
106 BVerfG, Urt. v. 2.3.2010 – Az. 1 BvR 256/08, 1 BvR 263/08, 1 BvR 586/08 (Vorratsdatenspeicherung Deutschland), Rn. 218.
107 Vgl. statt vieler Möstl, ZRP 2011, 225; konkrete Umsetzungsvorschläge nach Maßgabe des BVerfG-Urteils machen Schramm/Wegener, MMR 2011, 9 ff.

174 Im Jahr 2014 schließlich entschied der EuGH (auf Vorlagen des irländischen High Court und des österreichischen Verfassungsgerichtshofs), dass die **Vorratsdatenspeicherungs-Richtlinie mit der Grundrechte-Charta der EU unvereinbar** und nichtig ist.[108] Zwar kann der damit verbundene Eingriff in die Grundrechte auf Achtung des Privatlebens und auf Schutz personenbezogener Daten (Art. 7 und 8 GRCh)[109] grundsätzlich durch das Ziel der Richtlinie, schwere Kriminalität und internationalen Terrorismus zum Schutz der öffentlichen Sicherheit zu bekämpfen, gerechtfertigt werden (Art. 52 Abs. 1 GRCh). Bei einem derart schwerwiegenden Eingriff ist aber der Gesetzgeber auf das absolut Notwendige beschränkt, was hier nicht erfüllt ist. So ist aus Sicht des EuGH insbesondere der **Personenkreis der Betroffenen zu weit** gefasst und der Zugang der nationalen Behörden zu den gespeicherten Daten zu wenig geregelt (insbesondere fehlt ein Richtervorbehalt).[110]

175 Aber auch das EuGH-Urteil hat die politische Debatte über eine **Wiedereinführung der Vorratsdatenspeicherung** in Deutschland nicht beendet. Vielmehr hat die Große Koalition im Herbst 2015 eine neue gesetzliche Grundlage für die Vorratsdatenspeicherung geschaffen,[111] deren Eingriffsintensität gegenüber dem ersten Regelungsversuch weniger gravierend ist. Danach werden solche bei Telefonaten und Internetnutzungen anfallende Verkehrsdaten (Rufnummern der beteiligten Anschlüsse bzw. IP-Adresse; Zeitpunkt und Dauer des Anrufs, der Zuteilung einer IP-Adresse oder einer SMS) für die Dauer von zehn Wochen gespeichert (§ 113b Abs. 2, 3 TKG n. F.), außerdem für vier Wochen die Standortdaten beim Mobilfunk (§ 113b Abs. 4 TKG n. F.). Die Berechtigung zum behördlichen Abruf dieser Daten ist auf die Verfolgung besonders schwerer Straftaten und besonders schwerwiegende Fälle der polizeilichen Gefahrenabwehr beschränkt (§§ 113c TKG n. F., 100g Abs. 2 StPO). Ergänzend sind besondere Sicherheitsvorgaben für die gespeicherten Daten (§§ 113d–113g TKG n. F.), ein besonderer Schutz von Berufsgeheimnisträgern (z. B. Seelsorger, Rechtsanwälte, Ärzte, § 100g Abs. 4 StPO) und ein Richtervorbehalt (§ 101a Abs. 1 i. V. m. § 100b StPO) vorgesehen. Gegenüber der früheren Regelung fallen vor allem die **deutlich kürzere Frist** und das **Herausfallen der eMail-Kommunikation** auf. Unverändert ist, dass die

---

108 EuGH, Urt. v. 8.4.2014 – Az. C-293/12, 594/12 = NJW 2014, 2169 = JZ 2014, 1105 m. Anm. Spiecker gen. Döhmann = CR 2015, 86 (Vorratsdatenspeicherung EU); s. dazu Simitis, NJW 2014, 2158.

109 Zur relativ ähnlichen Verfassungsrechtslage in den USA, aber auch deren Einschränkungen durch den Foreign Intelligence Surveillance Act (FISA), vgl. Gärditz/Stuckenberg, JZ 2014, 209.

110 EuGH, Urt. v. 8.4.2014 – Az. C-293/12, 594/12 = NJW 2014, 2169 = JZ 2014, 1105 m. Anm. Spiecker gen. Döhmann = CR 2015, 86 (Vorratsdatenspeicherung EU), Rn. 57 ff., 60 ff.

111 BT-Drs. 18/5088 (Gesetzentwurf); BR-Drs. 492/15 (Gesetzesbeschluss); die Veröffentlichung im BGBl. stand zu Drucklegung des Buches noch aus.

Kommunikationsinhalte nicht gespeichert werden (§ 113b Abs. 5 TKG n. F.). Außerdem erfasst die Vorratsdatenspeicherung erneut jede in Deutschland elektronisch kommunizierende Person. Es erstaunt deshalb nicht, dass unmittelbar nach Verabschiedung des Gesetzes Verfassungsbeschwerden dagegen angekündigt wurden. Angesichts der engmaschigen Orientierung des neuen Gesetzes zur Vorratsdatenspeicherung an den Vorgaben von BVerfG und EuGH dürften deren Chancen jedoch eher überschaubar sein.

3.3.3.2 Cookies

Unter Cookies (engl.: Kekse) werden **kleine Dateien** verstanden, die ein   **176**
Diensteanbieter beim Nutzer abspeichern und später (wenn der Nutzer wieder online ist) abfragen kann. Damit sind umfangreiche Möglichkeiten verbunden, Daten insbesondere zum Internet-Nutzungsverhalten von Kunden zu sammeln. Unproblematisch sind solche Cookies, soweit es um die **Gewinnung anonymer Nutzerprofile geht.** So kann es für einen Content-Provider interessant sein zu wissen, ob seine Zugriffszahlen breit gestreut sind (also viele einmalige Zugriffe), oder ob er viele „Stammkunden" (also viele Zugriffe von relativ wenigen Nutzern) hat.

Besonders interessant sind Cookies im eCommerce, weil damit die Mög-   **177**
lichkeit eröffnet ist, einem Nutzer speziell auf sein Nutzungsprofil zugeschnittene Angebote zu unterbreiten. Hierfür werden bestimmte Angaben über das Surf- und Abrufverhalten des Nutzers im Internet in Protokolldateien gespeichert und bezüglich der Interessen und des Konsumverhaltens des Betroffenen ausgewertet.[112] Werden solche Nutzungsprofile **pseudonymisiert** verwendet, muss der Inhaber dieser Daten über diese Datenverwendung und über sein Recht, dagegen Widerspruch einzulegen, informiert werden. Diese Unterrichtung muss in allgemein verständlicher Form erfolgen (§ 13 Abs. 1 TMG). Sind diese Pflichten erfüllt, dürfen diese Daten für Werbe- und Marktforschungszwecke sowie zur bedarfsgerechten Gestaltung von Telemedien solange verwendet werden, bis der Dateninhaber dem widerspricht (§ 15 Abs. 3 TMG). Eine Übermittlung solcher Nutzerprofile an Dritte ist – auch pseudonymisiert – unzulässig.[113]

Erfolgt jedoch eine **Zusammenführung von Nutzungsdaten mit den perso-**   **178**
nenbezogenen Daten der dahinter stehenden Person (Name, eMail-Anschrift o. Ä.), ist dies nur bei einer ausdrücklichen und vorherigen Einwilligung des Betreffenden zulässig. Eine wirksame Einwilligung setzt allerdings voraus, dass dem Betroffenen alle entscheidungsrelevanten Gesichtspunkte mitgeteilt worden sind, insbesondere die Bedeutung und

---

112 Heckmann, Internetrecht, Kap. 9 Rn. 374 f.
113 Heckmann, Internetrecht, Kap. 9 Rn. 376 f.

Reichweite des Cookies (vgl. § 4a Abs. 1 Satz 2 BDSG); die Einwilligung kann auch nicht pauschal durch AGBs erfolgen.[114] Erscheint dagegen bloß ein simples Abfragefenster, das den Nutzer fragt, ob der Telemedienanbieter ein Cookie einrichten darf, hat das Anklicken des „Ja"-Buttons mangels qualifizierter Informationen keine rechtliche Auswirkung. In solchen Fällen (die es leider zahlreich gibt) sind Cookies wie die auf ihrer Grundlage stattfindende Datenverwendung wegen Missachtung der Verbotsnormen der §§ 12 Abs. 1, 15 Abs. 3 Satz 3 TMG rechtswidrig.[115]

3.3.3.3 Datenübermittlung durch Einstellung ins Internet

179 Umstritten ist die Frage, ob die bloße **Nennung personenbezogener Daten auf einer Webseite** im Internet bereits den datenschutzrechtlichen Übermittlungsbegriff erfüllt. Dagegen wird ins Feld geführt, dass Übermittlung begrifflich einen **bewussten und finalen Akt der Weitergabe** voraussetze.[116] Der EuGH ist dem für den europarechtlichen Übermittlungsbegriff weitgehend gefolgt, indem er zwar die datenschutzrechtliche Relevanz von personenbezogenen Daten auf Webseiten bejaht, aber die **Übermittlung in Drittländer** (vgl. §§ 4b, 4c BDSG) verneint hat. Im Sinne einer push-/pull-Differenzierung hat er zur Begründung darauf abgehoben, dass die Daten im Internet nicht automatisch verschickt werden, sondern der Empfänger sich diese aus dem Netz holen muss. Letztlich argumentiert der EuGH vom Ergebnis her: Würde man die Übermittlung bejahen, wäre jede Einstellung personenbezogener Daten ins Internet stets rechtswidrig, weil sie dann zumindest auch in solche Länder erfolgen würde, in denen kein ausreichendes datenschutzrechtliches Schutzniveau gewährleistet ist (vgl. § 4b Abs. 2 und 3 BDSG, s. u., Rn. 187).

180 Der **Übermittlungsbegriff des deutschen Rechts** (§ 3 Abs. 4 Satz 2 Nr. 3 BDSG, s. o., Rn. 147) ist dagegen **enger**, weshalb die h. M. bisher auch eine Veröffentlichung – also eine Bekanntgabe an eine nicht genau feststehende Mehrzahl von Adressaten – hierunter subsumiert, wenn ein Abruf der veröffentlichten Daten erfolgt.[117] Doch selbst wenn man den europarechtlichen Übermittlungsbegriff auf das nationale Recht überträgt, bleibt die Einstellung personenbezogener Daten ins Internet dennoch eine datenschutzrechtlich relevante Nutzung i. S. v. § 3 Abs. 5 BDSG, die nach § 4 Abs. 1 BDSG unter Erlaubnisvorbehalt steht.[118]

---

114 Voigt, MMR 2009, 377, 382, kommt daher zum Ergebnis, dass die Datenverwendung von Google auf der Basis von Cookies rechtswidrig ist.
115 Vgl. Köhler/Arndt/Fetzer, Recht des Internet, Rn. 889; Voigt, MMR 2009, 377, 381.
116 So Großbritannien vor dem EuGH, a. A. die EU-Kommission; vgl. Taraschka, CR 2004, 280 f.
117 Taraschka, CR 2004, 280, 283.
118 Taraschka, CR 2004, 280, 285.

3.3.3.4 Cloud Computing

Beim **Cloud Computing** handelt es sich um Providerdienstleistungen, die **181** online über das Internet erbracht und genutzt werden. Die Datenverarbeitung findet dann nicht beim Nutzer, sondern irgendwo im weltweiten Netz (cloud = engl. Wolke) statt (s. o., Rn. 87). Dabei unterscheidet man zwischen der „**Private Cloud**", bei der das Angebot entweder nur unternehmensintern oder aber in einer direkten 1:1-Beziehung zwischen Nutzer und Anbieter erbracht wird, und der „**Public Cloud**", bei der sich der Anbieter an die gesamte Netzöffentlichkeit wendet. Die Cloud-Dienstleistungen treten häufig in den folgenden drei Formen auf:

- **Infrastructure as a Service (IaaS)** umfasst den Zugang zu virtualisierter Computerhardware wie Rechner, Netzwerke und Speicherkapazitäten; der Nutzer kann bedarfsabhängig flexibel Kapazitäten dazubuchen oder reduzieren.
- **Software as a Service (SaaS)** umfasst den Zugang zu bestimmten Softwareprodukten, die nicht heruntergeladen, sondern nur online genutzt werden können.
- **Platform as a Service (PaaS)** umfasst den Nutzungszugang zu Programmierungs- und Laufzeitumgebungen mit ebenfalls bedarfsabhängig flexiblen Rechen- und Datenkapazitäten.[119]

Auch wenn beim Cloud Computing das für Telemedien typische individualkommunikative Element fehlt, hat der BGH die Anwendbarkeit des TMG auf diese Angebote bejaht; damit steht den Anbietern das **Haftungsprivileg der Host-Provider** gem. § 10 TMG zu (s. o., Rn. 117 ff.).[120] Das TKG hingegen ist für Cloud Computing-Angebote nicht maßgeblich, weil die Dienstleistung nicht „ganz oder überwiegend" in der Signalübertragung besteht (vgl. § 3 Nr. 24 TKG), sondern in der Zurverfügungstellung bestimmter Inhalte (Software) oder Speicherkapazitäten (Hardware).[121]

Da die Cloud Computing-Angebote zur Folge haben, dass die Informationen des Nutzers nicht auf eigenen Geräten verwaltet oder verarbeitet werden, stellt sich ein **datenschutzrechtliches Problem**, wenn die Informationen (auch) personenbezogene Daten enthalten.[122] Die Lösung des Problems erfolgt in Ermangelung passgenauer Normen über § 11 BDSG, der die **Auftragsdatenverarbeitung** regelt. Danach ist die Auslagerung der Datenverarbeitung zulässig, solange der Auftragnehmer – also Dienstleister – einer strikten Weisungsgebundenheit durch den Nutzer unterliegt und damit bei diesem auch die Verantwortung für die Daten verbleibt (§ 11

119 Stögmüller, in: Leupold u. a., IT-Recht, Teil 5 Rn. 330, 333; Nägele/Jacobs, ZUM 2010, 281; Heckmann, Internetrecht, Kap. 9 Rn. 599–614.
120 BGH, Urt. v. 12.7.2012 – Az. I ZR 18/11 = NJW 2013, 784 = MMR 2013, 185 m. Anm. Hoeren = CR 2013, 190 m. Anm. Tinnefeld (Alone in the Dark).
121 Heidrich/Wegener, MMR 2010, 803.
122 Auch urheberrechtliche Probleme kommen dazu, wenn der Anbieter die bei ihm gespeicherten Daten im Rahmen von Backups zu Sicherungszwecken kopiert.

Abs. 2, 3 BDSG).[123] Angesichts der sehr engmaschigen Vorgaben in § 11 Abs. 2 BDSG erscheint allerdings fraglich, ob diese Norm für das Cloud Computing wirklich hinreichend geeignet ist.[124] Denn sobald kein klares 1:1-Verhältnis zwischen Auftraggeber und -nehmer vorliegt – was für die public cloud gerade typisch ist –, sind einige **Vorgaben des § 11 Abs. 2 BDSG nicht mehr wirklich erfüllbar:** Dies gilt beispielsweise für die Überprüfung der technischen und organisatorischen Maßnahmen, wenn der genaue Ort in der cloud gar nicht feststellbar ist; hier behilft man sich mit standardisierten, externen Prüfberichten.[125] Hinzu kommt, dass eine **Abspeicherung außerhalb der EU** erheblichen Zulässigkeitsproblemen begegnet (§§ 4b, 4c BDSG, s. u. Rn. 187 f.).

3.3.3.5 Online-Teilnehmerverzeichnisse von Telekommunikationsdienstleistern

183 Das „gute alte" **Telefonbuch** („Fernsprechverzeichnis") ist längst nicht nur in der Printversion, sondern auch elektronisch verfügbar. Die darin enthaltenen Angaben über Anschlussinhaber von Telekommunikationsnetzen sind in § 104 TKG auf Name, Anschrift, Beruf, Branche und Art des Anschlusses beschränkt. Zu Zeiten der hoheitlichen Deutschen Bundespost konnte man nur unter bestimmten Voraussetzungen den Antrag stellen, nicht im Telefonbuch zu erscheinen, was dann als „Geheimnummer" bezeichnet wurde; inzwischen hat sich das Regel-Ausnahme-Verhältnis umgedreht, so dass heute die Eintragung in das Telefonbuch nur zulässig ist, wenn und soweit (also bezüglich welcher Angaben) der Anschlussinhaber dies beantragt hat (§ 104 Satz 1 und 2 TKG).

184 Diese Einschränkungen können für die **Telefonauskunft** nicht ohne Folgen bleiben. Diese kann über die Rufnummer eines Anschlussinhabers nur informieren, wenn dieser über sein Widerspruchsrecht informiert wurde und keinen Widerspruch erhoben hat (§ 105 Abs. 2 Satz 1 TKG); Gleiches gilt für den umgekehrten Fall, dass die Auskunft zu einer bestimmten Anschlussnummer den Namen oder die Anschrift des Anschlussinhabers mitteilt (sog. Inverssuche, § 105 Abs. 3 TKG). Für weitergehende – im Telefonbuch veröffentlichte – Angaben gem. § 104 Satz 1 TKG setzt die Auskunftserteilung sogar voraus, dass der Betroffene in diese Datenweitergabe positiv eingewilligt hat (§ 105 Abs. 2 Satz 2 TKG).[126]

---

123 Ausführlich Heckmann, Internetrecht, Kap. 9 Rn. 651 ff.
124 Heidrich/Wegener, MMR 2010, 803 (806).
125 Heckmann, Internetrecht, Kap. 9 Rn. 658 f.
126 Ohlenburg, MMR 2004, 431, 439.

3.3.4 Internationale Perspektive

185 Auf internationaler Ebene gibt es keine rechtlich bindenden Vorgaben zum Datenschutzrecht – weder direkt noch durch kollisionsrechtliche Normen, die regeln würden, welches nationale Datenschutzrecht auf einen bestimmten grenzüberschreitenden Fall anzuwenden wäre.[127] Der Geltungsanspruch des deutschen Datenschutzrechts erfasst nach § 1 Abs. 5 BDSG solche Datenverwendungen,

- die durch **eine im Inland befindliche verantwortliche Stelle** erfolgen – unabhängig vom Serverstandort, so dass hierunter auch eine Datenverarbeitung auf einem ausländischen Server durch eine in Deutschland ansässige Firma fällt;
- die durch eine **im Inland belegene Niederlassung** einer Organisation, die ihren Sitz innerhalb des Europäischen Wirtschaftsraums[128] hat, erfolgen – ebenfalls unabhängig vom Serverstandort, weshalb hierunter beispielsweise die Kundendatenverarbeitung einer Renault-Niederlassung in Sachsen fällt;
- die im Inland durch eine Organisation, die ihren Sitz außerhalb des Europäischen Wirtschaftsraums hat, erfolgen – hier also abhängig vom Serverstandort, so dass **jeder räumlich in Deutschland befindliche Datenträger** unabhängig vom Sitzland der verantwortlichen Stelle dem deutschen Datenschutzrecht unterliegt; dies gilt nur dann nicht, wenn sich der Datenträger nur auf der Durchreise befindet (z. B. Verwendung eines Laptops durch einen amerikanischen Geschäftsmann im Transitbereich des Frankfurter Flughafens).

186 Damit gilt das deutsche Datenschutzrecht nicht für solche Datenverarbeitungsprozesse, die von **Organisationen mit Sitz in einem anderen Staat des Europäischen Wirtschaftsraums** auf einem Server in Deutschland vorgenommen werden; hier gilt das Datenschutzrecht des Sitzstaates der datenverarbeitenden Organisation. Denn Art. 4 der Datenschutz-RL sieht vor, dass innerhalb der Europäischen Union nicht das Territorialprinzip, sondern das **Sitzlandprinzip** gilt.

187 Die Weitergabe von Daten an Stellen in **Ländern innerhalb des Europäischen Wirtschaftsraums** richtet sich gem. § 4b BDSG grundsätzlich nach den für den Inlandsverkehr geltenden Regeln der §§ 15 Abs. 1, 16 Abs. 1, 28–30a BDSG. Der Datenexport in **Länder außerhalb des Europäischen Wirtschaftsraums** ist dagegen nur dann zulässig, wenn dort ein „angemes-

---

127 Steckler, Grundzüge des IT-Rechts, S. 369 weist auf ethische und moralische Grundsätze und Verhaltensregeln in der internationalen Datenverarbeitung, auf unverbindliche UN-Richtlinien sowie auf etwaige Vereinbarungen von Berufsverbänden und anderen Vereinigungen hin.

128 Das Abkommen über den Europäischen Wirtschaftsraum (EWR-Abkommen) umfasst neben den EU-Staaten drei der vier EFTA-Staaten, nämlich Liechtenstein, Island und Norwegen.

senes Schutzniveau" gewährleistet wird; dies bemisst sich u. a. nach den
für den Empfänger geltenden Rechtsnormen sowie nach Dauer und
Zweckbestimmung der geplanten Verarbeitung (§ 4b Abs. 3 BDSG). In
bestimmten Fällen ist eine Weitergabe unabhängig vom Schutzniveau des
Ziellandes möglich, so z. B. wenn der Betroffene zugestimmt hat, wenn
die Übermittlung zur Erfüllung eines Vertrages, der zwischen dem Betroffenen und dem Datenverwender oder dem Datenverwender und einem
Dritten im Interesse des Betroffenen abgeschlossen wurde, oder wenn die
Übermittlung für die Wahrung lebenswichtiger Interessen des Betroffenen
erforderlich ist (§ 4c Abs. 1 BDSG). Der Inhalt der §§ 4b, 4c BDSG geht
auf Art. 25, 26 der Datenschutz-RL der EU zurück und gilt daher entsprechend in den anderen EU-Staaten.

188 Dies hat zur Folge, dass der Datenexport innerhalb des Europäischen
Wirtschaftsraums relativ unproblematisch möglich ist, während die **Datenübermittlung in das übrige Ausland rechtlich nur unter deutlich erschwerten Bedingungen** erfolgen kann.[129] Zu diesen Drittstaaten, die
über kein EU-adäquates Datenschutzniveau verfügen, zählen auch die
USA als herausragender Wirtschaftspartner Deutschlands und der EU.
Daher hatten die EU und die USA die „**Safe-Harbor**"-Vereinbarung abgeschlossen, die sieben zentrale Datenschutzprinzipien enthält und denen
sich US-Firmen durch Eintragung in eine Liste beim US-Handelsministerium unterwerfen können; für diese Firmen hat die EU dann ein vergleichbares Datenschutzniveau anerkannt.[130] Besonders wichtig war diese Absicherung für den Bereich des Cloud Computing (s. o., Rn. 182).

188a Im Oktober 2015 hat jedoch der EuGH dieser Praxis ein jähes Ende berei-
tet, indem er die dem Abkommen zugrundeliegende Entscheidung der EU-
Kommission (2000/529) für ungültig erklärt hat. Vordergründig argumentiert der EuGH damit, dass die EU-Kommission es versäumt habe,
sich mit den **Grundrechtsgefährdungen von EU-Bürgern durch US-Behörden** sowie mit dem dagegen bestehenden Rechtsschutz auseinanderzuset-
zen.[131] Dahinter stehen jedoch letztlich erhebliche Zweifel daran, ob das
Safe Harbor-Abkommen wirklich ein so sicherer Hafen ist. Denn die Anti-
Terror-Gesetzgebung in den USA ermöglicht u. a. den behördlichen Zugriff (ohne Richtervorbehalt!) auf die Kommunikation von Nicht-US-Bür-
gern (sec. 702 FISA Amendments Act), wogegen das Abkommen keinen
Schutz bot. Besondere Brisanz hat diese Rechtslage nicht zuletzt durch
die **Snowden-Enthüllungen** erhalten. Auslöser dieser EuGH-Entscheidung
war die Klage des österreichischen Juristen und Datenschutzaktivisten

---

129 Köhler/Arndt/Fetzer, Recht des Internet, Rn. 959.
130 Heckmann, Internetrecht, Kap. 9 Rn. 630 f.
131 EuGH, Urt. v. 6.10.2015 – Rs. C-362/214 (Schrems), CR 2015, 633 (638), Rn. 83 ff.

Max Schrems, der sich gerade wegen der weitreichenden us-behördlichen Zugriffsrechte gegen den Datentransfer von Facebook in die USA gewandt hatte. Da der EuGH von jetzt auf sofort dem gesamten Datentransfer in die USA die rechtliche Grundlage entzogen hat, wollen US-Handelsministerium und EU-Kommission nun rasch unter Berücksichtigung der Hinweise des EuGH einen neuen Safe Harbor-Rahmen erarbeiten, um den Datentransfer wieder auf eine tragfähige rechtliche Basis zu stellen. Von besonderer Bedeutung wird dabei die **Wirksamkeit us-rechtlicher Klagemöglichkeiten von EU-Bürgern gegen us-behördliche Zugriffe auf ihre Daten** sein.[132] Bis es soweit ist, bewegen sich die – trotz der EuGH-Entscheidung weiterlaufenden – Datentransfers in die USA in einer rechtlichen Hochrisiko-Zone.

3.3.5 Reformbedarf und Perspektiven

Eine ganz zentrale Herausforderung der Rechtsordnung besteht darin, den Persönlichkeitsschutz auch und erst recht unter den Bedingungen des Internets zu sichern.[133] Zugleich ist das Internet von erheblichen **datenschutzrechtlichen Spannungen** geprägt. Auf der einen Seite besteht ein vergleichsweise engmaschiger, mitunter übertrieben anmutender rechtlicher Schutz der Daten, während auf der anderen Seite sehr viele Menschen – v. a. in sozialen Netzwerken – derart viele und sensible Daten von sich preisgeben, dass man schon von einem **Datenexhibitionismus** sprechen kann. Das geht soweit, dass es eine „Post-Privacy"-Bewegung gibt, nach deren Auffassung es in der modernen digitalen Gesellschaft keine Privatsphäre mehr geben könne; Datenschutz wird hier als Fortschrittshindernis begriffen.[134] Es stehen sich also fundamentale Positionen gegenüber:[135]

---

132 Moos/Schefzig, CR 2015, 625 (633).
133 Hierzu instruktiv Heckmann, NJW 2012, 2631 ff.
134 Siehe z. B. <http://www.stern.de/digital/online/post-privacy-debatte-ist-privatsphaere-noch-zeitgemaess-1667312.html> (25.4.2015).
135 Leutheusser-Schnarrenberger, MMR 2012, 709.

190

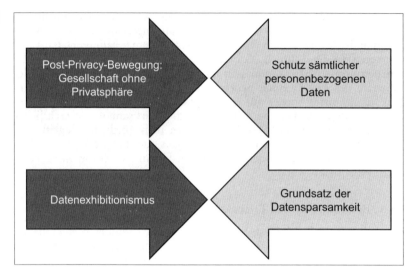

Übersicht 20: Datenschutzrechtliche Spannungen im Netz

191 In jedem Fall besteht ein erheblicher Reformbedarf, um das Datenschutzrecht im wohlverstandenen Sinne auf die Anforderungen im digitalen
Zeitalter auszurichten. Denn das deutsche Datenschutzrecht ist noch
stark geprägt von den **Eckpunkten des Volkszählungsurteils,** die nicht
mehr zeitgemäß erscheinen.[136] So hatte das Volkszählungsurteil den
Schutz des Bürgers vor dem datensammelwütigen Staat im Blick. Das Datenschutzrecht ist daher vorrangig auf das **Staat-/Bürger-Verhältnis** fokus-
siert. Inzwischen geht aber eine mindestens gleich große Bedrohung für
individuelle Daten von den großen und mittleren Netzkonzernen – also
Privaten – aus.

192 Das Datenschutzrecht differenziert nicht zwischen hochsensiblen und banal-alltäglichen Daten, sondern geht vom **Grundsatz der Gleichwertigkeit
aller Daten** aus. Hinzu kommt die für das Datenschutzrecht prägende
Regelungstechnik des **Verbots mit Erlaubnisvorbehalt,** wonach sämtliche
Datenverwendungen und -verarbeitungen verboten sind, solange keine
gesetzliche Erlaubnis oder Einwilligung des Betroffenen vorliegt (s. o.,
Rn. 151). Zusammen bewirken diese beiden Prinzipien, dass der Dateninhaber in extrem viele, überwiegend banale Nutzungen seiner Daten einwilligen muss. Dies führt aber zum „Einwilligungs-Overkill", die eine Ab-
stumpfung durch Wegklicken und damit eine kontraproduktive Entwer-
tung der mit dem Einwilligungsvorbehalt eigentlich verbundenen Warn-

---

136 Siehe Härting/Schneider, ZRP 2011, 233; Rogall-Grothe, ZRP 2012, 193.

funktion zur Folge hat.[137] Deshalb wäre es sinnvoll, eines der beiden Prinzipien „abzurüsten": Entweder stellt man von der Verbotstechnik mit Erlaubnisvorbehalt auf ein Abwägungsmodell (im Verhältnis unter Privaten) um, oder man beschränkt diese Regelungstechnik auf die sensiblen Daten.[138] Für alltägliche Datenverarbeitungen könnte dann – wie in Schweden – ein vereinfachtes Datenschutzrecht zur Anwendung kommen.[139]

Wegen der genannten Vorgaben verliert das Datenschutzrecht zunehmend **193** seine eigentliche Zielsetzung aus den Augen. Denn die grundrechtliche Fundierung des Datenschutzrechts im Allgemeinen Persönlichkeitsrecht (s. o., Rn. 52 f.) bedingt, dass das Recht nicht die Daten als solche, sondern die dahinter stehende individuelle Persönlichkeit schützt – also **Persönlichkeitsschutz statt selbstzweckhaftem Datenschutz.** Hinzu kommt, dass Daten nicht nur ein Ausdruck einer individuellen Persönlichkeit sind, sondern auch **„Abbild der sozialen Realität".** Als solches sind Daten der Sozialsphäre nicht „eigentumsfähig". So gehört beispielsweise „meine" eMail-Adresse nicht nur mir, sondern auch allen anderen, die mit mir kommunizieren und deshalb diese Adresse in „ihrem" Kontakteverzeichnis gespeichert haben.[140]

Schließlich besteht im Zeitalter sozialer Netzwerke ein erheblich gestiegenes **194** Bedürfnis für besondere Löschungsansprüche, die auch mit den Schlagworten **„digitaler Radiergummi"** oder **„Recht auf Vergessen"** bezeichnet werden. Mancher, der mit 16 oder 17 Jahren Bilder von Saufgelagen o. Ä. mit stolzgeschwellter Brust bei Facebook eingestellt hat, würde sie ein paar Jahre später gerne wieder loswerden – etwa im Zusammenhang mit der Bewerbung um eine seriöse berufliche Tätigkeit. Auch Suchmaschinen stehen dem individuellen Recht, nicht lebenslang mit lange zurückliegenden Verfehlungen in Verbindung gebracht zu werden, funktional entgegen (dazu näher unten, Rn. 410 ff.).[141]

Zwar gibt es im geltenden Recht schon **Löschungsansprüche** (§ 20 BDSG **195** gegen öffentliche Stellen, § 35 BDSG gegen nicht-öffentliche Stellen). Aber die **relativ hohen Hürden** von § 35 BDSG und deren enge Handhabung führen dazu, dass diese Bestimmung den heutigen Bedürfnissen noch nicht angemessen Rechnung tragen. So besteht der Löschungsanspruch gem. § 35 Abs. 2 BDSG nur in definierten Fallkonstellationen, etwa bei Daten „über die rassische oder ethnische Herkunft, politische Meinungen

---

137 Vgl. Osthaus, Verhandlungen des 69. Deutschen Juristentages München, Band II/1, Sitzungsberichte – Referate und Beschlüsse.
138 Härting/Schneider, ZRP 2011, 233 (234 f.).
139 Rogall-Grothe, ZRP 2012, 193 (196).
140 Härting/Schneider, ZRP 2011, 233 (233 f.).
141 Zum höchstpersönlichen Charakter des Rechts auf Vergessen als Teil des postmortalen Persönlichkeitsrechts siehe Martini, JZ 2012, 1145.

oder philosophische Überzeugungen [...], über Gesundheit oder das Sexualleben, strafbare Handlungen [...]", deren Richtigkeit vom Verwender der Daten nicht bewiesen werden kann (§ 35 Abs. 2 Satz 2 Nr. 2 BDSG). Um die automatisierte Datenverarbeitung zu verhindern, muss der Betroffene nicht nur widersprechen, sondern auch ein überwiegendes schutzwürdiges Interesse darlegen (§ 35 Abs. 5 BDSG). Diese Anforderungen begünstigen den sog. „Streisand-Effekt": Wenn man die Löschung erst in einem öffentlichkeitswirksamen und langwierigen Verfahren durchsetzen muss, erhalten die betreffenden Daten eine noch viel höhere Aufmerksamkeit.[142]

196 Zunehmende Bedeutung kommt der **Verarbeitung von großen Datenmengen in Algorithmen** (sog. „**Big Data**") zu. In ihren „harmloseren" Formen werden dem Nutzer Freunde (Facebook) oder Produkte zum Einkauf (Amazon) vorgeschlagen. Aber das Potenzial reicht bis zum vollautomatischen „Ausrechnen" von Bedürfnissen, Persönlichkeitsprofilen (Profiling) oder der Wahrscheinlichkeit eines bestimmten Verhaltens (Scoring). Nicht umsonst heißt es: Facebook weiß über einen Nutzer sehr viel mehr, als der Betreffende selbst. Im Zeitalter von „Industrie 4.0" wird schon prognostiziert, dass ein Online-Händler (wie z. B. Amazon) bald die Bedürfnisse seiner Kunden früher kennt, als der Kunde. Dies ermöglicht die Zusendung von Waren schon vor ihrer Bestellung, so dass sie bereits dann beim Kunden eintrifft, wenn er sich gerade erst über den Beschaffungswunsch klar wird. Auch wenn diese Perspektive mit weiteren **Erleichterungen im Alltagsleben** verbunden ist, hängt damit auch erhebliches **Missbrauchs- und Gefahrenpotenzial** (nicht nur durch amerikanische Geheimdienste) zusammen. Ein zeitgemäßes Datenschutzrecht benötigt auch dafür eine Antwort, die beispielsweise in einer gesetzlich vorgegebenen Algorithmenkontrolle bestehen kann.[143]

197 Für den Bereich des Unionsrechts arbeiten die EU-Organe seit einigen Jahren an einer neuen **Datenschutz-Grundverordnung**. Diese soll – anders als die Datenschutz-Richtlinie von 1995 – dann unmittelbare Geltung für alle Einwohner der EU-Mitgliedstaaten haben, aber auch noch ausfüllungsfähige Spielräume für die nationalen Gesetzgeber enthalten. Der Entwurf der Datenschutz-Grundverordnung wurde von der Kommission erarbeitet und am 25.1.2012 der Öffentlichkeit vorgestellt; seither befindet er sich im EU-Gesetzgebungsverfahren. Angesichts der Komplexität und der vielfältigen Verhandlungen zwischen Parlament, Kommission und Ministerrat ist nicht absehbar, wann mit der Verabschiedung gerechnet werden kann.

---

142 Nolte, ZRP 2011, 236; Barbara Streisand hatte gegen die Verwendung einer Luft-Foto-aufnahme ihres Privathauses im Internet geklagt, wodurch sowohl das Bild als auch der Zusammenhang zur Eigentümerin erst richtig berühmt wurden.
143 Dazu ausführlich und instruktiv Martini, DVBl. 2014, 1481.

Im **Kommissionsentwurf der Datenschutz-Grundverordnung** werden die **198**
angesprochenen Probleme eines zeitgemäßen Datenschutzes im digitalen
Zeitalter nur teilweise aufgenommen. Dies gilt etwa für das Recht auf
Vergessenwerden (Art. 17) und die Möglichkeit, sich gegen Profiling zur
Wehr zu setzen (Art. 20). Kritisch anzumerken ist, dass die Datenschutz-
Grundverordnung noch **weitgehend technikneutral** ausgestaltet ist, also
nicht hinreichend zwischen offline- und online-Sachverhalten unterscheidet. Dies gilt besonders für die **Notwendigkeit einer Privacy by Design-
Strategie**, mit der die technischen Möglichkeiten auch als Instrument zum
Schutz personenbezogener Daten eingesetzt werden. Dazu zählt insbesondere der Datenschutz durch Standardeinstellungen (Privacy by Default),
wonach bereits technisch von dem geringstmöglichen Dateneingriff ausgegangen wird, der Nutzer aber selbstbestimmt weitergehende Datennut-
zungen ermöglichen kann.[144] Im Übrigen wird weder zwischen öffentli-
chem und privatem Sektor noch zwischen sensiblen und banalen Daten
unterschieden. Auch das Verbotsprinzip mit Erlaubnisvorbehalt soll erhalten bleiben (Art. 6).[145]

Um die datenschutzrechtlichen Herausforderungen, die mit dem Internet **199**
verbunden sind, zu bewältigen, setzen die USA auf die **Selbstregulierungs-
kräfte der Internet-Wirtschaft**. Hier liegt noch ein Potenzial, dass der europäische Ansatz **staatlich-ordnungspolitischer Rechtsvorgaben** nicht aus-
schöpft. Da beide Ansätze spezifische Vorteile bieten, wäre eine Kombination beider Strategien sinnvoll. So könnte man die stärkere Eigenmotiva-
tion der Wirtschaft im Selbstregulierungsmodell mit der höheren
Durchsetzungskraft beim staatlich-rechtlichen Modell zu verbinden versuchen. Erste Ansätze dafür gibt es: So sieht § 9a BDSG die Möglichkeit
zur Einführung von **Datenschutz-Audits** vor.[146] Dabei handelt es sich um
eine **wettbewerbliche Form der Qualitätssicherung**; Online-Dienste könnten beispielsweise ihre Datenschutzkonzepte von einer Art „Internet-Da-
tenschutz-TÜV", der von der Internetwirtschaft getragen wird, prüfen
und durch ein Datenschutz-Gütesiegel bestätigen lassen. So könnte die
Qualität des Datenschutzes und der Datensicherheit ein Wettbewerbsfak-
tor werden, der mit wachsender Sensibilität der Kunden stärker als die
ordnungsrechtlichen Instrumentarien wirken könnte.[147]

---

144 Leutheusser-Schnarrenberger, MMR 2012, 709 (710).
145 Weitere Kritikpunkte benennt Heckmann, Internetrecht, Kap. 9 Rn. 20 m. w. N.
146 Köhler/Arndt/Fetzer, Recht des Internet, Rn. 967 verweisen allerdings darauf, dass die
    darin vorgesehene gesetzliche Konkretisierung – etwa in einem Bundesdatenschutzaudit-
    gesetz (vgl. BT-Drs. 16/12011) – schon seit längerem auf sich warten lässt.
147 Köhler/Arndt/Fetzer, Recht des Internet, Rn. 965 ff.

200   Beispielfall 3: Gefällt mir gar nicht

Sachverhalt: Verkäufer Volkmar (V) verkauft in seinem Online-Shop Mondkalender, Grundstücke auf dem Mond, Meteoritensplitter und andere Kuriositäten. V bindet zu jedem Angebot einen sog. „Gefällt-mir-Button" des in Deutschland ansässigen sozialen Netzwerks „Miteinander" (M) auf der Webseite ein. Dieser Button setzt die Installation eines Inline-Frames von M voraus und bewirkt, dass der Browser von eingeloggten M-Nutzern, die die Seite des V besuchen, bestimmte Daten an M überträgt, auch wenn der Button nicht betätigt wird. Dabei handelt es sich um die Anmeldekennnummer, die besuchte Webseite, das Datum und die Uhrzeit. Eine Information über die Datenerhebung aufgrund des Buttons enthält die Seite des V nicht. Im Rahmen seines eigenen Internetauftritts erklärt das Unternehmen M, dass es mit diesen Daten seinen Nutzern ein „personalisiertes Nutzererlebnis" ermöglichen will, und dass alle Daten binnen 90 Tagen gelöscht werden. V's Kunde Kurt (K), zugleich auch Nutzer von M, verlangt von V, die Verwendung des „Gefällt-mir-Buttons" zu unterlassen. Zu Recht?

201   **Lösungsvorschlag:** Der Unterlassungsanspruch des K könnte sich aus § 1004 BGB analog in Verbindung mit dem Allgemeinen Persönlichkeitsrecht ergeben, da auch dieses zu den von § 1004 BGB analog erfassten absolut geschützten Rechten gehört. Hier könnte das Recht auf informationelle Selbstbestimmung tangiert sein, das durch das einfach-gesetzliche Datenschutzrecht präzisiert wird. Hier geht es um Rechte aus einer Interaktion im Anbieter-Nutzer-Verhältnis und weniger um die technische Seite des Datentransports, weshalb das Datenschutzrecht des TMG (und nicht des TKG) anzuwenden ist.
Denkbar ist in diesem Fall eine Verletzung der Unterrichtungspflicht gem. § 13 Abs. 1 Satz 1 TMG durch V gegenüber den Nutzern seines Online-Shops, also auch gegenüber K. V hält mit seinem Online-Shop ein eigenes Telemedium zur Nutzung bereit und erfüllt damit den Diensteanbieter-Begriff gem. § 2 Nr. 1 TMG. Ebenso erfüllt K den Nutzer-Begriff gem. § 2 Nr. 3 TMG, da er den Online-Shop des V als Kunde in Anspruch nimmt. Gem. § 13 Abs. 1 Satz 1 TMG hat der Diensteanbieter – also V – den Nutzer zu Beginn des Nutzungsvorgangs über Art, Umfang und Zwecke der Erhebung und Verwendung personenbezogener Daten sowie über die Verarbeitung seiner Daten in Staaten außerhalb der EU in allgemein verständlicher Form zu unterrichten, sofern eine solche Unterrichtung nicht bereits erfolgt ist. Das Bestehen einer Unterrichtungspflicht hängt folglich davon ab, ob personenbezogene Daten verwendet werden. Die hier erfasste Anmeldekennnummer ermöglicht dem sozialen Netzwerk M die Identifizierung seiner Nutzer; damit können auch Zeitpunkt und Surfverhalten personenscharf zugeordnet werden. Dabei handelt es sich um sachli-

che Verhältnisse bestimmter Personen und damit um personenbezogene Daten. Diese Daten werden jedoch nicht von V, sondern von M erhoben. Fraglich ist also, ob V sich die Datenerhebung von M zurechnen lassen muss. Dagegen spricht, dass V keinen Einblick in die übermittelten Daten hat. Andererseits ist V sich bewusst, dass durch das Plug-In Daten an M übermittelt werden. Erst durch das Einbinden des Plug-Ins in seine eigene Website wird die Übermittlung ermöglicht. Ohne seinen Handlungsbeitrag wäre das Sammeln der Daten durch M nicht möglich. Daher ist V als Mitverantwortlicher für die Datenerhebung neben M anzusehen. Damit sind die Voraussetzungen für die Unterrichtungspflicht des V gem. § 13 Abs. 1 TMG erfüllt.

Außerdem ist denkbar, dass die Datenerhebung selbst unzulässig ist. Der Diensteanbieter darf gem. § 12 Abs. 1 TMG personenbezogene Daten zur Bereitstellung von Telemedien nur erheben und verwenden, soweit das TMG oder eine andere Rechtsvorschrift, die sich ausdrücklich auf Telemedien bezieht, es erlaubt oder der Nutzer eingewilligt hat. Da V nicht einmal über die Datenerhebung informiert, holt er erst recht keine Einwilligung seiner Shop-Besucher ein. Eine gesetzliche Erlaubnis könnte sich aus § 15 Abs. 1 TMG ergeben. Danach darf der Diensteanbieter personenbezogene Daten eines Nutzers erheben und verwenden, soweit dies erforderlich ist, um die Inanspruchnahme von Telemedien zu ermöglichen und abzurechnen (Nutzungsdaten). Da aber die durch das Plug-In erhobenen Daten für die Abwicklung des Nutzungsverhältnisses zwischen V und seinen Kunden nicht erforderlich sind, handelt es sich dabei um keine Nutzungsdaten.

Der Unterlassungsanspruch des K ist damit gegeben, denn V verstößt sowohl gegen die Unterrichtungspflicht gem. § 13 Abs. 1 TMG als auch gegen das Erhebungsverbot gem. § 12 Abs. 1 TMG.

3.3.6 Summary „Datenschutzrecht"

1. Die Bedeutung des Datenschutzes im Internet kann nicht hoch genug eingeschätzt werden; die technologischen Möglichkeiten lassen ohne Weiteres den „gläsernen User" zu. Aus dem dem Datenschutz zugrunde liegenden Grundrecht auf informationelle Selbstbestimmung folgt das Gebot, Daten nur solange und soweit dies für einen klar erkennbaren und hinreichend bedeutenden Zweck nötig ist, in einer für den Betroffenen transparenten Weise zu erheben und zu verwenden. Die Weitergabe von Daten unterliegt strengen Anforderungen.
2. Das Bundesdatenschutzgesetz ist die Grundsatznorm für die Erhebung und Verwendung personenbezogener Daten persönlicher und

202

sachlicher Art, hat aber im Internet gegenüber den Sonderregelungen für Telemedien nur nachrangige Bedeutung. Das fachbereichs-
spezifische Internet-Datenschutzrecht umfasst Sondernormen im
TKG und im TMG. Als allgemeine Grundsätze gelten auch hier die
Informationspflichten der Provider und die Datensparsamkeit.

3. Besondere Bedeutung haben die für die Begründung und Durchführung des Nutzungsvertrags über Online-Dienstleistungen notwendigen Kundendaten, bei denen in engen Grenzen zustimmungsfreie
Erhebungen und Verwendungen zulässig sind. Hierzu gehören die
a) Bestandsdaten, die für die Begründung und inhaltliche Ausgestaltung des Rahmenvertrages notwendig sind, und die
b) Verkehrsdaten/Nutzungsdaten, die für einzelne Verbindungen
oder Nutzungen aus technischen Gründen und zu Abrechnungs-
zwecken notwendig sind.
Solche Verbindungsdaten unterliegen außerhalb des eigentlichen
Kommunikationsvorgangs dem Schutz des Grundrechts auf informationelle Selbstbestimmung.

4. Die Verwendung von Kundendaten, die über die enge Zweckbestimmung hinausgeht, bedarf der – auch elektronisch möglichen –
Einwilligung des Betroffenen. Nach Erledigung des jeweiligen Verwendungszwecks sind alle Daten zu löschen. Datenschutzrechtliche
Sonderregelungen gelten u. a. für Eintragungen im Telefonbuch und
Informationen der Telefonauskunft. Cookies sind, wenn sie Daten
einer konkreten und identifizierbaren Person erheben, ohne wirksame Einwilligung des Betroffenen unzulässig.

5. Ein internationales Datenschutzrecht gibt es nicht. Das BDSG gilt
für alle Datenerhebungen und -verarbeitungen, die durch in
Deutschland ansässige Organisationen erfolgen (Sitzlandprinzip).
Der Datenaustausch im Europäischen Wirtschaftsraum ist durch
EU-Vorgaben weitgehend harmonisiert und damit erleichtert, während für die Übermittlung in das übrige Ausland relativ hohe Hürden gelten.

6. Angesichts der Entwicklung sozialer Netzwerke und sonstiger auf
Datenaustausch beruhender Internetangebote nimmt der Reformbedarf im Datenschutzrecht rapide zu. Sowohl die Fokussierung auf
das Bürger-/Staat-Verhältnis als auch der Grundsatz der Gleichwertigkeit aller Daten sowie die strikte Regelungstechnik des Verbots
mit Erlaubnisvorbehalt sind in dieser Form nicht mehr zeitgemäß.
Leider trägt die im Gesetzgebungsverfahren befindliche Datenschutz-Grundverordnung der EU diesem Reformbedarf nicht angemessen Rechnung. Sinnvoll wäre überdies, in Zukunft die ord-
nungspolitischen Strukturen des Datenschutzrechts stärker mit
wettbewerblichen Anreizinstrumenten zu verbinden; die Datenschutz-Audits weisen in die richtige Richtung.

Kapitel 4: Contents (Internetinhalte)

4.1 Impressumspflicht

4.1.1 Vorgaben der §§ 5 TMG, 55 RStV

Am Anfang steht das Impressum, oder in Worten des TMG: die Anbieter- **203**
kennzeichnung. Wer einen Internetauftritt betreibt, ist grundsätzlich verpflichtet, seine Identität und bestimmte (Kontakt-)Daten zu offenbaren.
Diese Vorgabe dient dem allgemeinen **medienrechtlichen Transparenz-
grundsatz**, dass Nutzer oder Nachfrager eines Mediums wissen sollen,
mit wem sie es zu tun haben. Diese Impressumspflicht gilt nicht nur für
einen eigenständigen Internetauftritt im „freien Netz", sondern auch für
Internetauftritte innerhalb sozialer Netzwerke oder Foren wie z. B. ebay,
die selbständige „Unterauftritte" innerhalb ihres Auftritts ermöglichen.[1]
Denn derjenige, der auf Facebook eine eigene Präsenz eröffnet, ist einerseits Nutzer im Verhältnis zu Facebook, aber zugleich andererseits Tele-
medien-Anbieter gegenüber allen Besuchern seines Facebook-Auftritts.[2]
Diese Anbieterkennzeichnungspflicht kann auch nicht auf den Portalbetreiber abgewälzt werden.[3]

Eine Ausnahme von der Impressumspflicht besteht nur dann, wenn sich **204**
ein Internetauftritt erklärtermaßen an keinen externen Adressatenkreis
wendet, also **ausschließlich persönlichen oder familiären Zwecken** dient
(Umkehrschluss aus § 55 Abs. 1 RStV). In solchen Fällen überwiegt der
Schutz der Privatsphäre des Anbieters das öffentliche Transparenzinte-
resse.[4] Das ist beispielsweise bei einer privaten Homepage mit Urlaubsbil-
dern o. Ä. der Fall.[5] Sobald aber diese Voraussetzungen nicht mehr erfüllt
sind – etwa bei einem Internetauftritt eines Idealvereins[6] – besteht die

---

1 LG Aschaffenburg CR 2012, 57 zu einem Facebook-Account; siehe auch Th. Haug, NJW
   2015, 661, 662 m. w. N.
2 Dazu näher Rockstroh, MMR 2013, 627.
3 Vgl. Schröder/Bühlmann, CR 2012, 318 ff. mit Hinweis auf die Schweizer Rechtslage, die
   insoweit stärker auf den Schutz der Adressaten einer Anbieterkennzeichnung abstellt.
4 LT-Drs. BW 14/558, S. 38 f.
5 Zu den konkreten Abgrenzungsschwierigkeiten vgl. Ott, MMR 2007, 354, 355 f.
6 Vgl. BT-Drs. 16/3078, S. 14.

Impressumspflicht. Diese umfasst gem. § 55 Abs. 1 RStV zumindest Angaben über den Namen und die Anschrift des inhaltlichen Anbieters sowie ggf. den gesetzlichen Vertreter (also bei Minderjährigen Nennung eines Erziehungsberechtigten oder bei einem Verein Nennung des Vorsitzenden).[7]

205 Weitergehende Informationspflichten gelten, wenn jemand im Internet geschäftsmäßig – d. h. nachhaltig – auftritt und regelmäßig entgeltliche Leistungen anbietet. Diese im deutschen Recht ungewöhnliche und etwas sperrige Doppel-Formulierung ist der eCommerce-RL, die dieser Impressumspflicht zugrunde liegt, entnommen; gemeint sein dürfte damit das, was im Sinne der Gewerbeordnung mit dem Begriff „**gewerblich**" umschrieben wird. Danach muss es sich um einen auf Dauer („geschäftsmäßig", vgl. § 3 Nr. 10 TKG[8]) angelegten, generell erlaubten, auf eigene Rechnung (selbständig) betriebenen Internetauftritt mit Gewinnerzielungsabsicht („in der Regel gegen Entgelt angeboten") handeln.[9] In einem solchen Fall muss das Impressum über die genannten Angaben hinaus ggf. die Aufsichtsbehörde,[10] die Eintragung im Handels- oder Vereinsregister, die Kammerzugehörigkeit bis hin zur Umsatzsteueridentifikationsnummer enthalten. Außerdem können noch zusätzliche Angabepflichten aus anderen Gesetzen (z. B. Fernunterrichtsschutzgesetz, Versicherungsaufsichtsgesetz) hinzutreten.[11]

206 Besonders wichtig aber ist die Vorgabe gemäß § 5 Abs. 1 Nr. 2 TMG, dass das Impressum „Angaben, die eine **schnelle elektronische Kontaktaufnahme und unmittelbare Kommunikation** mit [dem Diensteanbieter] ermöglichen, einschließlich der Adresse der elektronischen Post" enthalten muss. Aufgrund der ausdrücklichen gesetzlichen Nennung der eMail-Adresse kann diese nicht durch ein Kontaktformular o. Ä. ersetzt werden.[12] Streitig war jedoch, ob hierunter auch zwingend die Telefonnummer zu verstehen ist; der Gesetzgeber hat dies in der Gesetzesbegründung bejaht, aber der Meinungsstand in Rechtsprechung und Literatur war zu-

---

7   Zur Impressumspflicht von Rechtsanwälten, auch in Social Media-Angeboten, vgl. Th. Haug, NJW 2015, 661 ff.

8   Geschäftsmäßig ist in § 3 Nr. 10 TKG legaldefiniert als „nachhaltig ... mit oder ohne Gewinnerzielungsabsicht".

9   Vgl. Haug, Öffentliches Recht für den Bachelor, Rn. 869 ff.; Ott, MMR 2007, 354, 355; siehe auch OLG Düsseldorf, MMR 2008, 682, wonach die Impressumspflicht gem. § 5 Abs. 1 TMG bereits bei einer bloßen Werbung für Waren ohne unmittelbare Bestellmöglichkeit zu bejahen ist.

10 Das OLG Koblenz, MMR 2006, 624, hat die Pflicht zur Angabe der Aufsichtsbehörde mit Belangen des Verbraucher- und Wettbewerbsschutzes begründet.

11 Zumindest im wettbewerbsrechtlichen Zusammenhang sind die Anforderungen der Rechtsprechung sehr streng. So hat das OLG Düsseldorf, MMR 2009, 266, bereits einen Rechtsverstoß bejaht, weil der Vorname des Geschäftsführers des Telemedienanbieters nicht ausgeschrieben war.

12 KG CR 2013, 599; LG Essen MMR 2008, 196.

nächst sehr heterogen.[13] Im Jahr 2008 hat der EuGH (auf Vorlagebeschluss des BGH[14]) die Frage bezüglich der zugrunde liegenden EU-Richtlinie geklärt. Danach kommt es auf die Schnelligkeit, Unmittelbarkeit und Effizienz der Kommunikationsmöglichkeit an, die auch durch eine elektronische Anfragemaske sichergestellt werden könnte und deshalb nicht zwingend stets die Telefonnummer erfordert.[15]

Alle diese Angaben sind auch bei einem **journalistisch-redaktionell gestalteten Angebot** erforderlich; hinzu kommt die Nennung der presserechtlich verantwortlichen Person („V. i. S. d. P."), ebenfalls ggf. mit dem Vertretungsberechtigten (§ 55 Abs. 2 RStV). Hierzu zählt jeder meinungsbildend („massenkommunikativ"[16]) angelegte Internetauftritt, sei es die Online-Ausgabe einer Print-Tageszeitung, seien es die Seiten einer politischen Partei oder ein entsprechend ausgerichteter Webblog.[17]   **207**

Im Überblick stellt sich die Impressumspflicht wie folgt dar: **208**

	Vorgaben gem. §§ 5 TMG, 55 RStV	Anwendungsfall
ausschließlich persönlichen oder familiären Zwecken dienend	keine Impressumspflicht	private Homepage mit Urlaubsbildern
nicht ausschließlich persönlichen oder familiären Zwecken dienend, ohne aber gewerblich oder meinungsbildend zu sein	§ 55 Abs. 1 RStV: ▶ Name, Anschrift ▶ Bei jur. Personen Rechtsform und Name und Anschrift des Vertretungsberechtigen	Homepage eines Idealvereins, der über seine Aktivitäten informiert
geschäftsmäßig und i. d. R. gegen Entgelt angeboten	§ 5 Abs. 1 TMG: ▶ Name, Anschrift, ggf. Rechtsform und Vertretungsberechtigte(r) ▶ Kommunikationsdaten (insbes. eMail-Anschrift) ▶ Ggf. Aufsichtsbehörde, Handelsregister, Vereinsregister o. ä., Kammerzugehörigkeit, gesetzl. Berufsbez., Umsatzsteueridentifikationsnummer	alle im weitesten Sinne gewerblichen Internetauftritte, die unmittelbar oder mittelbar eine Gewinnerzielungsabsicht verfolgen, wie z. B. Handelsplattformen, Webseiten, Informationsangeboten für zahlende User

---

13 BT-Drs. 14/6098, S. 2 (zur insofern wortgleichen Vorgängerregelung des § 6 Abs. 1 Nr. 2 TDG); Heckmann, Internetrecht, Kap. 4.2 Rn. 253; dagegen OLG Hamm, Urt. v. 17.3.2004 – Az. 20 U 222/03 = MMR 2004, 549; dafür OLG Köln, Urt. v. 13.2.2004 – Az. 6 U 109/03 = CR 2004, 694.
14 BGH, MMR 2007, 505.
15 EuGH, MMR 2009, 25 m. Anm. Ott.
16 LT-Drs. BW 14/558, S. 39.
17 Ott, MMR 2007, 354, 356 f., votiert ebenfalls für ein weites Begriffsverständnis.

	Vorgaben gem. §§ 5 TMG, 55 RStV	Anwendungsfall
mit journalistisch-redaktionel-lem Angebot	**§ 55 Abs. 2 RStV:** wie § 5 TMG (Zeile darüber) sowie zusätzlich: ► V. i. S. d. P. mit Name, An-schrift, bei jur. Personen auch des Vertretungsberechtigten	alle meinungsbildend angeleg-ten Internetauftritte wie z. B. der Online-Auftritt eines Print-mediums, ein Nachrichten-blog, Seiten einer politischen Partei

Übersicht 21: Impressumspflicht

4.1.2 Anforderungen an die leichte Erkennbarkeit und unmittelbare Erreichbarkeit

209   Als schwierig erwiesen hat sich die Auslegung der Anforderungen an die **Darstellung und Platzierung der vorgeschriebenen Impressumsangaben** im Rahmen eines Internetauftritts. Denn die §§ 5 TMG, 55 RStV schreiben übereinstimmend vor, dass die Anbieterangaben „leicht erkennbar", „un-mittelbar erreichbar" und „ständig verfügbar" sein müssen.

4.1.2.1 Leichte Erkennbarkeit

210   „Leicht erkennbar" heißt mit anderen Worten „**einfach und effektiv op-tisch wahrnehmbar**".[18] Die Angaben dürfen also nicht „versteckt" wer-den, weder durch eine besonders geringe Schriftgröße noch durch eine Platzierung an einer dafür unüblichen Stelle. So reicht beispielsweise der Nachname des Seitenbetreibers zwischen Firmenname und Firmenan-schrift nicht aus; dies gilt sogar dann, wenn der vollständige Name in den AGBs zu finden ist, weil man dort gewöhnlich nicht danach sucht.[19] Besondere Themen der „leichten Erkennbarkeit" sind die Notwendigkeit, zur Anbieterkennzeichnung scrollen zu müssen, die Bezeichnung der An-bieterkennzeichnung in ihrer Überschrift bzw. auf ihrem Linkbutton und die Berücksichtigung verschiedener Bildschirmauflösungen.

211   Die „leichte Erkennbarkeit" verlangt zunächst eine **klar verständliche Hinweisterminologie (als Überschrift oder Linkbutton)**. Es müssen dafür also Begriffe verwendet werden, die so üblich und anerkannt sind, dass ein durchschnittlich informierter User darunter die Daten des Anbieters erwartet. Nach diesem Maßstab hat der BGH Bezeichnungen wie „Im-pressum" und „Kontakt" akzeptiert;[20] auch hinreichend verständlich wä-ren Begriffe wie „mich"[21], „wir" oder „über uns", nicht jedoch – wie das

---

18   Hoenike/Hülsdunk, MMR 2002, 415, 416 f.; Hoß, CR 2003, 687, 688; OLG München, MMR 2004, 321, 322.
19   So LG Berlin, CR 2003, 139.
20   BGH NJW 2006, 3633 = MMR 2007, 40 = CR 2006, 850 m. Anm. Zimmerlich.
21   KG, CR 2007, 595; LG Hamburg, MMR 2007, 131.

OLG Hamburg entschieden hat – „backstage".[22] Das OLG München hat außerdem die leichte Erkennbarkeit verneint, wenn direkt über einem mit „Impressum" gekennzeichneten Button ein **weiterer Link** „Über (Name des Anbieters)" angebracht ist; dann weiß der Besucher dieser Seite nicht auf Anhieb, unter welchem Button er das gesetzlich vorgeschriebene Impressum findet; sobald er aber herumprobieren muss, ist die „leichte Erkennbarkeit" nicht mehr gegeben.[23]

Das OLG Hamburg hat 2002 für die „leichte Erkennbarkeit" außerdem noch verlangt, dass die Anbieterkennzeichnung (bzw. ein zu ihr führender Link) ohne **vorheriges Scrollen** möglich sein muss und dass bei einer Auflösung mit 800 × 600 Pixeln kein für eine vollständige Anbieterkennzeichnung nötiges Wort über den Bildschirmrand hinausreichen darf.[24] Gegen den zweitgenannten Punkt ist einzuwenden, dass ein Verschieben des seitlichen Steuerungsbalkens zumutbar ist, so dass ein je nach Bildauflösung nicht vollständiges Wort für den jeweiligen User durch ein Scrollen zur Seite leicht zugänglich ist. Etwas anderes kann dann gelten, wenn die Anbieterkennzeichnung vollständig und gezielt im „toten Winkel" versteckt wird. In einer ähnlich alten Entscheidung stand für das OLG München ein Scrollen bis zur vierten Bildschirmseite der leichten Erkennbarkeit ebenfalls entgegen.[25] Im Smartphone-Zeitalter mit wesentlich kleineren Bildschirmen und Darstellungsformen wird man diese Rechtsprechung sicher nicht mehr 1:1 anwenden können; aber auch bei mobilen Endgeräten darf der Impressumslink nicht so „versteckt" sein, dass er nur mit einiger Mühe gefunden werden kann. **212**

4.1.2.2 Unmittelbare Erreichbarkeit

Unter „unmittelbarer Erreichbarkeit" wird eine **Zugangsmöglichkeit ohne wesentliche Zwischenschritte** verstanden; um aber einen „informational overkill" zu vermeiden, wird die Notwendigkeit eines einzigen Mausklicks unstreitig akzeptiert.[26] Die Angaben müssen also nicht selbst direkt und vollständig auf der Homepage stehen, sondern können durch einen entsprechenden Link angeklickt werden. Nimmt man etwa die Anbieterkennzeichnung in die bei allen Seiten des Angebots unverändert stehen bleibende Steuerungsleiste (meist am linken Rand oder oben horizontal) auf, wäre sie von jeder Seite aus mit einem einzigen Klick zu erreichen. **213**

---

22 OLG Hamburg, CR 2003, 283 = MMR 2003, 105 m. Anm. Klute; siehe auch Hoß, CR 2003, 687, 689.
23 OLG München, MMR 2004, 321 m. Anm. Ott = CR 2004, 843.
24 OLG Hamburg, CR 2003, 283 = MMR 2003, 105 m. Anm. Klute; s. auch Hoß, CR 2003, 687, 689; Brunst, MMR 2004, 8, 13.
25 OLG München, MMR 2004, 321 m. Anm. Ott = CR 2004, 843.
26 Hoenike/Hülsdunk, MMR 2002, 415; OLG München, MMR 2004, 321, 322; OLG Hamburg, CR 2003, 283 = MMR 2003, 105 m. Anm. Klute.

214   Die „Konvention zur Anbieterkennzeichnung im Elektronischen Geschäftsverkehr mit Endverbrauchern" nahm in diesem Zusammenhang eine sachgerecht erscheinende Differenzierung vor: Demnach darf die Anbieterkennzeichnung von der Eingangsseite des Angebots (Homepage) einen Klick weit entfernt sein („one klick away"), während sie von jeder anderen Seite „two klicks away" sein darf. Hat jede Seite eines Angebots einen direkten Link zur Homepage und gelangt man von dort aus mit einem Link zur Anbieterkennzeichnung, ist diesen Anforderungen – die auch der BGH sich zu eigen gemacht hat – Genüge getan.[27] Klar ist aber auch, dass ein **vierfaches Durchklicken** keine „unmittelbare Erreichbarkeit" mehr bedeutet.[28]

4.1.2.3 Ständige Verfügbarkeit

215   Schließlich müssen die Impressumsangaben jederzeit abrufbar sein. Ist die Impressumsseite allerdings nur wenige Minuten wegen einer Überarbeitung technisch unerreichbar, liegt nach einer Entscheidung des OLG Düsseldorf noch kein Verstoß gegen das Gebot der ständigen Verfügbarkeit vor.[29]

4.1.3 Wettbewerbsrechtliche Relevanz der Impressumspflicht

216   Neben der **Bußgeldbewehrung** (§ 16 Abs. 2 Nr. 1, Abs. 3 TMG) bis 50 000 € sind vor allem **wettbewerbsrechtliche Ansprüche** zu den wesentlichen Rechtsfolgen einer Verletzung der Pflicht zur Anbieterkennzeichnung zu zählen. Die **Frage der wettbewerbsrechtlichen Wertbezogenheit von § 5 TMG** (bzw. der Vorgängervorschriften) war lange streitig (insbesondere in der Rechtsprechung); die ablehnende Meinung argumentierte damit, dass die Wertbezogenheit nur bei unmittelbarer Wettbewerbsrelevanz zu bejahen sei, während dies beim TMG nur mittelbar – durch das Hinwirken auf die Einhaltung bestimmter Standards – der Fall sei.[30] Dennoch hat der BGH nunmehr die Streitfrage wegen der verbraucherschützenden Funktion der Impressumspflicht zugunsten der Wertbezogenheit entschieden, indem er die Vorschrift des heutigen § 5 TMG als verbraucherschutzorientierte Marktverhaltensregel i. S. v. § 4 Nr. 11 UWG (dazu näher, s. u. Rn. 687 f.) angesehen hat.[31]

217   Liegt eine Verletzung der Impressumspflicht und damit ein Wettbewerbsverstoß vor, kann der Wettbewerber im Wege des Unterlassungsanspruchs

---

27   BGH, NJW 2006, 3633 = MMR 2007, 40 = CR 2006, 850 m. Anm. Zimmerlich; Brunst, MMR 2004, 8, 11 f.
28   LG Düsseldorf, CR 2003, 380.
29   OLG Düsseldorf, MMR 2009, 266.
30   Gegen die Wertbezogenheit argumentieren Schulte/Schulte, NJW 2003, 2140, 2141; Hoß, CR 2003, 687, 690 f.; OLG Hamm, MMR 2003, 410; LG Berlin, MMR 2003, 200.
31   BGH, NJW 2006, 3633 = MMR 2007, 40 = CR 2006, 850 m. Anm. Zimmerlich.

verlangen, dass der Anbieter die Homepage ohne korrekte Angaben im geschäftlichen Verkehr nicht mehr betreiben darf.[32] Ebenso steht ein **Unterlassungsanspruch** den nach § 3 UKlaG anspruchsberechtigten Stellen (Wettbewerbsvereine und Verbraucherschutzverbände) zu.[33]

4.1.4 Summary „Impressumspflicht"

1. Alle nicht ausschließlich persönlichen oder familiären Zwecken die- **218** nenden Internetauftritte unterliegen der Impressumspflicht. Diese umfasst Name und Anschrift des Anbieters sowie – bei auf Dauer angelegten, in der Regel gewerblich betriebenen Internetauftritten – auch die elektronischen Kontaktdaten und ggf. weitere Angaben.
2. Das Impressum muss leicht erkennbar sein, darf also nicht hinter irreführenden Begriffen oder im toten Winkel der Seitenauflösung versteckt sein. Außerdem muss es unmittelbar (also spätestens nach zwei Mausklicks) erreichbar sowie ständig verfügbar sein.
3. Verstöße gegen die Impressumspflicht sind im geschäftlichen Verkehr regelmäßig wettbewerbswidrig.

4.2 Urheberrecht

Auf vielen Webseiten werden fremde Texte oder Gestaltungen verwendet. **219** Oft haben die Verantwortlichen gar kein Bewusstsein dafür, dass dadurch fremde Urheberrechte verletzt sein könnten. Gleichzeitig ermöglichen PC und Internet in besonders leichter Weise die Herstellung unzähliger Kopien. Deshalb hat das Urheberrecht gerade im Content-Providing eine besonders **hohe praktische Bedeutung**. Das deutsche Urheberrecht unterliegt zurzeit – gerade wegen der Herausforderung durch das Internet – einem **starken Wandel**. So hat der deutsche Gesetzgeber die Vorgaben der EU-Richtlinie zur Harmonisierung bestimmter Aspekte des Urheberrechts und der verwandten Schutzrechte in der Informationsgesellschaft (Info-Soc-RL; RL 2001/29/EG) durch Änderungen des Urheberrechtsgesetzes (UrhG) im mehreren Schritten (sog. „Körbe") umgesetzt.

Während es im „1. Korb" um die Erfüllung unionsrechtlicher Pflichten **220** ging, widmete sich der „2. Korb" vor allem der Beibehaltung der Privatkopie (s. u., Rn. 245) und dem Verbot von Kopierschutzumgehungen (§§ 95a ff. UrhG – s. u., Rn. 256 ff.).[34] Der „3. Korb" sollte vor allem internetspezifischen Gefährdungen des Urheberrechts begegnen; einige

---

32 So LG Düsseldorf, CR 2003, 380, das die Wertbezogenheit bejaht hat.
33 Ott, MMR 2007, 354, 359.
34 Fechner, Medienrecht, Kap. 5 Rn. 10.

der damit verbundenen Ziele wurden zwischenzeitlich auch umgesetzt: das Leistungsschutzrecht für Presseverleger (§§ 87 f–87h UrhG – s. u., Rn. 261), ein Zweitverwertungsrecht der Autoren wissenschaftlicher Beiträge (als Beitrag zum sog. „open access", § 38 Abs. 4 UrhG) und die Vereinfachung der Nutzung „verwaister Werke" (deren Urheber nicht mehr mit zumutbarem Aufwand ermittelt werden können, §§ 61 ff. UrhG). Wie jedoch die Diskussionen auf dem 70. Deutschen Juristentag 2014 gezeigt haben, ist damit die Weiterentwicklung des Urheberrechts – gerade im Sinne einer erhöhten Internettauglichkeit – noch lange nicht abgeschlossen.[35]

4.2.1 Funktion und Anwendungsbereich des Urheberrechts

4.2.1.1 Schutzzweck und Akteure

221 Das Urheberrecht dient dem **Schutz des geistigen Eigentums** und stellt damit eine Inhalts- und Schrankenbestimmung im Sinne des Eigentum-Grundrechts in Art. 14 Abs. 1 GG dar (§ 11 UrhG). In einem weiteren Sinne dient es aber auch der Herstellung eines als angemessen angesehenen **Interessenausgleichs zwischen den Urhebern, den Vermittlern und den Nutzern** urheberrechtlich geschützter Werke. Denn typischerweise – jedenfalls in der analogen Welt – verwertet ein Urheber sein Werk nicht selbst, sondern sucht sich dafür einen Vermittler wie einen Verlag (Autoren), ein Platten-Studio (Musiker) oder ein Atelier (Bildende Künstler), der die Nutzungsrechte übertragen bekommt und dann die wirtschaftliche Verbreitung gegenüber den Nutzern wahrnimmt. Im digitalen Zeitalter hat sich diese klassische Funktionsverteilung in mindestens dreifacher Hinsicht verändert:

222 • Zum Ersten schafft das Internet **unmittelbare Verbreitungsmöglichkeiten**, die die Dienste des Vermittlers entbehrlich machen. Heute kann man einen musikalischen Hit auch dadurch erfolgreich platzieren, indem man ihn z. B. selbst aufzeichnet und auf YouTube einstellt. Damit nimmt die unmittelbare Urheber-Nutzer-Beziehung an Bedeutung zu.

• Dies kann – zum Zweiten – so weit gehen, dass die Grenzen zwischen beiden Akteuren verschwimmen und die Nutzung eines Werks mit der Erstellung eines weiteren Werks verbunden ist. Man spricht bei diesem Phänomen von **„Prosumern"** (als Mischwort aus „producer" und „consumer").

• Zum Dritten gibt es im Internet **„Intermediäre"**, die (nicht selten korrespondierend zum Bedeutungsverlust von klassischen Vermittlern) eine wachsende urheberrechtliche Relevanz haben. Hierzu zählen „Internet-

---

35 Siehe insbes. das für die Abteilung Urheberrecht erstattete Gutachten von Ohly, Urheberrecht in der digitalen Welt – Brauchen wir neue Regelungen zum Urheberrecht und dessen Durchsetzung?, 2014.

Ermöglicher" wie Access- und Host-Provider, Suchmaschinen oder Verbreitungsportale wie z. B. YouTube. Da diese ganz maßgeblich zur Funktionsfähigkeit und Attraktivität des Netzes beitragen, leisten sie gesellschaftlich erwünschte Dienste; zugleich aber tragen sie in kausaler Weise zu zahlreichen Urheberrechtsverletzungen bei.[36]

223

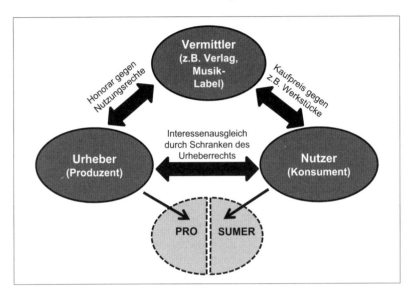

Übersicht 22: Typische Urheberrechtskonstellation

4.2.1.2 Werksbegriff

Im Mittelpunkt des Urheberrechts steht der Werksbegriff. Auch wenn dieser noch nicht unionsrechtlich harmonisiert worden ist, folgt aus der Untrennbarkeit von Werk und Urheberrechtsverletzung eine unionsrechtliche Überwölbung aufgrund der InfoSocRL. Deshalb ist der deutsche Werksbegriff unter Einbeziehung der entsprechenden Rechtsprechung des EuGH zu verstehen, wobei EuGH und §§ 1, 2 UrhG auf einer Linie liegen.[37] So sind alle Werke literarischer, wissenschaftlicher und künstlerischer Natur (§ 1 UrhG) urheberrechtlich geschützt, soweit sie persönliche geistige Schöpfungen darstellen (§ 2 Abs. 2 UrhG). Diese „**Schöpfungshöhe**" ist dann erfüllt, wenn das Werk eine **Verkörperung menschlichsubjektiver und individueller Kreativität** darstellt, die auf einer besonde-

224

---

36 Ohly, Urheberrecht, S. 92 f.
37 Ohly, Urheberrecht, S. 31; a. A. Bisges, ZUM 2015, 357, 358, der der EuGH-Rechtsprechung eine deutlich geringere Schutzschwelle entnimmt, als es dem Erfordernis der Gestaltungshöhe entspricht.

ren geistigen Leistung beruht;[38] Ergebnisse eines durchschnittlichen hand-
werklichen Könnens erfüllen dies noch nicht,[39] ebenso wenig bloße Wiederholungen oder Alltäglichkeiten.[40] Allerdings können auch furchtbar
hässliche Dinge den nötigen Originalitätsgrad erreichen; qualitative, äs-
thetische oder geschmackliche Kriterien müssen bei der Prüfung der
Schöpfungshöhe außen vor bleiben.[41] Das Kriterium der Schöpfungshöhe
wird nicht sehr streng gehandhabt; es reicht im Normalfall aus, wenn das
Werk sich auch nur ein wenig vom Banal-Alltäglichen heraushebt (sog.
„kleine Münze" des Urheberrechts), z. B. Plakate, Kataloge, Rezepte-
sammlungen o. ä.[42]

225 Der Schutz des Urheberrechts **entsteht verfahrensfrei** (also ohne Eintragung in ein Werksregister o. Ä.) mit der Schaffung des Werkes. Hierfür
reicht die Verlautbarung des Werkes.[43] Nötig ist allerdings, dass das Werk
– unmittelbar oder mittelbar durch Hilfsgeräte wie z. B. ein CD-Player –
sinnlich wahrnehmbar ist; eine **bloße Idee** wie etwa die Konzeption einer
Webseite ist noch nicht urheberrechtlich geschützt – sie muss „ins Werk
gesetzt" werden.[44] Der gern verwendete ©-Zusatz ist daher im Geltungs-
bereich der revidierten Berner Übereinkunft (RBÜ) – wozu auch Deutschland zählt – überflüssig, weil er keine Rechtsposition begründen kann:
Entweder ist das Werk bereits durch seine Entstehung geschützt oder es
erfüllt die Schöpfungshöhe nicht und ist dann gar nicht urheberrechtsfähig. Auch in den USA entsteht das Urheberrecht unabhängig vom ©-Zu-
satz, doch führt er dort zu einer automatischen Bösgläubigkeit aller Verkehrsteilnehmer bezüglich eines bestehenden Urheberrechts.[45]

226 **Webseiten** werden nach h. M. als **urheberrechtsfähig** angesehen, wenn es
sich um eine individuelle Anordnung von Bildern, Texten, Grafiken und
Links handelt; teilweise werden deutlich überdurchschnittliche Webdesig-
ner-Leistungen verlangt.[46] Nach einer Entscheidung des OLG Rostock

---

38 Köhler/Arndt/Fetzer, Recht des Internet, Rn. 534.
39 Jänich/Eichelberger, Urheber- und Designrecht, Rn. 32 f.
40 Strömer, Online-Recht, S. 210.
41 Köhler/Arndt/Fetzer, Recht des Internet, Rn. 535.
42 Kuck, in: Schwartmann, Praxishandbuch Medien-, IT- und Urheberrecht, Kap. 26 Rn. 68;
    Fechner, Medienrecht, Kap. 5 Rn. 13.
43 Kuck, in: Schwartmann, Praxishandbuch Medien-, IT- und Urheberrecht, Kap. 26 Rn 57.
44 Vgl. Köhler/Arndt/Fetzer, Recht des Internet, Rn. 535; Jänich/Eichelberger, Urheber- und
    Designrecht, Rn. 34 f.
45 Kuck, in: Schwartmann, Praxishandbuch Medien-, IT- und Urheberrecht, Kap. 26 Rn. 59;
    in den USA kann das Copyright (das nicht mit dem Urheberrecht identisch sein muss)
    beim U. S. Copyright Office registriert werden; vgl. auch Steckler, Grundzüge des IT-
    Rechts, S. 70; Jänich/Eichelberger, Urheber- und Designrecht, Rn. 113.
46 Köhler/Arndt/Fetzer, Recht des Internet, Rn. 538 ff., gelangen zu diesem Ergebnis mit einer
    Aufteilung einzelner Webseitenelemente (z. B. Texte, Fotografien) zu einzelnen Werkarten
    gem. § 2 Abs. 1 UrhG oder mit der Einordnung Webseiten als Datenbankwerke i. S. v. § 4
    Abs. 2 UrhG; siehe auch Härting/Kuon, CR 2004, 527.

kann die erforderliche Schöpfungshöhe auch durch die Verwendung einer für Suchmaschinen besonders attraktiven Sprache erreicht werden. **Computerprogramme** sind ebenfalls urheberrechtlich geschützt, soweit sie „statistisch einmalig" sind;[47] mit den §§ 69a ff. UrhG gelten hier sogar **Sondervorschriften,** die insgesamt schutzverstärkend wirken. Die Verwendung fremder Software ist daher nur möglich, wenn sie vom Urheberrechtsinhaber ausdrücklich freigegeben ist („Freeware"). Umstritten ist die Frage, ob Webseiten auch als Computerprogramme geschützt sind;[48] für normale Webseiten im HTML-Code hat dies das OLG Rostock verneint, weil es an einer „ablauffähigen Folge von Einzelanweisungen" an einen Computer zur Ausführung einer bestimmten Funktion fehlt.[49]

4.2.2 Urheberrechte und -ansprüche

Ist ein Werk urheberrechtlich geschützt, folgt daraus eine ganze Reihe **227** von verschiedenen Rechten des Urhebers. Diese werden in zwei Gruppen unterschieden: Die **Urheberpersönlichkeitsrechte** schützen das ideelle, geistige und persönliche Verhältnis zwischen dem Urheber und seinem Werk, während die **Verwertungsrechte** des Urhebers die Verwendung und wirtschaftliche Nutzbarmachung des Werkes betreffen; letztere werden nach körperlichen und unkörperlichen Verwertungsformen unterschieden (§ 15 Abs. 1 und 2 UrhG).[50]

228

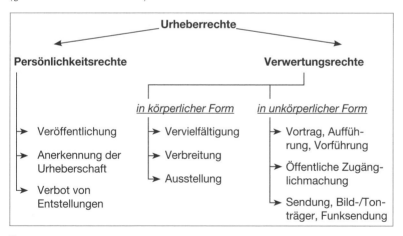

Übersicht 23: Urheberrechte

---

47 Köhler/Arndt/Fetzer, Recht des Internet, Rn. 536.
48 Vgl. Köhler/Arndt/Fetzer, Recht des Internet, Rn. 537.
49 OLG Rostock MMR 2008, 116.
50 Fechner, Medienrecht, Kap. 5 Rn. 4 ff.; Jänich/Eichelberger, Urheber- und Designrecht, Rn. 172, 220.

4.2.2.1 Urheberpersönlichkeitsrechte

229 Zu den Urheberpersönlichkeitsrechten gehören:
- das **Veröffentlichungsrecht** (§ 12 UrhG), d. h. das Recht zur Entscheidung darüber, ob und ggf. in welcher Form und in welchem Rahmen das Werk gegenüber einem nicht bestimmbaren Personenkreis vorgestellt wird (wozu natürlich auch eine wie auch immer geartete Präsentation im Internet zählt); allerdings bezieht sich dieses Recht nur auf das Erstveröffentlichungsrecht, weshalb der Urheber nach einer einmal gestatteten Veröffentlichung weitere Veröffentlichungen nicht aus § 12 UrhG verhindern kann;[51]
- das **Recht auf Anerkennung der Urheberschaft** (§ 13 UrhG), d. h. das Recht zur Entscheidung darüber, ob und ggf. wie das Werk (zwingend) mit einem auf den Urheber hinweisenden Zusatz (z. B. ©-Zusatz mit Jahr und Name oder Hinzufügung eines Pseudonyms) verbunden werden muss; gleichzeitig folgt daraus der Anspruch gegenüber anderen, dass diese auf sich selbst hinweisende Zusätze unterlassen;[52]
- das **Recht zum Verbot von Entstellungen** (§ 14 UrhG) wie z. B. bei Plagiaten, Fotomontagen oder Einbeziehung in einen problematischen Kontext (etwa pornografischer oder rechtsradikaler Art).[53]

4.2.2.2 Verwertungsrechte

230 Die Rechte zur **Verwertung in körperlicher Form** stehen ausschließlich dem Urheber zu (§ 15 Abs. 1 UrhG). Die praktisch höchste Bedeutung hat hier das **Recht zur Vervielfältigung** (§ 16 UrhG), d. h. das Recht zur „Herstellung einer oder mehrerer Festlegungen, die geeignet sind, das Werk den menschlichen Sinnen auf irgendeine Weise wiederholt unmittelbar oder mittelbar wahrnehmbar zu machen".[54] Hierunter fällt **jede körperliche Fixierung unabhängig von der Art des technischen Kopiervorgangs**, so beispielsweise die Digitalisierung eines Textes, die Fotografie eines Bildes, das Abspeichern auf einem Datenträger, also auch Uploading (Vervielfältigung auf dem Netzserver, auf den hochgeladen wird) und Downloading (Vervielfältigung beim User, auf dessen Rechner heruntergeladen wird), der Ausdruck einer Datei, ja sogar das Abschreiben eines Textes von Hand.[55] Gesetzlich ausgenommen ist die **nur vorübergehende Vervielfältigung im Rahmen eines technischen Verfahrens** ohne eigene

---

51 Jänich/Eichelberger, Urheber- und Designrecht, Rn. 178; Steckler, Grundzüge des IT-Rechts, S. 86.

52 Jänich/Eichelberger, Urheber- und Designrecht, Rn. 184 ff.; Steckler, Grundzüge des IT-Rechts, S. 86 f.: der Urheber kann auf sein Recht der Urhebernennung (ggf. auch vertraglich) verzichten, vgl. Köhler/Arndt/Fetzer, Recht des Internet, Rn. 573.

53 Köhler/Arndt/Fetzer, Recht des Internet, Rn. 574; Jänich/Eichelberger, Urheber- und Designrecht, Rn. 198 f.

54 Köhler/Arndt/Fetzer, Recht des Internet, Rn. 575 m. w. N.

55 Steckler, Grundzüge des IT-Rechts, S. 89 f.; Jänich/Eichelberger, Urheber- und Designrecht, Rn. 228 ff.

wirtschaftliche Bedeutung (§ 44a UrhG), wie es beispielsweise beim Caching und Browsing der Fall ist.[56] Für Softwareprogramme, die als unkörperliche Werke nicht unter § 16 UrhG fallen, ist das Vervielfältigungsrecht des Urhebers nach § 69c Nr. 1 UrhG geschützt.

Die weiteren Rechte zur Verwertung in körperlicher Form betreffen   **231**
- die **Verbreitung** (§ 17 UrhG), also das Recht, das Original oder Vervielfältigungen in verkörperter Form der Öffentlichkeit anzubieten oder in Verkehr zu bringen; nach dem **Erschöpfungsgrundsatz** ist die Zustimmung des Berechtigten nach einem erstmaligen Verbreiten für weitere Verbreitungen nicht mehr erforderlich (außer bei Vermietung, § 17 Abs. 2 UrhG);[57] für (unkörperliche) Softwareprogramme wird dieser Schutz durch § 69c Nr. 3 UrhG gewährleistet;
- die **Ausstellung** (§ 18 UrhG), also die öffentliche Schaustellung des Originals oder von Kopien eines unveröffentlichten Werkes der bildenden Kunst oder eines unveröffentlichten Lichtbildwerkes.[58]

Die Rechte zur **Verwertung in unkörperlicher Form** stehen dem Urheber   **232**
ebenfalls ausschließlich zu, sofern sie sich **auf die öffentliche Wiedergabe** beziehen (§ 15 Abs. 2 UrhG). Hierzu gehören
- das **Vortrags-, Aufführungs- und Vorführungsrecht** (§ 19 UrhG), d. h. das Recht, ein Sprach- bzw. Musik-, Bühnen- oder Filmwerk o. Ä. öffentlich darzubieten und damit wahrnehmbar zu machen,
- das **Recht der öffentlichen Zugänglichmachung** (§ 19a UrhG), worunter auch die Publikation im Internet fällt (etwa bei einem Music-on-Demand-Dienst),[59]
- das **Senderecht** (§ 20 UrhG), d. h. das Recht, das Werk durch Funk der Öffentlichkeit zugänglich zu machen (mit Sonderregelungen für europäische Satellitensendungen und Kabelweitersendung, §§ 20a f. UrhG) und
- die **Rechte zur Wiedergabe** von Vorträgen, Aufführungen, Vorführungen oder Sendungen (§§ 21, 22 UrhG).

Durch das Wort „insbesondere" in § 15 Abs. 2 Satz 2 UrhG wird deutlich, dass diese Rechte **nicht abschließend** sind, sondern weitere Nutzungsarten möglich sind.[60]

---

56 Vgl. Erwägung 33 der RL 2001/29/EG.
57 Jänich/Eichelberger, Urheber- und Designrecht, Rn. 245 ff.; Steckler, Grundzüge des IT-Rechts, S. 90 ff.
58 Steckler, Grundzüge des IT-Rechts, S. 93 f.; Jänich/Eichelberger, Urheber- und Designrecht, Rn. 279 f.
59 OLG Stuttgart, CR 2008, 319.
60 Jänich/Eichelberger, Urheber- und Designrecht, Rn. 281 ff.; Steckler, Grundzüge des IT-Rechts, S. 94 ff.; Köhler/Arndt/Fetzer, Recht des Internet, Rn. 581 f.

4.2.2.3 Ansprüche bei Rechtsverletzung

233   Wird ein Urheber in seinen Urheberrechten verletzt, stehen ihm gegen den Rechtsverletzer vor allem Unterlassungsansprüche und Schadensersatzansprüche zu (§ 97 UrhG); hinzu kommen weitere Ansprüche auf Vernichtung oder Überlassung von Vervielfältigungsstücken und Vervielfältigungsvorrichtungen (§§ 98 f. UrhG). Der **Unterlassungsanspruch** wird zunächst mit einer Abmahnung – also mit der Aufforderung, die Rechtsverletzung sofort einzustellen – und bei deren Erfolglosigkeit mit einer Unterlassungsklage durchgesetzt. Bei einer berechtigten Abmahnung kann der in seinen Rechten Verletzte vom Verletzer den Ersatz der damit verbundenen Aufwendungen verlangen, wobei diese Aufwendungen bei einer anwaltlichen Inanspruchnahme stark gedeckelt sind (§ 97a Abs. 3 UrhG).[61]

234   Beim **Schadensersatzanspruch** kann der Urheber gem. § 97 Abs. 2 UrhG aus mehreren Berechnungsmethoden auswählen:[62]

- Ist dem Urheber durch die Rechtsverletzung ein konkreter und belegbarer Schaden entstanden, kann er diesen 1:1 geltend machen. Dies ist jedoch meistens nicht möglich, weil die Rechtsverletzung nur selten einen unmittelbaren und messbaren Schaden beim Urheber verursacht.
- Viel häufiger ist es der Fall, dass der Rechtsverletzer durch die Urheberrechtsverletzung einen messbaren Gewinn erzielt hat. Dies ist z. B. der Fall, wenn ein urheberrechtlich geschütztes Werk ohne Zustimmung des Rechtsinhabers zu Werbezwecken eines anderen verwendet wird. Dann kann der Urheber einen angemessenen Anteil an den damit erzielten Werbeeinnahmen (sog. „**Verletzergewinn**") als Schadenersatz geltend machen.[63]
- Können Schadenshöhe oder Verletzergewinn nicht konkret beziffert werden, kann der Geschädigte die Höhe seines Schadenersatzanspruchs auch abstrakt nach dem **Grundsatz der Lizenzanalogie** berechnen (was also der Rechtsverletzer bei ordnungsgemäßer Lizenzeinholung nach marktüblichen Preisen hätte bezahlen müssen, § 97 Abs. 2 Satz 3 UrhG).

234a   Bei einer Verletzung von Urheberpersönlichkeitsrechten können zudem **immaterielle Schäden als Verletzerzuschlag** geltend gemacht werden (§ 97 Abs. 2 Satz 4 UrhG). Sind von der Rechtsverletzung Lichtbildwerke betroffen, berechnet die Rechtsprechung in solchen Fällen – z. B. bei Leugnung der Urheberschaft – den Schadenersatz in der Regel mit einem

---

61   Die anwaltlichen Gebühren dürfen unter näher definierten Voraussetzungen nur aus einem Gegenstandswert von 1.000 Euro errechnet werden, was bei einer 1,0-Gebühr 80 Euro bedeutet (§ 13 RVG).
62   Jänich/Eichelberger, Urheber- und Designrecht, Rn. 504.
63   BGH CR 2011, 263.

100 %-Aufschlag auf die fiktive Lizenzgebühr.[64] Bei anderen Werkarten sind Aufschläge – je nach Schwere der Verletzung des Persönlichkeitsrechts – auch unterhalb von 100 % üblich.[65] Neben der zivilrechtlichen Haftung macht sich der Rechtsverletzer außerdem gem. § 106 UrhG **strafbar** (s. u., Rn. 297).

Daneben steht dem Urheber seit einigen Jahren auch ein **Auskunftsanspruch** sowohl gegen potenzielle Rechtsverletzer, aber auch gegen Dritte zu. Gerade bei Urheberrechtsverletzungen im Internet ist es für den Rechtsinhaber oft schwierig, den Rechtsverletzer und die Wege der Rechtsverletzung zu identifizieren. Deshalb hat das „Gesetz zur Verbesserung der Durchsetzung von Rechten des geistigen Eigentums" vom 7. Juli 2008 einen neuen § 101 in das UrhG aufgenommen, der einen **umfassenden Auskunftsanspruch zugunsten des Rechtsinhabers** statuiert. Durch eine „Geringfügigkeitsklausel" wird der Auskunftsanspruch ausnahmsweise im Einzelfall ausgeschlossen, wenn seine Geltendmachung unverhältnismäßig ist (§ 101 Abs. 4 UrhG) – also beispielsweise mit einem erheblichen Aufwand ein nur minimaler Rechtsverstoß verfolgt werden soll. Während die Inanspruchnahme des **Rechtsverletzers** unproblematisch ist und die Herkunft und den Vertriebsweg rechtsverletzender Vervielfältigungsstücke erfasst (§ 101 Abs. 1 UrhG), sind die Anspruchsvoraussetzungen gegen Dritte vergleichsweise komplex.

235

Ein solcher Auskunftsanspruch gegen Dritte hat **drei Voraussetzungen:**

236

- Die **Rechtsverletzung muss offensichtlich sein** oder der Rechtsinhaber muss gegen den Verletzer Klage erhoben haben. Da die Klageerhebung voraussetzt, dass der Rechtsinhaber Name und Anschrift des Rechtsverletzers schon kennt, kommt ein auf die Identität des Rechtsverletzers gerichteter Auskunftsanspruch nur in Frage, wenn der Rechtsverstoß auf Anhieb als solcher zu erkennen ist.
- Der Dritte muss **an der Rechtsverletzung mitgewirkt** haben, etwa durch den Besitz an unzulässigen Vervielfältigungsstücken oder als Erbringer von Dienstleistungen, die für die Rechtsverletzung genutzt wurden (§ 101 Abs. 2 UrhG). Zu den letztgenannten Dienstleistern zählen bei Urheberrechtsverletzungen im Internet in aller Regel auch der Presence- und der Access-Provider des Rechtsverletzers; denn ohne „seine" Provider kann er den urheberrechtsverletzenden Inhalt weder hochladen (Access Provider) noch im Netz stehen lassen (Presence Provider).[66]
- Des Weiteren muss der Dritte **„in gewerblichem Ausmaß" gehandelt** haben, also mit Gewinnerzielungsabsicht. Auch dies ist bei Presence-

---

64 Vgl. OLG Düsseldorf, Urt. v. 9.5.2006 – Az. I-20 U 138/05; OLG Brandenburg, Urt. v. 15.5.2009 – Az. 6 U 37/08; LG Stuttgart, Urt. v. 28.3.2013 – Az. 17 O 872/12.
65 Siehe z. B. KG Berlin, Urt. v. 21.3.2011 – Az. 24 U 130/10 (50 % bei Kartenmaterial).
66 Heymann, CR 2008, 568, 569.

und Access-Providern in aller Regel gegeben, da sich deren Gewinner-zielungsabsicht auf ihre Tätigkeit an sich (also auf das Providing) be-ziehen muss.

237 Teilweise wird vertreten, dass auch die **Rechtsverletzung selbst „in ge-werblichem Ausmaß"** erfolgt sein muss. § 101 UrhG sieht dies allerdings nur in Abs. 1 für den Anspruch gegen den Verletzer – und nicht ausdrück-lich in Abs. 2 für den Anspruch gegen Dritte – vor; doch wird aus den Gesetzgebungsmaterialien und aus der systematischen Auslegung abgelei-tet, dass dies auch für den Drittanspruch gelten muss; hierfür spricht auch der Erst-recht-Schluss, da die Hürden für den Anspruch gegen den Verlet-zer schwerlich höher sein können, als gegen Dritte.[67] Der BGH hat sich dieser Sichtweise nicht angeschlossen, sondern wegen der fehlenden sprachlichen Bezugnahme des Begriffs „in gewerblichem Ausmaß" auf das Wort „Rechtsverletzung" diese Bedingung für den Auskunftsanspruch verneint.[68] Folglich besteht der Anspruch auch bei geringfügigen Rechts-verletzungen, wenn die übrigen Voraussetzungen erfolgt sind.[69]

238 Sind die Voraussetzungen des Auskunftsanspruchs erfüllt, muss der Ver-pflichtete **Name und Anschrift der Hersteller, Lieferanten und anderer Vorbesitzer rechtswidriger Vervielfältigungsstücke** angeben (§ 101 Abs. 3 Nr. 1 UrhG). Ist dies nur unter **Verwendung von Verkehrsdaten** möglich, bedarf es einer richterlichen Anordnung auf Kosten (zunächst) des Rechtsinhabers (§ 101 Abs. 9 UrhG). Dies ist etwa der Fall, wenn der Access Provider die meist dynamische IP-Nummer mit dem Namen des Users zusammenführen muss, um so dessen Identität nennen zu können. Da diese Daten (anders als die Bestandsdaten) dem Fernmeldegeheimnis unterliegen, erfüllt § 101 Abs. 10 UrhG mit dem Hinweis auf die Ein-schränkung dieses Grundrechts das Zitiergebot gem. Art. 19 Abs. 1 Satz 2 GG. Die richterliche Prüfung wird sich dabei auf die Voraussetzungen des Auskunftsanspruchs ebenso beziehen wie auf die Frage, ob die zu leis-tende Auskunft zwingend die Heranziehung von Verkehrsdaten erfordert. Mit der Einschaltung einer unabhängigen und neutralen Instanz wird dem schwierigen Dreiecksverhältnis zwischen Rechtsinhaber, Rechtsverletzer und dessen Providern angemessen Rechnung getragen.[70]

---

67 BT-Drs. 16/5048, S. 49; krit. Kindt, MMR 2009, 147, 152 m. w. N.
68 BGH, Beschl. v. 19.4.2012 – Az. I ZB 80/11 = CR 2012, 600 m. Anm. Nietsch = MDR 2012, 689 m. Anm. Bockslaff/Krause, Rn. 10–30 (Alles kann besser werden); BGH, Beschl. v. 5.12.2012 – Az. I ZB 48/12 = CR 2013, 465 m. Anm. Grosskopf, Rn. 30 (Die Heiligtümer des Todes).
69 Vor der Positionierung des BGH hatte das OLG Zweibrücken MMR 2009, 43 noch gefor-dert, dass der Umfang der Rechtsverletzungen über das normale Maß des Eigengebrauchs hinausgehen müsse. Das OLG Karlsruhe CR 2009, 806 hatte eine Rechtsverletzung in gewerblichem Ausmaß bejaht, wenn ein kompletter Kinofilm, ein ganzes Musikalbum oder ein Hörbuch in zeitlicher Nähe zur Veröffentlichung ins Netz gestellt werden war.
70 Heymann, CR 2008, 568, 571.

Die Einführung dieses direkten Auskunftsanspruchs gegen Dritte war eu- **239**
roparechtlich möglich, aber nicht zwingend.[71] Mit diesem Anspruch wird
den Rechteinhabern eine **Alternative zu dem bisher einzig möglichen Verfahren** eröffnet; bislang konnten diese nur über eine **Strafanzeige gegen
Unbekannt** in Verbindung mit den Auskunftsansprüchen der Strafverfolgungsbehörden an entsprechende Informationen gelangen.[72] Denn die vor
Einführung des § 101 UrhG n. F. unternommenen Bemühungen der Mu-
sikindustrie, über eine analoge Anwendung von § 101a UrhG a. F. einen
zivilrechtlichen Auskunftsanspruch gegen Provider durchzusetzen, hatten
in der Rechtsprechung keine Gegenliebe gefunden.[73]

4.2.3 Schranken der Urheberrechte

Im Sinne eines **Interessenausgleichs zwischen Urhebern und Nutzern** un- **240**
terliegen die Urheberrechte verschiedenen Schranken, die entweder einen
praktikablen Umgang mit dem Urheberrecht ermöglichen wollen (Privatkopie) oder bestimmte Allgemeinwohlinteressen (Öffentlicher Diskurs bei
Zitatrechten) schützen. Gleichzeitig unterliegen jedoch diese Schranken
ihrerseits wieder einer Schranken-Schranke, die im völkerrechtlich und
unionsrechtlich verankerten „**Drei-Stufen-Test**" ihren Niederschlag gefunden hat (Art. 9 Abs. 2 RBÜ, 13 TRIPS, 5 Abs. 5 InfoSoc-RL).[74] Danach ist eine Beschränkung des Urheberrechts im Einzelfall nur möglich,
wenn

* die Schranke nur unter eng definierten Voraussetzungen (also in Son-
  derfällen) angewendet werden kann,
* die normale wirtschaftliche Verwertung des Werks nicht (nennenswert) beeinträchtigt wird und
* die berechtigten Interessen des Urhebers nicht ungebührlich verletzt
  werden.[75]

Die erste Stufe des Drei-Stufen-Tests hat zur Folge, dass die Urheber- **241**
rechtsschranken einzeln und konkret gesetzlich zu bestimmen sind. Deshalb enthalten Art. 5 Abs. 2, 3 InfoSocRL und §§ 44a – 63a UrhG eine
umfangreiche Aufzählung möglicher Schranken (sog. „**Enumerativprin-
zip**"), ohne dass ein Auffangtatbestand für „sonstiges" vorgesehen wäre.
Diese Regelungstechnik erschwert die Einordnung neuartiger Erschei-

---

71 EuGH, NJW 2008, 743 = CR 2008, 381; EuGH, CR 2009, 433 = MMR 2009, 242.
72 Vgl. Kindt, MMR 2009, 147, 148 ff.; die Staatsanwaltschaften haben sich zunehmend
   gegen diese Form der Instrumentalisierung zur Wehr gesetzt (Kindt, a. a. O., S. 148).
73 Siehe OLG Frankfurt a. M., MMR 2005, 241 m. Anm. Spindler = CR 2005, 285; OLG
   Hamburg, MMR 2005, 453 m. Anm. Linke = CR 2005, 512 m. Anm. Dorschel; KG,
   MMR 2007, 116 = CR 2007, 261.
74 Ohly, Urheberrecht, S. 62.
75 Deshalb hat der EuGH seine Billigung der Privatkopie davon abhängig gemacht, vgl.
   EuGH CR 2011, 491 (Rn. 20 ff.).

nungsformen, wie sie für das Internet typisch sind (z. B. Suchmaschinen oder Thumbnails – vgl. unten, Rn. 260). Deshalb ist der Ruf lauter geworden, das us-amerikanische „Fair-Use"-Prinzip auch im europäischen Recht zu verankern. Die Fair-Use-Klausel stellt eine Art Generalklausel-Schranke dar, die auf eine einzelfallbezogene Abwägung zwischen den widerstreitenden Interessen anhand von vier Kriterien (Benutzungszweck, Werkart, Umfang der betroffenen Werkteile und die Marktauswirkungen) hinausläuft.[76] Zwar wäre eine solche Urheberrechts-Pauschalschranke flexibler und damit auch potenziell offener für neue Entwicklungen, doch würde sich damit letztlich die Entscheidungsmacht über die Reichweite der Urheberrechtsschranken vom Gesetzgeber zu den Gerichten verlagern. Auf dem Juristentag 2014 wurde deshalb kontrovers darüber diskutiert, ob eine begrenzte Auffang-Generalklausel zur Ergänzung des Enumerativprinzips sinnvoll ist.[77]

4.2.3.1 Freie Benutzung (§ 24 UrhG)

242 Wird ein Werk so erheblich bearbeitet und umgestaltet, dass ein völlig eigenständiges **neues Werk entsteht**, ist die Zustimmung des Urhebers des ursprünglichen Werks nicht erforderlich. Allerdings darf das alte Werk nicht in seinem Kern oder in seinen prägenden Zügen (wie z. B. bei den Asterix-Persiflagen) erhalten bleiben; das neue Werk muss sich vielmehr soweit vom ursprünglichen Werk lösen, dass dieses **nur noch als Anregung für das neue Werk** verstanden werden kann. Mit Ausnahme von Parodien sind die Anforderungen der Rechtsprechung an die Eigenständigkeit des neuen Werks sehr streng.[78] Wird ein Werk bearbeitet, ohne die Voraussetzungen der freien Benutzung zu erfüllen, liegt eine **Bearbeitung oder Umgestaltung gem. § 23 UrhG** vor; das weiterentwickelte Werk darf dann nur mit Zustimmung des Urhebers des ursprünglichen Werks verbreitet und verwertet werden. Dies gilt z. B. dann, wenn ein neu erstellter YouTube-Clip mit fremder Musik unterlegt wird.

4.2.3.2 Gemeinfreiheit (§§ 64 ff. UrhG)

243 Der Urheberrechtsschutz erlischt **70 Jahre nach dem Tod des Urhebers.** Seine Werke werden dann „gemeinfrei" und können dann von der Allgemeinheit frei genutzt werden. So begegnet beispielsweise ein Gedicht von Friedrich von Schiller (1759–1805) auf einer Webseite keinen urheberrechtlichen Bedenken. Sind an einem Werk **mehrere Urheber** beteiligt, ist für den Fristbeginn der Tod des Letztversterbenden maßgeblich (§ 65 Abs. 1 UrhG). Bei Werken, deren **Urheber nicht bekannt** ist (anonym oder unter unbekanntem Pseudonym), beginnt die 70-Jahre-Frist bereits mit

---

76 Ohly, Urheberrecht, S. 63 f.; Jänich/Eichelberger, Urheber- und Designrecht, Rn. 352.
77 Vgl. Ohly, Urheberrecht, S. 64 f., der für eine Kombination der Prinzipien eintritt.
78 Köhler/Arndt/Fetzer, Recht des Internet, Rn. 583 f.; Jänich/Eichelberger, Urheber- und Designrecht, Rn. 108 ff.; Steckler, Grundzüge des IT-Rechts, S. 98 f.

der Veröffentlichung bzw. bei fehlender Veröffentlichung mit der Schaffung des Werks (§ 66 UrhG).[79]

4.2.3.3 Privilegierte Nutzungsarten (§§ 44a ff. UrhG), v. a. Privatkopie

Ebenfalls **kein oder nur eingeschränkter urheberrechtlicher Schutz** besteht **244** bei den privilegierten Nutzungsarten gem. §§ 44a ff. UrhG. Hierzu gehören

- die **Rechtspflege und die öffentliche Sicherheit** (§ 45 UrhG) bezüglich Vervielfältigung, Verbreitung, öffentlicher Ausstellung und Wiedergabe (bei letzterer unter Quellenangabe),
- **nichtgewerbliche Nutzungen zugunsten Behinderter** (§ 45a UrhG) bezüglich Vervielfältigung und Verbreitung bei Zahlung einer angemessenen Vergütung an eine Verwertungsgesellschaft,
- **sonstige nichtgewerbliche Zwecke** (§ 52 UrhG) bezüglich öffentlicher Wiedergabe bei – soweit kein bestimmter sozialer Zweck wie Jugendhilfe, Sozialhilfe o. Ä. damit verfolgt wird – Zahlung einer angemessenen Vergütung,
- die **Ausbildung** in Gestalt des Kirchen-, Schul- und Unterrichtsgebrauchs (§§ 46 f. UrhG) bezüglich Vervielfältigung, Verbreitung, öffentlicher Zugänglichmachung von Teilen eines Werkes unter Anzeige gegenüber dem Urheber und Zahlung einer angemessenen Vergütung,
- **Unterricht und Forschung** (§ 52a UrhG)' bezüglich der öffentlichen Zugänglichmachung von Teilen von Werken oder kleinen Werken bei Zahlung einer angemessenen Vergütung an eine Verwertungsgesellschaft,
- **elektronische Leseplätze in öffentlichen Bibliotheken, Museen und Archiven** (§ 52b UrhG) bezüglich der öffentlichen Zugänglichmachung von Werken in dem Umfang, in dem die Werke in der jeweiligen Einrichtung vorhanden sind, für Zwecke der Forschung und privater Studien bei Zahlung einer angemessenen Vergütung an eine Verwertungsgesellschaft,
- die **öffentliche Information**, öffentliche Reden (§ 48 UrhG), Zeitungsartikel und Rundfunkkommentare (§ 49 UrhG) sowie Bild- und Tonberichterstattungen über Tagesereignisse in Funk, Film und Zeitungen (§ 50 UrhG) bezüglich Vervielfältigung, Verbreitung und öffentlicher Wiedergabe bei teilweiser Pflicht zur angemessenen Vergütung und
- **Zitate** (§ 51 UrhG) bezüglich Vervielfältigung, Verbreitung und öffentlicher Wiedergabe.[80]

Von besonders hoher praktischer Bedeutung auch im Internet ist die privi- **245** legierte Nutzungsart des „privaten oder sonstigen eigenen Gebrauchs"

---

79 Jänich/Eichelberger, Urheber- und Designrecht, Rn. 117 ff.
80 Jänich/Eichelberger, Urheber- und Designrecht, Rn. 389 ff.; Steckler, Grundzüge des IT-Rechts, S. 103 ff.

(§ 53 UrhG) bezüglich der Vervielfältigung von Werken. Dahinter verbirgt sich im Wesentlichen die berühmte „**Privatkopie**", die sich im schwierigen Spannungsverhältnis zwischen dem geistigen Eigentum des Urhebers und dem Allgemeinwohlbelang des öffentlichen Informationsbedürfnisses bewegt. Der Gesetzgeber hat sich 1965 für deren grundsätzliche Zulässigkeit entschieden, weil sie in der Bevölkerung als „gewachsenes Recht" tief verwurzelt ist und ein Verbot ohnehin nicht durchsetzbar wäre.[81] „**Privat**" im Sinne dieser Urheberrechtsschranke ist alles, was sich im häuslichen Bereich abspielt und nicht der beruflichen Tätigkeit dient; eine Wiedergabe von urheberrechtlich geschützten Werken auf einer „**privaten**" Homepage ist – wegen des weltweit möglichen Zugriffs – daher **nicht** mehr von diesem Begriffsverständnis **gedeckt**.[82] Ebenso wenig kann ein typischer Facebook-„Freundeskreis" noch als privat angesehen werden. Daneben erfasst diese Nutzungsprivilegierung auch Vervielfältigungen zu eigenen **wissenschaftlichen Zwecken**, zur Aufnahme in ein **eigenes Archiv**, zur **eigenen Unterrichtung** über Tagesfragen bei funkgesendeten Werken und – soweit es sich um kleine Teile eines Werkes, einzelne Zeitungs- oder Zeitschriftenbeiträge oder um ein vergriffenes Werk handelt – zu **sonstigem eigenem Gebrauch**. Durch die Urheberrechtsnovelle von 2003 ist klargestellt, dass die grundsätzliche Zulässigkeit dieser Vervielfältigungen **auch für Kopien durch digitale Medien** gilt. Schon zuvor hatten Literatur und Rechtsprechung dies so gesehen; etwas anderes wäre auch nicht praktikabel und sinnvoll abgrenzbar gewesen.[83]

246 Die privilegierten Nutzungsarten gelten **nicht für Softwareprodukte**. Wer also eine Privatkopie von einem Computerprogramm anfertigt, setzt sich dem Strafbarkeitsrisiko gem. § 106 UrhG aus. Die Vervielfältigung von Computerprogrammen unterliegt der **nahezu uneingeschränkten Entscheidungsgewalt des Urheberrechtsinhabers** (§ 69c Nr. 1 UrhG). Ausnahmen gelten vorbehaltlich anderer vertraglicher Regelungen dann, wenn dies für eine bestimmungsgemäße Benutzung des Programms durch den dazu Berechtigten erforderlich ist (§ 69d Abs. 1 UrhG); auch kann jeder Berechtigte (vertragsunabhängig) zumindest **eine Sicherungskopie** anfertigen (§ 69d Abs. 2 UrhG).

4.2.4 Einzelne Problemkreise

4.2.4.1 Filesharing (Tauschbörsen)

247 Der Begriff „Filesharing" bezeichnet die **Weitergabe von Dateien zwischen Internet-Usern** meist mithilfe eines Filesharing-Netzwerks. Dabei befinden sich die Dateien auf den Rechnern der einzelnen Mitglieder, von

---

81 Pichlmaier, CR 2003, 910, 911.
82 Strömer, Online-Recht, S. 216.
83 Pichlmaier, CR 2003, 910, 911.

wo sie an interessierte Nutzer verteilt werden. Für gewöhnlich ist das Herunterladen von fremden Dateien (download) gleichzeitig mit dem Hochladen eigener Dateien (upload) verbunden. Diese Tauschbörsen, egal ob zentral (z. B. Napster) oder dezentral (Peer-to-peer, kurz „p2p") organisiert, haben in Verbindung mit der mp3-Technologie zu einer weltweiten Erschütterung der hergebrachten Grundsätze des Urheberrechts geführt; nach Branchenschätzungen entsteht durch rechtswidrige Musik-Downloads Monat für Monat ein in die Milliarden gehender Schaden.[84]

In rechtlicher Hinsicht handelt es sich sowohl beim down- als auch beim **248** upload um die Herstellung von Vervielfältigungen, die grundsätzlich ohne Zustimmung des Rechtsinhabers unzulässig sind (s. o., Rn. 230). Eine Ausnahme gilt nur dann, wenn eine der Urheberrechtsschranken eingreift, etwa das **Privileg der Privatkopie**. Da jedoch das Uploading zugunsten vieler, oft nicht persönlich bekannter Dritter erfolgt, kommt diese Schranke hier mangels „Privatheit" (s. o., Rn. 245) nicht zum Tragen. Dasselbe Ergebnis gilt auch für das Downloading, selbst wenn es ausschließlich für private Zwecke erfolgt. Denn das Privileg der Privatkopie hat zwei Ausnahmen, die hier relevant sind: Die Vorlage für die eigene Kopie darf weder offensichtlich rechtswidrig hergestellt, noch offensichtlich rechtswidrig öffentlich zugänglich gemacht worden sein.

Die „**offensichtliche Rechtswidrigkeit**" der Vorlage kann man als erfüllt **249** ansehen, wenn eine objektive Unrechtmäßigkeit vorliegt und der User diese **auch subjektiv in der aktuellen Situation erkennen kann**. Dies ist z. B. dann der Fall, wenn
- es sich um neue Musik- oder Filmtitel bekannter Künstler handelt, die normalerweise nur über große und professionelle Anbieter **auf Trägermedien mit Kopierschutz** vertrieben werden,
- die Musiktitel oder Filme **noch gar nicht veröffentlicht** (z. B. Filme in der Kino-Ankündigungsphase) oder gerade in ihrer **Haupt-Verwertungsphase** (typischerweise erst Kino- und später DVD-Vertrieb) sind, weshalb sich einem verständigen User die Erkenntnis geradezu aufdrängen muss, dass eine solche im Internet vorhandene Vorlage nicht legal sein kann, oder
- Musiktitel/Filmkopien von bekannten Künstlern, die (entgegen der absolut üblichen Praxis) kostenlos angeboten werden.[85]

---

84 Köhler/Arndt/Fetzer, Recht des Internet, Rn. 623 ff.
85 Pleister/Ruttig, MMR 2003, 763, 765; Gutmann, MMR 2003, 706, 707.

250 Mit dem Ausschluss des Privilegs der Privatkopie für alle „offensichtlich rechtswidrig öffentlich zugänglich gemachten Vorlagen" sind nicht nur Kopiervorgänge in der Öffentlichkeit (z. B. in Supermärkten und Szene-Kneipen, wie das in Australien bereits der Fall ist) erfasst,[86] sondern darüber hinaus jede Kopie von einer im Internet (weil öffentlich zugänglich) vorhandenen Vorlage, bei der dem verständigen User klar sein muss, dass sie unzulässig ins Netz gestellt worden ist. Diese Verschärfung bewirkt, dass auch legal erstellte Vervielfältigungen, die aber offensichtlich illegal zum Download angeboten werden, nicht mehr als Vorlage für eine legale Privatkopie zu verwenden sind; der Urheberrechtsverstoß liegt hier nicht in der Herstellung der Kopie, sondern in deren unerlaubter öffentlicher Zugänglichmachung.[87] Damit ist ein rechtssicheres Downloading von Internetvorlagen im Wesentlichen nur noch bei erkennbarer Freeware möglich.

251 Während man bei einer im Handel kostenpflichtig erhältlichen Film- oder Musikdatei noch über die Offensichtlichkeit der rechtswidrigen Herstellung diskutieren kann (die Vorlage könnte ja legal erworben worden sein), ist dies jedenfalls während der wirtschaftlichen Verwertungsphase für die Offensichtlichkeit der rechtswidrigen Zugänglichmachung (also des rechtswidrigen Uploads desjenigen, der die Vorlage hochgeladen hat) nicht mehr möglich. Denn da vernünftigerweise kein Rechteinhaber parallel zu einer kostenpflichtigen Verwertung eine kostenfreie Verbreitung durchführen wird, muss ein im Netz kostenlos erhältliches Download-Angebot eines im Handel befindlichen Werks offensichtlich rechtswidrig öffentlich zugänglich gemacht worden sein. Insoweit haben die Einschränkungen des Privilegs der Privatkopie erhebliche Auswirkungen. Nun ist klar gestellt, dass das **Betreiben und Nutzen von Musiktitel- und Film-Tauschbörsen gegen das Urheberrecht** verstößt. Auf einen gewerblichen Charakter dieser Tätigkeit kommt es dabei nicht an, weil jedes Uploading von Musiktiteln und Filmen offensichtlich nicht vom Privileg der Privatkopie gedeckt ist.[88] Da es nach wie vor zulässig ist, für einen guten Freund eine CD mit Musiktiteln zu brennen (soweit kein Kopierschutz umgangen wird, s. u. Rn. 256 ff.), ist eine legale Tauschbörse allenfalls noch in einem sehr kleinen und zugangssicher geschlossenen Benutzerkreis von Freunden denkbar.

---

86 Köhler/Arndt/Fetzer, Recht des Internet, Rn. 613, für die die Einschränkung nur Kopiervorgänge im öffentlichen Raum erfasst.

87 Gerade auf den Download aus dem Internet zielt diese Gesetzesänderung, vgl. BT-Drs. 16/1828, S. 26.

88 Köhler/Arndt/Fetzer, Recht des Internet, Rn. 630 f.; auch in den USA hat sich Napster rechtlich nicht durchsetzen können, vgl. Köhler/Arndt/Fetzer, Recht des Internet, Rn. 627 f.

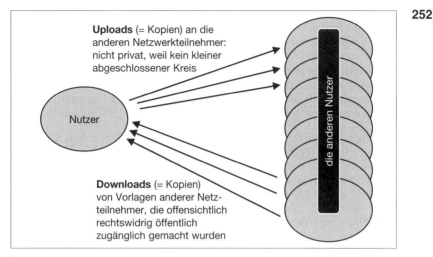

Übersicht 24: File-Sharing

4.2.4.2 Streaming

Unter Streaming wird das online-Ansehen von Video-Dateien verstanden; **253** dies kann sowohl live („live-stream") als auch zeitversetzt (durch Abruf in einer Mediathek, z. B. „Sendung verpasst") erfolgen. Typisch für das Streaming ist, dass die Video-Datei nicht auf die Festplatte des Nutzers heruntergeladen wird und daher nicht noch einmal unabhängig von einer online-Verbindung angesehen werden kann. Vielmehr erfolgt eine bloße **Zwischenspeicherung einzelner Dateisegmente im Arbeitsspeicher (cache)** des Nutzers, um Schwankungen der Übertragungsqualität auszugleichen.[89] Bereits diese Teil-Zwischenspeicherung wird überwiegend als urheberrechtlich relevante Vervielfältigung angesehen, wenn die gestreamten Dateisegmente jeweils für sich Werksqualität haben (was angesichts der jeweiligen Bilderanzahl regelmäßig zu bejahen ist).[90] Dies ist dann rechtlich völlig unproblematisch, wenn das Streaming-Angebot im Netz vom Rechtsinhaber selbst kommt, weil er damit konkludent der Vervielfältigung zustimmt (so etwa bei einer TV-Mediathek).

Fehlt eine Zustimmung des Rechtsinhabers, wird es schwieriger. Verviel **254** fältigungen, die nur vorübergehender Natur und im Rahmen eines technischen Verfahrens entstehen, sind nach § 44a UrhG aber zulässig, wenn sie einer rechtmäßigen Nutzung dienen und ohne eigenständige wirtschaftliche Bedeutung sind. Das Anschauen eines Videos stellt für sich

---

89 Stieper, ZRP 2012, 12, 15.
90 EuGH, Urt. v. 5.6.2014 – Az. C-360/13; OLG Hamburg GRUR 2011, 831; Stolz, MMR 2013, 353, 355; a. A. KG ZUM 2002, 828, 830.

genommen in der Regel eine **rechtmäßige Nutzung** dar, weil es dafür auf die Rechtmäßigkeit der Quelle nicht ankommt.[91] Problematischer ist das **Verbot einer eigenständigen wirtschaftlichen Bedeutung,** wonach die gespeicherten Daten keine neue eigenständige Nutzungsmöglichkeit eröffnen dürfen.[92] Da in den Cache nur Rohdaten und keine kompletten Film-Dateien geladen werden und die Wiedergabe auf dem Bildschirm unkörperlicher Natur (also z. B. nicht weitergabefähig) ist,[93] werden die Voraussetzungen von § 44a UrhG überwiegend bejaht.

255 Allerdings unterliegt § 44a UrhG – wie alle Schranken – dem Vorbehalt des Drei-Stufen-Tests (s. o., Rn. 240). Problematisch ist hier insbesondere die zweite Stufe, wonach die normale Verwertung des Werks nicht nennenswert beeinträchtigt werden darf. Dies ist nur erfüllt, wenn die Anwendung von § 44a UrhG zu **keinen deutlich spürbaren Umsatzeinbußen** führt. Wenn aber Filme, die noch in ihrer wirtschaftlichen Haupt-Verwertungsphase sind (Kino-/DVD-Vertrieb), im Netz zum Streaming angeboten werden, bleibt so mancher Kinositz leer und so manche DVD im Handel liegen. Dasselbe gilt für kostenlose Livestream-Angebote, die parallel zu kostenpflichtigen Livestream-Angeboten des Rechtsinhabers (z. B. bei der Übertragung von Sportveranstaltungen) im Netz zu finden sind. In solchen Fällen spricht viel dafür, von der Nichterfüllung der zweiten Stufe des Dreistufen-Tests auszugehen. Dann greift die Schranke des § 44a UrhG nicht, was bei fehlender Zustimmung des Rechtsinhabers zur **Urheberrechtswidrigkeit des Streaming** führt. Da diese Fragen jedoch heillos umstritten sind, besteht zumindest für diese Formen des Streamings eine ganz erhebliche **Rechtsunsicherheit.**[94]

4.2.4.3 Kopierschutz

256 Seit 2003 besteht eine **rechtliche Absicherung für die technischen Kopierschutzmaßnahmen** (§§ 95a ff. UrhG). So untersagt § 95a UrhG das Umgehen von Kopierschutzmaßnahmen. Außerdem sind die Herstellung, die Einfuhr, die Verbreitung, der Verkauf und die Vermietung von Hacking-Werkzeugen oder Umgehungssoftware, mit denen ein Kopierschutz umgangen werden könnte, verboten (§ 95a Abs. 3 UrhG). Für Softwareprodukte bzw. deren Kopierschutzmaßnahmen gelten die §§ 95a ff. UrhG ausdrücklich nicht (§ 69a Abs. 5 UrhG).

257 Das Umgehungsverbot gilt auch dann, wenn der Kopierschutz eine an sich **legale Vervielfältigung verhindert** (z. B. die Privatkopie). Dagegen

---

91 Str., siehe den Streitstand bei Dreier, in: Dreier/Schulze, UrhG, § 44a Rn. 8; wie hier i. Erg. Stolz, MMR 2013, 353, 356 ff.
92 Dreier, in: Dreier/Schulze, UrhG, § 44a Rn. 9.
93 BGHZ 112, 264, 278.
94 Möllmann/Bießmann, in: Schwartmann, Praxishandbuch Medien-, IT- und Urheberrecht, Kap. 34 Rn. 98; Stolz, MMR 2013, 353, 358.

wurden **verfassungsrechtliche Einwände** vor dem Hintergrund der Meinungsfreiheit und des Eigentumsrechts vorgetragen,[95] die jedoch vom OLG München zurückgewiesen wurden. Die mit dem Umgehungsverbot verbundene Beschränkung des Rechts auf eine Privatkopie verletzt nicht den Besitzer einer Kopiervorlage in seinem Eigentumsgrundrecht, sondern stellt lediglich eine Inhalts- und Schrankenbestimmung i. S. v. Art. 14 Abs. 1 Satz 2 GG dar.[96]

Den privilegierten Nutzungsarten trägt § 95b UrhG (teilweise) Rechnung, indem in bestimmten Fällen **Kopierschutzmaßnahmen die Urheberrechtsschranken beachten** müssen, so z. B. bei einer Privatkopie auf Papier oder bei Kopien zum eigenen wissenschaftlichen Gebrauch (§ 95b Abs. 1 Satz 1 Nr. 6 a, b UrhG). Aber auch wenn der Urheberrechtsinhaber einen gegen diese Vorschriften verstoßenden Kopierschutz unterhält, darf der zur Kopie Berechtigte **keine „Selbstjustiz"** üben, sondern hat dann (nur) einen entsprechenden **Leistungsanspruch gegen den Urheberrechtsinhaber** (§ 95b Abs. 2 UrhG).[97]　　　　　　　　　　　　　　　　　　　　**258**

4.2.4.4 Internet-Videorecorder

Um ein urheberrechtlich relevantes Geschäftsmodell handelt es sich auch　**259** bei den **Internet-Videorecordern**. Auf der Internetseite eines solchen Anbieters kann man aus einer elektronischen Programmzeitschrift bestimmte Sendungen auswählen, die dann auf dem „Persönlichen Videorecorder" des Kunden abgespeichert werden. Über das Internet kann der Kunde dann die Aufzeichnungen jederzeit beliebig oft ansehen. Rechtlich handelt es sich bei der Abspeicherung der Sendung um die Herstellung einer Vervielfältigung, die aber der BGH nicht dem Anbieter des Internet-Videorecorders zurechnet, sondern dem Auftraggeber. Hat dieser die Abspeicherung zum privaten Gebrauch veranlasst (was in der Regel der Fall sein dürfte), kann sich der Kunde auf das Privileg der Privatkopie berufen. Anders sieht es nur aus, wenn der Anbieter des Internet-Videorecorders die Sendung zum Zweck der Weiterleitung an seine Kunden auf einem

---

95 So Holznagel/Brüggemann, MMR 2003, 767, 771 f., die im Wege der verfassungskonformen Auslegung des Umgehungsbegriffs zum Ergebnis kommen, dass ein Durchbrechen von Kopierschutzmaßnahmen bei einer Privatkopie keine Umgehung i. S. d. § 95a UrhG darstellt. Auch Ulbricht, CR 2004, 674, konstatiert einen Wertungswiderspruch von § 95a UrhG zum materiellen Urheberrecht und sieht darin einen verfassungswidrigen Eingriff in die Informationsfreiheit; eine verfassungskonforme Auslegung lehnt er ab.

96 OLG München, CR 2009, 33 m. Anm. Feldmann, CR 2009, 106 = MMR 2009, 118; dieselbe Auffassung hat auch das BVerfG, MMR 2005, 751, 753, ohne abschließende Festlegung zu erkennen gegeben: „Es kann … dahinstehen, ob mit einem strafbewehrten gesetzlichen Verbot der digitalen Privatkopie eine Verletzung des Eigentumsgrundrechts verbunden sein könnte, oder ob damit nicht – wofür vieles spricht – lediglich eine wirksame Inhalts- und Schrankenbestimmung im Sinn des Art. 14 Abs. 1 Satz 2 GG vorgenommen wäre."

97 Pichlmaier, CR 2003, 910, 912.

eigenen Aufnahmeserver zwischenspeichert; dann liegt eine eigene Vervielfältigung des Anbieters vor, für den diese auch keine Privatkopie darstellt.[98] Außerdem darf der Anbieter nicht ohne Zustimmung des Rechteinhabers die Fernsehsendung weitersenden und öffentlich zugänglich machen (§ 87 Abs. 1 Nr. 1 UrhG); das wäre der Fall, wenn die Sendesignale an alle Kunden, die die Aufzeichnung derselben Sendung bestellt haben, weitergeleitet werden und diese betroffenen Kunden „in ihrer Gesamtheit eine Öffentlichkeit bilden".[99]

4.2.4.5 Bilder-Suchmaschinen

260 Umstritten ist, ob und inwieweit **Bildersuchmaschinen** einer privilegierten Nutzungsart unterliegen. Wie bei einer textbasierten Suchmaschine wird ein Suchbegriff eingegeben, woraufhin die Suchmaschine dazu passende Bilder aus dem Internet auflistet. Die Darstellung der Suchergebnisse ist dabei vereinfacht; so wie bei der textbasierten Variante Links mit „Wortschnipseln" genannt werden, zeigt die Trefferliste einer Bildersuchmaschine komprimierte (d. h. in Qualität und Größe reduzierte) Vorschaubilder (sogenannte „thumbnails") an, die zugleich als Link zur Webseite mit dem „richtigen" Bild funktionieren.[100] Nach der h. M. stellen die Herstellung und Speicherung solcher **Thumbnails** beim Suchmaschinenbetreiber Vervielfältigungen gem. § 16 UrhG und die Komprimierung des Originalbildes eine Bearbeitung gem. § 23 UrhG dar, und/oder die Auflistung in der Trefferliste im Internet wird als öffentliche Zugänglichmachung gem. § 19a UrhG angesehen.[101] Da keine Urheberrechtsschranke einschlägig ist,[102] hängt die Rechtmäßigkeit der Thumbnails vom Vorliegen einer zumindest **konkludenten Zustimmung des Rechtsinhabers** ab. Hier hat der BGH in zwei Entscheidungen sehr geringe Hürden definiert: Stellt der Rechtsinhaber ein Bild ins Netz ein, ohne die technisch möglichen Abwehrmaßnahmen gegen das Auffinden und Anzeigen durch Suchmaschinen zu treffen, liegt bereits darin die konkludente Zustimmung in die Wiedergabe durch die Suchmaschine. Dies gilt auch dann, wenn der Rechtsinhaber anderen Personen die Einstellung des Bildes ins Netz er-

---

98 BGH, Urt. v. 11.4.2013 – Az. I ZR 151/11 = CR 2013, 400.
99 BGH, NJW 2009, 3511 m. Anm. Rössel = MMR 2009, 620 m. Anm. Brisch/Laue (Leitsatz 3); BGH, Urt. v. 11.4.2013 – Az. I ZR 152/11 = CR 2013, 394.
100 Niemann, CR 2009, 97, 98.
101 So Niemann, CR 2009, 97, Fn. 11, der die urheberrechtliche Relevanz für nicht zwingend hält. Das OLG Jena, CR 2008, 390 = MMR 2008, 408 m. Anm. Schack, lässt die Anwendung der §§ 16, 19a UrhG offen und bejaht die Bearbeitung gem. § 23 UrhG wie das LG Hamburg, MMR 2009, 55.
102 So haben das LG Hamburg MMR 2009, 55 und das OLG Jena CR 2008, 390 = MMR 2008, 408 m. Anm. Schack u. a. die Zitatfreiheit nach § 51 UrhG und die Katalogbildfreiheit nach § 58 UrhG geprüft und verneint; Niemann, CR 2009, 97, 98 ff., plädiert im Interesse einer sachgerechten Lösung unter verfassungs- und europarechtlichen Gesichtspunkten für eine analoge Anwendung von § 49 UrhG (Zeitungsartikel und Rundfunkkommentare).

laubt – sogar dann, wenn die von der Suchmaschine aufgefundenen Bilder dann nicht von der ermächtigten Person, sondern unberechtigten Dritten eingestellt worden sind.[103]

4.2.4.6 Leistungsschutzrecht für Presseverlage

Schon lange hatten die Presseverlage beklagt, dass die Suchmaschinen – **261** v. a. Google – ungefragt auf ihre Presseberichte im Netz zugreifen und damit als große Nachrichtenbörsen mithilfe fremder Leistungen das eigene Geschäftsmodell fördern konnten. Der Gesetzgeber reagierte 2013 mit der Einfügung der §§ 87 f–87h in das UrhG.[104] Danach steht den Presseverlagen für die Dauer von einem Jahr das **exklusive Recht der gewerblichen öffentlichen Zugänglichmachung ihrer Presseerzeugnisse** – insbesondere auch im Netz – zu, das nach den §§ 31, 33 UrhG übertragbar ist; ausgenommen sind allerdings „einzelne Wörter oder kleinste Textausschnitte" (§ 87 f Abs. 1 UrhG).[105] Zugleich werden die Presseverlage verpflichtet, die von ihnen vermittelten Urheber – Autoren und Redakteure – am Ertrag angemessen zu beteiligen. Nicht zuletzt wegen der enormen Meinungsmacht der Suchmaschine Google, die in einer beispiellosen Medienkampagne gegen das Gesetzgebungsprojekt zu Felde zog, ist diese Ergänzung des Urheberrechts bis heute stark umstritten. Zutreffend ist die Kritik, dass hier eine sachlich **fragwürdige Privilegierung der Presseverlage** erfolgt ist; denn auch andere Branchen (v. a. Musikanbieter) leiden unter den ungefragten Suchmaschinenzugriffen im Internet. Hinzu kommt, dass die Presseverlage Angst vor der eigenen Courage bekommen haben: Als das Gesetz endlich in Kraft trat, verzichteten sie gegenüber Google auf ihre Ansprüche, weshalb das Leistungsschutzrecht keine realen Auswirkungen hat.[106]

4.2.5 Internationale Perspektive

Im internationalen Urheberrecht hat sich das **Schutzlandprinzip** durchge- **262** setzt. Das bedeutet, dass immer dasjenige nationale Urheberrecht maßgeblich ist, **für dessen Territorium der rechtliche Schutz eingefordert** wird (Art. 8 Rom II-VO). Also ist das deutsche Urheberrecht für alle urheberrechtlich relevanten Vorgänge auf deutschem Boden zuständig, während auch deutsche Urheber ausländischem Urheberrecht unterliegen, wenn sie sich in einem ausländischen Staat urheberrechtlich verletzt sehen. Fak-

---

103 BGH, Urt. v. 29.4.2010 – Az. I ZR 69/08 (Vorschaubilder I); BGH, Urt. v. 19.10.2011 – Az. I ZR 140/10 (Vorschaubilder II); vgl. dazu Ohly, Urheberrecht, S. 114 f.
104 BGBl. 2013 I, S. 1161.
105 Dazu Kahl, MMR 2013, 348; Kühne, CR 2013, 169, 170 ff., wonach diese Einschränkung „in letzter Minute" in das Gesetz Eingang gefunden hat.
106 „Die Verlage geben Google klein bei – vorerst", FAZ-Artikel v. 2.8.2013, S. 19; zur Darstellung von Nachrichten in Suchmaschinen bei Anwendung des Leistungsschutzrechts vgl. Hossenfelder, ZUM 2013, 374.

tisch führt das Schutzlandprinzip dazu, dass für jede Urheberrechtsverletzung im Internet in jedem Land Schutz beansprucht werden kann und
damit der Urheber das strengste Urheberrecht maßgeblich machen kann.
Damit ist das internationale Urheberrecht nicht wirklich internettauglich.
Insofern wäre nur eine **internetspezifische Weiterentwicklung der RBÜ** –
die inzwischen in allen wirtschaftlich wichtigen Staaten gilt – zur Prob-
lemlösung geeignet.[107]

263 Die Schwierigkeiten gerade einer internetbezogenen Weiterentwicklung
internationaler Rechtsnormen waren exemplarisch beim **ACTA-Abkom-
men** zu beobachten. Dieses Anti Counterfeiting Trade Agreement sollte
der im Netz weit verbreiteten Produktpiraterie entgegen wirken[108] und
sah deshalb in seiner letzten Fassung die Sicherung urheberrechtlicher
Mindeststandards, die im deutschen Recht bereits weitestgehend erfüllt
sind, vor. Allerdings waren die Vorversionen wesentlich weiter gehend,
indem sie die Access-Provider mit umfangreichen Eingriffspflichten belu-
den: Dies umfasste eine Störerhaftung für die von ihren Kunden begangenen Urheberrechtsverletzungen, eine Überwachungspflicht für den Daten-
verkehr ihrer Kunden und die Pflicht zur Sperrung eines Internetzugangs
nach dreimaligem Rechtsverstoß (sog. „Three-Strikes-Prinzip").[109] Diese
strukturelle In-Pflichtnahme der **Access-Provider als Instrument zur
Durchsetzung urheber- und markenrechtlicher Ansprüche** bedeutete eine
relativ einseitige Ausrichtung an den Interessen der Urheber und Vermittler, nicht aber der Nutzer und Verbraucher.[110] Zu diesen inhaltlichen
Problemen kam noch ein intransparentes Erarbeitungsverfahren hinzu,[111]
weshalb ACTA sowohl in der Rechtswissenschaft als auch auf der Straße
heftig kritisiert wurde und schließlich scheiterte.

264 Beispielfall 4: Tausch mit Trouble

Sachverhalt: Wenige Wochen nach dem Erscheinen des neuesten Albums
der Rock-Band „Die rockigen Helden" stellt Student Simon (S) das Album in dem mitgliederoffenen Tauschring „Let's share now" (L) unter
dem Mitgliedername „Rocky92" zum Abruf ein. Der Tauschring L versteht sich nach eigenen Angaben ausdrücklich als privat und nichtgewerblich. Die Herstellerfirma des Albums (H), an die „Die rockigen Helden" ihre Verwertungsrechte abgetreten haben, verlangt vom Betreiber

---

107 Köhler/Arndt/Fetzer, Recht des Internet, Rn. 847 ff.; Steckler, Grundzüge des IT-Rechts,
     S. 356 ff.; Jänich/Eichelberger, Urheber- und Designrecht, Rn. 588 f.
108 Leonardy, ZRP 2012, 95.
109 Hoeren, MMR 2012, 137, 138.
110 Stieper, ZRP 2012, 95.
111 Hoeren, MMR 2012, 137, 138 spricht von einem „Symbol einer Geheimpolitik und
     einer unheilvollen Verbrüderung von Musik- und Filmindustrie mit der völkerrechtlichen
     Diplomatie".

des Tauschrings L die Nennung des Namens und der ladungsfähigen Anschrift von S sowie aller User, die das Album heruntergeladen haben. Inwieweit liegen hier Urheberrechtsverstöße vor und welche Forderungen
von H sind berechtigt?

Lösungsvorschlag: Zunächst sind die vorliegenden Urheberrechtsver- **265**
stöße zu prüfen. Hierfür kommen sowohl S als auch die anderen User,
die das Album heruntergeladen haben, in Betracht. S hat durch sein
Tauschangebot das Album hochgeladen und damit eine Vervielfältigung vorgenommen. Selbst wenn S dies getan hat, um im Gegenzug
seinerseits Musikstücke oder Alben herunterladen zu können, kann er
sich nicht auf das Privileg der Privatkopie berufen. Das käme allenfalls
infrage, wenn S das Album nur an wenige enge Freunde weitergegeben
hätte. Dafür müsste der Tauschring ein ebenso enger wie geschlossener
Kreis sein. Laut Sachverhalt ist er aber mitgliederoffen, weshalb er zu
groß ist und S vermutlich auch viele andere User nicht einmal persönlich kennt. Da auch keine andere Urheberrechtsschranke einschlägig
ist, stellt das Uploading von S eine Urheberrechtsverletzung dar. Die
anderen User, die das Album herunterladen, erzeugen damit ebenfalls
eine Kopie des Albums auf ihrem jeweiligen eigenen Rechner. Sie wollen allerdings das Album mutmaßlich nur für ihre persönlichen Zwecke nutzen, was sich aus dem Selbstverständnis des Tauschrings ergibt.
Da das Album aber eben erst erschienen ist und sich daher in seiner
wirtschaftlichen Hauptverwertungsphase befindet, kann das Download-Angebot auch nicht konkludent mit Zustimmung des Rechtsinhabers erfolgt sein. Damit ist die öffentliche Zugänglichmachung offensichtlich rechtswidrig und das Privileg der Privatkopie nicht anwendbar (§ 53 Abs. 1 Satz 1 UrhG). Da auch bezüglich der herunterla-
denden User keine andere Urheberrechtsschranke ersichtlich ist, liegen
auch insofern Urheberrechtsverstöße vor.

Im zweiten Teil der Frage geht es um die Berechtigung der Forderungen von H, der von L die Nennung der Identität von S und der herun-
terladenden User verlangt. Ein solcher Auskunftsanspruch könnte sich
aus § 101 Abs. 2 UrhG ergeben. Die zunächst erforderliche Offensichtlichkeit der Rechtsverletzung kann angesichts des klaren Urheber-
rechtsverstoßes bejaht werden. Da die rechtswidrigen Handlungen –
Upload und Download – über den Tauschring L ablaufen, hat dieser
an den Rechtsverletzungen mitgewirkt (§ 101 Abs. 2 Satz 1 Nr. 3
UrhG). Des Weiteren müsste die von L für rechtsverletzende Tätigkeiten erbrachte Dienstleistung ein gewerbliches Ausmaß aufweisen.
Zwar versteht sich L als nichtgewerblich; das dürfte so zu verstehen
sein, dass damit keine Gewinnerzielungsabsicht verfolgt wird. Aber
der hier maßgebliche Begriff des gewerblichen Ausmaßes stellt nicht
darauf, sondern auf die Anzahl der Rechtsverletzungen oder auf die

Schwere der Rechtsverletzung ab (§ 101 Abs. 1 Satz 2 UrhG). Mit Blick auf die Funktion eines solchen Tauschrings kann hier von einer hohen Anzahl der Rechtsverletzungen ausgegangen und damit das gewerbliche Ausmaß bejaht werden. Nach der Rechtsprechung des BGH kommt es auf die Frage, ob auch die anspruchsbegründende offensichtliche Rechtsverletzung selbst ein gewerbliches Ausmaß aufweist, nicht an. Doch selbst wann man diese Voraussetzung verlangen würde, wäre sie im Hinblick auf das hier in Rede stehende komplette Album gegeben. Demnach sind die Bedingungen von § 101 Abs. 2 UrhG erfüllt und folglich der Auskunftsanspruch von H gegeben.

4.2.6 Summary „Urheberrecht"

266

1. Das Urheberrecht dient dem Schutz des geistigen Eigentums und dem Ausgleich widerstreitender Interessen von Urhebern, Vermittlern und Nutzern. Für die Anwendbarkeit des Urheberrechts ist der Werksbegriff entscheidend, der auf besondere Individualität und Originalität abstellt.

2. Der Urheber eines solchen Werkes hat Urheberpersönlichkeits- und verwertungsrechte. Hierzu gehören u. a. das Recht zur Veröffentlichung, auf Anerkennung der Urheberschaft, zur Vervielfältigung, zur Verbreitung und zur öffentlichen Zugänglichmachung.

3. Die Verletzung dieser Rechte löst Unterlassungs- und Schadensersatzansprüche des Urheberrechtsinhabers und evtl. auch Strafbarkeit des Verletzers aus. Zur Verfolgung dieser Ansprüche kommen dem Rechteinhaber außerdem weitgehende Auskunftsansprüche auch gegen Dritte (insbesondere Access und Presence Provider) zu; ist für die Auskunftserteilung ein Rückgriff auf Verkehrsdaten erforderlich, bedarf es einer richterlichen Anordnung.

4. Zur Wahrung von Nutzerinteressen und öffentlichen Belangen gibt es die Urheberrechtsschranken. So fällt der urheberrechtliche Schutz für das Werk bei erheblicher Umgestaltung eines Werkes (freie Benutzung) und Ablauf von 70 Jahren seit dem Tod des Urhebers weg. Ebenso ist der Urheberrechtsschutz bei einer Reihe privilegierter Nutzungsarten – die überwiegend öffentliche Belange betreffen – eingeschränkt. Dies gilt insbesondere auch bei Vervielfältigungen zum privaten, eigenen wissenschaftlichen oder anderen eigenen Gebrauch; dieses Kopierrecht gilt nicht, wenn die Vorlage offensichtlich urheberrechtswidrig hergestellt oder öffentlich zugänglich gemacht (also ins Internet gestellt) worden ist. Dies hat im Internet v. a. für Musiktitel und Filme Bedeutung.

5. Technische Kopierschutzmaßnahmen dürfen nicht umgangen werden. Sind davon privilegierte Nutzungsarten betroffen, bestehen teilweise Leistungsansprüche gegenüber dem Urheberrechtsinhaber.
6. Für Computerprogramme gelten weitgehend Sonderbestimmungen, die geringere Eingriffe in die Urheberrechte zulassen.
7. Das internationale Urheberrecht geht vom Schutzlandprinzip aus, weshalb im Internet faktisch jedes nationale Urheberrecht gilt.

4.3 Strafrecht

Das Strafrecht erfasst alle relevanten Bereiche des menschlichen Lebens **267** und Wirkens und ist entsprechend weit gefächert. Hier können nur wenige **ausgewählte Straftatbestände und Problemstellungen** dargestellt werden, die in besonderer Weise für das Internetrecht von Interesse sind.[112]

4.3.1 Kommunikationsdelikte

Für alle Medien – also auch für das Internet – haben die Kommunikati- **268** onsdelikte eine besondere Bedeutung. Das liegt daran, dass der Vorgang der Kommunikation – sei es in Form der Publikation, d. h. Mitteilung an viele andere Personen, seien es die mit Mitteilungen oft verbundenen Wertungsäußerungen – dem Medienbegriff immanent ist (s. o., Rn. 1). Während die Strafbarkeit bei den Publikationsdelikten an den bloßen Vorgang der Weitergabe oder Veröffentlichung als solchen anknüpft, geht es bei den Äußerungsdelikten auch um die in der Äußerung zum Ausdruck kommende Haltung.

---

112 Einen interessanten Überblick zu den mit der Internetkriminalität verbundenen rechtlichen, technischen und logistischen Herausforderungen der Strafverfolgungsbehörden gibt Gercke, MMR 2008, 291.

269

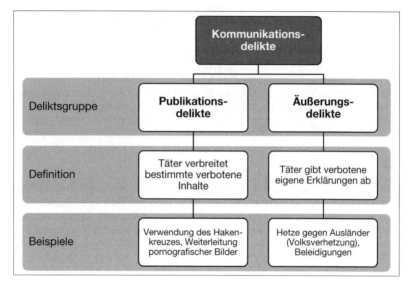

Übersicht 25: Kommunikationsdelikte

4.3.1.1 Publikationsdelikte

270 Publikationsdelikte sind solche Straftatbestände, deren Tathandlung in

* einer **Verbreitung**, also Weitergabe inkriminierter Inhalte in der Absicht, diese einem größeren Personenkreis zugänglich zu machen, oder in

* einer **anderweitigen publikationsartigen Darstellung oder Verwendung** inkriminierter Inhalte (öffentliche Verwendung, Ausstellung, Vorführung, Zugänglichmachung o. Ä.)

besteht. § 11 Abs. 3 StGB stellt den in vielen Publikationsdelikten genannten „Schriften" meist auch „Ton- und Bildträger, Datenspeicher, Abbildungen und andere Darstellungen" gleich, indem in den einzelnen Delikten auf diese Norm Bezug genommen wird.

271 Die **Verbreitung** kann auch in unkörperlicher – also auch elektronischer – Form erfolgen. Unerheblich ist dabei nach Auffassung des BGH, ob der Empfänger den inkriminierten Inhalt sich „geholt" hat, oder ob er ihm „geschickt" wurde; entscheidend ist für den Verbreitungsbegriff allein, dass die Datei auf dem Rechner eines Empfängers angekommen ist.[113] Wird hingegen eine Datei nur zum Lesezugriff ins Internet gestellt, liegt zwar keine Verbreitung vor; dann aber ist der Paralleltatbestand der **öf-**

---

113 Anders noch das BayObLG, CR 2000, 843; ebenso Gercke, CR 2010, 798 (800), der jedoch keine Strafbarkeitslücke sieht, weil der Paralleltatbestand der „öffentlichen Zugänglichmachung" durch das Bereitstellen von Download-Dateien im Internet erfüllt ist.

fentlichen **Zugänglichmachung** erfüllt, wenn einem User damit die Möglichkeit der Kenntnisnahme vom Inhalt der Datei ermöglicht wird.[114]

Zu den Publikationsdelikten zählen im Einzelnen folgende Straftatbestände: **272**

- Verbreiten von **Propagandamitteln verfassungswidriger Organisationen**, § 86 StGB; dies gilt vor allem, aber nicht nur, für Nazi-Propaganda,[115]
- Verwenden von **Kennzeichen verfassungswidriger Organisationen**, § 86a StGB, wozu vor allem das Hakenkreuz gehört,
- Verbreitung oder öffentliche Verwendung von **Anleitungen zu Straftaten**, die dazu geeignet sind, den öffentlichen Frieden zu stören (z. B. Mord, Totschlag, Völkermord, schwere Körperverletzung, Menschenraub, Brandstiftung, gemeingefährliche Vergiftung)[116], § 130a StGB,
- Verbreitung oder öffentliche Verwendung von **Gewaltdarstellungen**, § 131 StGB,
- Verbreitung **pornografischer Darbietungen** (näher hierzu nachfolgende Rn.), § 184 ff. StGB, und
- Verbreitung unzutreffender und ehrenrühriger Tatsachen über andere, §§ 186 f. StGB (**Üble Nachrede und Verleumdung**).

Die praktisch größte Bedeutung im Internet kommt bei allen diesen Straftatbeständen der Pornografie (altgriechisch: pornos = Hure; grafein = [be]schreiben)[117] zu; der **sexuelle Urtrieb des Menschen** löst im Internet – nicht zuletzt wegen der Leichtigkeit, Schnelligkeit und scheinbaren Anonymität seiner Nutzung – eine **gewaltige Nachfrage** aus, was zu zahlreichen und teilweise faktisch unbeherrschbaren Problemen führt. Der schillernde Begriff der Pornografie begegnet erheblichen **Definitionsschwierigkeiten**, zumal hierunter ja nicht schon jeder sachbezogene und der sexuellen Aufklärung dienende Internetauftritt verstanden werden soll. Entscheidend muss sein, ob die Art der Darstellung – insbesondere bei starker Fokussierung auf die Genitalien – dazu geeignet ist, den **Sexualtrieb des Betrachters anzustacheln**. Die Rechtsprechung sieht Pornografie als das an, was „ausschließlich auf das lüsterne Interesse an sexuellen Dingen abzielt". Hierzu gehören die Verherrlichung von Perversitäten, sadomasochistische Darstellungen, die Vorführung von Anal- und Oralverkehr sowie sexuelle Handlungen mit Urin und Kot, rassistischen Tendenzen oder an Leichen.[118] **273**

---

114 BGH, CR 2002, 45 = JZ 2002, 308.
115 Zu den Problemen und Erfolgschancen der Bekämpfung des Rechtsradikalismus im Internet vgl. Holznagel/Kussel, MMR 2001, 347.
116 Die vollständige Aufzählung findet sich in § 126 Abs. 1 StGB.
117 Vgl. KG, Urt. v. 26.4.2004 – Az. (5) 1 Ss 436/03 (4/04) = MMR 2004, 478, 479 m. Anm. Liesching = CR 2004, 619, 621.
118 Strömer, Online-Recht, S. 412–417.

274 Wichtig ist die **Unterscheidung zwischen einfacher und harter Pornogra-**
fie. Während die Verbreitung einfacher Pornografie gegenüber Volljährigen seit 1973 straffrei ist und gegenüber Minderjährigen „nur" max. ein
Jahr Haftstrafe zur Folge hat, wird die Verbreitung harter Pornografie
zielgruppenunabhängig (also auch bei Verbreitung nur gegenüber Erwachsenen) und strenger (nämlich mit max. drei bzw. in besonderen Qua-
lifikationen mit max. fünf oder sogar max. zehn Jahren Haftstrafe) bestraft. Dies ist der Fall bei pornografischen Darstellungen, die mit Gewalt-
tätigkeiten, mit sexuellen Handlungen von Menschen mit Tieren oder –
und hier greifen die genannten zusätzlichen Strafschärfungen – mit sexuel-
lem Missbrauch von Kindern verbunden sind (§§ 184a, 184b StGB).[119]
Im Internet ist also nur einfache Pornografie zulässig, sofern diese für
Minderjährige unzugänglich bleibt; da das Internet als solches altersunab-
hängig stets und überall zugänglich ist, sind **Zugangshürden in Form von**
Altersverifikationssystemen erforderlich (Näheres hierzu s. u.,
Rn. 323 ff.).[120]

275 Das größte Problem der Bekämpfung der harten Pornografie stellt der
allen Strafrechtssanktionen zum Trotz massiv ausgeweitete **Kindesmiss-**
brauch durch Herstellung und Einstellung entsprechenden pädophilen
Bildmaterials ins Internet dar (zum Gesetz zur Erschwerung des Zugangs
zu kinderpornografischen Inhalten in Kommunikationsnetzen s. o.,
Rn. 138 ff.).[121] Diese Straftaten sind deshalb besonders perfide und sozi-
alschädlich, weil die betroffenen Kinder meist sich nicht wehren können
und lebenslang an den dadurch verursachten Traumata tragen; bei vielen
Opfern verhindert dies auch die Entfaltung eines erfüllten Sexuallebens.
Daher ist dem BGH darin zuzustimmen, dass der Begriff der kinderpornografischen Schriften gem. § 184b StGB nicht – wie der „normale" Porno-
grafiebegriff – einen „vergröbernd-reißerischen Charakter" der Darstellung voraussetzt.[122]

---

119 Vgl. Strömer, Online-Recht, S. 419–422; unter die strafbare Jugendpornografie gem.
§ 184c StGB fallen auch pornografische Filme, in denen „Scheinjugendliche" – d. h. Volljährige, die aber minderjährig erscheinen – mitwirken, BVerfG, MMR 2009, 178.
120 Kritisch zu den damit auch für Volljährige verbundenen Zugangserschwerungen äußert
sich Hörnle, NJW 2002, 1008.
121 Vgl. Kaiser, ZRP 2002, 30, 32, wonach die behördlichen Versuche, Rechtsextremisten
und Päderasten mit Filtersystemen zuleibe zu rücken, häufig scheitern und nicht selten
sogar kontraproduktiv sind, indem die gefilterten Listen problematischer Seiten geknackt
werden und als Fundgrube in der jeweiligen Szene kursieren. Genau dies war auch eines
der gewichtigsten Gegenargumente zum Gesetz zur Erschwerung des Zugangs zu kinderpornografischen Inhalten in Kommunikationsnetzen, s. o. Rn. 139.
122 BGH, Urt. v. 22.1.2014 – Az. 1 StR 485/13 = NJW 2014, 1829.

Außerdem hat der Gesetzgeber in Umsetzung der **EU-Richtlinie zur Be- 276 kämpfung von Kinderpornografie**[123] (RL 2011/93/EU) die einschlägigen Bestimmungen im **StGB ergänzt und verschärft.**[124] Danach

- ist der Begriff der Kinder- bzw. Jugendpornografie bereits erfüllt, wenn eine ganz oder teilweise nackte Person unter 18 Jahren „in unnatürlich geschlechtsbetonter Körperhaltung" dargestellt wird (§§ 184b Abs. 1 Nr. 1b StGB, 184c Abs. 1 Nr. 1c StGB) oder die unbekleideten Genitalien oder das nackte Gesäß eines Kindes unter 14 Jahren in „sexuell aufreizender" Form wiedergegeben werden, § 184b Abs. 1 Nr. 1c StGB,
- ist nun auch die Kontaktanbahnung mit Kindern über das Internet mit dem Ziel, kinderpornografisches Material zu erhalten oder herzustellen, strafbar (sog. „grooming"), § 176 Abs. 4 Nr. 4 StGB,
- kommt es bei Kinder- und Jugendpornografie nicht mehr in erster Linie auf den besitzbezogenen Verbreitungsbegriff, sondern auch auf die öffentliche Zugänglichmachung (wie sie durch das Internet erfolgt) an, §§ 184b Abs. 1 Nr. 1 StGB, 184c Abs. 1 Nr. 1 StGB,
- ist bereits die Herstellung kinder- und jugendpornografischer Schriften auch ohne Absicht einer späteren Verbreitung strafbar (ergänzend zur Strafbarkeit des damit i. d. R. verbundenen Missbrauchs von Kindern gem. §§ 176, 176a StGB), §§ 184b Abs. 1 Nr. 3, 184c Abs. 1 Nr. 3 StGB,
- ruht bei Straftaten des Kinder- und Jugendlichenmissbrauchs die Verjährung bis zum 30. Geburtstag des Opfers (bisher: 21), § 78b Abs. 1 Nr. StGB.

Wenig verständlich ist, dass der Gesetzgeber die Gelegenheit nicht genutzt hat, auch die **Strafbarkeit besitzloser Betrachtung kinder- und jugendpornografischen Materials** (im Rahmen des Caching) klarzustellen; Art. 5 Abs. 3 der RL 2011/93/EU verlangt ausdrücklich, den bewussten internetgestützten Zugriff auf kinderpornografisches Material unter Strafe zu stellen. Nach umstrittener Ansicht – der sich die Bundesregierung in ihrem Gesetzentwurf ohne nähere Erörterung anschließt – soll für den Besitzbegriff gem. §§ 184b Abs. 3, 184c Abs. 3 StGB bereits die Zwischenspeicherung im Cache ausreichen.[125]

---

123 Ein wichtiger Hinweis zur Terminologie: Während das Unionsrecht den Begriff Kind bis zum Alter von 17 Jahren versteht (Art. 2 lit. a RL 2011/93/EU), differenziert das deutsche Strafrecht zwischen Kind (bis 13 Jahre) und Jugendlichem (14–17 Jahre).

124 49. Gesetz zur Änderung des Strafgesetzbuchs – Umsetzung europäischer Vorgaben zum Sexualstrafrecht vom 21.1.2015 – BGBl. I, 10; vgl. dazu im Vorfeld Gercke, CR 2012, 520.

125 So OLG Hamburg NJW 2010, 1893 m. Anm. Mintas = MMR 2010, 342 m. Anm. Müller; BT-Drs. 18/2601, S. 16; a. A. aber Gercke, CR 2010, 798, 801 f. unter Hinweis darauf, dass die für den Besitz typische Verfügungsgewalt für einen gewissen Zeitraum mehr verlange, als nur die kurzzeitige Zwischenspeicherung.

277 Die praktische Bedeutung der Pornografie-Straftatbestände ist im Internet-Kontext sehr hoch. Sie erfasst nämlich nicht nur die etwas älteren Anbieter und Nachfrager pädophilen Materials, sondern auch die im Jugendlichen- und jungen Erwachsenenalter befindlichen „Digital Natives". In diesem Personenkreis erfreut es sich großer Beliebtheit, **mit dem Handy geschlechtsbezogene Fotos oder Filme von sich oder anderen anzufertigen** und an andere weiterzuleiten. Sind unter den so abgebildeten Personen auch solcher unter 18 Jahren und liegt eine den Jugendpornografie-Begriff erreichende Geschlechtsbezogenheit der Bilder vor, ist der Straftatbestand des § 184c StGB erfüllt. Eine Ausnahme gilt nur dann, wenn der Täter die Bilder ausschließlich zum persönlichen Gebrauch und mit Einwilligung des abgebildeten Jugendlichen angefertigt hat (§ 184c Abs. 4 StGB).

4.3.1.2 Äußerungsdelikte

278 Unter Äußerungsdelikten werden solche Straftatbestände verstanden, bei denen die Tathandlung in bestimmten **inhaltlichen Erklärungen gegenüber anderen** besteht; bei manchen Äußerungsdelikten werden nur öffentliche Erklärungen, also gegenüber einer nicht bestimmbaren Personenzahl, oder Erklärungen in Versammlungen unter Strafe gestellt.

279 Zu den Äußerungsdelikten gehören
- die öffentliche **Aufforderung zu Straftaten,** § 111 StGB, die im Erfolgsfall wie die Anstiftung bestraft wird,
- die **Volksverhetzung,** § 130 StGB, also die Aufstachelung zum Hass gegen Teile der Bevölkerung, insbesondere religiöse oder ethnische Minderheiten, oder das Leugnen des Holocaust (die sog. „Auschwitz-Lüge", § 130 Abs. 3 StGB),
- die **Beleidigung,** § 185 StGB, d. h. die Äußerung eines je nach Sachzusammenhang geäußerten ehrenrührigen Werturteils gegenüber dem Betroffenen oder Dritten (z. B. Vogel oder „Stinkefinger" zeigen) bzw. ehrenrühriger Tatsachen gegenüber dem Betroffenen, soweit dies nicht vom Grundrecht der Meinungsfreiheit gem. Art. 5 Abs. 1 GG gedeckt ist (die Rechtsprechung des BVerfG ist diesbezüglich relativ großzügig, s. o., Rn. 59 f.),[126]
- die **Behauptung** unzutreffender und ehrenrühriger Tatsachen über andere gegenüber Dritten, §§ 186 f. StGB (**Üble Nachrede und Verleumdung**); dies ist beispielsweise dann der Fall, wenn jemand über seinen Konkurrenten wahrheitswidrig behauptet, er werde bald zahlungsunfähig sein.

---

126 Strömer, Online-Recht, S. 448 f., stellt in diesem Zusammenhang fest, dass „nirgendwo sonst auf der Welt … so viel geschimpft, beleidigt, verleumdet und gemobbt (wird) wie im Internet". Siehe dazu auch Reiter, DIE ZEIT vom 24.10.2009, V1.

4.3.2 Schutz der Intim- und Privatsphäre

Eine Gruppe der besonderen Straftatbestände mit Multimediabezug be- **280**
trifft den Schutz der Intim- und Privatsphäre, die – auch – durch die
gewaltigen Speicherungs- und Publizitätsmöglichkeiten von PC und Internet besonderen Gefährdungen ausgesetzt ist. Hierzu gehören folgende Delikte:

Die **Verletzung des höchstpersönlichen Lebensbereichs durch Bildaufnah-** **281**
men wird durch § 201a StGB („Spannerschutz") unter Strafe gestellt. Danach wird das Herstellen, Übertragen oder Gebrauchen von Bildaufnah-
men aus der Intimsphäre bestraft, wenn sich die abgebildete Person in
einer Wohnung oder in einem gegen Einblick besonders geschützten
Raum befunden hat. Das Merkmal des Übertragens erfasst ausweislich
der Gesetzesbegründung auch Echtzeitübertragungen etwa durch Web-
Cams.[127] Dieselbe Strafbarkeit gilt, wenn das Bild die Hilflosigkeit einer
anderen Person zur Schau stellt oder die Nacktheit eines Minderjährigen
(ohne den Begriff der Kinder- oder Jugendpornografie erfüllen zu müssen)
zum Gegenstand hat. Auch darf keinem Dritten ein Bild zugänglich gemacht werden, das dem Ansehen der abgebildeten Person zu schaden geeignet ist. Der Strafrahmen reicht bis zu zwei Jahren Haft.[128]

In § 238 StGB wird die beharrliche und einseitige Nachstellung – das sog. **282**
Stalking – unter Strafe gestellt.[129] Schutzgut ist die **freie Lebensgestaltung**
des Opfers, die durch die Nachstellung „schwerwiegend beeinträchtigt"
sein muss. Dies gilt für Fälle, in denen jemand durch eine räumlich aufdringliche und kontinuierliche Verfolgung das Gefühl der subjektiven
Entfaltungsfreiheit des Opfers stark tangiert (§ 238 Abs. 1 Nr. 1 StGB),
aber auch für Fälle, in denen die Nachstellung durch elektronische Kommunikationsmittel erfolgt (§ 238 Abs. 1 Nr. 2 StGB). Dies ist etwa der
Fall bei einer dauerhaften Belästigung per eMail, in einem Chat-Room
oder auf einem Forum (sog. „Cyber-Stalking"). Aber auch die unbefugte
Bestellung von Waren auf Kosten und an die Adresse des Opfers (etwa
bei Amazon o. Ä.) fällt unter den Straftatbestand (§ 238 Abs. 1 Nr. 3
StGB).[130] In der rechtswissenschaftlichen Literatur und im politischen
Raum wird außerdem die Einführung eines Cybermobbing-Straftatbe-
standes, der an den Begriff der Bloßstellung im weltweiten Netz anknüpfen könnte, gefordert.[131]

---

127 BT-Drs. 15/2466, S. 5.
128 Kritisch dazu (insbesondere wegen Bestimmtheitsproblemen) Busch, NJW 2015, 977 ff.
129 Sowohl der deutsche als auch der englische Begriffe stammen aus der Jägersprache und
    bezeichnen die dem Fangen oder Erlegen eines Tieres vorausgehende Verfolgung, vgl.
    BeckOK StGB/Valerius StGB § 238 Rn. 4.
130 Vgl. Fechner, Medienrecht, Kap. 6 Rn. 97; BeckOK StGB/Valerius StGB § 238 Rn. 5 ff.
131 Im Einzelnen dazu Cornelius, ZRP 2014, 164 (166 f.).

283 Die Verletzung von Privatgeheimnissen gem. § 203 StGB führt zur Bestrafung von Angehörigen besonderer Berufsgruppen, die als „amtliche Geheimnisträger" ebenso sensible wie persönliche oder berufliche Informationen vom Betroffenen oder aus anderer Quelle bekommen haben und ausplaudern. Bekannteste Beispiele hierfür sind das Arzt- und Beichtgeheimnis; aber auch Apotheker, Berufspsychologen, Anwälte, Steuerberater, Wirtschaftsprüfer, Ehe-/Familienberater, Suchtberater, Schwangerenkonfliktberater, Sozialarbeiter und -pädagogen, Versicherungsangehörige und Beamte sind von dieser Strafnorm angesprochen. Der Strafrahmen geht bis zu max. einem Jahr Haft; wenn der Täter das Privatgeheimnis nicht nur ausplaudert, sondern wirtschaftlich verwertet und zu Geld macht, verdoppelt sich der Strafrahmen, § 204 StGB.

4.3.3 IT-spezifische Straftatbestände

284 Die andere Gruppe der Multimedia-Straftatbestände regelt Sachverhalte, die bereits lange bestehende Regelungen aus der analogen Welt auf die **technischen Besonderheiten von PC und Internet** übertragen, da die alten Normen wegen des Analogieverbots gem. § 1 StGB, Art. 103 Abs. 2 GG nicht auf die neuen Sachverhalte anwendbar sind:

IT-Straftatbestand	Offline-Pendant	Strafe bis
Ausspähen von Daten, § 202a	Verletzung des Briefgeheimnisses, § 202	3 J.
Abfangen von Daten, § 202b	Abhören und Aufzeichnen von Telefongesprächen, § 148 I Nr. 1 TKG	2 J.
Vorbereiten des Ausspähens oder Abfangens von Daten, § 202c		1 J.
Datenhehlerei, § 202d	Hehlerei, § 259	3 J.
Computerbetrug, § 263a	Betrug, § 263	5 J.
Fälschung technischer Aufzeichnungen / beweiserheblicher Daten, §§ 268, 269	Urkundenfälschung, § 274	5 J.
Datenveränderung, § 303a	Sachbeschädigung, § 303	2 J.
Computersabotage, § 303b	Zerstörung wichtiger Arbeitsmittel, § 305a	5/10 J.

Übersicht 26: Spezifische IT-Straftaten

4.3.3.1 Computerbetrug

285 Ein besonders augenfälliges Beispiel dafür ist der Betrugstatbestand. Danach erregt der Betrüger durch die Vorspiegelung falscher Tatsachen oder die Unterdrückung wahrer Tatsachen einen **Irrtum** beim Opfer, der dieses zu einer Vermögensverfügung veranlasst. Ein Irrtum bedeutet eine Fehlvorstellung, also einen nur menschlich möglichen intellektuellen Vorgang; ein Computer kann sich nie irren – wenn er falsche Daten „gefüttert" bekommt, macht er damit das, worauf er programmiert ist, ohne sich „Gedanken zu machen" oder „Fehlvorstellungen" zu entwickeln. Deshalb stellt der Tatbestand des **Computerbetrugs** gem. § 263a StGB darauf ab, dass die Vermögensverfügung nicht durch einen Irrtum, sondern u. a. durch eine **unrichtige Programmgestaltung oder die Verwendung unrichtiger oder unvollständiger Daten** verursacht wird. Der Strafrahmen reicht bis fünf Jahre Haft (wie beim „normalen" Betrug).[132]

Klassisches Beispiel ist das Geldabheben am Geldautomat mit einer gestohlenen oder gefälschten Scheckkarte. Aber auch das sog. „**Phishing**" (abgeleitet von Password-Fishing) gehört hierher: Mit einer eMail, die einer Mail von der Hausbank des Opfers täuschend ähnlich sieht, fragt der Täter beim Opfer z. B. geheime Zugangsdaten des Online-Bankings ab, mit denen er dann vom Konto des Opfers Geld abhebt. Ebenso verhält es sich beim „**Pharming**", bei dem das Opfer beim Aufrufen der Website seiner Hausbank aufgrund einer Datenmanipulation an den DNS-Servern auf einer täuschend ähnlichen Website des Täters landet und dort seine Daten eingibt. Während die bloße Datenbeschaffung beim „Phishing" strafrechtlich nicht präzise zu fassen ist,[133] liegt beim „Pharming" der Straftatbestand der Datenveränderung gem. § 303a StGB vor. In beiden Fällen erfüllt die Verwirklichung des eigentlichen Tatziels, nämlich die Verwendung der so gewonnenen Daten zum Herbeiführen einer Vermögensverfügung, den Computerbetrug gem. § 263a StGB.[134] Solche Identitätsmissbräuche, die auch in anderen Bereichen – etwa bei Internet-Auktionshäusern – vorkommen, stellen eine gefährliche Bedrohung der Rechtssicherheit im elektronischen Geschäftsverkehr dar.[135] **286**

4.3.3.2 Ausspähen, Abfangen und Hehlerei von Daten

Auch beim **Ausspähen von Daten** (§ 202a StGB) wird ein klassisches Delikt – nämlich die Briefgeheimnisverletzung (§ 202 StGB) – auf PC und Internet übertragen (manche sprechen auch vom „elektronischen Hausfriedensbruch"[136]). Dieser Straftatbestand erfasst namentlich das „Ha- **287**

---

132 Ausführlich Gercke, in: Gercke/Brunst, Praxishandbuch Internetstrafrecht, Rn. 170 ff.; Fechner, Medienrecht, Kap. 6 Rn. 98.
133 Das gilt auch nach dem 41. StRÄndG, vgl. Ernst, NJW 2007, 2661, 2665.
134 Zur Strafbarkeit ausführlich Popp, MMR 2006, 84. Der betroffenen Bank steht unter bestimmten Voraussetzungen ein Rückbuchungsrecht der durch Phishing ausgelösten Überweisung zu, vgl. OLG Hamburg, MMR 2006, 749, und OLG Karlsruhe, MMR 2008, 752.
135 Vgl. Borges, NJW 2005, 3313, 3317.
136 Ernst, NJW 2007, 2661.

cking", also die unbefugte Kenntnisnahme von fremden Daten, wenn diese – entsprechend zum verschlossenen Briefumschlag – gegen den unberechtigten Zugang besonders gesichert sind. Eine solche Sicherung erfolgt regelmäßig mittels eines **Passwortes**; streitig ist allerdings, ob an dieses Passwort gewisse qualitative Anforderungen zu stellen sind, oder ob auch Allerweltswörter wie „Passwort" oder „geheim" für diesen strafrechtlichen Schutz ausreichen.[137] Dagegen reichen **Firewalls**, mit denen meist Firmen und Behörden Hacker abzuwehren versuchen, als besondere Sicherung für § 202a StGB nicht aus.[138] 2007 wurde mit dem 41. StRÄndG der Tatbestand erweitert; so ist jetzt bereits die Überwindung der Sicherung – unabhängig von der Kenntnisnahme von den damit zugänglich gewordenen Daten – strafbar. Der Strafrahmen reicht bis drei Jahre Haft (anders als bei der „Offline-Version": Die Verletzung des Briefgeheimnisses wird mit max. einem Jahr Haft bestraft).

288 Das seit 1986 existierende Computerstrafrecht (§§ 202a, 303a, 303b StGB) hat sich angesichts der quantitativ wie qualitativ ausufernden Computerkriminalität im Laufe der Jahre als ergänzungsbedürftig erwiesen, um die klassischen drei Hauptziele der IT-Sicherheit – Vertraulichkeit, Unversehrtheit, Funktionsfähigkeit von Daten und Systemen – schützen zu können.[139] Für den Schutz sensibler Daten im Onlineverkehr hat der Gesetzgeber 2007 mit dem neu geschaffenen § 202b StGB auch das unbefugte **Abfangen von Daten** aus einer nicht öffentlichen Datenübermittlung unter Strafe gestellt (mit einem Strafrahmen bis zwei Jahren).[140]

289 Außerdem ist jetzt gem. § 202c StGB bereits die **Vorbereitung des Ausspähens oder Abfangens von Daten** strafbar (mit einem Strafrahmen bis zu einem Jahr). Darunter fallen die Herstellung, Verbreitung, Zugänglichmachung und der Erwerb von geeigneten Passwörtern oder Sicherungscodes sowie von Computerprogrammen, deren Zweck auf das Ausspähen oder Abfangen von Daten ausgerichtet ist (sog. „Hackertools"); allerdings muss dies mit dem Ziel der Vorbereitung des (unbefugten) Ausspähens oder Abfangens von Daten – also einem entsprechend auf die Folgetat gerichteten Tatvorsatz – geschehen.[141] Ein als Penetrationstester tätiger Informatiker, der mit Wissen und Wollen seines Auftraggebers bei diesem in die EDV-Anlage einzudringen versucht, um Sicherheitslücken zu identifizieren, fällt deshalb ebenso wenig unter den Straftatbestand wie ein

---

137 Ernst, NJW 2003, 3233, 3236, lehnt eine Unterscheidung in „gute" und „schlechte" Passwörter ab und lässt auch den eigenen Namen o. Ä. ausreichen, m. w. N.; vgl. auch Gercke, in: Gercke/Brunst, Praxishandbuch Internetstrafrecht, Rn. 95.
138 Fechner, Medienrecht, Kap. 6 Rn. 96.
139 Gröseling/Höfinger, MMR 2007, 549, 550.
140 Vgl. Ernst, NJW 2007, 2661, 2665; siehe auch Popp, MMR 2006, 84.
141 Ernst, NJW 2007, 2661, 2663 f.; BT-Drs. 16/3656, S. 12, 19. Zur umfassenden Kritik, die gerade diese Bestimmung des 41. StRÄndG ausgelöst hat, vgl. Vassilaki, CR 2008, 131, 135 f.

Hochschuldozent, der seinen Studierenden Hackertools zu Ausbildungs-
zwecken zur Verfügung stellt.[142]

Die neueste Bestimmung, die mit dem zweiten Gesetz zur Regelung der **289a**
Vorratsdatenspeicherung im Herbst 2015 geschaffen wurde (s. o.,
Rn. 175), stellt die **Datenhehlerei** unter Strafe. Da Daten i. S. v. § 202a
Abs. 2 StGB keine beweglichen Sachen i. S. v. § 242 StGB sind, kann auf
sie das Verbot der klassischen Hehlerei gem. § 259 StGB nicht angewendet werden. Nun untersagt § 202d Abs. 1 StGB jede mit Bereicherungs-
bzw. Schädigungsabsicht erfolgte Zugänglichmachung von nicht allgemein zugänglichen Daten, die ein anderer rechtswidrig erlangt (also quasi
gestohlen) hat. Dies betrifft dem Grunde nach auch die **staatlicherseits
angekauften Steuer-CDs mit Kundendaten von Banken** aus Liechtenstein,
Luxemburg oder der Schweiz zur Überführung mutmaßlicher deutscher
Steuerhinterzieher, die unter Verletzung des Bankgeheimnisses von Mit-
telsmännern beschafft worden sind. Zur Vermeidung der Bestrafung der
staatlichen Ankäufer sieht § 202d Abs. 3 Satz 2 Nr. 1 StGB eine ausdrückliche Tatbestandsausnahme für „Handlungen von Amtsträgern […], mit
denen Daten ausschließlich der Verwertung in einem Besteuerungsverfah-
ren […] zugeführt werden sollen", vor.

4.3.3.3 Fälschung technischer Aufzeichnung bzw. beweiserheblicher Daten

Die von den §§ 268 f. StGB unter Strafe gestellte **Fälschung technischer**   **290**
Aufzeichnungen bzw. beweiserheblicher Daten stellt die elektronische Variante der **Urkundenfälschung** (§ 274 StGB) dar. Entscheidend ist hier wie
dort die Absicht, mit den so gefälschten Dokumenten den Rechtsverkehr
täuschen zu wollen. Beispielhaft ist hier das IP-Spoofing zu nennen, bei
dem Hacker mit falschen IP-Nummern eine unzutreffende Identität vor-
täuschen und so in fremde EDV-Anlagen eindringen können.[143] Der Strafrahmen reicht bis fünf Jahre Haft (wie bei der „analogen" Urkundenfälschung).

4.3.3.4 Datenveränderung und Computersabotage

Da Daten keine Sachen im körperlichen Sinn darstellen, fallen sie nicht   **291**
unter die **Sachbeschädigung** gem. § 303 StGB. Deshalb sieht § 303a StGB
den Straftatbestand der **Datenveränderung** vor, wonach das Löschen, Un-
terdrücken, Unbrauchbarmachen und Verändern von Daten strafbar ist.

---

142 BVerfG CR 2009, 673; Gercke, in: Gercke/Brunst, Praxishandbuch Internetstrafrecht,
     Rn. 125 f.
143 Näher hierzu Rinker, MMR 2002, 663.

Hierunter fallen u. a. Computerviren[144] und das Fremdcanceln von Nachrichten, d. h. das Löschen fremder Texte im Netz oder eMails durch entsprechende „cancel-Mitteilungen".[145] Der Strafrahmen reicht bis zwei Jahre Haft (wie bei der „analogen" Sachbeschädigung). Auch hier sind bereits Vorbereitungshandlungen strafbar gem. § 303a Abs. 3 i. V. m. § 202c StGB.

292 Die **Computersabotage** gem. § 303b stellt eine Qualifikation zur Sachbeschädigung und zur Datenveränderung dar, bei der die physische Einwirkung oder die Dateneingabe bzw. -übermittlung eine Datenverarbeitung, die für einen anderen von wesentlicher Bedeutung ist, erheblich stört (Strafrahmen bis zu drei Jahren, § 303b Abs. 1 StGB). Wird eine wesentliche Datenverarbeitung eines fremden Betriebes bzw. Unternehmens oder einer Behörde gestört, erhöht sich der Strafrahmen auf bis zu fünf Jahre (§ 303b Abs. 2 StGB). Von wesentlicher Bedeutung ist in diesem Sinn schon ein einzelner Rechner, wenn dieser der einzige oder der Zentralrechner des Geschädigten ist.[146] Besonders schwerwiegend ist die Tat, wenn sie gewerbs- oder bandenmäßig begangen wird, oder zu einer Beeinträchtigung der Versorgung der Bevölkerung mit lebenswichtigen Gütern oder Dienstleistungen oder der Sicherheit der Bundesrepublik führt (Strafrahmen bis zu 10 Jahren, § 303b Abs. 4 StGB).[147]

293 Eine Computersabotage kann beispielsweise bei entsprechend **gefährlichen Computerviren** erfüllt sein. Der „Sasser"-Wurm hat im Frühjahr 2004 nach Presseberichten den Absturz von 1200 PCs bei der EU-Kommission und von 1600 PCs der Post Taiwans verursacht; außerdem hat er dazu geführt, dass die britische Küstenwache für ihre Navigation wieder auf die guten alten Print-Seekarten zurückgreifen musste.[148] Hier konnte – soweit ersichtlich erstmals – der (deutsche und damals 17-jährige) Täter gefasst werden, der neben den strafrechtlichen Konsequenzen (Jugendstrafe von 21 Monaten auf Bewährung und 30 Stunden gemeinnützige Arbeit)[149] horrenden Schadensersatzforderungen ausgesetzt war. Mit den Fallgruppen des besonders schweren Falls tritt der Gesetzgeber

---

144 Koch, NJW 2004, 801, untersucht die zivilrechtliche Haftung von „Viren-E-Mails"; bei vorsätzlichem Handeln ist die deliktische Haftung ebenso klar wie beim Vorliegen vertraglicher Beziehungen, die geregelte oder konkludente Schutzpflichten enthalten. Fehlt es an beidem, will Koch die deliktische Haftung nur dann bejahen, wenn eine (verletzte) Verkehrssicherungspflicht besteht; eine solche sieht er nur im Verhältnis eines Unternehmers (oder einer Behörde) gegenüber einem Verbraucher als gegeben an; vgl. auch Eichelberger, MMR 2004, 594 f.
145 Dazu ausführlich Jüngel/Schwan/Neumann, MMR 2005, 820.
146 Ernst, NJW 2003, 3233, 3238; vgl. auch Eichelberger, MMR 2004, 594, 596.
147 Gercke, in: Gercke/Brunst, Praxishandbuch Internetstrafrecht, Rn. 145 nennt beispielhaft die Versorgung mit Wasser, Nahrungsmitteln, Energie, aber auch Dienstleistungen wie Kommunikation, Bankwirtschaft oder Krankenversorgung.
148 Eichelberger, MMR 2004, 594.
149 Vgl. <http://de.wikipedia.org/wiki/Sasser> (8.5.2015).

auch den Bedrohungen des Cyber-Terrorismus entgegen.[150] So würde beispielsweise ein Angriff auf einen deutschen Fernsehsender wie der auf den französischen Fernsehsender TV 5 Monde vom 9.4.2015 die Voraussetzungen der besonders schweren Computersabotage erfüllen; hier hatten die Täter das weltweite Programm des Senders lahmgelegt und auf dessen Website terroristische Drohbotschaften hinterlassen.

4.3.4 Sonstige Straftatbestände, v. a. in einzelnen Fachgesetzen

Aus dem StGB verdient im Zusammenhang mit dem Internet neben den genannten Deliktsgruppen noch ein Straftatbestand Erwähnung, nämlich die **unerlaubte Veranstaltung eines Glücksspiels** gem. § 284 StGB. Bietet jemand im Internet Glücksspiele an, die nicht behördlich genehmigt sind, setzt er sich einem hohen Strafbarkeitsrisiko aus. Als „Glücksspiele" gelten dabei alle entgeltlichen Gewinnspiele wie z. B. Poker oder Roulette. Die Strafbarkeit ist auch nicht erst dann verwirklicht, wenn jemand spielt oder gar Geld verloren hat; es reicht schon das bloße Angebot (abstraktes Gefährdungsdelikt).[151] Die Inanspruchnahme solcher strafbaren Glücksspielangebote dagegen ist nicht strafbar. Ob der Anbieter sich durch die **Verlagerung des Angebots auf einen ausländischen Server** exkulpieren kann, hängt davon ab, ob sich das spezifische Unrecht dieses Angebots gerade in Deutschland entfaltet (s. u., Rn. 305 f.); dies wird zu bejahen sein, wenn das Angebot nach verschiedenen Hilfskriterien wie Sprache u. Ä. als auf Deutschland ausgerichtet anzusehen ist.[152] **294**

Daneben gibt es in den einzelnen Fachgesetzen zahlreiche Strafbestimmungen (auch **„Nebenstrafrecht"** genannt), von denen einige auch internetrechtlich relevant sind. **295**

Im **Wettbewerbsrecht** werden Verhaltensweisen mit einem besonders hohen Gefährdungspotenzial für den Wettbewerb strafrechtlich sanktioniert. Dies gilt bei besonders **gefährlichen Formen der Werbung** (max. zwei Jahre Haftstrafe). Beispiele hierfür sind weit verbreitete, auf Lügen beruhende und damit irreführende Werbeaussagen (§ 16 Abs. 1 UWG) und Schneeballsysteme zulasten von Verbrauchern (§ 16 Abs. 2 UWG). Die Strafbarkeit des Verrats von Geschäfts- und Betriebsgeheimnissen (§ 17 UWG, max. drei Jahre Haftstrafe), der unbefugten Verwertung von Unterlagen (§ 18 UWG, max. zwei Jahre Haftstrafe) und des Verleitens und Erbietens zum Verrat (§ 19 UWG, max. zwei Jahre Haftstrafe) dient dem **wettbewerbsrechtlichen Geheimnisschutz**. **295a**

---

150 Ernst, NJW 2007, 2661, 2665.
151 Strömer, Online-Recht, S. 461 ff.
152 A. A. Strömer, Online-Recht, S. 462 f., der aus dem Charakter des abstrakten Gefährdungsdelikts ableitet, dass nur der Handlungsort – der bei einem ausländischen Server im Ausland liegt – als Tatort angesehen werden kann (vgl. Rn. 176).

296 Im Datenschutzrecht werden u. a.

- die unbefugte Erhebung oder Verarbeitung personenbezogener, nicht allgemein zugänglicher Daten,
- das Erschleichen der Übermittlung solcher Daten durch falsche Angaben und
- die Verletzung der Zweckbindung bei zweckwidriger Weitergabe von Daten an Dritte

unter Strafe bis zu zwei Jahren Haft gestellt, wenn dies entgeltlich oder in Bereicherungs- oder Schädigungsabsicht erfolgt, § 44 Abs. 1 i.V. m. § 43 Abs. 2 BDSG.

297 Von besonderer Bedeutung ist die Strafbarkeit der **unerlaubten Verwertung urheberrechtlich geschützter Werke** gem. § 106 UrhG. Hierunter fallen sowohl alle Software-Raubkopien wie auch beispielsweise das Herunterladen neuester Musik- und Filmtitel, bei denen man realistischerweise nicht erwarten kann, dass es sich um legale Vorlagen handelt (Näheres zum Urheberrecht, s. o. Rn. 219 ff.); der Strafrahmen reicht (pro Tat) bis zu drei Jahren Haft.[153] Besonders schmerzhaft mussten das die **Betreiber des illegalen kino.to-Portals** erfahren; dort waren zahlreiche Filme ohne Zustimmung der Rechtsinhaber zum Streaming eingestellt. Wegen der hohen Zahl von Urheberrechtsverletzungen, die dadurch begangen oder ermöglicht wurden, bekamen der Gründer und Chef des Portals 4 ½ Jahre, der Programmierer 3 Jahre und 10 Monate und der Administrator 3 Jahre Haft; außerdem musste der Gründer seinen mit dem Portal erzielten Gewinn von 3,7 Mio. € an den Staat abführen.[154]

4.3.5 Ausgewählte Besonderheiten des Strafprozessrechts

4.3.5.1 Überwachung und Beschlagnahme von eMails

298 Schon seit geraumer Zeit gehört zum Arsenal der polizeilichen Ermittlungsinstrumente das **Abhören und Aufzeichnen von Telefongesprächen**, ohne dass die Gesprächsteilnehmer davon wissen (§ 100a StPO). Dies ist allerdings nur bei bestimmten schweren Straftaten (§ 100a Abs. 2 StPO) unter Richtervorbehalt (§ 100b StPO) möglich. Des Weiteren erlaubt § 99 StPO die **Beschlagnahme von Postsendungen und Telegrammen**, soweit sich diese noch in der Verfügungsgewalt des Postunternehmens befinden (ebenfalls unter Richtervorbehalt, § 98 StPO). Seit sich ein wesentlicher Teil des elektronischen Telekommunikationsverkehrs auf eMails verlagert hat, wird diskutiert, ob und inwieweit auf diese Rechtsgrundlagen auch die Überwachung und Beschlagnahme von eMails gestützt werden kann.

---

153 Gercke, in: Gercke/Brunst, Praxishandbuch Internetstrafrecht, Rn. 426 ff. bzw. ausführlich zum Urheberstrafrecht insgesamt Rn. 403 ff.

154 Vgl. Stolz, MMR 2013, 353; <http://www.t-online.de/computer/internet/id_57203970/kino-to-chef-zu-haftstrafe-verurteilt.html> (8.5.2015).

BGH und BVerfG haben in kurz aufeinander folgenden Entscheidungen für eMails, die im Postfach beim Access Provider eingegangen sind, die Regelungen über die Beschlagnahme gem. §§ 94 ff. StPO für anwendbar erklärt, wenngleich mit tlw. unterschiedlicher Begründung: Während das BVerfG den Fortbestand des Kommunikationsprozesses bejaht hat, weil die eMail noch nicht im alleinigen Machtbereich des Empfängers ist (s. o., Rn. 70 f.), sieht der BGH wegen der „möglicherweise auch nur Sekundenbruchteile andauernden Speicherung in der Datenbank des Mail-Providers" keinen Telekommunikationsvorgang mehr.[155]

4.3.5.2 Heimliche Online-Durchsuchung

Schwieriger war die rechtliche Absicherung der heimlichen Online-Durchsuchung, bei der die Ermittlungsbehörden ohne Wissen des Betroffenen über die Internetverbindung auf einen privaten Rechner zugreifen und ihn „durchsuchen". Ein solches Vorgehen kann weder auf § 100a StPO gestützt werden (weil dafür die Daten ja im Übertragungsfluss sein müssen), noch auf die „normale" Hausdurchsuchungsvorschrift des § 102 StPO, weil diese Maßnahme nicht verdeckt erfolgen kann. Der BGH hat daher eine **gesonderte gesetzliche Ermächtigungsgrundlage** gefordert.[156]

299

An eine solche gesetzliche Ermächtigungsgrundlage einer heimlichen Online-Durchsuchung hat das BVerfG auf der Grundlage des aus diesem Anlass „erfundenen" Grundrechts auf Gewährleistung der Vertraulichkeit und Integrität informationstechnischer Systeme **hohe Anforderungen** gestellt.[157] Neben dem Erfordernis einer konkreten Gefahr für ein überragend wichtiges Rechtsgut (s. o., Rn. 50) zählen dazu insbesondere der Richtervorbehalt und die Wahrung des Kernbereichs privater Lebensgestaltung.[158] Daher hat die erforderliche gesetzliche Ermächtigungsgrundlage sicherzustellen, dass **Daten mit Kernbereichsbezug** nicht erhoben oder zumindest nach Erkennen des Kernbereichsbezugs umgehend und ohne strafprozessuale Verwertung gelöscht werden. In Umsetzung dieser Vorgaben hat der Bundesgesetzgeber § 20k BKAG („Verdeckter Eingriff in informationstechnische Systeme") erlassen; einige Länder haben ihr Polizeirecht ebenfalls entsprechend nachgerüstet (z. B. Art. 34d BayPAG).

300

---

155 BGH, NJW 2009, 1828 = CR 2009, 446 = MMR 2009, 673 m. Anm. Krüger; BVerfG, NJW 2009, 2431 = MMR 2009, 673 m. Anm. Krüger; zu den praktischen und rechtlichen Schwierigkeiten vgl. im Einzelnen Hoeren, Internet- und Kommunikationsrecht, S. 504 ff.
156 BGH, NJW 2007, 930 m. Anm. Hamm = MMR 2007, 237 m. Anm. Bär = CR 2007, 253.
157 Puschke/Singelstein, NJW 2008, 113, 115, sehen diese Anforderungen bei § 110 Abs. 3 StPO als nicht erfüllt an, obwohl diese Norm in bestimmten Fallkonstellationen zu einer speziellen Form der Online-Durchsuchung ermächtigt.
158 BVerfG, Urt. v. 24.4.2013 – Az. 1 BvR 1215/07 = BVerfGE 120, 274 = NJW 2008, 822 = MMR 2008, 315 m. Anm. Bär = CR 2008, 306 = DÖV 2008, 459 – Online-Durchsuchung.

301   Außerdem ermöglicht der erweiterte § 110 Abs. 3 StPO gewissermaßen eine **heimliche „Offline-Durchsuchung"**. So kann bei einer (offenen) Durchsuchung der Räume eines Betroffenen dessen PC „durchgesehen" werden; ist dabei der Zugriff auf „hiervon räumlich getrennte" PCs – etwa eines Mitbewohners über ein Netzwerk – möglich, ist dies ohne Information des Inhabers der Daten auf diesem anderen PC zulässig.[159]

4.3.6 Internationale Perspektive

302   Das internationale Strafrecht kennt **weder ein materielles Recht noch allgemein gültige Kollisionsregeln,** die aufeinander abgestimmt wären und die Zuordnung von Fällen zu den nationalen Strafrechtsordnungen regeln würden. Jeder Staat regelt – als Ausfluss seiner Gebietshoheit – seinen Strafanspruch selbst, und dies durchaus auch grenzüberschreitend, wobei klar ist, dass die Realisierung dieses Anspruchs erst dann möglich ist, wenn man den Täter auf dem eigenen Territorium zu fassen bekommt (und sei es durch Verhaftung am Flughafen oder durch Auslieferung).

4.3.6.1 Strafanspruch des deutschen Strafrechts bei Taten mit Auslandsbezug

303   Das deutsche Strafrecht gilt zunächst grundsätzlich für **Inlandstaten** (§ 3 StGB) und nur **in Ausnahmefällen für Auslandstaten,** z. B. bei Straftaten auf deutschen Schiffen und in deutschen Flugzeugen (§ 4 StGB), gegen inländische Rechtsgüter wie etwa Hochverrat, Gefährdung des demokratischen Rechtsstaates, aber auch die sexuelle Selbstbestimmung oder die Umwelt (§ 5 StGB) oder gegen international geschützte Rechtsgüter wie beispielsweise Menschen- und Drogenhandel oder Verbreitung harter Pornografie (§ 6 StGB).

304   Aber auch Inlandstaten müssen keineswegs nur Inlandsbezüge aufweisen. Von internetrechtlich praktisch erheblicher Bedeutung ist in diesem Zusammenhang der **Tatort-Begriff des § 9 StGB.** Danach ist der Tatort definiert als jeder Handlungsort (an dem die tatbestandlichen Handlungen begangen wurden bzw. bei Unterlassungsdelikten die unterlassenen Handlungen hätten vorgenommen werden müssen) und als jeder Erfolgsort (an dem der tatbestandliche Erfolg eintritt). Wird beispielsweise jemand auf einer Reise im Elsass vergiftet, stirbt aber erst nach seiner Rückkehr im heimatlichen Schwaben, liegt der Tatort sowohl in Frankreich (Handlungsort) als auch in Deutschland (Erfolgsort).

305   Strittig ist freilich, ob es **bei abstrakten Gefährdungsdelikten,** zu denen auch die Publikations- und Äußerungsdelikte und damit ein großer Teil der internetrelevanten Straftatbestände zählen, einen Erfolgsort über-

---

159   Vgl. Puschke/Singelnstein, NJW 2008, 113, 115.

haupt geben kann; diese Delikte haben eigentlich nur eine Handlungs-, aber **keine Erfolgskomponente**, da bereits die mit der Handlung ausgelöst Gefahr strafbarkeitsbegründend ist. Die eine Extremmeinung sagt folglich, mangels Erfolgskomponente gebe es bei solchen Delikten keinen Erfolgsort; dies würde bedeuten, dass keine aus dem Ausland kommende (einfache) Pornoseite im Internet in Deutschland strafbar wäre. Die andere Extremmeinung dagegen behauptet, bei abstrakten Gefährdungsdelikten bestehe der Erfolg darin, dass sich die **abstrakte Gefahr realisieren** könne, was überall der Fall sei; folglich sei der Erfolgsort überall, weshalb alle weltweiten Internetangebote dem deutschen Strafrecht als Inlandstaten unterlägen.[160]

Der BGH hat in einer Grundsatzentscheidung zur „Auschwitzlüge" einen **306** Mittelweg beschritten. Danach können auch abstrakte Gefährdungsdelikte einen Erfolgsort haben; dafür reicht aber nicht die völlig theoretische Möglichkeit der Gefahrenrealisierung. Vielmehr kann der Erfolgsort nur dort gesehen werden, wo die konkrete Tat ihre **Gefährlichkeit im Hinblick auf das im Tatbestand umschriebene Unrecht** entfalten kann. Da die Leugnung des Holocaust auf einem ausländischen Internetauftritt dazu geeignet ist, das Miteinander von Juden und anderen Bevölkerungsgruppen auch in Deutschland empfindlich zu stören, liegt ein inländischer Erfolgsort der Volksverhetzung gem. § 130 StGB vor. Entscheidend ist laut BGH stets, ob die Gefahr gerade diejenigen Rechtsgüter im Inland betrifft, die durch den jeweiligen Straftatbestand geschützt werden sollen; hier schützt das Verbot der Volksverhetzung das gedeihliche Zusammenleben der Bevölkerungsgruppen in Deutschland.[161]

Von besonderer Bedeutung ist in diesem Zusammenhang der **Grundsatz** **307** **des Strafklageverbrauchs** („ne bis in idem"); danach kann niemand wegen derselben Tat mehrmals bestraft werden, Art. 103 Abs. 3 GG. Doch gilt dieser Grundsatz nach h. M. nicht für Verurteilungen durch ausländische Gerichte (soweit nicht innerhalb der EU), so dass bei diesen – gerade für das Internet relevanten – Fallkonstellationen durchaus **Mehrfachbestrafungen denkbar** sind.[162] Beispielsweise könnte ein amerikanischer Anbieter von Internetseiten mit einfach-pornografischen Darstellungen in den USA bestraft und nach einer späteren Reise in die Bundesrepublik wegen dieses damaligen Angebots (vorbehaltlich nicht eingetretener Verjährung) erneut verurteilt werden. Allerdings wäre dann die bereits verbüßte Strafe bei der Strafmaßbemessung anzurechnen, § 51 Abs. 3 StGB.

---

160 Vgl. Strömer, Online-Recht, S. 462 f.
161 BGH, CR 2001, 260 m. Anm. Vassilaki = JZ 2001, 1194 m. Anm. Lagodny.
162 Kunig, in: v. Münch/Kunig, GG, Art. 103 Rn. 44.

4.3.6.2 Budapester Konvention („Cybercrime-Abkommen")[163]

308 Die Internationalität des Internets erschwert die Verfolgung von Internet-Straftaten ganz erheblich. Um diese Situation zu verbessern, hat das **Ministerkomitee des Europarats,** dem mit 41 Mitgliedsstaaten neben vielen europäischen Ländern u. a. auch die USA, Kanada, Japan und Südafrika angehören, am 23. November 2001 in Budapest eine Konvention verabschiedet, in der sich alle Unterzeichner bezüglich der Internet-Straftaten zu einer **Harmonisierung ihrer nationalen Strafrechtsordnungen** und zu einer engeren Zusammenarbeit in der Strafverfolgung verpflichten.

309 Zur Strafrechtsharmonisierung sieht die Konvention eine Vielzahl internetrelevanter Tatbestände vor, die **in allen Unterzeichnerstaaten unter Strafe gestellt** werden sollen und für die Mindeststrafen vorgegeben sind. Dies gilt u. a. für
- illegales Eindringen und die Störung von Computersystemen,
- Stehlen, Manipulieren und Löschen von Daten,
- Verletzung von Urheberrechten und Umgehung von Kopierschutzsystemen,
- Herstellen, Verbreiten und Verfügbarmachen von Kinderpornografie,
- Straftaten, die unter Ausnutzung von Computer-Netzwerken begangen werden (Betrug u. a.).

Doch die Konvention stellt diese Tatbestände nicht selbst und unmittelbar unter Strafe, sondern verpflichtet lediglich die Vertragsstaaten dazu, diese Strafbarkeiten – soweit nicht bereits geschehen – jeweils in nationales Strafrecht umzusetzen. Gleichzeitig verpflichten sich die Unterzeichnerstaaten zu einer **engeren Zusammenarbeit bei der Verfolgung dieser Straftaten** und vereinbaren hierzu insbesondere eine Erweiterung der Befugnisse zum Abhören der Internetkommunikation und zum grenzüberschreitenden Datenaustausch.

310 In einem **Zusatzprotokoll** haben sich viele Europaratsmitglieder auf eine darüber hinaus gehende Harmonisierung des Internet-Strafrechts verständigt, die aufgrund von Widerständen einzelner Mitgliedstaaten (u. a. USA wegen Einschränkung der Meinungsfreiheit) nicht in die Konvention aufgenommen werden konnte. Davon betroffen ist das Hosting (also die bewusste Zurverfügungstellung von Speicherkapazität für Inhalte), soweit es Menschenhandel, die Verbreitung rassistischer Propaganda und Hassbotschaften betrifft.

---

163 Zit. nach heise online – <http://www.heise.de/newsticker/meldung/22923> (10.7.2015); Volltext auch in BR-Drs. 666/07 oder unter <http://conventions.coe.int/treaty/ger/treaties/html/185.htm> (10.7.2015).

Beispielfall 5: Abgelenkte Abiturienten   **311**

Sachverhalt: Der 18-jährige Abiturient Axel (A) ist mächtig stolz auf
seine 17-jährige Freundin Falballa (F). Deshalb macht er eines Abends
mit seinem Smartphone ein Foto von F, als diese sich unbekleidet in
lasziver Haltung auf ihrem Queen Size-Bett räkelt. Trotz anfänglichen
Protests ist F damit letztlich einverstanden. Am nächsten Tag schickt
A dieses Bild seinem besten Kumpel Kevin (K) wenige Tage vor dessen
18. Geburtstag über WhatsApp, um mit seiner Eroberung anzugeben.
K, ebenfalls noch Schüler, bestaunt das Bild am nächsten Tag während
des Unterrichts, als ihm der wegen des Aufmerksamkeitsdefizits verär-
gerte Lehrer Lampe (L) das Handy wegnimmt. Nachdem L das Bild
zur Kenntnis genommen hat, behält er das Handy zunächst ein und
fertigt später eine Sicherungskopie des Bildes auf seinem Laptop zu
Beweissicherungszwecken an. Noch am gleichen Tag zeigt er das Bild
auf seinem Laptop dem Schulleiter Streng (S), der daraufhin K und A
zu saftigen Strafarbeiten verdonnert. Hat sich jemand der Beteiligten
strafbar gemacht?

Lösungsvorschlag: Zunächst könnte sich A wegen der Anfertigung des   **312**
Bildes nach § 184c Abs. 1 Nr. 3 StGB strafbar gemacht haben. Danach
steht die Herstellung einer jugendpornografischen Schrift, die ein tatsächliches oder wirklichkeitsnahes Geschehen wiedergibt, unter
Strafe. Das Foto erfüllt den Begriff der „Schrift", da darunter auch
Bildträger verstanden werden (§ 11 Abs. 3 StGB). Als jugendporno-
grafisch ist das Bild dann anzusehen, wenn es eine ganz oder teilweise
nackige Person zwischen 14 und 17 Jahren „in unnatürlich geschlechtsbetonter Körperhaltung" zeigt. Da F laut Sachverhalt unbekleidet und 17 Jahre alt ist, kommt es auf die Frage der Körperhaltung
an. Der Begriff der Laszivität wird als eine auf das Auslösen sexueller
Begierde gerichtete Sinnlichkeit verstanden,[164] was hier durch das Rä-
keln zusätzlich unterstrichen wird. Damit ist die Körperhaltung – anders als z.B. bei einem Bild beim Ballspielen an einem FKK-Strand
– geschlechtsbetont. Zudem ist es auch unnatürlich, weil ein solches
Posieren nicht dem alterstypischen Verhalten einer 17-Jährigen entspricht.[165] Folglich erfüllt das Bild den Begriff der Jugendpornografie
gem. § 184c Abs. 1 Nr. 1b StGB. Da das Bild außerdem eine reale
Situation (und keine Zeichnung oder eine Theaterszene) enthält, gibt
es auch ein tatsächliches Geschehen wieder. Einer Strafbarkeit des A
könnte daher nur noch die letztlich erteilte Zustimmung von F entgegenstehen. Dies würde nach § 184c Abs. 4 StGB jedoch voraussetzen,

---

164 Vgl. <http://www.duden.de/rechtschreibung/lasziv> (8.5.2015).
165 Zum Begriff der Unnatürlichkeit vgl. <http://www.lo-recht.de/posenbilder.php> (8.5.
      2015).

dass das Bild ausschließlich zum persönlichen – also eigenen – Gebrauch angefertigt wurde. Da A das Bild aber (auch) zum Angeben bei Dritten angefertigt hat, greift diese Tatbestandsausnahme nicht. A hat sich folglich mit der Herstellung des Bildes strafbar gemacht. Darüber hinaus hat er sich mit der Weiterleitung des Bildes an K strafbar gemacht, da die Weiterleitung eine Verbreitungshandlung i. S. v. § 184c Abs. 1 Nr. 1 StGB darstellt. Da K laut Sachverhalt außerdem noch nicht 18 ist, hat A schließlich gegen § 184 Abs. 1 Nr. 1 StGB verstoßen, wonach pornografische Schriften Minderjährigen nicht zugänglich gemacht werden dürfen.

Aber auch K selbst könnte sich strafbar gemacht haben. So stellt § 184c Abs. 3, 2. Alt. StGB den Besitz solcher jugendpornografischer Schriften unter Strafe, die ein tatsächliches Geschehen wiedergeben. Das Bild entspricht, wie bereits geprüft, diesen Anforderungen. Da dieses Bild auf dem Handy von K gespeichert (und damit verkörpert) war, hatte K auch den Besitz daran. Damit sind alle Strafbarkeitsvoraussetzungen bei K erfüllt.

Des Weiteren könnte sich aber auch L strafbar gemacht haben. So hat er das Handy des K einkassiert und damit das dort gespeicherte Bild in seinen Besitz gebracht. Außerdem hat er durch die Anfertigung der Kopie auf seinem Laptop ein weiteres Bild hergestellt (§ 184c Abs. 1 Nr. 3 StGB) und ebenfalls in seinen Besitz gebracht (§ 184c Abs. 3, 2. Alt. StGB). Allerdings könnte der Strafbarkeit von L entgegenstehen, dass er in dienstlicher Funktion gehandelt hat. So sind die Strafnormen des § 184c Abs. 1 Nr. 3, Abs. 3 StGB nicht auf Handlungen anzuwenden, die der Erfüllung staatlicher Aufgaben oder dienstlicher Pflichten dienen (§ 184c Abs. 6 i. V. m. § 184b Abs. 5 Nr. 1, 3 StGB). Im Hinblick auf das hohe Schutzgut der Bekämpfung des Missbrauchs Jugendlicher sind diese Ausnahmen aber eng zu fassen. So zählt es nicht zu den staatlichen Aufgaben der Schule oder zu den dienstlichen Pflichten eines Lehrers, Straftaten aufzuklären oder gar zu verfolgen. Hätte L das Handy von K sofort der Polizei übergeben, könnte er sich auf diese Ausnahme berufen. So aber hat er das Handy länger als nötig in seinem Besitz behalten und sogar noch eine weitere Kopie hergestellt, was vom pädagogischen Dienstauftrag des L nicht mehr gedeckt ist. Indem L das Bild S gezeigt hat, liegt außerdem eine Verbreitungshandlung bezüglich dieses Bildes von L gem. § 184c Abs. 1 Nr. 1 StGB vor.

Lediglich S und F haben sich nicht strafbar gemacht. S hat das Bild zwar gesehen, aber weder besessen, noch bezogen oder sich verschafft.

4.3.7 Summary „Strafrecht"

1. Von besonderer Internetrelevanz sind im Strafrecht die Kommunikationsdelikte, zu denen die Publikations- und Äußerungsdelikte zählen.

   313

   a) Publikationsdelikte zeichnen sich durch die Verbreitung oder anderweitige öffentliche Handhabung inkriminierter Inhalte aus. Praktisch besonders bedeutsam im Internet sind dabei pornografische, rassistische oder Nazi-Seiten. Die Verbreitung ist unabhängig davon zu bejahen, ob der User das Angebot heruntergeladen hat oder es ihm der Anbieter zugemailt hat.

   b) Äußerungsdelikte setzen inhaltlich nicht akzeptable Erklärungen gegenüber anderen oder in der Öffentlichkeit voraus, wie dies z. B. bei Ehrschutzdelikten der Fall ist.

2. Außerdem gibt es eine Reihe von Straftatbeständen des StGB mit Multimediabezug, die

   a) entweder den Schutz der Intim- und Privatsphäre betreffen,

   b) oder die Übertragung tradierter Strafbarkeiten auf die technischen Besonderheiten von PC und Internet wie z. B. Betrug (Computerbetrug), Briefgeheimnisverletzung (Ausspähen/Abfangen von Daten) oder Sachbeschädigung (Veränderung von Daten/Computersabotage).

3. Daneben gibt es schließlich noch zahlreiche Strafbestimmungen in den einzelnen Fachgesetzen wie im Wettbewerbs-, Datenschutz- oder Urheberrecht.

4. Internet und eMail bieten den Strafverfolgungsbehörden Ansätze für neue Ermittlungsinstrumente. Möglich ist nach den bestehenden Vorschriften der StPO die Beschlagnahme von eMails im Postfach des Access Providers; für die heimliche Online-Durchsuchung gelten laut BVerfG strengere Anforderungen.

5. Ein internationales materielles oder kollisionsrechtliches Strafrecht gibt es nicht.

   a) Für die Reichweite des Anwendungsbereichs des deutschen Strafrechts ist der Tatort-Begriff maßgeblich, der sowohl den Handlungs- als auch den Erfolgsort umfasst.

   b) Für die Publikations- und Äußerungsdelikte muss die Frage der Erfolgskomponente differenziert betrachtet werden; der BGH stellt auf den Ort der spezifischen Unrechtsentfaltung ab.

   c) Auf internationaler Ebene hat sich der Europarat auf einen Kanon von internetrelevanten Straftatbeständen geeinigt, die in allen Unterzeichnerstaaten verfolgt und zumindest bezüglich der Mindeststrafe gleichermaßen pönalisiert werden sollen.

4.4 Jugendschutzrecht

4.4.1 Jugendmedienschutz-Staatsvertrag

4.4.1.1 Normadressaten

314 Die zentralen Rechtsvorschriften des internetrelevanten Jugendschutz-rechts finden sich im Jugendmedienschutz-Staatsvertrag (JMStV). Dieser richtet sich an die Anbieter **elektronischer Informations- und Kommuni-kationsmedien** (§ 2 Abs. 1 JMStV). Dazu zählen die **Rundfunkmedien** i. S. d. Rundfunkstaatsvertrags (Hörfunk und Fernsehen) und **Telemedien** (§ 2 Abs. 1 JMStV). **Telekommunikationsdienstleistungen** sind nach § 2 Abs. 2 JMStV vom Anwendungsbereich ausdrücklich ausgenommen; zu diesen technischen Anbietern gehören die Access Provider und die Host-Provider.[166]

4.4.1.2 Inhaltliche Vorgaben

315

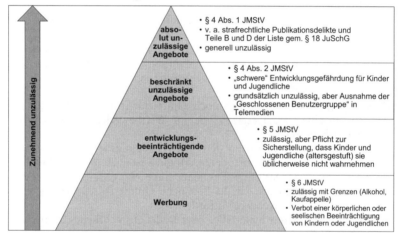

Übersicht 27: Stufen der Angebote nach JMStV

316 Der JMStV indiziert eine Reihe von Inhalten in abgestufter Intensität. So nennt § 4 Abs. 1 JMStV **„absolut" unzulässige Angebote,** die schlechthin verboten sind. Die darin enthaltene Enumerativaufzählung deckt weitge-hend die ohnehin schon von den strafrechtlichen Publikationsdelikten

---

166 A. A. Grapentin, CR 2003, 458, 462, wonach der „weite Anbieterbegriff" des § 3 Abs. 2 Nr. 3 JMStV auch Host- und Access-Provider erfasse, die sich jedoch auf die Haftungspri-vilegien der §§ 6 ff. MDStV, 8 ff. TDG (heute: §§ 7 ff. TMG) berufen könnten. Doch obwohl diese Privilegien, die Grapentin zugesteht, u. a. ausdrücklich eine Freistellung von einer präventiven Inhaltskontrolle beinhalten, plädiert sie für eine „grundsätzliche" Pflicht von Host- und Access-Providern, Filterprogramme einzusetzen und Jugendschutz-beauftragte zu bestellen.

sanktionierten Inhalte wie Rassismus, Völkerhass, Gewalt- und Kriegsverherrlichung und harte Pornografie ab.

In § 4 Abs. 2 JMStV werden dann die „**beschränkt**" unzulässigen Angebote genannt. Dabei handelt es sich ausweislich der Auffang-Generalklausel gem. § 4 Abs. 2 Satz 1 Nr. 3 JMStV um Inhalte, die **317**

> „offensichtlich geeignet sind, die Entwicklung von Kindern und Jugendlichen[167] oder ihre Erziehung zu einer eigenverantwortlichen und gemeinschaftsfähigen Persönlichkeit unter Berücksichtigung der besonderen Wirkungsform des Verbreitungsmediums **schwer zu gefährden**."[168]

Hierzu zählen namentlich die (einfache) Pornografie und sonstige jugendgefährdende Inhalte (Teile A und C der Liste nach § 18 JuSchG). Die Beschränkung der Unzulässigkeit dieser Inhalte liegt darin, dass es ein „**Hintertürchen**" zur Zulässigkeit gibt: In Telemedien (also nicht in Hörfunk und Fernsehen) dürfen diese Inhalte dann angeboten werden, wenn der Anbieter – durch ein geeignetes **Altersverifikationssystem** – sicherstellt, dass sie nur von Erwachsenen in Anspruch genommen werden können. Der JMStV spricht dann von einer „geschlossenen Benutzergruppe" (Näheres hierzu s. u., Rn. 323 ff.).

Am schwächsten ist der Eingriff in sog. „**entwicklungsbeeinträchtigende**" **Angebote** gem. § 5 JMStV, die grundsätzlich zulässig sind und unter denen **318**

> „Angebote, die geeignet sind, die Entwicklung von Kindern oder Jugendlichen zu einer eigenverantwortlichen und gemeinschaftsfähigen Persönlichkeit **zu beeinträchtigen**,"[169]

zu verstehen sind. Hier müssen die Anbieter lediglich dafür sorgen, dass die Inhalte von Kindern und Jugendlichen „üblicherweise" nicht wahrgenommen werden. Diese Verpflichtung können die Anbieter entweder durch **technische Barrieren** oder eine **geeignete zeitliche Platzierung** der Angebote (§ 5 Abs. 3 JMStV) erfüllen. Für den letzteren Fall gibt § 5 Abs. 4 JMStV genaue Zeitfenster vor: Ist die Beeinträchtigungsgefahr noch so stark, dass sie auch noch 17-Jährige betrifft, darf das Angebot nur zwischen 23 und 6 Uhr verbreitet werden; sind von der Beeinträchtigungsgefahr die 16- und 17-Jährigen nicht mehr betroffen, ist die Verbreitung schon von 22 bis 6 Uhr zulässig. Bei einer nur geringen Beeinträchtigungsgefahr, die nur Kinder bis 11 Jahre noch tangiert, reicht es aus, wenn „bei der Wahl der Sendezeit dem Wohl jüngerer Kinder Rechnung" getragen wird.

Schließlich enthält § 6 JMStV inhaltliche Vorgaben für die **Werbung**, weil diese die höhere Leichtgläubigkeit von Kindern und Jugendlichen anspre- **319**

---

167 Kinder sind 0–13 Jahre alt, Jugendliche 14–17 Jahre (§ 3 Abs. 1 JMStV).
168 Hervorhebung durch den Autor.
169 Hervorhebung durch den Autor.

chen kann. Von zentraler Bedeutung ist hierbei das Gebot, dass „Werbung Kindern und Jugendlichen weder körperlichen noch seelischen Schaden zufügen" darf; außerdem sind u. a.

- **direkte Kaufappelle** an Kinder und Jugendliche, die deren Unerfahrenheit und Leichtgläubigkeit ausnutzen (was auch wettbewerbsrechtlich unzulässig wäre, s. u., Rn. 692), oder zu einem entsprechenden Kaufverlangen gegenüber ihren Eltern auffordern (§ 6 Abs. 2 Nr. 1, 2 JMStV),
- das **Ausnutzen des besonderen Vertrauens**, das Kinder und Jugendliche bestimmten erwachsenen Vertrauenspersonen wie Eltern, Lehrern o. Ä. entgegenbringen (§ 6 Abs. 2 Nr. 3 JMStV), und
- Kinder und Jugendliche besonders ansprechende Darstellungen für Alkohol- und – bei Telemedien[169a] – für Tabakprodukte (§ 6 Abs. 5 JMStV)

verboten. Zudem schreibt § 6 Abs. 3 JMStV vor, dass entwicklungsbeeinträchtigende Werbung klar von Inhalten und anderer Werbung, die sich an Kinder und Jugendliche richten, getrennt sein muss.

4.4.1.3 Instrumente

320 Das Instrumentarium des JMStV zur Durchsetzung der inhaltlichen Vorgaben ist vielfältig:

- Pflicht zur Bestellung eines betrieblichen **Jugendschutzbeauftragten** für geschäftsmäßige Telemedienanbieter mit entwicklungsbeeinträchtigenden und jugendgefährdenden Inhalten, für Suchmaschinen und für länderübergreifend sendende Fernsehanstalten (§ 7 JMStV),[170]
- **Aufsicht** durch die Landesmedienanstalten (§§ 20 ff. JMStV), die bis zu Sperrungsverfügungen reichen kann,
- Anerkennung von Einrichtungen der **Freiwilligen Selbstkontrolle** (§ 19 JMStV) und
- **Sanktionen** strafrechtlicher Art oder durch ordnungswidrigkeitenrechtliche Bußgelder bis zu einer halben Million Euro (§§ 23 f. JMStV).

321 Von institutionell besonderer Bedeutung ist die **Kommission für Jugendmedienschutz (KJM)**, die die Landesmedienanstalten in ihrer Aufsichtsfunktion unterstützt (§ 14 Abs. 2 JMStV). Sie besteht aus zwölf nicht weisungsgebundenen Sachverständigen, darunter sechs der Direktoren der Landesmedienanstalten, von denen einer den Vorsitz hat, und sechs aus den für den Jugendschutz zuständigen Ministerien von Bund und Ländern; insgesamt vier Mitglieder müssen Volljuristen sein (§ 14 Abs. 3

169a Für die anderen Medienformen ergibt sich das Verbot von Tabakwerbung aus §§ 21a, 21b des Vorläufigen Tabakgesetzes.
170 Unterhalb einer gewissen Relevanzschwelle (50 Mitarbeiter/weniger als 10 Mio. Zugriffe im Monatsdurchschnitt) sind Telemedien von dieser Pflicht unter bestimmten Bedingungen befreit, § 7 Abs. 2 JMStV.

JMStV). Die für die grundsätzlichen und strategischen Fragen zuständige Stabsstelle der KJM ist beim Vorsitzenden in der Bayerischen Landeszentrale für neue Medien angesiedelt; Organisation und Koordination liegen bei der KJM-Geschäftsstelle, die seit 2013 in die Gemeinsame Geschäftsstelle der Medienanstalten in Berlin integriert ist.

Ihrerseits unterstützt wird die KJM von der von den zuständigen Landesministerien 1997 geschaffenen gemeinsamen Stelle **„jugendschutz.net"**, die an die KJM auch organisatorisch angebunden ist (§ 18 JMStV). Sie überprüft die Angebote der Telemedien und bietet diesen auch Beratungs- und Schulungsleistungen an. Stellt „jugendschutz.net" Verstöße gegen inhaltliche Vorgaben des JMStV fest, informiert sie hierüber den betroffenen Anbieter und die KJM. Die Stelle „jugendschutz.net" ist im Jahr **2013 gegen mehr als 8 000 unzulässige Angebote** vorgegangen (2003 waren es noch gut 1200). Davon kamen nur knapp ein Fünftel der Angebote aus Deutschland. Von den beanstandeten Online-Angeboten betrafen 34 % pornografische Darstellungen, 28 % sexuellen Missbrauch von Kindern und 22 % extremistische Inhalte. Dabei gehen die Verstöße auf klassischen Webseiten kontinuierlich zurück, während sie in sozialen Netzwerken, Foren und zunehmend auch in mobilen Apps zunehmen. In rund 65 % der Fälle haben die Anbieter bereits auf den Hinweis von jugendschutz.net ihre Verstöße gegen das Jugendschutzrecht beseitigt (in Deutschland sogar 85 %, aber auch im Ausland immerhin 61 %).[171] Förmliche Beanstandungen stellen feststellende Verwaltungsakte dar; die Zuständigkeit dafür liegt bei der jeweils örtlich zuständigen Landesmedienanstalt, die von jugendschutz.net über die KJM entsprechend unterrichtet wird (Art. 59 Abs. 3 RStV).[172]

322

4.4.2 Besondere Problemkreise

4.4.2.1 Geschlossene Benutzergruppen (GBG)

Über die konkreten Anforderungen an die ausreichende Höhe der Zugangshürde für geschlossene Benutzergruppen ist nach Inkrafttreten des JMStV eine ebenso heftig wie kontrovers geführte Diskussion ausgebrochen. Im Mittelpunkt stand dabei die Frage, ob eine **Altersverifikation allein über die Personalausweisnummer** – in die das Geburtsdatum des Inhabers eingearbeitet ist – ausreichen kann; insbesondere von zahlreichen Unternehmen der deutschen Erotik- und Pornografiebranche wurde diese Auffassung vertreten.

323

---

171 Jugendschutz.net: Jugendschutz im Internet, Ergebnisse der Recherchen und Kontrollen, Bericht 2013, S. 26 f. <http://www.jugendschutz.net/pdf/bericht2013.pdf> (10.7.2015); zu 2003 siehe <http://www.jugendschutz.net/materialien/bericht2003.html> (10.7.2015).
172 BVerwG, Beschl. v. 23.7.2014 – Az. 6 B 1/14.

324   Für eine insofern **ausreichende Altersüberprüfung** wurde ins Feld geführt,[173] dass es sich beim Erfordernis der Zugangshürde um eine Beschränkung sowohl des Angebots als auch der Nachfrage handele, die grundrechtsrelevant sei; so sei die Meinungs-, Kunst- und Berufsfreiheit des Anbieters ebenso tangiert wie die Informationsfreiheit des Nachfragers. Hieraus folge, dass die Beschränkung restriktiv und **grundrechtsfreundlich auszulegen** sei, weshalb die Angabe der Personalausweisnummer ausreichen solle. Hierfür spreche außerdem die in Art. 3 Abs. 2 der eCommerce-RL niedergelegte **Dienstleistungsfreiheit für Internetangebote.** Dazu komme, dass die Materialien zum JMStV „nur" ein verlässliches – also kein unüberwindbares – Altersverifikationssystem verlangten.[174] Schließlich wurde argumentiert, dass eine härtere Linie letztlich dem Jugendschutz nicht diene, weil dann das Erotikangebot ins Ausland verdrängt werde.[175]

325   Die Gegenmeinung hat demgegenüber geltend gemacht,[176] dass die alleinige **Personalausweisnummernprüfung viel zu leicht ausgetrickst** werden könne. Das fange schon damit an, dass nur geprüft werde, ob die Nummer theoretisch existieren könne, also ob sie den inneren syntaktischen Gesetzmäßigkeiten der Personalausweisnummer entspreche.[177] Nicht geprüft werden könne, ob diese Nummer wirklich existiert, weil es – schon aus Datenschutzgründen – keinen Online-Zugriff auf die Datenbestände der Bundesdruckerei gebe. Deshalb sei es leicht, sich unter Beachtung der syntaktischen Gesetzmäßigkeiten eine erfundene, aber wie eine echte PA-Nummer aussehende Nummer zu basteln oder im Internet generieren zu lassen und so die Testalgorithmen der Altersverifikation zu überlisten. Auch der sog. **„Regionencheck",** bei dem die PA-Nummer zusammen mit der Postleitzahl des Wohnorts des Ausweisinhabers abgefragt wird, stelle mit Hilfe geeigneter Rechenprogramme im Internet, die mit den einschlä-

---

173 Argumentation nach Berger, MMR 2003, 773; so im Ergebnis AG Neuss, MMR 2002, 837 m. Anm. Gercke = CR 2003, 296.

174 Dieses Argument hat durch die strengere Formulierung im novellierten § 184c StGB an Bedeutung verloren; danach muss die Unzugänglichkeit „sichergestellt" sein.

175 Genau auf dieser Linie lag eine damalige Aktion deutscher Online-Erotikanbieter unter <www.wir-wollen-bleiben.de>; ein verfassungsrechtlich unterlegtes Plädoyer in diesem Sinne hält Naumann, ZRP 2009, 44.

176 Vgl. den Beitrag der Jugendschutz.net-Juristen Döring/Günter, MMR 2004, 231.

177 Die Zusammensetzung der Personalausweisnummer ist im Personalausweisgesetz festgelegt; sie besteht aus einer Seriennummer, die auch die ausstellende Behörde anzeigt, dem Geburtstagsdatum des Inhabers und dem Ablaufdatum der Ausweisgültigkeit, wobei die Daten umgestellt sind und die Gesamtnummer mit Prüfziffern, die bestimmten Algorithmen folgen, durchsetzt sind. Die Verwendung einer fiktiven (oder fremden) PA-Nummer zum „Knacken" einer Altersverifikation ist im Normalfall nicht strafbar, vgl. KG, Urt. v. 26.4.2004 – Az. (5) 1 Ss 436/03 (4/04) = MMR 2004, 478 f. m. Anm. Liesching = CR 2004, 619, 620.

gigen Suchmaschinen leicht zu finden seien, für entsprechend motivierte und internetgeübte Jugendliche keine wirkliche Hürde dar.[178]

Aus diesen Gründen hat die KJM erklärt, dass eine alleinige Ausweisnum- **326** mernidentifikation als Altersverifikation nicht ausreicht, sondern eine mindestens **einmalige zuverlässige Volljährigkeitsprüfung durch Vollidentifikation** erfolgen muss und bei jedem späteren Nutzungsvorgang eine sichere Authentifizierung des einmal identifizierten Nutzers stattfinden muss, um Multiplikations- und Missbrauchsgefahren einzudämmen.[179] Dieser strengeren Auffassung hat sich auch der BGH (bezüglich der Zugänglichmachung von Pornografie an Minderjährige[180]) angeschlossen, womit die juristische Diskussion zunächst ihren Abschluss gefunden hat. Auch in der **Kombination mit einer Kostenpflichtigkeit** des Angebots sieht der BGH keine hinreichende Ausschlusswirkung für Jugendliche.[181] Für die Vollidentifikation kommen laut BGH verschiedene Verfahren in Betracht, so z. B. eine persönliche Identifizierung durch einen Postzusteller oder in einer Postfiliale (Post-Ident-Verfahren), in einer Verkaufsstelle oder mittels des „Identitäts-Check mit Q-Bit" der Schufa Holding AG (Rückgriff auf eine bereits erfolgte persönliche Kontrolle durch ein Kreditinstitut) oder durch einen zuverlässig gestalteten Webcam-Check.

4.4.2.2 Internet-Cafés

Auch wenn die Bedeutung von Internet-Cafés im Zeitalter der mobilen **327** Endgeräte deutlich rückläufig ist, sollen doch die damit verbundenen

---

178 Vgl. KG, Urt. v. 26.4.2004 – Az. (5) 1 Ss 436/03 (4/04) = MMR 2004, 478, 480 m. Anm. Liesching = CR 2004, 619, 621.
179 Gercke, in: Gercke/Brunst, Praxishandbuch Internetstrafrecht, Rn. 297 f.; Döring/Günter, MMR 2004, 231, 232, unter Bezugnahme auf einen KJM-Beschluss vom 18.6. 2003. Siehe in diesem Zusammenhang das von Liesching, MMR 2008, 802, entwickelte und vorgestellte „Vier Phasen-Modell".
180 BGH, NJW 2008, 1882 = JZ 2008, 738 m. Anm. Schumann = MMR 2008, 400 m. Anm. Liesching u. Anm. Waldenberger = CR 2008, 386 („ueber18.de"); nach Döring/ Günter, MMR 2004, 231, 232, entspricht die Schwelle für die Zugänglichmachung nach § 184 Abs. 1 StGB der für die geschlossene Benutzergruppe gem. § 4 Abs. 2 Satz 2 JMStV; dafür spricht auch der Auslegungsgrundsatz, gesetzliche Wertungen in Einklang zu bringen. Fraglich ist jedoch, ob diese Gleichstellung der Strafbarkeitsschwellen auch für die zwischenzeitlich strenger formulierten § 184c StGB gilt.
181 BGH, NJW 2008, 1882 = JZ 2008, 738 m. Anm. Schumann = MMR 2008, 400 m. Anm. Liesching u. Anm. Waldenberger = CR 2008, 386 („ueber18.de") – Rn. 30; so auch OLG Düsseldorf, Urt. v. 17.2.2004 – Az. III-5 Ss 143/03 = MMR 2004, 409 m. Anm. Erdemir = CR 2004, 456 m. Anm. Gercke; anders noch das OLG Düsseldorf in der vorausgegangenen Entscheidung, CR 2003, 452 m. Anm. Gercke/Liesching = MMR 2003, 418, wonach die Kostenpflichtigkeit das Zugänglichmachen ausschließen soll; ebenfalls strenge Anforderungen an ein den gesetzlichen Vorgaben genügendes Altersverifikationssystem stellt das KG, Urt. v. 26.4.2004 – Az. (5) 1 Ss 436/03 (4/04) = MMR 2004, 478 m. Anm. Liesching = CR 2004, 619, auf; auch danach reicht die auf der PA-Nummer basierende Kontrolle allein keinesfalls aus; ähnlich auch LG Duisburg, MMR 2004, 763.

rechtlichen Gesichtspunkte kurz angesprochen werden. Dabei geht es zum einen um die gewerberechtliche Erlaubnispflicht. So stellt § 33i GewO den gewerbsmäßigen[182] Betrieb von „Spielhallen oder ähnlichen Unternehmen" unter Erlaubnispflicht. Da es keinen Unterschied machen kann, ob die Computerspiele lokal installiert sind oder online angeboten und genutzt werden, kann der Anwendung des Spielhallenbegriffs auf Internet-Cafés nicht das Fehlen von stationären Spielautomaten entgegengehalten werden.[183] Eine Spielhallenprägung wäre aber zu verneinen, wenn die **räumliche Atmosphäre des Internet-Cafés** in der Regel nicht von Spielaktivitäten – egal ob online oder lokal – dominiert ist, sondern z. B. von Informationsrecherchen.[184] Genau auf diese Dominanz des Spielangebots soll es auch nach Meinung des BVerwG ankommen, das unter dieser Voraussetzung ein Internet-Café als spielhallenähnlichen Betrieb und damit gewerberechtlich konzessionspflichtig ansieht.[185]

328   Die Erlaubnispflicht nach § 33i GewO hat eine klar **jugendschutzrechtliche Zielsetzung;** damit sollen die Gefahren eines „Sammelpunkts für die halbwüchsige Jugend" kontrolliert und Jugendliche vor besonderen Gefährdungen insbesondere krimineller Art bewahrt werden.[186] Bejaht man die Anwendbarkeit von § 33i GewO auf Internet-Cafés, greift deshalb dann auch das **Anwesenheitsverbot für Minderjährige** gem. § 6 Abs. 1 JuSchG, von dem Behörden in engen Ermessensgrenzen Ausnahmen zulassen können.[187]

329   Der zweite Gesichtspunkt betrifft die Betreiberhaftung für den Zugang zu jugendgefährdenden Inhalten. Unabhängig von der Anwendung des § 33i GewO stellt sich die Frage nach der Haftung von Internet-Café-Betreibern für den dort möglichen Zugang Jugendlicher zu jugendgefährdenden Inhalten. Sieht man die Betreiber als reine **Access-Provider,** die nur eine Durchleitung von Informationen ohne eigene inhaltliche (Mit-)Verantwortung gewährleisten, wären diese nach dem **Haftungsprivileg gem. § 8 TMG** von der Haftung befreit, solange sie keine eigene Kenntnis von der Inanspruchnahme problematischer Inhalte durch ihre Kunden haben; auch wären sie dann gem. § 7 Abs. 2 TMG von einer Präventivkontrolle – und sei sie nur stichprobenweise – befreit.[188]

---

182   Als gewerbsmäßig i. S. d. GewO wird jede generell erlaubte, auf Dauer angelegte und selbständige Tätigkeit mit Gewinnerzielungsabsicht (Urproduktion und freie Berufe ausgenommen) angesehen, vgl. Haug, Öffentliches Recht für den Bachelor, Rn. 869 ff.
183   A. A. Lober, MMR 2002, 730.
184   Vgl. OVG Berlin, MMR 2003, 204; Liesching/Knupfer, MMR 2003, 439.
185   BVerwG, DVBl. 2005, 1265 = NVwZ 2005, 961 = MMR 2005, 525 = CR 2005, 594.
186   Liesching/Knupfer, MMR 2003, 439, 441.
187   So zumindest Liesching/Knupfer, MMR 2003, 439, 444.
188   Liesching/Knupfer, MMR 2003, 562, 565 ff.

Dem steht jedoch entgegen, dass sich die Rolle des Internet-Café-Betrei- **330**
bers nicht – wie bei einem Telekommunikationsdienstleister – auf die
Durchleitung von Informationen beschränkt; vielmehr eröffnet er durch
sein Angebot zur Nutzung von Endgeräten zusätzlich einen Raum, in dem
Minderjährige mit für sie problematischen Inhalten konfrontiert werden
können. Dies bringt nach der Wertung der §§ 4 ff. JuSchG **besondere
Sorgfaltspflichten** mit sich, bezüglich derer sich der Betreiber auf kein
Haftungsprivileg berufen kann. Dieser Pflichtenbindung kann er beispielsweise mit geeigneten Jugendschutzprogrammen auf seinen Geräten
oder entsprechend umfangreichem Aufsichtspersonal Rechnung tragen.[189]

4.4.3 Summary „Jugendschutzrecht"

1. Die zentralen Rechtsvorschriften des Jugendschutzrechts im Inter- **331**
   net finden sich im Jugendmedienschutz-Staatsvertrag (JMStV). Dieser unterscheidet zwischen
   a) absolut unzulässigen Angeboten,
   b) beschränkt (nämlich auf Geschlossene Benutzergruppen bei Te-
      lemedien) zulässigen Angeboten,
   c) entwicklungsbeeinträchtigenden Angeboten und
   d) Werbung.
2. Zur Durchsetzung seiner Vorgaben sieht der JMStV u. a. betriebli-
   che Jugendschutzbeauftragte, ein Aufsichtsrecht der Landesmedienanstalten, eine Freiwillige Selbstkontrolle und Sanktionen vor. Von
   praktisch großer Bedeutung ist die Arbeit der Kommission für Jugendmedienschutz (KJM) und der bei ihr angebundenen Stelle „ju-
   gendschutz.net".
3. Geschlossene Benutzergruppen setzen bezüglich jugendgefährden-
   der Inhalte eine zuverlässige Altersverifikation voraus, wofür eine
   bloße Personalausweisidentifikation (auch bei einer Verbindung mit
   einem „Regionencheck" oder einer Kostenpflichtigkeit des Angebots) nicht ausreicht. Es bedarf einer zumindest einmaligen Vollidentifikation.
4. Internet-Cafés sind als spielhallenähnliche Unternehmen erlaubnis-
   pflichtig, wenn die dortige PC-Nutzung stark von Spielaktivitäten
   geprägt ist. Dann gilt auch ein grundsätzliches Anwesenheitsverbot
   für Minderjährige. Unabhängig davon haftet der Betreiber eines Internet-Cafés für den durch ihn ermöglichten Zugang Jugendlicher
   zu jugendgefährdenden Inhalten, wenn er keine geeigneten Gegen-
   maßnahmen organisiert hat (Jugendschutzprogramme, Aufsicht).

---

189 Vgl. Liesching/Knupfer, MMR 2003, 562, 568 ff., die hier mit einer aus der Schaffung
     einer Gefahrenquelle resultierenden Garantenstellung argumentieren.

4.5   Social Media

4.5.1   Begriff und Bedeutung

332 Der Begriff „Social Media" ist relativ schillernd und umfasst eine ganze Reihe sehr verschiedener Foren, Portale oder Plattformen. Hauptanwendungsfälle sind:[190]

- **Meinungs- oder Diskussionsforen** z. B. bei Internetinformationsanbietern wie heise.de, in denen mehr oder minder thematisch eingegrenzt bestimmte Aspekte erörtert werden. Dabei ist es üblich, dass die Binnenstrukturierung durch den Betreiber allenfalls grob erfolgt, die User aber selbst „Themenstränge" (sog. „threads") eröffnen können. Die Diskussion erfolgt dann in Form von Einzelbeiträgen (sog. „Postings") der User, meist begleitet von Moderatoren, die einzelne Beiträge auch löschen können.[191]
- **Auktionsplattformen** wie z. B. eBay, auf denen registrierte Nutzer Gegenstände oder Dienstleistungen zum Kauf anbieten oder erwerben können, sei es durch Versteigerungen (s. u., Rn. 587 ff.), sei es durch direkten Kauf.
- **Videoplattformen** wie z. B. YouTube oder **Fotocommunities**, auf denen User, die regelmäßig registriert sind, Filmbeiträge oder Bilder einstellen können,[192]
- **(Web-)Blogs**, in denen der Anbieter zu bestimmten Themen seine Meinung darlegt, die dann von Besuchern kommentiert oder ergänzt werden kann,
- **Bewertungsplattformen** wie z. B. MeinProf.de oder holiday-check.de, auf denen bestimmte Angebote oder Dienstleistungen entweder offen oder nach Registrierung bewertet werden können, wobei es sowohl Freitextbewertungen wie auch Sternchen-/Notenvergaben gibt,[193]
- **Informations-/Wikiplattformen** wie z. B. Wikipedia, auf denen strukturiert Informationen in Form eines virtuell-elektronischen Lexikons zusammengetragen sind, wobei der Betreiber nur die Plattformstruktur vorgibt und die User – mit Korrekturmöglichkeiten – ihr Wissen einbringen,[194]
- **Gästebücher**, in die die Besucher – meist im Rahmen privater Internetauftritte, aber auch von berühmten Musikern oder Sportlern, Grüße oder Kommentare eintragen können,

---

190 Übersicht in Anlehnung an Roggenkamp/Stadler, in: Heckmann, Internetrecht, Kap. 10 Rn. 498 ff.
191 Roggenkamp/Stadler, in: Heckmann, Internetrecht, Kap. 10 Rn. 501 ff.
192 Roggenkamp/Stadler, in: Heckmann, Internetrecht, Kap. 10 Rn. 576 ff.
193 Roggenkamp/Stadler, in: Heckmann, Internetrecht, Kap. 10 Rn. 540 ff. unter Hinweis auf das sehr hohe Missbrauchspotenzial.
194 Roggenkamp/Stadler, in: Heckmann, Internetrecht, Kap. 10 Rn. 565 ff.

- **Social-Networking-Plattformen** wie Facebook, XING oder Linkedin, auf denen Personen – ggf. in Abhängigkeit von Interessen, Vorlieben, beruflichen oder sozialen Zusammenhängen – nach entsprechender Registrierung miteinander kommunizieren und sich darstellen.[195]

Bei aller Unterschiedlichkeit dieser Internet-Erscheinungsformen stimmen sie doch in ihrer **zentralen Struktur** überein: Auf der einen Seite gibt es den **„Anbieter"**, der einen unterschiedlich stark vorgeprägten Rahmen zur Verfügung stellt, und auf der anderen Seite gibt es den **„User"**, der im Rahmen der interaktiven Möglichkeiten des Internets eigene Beiträge in diesen vom Anbieter vorgegebenen Rahmen einbringt. **333**

In den letzten Jahren haben sich die **Internetaktivitäten insbesondere der** sog. **„Digital Natives"** zunehmend in soziale Medien verlagert. Keine andere Entwicklung hat so sehr dazu beigetragen, dass sich das „Web 2.0" von der „one-to-many"-Kommunikation zur „many-to-many"-Kommunikation entwickelt und damit sein interaktives Potenzial entfaltet hat. Ob es zunächst „schülerVZ" oder „studiVZ" waren und später v. a. Facebook – zunehmend fand und findet das soziale Leben vieler (v. a. jüngerer) Menschen weniger in der der realen Welt als im Netz – genauer: in den sozialen Netzwerken – statt. Man schreibt sich über Facebook anstatt zusammen einen Kaffee trinken zu gehen. Auf dem vielleicht schon hinter uns liegenden Höhepunkt des Facebook-Hypes war es sozial geradezu eine Pflicht, alle wesentlichen (und unwesentlichen) aktuellen Informationen über sich und sein Leben im Netzwerk zu posten, um „dabeizusein" (vgl. oben: Datenexhibitionismus, Rn. 189).[196] Die FAZ hat diese Entwicklung einmal so auf den Punkt gebracht: **334**

> „Facebooks Lieblingsnutzer kommen aus der gleichen demographischen Gruppe wie die Zuschauer und Teilnehmer von Casting-Shows. Die mediale Normalisierung und Idealisierung des permanenten Selbstdarstellertums finden hier ihre digitale Äquivalenz. ... Das ganze Leben ist eine Online-Show, jedes Alltagserlebnis, wird es permanent und sichtbar gemacht, gehört zur Selbstinszenierung des digitalen Ichs. Wer nicht mitmachen will, ist schon per Definition uncool. ..."[197]

Dieser Umstand hat bereits dazu geführt, dass derjenige, der Aufmerksamkeit erzielen möchte, neben oder sogar statt dem klassischen **Auftritt im „freien Internet"** einen Auftritt bei Facebook oder XING benötigt. Firmen, Hochschulen, Lebenskünstler und alle anderen, die sich öffentlich präsentieren und Menschen ansprechen wollen, sind schon umgezogen oder haben zumindest einen **Netzwerkauftritt** parallel eingerichtet. Diese Entwicklung könnte womöglich soweit gehen, dass das eigentliche **335**

195 Roggenkamp/Stadler, in: Heckmann, Internetrecht, Kap. 10 Rn. 550 ff.
196 Vgl. auch die Problematisierung bei Fechner, Medienrecht, Kap. 12 Rn. 244, für Journalismus und Demokratie.
197 Frank Rieger, Das ganze Leben wird zur Online-Show, FAZ v. 26.9.2011, S. 27.

(„freie") Internet immer mehr von den von ihm ermöglichten sozialen Netzwerken „aufgesogen" wird. Andererseits zeigen jüngere Entwicklungen, dass sich Kommunikation auch wieder aus den sozialen Netzwerken hinaus zu direkten Kommunikationsplattformen wie WhatsApp verlagert.

4.5.2 Vertragliches Nutzungsverhältnis

336 Auch wenn Foren und Netzwerke den Eindruck vermitteln, man könne einfach und ohne Pflichten (insbesondere finanziellen Kosten) mitmachen, handelt es sich bei der Anbieter-User-Beziehung keineswegs um ein reines Gefälligkeitsverhältnis, sondern um **eine rechtlich – nämlich vertraglich – begründete und ausgestaltete Beziehung.**[198] Der Anbieter ist **Eigentümer des Portals**, da Daten Sachqualität i. S. v. § 90 BGB haben, wenn sie in einem physischen Datenträger verkörpert sind. Damit hat er eine absolute Rechtsposition gegenüber allen Dritten, weshalb ein User für die Benutzung des Portals (durch eigene Postings oder gar Internetpräsenzen) der Erlaubnis durch den Eigentümer bedarf.[199] In der Erteilung dieser Erlaubnis liegt regelmäßig eine Vermietung (Überlassung einer Sache zum Gebrauch auf Zeit). Nur in besonderen Ausnahmefällen mag es am Rechtsbindungswillen der Beteiligten fehlen und nur ein Gefälligkeitsverhältnis bestehen; aber das bloße Fehlen einer förmlichen Registrierung oder die Möglichkeit zu anonymen Postings allein reicht dafür nicht. Vielmehr müsste dafür das Portal seiner ganzen Erscheinung nach als unprofessionelles und unkommerzielles (d. h. werbefreies) Angebot auftreten.

337 Der **Vertragsschluss zwischen dem Anbieter und dem einzelnen User** eines Forums oder Netzwerks kommt durch Angebot und Annahme (hierzu näher unten, Rn. 563 ff.) zustande. Dabei liegt in der Eröffnung des Forums mindestens eine invitatio ad offerendum (s. u., Rn. 564), eventuell aber auch schon ein Vertragsangebot. Dieses wird mit der meist üblichen Selbst-Registrierung des Users konkludent angenommen; will man erst darin das Vertragsangebot sehen, liegt die Annahme entweder in der Willkommens-Mail des Anbieters oder in seinem konkludenten Handeln, den User mitmachen zu lassen. Ein Vertragsschluss liegt sogar dann vor, wenn der User für seine Registrierung nur einen Usernamen (der in aller Regel nicht mit dem wirklichen Klarnamen übereinstimmt) und ein Passwort angeben muss; zwar kennt der Anbieter dann den User nicht, doch liegt dann ein „Geschäft für den, den es angeht" vor.

338 Die **beiderseitigen vertraglichen Pflichten** können sich entweder aus den Umständen oder aber aus den AGBs (dazu s. u., Rn. 638 ff.) ergeben. Hat der Anbieter sog. Forenregeln aufgestellt, sind diese als vertragsausgestal-

---

198 LG München I CR 2007, 264 m. Anm. Redeker.
199 Feldmann/Heidrich, CR 2006, 406.

tende Geschäftsbedingungen anzusehen, wenn der User vor der Registrierung auf die Regeln hingewiesen wurde (und womöglich sogar im Rahmen der Registrierungsprozedur als akzeptiert anklicken musste). In aller Regel verpflichtet sich der Anbieter dazu, dem User die Nutzung des Forums im Rahmen der technischen Möglichkeiten (eigene Präsenz, Postings) zu gestatten. Die Rechtseinräumungen seitens des Users betreffen die Verwendung personenbezogener Daten und urheberrechtlich geschützter Werke.

So verpflichtet sich der User oft zur datenschutzrechtlichen Einwilligung **339** in Regelungen, die auch Werbemaßnahmen mit personenbezogenen Daten erlauben. Denn entgegen der Behauptung vieler Foren und Netzwerke, ihre Inanspruchnahme sei kostenlos, wird die Nutzung mit persönlichen Daten „bezahlt"; im Prinzip handelt es sich um einen **Austauschvertrag von IT-Leistung gegen Daten.**[200] In diesen Fällen stellen sich verschiedene Folgeprobleme: Zum einen untersagt das **Kopplungsverbot** gem. §§ 28 Abs. 3b BDSG, 95 Abs. 5 TKG, die Erbringung vertraglicher Leistungen von datenschutzrechtlichen Einwilligungen für Zwecke der Werbung oder des Adresshandels abhängig zu machen, wenn der Kunde nicht auf andere zumutbare Weise die Leistungen in Anspruch nehmen kann. Außerdem erfolgt die **Einwilligung in die Datenverwendung meist durch Minderjährige**, weshalb die Wirksamkeit fraglich ist. Stellt man dafür auf die Zustimmung der Eltern ab, dürfte diese in den allermeisten Fällen fehlen; will man sich an der Einsichtsfähigkeit des Minderjährigen orientieren, wird man einräumen müssen, dass schon Erwachsene die Gefährdung des Persönlichkeitsrechts durch die im Hintergrund ablaufende Datenauswertung kaum überschauen.[201]

Mit der **Einräumung urheberrechtlicher Nutzungsrechte** (v. a. der Veröf- **340** fentlichung) bezüglich der Postings oder Einträge (soweit die Schöpfungshöhe erreicht wird, vgl. oben, Rn. 224) sind verschiedene **AGB-rechtliche Probleme** verbunden:[202] So könnte eine überzogene Rechteeinräumung bereits als überraschende Klausel (§ 305c BGB, näher dazu s. u. Rn. 643) angesehen werden, soweit diese nicht branchenüblich ist. Soweit Nutzungsrechte eingeräumt werden, die keinen direkten Bezug zum Forenbetrieb aufweisen, fehlt es außerdem an der Rechtfertigung durch den Vertragszweck. Dies kann zur Unangemessenheit gem. § 307 BGB führen, da die Einräumung urheberrechtlicher Nutzungsrechte nicht den Hauptzweck des Vertrags betrifft.

---

200 Bräutigam, MMR 2012, 635.
201 Vgl. Spindler, Persönlichkeitsschutz im Internet – Anforderungen und Grenzen einer Regulierung (djt-Gutachten 2012); Jandt/Roßnagel, MMR 2011, 637 (639) stellen auf den rechtsgeschäftlichen Ansatz ab.
202 Vgl. Berberich, MMR 2010, 736; Solmecke/Dam, MMR 2012, 71.

341 Nach dem **Tod des Users** gehen die Rechte an dessen Account oder Präsenz in einem Portal grundsätzlich an die Erben über, die anstelle des Verstorbenen in den Vertrag eintreten (§ 1922 Abs. 1 BGB – sog. Grundsatz der Universalsukzession). Dies gilt jedoch nur, soweit das Vertragsverhältnis nicht als höchstpersönlich anzusehen ist (und dann mit dem Tod endet) und keine postmortalen Persönlichkeitsrechte des Verstorbenen entgegenstehen. Nicht selten hat der Verstorbene in sozialen Netzwerken Kontakte gepflegt oder Äußerungen gemacht, deren Weitergabe an Dritte – auch an die eigenen Erben – der User nicht möchte; dies kann außereheliche Beziehungen, das Konsumieren von Pornografie oder Kritik an den undankbaren Erben betreffen.[203] Aus diesen Gründen ist in der Regel – jedenfalls bei auch nur im Ansatz sensiblen Themen und Daten – davon auszugehen, dass der **Nutzervertrag von beiden Seiten als höchstpersönlich verstanden** wird. Denn auch der Portalbetreiber, dessen Kapital die User sind, ist daran interessiert, das Vertrauen seiner Kunden nicht zu enttäuschen. Dann aber besteht die Geheimhaltungspflicht des Portalbetreibers über den Tod des Users hinaus, weshalb die Erben – soweit sie nicht über die Zugangsdaten des Verstorbenen verfügen – vom Portalbetreiber keine Zurücksetzung des Passwortes u. a. verlangen können.[204]

4.5.3 Haftung für usergenerated Content

342 Ein ganz besonderes Reizthema für viele Angehörige der Internetcommunity ist die Frage nach der **Haftung für Handels-, Auktions- und Meinungsforen, Community-Plattformen, Blogs, Gästebücher bis hin zu sozialen Internet-Netzwerken** etc. Kaum auf einem anderen Feld des Internetrechts stehen sich so sehr wie hier die argumentativen Bastionen gegenüber: Für die einen ist ein wirksames Haftungsregime für usergenerated Content gleichbedeutend mit dem Ende des „web 2.0", also der von Interaktivität lebenden Internetangebote, während für die anderen ein Haftungsfreibrief den nahtlosen Übergang in die Netzanarchie bedeutet. Letztlich stehen sich hier die **praktische Realisierbarkeit von interaktiven Mitmach-Angeboten** und der Durchsetzungsanspruch der Rechtsordnung – die ja nicht zuletzt zum Schutz des Schwächeren und rechtmäßig Handelnden geschaffen wurde – gegenüber. Aus meiner Sicht kann die Lösung nur in der Mitte liegen: Zum einen darf das Haftungsrecht nicht zu einem Abwürgen von Kommunikation führen, zum anderen aber muss auch denjenigen geholfen werden, in deren Rechte durch Beiträge in Foren o. Ä. eingegriffen wird. Oder hätten Sie es gerne, in einem Forum von einem

---

203 Martini, JZ 2012, 1145, 1146.
204 Ausführlich und instruktiv Martini, JZ 2012, 1145, 1150 ff.

nickname-anonymisierten User beleidigt zu werden, ohne sich dagegen effektiv wehren zu können?[205]

4.5.3.1 Eigene und zu eigen gemachte Inhalte

Noch relativ einfach ist die haftungsrechtliche Bewertung, wenn der Anbie- **343** ter eigene Beiträge im Forum postet, oder wenn er sich Beiträge von Usern zu eigen macht. Letzteres richtet sich nach der äußerlich erkennbaren Einstellung des Anbieters zu den usergenerierten Inhalten. Ein **Zueigenmachen fremder Inhalte** kann danach durch **zustimmende oder billigende Zusätze** zu Forumbeiträgen, eine vom Anbieter vorzunehmende Vorauswahl der Beiträge oder einen sonstigen maßgeblichen Einfluss auf die in seinem Portal verbreiteten Inhalte erfolgen; aber auch ein unmittelbares **wirtschaftliches Eigeninteresse** des Portalbetreibers an den Portalbeiträgen kann ein Zueigenmachen begründen.[206] Der BGH hat anlässlich einer in Portalform betriebenen Sammlung von Kochrezepten entschieden, dass ein Zueigenmachen vorliegt, wenn der Portalbetreiber die eingestellten Inhalte vor der Freischaltung überprüft sowie umfassende Nutzungsrechte an den fremden Inhalten sich einräumen lässt und Dritten anbietet.[207] Denn dann ist das Handeln des Anbieters aus Sicht eines neutralen Dritten so zu verstehen, dass er für diese fremden Inhalte die Verantwortung übernehmen will.

In aller Regel ist jedoch ein Zueigenmachen bei Portalbetreibern gerade nicht **344** gegeben, weil die Neutralität des Portals für dessen Akzeptanz in der User-Community entscheidend ist. Ein Anbieter hat deshalb im Normalfall gerade kein Interesse, sich die Inhalte zu eigen zu machen. Deshalb ist es sehr viel üblicher, dass sich Portalbetreiber **aus den Inhalten des Portals ersichtlich heraushalten** und oft sogar ausdrücklich pauschal von den Inhalten distanzieren. In diesen Fällen hatte die Rechtsprechung zunächst ein Zueigenmachen zumindest dann angenommen, wenn der Betreiber rechtswidrige – z. B. beleidigende – Inhalte **über längere Zeit hin ungeprüft bzw. unbeanstandet** gelassen hat; dann sei – so die Begründung – davon auszugehen, dass der Portalbetreiber die Inhalte billige.[208] Inzwischen aber sind die Haftungsprivilegien der §§ 7 ff. TMG in Kraft getreten, wonach ein Diensteanbieter **ausdrücklich**

---

205 Vgl. hierzu Reiter, ZEIT v. 24.10.2009, S. V1/V2, der das vergleichsweise geringe Niveau vieler Diskussionsforen moniert, die nicht nur sprachlich und argumentativ schwach sind, sondern auch häufig mit leichter Hand zahllose Beleidigungen enthalten; die Beiträge, in denen ernsthaft argumentiert wird, lägen in manchen Foren bei 10 bis 20 %.

206 Ehret, CR 2003, 754, 757; vgl. auch OLG Hamburg, CR 2008, 453, wonach ein Zueigenmachen dann vorliegt, wenn die User-Beiträge den redaktionellen Kerngehalt des gesamten Internetauftritts darstellen, der Forenbetreiber Abbildungen mit seinem Emblem kennzeichnet, darüber hinaus angibt, den Inhalt vor Freischaltung sorgfältig zu prüfen und sich durch seine AGBs die Nutzung und Verwertung der Userbeiträge vorbehält.

207 BGH CR 2010, 468 (marions-kochbuch.de).

208 LG Trier, MMR 2002, 694; in der Tendenz ähnlich OLG Köln, CR 2002, 678 = MMR 2002, 548.

nicht zur Präventivkontrolle von fremden Inhalten verpflichtet ist (§ 7 Abs. 2 TMG; vgl. oben, Rn. 111).

4.5.3.2 Grundkonflikt zwischen Presence- und Content-Providing

345 Das Grundproblem der haftungsrechtlichen Verantwortung eines „neutralen" Portalbetreibers liegt in dem nicht nur technischen, sondern auch **inhaltlichen Zusammenwirken von Anbietern und Usern.** Dieser Mischform stehen klare juristische Kategorien gegenüber: Dies gilt zum einen für das **Presence-Providing** (§ 10 TMG), das darauf beruht, dass der Anbieter nur fremde Inhalte auf seiner technischen Infrastruktur speichert. Daraus folgt die Haftungsfreistellung, solange der Anbieter keine Kenntnis von Rechtsverstößen hat. Zum anderen gibt es das **Content-Providing** (§ 7 Abs. 1 TMG), bei der ein Anbieter eigene Inhalte ins Netz stellt und dafür auch voll haftet. Das Betreiben eines Forums oder Netzwerks nimmt Elemente aus beiden Provider-Begriffen auf: So speichert ein Portalbetreiber mit den User-Beiträgen i. d. R. fremde Inhalte, gibt aber zugleich mit Thema, Struktur und Regeln einen gewissen inhaltlichen Rahmen für das Forum vor. Er ist daher als **„Rahmen"-Content-Provider** anzusehen, also eine Art „Mischform" zwischen dem Presence- und dem Content-Provider.

346 Deshalb hat sich die Rechtsprechung mit der haftungsrechtlichen Einordnung dieser „Mischform" zunächst sehr schwer getan. So haben manche Gerichte die Haftung des Betreibers eines Meinungsforums verneint, solange er keine positive Kenntnis von haftungsauslösenden Inhalten hat.[209] Damit wurde der „neutrale" Portalbetreiber **wie ein gewöhnlicher Host- oder Presence-Provider** behandelt, der das **Haftungsprivileg gem. § 10 TMG** in Anspruch nehmen kann. Ebenso hat sich der EuGH zumindest für den Fall geäußert, wenn der Betreiber eines Online-Marktplatzes nur eine „passive Vermittlerrolle" einnimmt; dies soll aber schon dann nicht mehr der Fall sein, wenn der Anbieter „seinen" Usern dabei hilft, die Präsentation der Angebote zu unterstützen oder zu bewerben.[210] Doch auch bei einer nur „passiven Vermittlerrolle" gibt der Anbieter einen inhaltlichen Rahmen vor, weshalb diese Sichtweise der Zwitterstellung des Forums zwischen Host- und Content-Provider nicht gerecht wird.

347 Aber ebensowenig kann man Portale nicht mit (reinen) Content-Providern gleichsetzen, wie es das LG Hamburg getan hat. Dieses hat den Portalbetreiber für alle Userbeiträge in seinem Portal generell (unabhängig von der Frage des Zueigenmachens) verantwortlich gemacht, wenn er nicht geeignete Vorkehrungen dagegen getroffen hat, dass im Portal rechtswidrige Beiträge verbreitet werden. Im Kern argumentierte es mit den Grundsätzen der

---

209 LG Berlin, MMR 2004, 195; vgl. auch Köhler/Arndt/Fetzer, Recht des Internet, Rn. 778, 816 f.; Spindler, MMR 2004, 440, 442.
210 EuGH MMR 2011, 596 m. Anm. Hoeren = CR 2011, 597 m. Anm. Volkmann (L'Oréal/eBay); s. dazu auch Rössel, CR 2011, 589.

Eröffnung einer Gefahrenquelle: Wer ein Portal betreibt, schafft damit die Möglichkeit für besonders viele Rechtsverletzungen durch die User. Dann aber muss man auch dafür sorgen, dass man diese Gefahren beherrschen kann, also die Beiträge vor einer Freischaltung überprüfen.[211] In einer anderen Entscheidung ging das LG Hamburg noch weiter, indem es alle User-Beiträge in einem Meinungsforum automatisch zu eigenen Informationen des Portalbetreibers erklärte.[212] Hier wurde nun der entgegengesetzte Fehler gemacht, indem das Spannungsverhältnis zwischen Portalbetreiber und Usern nicht angemessen gewürdigt wurde.[213]

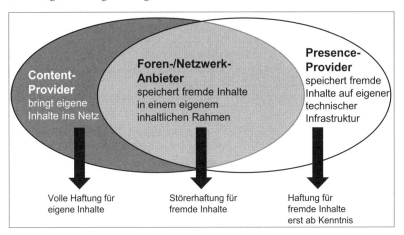

Übersicht 28: Provider-Typologie bei Foren/Netzwerken

---

211 LG Hamburg, CR 2006, 638 m. Anm. Wimmers/Schulz = MMR 2006, 491 m. Anm. Gercke, mit der etwas spitzen Formulierung: „Ein allgemeiner Grundsatz, dass derjenige, der eine besonders gefährliche Einrichtung unterhält, wegen deren Gefährlichkeit von eventuellen Haftungsrisiken freigehalten werden müsste, existiert nicht; die Tendenz geht im Gegenteil vielmehr dahin, dass derjenige, der eine Einrichtung unterhält, von der wegen ihrer schweren Beherrschbarkeit besondere Gefahren ausgehen, einer verschärften Haftung unterworfen wird."
212 LG Hamburg, MMR 2007, 450 m. Anm. Meckbach/Weber; ähnlich LG Trier, MMR 2002, 694; OLG Köln, CR 2002, 678 = MMR 2002, 548; es gab in dieser „Frühzeit" der Rechtsprechung zur Forenhaftung aber auch andere (Gerichts-)Stimmen; so hat bspw. das LG Berlin, MMR 2004, 195, ausdrücklich hohe Hürden für das Zueigenmachen beim Forenbetreiber errichtet: „Der Umstand, dass die Bekl. vom Verkäufer eine Provision bezieht, führt ebenso wenig dazu, dass sie sich dessen Angebot zu Eigen macht." Ebenso das OLG Brandenburg, MMR 2006, 617 = CR 2006, 636: „Der Betreiber einer Internetplattform, der sich erkennbar darauf beschränkt, den Nutzern lediglich diese Plattform zur Verfügung zu stellen, macht sich dadurch die Angebote der Nutzer nicht zu eigen."
213 Zu Recht hat daher das OLG Hamburg die LG-Rechtsprechung aufgehoben und die Anforderungen an die Verantwortlichkeit des Forenbetreibers und die Zurechnungsmaßstäbe für User-Beiträge relativiert (vgl. OLG Hamburg CR 2007, 44 = MMR 2006, 744 m. Anm. Feldmann; OLG Hamburg MMR 2009, 479).

4.5.3.3 Anwendung der Grundsätze der Störerhaftung durch den BGH

349 Zwischen diesen beiden Extrempolen – Behandlung wie einen (reinen) Presence (Host) Provider einerseits oder wie einen (reinen) Content Provider andererseits – hat der BGH eine vermittelnde Position eingenommen. Die erste Leitentscheidung des BGH zur Forenhaftung betrifft Markenrechtsverletzungen in Auktionsplattformen. Hier hat der BGH die **Grundsätze der Störerhaftung** – analog abgeleitet aus den §§ 1004, 823 BGB – angewendet. Als „Störer" wird jeder angesehen, der einen für die Rechtsverletzung („Störung") kausalen Tatbeitrag willentlich leistet oder „die Herbeiführung der Störung" fördert.[214] Zudem muss der Störer die rechtliche Möglichkeit zur Verhinderung der Rechtsverletzung haben. Auf ein wie auch immer geartetes Verschulden kommt es nicht an; das unterscheidet den Störer grundlegend vom (Mit-)Täter oder Gehilfen. Als einen solchen Störer sieht der BGH einen Portalbetreiber an, der durch die Einrichtung des Portals im Internet die Voraussetzung dafür schafft, dass die einzelnen User durch entsprechende Beiträge Rechte Dritter verletzen können.

350 Diese geringen Hürden auf der Tatbestandsseite führen freilich auch zu überschaubaren Konsequenzen auf der Rechtsfolgenseite: So unterliegt der Störer einem **Unterlassungsanspruch** sowie ggf. darüber hinaus **Prüf- und Kontrollansprüchen zur Vermeidung künftiger weiterer Störungen.** Erst wenn die Prüf- und Kontrollpflichten verletzt sind, kann daraus ein Schadenersatzanspruch zugunsten des Geschädigten erwachsen. Diese Pflichten dürfen jedoch wegen der vergleichsweise schwachen Beteiligungsform des Störers an der Störung nicht überspannt werden. Der BGH hat diese Kontrollpflichten zur Vermeidung gleichartiger Wiederholungsfälle bejaht.[215] Diesen Kontrollpflichten steht auch nicht § 7 Abs. 2 TMG entgegen, weil der gesamte Haftungsfilter der §§ 7 ff. TMG nur für verantwortliches, also schuldhaftes Handeln, nicht jedoch für die Störerhaftung, gilt.[216]

214 BGH NJW 2012, 148 = MMR 2012, 124 m. Anm. Hoeren = CR 2012, 103; BGH, CR 2007, 523, 526; OLG Düsseldorf, MMR 2006, 618, 619.
215 BGH, Urt. v. 27.3.2012 – Az. VI ZR 144/11 = NJW 2012, 2345.
216 BGH, NJW 2008, 758, 759 m. w. N.; Köhler/Arndt/Fetzer, Recht des Internet, Rn. 785.

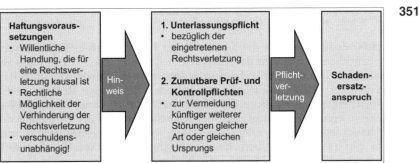

Übersicht 29: Störerhaftung bei usergenerated Content

In der Folge hat der BGH die Prüf- und Kontrollpflichten von Portalbe-   **352**
treibern schrittweise ausgeweitet. So hat er die Kontrollpflichten über die
Vermeidung gleichartiger Forenbeiträge hinaus auf **andere Beiträge desselben Users** erstreckt und die Prüfungspflichten auf den weitergehende-
ren Begriff der Verkehrspflichten erweitert.[217] Entscheidend ist danach
die **Eröffnung einer Gefahrenquelle, für deren Beherrschung der Portalbetreiber verantwortlich ist** (insofern ähnlich wie schon das LG Hamburg,
s. o., Rn. 347). Außerdem hat der BGH den mit der Störerhaftung verbundenen **Unterlassungsanspruch auch vorbeugend** zugelassen, wenn der potenzielle Störer eine „Erstbegehungsgefahr" verursacht; dann muss nicht
erst abgewartet werden, bis die Rechtsverletzung tatsächlich eingetreten
ist.[218] Die Erfüllung dieser Prüf- und Kontrollpflichten erfolgt i. d. R.
durch geeignete Filtertechniken.[219]

Schließlich hat der BGH dem Portalbetreiber eine **sekundäre Darlegungs-   353
und Beweislast** auferlegt, wenn der Anspruchssteller – was in aller Regel
der Fall ist – keinen Einblick in den internen Machtbereich des Portalbetreibers hat und deshalb die dort liegenden Umstände nicht substantiiert
darlegen kann.[220] Das ist z. B. der Fall, wenn der Anspruchssteller

> „keinen Einblick in die technischen Möglichkeiten hat und von sich aus nicht
> erkennen kann, ob der Beklagten [Portalbetreiber] der Einsatz einer bestimmten
> Maßnahme im Hinblick auf ihre internen Betriebsabläufe zumutbar ist. Unter die-
> sen Umständen ist die Beklagte im Rahmen der sie treffenden sekundären Dar-
> legungslast gehalten, im Einzelnen vorzutragen, welche Schutzmaßnahmen sie

---

217 BGH, NJW 2008, 758 = MMR 2007, 634 m. Anm. Köster/Jürgens = CR 2007, 728 m.
     Anm. Härting.
218 BGH, NJW 2007, 2636 = CR 2007, 523 m. Anm. Rössel = MMR 2007, 507 m. Anm.
     Spindler (Internet-Versteigerung II).
219 BGH, Urt. v. 11.3.2004 – Az. I ZR 304/01 = NJW 2004, 3102 (Rolex); zur Umsetzung
     der Vermeidung von Wiederholungsverletzungen siehe LG Hamburg CR 2012, 391 m.
     Anm. Schulz = MMR 2012, 404 m. Anm. Leopold (GEMA/YouTube).
220 BGH, CR 2008, 727 m. Anm. Rössel = MMR 2008, 818.

ergreifen kann und weshalb ihr – falls diese Maßnahmen keinen lückenlosen Schutz gewährleisten – weitergehende Maßnahmen nicht zuzumuten sind."

354 Im Normalfall werden die Kontroll- und Prüfpflichten erst durch einen entsprechenden **Hinweis des Anspruchsstellers** ausgelöst;[221] erst wenn bekannt ist, dass ein User rechtswidrige Inhalte in das Portal eingestellt hat, kann man künftige Beiträge von ihm oder gleichartige Rechtsverstöße Dritter entsprechend überprüfen. Dies setzt freilich voraus, dass „der Hinweis so konkret gefasst ist, dass der Rechtsverstoß auf der Grundlage der Behauptungen des Betroffenen unschwer – d. h. ohne eingehende rechtliche und tatsächliche Überprüfung – bejaht werden kann."[222] Erschießt sich aus dem bloßen Hinweis die Rechtsverletzung noch nicht, ist der Anspruchsteller darüber hinaus dazu verpflichtet, seinem Hinweis geeignete Belege beizufügen.[223]

355 In diesem Zusammenhang hat der BGH das sog. „**Notice-and-take-down**"-**Verfahren** angewendet. Danach muss der Portalbetreiber die Beanstandung zunächst dem darin kritisierten User zuleiten. Reagiert dieser innerhalb einer angemessenen Frist nicht, ist von der Berechtigung der Beanstandung auszugehen und der entsprechende Beitrag zu löschen. Dasselbe gilt, wenn der User den Vorwurf pauschal bestreitet. Wendet er sich aber substantiiert gegen die Beanstandung, leitet der Portalbetreiber diese Erwiderung dem Anspruchsteller mit der Forderung nach weiteren Nachweisen zu. Erfolgt dies nicht oder unzureichend, bleibt der beanstandete Beitrag stehen. Vermag aber der Anspruchsteller die Erwiderung des Users substantiiert zu kontern, erfolgt die Löschung des Beitrags.[224]

4.5.3.4 Bedeutung und Bewertung der Störerhaftungs-Rechtsprechung

356 Die zunächst marken- und wettbewerbsrechtlich begründete Störerhaftung hat der BGH im Lauf der Zeit auch auf andere Arten von Rechtsverletzungen (Urheberrecht, Persönlichkeitsrecht) angewendet. Sie wird daher dem Grund nach für alle Formen von usergenerated Content, der in einen von einem Betreiber zur Verfügung gestellten Rahmen eingestellt wird, gelten müssen.[225] Letztlich läuft die BGH-Rechtsprechung darauf hinaus, dass ein Portalbetreiber zur Erfüllung seiner Prüfungs- bzw. Verkehrspflichten geeignete Filtertechniken vorsehen muss, um die Verlet-

---

221 BGH MMR 2011, 480 = CR 2011, 325; ähnlich OLG Düsseldorf MMR 2012, 118 = CR 2012, 122.
222 BGH NJW 2012, 148 = MMR 2012, 124 m. Anm. Hoeren = CR 2012, 103.
223 BGH CR 2011, 817 = MMR 2012, 178 (Stiftparfüm).
224 BGH NJW 2012, 148 = MMR 2012, 124 m. Anm. Hoeren = CR 2012, 103 (Rn. 27), bezogen auf eine Persönlichkeitsrechtsverletzung; dazu Spindler, CR 2012, 176, und Vonhoff, MMR 2012, 571.
225 Volkmann, CR 2008, 232. Siehe auch die jeweiligen haftungsrechtlichen Anmerkungen zu den verschiedenen Erscheinungsformen bei Roggenkamp/Stadler, in: Heckmann, Internetrecht, Kap. 10 Rn. 515 ff., 547 ff., 557 ff., 572 ff., 595 ff.

zung absoluter Rechte nach Möglichkeit verhindern zu können.[226] Allerdings können Umfang und **Reichweite der Prüf- und Kontrollpflichten** erheblich variieren. Dies richtet sich nach verschiedenen Kriterien:[227]

- Wegen des wirtschaftlichen Eigeninteresses des Anbieters einer **gewerblichen Handels- oder Auktionsplattform** unterliegt dieser strengeren Pflichten, als der Betreiber eines reinen Informationsforums. Dies gilt erst recht, wenn der Anbieter die Verkäufer durch Werbemaßnahmen aktiv unterstützt; in diesem Fall hat der BGH eine Überprüfung aller Angebote verlangt, die in der über die Anzeigen erreichbaren Ergebnisliste zu finden sind.[228] Umgekehrt gelten für den Anbieter eines **Meinungsforums zu gesellschaftlichen und/oder politischen Fragen,** das dem besonderen Grundrechtsschutz der Meinungsfreiheit (für die User ebenso wie für den Betreiber) gem. Art. 5 Abs. 1 GG unterliegt, höhere Zumutbarkeitsschranken für die Prüf- und Kontrollpflichten.[229]   **357**

- Einen wesentlichen Gesichtspunkt stellt auch die **Reichweite der potenziellen Störung** dar. So ist ein weltweit offen einsehbares Angebot tendenziell strenger zu behandeln, als ein nur für die User einsehbares Forum. Ähnliches gilt für die **inhaltliche „Gefahrgeneigtheit"** des Forums; der Anbieter eines Diskussionsforums, das sich beispielsweise mit Fragen der Sexualität oder des Rechtsextremismus befasst, muss besser aufpassen, als jemand, bei dem Informationen zum Wetter oder Kochrezepte ausgetauscht werden.   **358**

- Auch sind an ein **privat oder ehrenamtlich betriebenes Forum** geringere Anforderungen zu stellen als an ein **professionell-gewerbliches Angebot,** das beispielsweise durch Werbebanner o. Ä. Gewinne erzielt. So hat das OLG Düsseldorf einem nichtprofessionellen Forenbetreiber, der davon auch wirtschaftlich nicht profitiert hat, nur eine nachlaufende Löschungspflicht (die sich freilich auch für den reinen Presence Provider bereits aus § 10 TMG ergibt) auferlegt. Zur Begründung hob das Gericht besonders darauf ab, dass man sonst den Betreiber „in technischer, persönlicher und wirtschaftlicher Hinsicht schlicht überfordern würde und das Betreiben von Internetforen letztlich wegen der sich aus der Überwachungspflicht ergebenden Haftungsrisiken unmöglich würde."[230]   **359**

---

226 Vgl. Rössel/Kruse, CR 2008, 35, 40 f.
227 Siehe auch Wilmer, NJW 2008, 1845, 1849 ff.; Fülbier, CR 2007, 515, 519 ff.
228 BGH CR 2014, 50 (Kinderhochstühle im Internet II).
229 Libertus/Schneider, CR 2006, 626.
230 OLG Düsseldorf, MMR 2006, 618 m. Anm. Eichelberger = CR 2006, 682.

360   Mir erscheint – entgegen mancher Kritik[231] – die Linie des BGH so schlecht nicht. Sie trägt der besonderen Stellung von Foren, Blogs, Gästebüchern etc. Rechnung, indem deren Anbieter nicht in ein unpassendes Schema – nämlich entweder in das des Presence Providers oder in das des Content Providers – gepresst werden. Es ist nur zu hoffen, dass der BGH diese „Mittellinie" beibehält und nicht in eine Richtung „umkippt"; insbesondere dürfen die Prüf- und Kontrollpflichten nicht überspannt werden. Bedenklich ist insofern die Erweiterung der Prüfpflichten auf die Verkehrssicherungspflichten für die Eröffnung einer Gefahrenquelle, weil der Portalbetreiber dadurch – bei Verletzung solcher weitgefassten Verkehrssicherungspflichten – wieder dem Täterbegriff angenähert wird.[232] Ansonsten bieten die Grundsätze zur Störerhaftung bei der Bemessung der Reichweite und Intensität der Prüf- und Kontrollpflichten **viel Flexibilität und Spielraum für sachgerechte Lösungen angesichts der Vielgestaltigkeit interaktiver Internetangebote.** Damit nimmt der BGH den Portalanbieter in eine gewisse – aber eben auch nicht überzogene – Mithaftung für das, was im Portal passiert. Das führt dazu, dass der Betreiber unabhängig von etwaigen Distanzierungsbekundungen für die „Ordnung" in *seinem* Portal in einem gewissen Maß verantwortlich bleibt. In den USA unterliegen Portalbetreiber dagegen für den bei ihnen eingestellten usergenerated Content keiner Verantwortung.[233]

360a   Eine etwas strengere Gangart hat der **EGMR** mit einer kurz vor Drucklegung dieses Buches getroffenen Entscheidung eingeschlagen. Anders als im deutschen Recht vorgesehen hat der EGMR **eine bereits vor der Beanstandung durch den Betroffenen bestehende Löschungspflicht für usergenerated Content** bejaht. Im zugrundeliegenden Fall wurde das beklagte Nachrichtenforum, das rechtswidrige Kommentare seiner Nutzer im Normalfall erst auf entsprechende Hinweise löschte, wegen nicht eigeninitiativer Löschung besonders schwerer Beleidigungen zum Schadenersatz verurteilt.[234] Wie diese Entscheidung von der deutschen Rechtsprechung rezipiert wird und ob es zu einer Änderung der Störerhaftung kommt, ist noch nicht abzusehen. Gegen weitreichende Folgen dieses Urteils spricht, dass der EGMR die Pflicht zur sofortigen Löschung von einer **Reihe be-**

---

231 Vgl. etwa Leible, NJW 2007, 3324 f., der insbesondere rügt, dass der BGH wegen der Nichtanwendung der §§ 7 ff. TMG (die auf der eCommerce-RL beruhen) den EuGH anrufen müsste.

232 Vgl. Volkmann, CR 2008, 232 f.; dies kann wegen des Verschuldenselements auch zur Folge haben, dass aus der Verletzung von Verkehrspflichten Schadenersatzansprüche – die der eigentlichen Störerhaftung (da verschuldensunabhängig) fremd sind – abgeleitet werden können, vgl. Rössel/Kruse, CR 2008, 35. Insoweit müsste aber der an Verantwortlichkeiten anknüpfende Haftungsfilter der §§ 7 ff. TMG greifen, vgl. auch hierzu Rössel/Kruse, a. a. O., 39 f.

233 So Fülbier, CR 2008, 515, 520 f. m. w. N., der insoweit sogar von „Immunität" spricht.

234 EGMR, Urt. v. 16.6.2015 – Az. 64569/09, insbes. Abs. 115 f., 141, 159, 162 (Delfi AS).

sonderer Voraussetzungen abhängig gemacht hat, die in diesem Fall erfüllt waren:
- Die Löschungspflicht gilt nur für kommerzielle Portale.
- Der usergenerated Content muss sich auf von diesem Portal veröffentlichte (eigene) Inhalte beziehen und schwerwiegende Rechtsverletzungen enthalten.
- Die Höhe des Schadenersatzes darf die wirtschaftliche Existenz des Portalbetreibers nicht gefährden.

Sind diese Voraussetzungen erfüllt, genießt die Privatsphäre einschließlich des Rechts der persönlichen Ehre aus Art. 8 EMRK Vorrang vor der Meinungsfreiheit gem. Art. 10 EMRK.

4.5.3.5 Auskunftsanspruch auf die Identität des einzelnen Forenusers

Ein wesentlicher Grund für die hohe praktische Bedeutung der Haftung **361** für usergenerated Content liegt darin, dass der – unstreitig voll haftende – User, der den rechtswidrigen Beitrag verfasst hat, dem Geschädigten meist nicht bekannt ist. In den meisten Foren wird mit **Pseudonymen** („**nicknames**") gearbeitet, so dass die wahre Identität des Users verborgen bleibt. Da es nicht schwer ist, beim Eintritt in ein Forum eine erfundene Identität anzugeben, wird auch oft der Forenbetreiber die wahre Identität eines Users nicht kennen. Doch selbst wenn er diese kennt, ist er zur Herausgabe nicht befugt. Denn die Identität des registrierten Users stellt ein personenbezogenes Datum dar, das der Forenbetreiber als Anbieter eines Telemediendienstes erhalten hat. Da nach § 12 Abs. 2 TMG die Verwendung solcher Daten nur bei Einwilligung oder gesetzlicher Erlaubnis möglich ist und eine solche Rechtsgrundlage fehlt, hat der BGH den Auskunftsanspruch verneint. Etwas anderes gilt z. B. für Zwecke der Strafverfolgung, weil es insoweit eine gesetzliche Erlaubnis der Datenweitergabe gibt (§ 14 Abs. 2 TMG).[235]

4.5.4 Virtuelles Hausrecht des Anbieters

Korrespondierend zu dieser Verantwortung des Portalbetreibers für sein **362** Portal stellt sich die Frage, ob und gegebenenfalls wie und unter welchen Voraussetzungen ein **Portalbetreiber intern gegen User in seinem Portal vorgehen** kann. So leuchtet auf Anhieb ein, dass ein Portalbetreiber, der wegen eines Userbeitrags auf Unterlassung in Haftung genommen wurde, diesen Beitrag auch im Rechtsverhältnis zu dessen Urheber löschen können muss. Das gesamte Spektrum vom Löschen einzelner Beiträge über „disziplinarische Maßnahmen" (z. B. ein vorübergehendes „Schreibver-

---

235 BGH, Urt. v. 1.7.2014 – Az. VI ZR 345/13 = NJW 2014, 2651 = MMR 2014, 704 m. Anm. Palzer; früher noch zugunsten des Auskunftsanspruchs OLG Düsseldorf, MMR 2006, 553 = CR 2006, 482; zu den datenschutzrechtlichen Implikationen vgl. auch Schmitz/Laun, MMR 2005, 208, 212 f.

bot") bis hin zum „Rauswurf" von Usern (d. h. dem Löschen des Accounts) fällt unter den Begriff des „virtuellen Hausrechts".

363 Da zwischen dem Anbieter und dem User in aller Regel eine (miet-)ver-
tragliche Beziehung besteht (s. o., Rn. 336 ff.), unterliegt der Anbieter bezüglich disziplinarischer Maßnahmen entsprechenden **Vertragsbindungen,**
etwa wie den Vermieter einer Wohnung. Er kann nun nicht mehr einfach
willkürlich einen User aus dem Forum „rauswerfen", sondern ist
(miet-)vertraglich gebunden. Die Löschung des Accounts eines Users stellt
eine Kündigung dieses Vertrages dar, zu der der Anbieter berechtigt sein
muss. Dies trägt auch den **schützenswerten Interessen der User** Rechnung,
denn diese „beteiligen sich über Jahre an Diskussionsforen und erwerben
über ihre Kennung in diesem Forum eine eigene Identität. Davon will
ein Nutzer für den Betreiber erkennbar nur dann ausgeschlossen werden
können, wenn er gegen bestimmte Regeln verstoßen hat."[236] Erst nach
einer wirksamen Kündigung hat der Anbieter einen Unterlassungsanspruch „auf Wegbleiben" aus § 1004 BGB (Eigentum) oder § 862 BGB
(Besitz).[237]

364 So hat der Anbieter nach allgemeinen Grundsätzen in jedem Fall ein **au-
ßerordentliches Kündigungsrecht,** wenn ihm die Fortführung des Vertrages nicht mehr zumutbar ist; dies wäre z. B. der Fall, wenn ein User eindeutig strafrechtlich relevante Postings (Nazi-Parolen) von sich gäbe oder
in anderer Weise dem Ruf des Forums schweren Schaden zufügen
würde.[238] Ein **ordentliches Kündigungsrecht** kann sich dagegen nur aus
dem Vertrag selbst ergeben. So folgt aus dieser vertraglichen Beziehung
eine **wechselseitige Rücksichtnahmepflicht** (§ 241 Abs. 2 BGB), deren
Nichtbeachtung eine Kündigung – ggf. nach einer Abmahnung – rechtfertigen kann. Aus dieser Pflicht folgt für den Portalbetreiber beispielsweise
das Verbot zu widersprüchlichem Verhalten; er kann also nicht grundlos
einen Beitrag löschen oder einen User ausschließen.[239] Der User darf seinerseits sein Veröffentlichungsrecht im Forum nicht dazu missbrauchen,
die Rechte des Portalbetreibers oder Dritter (die dann den Portalbetreiber
in Anspruch nehmen können) zu verletzen. Besondere Bedeutung kommt
hierbei den **Forenregeln** zu, die jedenfalls dann als AGB-rechtlich verein-
barte Nutzungsbedingungen im Rahmen dieses Vertragsverhältnisses anzusehen sind, wenn diese vom User vor der Registrierung als gelesen und
akzeptiert anzuklicken waren. Darin können klare Sanktionsmechanis-

---

236 LG München I CR 2007, 264 m. Anm. Redeker.
237 LG München I CR 2007, 264.
238 Vgl. Feldmann/Heidrich, CR 2006, 406, 409 ff.
239 Roggenkamp/Stadler, in: Heckmann, Internetrecht, Kap. 10 Rn. 535; kritisch zu den
     rechtlichen Hürden eines Hausrechts Köhler/Arndt/Fetzer, Recht des Internet, Rn. 822 f.,
     die dem Forenbetreiber aus dem Grundsatz der Privatautonomie das Recht zur beliebigen
     Beendigung des Rechtsverhältnisses mit dem User zubilligen.

men und -stufen beispielsweise gegen Off-Topic-Postings, aggressive Inhalte unterhalb der Beleidigungsschwelle, kommerzielle Werbung in Meinungsforen oder entwicklungsbeeinträchtigende Angebote i. S. v. § 5
JMStV festgelegt werden. In einem solchen Fall hat der Portalbetreiber
eine rechtlich belastbare Handhabe für entsprechende Maßnahmen gegen
unbotmäßige User.[240]

Große, professionell betriebene Plattformen insbesondere im kommerziel-   **365**
len Bereich – wie beispielsweise eBay – sehen in ihren AGBs klare Regelungen über Sanktionen bis hin zur Kündigung vor. So differenziert § 4
der eBay-AGBs zwischen dem Löschen von Angeboten oder sonstigen Inhalten, der Verwarnung von Mitgliedern, der Be-/Einschränkung der Nutzung des eBay-Marktplatzes, der Aberkennung eines besonderen Verkäu-
fer-Status, der vorläufigen Sperrung und der endgültigen Sperrung; diese
Maßnahmen können verhängt werden,

> „wenn konkrete Anhaltspunkte dafür bestehen, dass ein Mitglied gesetzliche
> Vorschriften, Rechte Dritter, die eBay-AGB oder die eBay-Grundsätze verletzt
> oder wenn eBay ein sonstiges berechtigtes Interesse hat, insbesondere zum
> Schutz der Mitglieder vor betrügerischen Aktivitäten."

Außerdem sieht § 4 Ziff. 3 und 4 ein beiderseitiges, voraussetzungsloses
Kündigungsrecht vor, bei dem eBay eine Frist von 14 Tagen zum Monats-
ende beachten muss. Diese Klauseln sind bislang gerichtlich bestätigt worden.[241]

Sofern ausnahmsweise – z. B. bei einem ehrenamtlich und werbefrei be-   **366**
triebenen kleinen Diskussionsforum (s. o., Rn. 336) – keine vertragsrechtliche Beziehung zwischen Anbieter und User besteht, sondern nur ein Gefälligkeitsverhältnis, kann das Recht des Portalbetreibers zur Löschung
oder Suspendierung eines Users und/oder seiner Beiträge dann nur sachen-
rechtlich auf das **Eigentums- oder Besitzrecht am Portalserver** gestützt
werden. Sollte man das Besitzrecht mangels physischer Zugriffsmöglich-
keit verneinen, ist das Hausrecht des Portalbetreibers im Wege der analogen Anwendung der §§ 903, 1004 BGB auf das **Eigentumsrecht am (unkörperlichen) Portal** als solches zu stützen.[242]

Beispielfall 6: Rigoroses Regiment   **367**

Sachverhalt: Politikstudent Pascal (P) betreibt im Internet ein politisches, nichtkommerzielles Diskussionsforum, das sich als „unpartei-
isch und demokratisch" versteht. Um daran mit Postings teilnehmen
zu können, ist eine formlose Registrierung mit einem Benutzernamen

---

240 Feldmann/Heidrich, CR 2006, 406, 410; Roggenkamp/Stadler, in: Heckmann, Internet-
    recht, Kap. 10 Rn. 536 f.
241 OLG Brandenburg, MMR 2009, 262; siehe auch KG, CR 2005, 818 m. Anm. Spindler.
242 Maume, MMR 2007, 620, 623 f.

und einem Passwort erforderlich. Unter dem thread „Kriminalitätsbe-
kämpfung" finden sich nach kurzer Zeit zahlreiche Postings der User
„walhalla", „adolf" und „deutscherstolz" mit starkem ausländer-
feindlichem Hintergrund, in denen mit Parolen „Alle Ausländer sind
kriminell", Ausländer sind unser Unglück", „Wir brauchen eine neue
Reichskristallnacht – zündet die Häuser der Ausländer an" u. ä. Stimmung gemacht wird. User „weltoffenesland" wendet sich in seinen
Postings gegen diese Parolen und spricht sich für ein liberales Einwan-
derungsgesetz aus, weshalb er von „deutscherstolz" als „letzter
Dreck" bezeichnet wird. Von alledem erfährt P, der aus Prinzip und
unter Hinweis auf § 7 Abs. 2 TMG sein Forum nicht regelmäßig kontrolliert, erst auf Hinweis des Users „roterstern", der P's Forum als
„Braunen Sumpf" bezeichnet. P löscht darauf hin zwar keine Postings,
um die Meinungsfreiheit in seinem Forum nicht zu beeinträchtigen,
ermahnt jedoch die drei genannten User und droht ihnen bei weiteren
ausländerfeindlichen Postings mit der Löschung. Dem User „roterstern" teilt er mit, dass für „Leute, die mit Dreck schmeißen und das
Forum beleidigen" kein Platz in seinem Forum sei und er jetzt gelöscht
werde.

a) Hat sich P strafbar gemacht?

b) War P zur Löschung von „roterstern" befugt?

c) Kann „weltoffenesland" von P die Nennung der Identität von
„deutscherstolz" verlangen?

368 **Lösungsvorschlag:**

a) P könnte sich wegen Volksverhetzung gem. § 130 Abs. 1 StGB strafbar gemacht haben. Danach darf u. a. nicht in einer den öffentlichen
Frieden störenden Weise gegen Teile der Bevölkerung zum Hass aufge-
stachelt oder zu Gewaltmaßnahmen aufgefordert werden. Auch eine
menschenwürdeverletzende Beschimpfung von Teilen der Bevölkerung
stellt eine Volksverhetzung dar. Hier haben die drei User „walhalla",
„adolf" und „deutscherstolz" die Bevölkerungsgruppe der Ausländer
nicht nur als kriminell und gemeinschädlich schwerwiegend be-
schimpft, sondern durch die Aufforderung zum Anzünden der Häuser
von Ausländern auch zu Gewaltmaßnahmen aufgefordert. Indem
diese Äußerungen im Internet publiziert wurden, ist auch die Eignung
zur Störung des öffentlichen Friedens zu bejahen. P hat diese Parolen
jedoch nicht selbst geäußert oder sich zu eigen gemacht. Allerdings
könnte sich P gem. § 130 Abs. 2 StGB strafbar gemacht haben. Danach wird bestraft, wer volksverhetzende Äußerungen gem. § 130
Abs. 1 StGB durch Rundfunk oder Telemedien verbreitet. Indem die
Äußerungen im Forum des P erfolgen, verbreitet er dadurch die volksverhetzenden Inhalte. Dies ist ihm auch spätestens seit dem Hinweis
von „roterstern" bekannt, womit auch der Tatvorsatz gegeben ist. Da
P auch nach diesem Zeitpunkt die volksverhetzenden Inhalte in seinem

Forum nicht löscht, macht er sich gem. § 130 Abs. 2 StGB strafbar. Auch das Haftungsprivileg des § 10 TMG hilft ihm dabei – wenn es überhaupt auf Foren anwendbar ist – nicht, weil er ja ab Kenntnisnahme die Inhalte nicht löscht.

b) Die einseitige Löschung des Users „roterstern" könnte eine Vertragsverletzung darstellen. Da das Forum offenbar einen größeren Adressatenkreis hat und die Teilnahme eine Registrierung voraussetzt, ist für ein reines Gefälligkeitsverhältnis trotz des nichtkommerziellen Charakters kein Raum. Vielmehr kommt zwischen P und den Usern jeweils ein Vertrag über die Benutzung des Forums zustande. Die einseitige Löschung durch P stellt daher eine Vertragskündigung dar. In Ermangelung eines näheren Regelwerks kann eine Kündigung nur dann in Betracht kommen, wenn unter Wahrung der Interessen von „roterstern" dessen weitere Mitwirkung P nicht mehr zugemutet werden kann oder zumindest das Rücksichtnahmegebot verletzt worden ist. Die Bezeichnung des Forums als „Brauner Sumpf" ist zwar relativ deftig, hat jedoch einen berechtigten Kern. Da eine gegenseitige Kritik unter Vertragspartnern noch keinen Kündigungsgrund darstellt, reicht dies als Sachgrund nicht aus. Allenfalls wäre wegen der Wortwahl eine Abmahnung denkbar gewesen. Da P jedoch offensichtlich mit unterschiedlichen Maßstäben misst, indem er andere User mit strafbaren Postings („walhalla" u. a.), unbehelligt lässt, ist vorliegend nicht einmal für eine Abmahnung Raum. Folglich war P zur Löschung nicht befugt.

c) Da „deutscherstolz" den User „weltoffenesland" als „letzten Dreck" bezeichnet und damit beleidigt (§ 185 StGB), hat „weltoffenesland" einen Unterlassungsanspruch gegen „deutscherstolz". Dennoch kann „weltoffenesland" von P die Auskunft über die Identität von „deutscherstolz" nicht verlangen, weil es sich dabei um personenbezogene Daten handelt. Diese dürfen von P nur bei besonderer gesetzlicher Ermächtigung (die es dafür nicht gibt) oder Zustimmung des Betroffenen herausgegeben werden.

4.5.5 Bewertungsportale

Besonders intensiv ist das User-Engagement in den Bewertungsportalen. **369** Ob Lehrer oder Professoren, ob Hotels, Lebensmittelhändler oder gar Ärzte – nichts ist mehr davor gefeit, im Netz von den Usern bewertet zu werden. Dies geschieht für gewöhnlich durch ein **Noten- oder Sternchensystem** (meist von 1 = sehr schlecht bis 5 = sehr gut) und ist häufig durch die **Möglichkeit verbaler Freitextkommentare** ergänzt. Umso größer die Wahlfreiheit der Nachfrager bezüglich der bewerteten Leistungen ist,

desto mehr dienen Bewertungen als wesentliche Grundlage für die Auswahlentscheidung. So ist es etwa in der Hotel-Branche schon nahezu exis-
tenziell, in stark frequentierten Hotel-Bewertungsportalen einigermaßen
gut dazustehen, um in ausreichender Anzahl Gäste akquirieren zu können. Denn wer in eine fremde Stadt reist und ein Hotel braucht, wird sich
häufig an den Bewertungen innerhalb eines bestimmten Preissegments orientieren.

370 In rechtlicher Hinsicht stehen sich in solchen Bewertungsportalen **wider-
streitende Grundrechte der Beteiligten** gegenüber: Die User, die eine Bewertung abgeben, nehmen dadurch ihr Grundrecht auf **Meinungsfreiheit**
(Art. 5 Abs. 1 Satz 1 GG) wahr.[243] Soweit die Bewertungen an bestimmte
Personen (z. B. Lehrer) gebunden sind, entstehen dadurch zugleich personenbezogene Daten, die dem grundrechtlichen Schutz der **informationellen Selbstbestimmung** seitens des Bewerteten unterliegen. Dieses Grundrecht umfasst die Befugnis zu entscheiden, welche Daten öffentlich bekannt – also im Internet einsehbar – gemacht werden können (s. o.,
Rn. 52 f.). Ähnlich sieht es bei bewerteten Unternehmen wie Hotels oder
Lebensmittelhändlern aus. Zwar können diese sich nicht auf das aus der
Menschenwürde abgeleitete Allgemeine Persönlichkeitsrecht berufen. Dafür unterliegen sie dem Schutz des **eingerichteten und ausgeübten Gewer-
bebetriebs**, der als Fallgruppe des Eigentumsrechts gem. Art. 14 GG ebenfalls grundrechtlichen Schutz genießt.[244]

371 Deswegen überrascht es nicht, dass viele Bewertete gegen die Veröffentlichung ihrer Bewertungen im Internet rechtlich vorgegangen sind. Der
BGH hat zu derartigen Grundrechtskollisionen erstmals in der **spick-
mich.de-Entscheidung** grundsätzlich Stellung bezogen. Hier hatte eine
schlecht bewertete Lehrerin das (damalige) Lehrer-Bewertungsportal
„spickmich.de" auf Unterlassung der Veröffentlichung ihrer Bewertungen
verklagt. Der BGH hat jedoch zugunsten der Meinungsfreiheit der User
entschieden, weil das „Grundrecht auf informationelle Selbstbestimmung
[…] seine Grenze in der Gemeinschaftsbezogenheit des Grundrechtsträ-
gers" (also der Lehrerin) findet. Agiert die bewertete Person in der öffentlichen Sphäre, können ihre Bewertungen „zugleich Teil der sozialen Realität und damit Gegenstand von Meinungsäußerungen sein". Der Vorrang
der Meinungsfreiheit kann jedoch, so der BGH weiter, nur dann gelten,
„wenn damit keine besonders schwerwiegenden Auswirkungen auf des
Persönlichkeitsrecht – etwa Stigmatisierung, soziale Ausgrenzung oder

---

243 Hier liegt auch der kardinale Unterschied zu staatlichen Informationsportalen wie z. B.
einem Internet-Pranger für unhygienische Speisegaststätten, der sich nicht auf Grundrechte, sondern Eingriffsermächtigungen gegenüber den Betroffenen stützen können
muss; vgl. hierzu VGH Baden-Württemberg, Beschl. v. 28.1.2013 – Az. 9 S 2423/12 =
CR 2013, 242 (einstweiliger Rechtsschutz).
244 Haug, Öffentliches Recht für den Bachelor, Rn. 570.

Prangerwirkung – verbunden sind."[245] Ähnlich haben die Gerichte auch für Hotel- und Ärzte-Bewertungsportale entschieden.[246]

Wegen des grundrechtlichen Schutzes des Bewerteten und der starken Be- **372** lastung dieser Rechte durch i. d. R. anonyme Bewertungen im örtlich und zeitlich allgegenwärtigen Internet sind Bewertungsportale nicht generell zulässig. Vielmehr können nur die Meinungsfreiheit der bewertenden User und der Portalbetreiber sowie ein hinreichend gewichtiges **öffentliches Interesse an diesen Informationsmöglichkeiten** eine Rechtfertigung für den öffentlichen Meinungsaustausch über die erbrachten Leistungen darstellen.[247] Gerade bei Ärzten ist dies wegen der „Eignung des Portals, zu mehr Leistungstransparenz im Gesundheitswesen beizutragen" besonders augenfällig.[248] Aber auch bei öffentlich bezahlten und agierenden Lehrkräften wie Lehrern oder Professoren ist dieses öffentliche Interesse gegeben. Anders sähe es bei Tätigkeiten untergeordneter oder privater Art aus; so wäre ein Bewertungsportal von Supermarkt-Kassiererinnen oder Putzkräften gegen den Willen der Betroffenen unzulässig.

373

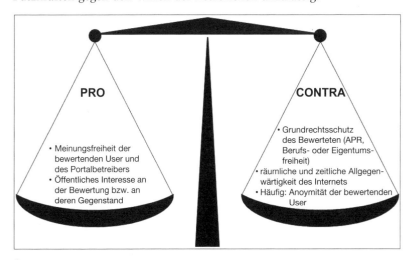

Übersicht 30: Bewertungsportale

---

245 BGH NJW 2009, 2888 = JZ 2009, 961 m. Anm. Ladeur = MMR 2009, 608 m. Anm. Greve/Schärdel (spickmich.de); Zitate aus den Leitsätzen.
246 OLG Hamburg MMR 2012, 605 (Hotels), BGH, Urt. v. 23.9.2014 – Az. VI ZR 358/ 13 = MMR 2015, 106 (Ärzte).
247 Schröder, VerwArch 2010, 205; Albert/Ammerich, NVwZ 2012, 286; Köhler/Arndt/Fetzer, Recht des Internet, Rn. 821.
248 BGH Urt. v. 23.9.2014 – Az. VI ZR 358/13 = MMR 2015, 106 (Rn. 40).

374   Allerdings bedeutet das auch **keinen Freibrief für bewertende User:** Die
Bewerteten können sich erfolgreich zur Wehr setzen, wenn die Bewertungen unwahre Tatsachenbehauptungen oder Beleidigungen enthalten oder
Fake-Bewertungen durch Mitbewerber darstellen.[249] Professionelle Bewertungsportale halten für solche Meldungen sogar schon entsprechende
Schaltflächen im Rahmen des Internetauftritts bereit. Auch die übergreifende Struktur der Portale muss die Grenzen, die sich aus dem grundrechtlichen Schutz der Bewerteten ergibt, achten. Dies gilt insbesondere
für das **Sachlichkeitsgebot**, das nicht zuletzt von etwaigen Bewertungska-
tegorien oder -threads beachtet werden muss: So kann eine Lehrkraft
nach Kategorien wie „Kompetenz", „Schüleransprache" oder „Fairness"
bewertet werden, nicht aber wie „Sex-Appeal", „Aussehen" oder „Mund-
geruch".

375   Beispielfall 7: Bundesliga-Bashing

Sachverhalt: Fußballfan Fabian (F) betreibt im Internet ein Bewer-
tungsforum für Fußballfans. Dort kann man alle aktuellen Spieler der
1. und 2. Bundesliga sowie die dort eingesetzten Schiedsrichter nach
vorgegebenen Kategorien in den Schulnoten von 1 („sehr gut") bis 6
(„ungenügend") bewerten und die jeweilige Durchschnittsbewertung
eines jeden Spielers oder Schiedsrichters zu jeder Kategorie und als
„Gesamtnote" einsehen. Für die Spieler sind als Kategorien „Zwei-
kampf", „Schnelligkeit", „Abschluss", „Übersicht", „Pässe", „Ballsi-
cherheit" sowie eine Gesamtnote vorgesehen; bei den Schiedsrichtern
kann man „Fehlentscheidungen", „Souveränität", „Spielkontrolle",
„Umgang mit Karten", „Dialog mit Spielern", „Unparteilichkeit" und
den Gesamteindruck benoten.

a) Der relativ schlecht bewertete Bundesliga-Torwart Thomas (T)
möchte dies nicht länger hinnehmen und verlangt von F unter Hinweis
auf seine Persönlichkeitsrechte die Löschung seiner Person in der Bewertungsliste (einschließlich aller Bewertungen). Insbesondere wendet
er sich gegen den auf ihn bezogenen Freitextkommentar „Kann keinen
einzigen Ball halten, ist eine Schande für den Berufsstand. Gehört in
die Kreisliga!". Außerdem fordert er von F Schadenersatz in Höhe von
10 Mio. Euro, weil ihm wegen der schlechten Bewertung ein deutlich
besser dotierter Vertrag bei einem anderen Verein entgangen sei; die
Schadenshöhe stellt den Gehaltsunterschied für die fünfjährige Lauf-
zeit des entgangenen Vertrags dar.

b) Der medienscheue Schiedsrichter Simon (S) wendet sich auch an F
und verlangt die Löschung seiner Person in der Bewertungsliste, weil

---

249 BGH Urt. v. 23.9.2014 – Az. VI ZR 358/13 = MMR 2015, 106 (Rn. 36).

Schiedsrichter – im Gegensatz zu den Spielern – keine öffentlichen Personen seien. Zudem verlangt er hilfsweise zumindest die Löschung eines auf ihn bezogenen Freitextkommentars mit dem Inhalt: „Totaler Arsch, bestraft kein Foul der Gegner! Wieviel haben die dem gezahlt?".

Muss F den jeweiligen Verlangen nachkommen?

Lösungsvorschlag: **376**
a) Zunächst ist zu prüfen, ob T die Löschung seiner Person in der Bewertungsliste verlangen kann. Dafür spricht, dass die auf ihn entfallenden Bewertungen personenbezogene Daten sind, die dem allgemeinen Persönlichkeitsrecht (Art. 2 Abs. 1 i. V. m. Art. 1 Abs. 1 GG) unterliegen. Auf der anderen Seite sind die Bewertungen Meinungsäußerungen der User. Es kommt also darauf an, ob ein hinreichendes öffentliches Interesse an den fußballerischen Leistungen des T besteht. Da Bundesligaspiele regelmäßig im Fernsehen übertragen werden, haben diese Leistungen des T einen hohen Sozialbezug. Dies kommt zudem in den astronomischen Gehältern der Spieler zum Ausdruck. Da außerdem das Sachlichkeitsgebot ausweislich der fußballbezogenen Kriterien gewahrt ist, überwiegen hier das öffentliche Interesse und die Meinungsfreiheit der User das Allgemeine Persönlichkeitsrecht des T, der daher keine Löschung verlangen kann.

Demgegenüber könnte der Löschungsanspruch bezüglich des kritischen Freitextkommentars gerechtfertigt sein. Dies wäre der Fall, wenn der Kommentar eine unwahre Tatsachenbehauptung oder eine Schmähkritik enthielte. Dafür ist zunächst zu klären, ob der Kommentar eine Tatsachenbehauptung oder ein Werturteil darstellt. Zwar wird mit den Worten „kann keinen Ball halten" eine vordergründig tatsachenbezogene Aussage gemacht. Aus dem Gesamtzusammenhang ergibt sich jedoch, dass dies nicht wörtlich, sondern wertend gemeint ist. Der Kommentar stellt also ein negatives Werturteil dar, das nur dann unzulässig ist, wenn es eine Schmähkritik darstellt. Darunter wird eine Kritik verstanden, die nicht nur in der Sache kritisiert, sondern den subjektiven Ehranspruch des T durch unsachliche Beschimpfung verletzt. Hier werden zwar starke Worte gebraucht, die aber noch einen hinreichenden Sachbezug zur Leistungsfähigkeit des T aufweisen und die Grenze zur ehrabschneidenden Beschimpfung gerade noch nicht überschreiten.[250] F muss folglich auch den Freitextkommentar bezüglich T nicht löschen.

---

250 Die hier vertretene Auffassung folgt dem Prinzip „in dubio pro libertate" und ist nicht zwingend; auch eine Grenzüberschreitung zur Schmähkritik wäre hier vertretbar.

Fraglich ist schließlich, ob T einen Schadenersatzanspruch geltend machen kann. Ursache für den entgangenen besseren Vertrag waren allerdings nicht die Bewertungen bei F, sondern das reale – unzureichende – Leistungsniveau des T, das sich u. a. auch in den Bewertungen spiegelt. Zudem haftet F als Forenbetreiber nur als Störer; danach wäre er erst nach einem Hinweis auf rechtswidrige Inhalte – die es hier schon gar nicht gibt – zur Löschung und Wiederholungsvermeidung verpflichtet, bevor Schadenersatzansprüche überhaupt entstehen könnten. Folglich besteht kein Schadenersatzanspruch des T.

b) Schwieriger ist die Entscheidung über das Verlangen des S, gelöscht zu werden. Da Schiedsrichter nur in Ausnahmefällen einer breiteren Öffentlichkeit namentlich bekannt sind und außerdem – im Vergleich zu den Spielern – nur gering entlohnt werden, könnte man hier am hinreichenden öffentlichen Interesse zweifeln. Da jedoch, wie dargelegt, die Spiele im Fernsehen übertragen werden, unterliegt auch die Tätigkeit und Leistung der Schiedsrichter einem hohen Sozialbezug. Mitunter regen sich die Zuschauer mehr über angebliche Fehler der Schiedsrichter auf, als über spielerische Mängel einzelner Spieler. Insofern besteht auch hieran ein hohes öffentliches Interesse, dem der fehlende individuelle Bekanntheitsgrad nicht entgegensteht. Da auch bezüglich der Schiedsrichter das Sachlichkeitsgebot angesichts der tätigkeitsbezogenen Kategorien gewahrt ist, kann B ebenfalls keine Löschung seiner Person im Forum von F verlangen.

Fraglich ist jedoch, ob dies auch für den beanstandeten Freitextkommentar gilt. Auch hier ist von einem Werturteil auszugehen, das jedoch – anders als bei T – eindeutig die Grenze zur Schmähkritik und Beleidigung überschreitet. Sowohl die Bezeichnung als „totaler Arsch" als auch die suggerierte Bestechlichkeit stellen ehrabschneidende Beschimpfungen dar, die S nicht hinnehmen muss und daher einen Unterlassungsanspruch gegenüber F begründen. Insoweit ist F – im Rahmen seiner Störerhaftung als Forenbetreiber – zur Löschung des Freitextkommentars bezüglich S verpflichtet.

4.5.6 Summary „Social Media"

377
1. Der Begriff „Social Media" erfasst alle Formen interaktiven Nutzeraustauschs im Internet, von Diskussionsforen über Auktions- und Bewertungsplattformen bis hin zu Blogs, Gästebüchern etc. Die Bedeutung von sozialen Netzwerken im Internet kann kaum überschätzt werden, zumal sich viele Aktivitäten aus dem „freien" Internet zunehmend in solche Netzwerke verlagert haben.

2. Im Normalfall besteht zwischen dem Anbieter einer Plattform und dem User ein (Miet-)Vertragsverhältnis, bei dem der Anbieter die Nutzung der Plattform gestattet und die User meist urheber- und datenschutzrechtliche Nutzungsrechte einräumen.

3. Die Haftung des Plattformbetreibers für Einträge „seiner" User (sog. usergenerated Content) ist schwierig einzuordnen, weil es sich beim Anbieter einer Plattform weder um einen reinen Presence (Host) Provider, noch um einen reinen Content Provider handelt; vielmehr schafft der Anbieter durch die Einrichtung der Plattform einen Content-Rahmen, in den dann fremde Inhalte eingestellt werden.

   a) Daraus folgt, dass dem Portalbetreiber weder alle eingestellten Beiträge als eigene Inhalte zugerechnet werden können, noch seine Haftung für die fremden Inhalte auf die Entfernung nach Kenntnisnahme beschränkt ist. Vielmehr muss die Portalhaftung dem Mischcharakter dieser interaktiven Internetangebote Rechnung tragen.

   b) Der BGH hat hierfür die Grundsätze der verschuldensunabhängigen Störerhaftung herangezogen. Danach haben in ihren Rechten verletzte Dritte gegen den Portalbetreiber einen Unterlassungsanspruch sowie den Anspruch auf Kontrolle zur Vermeidung künftiger gleichartiger Störungen, insbesondere seitens desselben Users. Erst wenn diese Pflichten verletzt werden, entsteht ein Schadenersatzanspruch des Betroffenen gegen den Betreiber.

   c) Diese Störerhaftung ist dem Grunde nach auf alle interaktiven Plattform- und Forenangebote anzuwenden. Für die dabei unterschiedliche Intensität der Kontroll- und Überwachungspflichten sind die inhaltliche oder wirtschaftliche Nähe des Portalbetreibers zu den Userinhalten, die inhaltliche Gefahrgeneigtheit zu Rechtsverletzungen und die Reichweite der Rechtsverletzungen maßgeblich.

4. Dem Portalbetreiber steht gegen „seine" User ein „virtuelles Hausrecht" zu, auf dessen Grundlage er einzelne Beiträge löschen und einzelne User ganz oder vorübergehend von der Beteiligung an der Plattform ausschließen kann. Allerdings kann er dabei nicht willkürlich handeln, sondern ist wegen des in der Regel damit verbundenen Nutzungsvertrags auf entsprechende Rechtfertigungsgründe angewiesen. Eine nähere Ausgestaltung der zulässigen Nutzung und möglicher Sanktionen kann in den Forenregeln (als AGBs) erfolgen.

5. Bewertungsportale greifen in grundrechtlich geschützte Positionen der bewerteten Personen oder Betriebe ein (Allgemeines Persönlichkeitsrecht, Recht des eingerichteten und ausgeübten Gewerbebe-

triebs). Sie sind deshalb nur dann zulässig, wenn diesem grundrechtlichen Schutz die Meinungsfreiheit der bewertenden User und
ein hinreichendes öffentliches Interesse an den bewerteten Leistungen oder Tätigkeiten besteht. Zudem besteht für die Kategorien
eines Bewertungsportals ein Sachlichkeitsgebot, das einen hinreichenden Sachzusammenhang zwischen Bewertungsgegenstand und
Bewertungskategorie fordert. In Freitextkommentaren sind unwahre Tatsachenbehauptungen, Schmähkritik und Beleidigungen
unzulässig.

4.6   Links

378 Links sind das **Lebenselixier des Netzes**, weil kein Netz ohne Verknüpfun-
gen (Links) existieren kann. Deshalb kann nicht erstaunen, dass sich in
diesem Zusammenhang verschiedene rechtliche Problemkreise ergeben.
Dabei handelt es sich zum Ersten um rechtliche Fragestellungen, die mit
dem **Setzen von Links** zusammenhängen; je nach Linkform können damit
– meist im Verhältnis zum Anbieter der verlinkten Seite(n) – verschiedene
Probleme verbunden sein. Zum Zweiten geht es um die Frage der **Haftung
für die verlinkten Inhalte**. Einen dritten Problemkreis stellen die **Suchmaschinen** dar, deren Suchergebnisse letztlich auch nichts anderes als suchbe-
griffsabhängige Linksammlungen darstellen.

4.6.1   Die rechtlichen Probleme verschiedener Linkformen

379

Link-Art	Potentielle rechtliche Probleme
Hyperlink	Rechtswidrige Markenbenutzung, soweit keine (konkludente) Zustimmung
Deep-Link	•Unterdrückung der Urhebernennung •Wettbewerbswidrige Leistungsübernahme
Framing	•Unterdrückung der Urhebernennung •Wettbewerbswidrige Leistungsübernahme oder Täuschung
Metatag	•Marken-/namensrechtliche Verwechslungsgefahr •Wettbewerbswidrige Rufausnutzung
Adwords/Keywords	•Marken-/namensrechtliche Verwechslungsgefahr bei fehlender Trennung vom Suchergebnis •Wettbewerbswidrige Rufausnutzung bei Bezugnahme auf den Markenrechtsinhaber oder seine Produkte

Übersicht 31: Rechtsprobleme verschiedener Linkformen

4.6.1.1 („Normale") Hyperlinks

Beim „normalen" Hyperlink wird **auf die Homepage (Eingangsseite) eines** **380**
fremden Internetangebots verwiesen. Dies kann in technisch verschiedener Art programmiert werden: Entweder schließt sich beim Anklicken
des Hyperlinks die ursprüngliche Seite automatisch und wird durch die
verlinkte Homepage ersetzt, oder aber die ursprüngliche Seite bleibt im
Hintergrund bestehen, während sich im Vordergrund ein neues Fenster
mit der verlinkten Homepage öffnet.

In einer Verlinkung kann eine – zunächst grundsätzlich unzulässige – Be- **381**
nutzung einer fremden Marke oder geschäftlichen Bezeichnung gem.
§§ 14 f. MarkenG liegen. Dies setzt jedoch voraus, dass die Verlinkung
im geschäftlichen Verkehr erfolgt, also dadurch **wirtschaftliche Interessen**
objektiv gefördert werden. Teilweise wird jedoch auch vertreten, dass
hierfür schon jede Förderung eines beliebigen Wettbewerbs – unabhängig
von Gewinnerzielungsabsichten oder einer Entgeltlichkeit eines Angebots
– ausreiche.[251] Darunter würden auch viele private Homepages fallen,
was auch unter Berücksichtigung eines effektiven Markenschutzes über-
zogen erscheint.

Unabhängig davon ist eine solche Markenbenutzung zulässig, wenn die **382**
Zustimmung des Rechtsinhabers vorliegt. Eine solche – konkludente –
Zustimmung wird regelmäßig darin gesehen, dass der Markenrechtsinhaber einen Internetauftritt unterhält; denn der Zweck eines Auftritts im
Netz ist es ja gerade, sich zu präsentieren und verlinkt (*vernetzt*) zu werden.[252] Von dieser Zustimmung kann jedoch dann nicht ausgegangen
werden, wenn die Marke durch die Linksetzung in einen problematischen
Kontext, der bei objektiver Würdigung den Ruf der Marke und damit die
schutzwürdigen Interessen des Markeninhabers tangiert, gerät. Ebenso
darf der Link nicht kennzeichnend für die verlinkende Webseite sein.[253]

Die Nutzung eines Links als Gestaltungsmittel für den eigenen Internet- **383**
auftritt kann – je nach konkreter Ausgestaltung – wettbewerbsrechtlich
unlauter i. S. v. §§ 3 f. UWG sein, so z. B. im Fall einer Leistungsübernahme, Behinderung, Rufausbeutung oder Irreführung; auch dies setzt ein
Handeln im geschäftlichen Verkehr, also die Förderung von wirtschaftlichen Interessen, voraus. Die Rechtsprechung ist **mit wettbewerbsrechtli-**
chen Beanstandungen von Hyperlinks bislang relativ zurückhaltend; da-

---

251 So Müglich, CR 2002, 583.
252 A. A. Müglich, CR 2002, 583, 589, der darin eine Überspannung der Grundsätze zur
    Auslegung von Erklärungen nach §§ 133, 157 BGB sieht.
253 Köhler/Arndt/Fetzer, Recht des Internet, Rn. 722; zur Rufschädigung vgl. OLG Celle,
    MMR 2007, 605, wonach die Verlinkung eines Bauträgers mit einer Seite „pfuscher-am-
    bau" für sich noch nicht zum Ausdruck bringt, dass der Bauträger eine „Pfuschfirma"
    ist.

für spricht, dass der Einsatz von Hyperlinks dem Allgemeininteresse an der Funktionsfähigkeit des Mediums Internet dient.[254] So hat das OLG Jena die Aufnahme von Links zu Fachverbänden oder Dachorganisationen in der Internetpräsenz eines Unternehmens auch dann nicht als irreführend angesehen, wenn das Unternehmen den Verbänden gar nicht angehört; erforderlich sei lediglich, dass die Gestaltung des Internetauftritts keine besondere Nähe zu diesen Verbänden suggeriert.[255]

4.6.1.2 Deep-Links

384 Verweist ein Link nicht auf die Eingangsseite eines fremden Angebots, sondern auf eine **Unterseite** davon, spricht man von einem „deep-link". Dadurch kann – je nach Struktur und Ähnlichkeit der fremden Seite – der Eindruck erzeugt werden, die verlinkte Seite gehöre zum Angebot des Linksetzers. Besonders hohe praktische Relevanz hat diese Linkform bei **Suchmaschinen und Informationsdiensten**, die den User regelmäßig direkt auf die Seite mit dem genannten Suchbegriff leiten.

385 Wird die Nennung des Urhebers der verlinkten Seite dadurch unterdrückt, kann das Urheberpersönlichkeitsrecht auf **Anerkennung der Urheberschaft** (s. o., Rn. 229) verletzt sein.[256] Ansonsten sieht der BGH keine urheberrechtlichen Beanstandungsgründe.[257]

386 Die Linkform des deep-links kann außerdem als Leistungsübernahme (s. u., Rn. 683) wettbewerbsrechtlich unlauter sein. Sie kann das Amortisationsinteresse des Anbieters der verlinkten Seite verletzen, wenn dadurch z. B. **Werbung auf der Homepage des Anbieters umgangen** wird; dies führt dann zu geringeren Zugriffszahlen bei der werbetragenden Homepage und damit zu wirtschaftlichen Einbußen des verlinkten Anbieters.[258] Doch auch hier hat der **BGH sehr „link-freundlich"** entschieden; danach handelt ein Internet-Suchdienst (Paperboy), der öffentlich zugänglich gemachte Presseartikel auswertet, grundsätzlich nicht wettbewerbswidrig, „wenn er Nutzern unter Angabe von Kurzinformationen über die einzelnen Angebote durch Deep-Links den unmittelbaren Zugriff auf die nachgewiesenen Angebote ermöglicht und die Nutzer so an den Startseiten der Internetauftritte, unter denen diese zugänglich gemacht sind, vorbeiführt." Da der Suchdienst den Zugriff auf die Artikel nicht ermöglicht, sondern nur erleichtert, liegt kein Fall der Leistungsübernahme vor. Außerdem kann niemand, der eigene Beiträge im Internet öffentlich zugäng-

---

254 Köhler/Arndt/Fetzer, Recht des Internet, Rn. 723.
255 OLG Jena, MMR 2003, 531 = CR 2003, 520.
256 Vgl. Köhler/Arndt/Fetzer, Recht des Internet, Rn. 724.
257 BGH, CR 2003, 920 m. Anm. Nolte = MMR 2003, 719 m. Anm. Wiebe = NJW 2003, 3406 = JZ 2004, 146 m. Anm. Spindler (Paperboy); So auch die Vorinstanz: OLG Köln, MMR 2001, 387 = CR 2001, 708; ebenso schon vor der BGH-Entscheidung Joppich, CR 2003, 504.
258 Vgl. Köhler/Arndt/Fetzer, Recht des Internet, Rn. 726.

lich macht, „verlangen, dass nur der umständliche Weg über die Startseiten ihrer Internetauftritte gegangen wird und die Möglichkeiten der Hyperlinktechnik ungenutzt bleiben." Vielmehr komme Such- und Auswertungsdiensten eine **systemische Bedeutung für das Funktionieren des Internets** zu, weil sonst „die sinnvolle Nutzung der unübersehbaren Informationsfülle im World Wide Web praktisch ausgeschlossen" wäre.[259]

4.6.1.3 Framing

Mit Framing wird die **Zergliederung des Bildschirmfensters in mehrere Teilfenster** bezeichnet; dies ist beispielsweise sinnvoll, um die Navigationsleiste neben wechselnden Unterseiten stehen lassen zu können. Diese Präsentationsform kann für die Link-Technik so eingesetzt werden, dass **verlinkte Inhalte (nur) in einem Teilfenster des ursprünglichen Angebots** erscheinen. In einem solchen Fall bildet das ursprüngliche Angebot unter seiner URL den Rahmen (engl.: frame) für den verlinkten fremden Inhalt. Hinzu kommt, dass solche Links – anders als im „Normalfall" – meist nicht vom User angeklickt, sondern automatisch aktiviert werden. Die Missbrauchsgefahr ist evident: Bei dieser Linkform ist es besonders leicht, **fremde Inhalte als Teile des eigenen Angebots** erscheinen zu lassen. Der User kann nicht mehr erkennen, ob dieses Teilfenster in dem von ihm angewählten Angebot „geklaut" oder ein originärer Teil dieses Angebots ist. **387**

Diese Linkform ist wettbewerbsrechtlich problematisch, wenn sich auf dem Rahmen (der vom Linksetzenden stammt) Werbung befindet; denn dann wird das gerahmte fremde Angebot für die Verbreitung der Werbung des Linksetzenden missbraucht. Wird dann noch der Eindruck erweckt, das verlinkte Angebot stamme vom Linksetzer, liegt eine **unlautere Leistungsübernahme** i. S. v. § 3 UWG vor (vgl. u., Rn. 683).[260] Je nach konkreter Ausgestaltung des Framing können auch **Täuschungs- und Ausbeutungsgesichtspunkte** der Unlauterkeit verwirklicht sein.[261] **388**

Zunächst gilt auch für das Framing der urheberrechtliche Grundsatz, dass Links keine Vervielfältigung eines fremden Werks darstellen, sondern nur eine Hilfe für den User sind, seinerseits (auf seinem Rechner) solche Kopien herzustellen (BGH: Paperboy, s. o., Rn. 386). Hier tritt aber das **389**

---

259 BGH, CR 2003, 920 m. Anm. Nolte = MMR 2003, 719 m. Anm. Wiebe = NJW 2003, 3406 = JZ 2004, 146 m. Anm. Spindler (Paperboy; so auch die Vorinstanz: OLG Köln, MMR 2001, 387 = CR 2001, 708; ebenso schon vor der BGH-Entscheidung Joppich, CR 2003, 504.

260 Vgl. OLG Düsseldorf, CR 2000, 184; LG München I, CR 2003, 526 m. Anm. Niemann = MMR 2003, 197 m. Anm. Maslaton. Siehe auch Köhler/Arndt/Fetzer, Recht des Internet, Rn. 728.

261 OLG Düsseldorf, MMR 1999, 729 – a. A. OLG Köln, MMR 2001, 387, wonach das Allgemeininteresse an schnellen Zugriffen („öffentliches Kommunikationsinteresse") das Individualinteresse an Werbeeinnahmen überwiegen soll.

Problem hinzu, dass der User oft gar nicht bemerkt, dass ihm in einem Internetauftritt fremdes geistiges Eigentum angeboten wird. Dies ist urheberrechtlich dann problematisch, wenn dadurch die **Nennung des Urhebers** des verlinkten/geframten Angebots unterdrückt wird; denn dann wird dessen Urheberpersönlichkeitsrecht auf Nennung des Urhebers gem. § 13 UrhG verletzt (s. o., Rn. 229). Außerdem kann das **Verwertungsrecht der Vervielfältigung** beim Framing durch die automatische Aktivierung des Links verletzt sein; denn dann hat nicht der User durch Anklicken, sondern der Linksetzer die Kopie des fremden Inhalts auf dem Rechner des Users veranlasst. Während sich der User, der durch eigenes Anklicken die Vervielfältigung auslöst, u. U. noch auf die Urheberrechtsschranken (insbes. Kopie zu eigenen Zwecken) berufen kann, trifft dies auf den Linksetzer beim automatischen Framing gerade nicht zu.[262] Inzwischen ist auch klar, dass das Framing **keine eigenständige öffentliche Wiedergabe** (§ 15 Abs. 2 UrhG) darstellt. Der EuGH hat auf Vorlage des BGH so entschieden, weil das Framing nur eine Verbindung zu einem fremden und öffentlich ungehindert zugänglichen Internetinhalt herstellt und deshalb die Entscheidung über den Fortbestand der öffentlichen Zugänglichkeit ungeschmälert beim Anbieter des geframten Inhalts belässt. Nimmt dieser den Inhalt aus seinem Internetauftritt heraus, geht der Framing-Link des Linksetzers ins Leere. Anders sähe es nur aus, wenn das betroffene Werk für ein neues Publikum oder in einem speziellen technischen Verfahren wiedergegeben würde.[263]

390 Deshalb kann beim Framing auch nicht – anders als bei normalen Links (s. o., Rn. 382) – davon ausgegangen werden, dass die Einstellung eines Angebots ins Netz bereits eine **konkludente Einwilligung** in diese Verlinkung enthält;[264] etwas anderes gilt nur dann, wenn „gerade nicht der Eindruck erweckt wird, es handele sich bei der durch den Link übernommenen Seite um ein eigenes Angebot" des Linksetzenden.[265]

4.6.1.4 Metatags

391 Enthält eine Webseite für den User unsichtbare **Schlagwörter, die sich an Suchmaschinen richten**, spricht man von Metatags. Die Webseiten-Anbieter verfolgen damit das Ziel, dass ihr Angebot bei Suchmaschinenabfragen überproportional häufig und möglichst weit vorne genannt wird. Dies

---

262 Strömer, Online-Recht, S. 220; a. A. LG München I, MMR 2003, 197, wonach auch die automatische Kopieerstellung im Rechner des Users von der Privatkopie gedeckt ist.
263 EuGH, Beschl. v. 21.10.2014 – Az. C-348/13 = NJW 2015, 148; BGH, Beschl. v. 16.5.2013 – Az. I ZR 46/12 = MMR 2013, 596 m. Anm. Ott = CR 2013, 455.
264 Daran ändert auch der Umstand nichts, dass man sich gegen das „Fremd-framing" durch sogenannte „Frame-Killer" bei der HTML-Programmierung wehren kann, vgl. Strömer, Online-Recht, S. 221.
265 Zitat aus LG München I, CR 2003, 526 m. Anm. Niemann; in der Sache ebenso OLG Hamburg, CR 2001, 704 = MMR 2001, 533.

kann relativ harmlos sein, wenn ein Anbieter juristischer Fachliteratur
Schlagwörter wie „Gefängnis", „Strafe", „Klage" o. Ä. verwendet; schon
schwieriger ist es, wenn der Betreiber einer Autowerkstatt berühmte Au-
tomarken (mit denen er keinen Werkstattvertrag hat), oder die Namen
konkurrierender Autowerkstätten verwendet. Metatags werden meist für
den normalen User **unsichtbar im HTML-Quelltext der Webseite** – oder
in **„Weiß-auf-Weiß-Schrift"**[266] – „versteckt", weil sie sich ja gar nicht an
den Betrachter der Webseite, sondern an die Suchmaschinentechnologie
richten.[267]

Obwohl für Metatags häufig fremde Marken und Kennzeichen verwendet   **392**
werden, ist deren **kennzeichenrechtliche Relevanz streitig**; denn normalerweise setzt eine kennzeichenrechtliche Benutzung voraus, dass sie gegenüber Menschen erfolgt, was bei Metatags jedenfalls unmittelbar nicht der
Fall ist.[268] Dennoch hat der BGH – anders als noch die Vorinstanz[269] –
die kennzeichenrechtliche Benutzung bejaht; denn nicht die Sichtbarkeit
für den User, sondern die Beeinflussung des Auswahlverfahrens der Suchmaschine sei entscheidend dafür, dass der User zu der entsprechenden
Internetseite geführt werde.[270] Diesem Prinzip folgend hat dann das OLG
Celle in einem „Namens-Metatag" auch einen rechtswidrigen Namensgebrauch gesehen.[271]

Auch die **wettbewerbsrechtliche Relevanz** von Metatags wurde zunächst   **393**
zurückhaltend bewertet. So wurden die durch allgemein-begriffliche Metatags erzielten Wettbewerbsvorteile (in Form der höheren Internetauf-
merksamkeit) noch nicht als unlauter i. S. v. § 3 UWG bewertet.[272] Aber
auch hier hat der BGH sich anders entschieden und eine **Verwechslungs-**

---

266 Dazu vgl. BGH, CR 2007, 589 = MMR 2007, 648 (AIDOL).
267 Vgl. Köhler/Arndt/Fetzer, Recht des Internet, Rn. 729.
268 Köhler/Arndt/Fetzer, Recht des Internet, Rn. 730.
269 OLG Düsseldorf, MMR 2004, 257 = CR 2004, 462; bestätigt durch OLG Düsseldorf –
     Metatag III –, MMR 2004, 319 = CR 2004, 936; so i. E. auch OLG Köln, CR 2003, 93;
     auf derselben Linie auch OLG Düsseldorf, CR 2006, 695 = MMR 2006, 396.
270 BGH, NJW 2007, 153 = MMR 2006, 812 m. Anm. Hoeren = CR 2007, 103 (impuls);
     bestätigt durch Anschlussentscheidung BGH, CR 2007, 589 = MMR 2007, 648 (AI-
     DOL); so bereits auch LG Hamburg, CR 2002, 136, das eine über die Suchmaschine
     vermittelte „mittelbare Wahrnehmbarkeit" durch den User für ausreichend hält; konse-
     quenterweise bejaht LG Hamburg, CR 2002, 374, auch eine namensrechtliche Zuord-
     nungsverwirrung bei Metatags; auch das LG München I, MMR 2004, 689 m. Anm.
     Pankoke, hat die markenrechtliche Benutzung bei der Verwendung von Marken als Meta-
     tags bejaht.
271 OLG Celle, MMR 2006, 817 = CR 2006, 679; unter besonderen Bedingungen kann aber
     auch die Verwendung eines Namens als Metatag zulässig sein, OLG München, Urt. v.
     9.2.2012 – Az. 6 U 2488/11 = MMR 2012, 463.
272 OLG Düsseldorf, MMR 2003, 407 m. Anm. Pohle = CR 2003, 133; auch hat das OLG
     Düsseldorf die Verwendung von Metatags wie „StVO", „ZPO", „NJW", „Uni", „Urteil"
     o. Ä. durch einen Verkäufer von Richter-, Staatsanwalts- und Rechtsanwalts-Roben nicht
     beanstandet.

gefahr bejaht. Diese könne sich bereits daraus ergeben, dass ein User ein bekanntes Firmenschlagwort eingibt und als Treffer auch die Internetpräsenz des womöglich sogar branchenidentischen Metatagsetzenden Unternehmens angezeigt bekommt.[273] Erst recht kann danach ein Verstoß gegen das Wettbewerbsrecht vorliegen, wenn das verwendete Schlagwort den Namen, eine Marke oder einen bekannten Werbespruch eines Mitbewerbers, der einen guten Ruf genießt, beinhaltet. Dann kommt eine **Ausnutzung** dieses vom Mitbewerber kosten- und arbeitsintensiv aufgebauten guten Rufs[274] (dazu näher unten, Rn. 683) oder (in extremen Fällen) ein **Abwerben von Kunden** in Betracht, wobei Letzteres über die Metatags hinaus besondere Unlauterkeitsgesichtspunkte erfordert.[275]

4.6.1.5 Adwords/Keywords

394   Bei Adwords oder Keywords handelt es sich um eine **Weiterentwicklung des Grundgedankens von Metatags.** Letztere haben ihre praktische Bedeutung erheblich eingebüßt, denn die Suchmaschinen haben ihre Technologie inzwischen so weiterentwickelt, dass sie sich von Metatags nicht mehr so leicht „täuschen" lassen; zum Teil führen Metatags inzwischen sogar zum gegenteiligen Ergebnis und verhindern gerade die Auflistung durch eine Suchmaschine. Denn die Suchmaschinenbetreiber haben den hohen (werbeökonomischen) Wert für sich erkannt und von sich aus das (natürlich kostenpflichtige) Angebot eingeführt, dass der Betreiber einer Webseite Stichwörter in eine Kurzanzeige eintragen kann. Wenn ein solches Stichwort von der Sucheingabe eines Users erfasst wird, erscheint dann diese Anzeige neben oder über den Suchergebnissen unter der Überschrift „Anzeigen". Diese Stichwörter nennt man „Adword" (abgekürzt für „Advertising Word", also Werbewort) oder „Keyword" (also Schlüsselwort). Die Adwords/Keywords haben sich rasch zu einer **zentralen Einnahmequelle der Suchmaschinenbetreiber** und einem bedeutenden Instrument der Werbewirtschaft entwickelt.[276]

395   Technisch unterscheiden sich Adwords oder Keywords demnach zunächst nicht von Metatags.[277] Denn wie diese richten sie sich zunächst an die Suchmaschinen und erst mittelbar an die User. Nach der Grundsatzentscheidung des BGH „impuls" zu Metatags (s. o., Rn. 392) steht diese Mittelbarkeit einer kennzeichenrechtlichen Benutzung nicht entgegen. Aller-

---

273 BGH, NJW 2007, 153 = MMR 2006, 812 m. Anm. Hoeren = CR 2007, 103 (impuls).

274 Köhler/Arndt/Fetzer, Recht des Internet, Rn. 732; vgl. auch LG Essen, MMR 2004, 692, das das „kompendiumartige Auflisten vieler hundert Metatags ohne jeden inhaltlichen Zusammenhang zur Internetseite" wettbewerbsrechtlich beanstandet hat.

275 OLG Düsseldorf, MMR 2004, 319 = CR 2004, 936.

276 Backu, CR 2009, 326 (Anm. zu BGH, CR 2009, 323); Köhler/Arndt/Fetzer, Recht des Internet, Rn. 734.

277 Vgl. LG Braunschweig, CR 2007, 188 m. Anm. Hüsch; OLG Braunschweig, CR 2007, 177 und MMR 2007, 249.

dings gibt es zwischen Metatags und Keywords einen wesentlichen – und womöglich rechtlich entscheidenden – Unterschied: Während Metatags dazu führen (sollen), dass sich eine entsprechend gekennzeichnete Seite an prominenter Stelle in das Suchergebnis nach Eingabe des Markenbegriffs „schummelt", führen Keywords oder Adwords zu einer Nennung der damit verlinkten Seite in einem **vom Suchergebnis räumlich und optisch klar getrennten Anzeigenblock.**[278] Auf Vorlage des BGH[279] hat der EuGH entschieden, dass eine Suchmaschine mit Adwords oder Keywords keine eigene Benutzung der Marke vornimmt.[280]

Hebt man darauf ab, dass die bei Metatags denkbare Fehlzurechnung einer „falschen" Seite zu einer geschützten Marke bei Keywords aufgrund der Trennung kaum eintreten kann, ist die Bejahung einer Markenrechtsverletzung (wie im Übrigen auch einer Wettbewerbsrechtsverletzung unter den Gesichtspunkten der anlehnenden Produktnachahmung, der Rufausbeutung und der Behinderung) schon sehr viel schwieriger. Der EuGH hat deshalb den Unterlassungsanspruch des Markeninhabers gegenüber demjenigen, der die Marke als Adword oder Keyword (teil-)verwendet, an Bedingungen geknüpft.[281] Danach muss die **Herkunftsfunktion** der Marke (also die klare Zuordnung der dahinter stehenden Waren oder Dienstleistungen zum Markeninhaber), die **Werbefunktion** oder die **Investitionsfunktion** der Marke durch die Adword-/Keyword-Verwendung beeinträchtigt sein, was eine faktisch selten erreichbare Hürde darstellt.[282]

396

Der BGH sieht seither in der Verwendung eines mit einer fremden Marke identischen Zeichens als Adword oder Keyword **keine Markenrechtsverletzung,** wenn die nach entsprechender Sucheingabe erscheinende Anzeige
• optisch klar vom Suchergebnis getrennt erscheint und
• weder das fremde Markenzeichen noch sonst einen Hinweis auf den Markenrechtsinhaber oder seine Produkte enthält.[283]

397

Die zweite Zulässigkeitsbedingung ist laut BGH (wieder in Umsetzung einer vom EuGH vorgezeichneten Linie) dann nicht erfüllt, wenn im Rahmen der Anzeige

397a

---

278 Ohly, JZ 2009, 858 f. (Anm. zu BGH, JZ 2009, 856 – „bananabay"), verweist in diesem Zusammenhang auf eine nautische Metapher: Während der Werbende beim Metatag „unter falscher Flagge segelt", schwimmt er bei Keywords „im Kielwasser des Konkurrenten".
279 BGH, JZ 2009, 856 m. Anm. Ohly = CR 2009, 330 = MMR 2009, 326 m. Anm. Hoeren (bananabay I); Hoeren, MMR 2009, 328, 329 sah die Vorlagefrage so formuliert, dass sie auf eine Ablehnung der markenmäßigen Benutzung gerichtet ist.
280 EuGH NJW 2010, 2029 = CR 2010, 318 = MMR 2010, 315.
281 EuGH NJW 2010, 2029 = CR 2010, 318 = MMR 2010, 315.
282 Vgl. Ohly, JZ 2009, 858, 859 (Anm. zu BGH, JZ 2009, 856 – bananabay I).
283 BGH NJW 2011, 3032 = MMR 2011, 590 = CR 2011, 664 (bananabay II); fortgeführt in BGH, Urt. v. 13.12.2012 – Az. I ZR 217/10 = MMR 2013, 253 m. Anm. Solmecke/Dam = CR 2013, 181 (MOST-Pralinen).

- Nachahmungen der Produkte der verwendeten Marke angeboten werden,
- die mit der Marke versehenen Waren in ein schlechtes Licht gerückt werden oder
- die Sogwirkung einer bekannten Marke ausgenutzt wird;

die Anpreisung reiner Alternativprodukte zu den Markenprodukten stellt dagegen keine Verletzung dar.[284] Insgesamt konnte der BGH mit diesen Entscheidungen seine schon zuvor **adword/keyword-freundliche Rechtsprechung**[285] – teilweise entgegen der instanzgerichtlichen Judikatur[286] – mit Rückenwind des EuGH fortsetzen.

4.6.2 Haftung für verlinkte Inhalte

4.6.2.1 Geltung der allgemeinen Haftungsgrundsätze anstelle der Haftungsprivilegien für Provider

398 Bezüglich der Vorgängervorschriften des Haftungsfilters für Provider (§§ 5 TDG a. F., 5 MDStV a. F.) war umstritten, ob dieser auch für Links gilt. Die Befürworter einer solchen Anwendung hoben darauf ab, dass Links letztlich nur Formen einer **Zugangsvermittlung zu einem fremden Angebot** darstellen. Die Gegenauffassung wandte dagegen ein, dass Links keinen Zugang vermitteln, sondern nur den Zugang dazu erleichtern;[287] hinzu kommt, dass der Linksetzende – anders als ein Access-Provider – nicht nur den Kontakt herstellt oder erleichtert, sondern auch eine **inhaltlich-wertende Auswahl** herstellt, welches Angebot er verlinkt und welches nicht.[288]

399 Demgegenüber besteht weitgehend Einigkeit, dass die heute gültigen Haftungsprivilegien gem. §§ 7 ff. TMG auf Links nicht anwendbar sind. Zwar regeln diese auch Haftungserleichterungen für das Access-Providing (§ 8 TMG; s. o., Rn. 113), in das die Befürworter der Anwendung des alten Haftungsfilters die Links eingeordnet hatten. Doch steht dem jetzt der **klare Gesetzgeberwille** entgegen. Denn bei der Umsetzung der den Haftungsprivilegien zugrunde liegenden eCommerce-Richtlinie in das Ge-

---

284 BGH MMR 2013, 669 (Beate Uhse) nach EuGH MMR 2011, 804 (interflora).
285 BGH, CR 2009, 328 = MMR 2009, 329 (Beta Layout); BGH, MMR 2009, 331 m. Anm. Hoeren = CR 2009, 323 m. Anm. Backu (pcb).
286 Zu „pcb" vgl. OLG Stuttgart, MMR 2007, 649; OLG Braunschweig, MMR 2007, 789; siehe auch KG, CR 2007, 108; OLG München, CR 2008, 590 = MMR 2008, 334; OLG Braunschweig, CR 2007, 177 und MMR 2007, 249; gegenteiliger Auffassung – also Verneinung einer kennzeichenrechtlich relevanten Benutzung – ist das OLG Frankfurt a. M., MMR 2008, 471. Jedenfalls die Verwechslungsgefahr verneinen das OLG Düsseldorf, CR 2007, 256 m. Anm. Renner = MMR 2007, 247 m. Anm. Hüsch, und das OLG Dresden, CR 2007, 738.
287 Müglich, MMR 2002, 583, 590.
288 Vgl. Spindler, MMR 2002, 495, der von einem „Compositum Mixtum" zwischen reiner Zugangsvermittlung und der wertenden Auswahl von Inhalten spricht.

setz über rechtliche Rahmenbedingungen des elektronischen Geschäftsverkehrs (EGG) hat der Bundesrat ausdrücklich auf den **Regelungsbedarf
für Links** hingewiesen.[289] Doch die Bundesregierung hat in ihrer Gegen-
äußerung deutlich gemacht, dass die Links von den neuen Haftungsprivilegien nicht abgedeckt sein sollen, sondern insofern die Evaluation der
eCommerce-RL abgewartet werden soll.[290] Damit ist nach h. M. sowohl
die direkte als auch – **mangels unbewusster Regelungslücke** – die analoge
Anwendung der §§ 7 ff. TMG auf Links in Deutschland ausgeschlossen.[291] Dem hat sich auch der BGH angeschlossen.[292]

In **Österreich, Portugal und Spanien** haben dagegen die nationalen Ge-   **400**
setzgeber – da die eCommerce-RL keine Vollharmonisierung vorgibt[293] –
die **Haftung für Links und Suchmaschinen geregelt** (Haftungsausschluss
für Links, sofern keine Kenntnis von rechtswidrigen Inhalten besteht,
bzw. ab Kenntniserlangung der Link sofort entfernt wird[294]). In ihrem
ersten Evaluationsbericht hat die EU-Kommission festgestellt, dass sie in
einer gesetzlichen Regelung der Haftungsprobleme von Links und Suchmaschinen keine Gefahr der Fragmentierung des Binnenmarkts sieht.[295]
Bis heute hat dies jedoch keine gesetzgeberischen Folgen in Deutschland
gehabt.

4.6.2.2 Haftung für eigene und zu eigen gemachte Inhalte

Für eigene und zu eigen gemachte Inhalte kann es – unabhängig von den   **401**
Haftungsprivilegien für Provider – **keine Haftungserleichterungen** geben,
da man sich diese in vollem Umfang zurechnen lassen muss. Allerdings
macht die bewusste Auswahlentscheidung für die Aufnahme von Links in
das eigene Angebot den fremden, verlinkten Inhalt noch nicht zu einem
eigenen oder zu eigen gemachten Inhalt. Vielmehr muss zu der Verlinkung
an sich noch ein weiteres – auf einen **näheren Bezug zwischen dem Link-**

---

289 Vgl. BT-Drs. 14/6098, S. 34.
290 Müglich, CR 2002, 583, 591, unter Hinweis auf Art. 21 Abs. 2 Satz 1 der eCommerce-
     RL.
291 Müglich, CR 2002, 583, 591; Köster/Jürgens, MMR 2002, 420, 422; Koch, CR 2004,
     213, 214; Gercke, CR 2006, 844, 847 f.; ebenso Spindler, MMR 2002, 495, 498, der
     aber dafür votiert, bei der Anwendung allgemeiner Haftungsregelungen die Wertungen
     und Lösungen, die durch die Anwendung des alten Haftungsfilters gefunden wurden,
     einfließen zu lassen.
292 BGH, Urt. v. 1.4.2004 – Az. I ZR 317/01 = NJW 2004, 2158 = CR 2004, 613 m. Anm.
     Dietlein = MMR 2004, 529 m. Anm. Hoffmann (Schöner Wetten); inhaltlich bekräftigt
     von BGH, NJW 2008, 1882 = MMR 2008, 400 m. Anm. Liesching u. Anm. Waldenber-
     ger = CR 2008, 386 = JZ 2008, 738 m. Anm. Schumann (ueber18.de).
293 Spindler, MMR 2002, 495, 497; zum Begriff vgl. Haug, Öffentliches Recht für den Ba-
     chelor, Rn. 183.
294 Vgl. Müglich, CR 2002, 583, 591 f.; Gercke, CR 2006, 844, 845.
295 Koch, CR 2004, 213, 214, plädiert daher für haftungsbegrenzende Normen für Links
     und Suchmaschinen, die auf deren Besonderheiten Rücksicht nehmen (214 ff.).

setzenden und dem verlinkten Inhalt hindeutendes – Kriterium hinzutreten.

402 Dies kann beispielsweise der Fall sein, wenn

- zwischen den Zeilen eine **Zustimmung** zum verlinkten Inhalt zu lesen ist,[296]
- der Link sich in einem entsprechend **wertend-kommentierenden Kontext** befindet,
- der Internetauftritt ein **besonderes (u. U. wirtschaftliches) Interesse** des Linksetzenden an dem verlinkten Inhalt erkennen lässt,
- die **Link-Methode** den verlinkten Inhalt als Angebot des Linksetzenden erscheinen lässt (v. a. beim Framing, s. o., Rn. 387 ff.) oder
- das fremde Angebot einen ansonsten **selbst zu erstellenden Inhalt ersetzt.**[297]

4.6.2.3 Haftung für fremde Inhalte bei Kenntnis

403 Kennt der Linksetzende einen rechtswidrigen (z. B. beleidigenden) verlinkten Inhalt, handelt er bezüglich seines Tatbeitrages vorsätzlich. Dies kann je nach Fallgestaltung **als Beihilfehandlung oder als Mittäterschaft** einzuordnen sein. Bei nur fremden Rechtsverletzungen z. B. wettbewerbs-, marken- oder urheberrechtlicher Art wird eher an Beihilfe zu denken sein, während bei strafrechtlichen Publikationsdelikten (wie z. B. Pornografie, Verwendungen des Hakenkreuzes, Verleumdungen – s. o., Rn. 270 ff.) schon jede Publikations- und Verbreitungshandlung als Täterschaft zu werten ist.[298]

4.6.2.4 Haftung für fremde Inhalte bei fehlender Kenntnis

404 Kennt der Linksetzende die verlinkten Inhalte nicht (oder kann ihm dies nicht nachgewiesen werden), ist er noch nicht „aus dem Schneider". Denn er **haftet verschuldensunabhängig für die Verletzung ihm obliegender Verkehrssicherungspflichten.** Zu diesen Pflichten gehört die **Beherrschung selbst eröffneter Gefahrenquellen.** In diesem Sinn eröffnet er mit dem Setzen eines Links eine (potenzielle) Gefahrenquelle, weil er damit die Wahrscheinlichkeit für die Verbreitung rechtswidriger Inhalte und damit die Gefahr für Rechtsgutverletzungen kausal und unmittelbar erhöht. Außerdem hat der Linksetzende die tatsächliche Herrschaft über die Aufrechterhaltung bzw. Entfernung des Links.

405 Diese Haftung kann – ebenso wie die zuvor behandelten Haftungsformen – nicht durch einen **pauschalen Disclaimer** (engl.: Dementi) ausgeschlossen werden, da dieser an der Gefahrenerhöhung nichts ändert und außer-

---

296 Köster/Jürgens, MMR 2002, 420, 423.
297 Müglich, CR 2002, 583, 590 m. w. N.
298 OLG Stuttgart, MMR 2006, 387 m. Anm. Liesching = CR 2006, 542 m. Anm. Kaufmann.

dem meist nur ein Lippenbekenntnis formaler Art darstellt.[299] Dies gilt
beispielsweise für die oft gebräuchliche Pauschal-Distanzierung mit Hinweis auf die Entscheidung des LG Hamburg vom 12. Mai 1998[300] (die
inzwischen ähnlich veraltet ist, wie dies PC-Geräte von 1998 sind). Der
Text lautet dort etwa wie folgt:

> „Mit Urteil vom 12. Mai 1998 hat das Landgericht Hamburg entschieden, dass
> man durch die Anbringung eines Links die Inhalte der gelinkten Seite ggf. mit zu
> verantworten hat. Dies kann – so das LG – nur dadurch verhindert werden, dass
> man sich ausdrücklich von diesen Inhalten distanziert. Auf dieser und anderen
> Seiten befinden sich Links zu anderen Seiten im Internet. Für alle diese Links
> gilt: Wir … betonen ausdrücklich, dass wir keinerlei Einfluss auf die Gestaltung
> und die Inhalte der gelinkten Seiten haben. Daher distanzieren wir uns hiermit
> ausdrücklich von allen Inhalten aller gelinkten Seiten. Wir machen uns deren
> Inhalte nicht zueigen. Diese Erklärung gilt für alle auf dieser Homepage aufge-
> brachten Links.“

An den Umfang der aus der Verkehrssicherungspflicht folgenden **Kont-** **406**
roll- und Überwachungspflichten dürfen **keine überspannten Anforderun-**
gen gestellt werden, wenn Links nur den Zugang zu ohnehin allgemein
zugänglichen Quellen erleichtern. Grund dafür ist zum einen die damit
verbundene Grundrechtsrelevanz im Zusammenhang mit der Meinungs-
und Informationsfreiheit gem. Art. 5 Abs. 1 GG sowie zum anderen die
systemische Bedeutung von Links für eine sinnvolle Nutzung der unübersehbaren Informationsfülle im „World Wide Web“.[301] Außerdem muss
die Erfüllung der Pflichten zumutbar sein. Auch müssen der Rang der
bedrohten Rechtsgüter und das Ausmaß deren Gefährdung berücksichtigt
werden. Daraus folgt für die Kontroll- und Überwachungspflichten im
Einzelnen Folgendes:

- **Inhaltlich** muss die Überprüfung auf grobe und leicht erkennbare Ge-
  setzesverstöße ausreichen,
- **zeitlich** darf nach der Linksetzung keine ständig fortlaufende Kontrollpflicht bestehen und
- bezüglich der **Reichweite** dürfen nicht mehr Seiten einbezogen werden,
  als unmittelbar vom Linksetzenden verlinkt sind; eine Haftung für Inhalte von Seiten, die mit den verlinkten Seiten ihrerseits verlinkt sind,
  wäre zu weit gehend.[302]

Eine **erhöhte Kontroll- und Überwachungspflicht** in inhaltlicher und zeit- **407**
licher Hinsicht besteht allerdings dann, wenn der verlinkte Inhalt positiv
bewertet (z. B. empfohlen) wird (kurz unterhalb der Grenze zum Zueigenmachen) oder besonders „gefahrgeneigt“ ist, so dass er bezüglich seiner

---

299 Spindler, MMR 2002, 495, 501 f.; Köster/Jürgens, MMR 2002, 420, 423.
300 LG Hamburg, CR 1998, 565.
301 BGH, Urt. v. 1.4.2004 – Az. I ZR 317/01 = NJW 2004, 2158 = CR 2004, 613 m. Anm.
     Dietlein = MMR 2004, 529 m. Anm. Hoffmann (Schöner Wetten).
302 Spindler, MMR 2002, 495, 501 ff.

Rechtmäßigkeit weniger vertrauenswürdig ist (so z. B. bei noch rechtmäßigen rechtsextremen Seiten). In ähnlicher Form finden sich diese Haftungsregelungen in der einschlägigen Grundsatzentscheidung des BGH.
Danach richtet sich der **Umfang der Kontroll- und Überwachungspflichten** für einen mit Hyperlink verlinkten Inhalt nach

* dem Gesamtzusammenhang, in dem der Hyperlink verwendet wird,
* dem Zweck des Hyperlinks,
* der Kenntnis des Linksetzenden von Umständen, aus denen sich die
  Rechtswidrigkeit der verlinkten Webseite ergibt und
* nach den Möglichkeiten des Linksetzenden, die Rechtswidrigkeit dieses Handelns in zumutbarer Weise zu erkennen.[303]

408   Beispielfall 8: Legale Links?

Sachverhalt: Der hobbymäßige Internetaktivist Ingo (I) bietet einen
Internetauftritt mit politischen und unterhaltenden Elementen an. Auf
einer Unterseite listet I mehrere Links auf, die er für interessant hält.
Eine weitere Unterseite trägt den Titel „Filme kostenlos". Gleichzeitig
distanziert er sich unter Verweis auf eine Entscheidung des LG Hamburg von 1998 von allen verlinkten Inhalten.

a) Ein Link ist betitelt mit „das größte A...loch auf der Welt"; er
führt auf die Homepage seines Intimfeindes Ferdinand (F), der deshalb
Anzeige gegen I wegen Beleidigung erstattet.

b) Ein anderer – unkommentierter – Link führt auf die Seite eines
rechtslastigen Diskussionsforums, auf dem einzelne User auch in zu-
stimmendem Kontext Abbildungen des Hakenkreuzes posten. Dies
war I bei der Setzung des Links auch bekannt, hielt aber die Distanzie-
rung im Disclaimer von diesen fremden Inhalten für ausreichend.

c) Auf der Unterseite „Filme kostenlos" fügt I eine Reihe von Links
auf Streaming-Angebote aktueller Kinofilme durch Framing in seinen
Internetauftritt ein und erweckt damit den Eindruck, die Streaming-
Angebote seien von ihm selbst. Außerdem setzt er einen normalen Hyperlink auf ein Cineasten-Forum. In diesem Forum werden später –
also nach der Linksetzung – von einzelnen Usern Streaming-Angebote
gepostet, wovon I nichts weiß. Die von beiden Links betroffene
Rechtsinhaberin Regine (R), die den Streaming-Angeboten nie zugestimmt hat, verlangt von I Unterlassung und Schadenersatz.

Wegen welcher Rechtsverstöße kann I belangt werden?

---

303 BGH, Urt. v. 1.4.2004 – Az. I ZR 317/01 = NJW 2004, 2158 = CR 2004, 613 m. Anm.
    Dietlein = MMR 2004, 529 m. Anm. Hoffmann (Schöner Wetten).

Lösungsvorschlag: 409
a) Zunächst könnte I wegen Beleidigung des F belangt werden. Zwar wird bei der Bezeichnung „A…loch" die Ehrenrührigkeit der Aussage durch die Pünktchen-Andeutung kaschiert. Da jedoch keine andere vernünftige Lückenfüllung möglich ist, liegt eine Beleidigung gem. § 185 StGB vor. Die Bezeichnung steht außerdem auf dem Link zur Seite des F, weshalb völlig klar ist, auf welche konkrete Person die Beleidigung gemünzt ist. Schließlich erfolgt die Betitelung des Links durch I im Rahmen der Gestaltung des eigenen Internetauftritts. Damit handelt es sich bei der Beleidigung des F um einen eigenen Inhalt des I i. S. v. § 7 Abs. 1 TMG. I hat sich demnach wegen Beleidigung des F gem. § 185 StGB strafbar gemacht.

b) Außerdem könnte I wegen des Verwendens von Kennzeichen verfassungswidriger Organisationen gem. § 86a StGB zu belangen sein. Auf dem verlinkten Forum werden Hakenkreuze mit positiver Konnotation verwendet. Dabei handelt es sich um das zentrale Symbol der NSDAP, die verfassungswidrig ist.[304] Zwar verwendet I das Hakenkreuz nicht selbst, sondern verlinkt einen entsprechenden fremden Inhalt, den er sich nicht ersichtlich zu eigen macht. Aber zu den Tathandlungen des § 86a StGB zählt auch die Verbreitung, was I durch die Linksetzung erfüllt. Da I die Abbildungen des Hakenkreuzes bekannt waren, ist auch der Tatvorsatz zu bejahen. Insbesondere hilft es I nichts, sich von den verlinkten Inhalten mittels Disclaimer pauschal distanziert zu haben; denn die maßgebliche objektive Verbreitungshandlung ist davon unabhängig. I hat sich demnach auch gem. § 86a Abs. 1 Nr. 1 StGB strafbar gemacht.

c) Schließlich könnte I mit dem Angebot „Filme kostenlos" gegen das Urheberrecht verstoßen und Schadenersatzansprüche des R ausgelöst haben. Kinofilme stellen unproblematisch schutzfähige Werke i. S. v. §§ 1, 2 Abs. 1 Nr. 6 UrhG dar. Die verlinkten Angebote sind ohne Zustimmung von R ins Netz gestellt worden, was eine Verletzung des Vervielfältigungsrechts gem. § 16 UrhG darstellt. Fraglich ist jedoch, ob diese Rechtsverletzung auch I zuzurechnen ist, denn technisch handelt es sich bei den verlinkten Angeboten um fremde Inhalte. Auch nimmt I selbst durch die Linksetzung keine verbotene Vervielfältigungshandlung vor. Doch durch die Verlinkung mit der Framing-Technik erzeugt er bei Dritten den Eindruck, es handele sich um ein eigenes Angebot des I. Die gewählte Linkform deutet also darauf hin, dass I von Dritten als Anbieter auch wahrgenommen werden will. Folglich bewirkt die Linkform ein Zueigenmachen der fremden Inhalte durch I,

---

304 Gercke, in: Gercke/Brunst, Praxishandbuch Internetstrafrecht, Rn. 373.

weshalb hier eine täterschaftliche Zurechnung der fremden Urheberrechtsverletzung erfolgt. Somit hat R einen Unterlassungs- und Schadenersatzanspruch gegen I gem. § 97 UrhG.

Schwieriger stellt sich die Rechtslage bei dem Link auf das Cineasten-
Forum dar. Als I den Link gesetzt hat, war das Forum noch rechtlich
unbedenklich. Erst später wurden dort die Streaming-Angebote gepostet, was I nicht wusste. Allerdings war das Risiko nicht völlig fernliegend, dass in einem solchen Forum auch urheberrechtsverletzende Inhalte gepostet werden. I war deshalb nach den Grundsätzen der Eröffnung einer Gefahrenquelle verpflichtet, in regelmäßigen Abständen zu
prüfen, ob das Forum nach wie vor rechtlich unproblematisch war.
Dies hat er jedoch nicht getan und so seine Verkehrssicherungspflicht
verletzt. Damit erfüllt er eine fahrlässige Urheberrechtsverletzung zum
Nachteil der R, weshalb er ihr nach § 97 UrhG zur Unterlassung und
zu Schadenersatz verpflichtet ist.

4.6.3 Pflichten von Suchmaschinen

410 Suchmaschinen stellen bei Lichte betrachtet nichts anderes dar als automatisch – nämlich suchbegriffabhängig – zusammengestellte Linksammlungen. Ihre **enorme „systemische" Bedeutung für das Internet** kann nicht
überschätzt werden, weil sie eine sinnvolle Nutzung der unüberschaubaren Informationsfülle im Internet überhaupt erst ermöglichen. Denn nur
mithilfe von Suchmaschinen ist eine strukturierte Erfassung einschlägiger
Internetseiten zu einem bestimmten Thema und damit die Gewinnung
eines Überblicks zum verfügbaren Material im Netz möglich. Folgerichtig
hat das OLG Hamburg ausdrücklich anerkannt, dass ohne Suchmaschinen eine sinnvolle Nutzung des Mediums Internet praktisch unmöglich
wäre und diesen daher eine besondere Förderungsfunktion für die grundrechtlich geschützte Informations- und Meinungsfreiheit (Art. 5 Abs. 1
GG) zukommt.[305] Damit hängt aber auch untrennbar eine problematische Seite zusammen: Erst durch die Suchmaschinen wird das **„Elefantengedächtnis des Netzes"**[306] nutzbar gemacht, was einem Recht auf Vergessenwerden entgegensteht. Es ist daher nicht einfach möglich, sich von
früheren Fehlern oder Schwachstellen freizumachen; dies gilt sowohl für
eigene ins Netz gestellte Inhalte als auch für Berichte von Medien o. A.
über frühere (Un-)Taten.

4.6.3.1 Anwendung der Grundsätze der Störerhaftung

411 Wegen ihrer hohen systemischen Bedeutung gelten für Suchmaschinen nur
die **Grundsätze der verschuldensunabhängigen Störerhaftung.** Dabei geht

---

305 OLG Hamburg, MMR 2007, 315.
306 Boehme-Neßler, NVwZ 2014, 825.

es sowohl um Rechtsverletzungen, die bereits in einem Suchmaschineneintrag als solchem enthalten sind, als auch um solche auf den verlinkten Seiten.[307] Durch die Aufnahme eines Links in das Suchergebnis, der selbst rechtsverletzend ist oder auf rechtsverletzende Inhalte bezogen ist, leistet die Suchmaschine einen adäquat-kausalen Beitrag zur Verbreitung der Rechtsverletzung. Dies gilt auch für einen „technischen Verbreiter", der eine rechtsverletzende „Äußerung verbreitet, ohne zu ihr eine gedankliche Beziehung zu haben".[308] Die Störerhaftung führt – wie bei den Portalbetreibern – zu Prüfungspflichten, soweit dies ohne Gefährdung des Geschäftsmodells zumutbar ist. Diese Zumutbarkeitshürde ist in diesem Fall aufgrund der rein automatisierten Zusammenstellung der Links deutlich höher, denn anders als ein „normaler" Linksetzender wählt die Suchmaschine die von ihr aufgelisteten Links nicht bewusst aus, sondern stellt diese auf Eingabe eines Suchbegriffs automatisch zusammen.

Diese hohe Zumutbarkeitshürde zeigt sich in mehrfacher Hinsicht. Dies **412** gilt zum einen für die Behandlung von problematischen **„snippets"**. Dabei handelt es sich um „Textschnipsel" im Rahmen eines Suchergebnisses, das als Eingriff in die Rechte eines Betroffenen gedeutet werden kann. Das OLG Hamburg hat dazu entschieden, dass kein Unterlassungsanspruch besteht, wenn auch eine nicht rechtsverletzende Deutung möglich ist. Denn einer Suchmaschine sei es angesichts ihrer vollautomatischen Arbeitsweise nicht möglich, sich immer eindeutig „auszudrücken".[309] Zum anderen zeigt sich die Haftungserleichterung daran, dass der Unterlassungsanspruch gegen eine Suchmaschine immer erst nach einer erfolgten Beanstandung bestehen kann.[310] Liegt eine solche beanstandete Störung vor, muss die Suchmaschine durch geeignete Techniken die Rechtsverletzung abstellen und für die Zukunft ausschließen. In Frage hierfür kommt neben der vollständigen Entfernung des Links aus der Datenbank[311] auch

---

307 Vgl. auch die umfassende Studie von Sieber/Liesching, MMR-Beilage 8/2007; die Autoren sprechen sich dabei für den Fall der „klassischen" Suchmaschine (algorithmisch erzeugte Suchtrefferlisten) für eine Anwendung des Haftungsprivilegs für Access Provider (§ 8 TMG) aus – entgegen der h. M., vgl. Hoeren, Internet- und Kommunikationsrecht, S. 432 f.; Roggenkamp/Stadler, in: Heckmann, Internetrecht, Kap. 10 Rn. 609 ff., insbes. Rn. 612: Anders als der Access Provider wählt die Suchmaschine (wenngleich vollautomatisch) die angezeigten Treffer selbst aus.
308 Spieker, MMR 2005, 727, 729.
309 OLG Hamburg, MMR 2007, 315.
310 OLG Nürnberg, CR 2008, 654; LG Berlin, MMR 2005, 786; Köhler/Arndt/Fetzer, Recht des Internet, Rn. 807; kritisch dazu Spieker, MMR 2005, 727, 730, der – nicht zuletzt im Hinblick auf die erheblichen wirtschaftlichen Interessen von Suchmaschinen – für eine weitergehende Haftung eintritt.
311 So Spieker, MMR 2005, 727, 731 f., der außerdem fordert, dass der Suchmaschinenbetreiber darüber hinaus im Rahmen der technischen Möglichkeit gleichartige Beiträge für die Zukunft verhindern muss.

die **Verwendung von Platzhaltern** anstelle der die Rechtsverletzung auslösenden Wörter.[312]

413   Das bekannteste Beispiel für eine solche Rechtsverletzung stellen **persönlichkeitsrechtsverletzende Ergänzungsbegriffe im Rahmen der Autocomplete-Funktion** dar. Dabei handelt es sich um eine Funktion von Suchmaschinen, die vollautomatisch Ergänzungsvorschläge zu dem vom User eingegebenen Suchbegriff in Form von Wortkombinationen macht. Die Vorschläge kommen auf der Basis eines komplizierten Algorithmus zustande, der auf gleichen oder ähnlichen Suchanfragen anderer Nutzer basiert. Es werden also u. a. solche Ergänzungsbegriffe vorgeschlagen, die zuvor andere User im Zusammenhang mit dem betroffenen Suchbegriff eingegeben hatten.[313] So musste eines Tages ein Unternehmer feststellen, dass bei Eingabe seines Namens bei Google die Ergänzungsbegriffe „Scientology" und „Betrug" erscheinen. Dadurch wird nach der Grundsatzentscheidung des BGH zur Autocomplete-Funktion das Persönlichkeitsrecht des Betroffenen verletzt, weil den Ergänzungsbegriffen „ein verletzender Aussagegehalt innewohnt" und andere User von einem sachlichen Zusammenhang zwischen dem Betroffenen und den Ergänzungsbegriffen ausgehen. Der Suchmaschinenbetreiber ist jedoch „grundsätzlich erst verantwortlich, wenn er Kenntnis von der rechtswidrigen Verletzung des Persönlichkeitsrechts erlangt". Aus dieser Verantwortung entsteht dann die Pflicht, „zukünftig derartige Verletzungen zu verhindern".[314]

4.6.3.2 Recht auf Vergessenwerden: Google-Entscheidung des EuGH

414   Eine ganz andere Art von Persönlichkeitsrechtsgefährdung droht durch die oben beschriebene Problematik, dass Suchmaschinen auch nach vielen Jahren noch **längst vergangene Dinge „ausgraben"** können und so dem „Elefantengedächtnis" des Internets eine bedrohliche Dimension verleihen. Damit wird dem Einzelnen erschwert oder sogar unmöglich gemacht, „sich gerade auch unter partiellem Bruch mit der eigenen Vergangenheit fortentwickeln" zu können.[315] So ist es einem Spanier 2010 widerfahren, dass bei Eingabe seines Namens in die Suchmaschine Google Links zu Zeitungsberichten von 1998 ausgeworfen wurden. Darin wurde unter voller Namensnennung des Spaniers über die Versteigerung eines Grundstücks im Zusammenhang mit einer Pfändung wegen nicht bezahlter Sozialversicherungsbeiträge berichtet. Auf Verlangen des Betroffenen wies die spanische Datenschutzbehörde Google an, die Verlinkung zwischen dem

---

312 KG, MMR 2006, 817.
313 Vgl. BGH, Urt. v. 14.5.2013 – Az. VI ZR 269/12 = CR 2013, 459 (Autocomplete-Funktion), Rn. 1.
314 BGH, Urt. v. 14.5.2013 – Az. VI ZR 269/12 = CR 2013, 459 (Autocomplete-Funktion), insbes. Leitsätze 2 und 3; krit. Härting, CR 2013, 443, der eine Aufweichung der Konturen bzw. Aufgabe des Störerbegriffs beklagt.
315 Diesterhöft, VBlBW 2014, 370, 375.

Namen des Antragstellers und den Versteigerungs-Berichten zu unterlassen. Die dagegen erhobene Klage von Google wurde dem EuGH vorgelegt.

In der daraufhin ergangenen Grundsatzentscheidung betont der EuGH **415** einen grundsätzlichen Vorrang des individuellen Persönlichkeitsrechts gegenüber dem Informationsinteresse der Öffentlichkeit und dem wirtschaftlichen Interesse des Suchmaschinenbetreibers. Lediglich in Ausnahmefällen – etwa bei besonderer Prominenz des Betroffenen – kann das Informationsinteresse der Öffentlichkeit überwiegen. Somit folgt aus Art. 7 und 8 GRCh i. V. m. Art. 12 lit. b, 14 Abs. 1 lit. a der Datenschutz-RL ein grundsätzliches Recht auf „Vergessenwerden". Anders als die Medien, die die verlinkten Artikel publizieren, kann sich eine Suchmaschine nicht auf das Medienprivileg (Art. 9 der Datenschutz-RL 95/46/EG) berufen. Deshalb gilt der grundsätzliche Vorrang des Persönlichkeitsrechts sogar dann, wenn die Publikation auf der verlinkten Seite für sich genommen rechtmäßig ist. Denn erst durch die Aufnahme in das Suchergebnis wird diese Publikation in das weltweite Bewusstsein gebracht. Im konkreten Fall hat der EuGH daher angesichts der Sensibilität der betroffenen Daten und des lange zurückliegenden Zeitpunktes einen Löschungsanspruch des Betroffenen bejaht und Google zur Entfernung der Links aus dem Suchergebnis verpflichtet.[316]

Erhebliches **Problempotenzial** bietet nun die **Art und Weise der Umset- 416 zung** des Urteils. Google hat bald darauf Antragsformulare und Verfahren für die Antragsbearbeitung auf Löschung bestimmter Link-Verbindungen in Suchergebnissen (innerhalb der EU) entwickelt.[317] Bei aller Zustimmung zur starken Gewichtung des individuellen Persönlichkeitsrechts gegenüber der enormen Wirkmacht des Internets[318] besteht letztlich ein Problem darin, dass nun die Suchmaschinen mit der Vornahme der Interessenabwägung zwischen Einzel- und Gemeinschaftsinteressen betraut sind. Würden diese den Weg des geringsten Widerstands gehen und allen Löschungsanträgen pauschal stattgeben, wären die systemische Funktion der Suchmaschinen und damit das allgemeine Informationsgrundrecht in ihren Grundfesten erschüttert.[319] Es wird darauf zu achten sein, dass nicht das Kind mit dem Bade ausgeschüttet wird.

---

316 EuGH, Urt. v. 13.5.2014 – Az. C-131/12 = NJW 2014, 2257 (google).
317 Spindler, JZ 2014, 981, 990.
318 Boehme-Neßler, NVwZ 2014, 825, 827 und Nolte, NJW 2014, 2238, sehen in dem klaren Bekenntnis zum Datenschutz einen „Meilenstein".
319 Vgl. van Lijnden, LTO v. 5.6.2014, abrufbar unter <http://www.lto.de/recht/hintergrunde/h/eugh-urteil-c-131-12-google-recht-vergessenwerden-loeschen/> (15.5.2015).

417 | Beispielfall 9: Empfindliche Ehegattin

Sachverhalt: Die äußerst attraktive und oft etwas freizügig gekleidete Gattin Gisela (G) des Bundeslandwirtschaftsministers Berthold (B), die auf eine Karriere als Weinkönigin zurückblickt, erfreut sich im Internet einer gewissen Beliebtheit. So wird während und nach der Amtszeit des B die Eingabe ihres Namens in das Suchfeld der Suchmaschine „Soogle" (S) automatisch um Begriffe aus dem Rotlichtmilieu ergänzt. G, die Wert darauf legt, noch nie im entsprechenden Markt tätig gewesen zu sein, empfindet diese automatischen Ergänzungen als ehrabschneidend. Sie weist S darauf hin und verlangt, dass die automatische Ergänzungsfunktion zu ihrem Namen keine solchen Begriffe mehr anzeigt. Außerdem fordert G einen angemessenen Schadenersatz. Zu Recht?

418 | **Lösungsvorschlag:** Die durch die ergänzten Suchbegriffe suggerierte und unzutreffende Verbindung von G mit dem Rotlichtmilieu verletzt diese in ihrer persönlichen Ehre und in ihrem Persönlichkeitsrecht. S trägt durch die in ihren Suchdienst integrierte automatische Ergänzungsfunktion („autocomplete") kausal und willentlich zu dieser Rechtsverletzung bei und unterliegt damit der Störerhaftung. Daraus folgen für S jedoch keine präventiven Prüfpflichten, weshalb sie erst nach Kenntniserlangung von dieser Rechtsverletzung zum Handeln verpflichtet ist. Somit besteht nach entsprechender Aufforderung durch G nun ein Unterlassungsanspruch gegen S gem. §§ 1004, 823 Abs. 1 BGB analog.

Der außerdem geltend gemachte Schadenersatzanspruch könnte sich aus § 823 Abs. 1 BGB i. V. m. Art. 2 Abs. 1, 1 Abs. 1 GG (Allgemeines Persönlichkeitsrecht) ergeben. Dieser Anspruch setzt jedoch nicht nur die Rechtsverletzung bei G voraus, sondern auch ein vorsätzliches oder fahrlässiges Handeln von S. Solange S aber keine Kenntnis von dem Rechtsverstoß hatte, fehlt es insoweit am erforderlichen Vorsatz. Da S außerdem bis zur Kenntniserlangung keiner Handlungspflicht unterlag, kann ihr auch kein Verstoß gegen die im Verkehr erforderliche Sorgfalt (§ 276 Abs. 2 BGB) vorgeworfen werden. Folglich fehlt es auch an der Fahrlässigkeit, weshalb S keinen Schadenersatz leisten muss, wenn sie die Autocomplete-Funktion entsprechend für den Namen von G deaktiviert.

4.6.4 Summary „Links"

1. Das Setzen von Links kann – je nach Ausgestaltung und Technik – **419**
   zu rechtlichen Problemen führen:
   a) „Normale" Hyperlinks sind noch relativ unproblematisch, weil
      von einer konkludenten Zustimmung der verlinkten Anbieter
      (aufgrund deren Auftritt im Netz) auszugehen ist.
   b) Deep-Links und Frames können urheberrechtlich (Unterdrü-
      ckung der Urhebernennung) und wettbewerbsrechtlich (Über-
      nahme fremder Arbeitsergebnisse) problematisch sein. Entschei-
      dend ist, wie sehr sie den Anschein erwecken, das verlinkte An-
      gebot stamme vom Linksetzer selbst.
   c) Metatags, die sich (vorrangig) an Suchmaschinen richten, kön-
      nen eine unerlaubte Markenbenutzung oder eine wettbewerbs-
      rechtlich unlautere Rufausbeutung oder Kundenabwerbung dar-
      stellen. Adwords oder Keywords, die bei der Auflistung eines
      Suchergebnisses dazu führen, dass bestimmte Anzeigen neben
      dem Suchergebnis in einer gesonderten Anzeigenspalte erschei-
      nen, sind dagegen kennzeichen- und wettbewerbsrechtlich mög-
      lich, wenn die Anzeige keine Hinweise auf den Markenrechtsin-
      haber und seine Produkte enthält.
2. Die Haftung für etwaige rechtswidrige Inhalte auf den verlinkten
   Seiten wird nicht – auch nicht analog – durch die Haftungsprivilegien der §§ 7 ff. TMG erfasst. Es gelten vielmehr die allgemeinen
   Haftungsgrundsätze, wonach bei eigenen und zu eigen gemachten
   Inhalten ebenso wie bei fremden Inhalten, von denen der Linksetzende Kenntnis hat, weitgehende Haftung besteht.
3. Bei fremden Inhalten und fehlender Kenntnis hiervon haftet der
   Linksetzende bei Verletzungen seiner aus der Eröffnung einer Gefahrenquelle herrührenden Verkehrssicherungspflicht. Die Anforderungen an die daraus folgenden Kontroll- und Überwachungspflichten dürfen nicht überspannt werden, weil das Internet ohne Links
   in seiner Funktionsfähigkeit erheblich eingeschränkt wäre und das
   Setzen von Links grundrechtsrelevant (Art. 5 Abs. 1 GG) ist.
4. Wegen ihrer ebenfalls systemischen Bedeutung für das Funktionieren des Mediums Internet und ihrer vollautomatischen Arbeitsweise
   beschränkt sich die störerrechtliche Haftung von Suchmaschinen
   für Rechtsverletzungen in den Treffereinträgen ebenso wie in den
   verlinkten Inhalten auf eine Beseitigungspflicht nach entsprechender Beanstandung durch den Verletzten. Von besonderer Bedeutung
   ist dabei das vom EuGH deutlich gestärkte Recht auf Vergessenwerden, weshalb unter bestimmten Voraussetzungen die Löschung
   bestimmter persönlichkeitsrechtsverletzender Links aus dem Suchergebnis verlangt werden kann.

Kapitel 5:   **Domains**

5.1   Domains als Internet-Adressen

5.1.1   Technische und rechtliche Einordnung

5.1.1.1   Begriff und Bedeutung

Das Internetangebot ist nach Domains (engl.: Bereiche) geordnet; jeder **420**
einzelne Content-Auftritt im Internet benötigt eine solche Internetan-
schrift, um **erreichbar** zu sein. Denn faktisch kann nur durch eine entsprechende URL-Eingabe (egal ob durch Direkteingabe oder durch Anklicken
eines Links, eines Suchmaschinen-Angebots o. Ä.) ein Internetauftritt erreicht und aufgerufen werden.[1] Insoweit nehmen Domains im Internet
dieselben Aufgaben wahr, wie Hausanschriften bzw. Postfächer beim analogen Postversand oder Telefonnummern bei der Sprechtelefonie. Das Internet ist technisch zwar auch nach IP-Nummern organisiert,[2] denen dann
aber die Domainnamen zugeordnet werden.

Bei Internetdomains kommt zu dieser Adressierungsfunktion außerdem **421**
noch hinzu, dass sie als sinntragende, verbale Zeichenverbindungen auch
– anders als Telefonnummern – in **Namen, Wörter, ja sogar ganze Aussagen**, umgesetzt werden können. Damit sind sie wesentlich leichter zu mer-
ken und können bei entsprechender Eignung **werbewirksam** eingesetzt
werden. Kaum ein Werbeplakat kommt mehr ohne gut sichtbare Internet-
anschrift aus, und auf vielen Firmenwagen auch kleinerer und mittlerer
Betriebe und Handwerker prangt die Domain. Damit kann geschickt die
Wahrnehmung eines Schlagwortes oder einer griffigen Aussage im real-
öffentlichen Raum mit dem Internetangebot verknüpft und ein großes

---

1   Technisch wäre der Aufruf auch über die dahinterliegende IP-Nummer möglich, was aber
    wesentlich weniger komfortabel ist und deshalb in der Praxis keine Rolle spielt.
2   Die Internet-Protocol-Numbers bestehen im bisherigen IPv4-Protokoll aus vier Zahlenblö-
    cken, die jeweils eine Zahl von 0 bis 255 enthalten, woraus sich rund vier Milliarden
    mögliche IP-Nummern ergeben; da dies angesichts des weltweiten Verbreitungs- und Zu-
    griffsgrades des Internets zunehmend eng wird, wurde das IPv6-Protokoll entwickelt, des-
    sen Adressen in 8 Blöcke zu jeweils 16 bit unterteilt sind und die IPv4-Adressen ablösen
    werden, vgl. Köhler/Arndt/Fetzer, Recht des Internet, Rn. 16.

Identifikationspotenzial geschaffen werden. Auch sind viele Domains so selbsterklärend angelegt, dass sie von den Usern durch Direkteingabe „auf gut Glück" erreichbar sind (z. B. bundesgerichtshof.de, baden-württemberg.de). Angesichts der unübersehbaren Informationsflut im Internet ist die Erzielung von **User-Aufmerksamkeit** für den **Wahrnehmungserfolg** entscheidend; hierfür ist die Domain von herausragender Bedeutung.

422 Daher kann es nicht verwundern, dass Domains **veritable wirtschaftliche Werte** darstellen und auf Tauschbörsen (siehe z. B. www.sedo.de) zu teilweise horrenden Preisen den „Eigentümer" wechseln. Auch wenn für die meisten Domains in Deutschland Preise zwischen 300 und 2 500 € bezahlt werden, wurde beispielsweise die Domain „business.com" bereits im Jahr 2000 für sage und schreibe 7,5 Mio. US-Dollar verkauft.[3] Dieser teilweise hohe Werbe- und Marktwert hat auch dazu geführt, dass eine Pfändung von Domains wirtschaftlich interessant sein kann (s. u., Rn. 428).

5.1.1.2 Rechtliche Einordnung von Domains

423 In technischer Hinsicht stellen Domains lediglich Rechneradressierungen dar. Ihre rechtliche Einordnung ist ungleich schwieriger; mangels eigener Gegenständlichkeit ist klar, dass es sich nur um ein **unkörperliches Recht** handeln kann. Nach anfänglicher Unsicherheit in der Frühphase des Internets wendet die h. M. bereits seit vielen Jahren die Grundsätze des Namens-, Firmen-, Marken- und Kennzeichenrechts auf Domains an.[4] Denn neben der technischen Adressierungsfunktion haben Domains eine **Kennzeichnungsfunktion**, d. h. die Möglichkeit zur Identifikation des Namens- oder Kennzeichenträgers (Identifikationsfunktion) sowie die Möglichkeit der Unterscheidung von Anderen (Abgrenzungsfunktion).[5]

424 Noch umstritten ist jedoch die Frage, ob Domains ein absolutes – also gegenüber jedermann bestehendes – und eigenständiges Recht darstellen. Aufgrund der **technischen Einmaligkeit jeder Domain** kommt ihr faktisch eine **absolute Verdrängungswirkung** zu; wer eine bestimmte Domain hat, verhindert zugleich, dass irgendjemand anderes diese Domain haben kann.[6] Doch kann aus einer faktischen Monopolstellung keineswegs auf eine rechtliche Ausschließlichkeitsposition geschlossen werden. Wäre eine Domain ein absolutes Recht, wäre sie als sonstiges Recht i. S. v. § 823 Abs. 1 BGB schutzfähig. Der Inhaber könnte nicht nur faktisch, sondern auch rechtlich jeden anderen von der Domain fernhalten.[7]

---

3 Strömer, Online-Recht, 3. Aufl., S. 53; Ernst, MMR 2002, 714, 720 m. w. N.
4 So bereits 1996 das LG Mannheim, NJW 1996, 2736 (heidelberg.de); a. A. ebenfalls 1996 noch das LG Köln, NJW-CoR 1997, 307 (kerpen.de). Ausführlich zur Zuordnungsfunktion Perrey, CR 2002, 349.
5 OLG Brandenburg, MMR 2001, 174 (luckau.de).
6 Vgl. Welzel, MMR 2001, 131, 133.
7 Koos, MMR 2004, 359.

Ein solches absolutes Recht wäre dann zu bejahen, wenn die Domain als **425** ein eigenes Namens- oder Kennzeichenrecht zu qualifizieren wäre. Dagegen spricht jedoch, dass Namen und Marken auch unabhängig von Domains verwendet und rechtlich geltend gemacht werden können; im Regelfall stellt die Domain daher gerade kein eigenes Namens- oder Kennzeichenrecht dar, sondern ist nur eine **unselbständige Gebrauchsform eines von ihr unabhängig bestehenden Namens- oder Kennzeichenrechts.** Lediglich in Ausnahmefällen kann eine Domain ein eigenes Namens- oder Kennzeichenrecht darstellen, nämlich dann, wenn sie dieses Recht erst hat entstehen lassen (so verhält es sich bei besonders bekannten Domains, die es zuvor als Namen oder Kennzeichen nicht gab: yahoo, eBay, etc.).

Ansonsten wäre ein absolutes Recht nur als ein **Recht sui generis** denk- **426** bar.[8] Dann könnten Domains unabhängig von etwaigen Namens- oder Kennzeichenrechten, die an der Domain bestehen, übertragen werden;[9] abgesehen davon, dass dadurch die von der Rechtsordnung durch Namen und Kennzeichen verfolgten Ziele vereitelt würden, ergibt sich daraus gerade kein Argument für eine rechtliche Selbständigkeit von Domains. Daran ändert auch der Umstand nichts, dass nicht jede Domain die Identifikations- und Abgrenzungsfunktion des Namens- und Kennzeichenrechts erfüllt (z. B. Gattungsbegriffe oder ganze Sätze).[10] Außerdem werden gegen die Qualifizierung der Domain als absolutes Recht der **sachenrechtliche Numerus clausus und die Mitwirkung eines Dritten** – nämlich der Registrierungsstelle – an der Entstehung der Domain geltend gemacht.[11]

Bei Licht betrachtet besteht die „rechtliche" Domain im Normalfall **427** schlicht und einfach aus den **schuldrechtlichen Ansprüchen des Domaininhabers aus dem Domainvertrag** gegen die Registrierungsstelle. Dabei handelt es sich um den Anspruch auf Registrierung sowie um den Daueranspruch auf Konnektierung und damit auf Erreichbarkeit im Internet (Adressierungsfunktion). Beide Ansprüche sind erfolgsbezogen und nicht durch ein bloßes Bemühen zu erfüllen; sie sind daher **werkvertraglich zu qualifizieren.**[12] Hinzutreten kann ein namens- oder kennzeichenrechtlicher Gebrauch (s. o.), der aber an der rechtlichen Qualität der Domain in der Regel nichts ändert. Das BVerfG qualifiziert die Domain daher als ein **relatives Nutzungsrecht,** das allerdings als solches im Sinne von Art. 14 GG eigentumsfähig ist;[13] ebenso hat sich der EGMR im Hinblick auf

---

8 Vgl. LG Essen, CR 2000, 247.
9 Koos, MMR 2004, 359, 364.
10 Koos, MMR 2004, 359.
11 Vgl. Hanloser, CR 2001, 456, 458 f.; Köhler/Arndt/Fetzer, Recht des Internet, Rn. 44, 114; kritisch hierzu Koos, MMR 2004, 359, 361 f.
12 Hanloser, CR 2001, 456, 457; Welzel, MMR 2001, 131, 132; Ernst, MMR 2002, 714, 715 f.
13 BVerfG, MMR 2005, 165 m. Anm. Leopold/Kazemi = CR 2005, 282 (ad-acta.de); vgl. auch Koos, MMR 2004, 359, 360.

Art. 1 des 1. Zusatzprotokolls zur EMRK geäußert.[14] Wird eine Domain verkauft, handelt es sich um einen normalen Forderungskauf.

428 Auch als Forderungen sind Domains – exakt formuliert: die damit bezeichneten Ansprüche gegen die Registrierungsstelle – grundsätzlich **pfändbar**, da sie dann „andere Vermögensrechte" i. S. v. § 857 Abs. 1 ZPO darstellen.[15] Denn die Domain stellt kein einem Marken- oder Urheberrecht vergleichbares absolutes Recht dar, weil die Einmaligkeit einer Domain nur technischer und nicht rechtlicher Natur ist.[16] Drittschuldnerin ist die Registrierungsstelle, die die Rechte an der Domain dem Pfändungsgläubiger zu übertragen hat.[17] Da die Domain – anders als z. B. ein Lohnanspruch – keine unmittelbare finanzielle Befriedigung ermöglicht, der Gläubiger mit der konkreten Domain in der Regel selbst nicht viel anfangen kann und der Aufbau eines neuen Internetauftritts für die begrenzte Nutzungsdauer (nämlich bis zur Gläubigerbefriedigung) kaum lohnend sein dürfte, empfiehlt sich eine andere Verwertungsart gem. § 844 ZPO. Dies kann beispielsweise durch eine **Weiterleitung auf einen bereits bestehenden und der Domain affinen Auftritt eines Dritten** erfolgen; dann setzt eine sinnvolle Verwertung des Anspruchs meist eine Vereinbarung mit einem Dritten über die Nutzung der Domain für einen klar definierten Zeitraum zu einem festgelegten Entgelt voraus.[18] Denkbar sind unter bestimmten Voraussetzungen auch die freihändige **Veräußerung** oder die **Versteigerung**.[19]

5.1.2 Domain Name System

5.1.2.1 Top Level Domains (RFC 1591)

429 Das Internet ist **streng hierarchisch geordnet**. Die oberste Ebene ist die „Top Level Domain"-Ebene. Dies geht auf Jonathan B. Postel (1943– 1998), einen der Väter des Internet, zurück. Als damaliger Leiter der IANA, einer Vorgängereinrichtung von ICANN, hat er 1994 die Domainstruktur in RFC 1591 festgelegt. Danach sind bei den Top Level Domains

---

14 EGMR, MMR 2008, 29 m. Anm. Kazemi.
15 BGH, NJW 2005, 3353 = CR 2006, 50; Hanloser, CR 2001, 456, 458; Welzel, MMR 2001, 131; Fechner, Medienrecht, Kap. 12 Rn. 237; a. A. LG München I, MMR 2001, 319 = CR 2001, 342.
16 BGH, NJW 2005, 3353 = CR 2006, 50.
17 Was freilich sehr umstritten ist; die .de-Registrierungsstelle DENIC eG – und allen voran deren Chefsyndikus Welzel – bestreitet die Drittschuldnerstellung (vgl. Anm. zu AG Frankfurt, MMR 2009, 709, 710); ausführlich dagegen hält Stadler, MMR 2007, 71; die – soweit ersichtlich – erste Gerichtsentscheidung in dieser Frage gibt jedoch DENIC Recht, vgl. AG Frankfurt, MMR 2009, 709 („geencard-select.de") mit (natürlich zustimmender) Anm. Welzel.
18 Hanloser, CR 2001, 456, 458; Welzel, MMR 2001, 131, 138.
19 Welzel, MMR 2001, 131, 137 f.

zwei Arten – die generischen TLDs und die country-code-TLDs – zu unterscheiden.

> **RFC 1591 (Domain Name System Structure and Delegation) – Ziff. 2 (Auszug):** **430**
> 2. The Top Level Structure of the Domain Names
> In the Domain Name System (DNS) naming of computers there is a hierarchy of names. The root of system is unnamed. There are a set of what are called „top-level domain names" (TLDs). These are the generic TLDs (EDU, COM, NET, ORG, GOV, MIL, and INT), and the two letter country codes from ISO-3166. It is extremely unlikely that any other TLDs will be created.[20]
> Under each TLD may be created a hierarchy of names. Generally, under the generic TLDs the structure is very flat. That is, many organizations are registered directly under the TLD, and any further structure is up to the individual organizations.
> In the country TLDs, there is a wide variation in the structure, in some countries the structure is very flat, in others there is substantial structural organization. In some country domains the second levels are generic categories (such as, AC, CO, GO, and RE), in others they are based on political geography, and in still others, organization names are listed directly under the country code. The organization for the US country domain is described in RFC 1480 [1].
> Each of the generic TLDs was created for a general category of organizations. The country code domains (for example, FR, NL, KR, US) are each organized by an administrator for that country. These administrators may further delegate the management of portions of the naming tree. These administrators are performing a public service on behalf of the Internet community. Descriptions of the generic domains and the US country domain follow. ...

Die **generischen Top Level Domains (gTLDs)** knüpfen an die inhaltliche **431** Ausrichtung des Angebots oder die Form des Anbieters an.[21] Zudem wird innerhalb der gTLDs differenziert zwischen nicht gesponserten und gesponserten TLDs. Die nicht gesponserten gTLDs werden von ICANN selbst nach den dort geltenden Vergabebedingungen verwaltet, während die gesponserten gTLDs von unabhängigen Organisationen – die dann auch die gesamte Finanzierung übernehmen – nach eigenen Regeln kontrolliert werden.[22]

---

20 Hätte Postel 1994 nur ansatzweise geahnt, was ICANN alles machen würde (vgl. Rn. 433: ngTLDs), hätte er das so sicher nicht formuliert.
21 Im Einzelnen erläutert in RFC 1591 Ziff. 2.
22 Köhler/Arndt/Fetzer, Recht des Internet, Rn. 19; nachfolgende Tabelle nach <http://de.wikipedia.org/wiki/Top-Level-Domain#Generische_Top_Level_Domains> (20.5.2015); vgl. auch <http://www.iana.org/domains/root/db/#> (17.7.2015).

432

nicht gesponsert	
„.arpa"	Infrastruktur-TLD im Internet
„.biz"	für Unternehmen
„.com"	für kommerziell ausgerichtete Angebote
„.info"	für jedermann und jede Verwendung
„.name"	für Privatpersonen
„.net"	für Netzwerkprovider
„.org"	für Organisationen, die nicht von den anderen gTLDs abgedeckt sind
„.pro"	für professionelle Nutzung, v. a. Freiberufler (Ärzte, Rechtsanwälte, Steuerberater) und andere Selbständige
gesponsert	
„.aero"	für die Luftfahrtindustrie
„.cat"	für die katalanische Sprache und Kultur
„.coop"	für genossenschaftliche Organisationen
„.edu"	für ausbildungsbezogene Angebote von Colleges und Hochschulen mit (mindestens) vierjährigen Ausbildungsangeboten (was sich in Deutschland nicht durchgesetzt hat; die hiesigen Hochschulen firmieren alle unter der Länder-TLD „.de")
„.gov"	für Behörden der US-Bundesregierung
„.int"	für Organisationen, die auf internationalen Verträgen und Vereinbarungen beruhen
„.jobs"	für Stellenangebote
„.mil"	für Einrichtungen des US-Militärs
„.mobi"	für Nutzer und Anbieter mobiler Produkte und Dienstleistungen
„.museum"	für Museen
„.post"	für Logistik- und Transportunternehmen
„.tel"	zur Veröffentlichung von Kontaktdaten
„.travel"	für die Reise- und Tourismusindustrie
„.xxx"	für Anbieter der Erotikbranche

Übersicht 32: (Klassische) Generische Top Level Domains

433 Die Vergabepraxis bei zahlreichen gTLDs hat dazu geführt, dass die dargestellte **Gruppentypisierung oft erheblich aufgeweicht** worden ist, so dass bei einem Internetauftritt unter einer bestimmten gTLD keine Gewähr für die tatsächliche Gruppenzugehörigkeit des Seitenanbieters besteht.[23] Außerdem gibt es seit einiger Zeit auch TLDs, die die strikte Trennung zwischen den ccTLDs und den gTLDs verwischen, wie die (g)TLDs für Weltregionen wie „.eu" und „.asia". Den härtesten Schlag gegen die klare TLD-Typisierung stellt aber die Einführung sog. **„neuer generischer Top Level Domains (ngTLD)"** dar. So vergibt ICANN seit 2013 auf Antrag in Bewerbungsrunden beliebige TLD-Bezeichnungen; da die Bewerbung aber mit hohen Gebühren verbunden ist, können sich dies nur fi-

---

23 Köhler/Arndt/Fetzer, Recht des Internet, Rn. 19.

nanzkräftige Organisationen leisten.[24] Soweit dabei lateinische Schriftzeichen verwendet werden, lassen sich drei Hauptgruppen unter den ngTLDs ausmachen:
* Echt generische Domains wie z.B. „.bank", „.soccer", „.sport", „.pizza",
* bekannte Kennzeichen wie „.amazon", „.audi", „.bmw", „.gucci" und
* neue TLDs mit geografischem – regelmäßig lokalem – Bezug wie „.amsterdam", „.aquitaine", „.bayern", „.berlin", „.boston" oder „.koeln".[25]

Die **ca. 240 country-code-Top Level Domains (ccTLDs)** ergeben sich aus der ISO-Liste 3166-1 (ISO = International Organization for Standardization); darin sind **für jeden Staat zweibuchstabige Abkürzungen** festgelegt, so z.B. für Deutschland „de", für Frankreich „fr", für Großbritannien „uk", für Österreich „at", für die Schweiz „ch", für Spanien „es" etc.[26] Mitunter gibt es ccTLDs, die wieder generisch von Interesse sind: So hat der Zwergstaat Tuvalu seine ccTLD „**.tv**" zur kommerziellen Nutzung – die vor allem für Fernsehanstalten interessant ist – freigegeben und damit rund 50 Mio. $ verdient.[27] Des Weiteren kann die ccTLD „**.ag**" von Antigua für deutsche Aktiengesellschaften attraktiv sein. Allerdings wird es wettbewerbsrechtlich eng, wenn – was ja durchaus denkbar ist – eine nicht als Aktiengesellschaft organisierte Firma ihren Internetauftritt unter einer „**.ag**"-Domain anbietet. Das LG Hamburg hat in einem solchen Fall eine wettbewerbswidrige Irreführung des Verkehrs bejaht.[28] **434**

Diese Praxis führt jedoch dazu, dass den TLDs (auch im cc-Bereich) bislang **keine besondere namens- oder kennzeichenrechtliche Relevanz** zukommt; anders mag es sich eventuell im Bereich der ngTLDs entwickeln. Jedenfalls wird aber die Erwartung, dass der Anbieter eines Internetauftritts mit einer bestimmten ccTLD im damit angezeigten Land säße, rechtlich nicht geschützt. Grund dafür ist auch die verbreitete Übung, Country-Code-TLDs als Fortsetzung der jeweiligen Namensbezeichnung zu verwenden. Dies gilt etwa für die Domain „tipp.ag", in dem die Endung „.ag" ersichtlich nicht als Länderkennung für „Antigua und Barbuda" verwendet wird, sondern für „Aktiengesellschaft" stehen soll; ähnlich ver- **435**

24 Zu den damit verbundenen Rechtsschutzmöglichkeiten für Kennzeichenrechte s. Rickert, MMR 2012, 444 ff.
25 Vgl Maaßen/Hühner, MMR 2011, 148; Rickert, MMR 2012, 444; vgl. außerdem <https://gtldresult.icann.org/application-result/applicationstatus> (18.5.2015).
26 Vgl. im Einzelnen <http://www.iana.org/domains/root/db> (10.7.2015); <www.iso.org> (10.7.2015).
27 Köhler/Arndt/Fetzer, Recht des Internet, Rn. 18.
28 LG Hamburg, MMR 2003, 796 = CR 2004, 143 m. Anm. Stögmüller.

hält es sich bei den Domains „verona.tv", „bullypara.de", „ich.ag" und „youtu.be".[29]

436 Daneben bemüht sich ICANN schon seit Jahren um die Einführung von „**Internationalized Domain Names**" (IDNs), die andere Schriftzeichen enthalten (können), als im „American Standard Code for Information Interchange" (ASCII) vorgesehen sind. Da der ASCII im Wesentlichen dem Zeichensatz einer englischsprachigen Tastatur entspricht, fallen bereits deutsche Umlaute aus diesem Spektrum heraus. Bei den IDNs geht es aber insbesondere um die Ermöglichung von TLDs mit nichtlateinischen Schriftzeichen; dazu gehören beispielsweise die arabische, chinesische und kyrillische Schrift. Wohl nicht zuletzt wegen des amerikanischen Ursprungs und der nach wie vor klar amerikanisch-europäischen Dominanz im Netz ist ICANN allerdings bis heute über Fallstudien und Einzelprojekte noch nicht hinaus gekommen.[30]

437 Aufgrund der militärisch-wissenschaftlichen Herkunft des Internets waren Anfang der 1990er Jahre noch mehr als 75 % aller Internetadressen unter der gTLD „.edu" registriert. Im Zuge der zunehmenden Ökonomisierung und Kommerzialisierung des Internets übernahm dann Mitte der 90er Jahre die **gTLD „.com"** – bis heute – (mit großem Abstand) **die Führung**. Auf Platz 2 folgte lange Zeit die deutsche ccTLD „.de", was das deutlich überproportionale Gewicht der deutschen Internet-Gemeinde im world wide web belegt; inzwischen nähern sich die gTLD „.net" und die chinesische ccTLD „.cn" dem 2. Platz an. Auffällig ist auch, dass sich **unter den zehn bedeutendsten TLDs nur fünf ccTLDs** befinden. Das liegt u. a. daran, dass sich in anderen Staaten die gTLDs deutlich stärker durchgesetzt haben als die jeweilige ccTLD; besonders deutlich ist dies in den USA bezüglich der TLD „.com", während „.us" gar nicht unter den Top Ten liegt. Bei den **zehn stärksten Top Level Domains** (nach SLD-Registrierungszahlen) haben in den letzten zehn Jahren eigentlich relativ wenige Verschiebungen stattgefunden; in den letzten fünf Jahren ist das Vorstoßen der russischen ccTLD „.ru" unter die Top Ten die auffälligste Veränderung:[31]

438

	Mai 2015	Sept. 2009	Juli 2004
„.com"	117,9 Mio.	82,4 Mio.	29,6 Mio.
„.de"	15,9 Mio.	13,1 Mio.	7,8 Mio.
„.net"	15,1 Mio.	12,5 Mio.	4,8 Mio.

---

29 LG Hamburg, MMR 2005, 190 = CR 2005, 307.
30 Vgl. <https://www.icann.org/resources/pages/idn-variant-tld-process-2013-04-01-en> (18.5. 2015).
31 <http://www.denic.de/hintergrund/statistiken/internationale-domainstatistik.html> (18.5.2015), für 2004 und 2009 siehe Vorauflage Rn. 541.

	Mai 2015	Sept. 2009	Juli 2004
„.cn"	11,8 Mio.	12,5 Mio.	(nicht unter Top 10)[32]
„.uk"	10,60 Mio.	7,9 Mio.	5,5 Mio.
„.org"	10,59 Mio.	7,8 Mio.	3,1 Mio.
„.nl"	5,56 Mio.	3,5 Mio.	1,2 Mio.
„.info"	5,42 Mio.	5,3 Mio.	1,2 Mio.
„.ru"	4,90 Mio.	(nicht unter Top 10)	(nicht unter Top 10)
„.eu"	3,86 Mio.	3,0 Mio.	(nicht unter Top 10)

Übersicht 33: Top Ten der Top Level Domains

5.1.2.2 Second Level Domains

Unter der TLD steht die Second Level Domain (SLD), die im allgemeinen **439** Sprachgebrauch als die **eigentliche Domain** angesehen wird. Denn während die TLD nur eine begrenzte Auswahl bietet (s. o.) und zudem allenfalls eine schwache Aussage über den Domaininhaber enthält (bei einer ccTLD u. U. das Heimatland, anders natürlich bei Marken-ngTLDs), „spielt bei der SLD die Musik". Denn hier sind der Wahlfreiheit des Domaininhabers kaum (s. u., Rn. 484 f.) Grenzen gesetzt; für die SLD werden Namen, Firmen, Marken, Kennzeichen, Werbeaussagen u. Ä. gewählt, die die **Aussagekraft und damit auch den wesentlichen wirtschaftlichen Wert** der Domain ausmachen.

Da es unter jeder TLD jede Second Level Domain (SLD) aus technischen **440** Gründen nur ein einziges Mal geben kann, wird der Auswahlspielraum insbesondere bei den stark nachgefragten TLDs zunehmend enger; deshalb wird die Anzahl der gTLDs ständig ausgeweitet (s. o., Rn. 433).[33] Damit wird die **Verwendung derselben SLD unter verschiedenen TLDs** mehreren Interessenten (z. B. Gleichnamigen) ermöglicht. Allerdings lassen die Gerichte die „Parallel-SLDs" teilweise aus namens- oder kennzeichenrechtlichen Gründen nicht zu; damit verpufft zumindest ein Teil des durch weitere TLDs geschaffenen zusätzlichen Handlungsspielraums. So hat der BGH beispielsweise einer Privatperson die Verwendung der Domain „solingen.info" wegen einer damit verbundenen **namensrechtlichen Zuordnungsverwirrung** auf Antrag der Stadt Solingen untersagt.[34]

---

32 Allerdings lag „.cn" im April 2007 nach den damaligen Angaben bei DENIC erst bei knapp 1,9 Mio. (seinerzeit Platz 9), was das extrem rasante Wachstum dieser ccTLD veranschaulicht.
33 Vgl. Köhler/Arndt/Fetzer, Recht des Internet, Rn. 32 f. bzgl. „.eu".
34 BGH, MMR 2007, 38 = CR 2007, 36 (solingen.info); so schon die Vorinstanz, OLG Düsseldorf, MMR 2003, 748 = CR 2004, 538; im Ergebnis ebenso – für vergleichbare Fallgestaltungen – KG, MMR 2007, 600 („tschechische-republik.at/.ch/.com"), und OLG Hamburg, CR 2009, 512 („telekom-bundesliga.eu").

5.1.2.3 Zusammensetzung einer Web-Adresse (URL)

441 Diese hierarchische Ordnung des Internets bildet sich auch in jeder Web-Adresse ab. Diese enthält daher zunächst eine TLD (z. B. „.de"); darunter (d. h. in der Schreibweise „davor") kommt die von einer Registrierungsstelle vergebene SLD wie z. B. „uni-stuttgart". Jeder Inhaber einer SLD kann wiederum eigenständig – d. h. ohne Beteiligung der SLD-Registrierungsstelle – Subdomains vergeben und deren Verwaltung entweder selbst übernehmen oder dezentral nachgeordneten Einheiten (z. B. Verbandsmitgliedern) überlassen; die Subdomain wird durch einen weiteren Punkt getrennt der SLD vorangestellt. Die Universität Stuttgart beispielsweise hat ihren Instituten Subdomains zur eigenen Betreuung zur Verfügung gestellt; die Subdomain des Instituts für Volkswirtschaftslehre und Recht der Universität Stuttgart lautet „ivr". Die Gesamtdomain des Instituts heißt folglich „www.ivr.uni-stuttgart.de". Die **einzelnen Abteilungen des Instituts und deren Unterseiten** werden dann durch einen nach der Domain angefügten Schrägstrich mit Pfad und Datei angegeben.[35]

442 Für die Adresse der persönlichen Seite des Autors hat dies beispielsweise folgenden Aufbau zur Folge:

www.	Internetdienst „world wide web"	Domain
ivr	Subdomain des Instituts für Volkswirtschafts-lehre und Recht	
.uni-stuttgart	SLD der Universität Stuttgart	
.de	TLD	
/recht	Pfad zur Unterseite der Abteilung für Rechts-wissenschaft des Instituts	Pfad zu Unterseiten der Domain
/mitarbeiter	Pfad zum Personal der Abteilung	
/haug/	Pfad zur persönlichen Seite des Autors (als An-gehörigem der Abteilung)	

Übersicht 34: Aufbau einer Web-Adresse (URL)

5.1.3 Summary „Domains als Internetadressen"

443 1. Domains sind in technischer Hinsicht als Rechneradressierungen anzusehen, denen IP-Nummern zugeordnet sind. Als sinntragende Zeichenverbindung kommt ihnen eine besondere Wahrnehmungsbedeutung zu, weshalb sie teilweise einen hohen wirtschaftlichen Wert haben.
2. In rechtlicher Hinsicht stellen Domains kein absolutes Recht, sondern (relative) schuldrechtliche Ansprüche des Domaininhabers auf

---

35 Siehe auch Köhler/Arndt/Fetzer, Recht des Internet, Rn. 17 ff.

Registrierung und Konnektierung dar; der häufig anzutreffende na-
mens- oder kennzeichenrechtliche Gebrauch ist nicht zwingend.
3. Domains sind als vermögenswerte Rechte pfändbar; die Verwertung richtet sich sinnvollerweise nach § 844 ZPO (Lizenzierung
durch einen Dritten, Verkauf, Versteigerung).
4. Das Domain Name System ist streng hierarchisch geordnet.
   a) Auf der obersten Stufe stehen die Top Level Domains (TLDs),
   die entweder inhaltlich (generische TLDs) oder länderbezogen
   (country-code TLDs) ausgerichtet sind. Am häufigsten wird die
   gTLD „.com" verwendet, mit großem Abstand folgt auf Platz 2
   die ccTLD „.de".
   b) Auf der zweiten Stufe stehen die Second Level Domains (SLDs),
   die als die eigentlichen Domains angesehen werden. Hier besteht
   eine weitreichende Gestaltungsfreiheit, die häufig zu namens-
   und kennzeichenrechtlichen Zwecken, aber auch zu werbewirksam einprägsamen Aussagen genutzt wird.
   c) Daraus ergibt sich – ggf. mit weiteren Subdomains – der Ge-
   samtaufbau einer Domain als Internetadresse.

5.2 Domainvergabe

5.2.1 ICANN als Hüterin des Domain Name Systems

5.2.1.1 Vorgeschichte

Das Internet ist aus der **US-amerikanischen Militärtechnologie** entstan- **444**
den, hat dann zunächst den wissenschaftlichen und schließlich auch den
Popularbereich erreicht. Das Domain Name System (DNS) wurde 1984
eingeführt; damals waren es noch rund 1000 Rechner in den USA, die
miteinander vernetzt waren. Die Verwaltung und Steuerung lag zunächst
beim „Defense Data Network Information Center" und ging dann auf
die „Internet Assigned Numbers Authority" (IANA) über.[36] Beide Einrichtungen waren US-Behörden; die IANA unterstand der Aufsicht des
US-Handelsministeriums.

Die IANA begriff sich als zentrale Koordinierungsstelle des weltweiten **445**
Internet und beschränkte sich weitgehend auf **Koordinierungs- und Auf-
sichtsaufgaben.** Die operative Arbeit der Domainvergabe delegierte IANA
• für die gTLDs auf das „**International Network Information Center"**
(**InterNIC**), wobei die technische Seite von dem privatrechtlichen Unternehmen „**Network Solutions Inc.**" (NSI) in Monopolstellung wahrgenommen wurde, und

---

36 Strömer, Online-Recht, S. 7.

- für die ccTLDs auf weltregionale Organisationen (**RIPE NCC**[37] für Europa, **ARIN**[38] für Amerika und Afrika sowie **APNIC**[39] für Asien und Australien), die die Registrierung auf meist nationale Registrierungsstellen (wie DENIC in Deutschland) weiterübertragen haben.[40]

446 Mit der wachsenden weltweiten Verbreitung des Internets wurde sowohl die ausschließlich **us-amerikanische Internetkontrolle** als auch die **Monopolstellung von NSI** zunehmend kritisiert. Die IANA und die „Internet Society" (ISOC) haben daher gemeinsam mit der „World Intellectual Property Organization" (WIPO), der „International Trademark Organization" (INTA) und der „International Telecommunication Union" (ITU) das „Internet ad hoc Committee" (später CORE) gebildet, das eine Diskussion über eine **Internationalisierung und Liberalisierung des Internet- und DNS-Managements** anstieß.[41]

5.2.1.2 Gründung und Aufgaben von ICANN

447 Ergebnis dieser Diskussion, an der sich auch die US-Regierung und die Europäische Union intensiv beteiligten, war die Gründung der „Internet-Corporation for Assigned Names and Numbers" (ICANN) im Jahr 1998. Dabei handelt es sich um eine **gemeinnützige privatrechtliche Organisation nach kalifornischem Recht** mit Sitz in Marina del Rey (Kalifornien). Seit Oktober 2000 obliegt ihr

- die **Kontrolle der technischen Ressourcen** des Internets, insbesondere die IP-Nummernblöcke und das Root-Server-System,
- sowie die **Koordination des Domain Name Systems**, d. h. die Entscheidung über neue gTLDs und über die Zulassung von Registrierungsstellen.

Diese umfassenden Kompetenzen haben ICANN die Bezeichnung „Internet-Regierung" eingebracht, was deren offiziellem Selbstverständnis einer bloßen Koordinierungsinstanz widerspricht.[42]

448 Mit der Gründung von ICANN wurden die Verträge mit NIC gekündigt und neu verhandelt; inzwischen erfolgt die Registrierung von SLDs unter den gTLDs längst durch eine **Vielzahl miteinander konkurrierender Registrierungsunternehmen**, was eine erhebliche Marktliberalisierung gegenüber den früheren Strukturen bedeutet. Allerdings ist NIC (heute: Veri-Sign), die mit der Verwaltung der mit Abstand stärksten TLD (.com) betraut ist (sowie mit der Verwaltung von „.net"), nach wie vor als Marktführerin anzusehen.[43]

---

37 Réseaux IP Européen Network Coordination Centre (<www.ripe.net>).
38 American Registry for Internet Numbers (<www.arin.net>).
39 Asia Pacific Network Information Centre (<www.apnic.net>).
40 Köhler/Arndt/Fetzer, Recht des Internet, Rn. 22.
41 Köhler/Arndt/Fetzer, Recht des Internet, Rn. 23.
42 Vgl. Köhler/Arndt/Fetzer, Recht des Internet, Rn. 24.
43 Strömer, Online-Recht, S. 7 f., 10.

Wie ihre behördliche Vorgängereinrichtung untersteht auch ICANN der   **449**
Aufsicht des US-Handelsministeriums; auch kontrolliert die US-Regierung immer noch den Root Server A. Jedoch wurde durch die Schaffung
eines beratenden ICANN-Ausschusses, den die nationalen Regierungen
beschicken („**Governmental Advisory Committee**" – GAC), ein erster
Schritt in Richtung Internationalisierung gemacht.[44] Die Bundesregierung
nimmt seit der Gründung von ICANN durch einen Vertreter des Wirt-
schaftsministeriums an den GAC-Sitzungen teil und bemüht sich um ein
gemeinsames Auftreten mit den Vertretern der anderen EU-Staaten. Die
relativ schwache Stellung der nationalen Regierungen ist für die Bundesregierung kein Kritikpunkt. Aus ihrer Sicht ist der Selbstverwaltungsansatz
zur Bewältigung der Herausforderungen der Internet Governance am besten geeignet. Auch „im Hinblick auf das erforderliche technische Know-
how, die notwendige Flexibilität sowie die Vielschichtigkeit der Interessen
innerhalb der Internet Community sieht sie zu ICANN derzeit keine Alternative."[45]

Danach sehen die **Legitimationsstränge im DNS** heute im Wesentlichen   **450**
wie folgt aus:

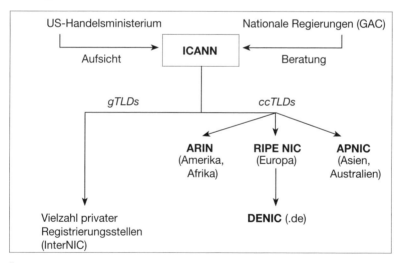

Übersicht 35: Legitimationsstränge im Domain Name System

5.2.1.3 Interne Strukturen

ICANN war zunächst mit einer Struktur gestartet, die eine **starke Mitwir-**   **451**
kung der Endkunden (Domaininhaber – „**At Large**") vorsah. Danach

---

44 Köhler/Arndt/Fetzer, Recht des Internet, Rn. 25.
45 BT-Drs. 14/4016; Schreiben des BMWi vom 17.8.2000.

wurden neun der 19 Vorstandsmitglieder von den Domaininhabern gewählt (die sogenannten At-Large-Direktoren), darunter auch Andy Mül-
ler-Maguhn vom „Chaos Computer Club e. V.".[46] Die Bundesregierung
sah in einer Stellungnahme aus dem Jahr 2000 in diesen At-Large-Wahlen
ein hilfreiches Korrektiv zur im Übrigen fehlenden demokratischen Legitimation von ICANN.[47] Da sich jedoch im Herbst 2000 relativ wenige
Endkunden an den Wahlen beteiligten, waren die Ergebnisse **nur eingeschränkt repräsentativ**; in Europa beispielsweise hatten fast nur deutsche
User – nachdem die deutschen Printmedien die Wahl stark begleitet hatten
– abgestimmt. Außerdem führte die regionale Zuordnung eines Teils der
At-Large-Direktoren zu einer erheblichen **Verzerrung im Zählwert der
Stimmen**; so hatten Millionen im südlichen Asien den dortigen Direktor
gewählt, während einige Tausende in Nordamerika und in Europa ebenfalls jeweils einen Direktor zu wählen hatten.[48] Dies führte zu einer **weitreichenden Strukturreform**, die auf eine Verlagerung der Nutzerbeteili-
gung in beratende Funktionen zielte.

452 Seit 2002 gilt im Wesentlichen die heutige Struktur,[49] die drei wesentliche
Organe kennt:
- den **President and CEO** (Chief Executive Officer), d. h. Vorstandsvor-
  sitzender, dem (allein!) der ICANN-Apparat untersteht,[50]
- den „**Board of Directors**" (als Vorstand),
- und das „**Nominating Committee**".
Hinzu kommen fünf beratende Gremien, darunter[51]
- das bereits erwähnte **Governmental Advisory Committee (GAC)**, in
  dem die nationalen Regierungen vertreten sind, und
- das **At Large Advisory Committee (ALAC)**, das von der früher starken
  At Large-Partizipation noch übrig geblieben ist und in dem die Domaininhaber repräsentiert werden; von den 15 Mitgliedern werden je
  zwei von den fünf regionalen At-Large Organisationen (Zusammen-
  schlüsse der Endkunden in den ICANN-Weltregionen) und fünf vom
  Nominating Committee gewählt.[52]

453 Der **Board of Directors** ist das Leitungsorgan, in dem **alle wichtigen Entscheidungen** getroffen werden. Er besteht aus 16 stimmberechtigten und

---

46 Siehe <www.ccc.de>; zu Müller-Maguhns Rolle und „Regierungsprogramm" gegen die
    „Krawatti-Juristen" siehe Hoeren, NJW 2001, 1184.
47 BT-Drs. 14/4016; Schreiben des BMWi vom 17.8.2000.
48 So ICANN-CEO Twomey in zdnet.de.
49 Die Statuten im Volltext siehe <https://www.icann.org/resources/pages/governance/by-
    laws-en> (15.7.2015).
50 ICANN-Bylaws, Art. XIII, Section 4.
51 Hinzu kommen noch das Security and Stability Advisory Committee (SSAC), das Root
    Server System Advisory Committee (RSSAC) und die Technical Liaison Group (TLG).
52 ICANN-Bylaws, Art. XI, Section 2 (4).

fünf nicht stimmberechtigten Mitgliedern. Von den **stimmberechtigten Mitgliedern** werden
- sechs von den drei Supporting Organizations (je zwei) gewählt; dabei handelt es sich um Organisationen, die zu den drei Hauptaufgabenfeldern von ICANN – Adressen, gTLDs, ccTLDs – mit jeweils eigener Mitgliederstruktur gebildet wurden (Adress Supporting Organization – ASO; Generic Names Supporting Organization – GNSO; Country Code Name Supporting Organization – CCNSO),
- acht vom Nominating Committee,
- eines vom At Large Advisory Committee (ALAC) und
- eines – nämlich der Vorsitzende und CEO – von den übrigen 15 stimmberechtigten Vorstandsmitgliedern im Wege der Kooptation

gewählt. Die **nicht stimmberechtigten Mitglieder** werden von den fünf beratenden Ausschüssen (außer ALAC) entsandt, also je eines vom Government Advisory Committee (GAC), vom Security and Stability Advisory Committee (SSAC), vom Root Server System Advisory Committee (RSSAC), von der Internet Engineering Task Force (IETF) und von der Technical Liaison Group (TLG).

Das **Nominating Committee** besteht aus Vertretern der Wirtschaft, der **454** Adressenverwalter, der fünf ICANN-Weltregionen (Europa, Nordamerika, Süd-/Mittelamerika, Afrika, Asien/Australien) und der Endkunden.[53] Dabei sind 16 Mitglieder stimmberechtigt, darunter fünf Vertreter des At Large Advisory Committee. Außerdem zählen sechs weitere Mitglieder ohne Stimmrecht dazu, darunter der Vorsitzende und sein designierter Nachfolger, die vom Board bestimmt werden. Kennzeichnend ist der hohe Grad an **Gremien-Inzucht**: So werden fünf Mitglieder des Nominating Committee vom At Large Advisory Committee gewählt, von dessen 15 Mitgliedern wiederum fünf vom Nominating Committee entsandt werden. Außerdem wirkt das Nominating Committee maßgeblich bei der Wahl des Boards mit, der seinerseits den Vorsitzenden und dessen Nachfolger in das Nominating Committee wählt. Außerdem wählen die Supporting Organizations nicht nur jeweils zwei stimmberechtigte Mitglieder des Boards of Directors direkt, sondern auch elf von 16 stimmberechtigten Mitgliedern des Nominating Committees, das seinerseits acht stimmberechtigte Mitglieder des Boards wählt.

Als unabhängige, unparteiische und neutrale Anlaufstelle für Alternative **455** Konfliktlösungsmöglichkeiten (auch zur Vermeidung von Rechtsstreitigkeiten) gibt es die Einrichtung des **Ombudsmannes**. Er wird vom Board auf zwei Jahre gewählt und kann (vorzeitig) nur mit einer 3/4-Mehrheit des Boards entlassen werden. Direkt dem Board unterstellt hat der Ombudsmann Zugriff auf sämtliche ICANN-Dokumente und Dateien sowie

---

53 ICANN-Bylaws, Art. VII (Nominating Committee), Section 2 (Composition).

ein Befragungsrecht gegenüber den Board-Mitgliedern wie gegenüber allen Mitarbeitern von ICANN. Mit Ausnahme von internen Verwaltungs- und Personalangelegenheiten ist er für alle Beschwerden über eine als ungerecht empfundene Behandlung durch ICANN zuständig. Aber er hat nur eine Untersuchungs- und Vermittlungszuständigkeit; Entscheidungen oder Richtlinien von ICANN kann der Ombudsmann nicht ändern oder aufheben.[54]

456   Grafisch lässt sich die interne ICANN-Struktur wie folgt darstellen:

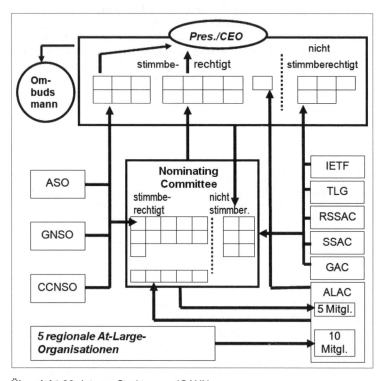

Übersicht 36: Interne Struktur von ICANN

5.2.1.4   Mangelnde Transparenz, Legitimationsvakuum und US-Lastigkeit

457   Ein Problem von ICANN ist die **geringe Transparenz der Entscheidungsprozesse**; selbst für Insider ist inzwischen kaum mehr zu durchschauen, wie die Entscheidungen bei ICANN mit den zahlreichen Unterorganisati-

---

54 ICANN-Bylaws, Art. V.

onen und Ausschüssen (vgl. vorige Rn.) zustande kommen.[55] Auch die **fehlende rechtliche und demokratische Legitimation** der in Rechtsform einer Stiftung betriebenen Institution stellt angesichts der enormen politischen, ökonomischen und rechtlichen Bedeutung des Internets ein gravierendes Defizit von ICANN dar.[56]

Im Mittelpunkt der Kritik an ICANN steht deren fortbestehende US-Lastigkeit. Dafür sind der **Sitz von ICANN in den USA** sowie deren **Beaufsichtigung durch die US-Regierung** die wesentlichen Ursachen; dass von 2003 bis 2009 mit Dr. Paul Twomey erstmals ein Nichtamerikaner (Australier) als CEO an der Spitze von ICANN stand, hat daran nicht viel geändert.[57] Vor allem arabische, asiatische und afrikanische Länder wehren sich gegen das Übergewicht der USA, während die Europäische Union eine moderatere Haltung einnimmt.[58] Auch die deutsche Bundesregierung hält das Internationalisierungsproblem für weniger gravierend. Sie sieht ICANN als „de facto" internationale Einrichtung an, was sie an der Zusammensetzung des Direktoriums und dem in den ICANN-Bylaws verankerten Grundsatz der regionalen Vielfalt[59] festmacht.[60]   **458**

Der Streit über die US-Dominanz auf die Internet-Strukturen stellt nun schon seit geraumer Zeit ein internationales Konfliktthema dar, ohne dass eine durchgreifende Lösung in Sicht wäre; insbesondere ist die US-Regierung unverändert nicht bereit, ihre Vormachtstellung aufzugeben. Inzwischen fanden zwei UN-Weltgipfel der Informationsgesellschaft (WSIS) in Genf (2003) und in Tunis (2005) statt. Als Kompromiss ist bislang lediglich die Gründung des „**Internet Governance Forums**" (IGF) herausgekommen, das aber als globale Diskussionsplattform – wie auch der GAC, in dem die nationalen Regierungen bei ICANN vertreten sind (s. o., Rn. 449) – nur beratenden Charakter hat.[61] Der Deutsche Bundestag hat in einer Entschließung daher gefordert, dass auch im IGF weiterhin auf eine internationale Aufsicht hingewirkt wird.[62] Andererseits ist auch zu bedenken, dass eine echte Internationalisierung von ICANN auch Ein-   **459**

---

55 Vgl. Strömer, Online-Recht, S. 10, der in diesem Zusammenhang die Begünstigung monopolistischer Strukturen durch ICANN anspricht.
56 Köhler/Arndt/Fetzer, Recht des Internet, Rn. 26 ff.; zum Legitimationsdefizit siehe auch unten bei DENIC, Rn. 467 ff.; näher Haug, JZ 2011, 1053, 1055 ff.; Weigele, MMR 2013, 16, 18 ff.
57 Danach war es wieder ein Amerikaner (Rod Beckstrom), derzeit ist es ein Ägypter und Libanese, der auch die amerikanische Staatsbürgerschaft besitzt (Fadi Chehadé).
58 Zur internationalen Kritik vgl. auch Kleinwächter, MMR 2008, 637, 638, der darin „eine Art Glaubenskrieg zwischen der Netzwerkkultur der Internet-Community und dem staatlichen Souveränitätsverständnis von Regierungen" sieht.
59 ICANN-Bylaws, Art. VI, Section 5.
60 BT-Drs. 14/4016; Schreiben des BMWi vom 17.8.2000.
61 Vgl. Kleinwächter, MMR 2008, 637, 638, der sich sehr optimistisch über die erzielten Fortschritte äußert.
62 Antrag der Fraktionen von CDU/CSU und SPD: Weiterentwicklung des Adressraums im Internet – BT-Drs. 16/4564 vom 7.3.2007.

flussmöglichkeiten für Länder und Regime schaffen kann, die weniger demokratisch und rechtsstaatlich aufgestellt sind als die USA.[63]

460 Alternativ zur privatrechtlichen Selbstverwaltungslösung US-amerikanischer Prägung wäre beispielsweise denkbar, den Aufgabenbereich von ICANN nur als **eine von vielen Formen der Telekommunikation** anzusehen. Dann wäre hierfür eigentlich die von zahlreichen Staaten und privaten TK-Unternehmen getragene „International Telecommunication Union" (ITU) zuständig. Will man dagegen an ICANN festhalten, könnte diese statt der US-Regierung den **Vereinten Nationen oder dem Governmental Advisory Committee unterstellt** sein. Gegenwärtig erscheinen solche Ansätze jedoch wenig aussichtsreich; für die derzeitige Form des Internet- und DNS-Managements streitet ungeachtet ihrer Legitimationsmängel die normative Kraft des Faktischen.[64] Noch am ehesten denkbar ist die Weiterentwicklung im System, d. h. die weitere Stärkung des legitimationsvermittelnden Governmental Advisory Committee. Interessant sind in diesem Zusammenhang aber auch die zunehmenden Bemühungen von Unternehmen und Staaten, die Bedeutung und den Einfluss von ICANN durch die Schaffung neuer „alternativer" Adressierungssysteme im Internet einzudämmen.[65]

5.2.2 DENIC als Registrierungsstelle für „.de"-SLDs

5.2.2.1 Aufgabe und Vorgeschichte

461 Die zentrale Aufgabe von DENIC besteht in der **Registrierung der Second Level Domains unter der ccTLD „.de"**. In der Frühphase des Internets hat dies zunächst der Informatik-Fachbereich der Universität Dortmund auf ehrenamtlicher Basis für RIPE NCC übernommen. Mit dem Ansteigen der Nachfrage war der Fachbereich rasch überfordert, so dass die großen deutschen Provider den **„Interessenverband Deutsches Network Information Center" (IV DENIC)** mit Sitz in Frankfurt a. M. gründeten. Der IV DENIC übertrug die technische Abwicklung des Registrierungsgeschäfts (einschließlich des Betriebs des deutschen Primary Name Servers) nach einer Ausschreibung ab 1994 dem Rechenzentrum der Universität Karlsruhe.[66]

462 1997 strukturierte sich der IV DENIC zu einer **eingetragenen Genossenschaft** um (DENIC e. G.), die für jeden Provider, der Domains unterhalb

---

63 Vgl. den Bericht über die ITU-Konferenz in Dubai 2012 in der FAZ v. 4.12.2012, S. 3 („Telefonstrippenzieher greifen nach dem Internet").
64 Köhler/Arndt/Fetzer, Recht des Internet, Rn. 30.
65 Die Möglichkeit, Domainnamen unter alternativen Adressierungssystemen anzumelden, bestehen bereits; vgl. hierzu im Einzelnen Utz, MMR 2006, 789.
66 Strömer, Online-Recht, S. 11 f.; <www.denic.de/hintergrund/geschichte-der-denic-eg.html> (15.7.2015).

der TLD „.de" verwaltet, **beitrittsoffen** ist (§ 3 Abs. 1 DENIC-Statut).[67]
Die Mitgliederzahl hat sich seither fast verachtfacht; waren es 1997 noch
ca. 40 Mitglieder, wurde 2003 die 200er-Grenze deutlich überschritten;
heute sind es über 300 Mitglieder (davon 70 mit Sitz im Ausland).[68] Seit
1999 sind alle DENIC-Aktivitäten – einschließlich der technischen Abwicklung – am Standort Frankfurt a. M. zusammengeführt. Die Registrie-
rungszahlen der Second Level Domains unter der TLD „.de" schnellten
rasch in die Höhe:

* Oktober 1999:   1 Million,
* November 2001: 5 Millionen,
* Dezember 2002: 6 Millionen,
* Oktober 2004:   8 Millionen,
* Juni 2006:   10 Millionen,
* April 2008:   12 Millionen,
* November 2010: 14 Millionen.

Heute (Mai 2015) liegt die Zahl der „.de"-Domains bei **etwas über
15,9 Mio.**, die von **knapp 120 Mitarbeitern** verwaltet werden.[69]

Interessant ist auch die **regionale Verteilung der „.de"-Domaininhaber:**   **463**
* Von den Ende 2014 vergebenen knapp 14,6 Mio. Domains kommen
3,25 Mio. Domaininhaber aus Nordrhein-Westfalen, gefolgt von
2,61 Mio. aus Bayern und 1,85 Mio. aus Baden-Württemberg. Die
Schlusslichter unter den Flächenländern sind das Saarland und Meck-
lenburg-Vorpommern mit 140 und 167 Tausend Domaininhabern.
* Prozentual gesehen hat Hamburg die höchste Domaininhaberdichte
(34,1 %), gefolgt von Berlin (28,3 %) und Bayern (20,9 %) als stärks-
tem Flächenland. Am geringsten ist die Dichte in den östlichen Bundesländern mit 8,1 % (Sachsen-Anhalt), 10,5 % (Mecklenburg-Vor-
pommern und Thüringen), 11,7 % (Brandenburg) und 13,0 % (Sachsen); von den alten Bundesländern liegen das Saarland (14,1 %) und
Rheinland-Pfalz (15,7 %) auf den letzten Plätzen. Aber auch das inno-
vative Baden-Württemberg liegt mit 17,5 % leicht unter dem Bundes-
durchschnitt mit 18,1 %.[70]

5.2.2.2 Interne Struktur

Geleitet und nach außen vertreten wird die Genossenschaft DENIC von   **464**
einem (maximal) fünfköpfigen **Vorstand** (§ 13 DENIC-Statut), der aus ein

---

67 Das Statut vom 27.3.1997, zuletzt geändert am 4.11.2010, kann eingesehen werden unter:
   <www.denic.de/denic/mitglieder/statut-der-denic-eg.html> (15.7.2015).
68 Stand Mai 2015, vgl. <www.denic.de/denic/mitglieder/mitgliederliste.html> (15.7.2015).
69 Laut einer telefonischen Auskunft von DENIC gegenüber dem Autor vom 20.5.2015 sind
   es zwischen 115 und 120 Mitarbeiter; siehe auch <www.denic.de/hintergrund/geschichte-
   der-denic-eg.html>   (15.7.2015),   <www.denic.de/hintergrund/statistiken.html>
   (15.7.2015).
70 <http://www.denic.de/hintergrund/statistiken/regionale-verteilung/2014.html>
   (20.5.2015).

bis drei haupt- oder nebenamtlichen Mitgliedern sowie zwei ehrenamtlichen Mitgliedern besteht. Ihm obliegen die Außenvertretung und die Leitung der Genossenschaft (§ 13 Abs. 6, 7 DENIC-Statut). Der drei- bis fünfköpfige, ehrenamtliche **Aufsichtsrat** bestellt die ein bis drei haupt- oder nebenamtlichen Vorstandsmitglieder und kontrolliert den gesamten Vorstand (§§ 13 Abs. 2, 15 DENIC-Statut).[71] Besonders wichtige Entscheidungen – z. B. Grundstückserwerb, Verträge mit laufenden Verpflichtungen oder einem außerplanmäßigen Volumen von über 50.000 €, Darlehensverträge von über 50.000 €, Erteilung und Widerruf einer Prokura, die Aufnahme oder Aufgabe eines Geschäftszweigs, die Errichtung von Zweigniederlassungen – werden von Vorstand und Aufsichtsrat gemeinsam in getrennten Abstimmungen getroffen (§ 17 Abs. 1, 2 DENIC-Statut). Über die Aufnahme von Mitgliedern entscheidet der Vorstand und bei dessen Ablehnung der Aufsichtsrat (§ 3 Abs. 4 DENIC-Statut).

465 Basisorgan der DENIC-Struktur ist die in der Regel einmal jährlich tagende **Generalversammlung** (§§ 18 f. DENIC-Statut), die den Aufsichtsrat und die beiden ehrenamtlichen Vorstandsmitglieder wählt; außerdem hat sie das Recht zur Abberufung des Vorstandes (§ 13 Abs. 4 DENIC-Statut). Der Generalversammlung, der alle Genossenschaftsmitglieder angehören, obliegt außerdem die Entlastung von Vorstand und Aufsichtsrat sowie die Entscheidung über Umwandlungen nach dem Umwandlungsgesetz (§ 18 Abs. 3 DENIC-Statut), ferner die Feststellung des Jahresabschlusses und die Entscheidung über die Verwendung des Reingewinns und über die Deckung eines Jahresfehlbetrages (§ 20 Abs. 6, 7 DENIC-Statut).

466 Grafisch lässt sich die interne DENIC-Struktur wie folgt darstellen:[72]

---

71 Gegenwärtig ist der Aufsichtsrat mit fünf und der Vorstand mit vier Personen besetzt, vgl. <http://www.denic.de/denic/organisation/organe-der-denic-eg.html> (20.5.2015).
72 Vgl. auch <www.denic.de/denic/organisation/organigramm.html> (15.7.2015).

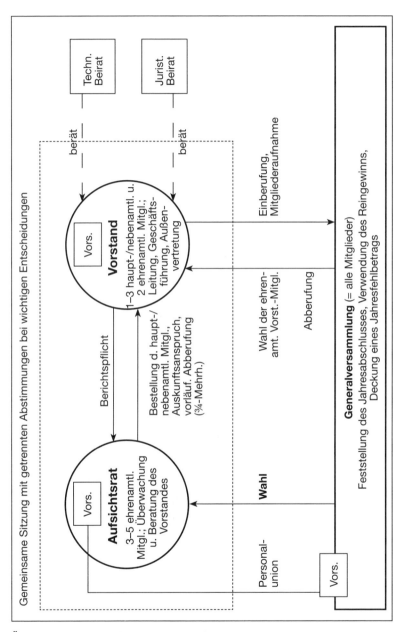

Übersicht 37: Interne Struktur von DENIC

5.2.2.3 Legitimationsproblem: Öffentliche Macht in privaten Händen

467 „Namensräume im Internet sind ein öffentliches Gut".[73] Angesichts dieser hohen öffentlichen und auch ökonomischen Bedeutung der Internetdomains stellt sich hier (wie bei ICANN auch, s. o., Rn. 457) die Frage nach der Legitimation von DENIC als eingetragene Genossenschaft, diese öffentliche Macht auszuüben. DENIC leitet ihre Registrierungsberechtigung durch entsprechende Lizenzen über RIPE NIC letztlich von ICANN ab, die der Aufsicht der (durch öffentliche Wahlen legitimierten) US-Bundesregierung untersteht (s. o., Rn. 449, 458). Allerdings übt DENIC ihre Tätigkeit weit überwiegend gegenüber der Bevölkerung in Deutschland aus (nur ca. 7,5 % der „.de"-Domaininhaber haben keinen Wohnsitz in der Bundesrepublik[74]). Deshalb kann die – außerdem erheblich mediatisierte – US-amerikanische Legitimation keine Grundlage für die Ausübung öffentlicher Macht in Deutschland darstellen.

468 Denkbar wäre, die Legitimation von DENIC von der **Erfüllung der IANA-Vorgaben für (Länder-) Registrierungsstellen im RFC 1591** (Ziffer 3) abzuleiten; danach muss die Registrierungsstelle strukturell, organisatorisch und technisch in der Lage sein, ihre Aufgaben angemessen, gerecht, redlich und kompetent zu erfüllen, ihren Sitz im betreffenden Land haben, eine Gleichbehandlung aller Antragsteller gewährleisten und in der betroffenen Internetgemeinschaft verwurzelt und anerkannt sein.

RFC 1591 (Domain Name System Structure and Delegation) – Ziff. 3 (Auszug):
3. The Administration of Delegated Domains
... The major concern in selecting a designated manager for a domain is that it be able to carry out the necessary responsibilities, and have the ability to do a equitable, just, honest, and competent job.
The key requirement is that for each domain there be a designated manager for supervising that domain's name space. In the case of top-level domains that are country codes this means that there is a manager that supervises the domain names and operates the domain name system in that country. ... For top-level domains that are country codes at least the administrative contact must reside in the country involved.
The designated manager must be equitable to all groups in the domain that request domain names. This means that the same rules are applied to all requests, all requests must be processed in a non-discriminatory fashion, and academic and commercial (and other) users are treated on an equal basis. ...
Significantly interested parties in the domain should agree that the designated manager is the appropriate party. The IANA tries to have any contending parties reach agreement among themselves, and generally takes no action to change

---

73 ICANN-Direktor Schink in <http://www.handelsblatt.com/archiv/tagung-des-icann-studienkreises-icann-reform-stoesst-auf-tiefe-skepsis/2224360.html> (20.5.2015).
74 Ende 2014 hatten knapp über 1 Mio. von rund 14,5 Mio. .de-Domaininhabern keinen deutschen Wohnsitz, vgl. <http://www.denic.de/hintergrund/statistiken/regionale-verteilung/2014.html> (20.5.2015).

things unless all the contending parties agree; only in cases where the designated manager has substantially mis-behaved would the IANA step in. ...

Die Erfüllung der RFC 1591-Vorgaben und die hohe Effizienz, mit der die **469**
DENIC e. G. ihre Aufgaben wahrnimmt, hat zu ihrer **hohen Akzeptanz
in der deutschen Internetgemeinschaft** geführt. Des Weiteren ist anzuer-
kennen, dass DENIC in ihren juristischen Beirat – der die Entscheidungs-
gremien in Fragen der Registrierungspolitik berät – u. a. auch (als Be-
obachter) Vertreter der Bundesregierung aufgenommen hat.[75] Eine durchgreifende öffentliche Legitimation ist freilich mit alledem nicht verbunden. Verschärft wird dies zusätzlich dadurch, dass DENIC ihre
Vergabeverfahren und -entscheidungen nicht nach (legitimationsvermittelnden) gesetzlichen Bestimmungen, sondern weitgehend nach **eigenen
Spielregeln** handhabt; nicht zuletzt wegen der jederzeitigen Änderungs-
möglichkeit besteht damit in einem ökonomisch sensiblen Bereich ein
nicht geringes Rechtssicherheitsrisiko.[76]

Dies wirft die Frage auf, ob nicht eine **behördliche Wahrnehmung der** **470**
Domainverwaltung erforderlich wäre. Da Domains „Zeichenfolgen, die
in Telekommunikationsnetzen Zwecken der Adressierung dienen", darstellen und damit die Definition von „Nummern" im TKG (§ 3 Nr. 13
TKG) erfüllen, wurde vor der TKG-Novellierung 2004 unter Hinweis auf
§ 43 TKG a. F. teilweise eine bereits bestehende Zuständigkeit der damaligen RegTP (heute: Bundesnetzagentur) für die Domainvergabe vertreten.[77] Daraufhin hat der Gesetzgeber mit § 66 Abs. 1 Satz 4 TKG klargestellt, dass die „Verwaltung von Domänennamen oberster und nachge-
ordneter Stufen" von der Nummerierungsaufgabe der Bundesnetzagentur
ausgenommen ist.

Letztlich spricht für DENIC ihr Erfolg. Sie bewältigt mit geringen Kosten **471**
einen immensen Domainbestand, was im Wesentlichen an der vollautomatischen Registrierung liegt. Da aus Legitimations- und Rechtssicher-
heitsgründen eine **behördliche Lösung keineswegs zwingend** ist, spricht
m. E. am meisten für eine **nachträgliche Legitimierung des funktionierenden Status quo.** Dies müsste **durch ein Bundesgesetz** (im Rahmen der TK-
Kompetenz) erfolgen, das die DENIC mit der Domainvergabe betraut (als
Beleihungsakt) und dafür einige wenige zentrale Grundregeln (vollauto-
matische Vergabe, transparente und diskriminierungsfreie Domainverwaltung, weitgehender Verantwortungsausschluss der Registrierungs-

---

75 Vgl. <http://www.denic.de/de/denic/organisation.html> (15.7.2015).
76 Strömer, Online-Recht, S. 12 f.
77 Dafür Strömer, Online-Recht, S. 13 f.; a. A. Holznagel, MMR 2003, 219, 222, mit einer
m. E. sehr konstruierten Begründung (teleologische Reduzierung des Anwendungsbereichs
von § 43 TKG a. F.); sein Beitrag beruht, wie ausdrücklich ausgewiesen wird, auf einem
der DENIC e. G. erstatteten Kurzgutachten.

stelle, first-come-first-served-Prinzip) festlegt.[78] Vorbild könnte dafür die
EU sein, die in einer Verordnung u. a. Grundregeln für die Registrierung,
die Datenbehandlung und die Streitbeilegung zu SLDs unter der TLD
„.eu" getroffen hat.[79]

472 Die Bundesregierung sieht jedoch keinen Anlass für ein gesetzgeberisches
Tätigwerden, solange DENIC zur Zufriedenheit der Nutzer arbeitet. Vielmehr hält sie an ihrer Unterstützung des Selbstregulierungsansatzes fest,
um die Internet-Entwicklung in Deutschland nicht zu hemmen.[80] Diese
Auffassung hat die Bundesregierung in der Begründung des Regierungs-
entwurfs zur TKG-Novelle 2004 bekräftigt.[81] Sie wird damit dem **Erfordernis einer ausreichenden Legitimation** als Basis für ein Mindestmaß an
objektiv-verlässlichen rechtlichen Rahmenbedingungen – trotz der einlei-
tend genannten hohen öffentlichen und ökonomischen Bedeutung – nicht
gerecht.

5.2.3 Perspektiven durch ENUM

473 Die heute noch bestehende Trennung des **Domain Name Systems** einerseits und des **Telefonnummersystems** andererseits ist entwicklungshisto-
risch bedingt, muss aber keineswegs so bestehen bleiben. Denn beide Systeme beruhen im Wesentlichen auf den **gleichen Strukturprinzipien** und
sind deshalb konvergenzfähig:[82]
- Beide Systeme sind **hierarchisch aufgebaut**. Die Ländervorwahl (++49
  für Deutschland) entspricht der ccTLD (.de).
- Jede Ebene organisiert **dezentral** ihre jeweiligen Unterebenen selbst,
  ob es sich jetzt um Ortsvorwahlen bzw. Endnummern oder um SLDs
  handelt. Die internationalen Rufnummerngassen werden von der internationalen Organisation ITU reguliert, während die nationale
  Nummernblockvergabe bei der nationalen Behörde Bundesnetzagentur liegt. Dem entspricht die internationale TLD-Kontrolle durch
  ICANN, während die SLDs unter der nationalen TLD „.de" von DE-
  NIC verwaltet werden.
- Schließlich führen beide Systeme zu einer **eindeutigen Adressierung**.

---

78 Hierzu näher Haug, JZ 2011, 1053, 1057 f.; für eine gesetzliche Regelung votiert auch
   Fechner, Medienrecht, Kap. 12 Rn. 242.
79 VO (EG) 874/2004 der Kommission vom 28.4.2004 zur Festlegung von allgemeinen Regeln für die Durchführung und die Funktionen der Domäne oberster Stufe „.eu" und der
   allgemeinen Grundregeln für die Registrierung.
80 BT-Drs. 14/3956; Schreiben des BMJ vom 26.7.2000.
81 Vgl. die Begründung zu § 64 TKG-RegE, BT-Drs. 15/2316, S. 82.
82 Schäfer, CR 2002, 690, 691 f.

Deshalb wird seit längerer Zeit an Überlegungen zur **Zusammenführung** **474** **beider Systeme** gearbeitet. Dies soll im **ENUM**[83]**-System** durch ein für sämtliche Kommunikationssysteme einheitliches Vermittlungsprotokoll – nämlich das Internet-Protokoll (IP) – erfolgen.[84] Dann können über eine Adressierung zahlreiche verschiedene Kommunikationsmittel eines Anschlussinhabers (Festnetztelefon, Fax, Mobilfunk, Voice Mail Systeme, eMail, Webseiten u. a.) erreicht werden. Durch diese **Verknüpfung von Telefonnummern und Internetmöglichkeiten** kann z. B. ein einziger Anruf, der zunächst auf den Festnetzanschluss geschaltet ist, bei Nichtannahme an die Handy-Nummer weitergeleitet werden; geht auch hier niemand ans Telefon, kann eine Nachricht aufgezeichnet und als Audio-Datei an die eMail-Adresse des Anschlussinhabers weitergeleitet werden. Die verschiedenen Kommunikationsformen, die derzeit noch getrennt angewählt werden müssen, verschmelzen dann **zu einem gemeinsamen Kommunikationsstrang mit verschiedenen Optionen.**[85]

Damit ist auf nationaler Ebene die bedeutsame Frage verbunden, ob die **475** **Bundesnetzagentur oder DENIC** diesen zusammengeführten ENUM-Raum kontrolliert. DENIC hat sich schon früh – angefangen mit einer Versuchsgenehmigung von der Bundesregierung im Jahr 2002[86] – stark bei der ENUM-Vergabe in Deutschland engagiert und sich so eine starke Stellung gesichert. Seit Abschluss des dreijährigen Feldversuchs hat DENIC im Januar 2006 den produktiven ENUM-Betrieb für deutsche Rufnummern aufgenommen.[87] Diese Entwicklung verschärft das dargestellte Legitimationsproblem (s. o., Rn. 467 ff.) erheblich, weil dadurch die gesamte elektronische Kommunikation bei einem einzigen privaten Anbieter mit erheblicher öffentlicher Macht konzentriert wird. Gerade in einer modernen Kommunikationsgesellschaft kommt der **Kommunikationsgewährleistung** ein derart großes Gewicht zu, dass sie als **hoheitliche Aufgabe** anzusehen ist, die dem verfassungsrechtlichen Gewährleistungsgebot nach Art. 87 f Abs. 1 GG und dem Auftrag bundeseigener Verwaltung nach Art. 87 f Abs. 2 GG unterliegt.[88] Spätestens also als (zumindest faktischer) ENUM-Monopolist bedarf DENIC zwingend einer gesetzlichen Legitimation und einer behördlichen Beaufsichtigung (durch die Bundesnetzagentur), damit auch die Bundesregierung für dieses wichtige gesellschaftliche Aufgabengebiet die **parlamentarische Verantwortung** übernehmen kann. Die elektronische Kommunikation kann nicht (und schon gar nicht nahezu komplett) der öffentlichen Rechenschaft entzogen sein.

---

83 Electronic Numbering/Telephone Number URI Mapping – Schäfer, CR 2002, 690, 692.
84 Zu den technischen Details siehe Schäfer, CR 2002, 692; <www.denic.de/enum/allgemeine-informationen/beispiele.html> (15.7.2015).
85 Vgl. die Darstellung bei <www.denic.de/enum.html> (15.7.2015).
86 Schäfer, CR 2002, 690, 692 f.
87 <http://www.denic.de/denic.html> (20.5.2015).
88 Schäfer, CR 2002, 690, 693.

5.2.4 Vergabeverfahren bei DENIC

5.2.4.1 Verfahrensablauf

476 Wer eine „.de"-Domain bei DENIC registrieren lassen möchte, informiert sich zunächst in der **DENIC-whois-Datenbank,** ob die gewünschte Domain noch frei ist (Domainabfrage auf der DENIC-Homepage). Über diese Datenbank kann man (in einem zweiten Schritt) alle relevanten Kontaktdaten des Inhabers einer bestimmten Domain abfragen, wenn man daran ein **berechtigtes Interesse** hat (also z. B. gegen den Domaininhaber wegen einer Rechtsverletzung vorgehen will); datenschutzrechtlich problematisch ist dies wegen der ohnehin bestehenden grundsätzlichen Impressumspflicht (s. o., Rn. 203 ff.) nicht.[89]

477 Ist die gewünschte Domain frei, stellt der Interessent bei DENIC entweder direkt oder über einen der DENIC angehörenden Internetprovider den **Registrierungsantrag;** dies ergibt sich aus Ziff. II der **DENIC-Domainrichtlinien (DDRL)** und aus § 1 Abs. 1 der **DENIC-Domainbedingungen (DDB);**[90] diese beiden Regelwerke sind für die Registrierung und den Domainvertrag maßgeblich und sind rechtlich als Allgemeine Geschäftsbedingungen zu qualifizieren.[91] Meist erfolgt die Antragstellung über den Provider des Interessenten;[92] ist dieser Provider selbst kein DENIC-Mitglied, stellt er seinerseits den Kontakt zu einem DENIC-Mitglied her. Dadurch kommt es bei der Domainregistrierung nicht selten zu kettenartigen Vertragsbeziehungen (siehe auch Rn. 489 f.).

478 Im **Registrierungsantrag** sind der Domaininhaber (Ziff. VII DDRL), der administrative Ansprechpartner (Ziff. VIII DDRL) und der technische Ansprechpartner (Ziff. IX DDRL) jeweils mit Name und Anschrift sowie den elektronischen Kontaktdaten bei den Ansprechpartnern (Telefon und eMail) anzugeben.

---

89 So Ernst, MMR 2002, 714, 717; allerdings müssen der Domaininhaber und der Content-Anbieter nicht identisch sein (ebenso wenig wie der Herausgeber und der Chefredakteur einer Zeitung).
90 Volltexte unter <www.denic.de/domainrichtlinien.html> (15.7.2015) und <www.denic.de/domainbedingungen.html> (15.7.2015); Abkürzungen vom Autor.
91 Köhler/Arndt/Fetzer, Recht des Internet, Rn. 36.
92 99,7 %, vgl. Strömer, Online-Recht, S. 23.

Akteur	Domaininhaber	admin-c	tech-c	zone-c
Defini-tion	Nat. oder jur. Person, die die materiellen Rechte an der Domain hat	Nat. Person, die Bevollmächtigter des Domaininha-bers in allen die Domain betref-fenden Fragen ist	Nat. oder jur. Person, die im Auftrag des Do-maininhabers für die technischen Fragen zuständig ist; i.d.R. Haus-provider des Do-maininhabers	Nat. oder jur. Person, die im Auftrag des Do-maininhabers für technische Fragen von Nameservern – soweit vorhanden – zuständig ist
Haftung	Volle Haftung für Rechtsver-letzungen durch die Domain	Störerhaftung bzgl. der Domain als solcher	Störerhaftung nur bei Offensichtlichkeit der Rechtsverletzung durch die Domain	

479

Übersicht 38: Akteure im Domainvertrag

- Bei der **Angabe des Domaininhabers** ist darauf zu achten, dass sich **480** nicht der Provider selbst einträgt, sondern seinen Auftraggeber (was im Vertrag zwischen Auftraggeber und „erstem" Provider festzulegen wäre; näher hierzu s. u., Rn. 489 ff.); der Domaininhaber kann aus einer Personenmehrheit bestehen, eine juristische Person sein und seinen Sitz im Ausland haben.

- Der **administrative Ansprechpartner** („**admin-c**") muss eine natürliche **481** Person sein, die als Bevollmächtigter des Domaininhabers alle die Domain betreffenden Fragen für diesen entscheiden kann. Sitzt der Domaininhaber im Ausland, ist der admin-c außerdem der Zustellungsbevollmächtigte i. S. v. §§ 174 f. ZPO, dem eine gegen den Domaininhaber gerichtete Klage zugestellt werden kann; in diesem Fall muss der admin-c seinen Sitz im Inland haben. Aufgrund seiner Entscheidungskompetenz für die Domain bis hin zur Löschung unterliegt der admin-c der verschuldensunabhängigen **Störerhaftung bezüglich der Domain** als solcher (also nicht bzgl. der dahinter stehenden Internetpräsenz).[93] Da aber die Stellung des admin-c zunächst nur auf das Innenverhältnis zwischen DENIC und Domaininhaber – und nicht auf (eigene) Rechtspflichten gegenüber außenstehenden Dritten – bezogen ist, sind die Anforderungen an diese Störerhaftung hoch anzusetzen;[94] bei einer markenrechtsverletzenden Domain muss dem admin-c die Rechtsposition des Markenrechtsinha-

---

93 OLG Stuttgart, MMR 2004, 38 = CR 2004, 133; in diesem Fall war als Domaininhaber eine nicht existierende juristische Person eingetragen; siehe auch Stadler, CR 2004, 521, 522 ff., der den admin-c als reine Hilfsperson des Domaininhabers ansieht und dessen Störerhaftung deshalb auf solche Rechtsverstöße begrenzen will, die offensichtlich oder zumindest mit nur geringem Aufwand erkennbar sind; ausführlich zur Störerhaftung des admin-c vgl. Wimmers/Schulz, CR 2006, 754.
94 Das OLG Düsseldorf, CR 2009, 534 = MMR 2009, 336, lehnt wegen der Aufgabenstel-lung des admin-c sogar jegliche Prüfungspflichten gegenüber Dritten ab.

bers erst bekannt werden, weshalb ihm keinesfalls schon die ersten Abmahnkosten abverlangt werden können.[95] Damit der admin-c auf Löschung der Domain als Störer in Anspruch genommen werden kann, verlangt der BGH, dass den admin-c „ausnahmsweise eine eigene Pflicht
trifft zu prüfen, ob mit der beabsichtigten Registrierung Rechte Dritter
verletzt werden". Dafür ist „das Vorliegen besonderer gefahrerhöhender
Umstände" (z. B. die zeitgleiche Anmeldung einer großen Zahl von Domains durch den Domaininhaber) erforderlich, während die „abstrakte
Gefahr, die mit der Registrierung einer Vielzahl von Domainnamen verbunden sein kann, [...] insofern nicht aus[reicht]".[96]

482 Einzelne Gerichtsentscheidungen allerdings gehen sogar soweit, dass
der admin-c – zumindest als ultima ratio – auch auf Löschung und gar
Schadensersatz wegen **Rechtsverletzungen in dem hinter der Domain
stehenden Webauftritt** in Anspruch genommen werden kann. Als zentrales Argument wird angeführt, dass ohne die Vermittlungsfunktion
des admin-c die Domain (und damit wohl auch der dahinter stehende
Webauftritt) im Netz gar nicht vorhanden wäre.[97] Die meisten Gerichte dagegen lehnen zu Recht eine Störereigenschaft des admin-c für
die hinter der Domain stehenden Inhalte ab.[98] Auch hat es das Kammergericht Berlin abgelehnt, den admin-c einer Absender-Domain von
spam-Mails in (Störer-)Haftung zu nehmen. Denn der Versand von
spam-Mails stellt eine eigenständige Handlung dar, für die das Handeln des admin-c nicht mehr als adäquat kausal angesehen werden
kann.[99]

483 • Als **technischer Ansprechpartner** („**tech-c**") wird in der Regel der
„Haus"-Provider des Domaininhabers (der auch die Domain „be-
sorgt" hat) eingetragen; dies setzt eine entsprechende vertragliche Regelung zwischen Domaininhaber und Provider voraus. Unterhält der
Domaininhaber eigene Nameserver, ist als dessen technischer Betreuer
außerdem ein **Zonenverwalter** („**zone-c**") zu benennen, für den die
gleichen Regeln wie für den tech-c gelten (Ziff. X DDRL). Eine Inanspruchnahme als Störer ist nur bei Offensichtlichkeit einer Rechtsverletzung oder bei Vorlage eines rechtskräftigen Urteils möglich.[100]

484 Die **Prüfung der beantragten Domain** durch DENIC beschränkt sich auf
formale und technische Gesichtspunkte. So kann die Domain nicht verge-

---

95 OLG Köln, MMR 2009, 48.
96 BGH, Urt. v. 13.12.2012 – Az. I ZR 150/11 = CR 2013, 177 m. Anm. Müller = MMR
    2013, 304 (dlg.de).
97 LG Berlin, MMR 2009, 348; KG, MMR 2006, 392; LG Bonn, CR 2005, 527.
98 OLG Hamburg, CR 2007, 707; OLG Hamburg, Beschl. v. 17.1.2012 – Az. 3 W 54/10 =
    MMR 2012, 489; a. A. Hoeren/Eustergerling, MMR 2006, 132, 136 f.
99 KG, Urt. v. 3.7.2012 – Az. 5 U 15/12 = NJW 2012, 2044 = CR 2012, 738.
100 LG Bielefeld, Urt. v. 14.5.2004 – Az. 16 O 44/04 = CR 2004, 701, 702.

ben werden, wenn dies bereits zugunsten eines anderen Antragstellers erfolgt ist; es gibt keine Doppelvergabe und es wird nach zeitlichem Eingang der Anträge vorgegangen („first come, first served" – Ziff. III DDRL). Auch darf kein **Dispute-Eintrag** vorliegen; dies ist dann der Fall, wenn die Domain streitbefangen ist und der Gegner des Domaininhabers sicherstellen will, dass im Erfolgsfall kein Dritter die Domain „abräumt" (§ 2 Abs. 3 DDB; der Eintrag wirkt praktisch wie eine Grundbuchvormerkung gem. § 883 BGB).[101] Außerdem muss die Domain einige Vorgaben beachten, wobei seit März 2004 Umlaute und seit Oktober 2009 auch ein- und zweistellige Domains sowie reine Zifferndomains zulässig sind:[102]

DENIC-Domainrichtlinien – Ziffer V   **485**
(1) Ungeachtet der TLD .de kann eine Domain nur bestehen aus Ziffern (0 bis 9), Bindestrichen, den lateinischen Buchstaben A bis Z und den weiteren Buchstaben, die in der Anlage aufgeführt sind. Sie darf mit einem Bindestrich weder beginnen noch enden sowie nicht an der dritten und vierten Stelle Bindestriche enthalten. Groß- und Kleinschreibung werden nicht unterschieden.
(2) Die Mindestlänge einer Domain beträgt ein, die Höchstlänge 63 Zeichen; sofern die Domain Buchstaben aus der Anlage enthält, ist für die Höchstlänge die gemäß dem RFC 5890 (http://www.rfc-editor.org/rfc/rfc5890.txt) in der sogenannten ACE-Form kodierte Fassung der Domain („A-Label") maßgebend.

Eine **inhaltliche Prüfung** der Domain findet dagegen so gut wie gar nicht   **486**
statt (vgl. § 2 Abs. 2 DDB). So sind beispielsweise Domains vergeben wie „nazi.de", „heil-hitler.de" oder „auschwitzluege.de". Nur wenn die Registrierung „offenkundig rechtswidrig wäre", behält sich DENIC die Ablehnung vor (Ziff. III Abs. 1 DDRL); dies setzt in der Regel ein rechtskräftiges Urteil voraus, dass z. B. eine beantragte Domain die Markenrechte

---

101 Siehe auch KG, CR 2007, 735 = MMR 2008, 53, zu einem Verfügungsverbot über SLDs unter der TLD „.eu"; das OLG Köln, MMR 2006, 469 m. Anm. Utz = CR 2006, 487, hat in einem unberechtigten Dispute-Eintrag einen Eingriff in ein sonstiges Recht gem. § 823 Abs. 1 BGB gesehen und deshalb dem Löschungsanspruch stattgegeben; eine Zwischenbilanz zur Bewährung des Dispute-Verfahrens zum zehnjährigen Bestehen von DE-NIC zieht Rössel, CR 2007, 376 – interessant ist dabei seine Feststellung, dass DENIC aufgrund ihrer marktbeherrschenden Stellung, aber auch zur Vermeidung eigener Haftungsrisiken zur Schaffung dieses Instruments gehalten gewesen sei.
102 Außerdem hat DENIC die Sperrung von Domains, die einem Kfz-Kennzeichen oder einer TLD entsprechen, freigegeben, vgl. <www.denic.de/domains/allgemeine-informationen/einfuehrung-neuer-domains.html> (15.7.2015); zu den Kfz-Kennzeichen hatte kurz zuvor noch das LG Frankfurt a. M., MMR 2009, 703, entschieden, dass DENIC diese Domains von der Registrierung ausnehmen durfte, während das OLG Frankfurt a. M., CR 2008, 656 = MMR 2008, 609 m. Anm. Welzel, bezüglich der zweistelligen SLD „vw.de" der auf technische Gefahren beruhenden Argumentation von DENIC nicht gefolgt ist; umgekehrt hat das OLG Frankfurt a. M., MMR 2008, 614, bezüglich der reinen Zifferndomain in der „11880.de"-Entscheidung genau diese technisch geprägte Linie von DENIC gebilligt; der Umstand, dass DENIC in einem Befreiungsschlag alle diese Restriktionen auf einmal aufgegeben hat, zeigt, dass die Genossenschaft selbst diese Befürchtung technischer Fehlverbindungen für nicht völlig zwingend gehalten haben kann; das OLG Frankfurt a. M., MMR 2008, 614, 615, stellt zudem fest, DENIC habe „einen konkreten Vorfall nicht namhaft machen können".

eines Dritten verletzt. Im Übrigen wälzt DENIC die Verantwortung dafür, dass die Domain keine Rechte Dritter verletzt und nicht gegen allgemeine Gesetze verstößt, auf den Domaininhaber ab (vgl. u., Rn. 548 ff.), der dies im Registrierungsantrag zu versichern hat (§§ 2, 3 Abs. 1 DDB).

487 Wird ein Registrierungsantrag für eine freie Domain ordnungsgemäß und vollständig gestellt, besteht ein Rechtsanspruch gegen DENIC auf Abschluss des Domainvertrags.[103] Denn als ein bezüglich der Domainvergabe marktbeherrschendes Unternehmen i. S. d. Kartellrechts unterliegt DENIC insoweit einem **Kontrahierungszwang**.[104] Die Registrierung erfolgt dann vollautomatisch.

5.2.4.2 Domainvertrag

488 Der Vertrag kommt zwischen DENIC und dem im Registrierungsantrag genannten **Domaininhaber** – unabhängig davon, wie viele Provider dazwischengeschaltet sind – zustande; dies setzt freilich voraus, dass die „Zwischenhändler" als Vertreter des späteren Domaininhabers auftreten und in dessen (und nicht in eigenem) Namen handeln.[105] Der Domaininhaber ist der **Träger aller Rechte und Pflichten aus dem Domainvertrag** und damit der „Eigentümer" der Domain. Es ist daher von erheblicher Bedeutung, ob als Domaininhaber der Endkunde oder dessen Hausprovider eingetragen wird.

489 Ist nämlich der Endkunde der Domaininhaber und damit direkter Vertragspartner von DENIC, ist er mit seinem Provider – auch wenn dieser wichtige Vermittlungsdienste zum Abschluss des Vertrages geleistet hat und als tech-c fungiert – nicht „verheiratet". Er kann jederzeit (im Rahmen der Kündigungsvorschriften des mit dem Hausprovider geschlossenen Vertrages) den **Provider wechseln** und durch eine Erklärung gegenüber DENIC den **tech-c austauschen**.[106] Ist aber der Hausprovider als Domaininhaber eingetragen, kann die Domain nur mit seiner Zustimmung übertragen bzw. von einem anderen Provider betreut werden. Auch wenn er zu dieser Zustimmung verpflichtet ist, kann er doch – z. B. mit einem Zurückbehaltungsrecht wegen behaupteter noch offener Forderungen – dem Kunden viel Ärger machen. Im schlimmsten Fall muss der Kunde „seine" Domain erst in einem langwierigen Rechtsstreit herausverlangen.[107]

---

103 Soweit DENIC nicht zeitlich früher schon einen Vertrag bezüglich derselben Domain abgeschlossen hat, vgl. BGH, Urt. v. 25.10.2012 – Az. VII ZR 146/11 = NJW 2012, 2034 = MMR 2013, 30 m. Anm. Juretzek (gewinn.de; Leits. 2).

104 Ernst, MMR 2002, 714. Die Tatsache, dass andere Vergabestellen SLDs unter anderen TLDs vergeben, ändert hieran nichts.

105 Strömer, Online-Recht, S. 18 f.

106 Vgl. hierzu BGH, Urt. v. 25.10.2012 – Az. VII ZR 146/11 = NJW 2012, 2034 = MMR 2013, 30 m. Anm. Juretzek (gewinn.de).

107 Vgl. Strömer, Online-Recht, S. 23.

490

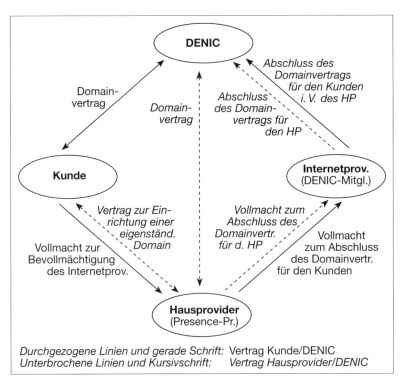

Übersicht 39: Domainvertrag und -inhaberschaft

Von besonderer Bedeutung ist der **Vertrag zwischen dem Kunden und** **491**
seinem Hausprovider (HP). Dieser ist bezüglich der Anmeldung der Domain als Geschäftsbesorgungsvertrag mit dem werkvertraglich zu qualifizierenden Registrierungserfolg (§§ 675, 631 ff. BGB) sowie bezüglich der
Funktion als admin-c bzw. tech-c als Geschäftsbesorgungsvertrag mit der
dienstvertraglich zu qualifizierenden Betreuungspflicht (§§ 675, 611 ff.
BGB) anzusehen.[108] Unbeschadet von der Frage des Bestehens einer diesbezüglichen nebenvertraglichen Aufklärungspflicht, sollte der Provider
den Kunden auf namens-, marken- oder wettbewerbsrechtliche Probleme
einer Domain ggf. hinweisen.[109] Im Zweifel ist davon auszugehen, dass
Kunde und Provider eine Domaininhaberschaft des Kunden vereinbart
haben.[110]

---

108 Ernst, MMR 2002, 714, 717.
109 Ernst, MMR 2002, 714, 718.
110 OLG München MMR 2003, 795.

492   Der Domainvertrag verpflichtet DENIC zur **Registrierung und dauerhaften Konnektierung** der Domain (§ 2 Abs. 1 DDB). Der Domaininhaber
ist im Gegenzug zur **Bezahlung der Gebühren** verpflichtet; dabei sieht § 4
Abs. 1 DDB einen direkten Vergütungsanspruch von DENIC gegen den
Inhaber vor, der aber nach § 4 Abs. 2 DDB ruht, wenn die Domain über
ein DENIC-Mitglied verwaltet wird und dieses die Ansprüche von DE-
NIC befriedigt (was fast immer der Fall ist und wofür der Kunde dem
DENIC-Mitglied gegenüber gebührenpflichtig ist). Die Preise von DENIC
sind im Internet einzusehen (http://www.denic.de/de/preisliste.html); da
aber die **Gebühren in aller Regel von den Providern eingezogen** werden
und diese eigene Sätze haben (in die auch deren eigene Leistungen einge-
rechnet sind), sind die DENIC-Preise für den Endkunden selten unmittelbar von Interesse. Die den Providern gegenüber zu bezahlenden Vergütun-
gen variieren erheblich und setzen sich meist aus einer einmaligen Einrich-
tungsgebühr und laufenden Wartungsgebühren zusammen.[111]

493   Der Kunde haftet für die Richtigkeit seiner Angaben, insbesondere für
seine (ggf. vorrangige) **Berechtigung an der Domain** (§§ 3 Abs. 1, 5 Abs. 4
DDB) und für sämtliche Schäden, die DENIC aufgrund unrichtiger Re-
gistrierungsangaben entstehen (§ 5 Abs. 3 DDB). DENIC haftet für von
ihr grob fahrlässig oder vorsätzlich verschuldete **Schäden des Kunden** sowie für von ihr verschuldete **Verletzungen wesentlicher Vertragspflichten**,
wobei eine Haftung für die zwischen DENIC und Kunden geschalteten
DENIC-Mitglieder ausdrücklich nicht einbezogen ist (§ 5 Abs. 1, 2 DDB).

494   Der Vertrag wird **auf unbestimmte Zeit** abgeschlossen (§ 7 Abs. 1 DDB).
Der **Domaininhaber** kann den Vertrag **jederzeit fristlos kündigen** (bei Vertragsschluss über ein DENIC-Mitglied muss auch die Kündigung über das
DENIC-Mitglied geleitet werden, § 1 Abs. 2 DDB), während **DENIC** den
Vertrag **nur aus wichtigem Grund** (Kontrahierungspflicht!) kündigen
kann; § 7 Abs. 2 DDB enthält hierfür eine stattliche Aufzählung von Re-
gelbeispielen, so z. B. bei rechtskräftig festgestellter Verletzung der Rechte
Dritter, bei nachhaltiger Verletzung wesentlicher Vertragspflichten durch
den Domaininhaber oder bei falsch angegebenen Daten des Domaininhabers oder des admin-c.

495   Die **Domain ist übertragbar**, d. h. der Domaininhaber kann seine Rechte
aus dem Domainvertrag an einen Dritten abtreten, solange kein Übertra-
gungsverbot aufgrund eines Dispute-Eintrags besteht (s. o., Rn. 484). Für
diese Übertragung muss der bisherige Inhaber seinen Domainvertrag gegenüber DENIC kündigen und den Dritten benennen, der dann einen Registrierungsantrag stellen muss (§ 6 DDB). Da die Domain rechtlich als
die aus dem Domainvertrag folgenden Rechte anzusehen ist (s. o.,

---

111 Vgl. Strömer, Online-Recht, S. 16.

Rn. 427), handelt es sich dabei um einen **Forderungskauf** i. S. v. § 453
BGB.[112] Aus dem argumentum a maiore ad minus folgt außerdem, dass
die Rechtsposition nicht nur verkauft, sondern auch verpachtet werden
kann (**Rechtspacht**), d. h. wenn Verkauf möglich ist, dann ist erst Recht
Pacht möglich.[113]

5.2.5 Summary „Domainvergabe"

1. Die internationale Kontrolle des Domain Name Systems liegt –
   heute – bei ICANN, einer gemeinnützig-privaten Körperschaft nach
   kalifornischem Recht. Sie untersteht der Aufsicht des US-Handelsministeriums und wird u. a. von einem Ausschuss, den die nationalen Regierungen der anderen Staaten beschicken, beraten.
2. Die interne Struktur von ICANN stützt sich auf einen von Suborga-
   nisationen und einem von Wirtschaft, Gesellschaft und Adressen-
   verwaltern beschickten Wahlmännergremium gewählten Vorstand,
   dem zahlreiche Beratungsausschüsse (mit nicht stimmberechtigten
   weiteren Vorstandsmitgliedern) beigeordnet sind.
3. ICANN ist wegen ihrer US-Lastigkeit und mangelnder Transparenz
   ihrer Entscheidungsprozesse nicht unumstritten. Hinzu kommt eine
   fehlende weltöffentliche Legitimation.
4. Die „.de"-SLDs werden von der DENIC e. G. vergeben, die daher
   auf nationaler Ebene die beherrschende Registrierungsstelle darstellt. Bislang wurden fast 16 Millionen „.de"-Domains vergeben,
   weshalb „.de" die zweitstärkste TLD weltweit ist.
5. In der DENIC e. G. sind über 300 Provider genossenschaftlich organisiert; die interne Struktur kennt neben der Generalversammlung
   als Basisorgan v. a. einen Vorstand als Leitungsorgan und einen
   Aufsichtsrat als Kontrollorgan.
6. Bei aller Akzeptanz in der deutschen Internetgesellschaft mangelt es
   auch DENIC und ihrem Vergabeverfahren an öffentlich-rechtlicher
   Legitimation. Wegen der erheblichen gesellschaftlichen und ökonomischen Bedeutung der Domainvergabe bedarf es (auch aus Rechts-

---

112 Härting, CR 2001, 37; Ernst, MMR 2002, 714, 720; Köhler/Arndt/Fetzer, Recht des
Internet, Rn. 38 ff. verneinen den Rechtskauf (und sprechen vom „Verkauf einer Ver-
zichtserklärung") wegen des vorgegebenen Verfahrens, weil die Rechtsposition nicht einfach übertragen, sondern – durch Kündigung – erst geräumt und dann durch DENIC neu
begründet wird.
113 Ernst, MMR 2002, 714, 720; OLG Köln, CR 2002, 832 = MMR 2003, 191; allerdings
bleibt der Domaininhaber und -verpächter in einer Restverantwortung für den unter der
Domain erscheinenden Internetauftritt; der BGH, MMR 2009, 752 m. Anm. Spieker =
CR 2009, 730 = NJW-RR 2009, 1413, hat festgestellt, dass der Verpächter grundsätzlich
als Störer in Haftung genommen werden kann; allerdings trifft den Verpächter keine
generelle Überprüfungspflicht bezüglich der unter seiner Domain erscheinenden Website,
solange „er keine konkreten Anhaltspunkte für (drohende) Rechtsverletzungen hat".

sicherheitsgründen) einer gesetzlichen Grundlage, durch die beispielsweise diese Aufgabe auf DENIC übertragen wird und auch einige Vergabegrundsätze geregelt werden. Die Bundesregierung teilt diese Sicht nicht.

7. Das Domain Name System wächst mit dem Telefonnummernsystem wegen hoher Strukturähnlichkeiten im ENUM-System zusammen, was attraktive technische Perspektiven eröffnet und bei monopolisierter Kontrolle durch DENIC das Legitimationsproblem weiter verschärft.

8. Die Domainvergabe der „.de"-SLDs setzt einen Registrierungsantrag an DENIC voraus. Darin sind der Domaininhaber sowie weitere Ansprechpartner (admin-c, tech-c, ggf. zone-c) anzugeben. Die Prüfung des Antrags durch DENIC bezieht sich im Wesentlichen auf technische Gesichtspunkte; die inhaltlich-rechtliche Verantwortung wird dem Domaininhaber zugewiesen. Der Domainvertrag begründet eine Registrierungs- und Konnektierungspflicht bei DENIC und eine Zahlungspflicht beim Domaininhaber; Haftung, Kündigung und Übertragung der Domain auf Dritte richten sich nach den DENIC-Domainbedingungen.

5.3 Domainstreitigkeiten

497 Domainstreitigkeiten werden nach **namens- bzw. kennzeichenrechtlichen Grundsätzen** entschieden (s. o., Rn. 423). Diese lassen sich zusammengefasst wie folgt darstellen:

	Definition	Schutzbegründung	Schutzwirkung
Name (BGB)	Kennzeichnung einer Person (auch jur. Pers., z.B. Städte), § 12	Namenszuteilung (z.B. durch Geburtsurkunde)	Beseitigungs- und Unterlassungsanspruch, §§ 12, 1004 Schadenersatzanspruch, § 823 Abs. 1
Firma (HGB)	Kennzeichnung der Geschäftstätigkeit eines Kaufmanns §§ 1, 17 mit starker Betonung des Unterscheidungsgebots, §§ 18 Abs. 1, 30 (z.B. Optik Maier)	Anmeldung im Handelsregister, § 29	Unterlassungs- und Schadenersatzanspruch des Inhabers, § 37 Abs. 2, Ordnungsgeldfestsetzung durch Registergericht, § 37 Abs. 1
Marke (MarkenG)	Wörter/Zeichen/Bilder/Töne zur Kennzeichnung bestimmter Waren oder Dienstleistungen, § 3 Abs. 1 (z.B. VW Golf)	▲ Eintragung ins Markenregister (Patentamt), § 4 Nr. 1 ▲ Benutzung im geschäftlichen Verkehr bei Verkehrsgeltung, § 4 Nr. 2 ▲ Notorische Bekanntheit i.S.d. PVÜ, § 4 Nr. 3	Unterlassungs-, Schadenersatz-, Beseitigungs- und Auskunftsansprüche, § 14 Abs. 5, 6, §§ 18, 19
Geschäftliche Bezeichnung (MarkenG)	**Unternehmenskennzeichen** = Kennzeichen eines Anbieters kommerzieller Leistungen, § 5 Abs. 2 (z.B. Microsoft) **Werktitel** = Kennzeichen bestimmter (Druck-, Film-, Ton- o.ä.) Werke, § 5 Abs. 3 (z.B. iOS 8.3)	Aufnahme der Benutzung oder – bei fehlender Unterscheidungskraft – durch Verkehrsgeltung	Unterlassungs-, Schadenersatz-, Beseitigungs- und Auskunftsansprüche, § 15 Abs. 4, 5, §§ 18, 19
Geografische Herkunftsangabe (MarkenG)	Namen von Orten, Gegenden, Gebieten oder Ländern zur Kennzeichnung der geografischen Herkunft von Waren oder Dienstleistungen, § 126 Abs. 1 (z.B. Champagner)	Aufnahme der Benutzung	Unterlassungs-, Schadenersatzansprüche, § 128

Übersicht 40: Grundsätze des Namens- und Kennzeichenrechts

5.3.1 Namens- und Firmenrecht

5.3.1.1 Begriffe und Anwendungsbereich

498 Der **Name** ist (bei natürlichen Personen) als **Ausfluss des allgemeinen Persönlichkeitsrechts** grundrechtlich geschützt (s. o., Rn. 48); der Name dient vorrangig zur **Identifikation** von natürlichen (tlw. auch juristischen) Personen und zu deren **Abgrenzung von Dritten** (§ 12 BGB). Die internetspezifische Bedeutung des Namensrechts bezieht sich auf Domains im **nichtkommerziellen Bereich.** Dies gilt vor allem für Domains von Privatpersonen, aber **auch öffentlich-rechtlicher Namensträger** wie Städte[114] oder Behörden.[115] Begründet wird das Namensrecht mit der Namenszuteilung, also bei natürlichen Personen mit der Ausstellung der Geburtsurkunde und bei Städten mit der erstmaligen urkundlichen Erwähnung.

499 Den **Namen** eines Kaufmannes, unter dem dieser sein Handelsgewerbe betreibt, nennt man „**Firma**" (entgegen dem üblichen Sprachgebrauch, der darunter das Unternehmen versteht). Es handelt sich dabei also um eine gesetzlich besonders typisierte Form des Pseudonyms. Da auch die Firma – wie der Name – der Identifikation des Kaufmannes und seiner Abgrenzung gegenüber anderen Kaufleuten dient, muss eine Firma **Unterscheidungskraft** besitzen (§§ 18 Abs. 1, 30 HGB). Auch wer den eigenen bürgerlichen (Vor- und Nach-) Namen als Firma verwenden möchte, muss dies beachten und ggf. einen unterscheidungskräftigen Zusatz beifügen (§ 30 Abs. 2 HGB). Die Firma entsteht durch ihre Anmeldung zur Eintragung ins Handelsregister (§ 29 HGB). Die **räumliche Reichweite des Namens und der Firma** beschränkt sich auf den Wirkungskreis des Namens- bzw. Firmeninhabers; besonders deutlich wird dies für die Firma in § 30 Abs. 1 HGB, wonach sich das Unterscheidungsgebot auf die anderen Firmen „an demselben Ort oder in derselben Gemeinde" bezieht.

500 Auch **Pseudonyme** können namensrechtlichen Schutz gem. § 12 BGB beanspruchen, wenn sie **Verkehrsgeltung** erlangt haben. Dies ist unter Anwendung kennzeichenrechtlicher Grundsätze bei einem Bekanntheitsgrad ab 20 % bezogen auf die von dem Pseudonym angesprochenen Kreise zu bejahen, was nur bei einer **öffentlichen Verwendung** zu erreichen ist.

---

114 Strömer, Online-Recht, S. 76 f. m. w. N.; allerdings ist die Reichweite des Schutzes nicht grenzenlos, vgl. LG Düsseldorf, MMR 2001, 626 (duisburg-info.de).
115 LG Hannover, CR 2001, 860 (verteidigungsministerium.de – s. u., Rn. 503).

Ansonsten könnten die Rechte der gleichnamigen „normalen" Namensträger zu leicht ausgehebelt werden.[116]

5.3.1.2 Namensrechtsverletzungen

Wird ein Namensträger in seiner Namensführung be- oder gehindert, liegt **501** ein Fall der **Namensleugnung oder des Namensbestreitens** vor.[117] Eine solche Namensrechtsverletzung ist **stets rechtswidrig**, kommt jedoch im Domainrecht in der Regel nicht vor. Insbesondere stellt das „Wegschnappen" einer Domain noch kein Namensbestreiten dar, da der Namensträger seinen Namen in modifizierter Form (z. B. durch eine andere Trennung von Vor- und Nachname oder unter einer anderen TLD) immer noch führen kann;[118] anders verhält es sich allenfalls, wenn jemand gezielt alle vernünftig denkbaren Domains für einen Namen blockiert.

Ebenfalls eine Namensrechtsverletzung liegt dann vor, wenn jemand einen **502** Namen (oder eine Firma) führt, ohne dessen Träger zu sein. In diesem Fall spricht man von einer **Namensanmaßung**, die immer dann rechtswidrig ist, wenn folgende Bedingungen kumulativ erfüllt sind:[119]

- Der unberechtigte Namensgebrauch löst eine **Zuordnungsverwirrung** aus. Das ist der Fall, wenn Dritte bezüglich der Identifikation verunsichert sind; eine besonders starke Zuordnungsverwirrung liegt bei einer Verwechslung des Anmaßenden mit dem (echten) Namensinhaber vor. Im Domainrecht ist eine solche Zuordnungsverwirrung regelmäßig schon dann erfüllt, wenn die Domain von einem Nichtnamensträger verwendet wird.
- Außerdem müssen **schutzwürdige Interessen des Namensträgers verletzt** sein. Durch die technisch bedingte Einmaligkeit von Domains liegt dieses berechtigte Interesse darin, unter einer dem eigenen Namen

---

116 BGH, MMR 2003, 726 m. Anm. Hoffmann = CR 2003, 845 m. Anm. Eckhardt = NJW 2003, 2978 (maxem.de); dem Prozess lag eine Klage eines Rechtsanwalts mit dem Nachnamen „Maxem" gegen die gleichnamige Domain des gleichnamigen Pseudonyms auf Freigabe der Domain „maxem.de" zugrunde. Während noch das OLG (Köln, MMR 2001, 170 = CR 2000, 696) das Pseudonym auch ohne Verkehrsgeltung als gleichwertig akzeptierte und deshalb die Klage unter Hinweis auf den Prioritätsgrundsatz abwies, hat das Verkehrsgeltungserfordernis des BGH dem Kläger zum Prozesserfolg verholfen. In der Sache hatte der Kläger dennoch das Nachsehen: Da er es versäumt hatte, die Domain „maxem.de" durch einen Dispute-Eintrag bei DENIC gegen eine Übertragung sperren zu lassen, konnte der Beklagte die Domain angesichts der sich abzeichnenden Niederlage vor dem BGH noch rechtzeitig auf einen anderen Träger des Nachnamens Maxem übertragen, der auf der Startseite einen Link zur Homepage des Pseudonymträgers geschaltet hat und den Kläger nicht erwähnt (vgl. Urteilsanm. Hoffmann, MMR 2003, 728). Ein klassischer Pyrrhus-Sieg, den das Nachsehen: Da er es versäumt hatte, die Domain „maxem.de" durch einen Dispute-Eintrag bei DENIC gegen eine Übertragung sperren zu lassen, konnte der Beklagte die Domain angesichts der sich abzeichnenden Niederlage vor dem BGH noch rechtzeitig auf einen anderen Träger des Nachnamens Maxem übertragen, der auf der Startseite einen Link zur Homepage des Pseudonymträgers geschaltet hat und den Kläger nicht erwähnt (vgl. Urteilsanm. Hoffmann, MMR 2003, 728). Ein klassischer Pyrrhus-Sieg, den das Nachsehen nachdrücklich besser wurde, dass der Inhaber des Pseudonyms mit seiner Verfassungsbeschwerde gegen das BGH-Urteil ohne Erfolg blieb, BVerfG, NJW 2007, 671 = CR 2006, 770 m. Anm. Kitz = MMR 2006, 735 m. Anm. Hoffmann.
117 Vgl. Palandt/Ellenberger, BGB, § 12 Rn. 21.
118 Vgl. Strömer, Online-Recht, S. 82 f.
119 BGH MMR 2003, 726 = CR 2003, 845 = NJW 2003, 2978 (maxem.de); vgl. Palandt/Ellenberger, BGB, § 12 Rn. 22 ff.

entsprechenden Domain im Internet auftreten zu können; anders als bei der Namensleugnung muss sich der Namensträger hier nicht auf andere Schreibweisen verweisen lassen.

503 Diese beiden Voraussetzungen sind bei der Entscheidung „**verteidigungsministerium.de**" geradezu klassisch erfüllt. In diesem Fall hatte eine Privatperson unter der Domain „verteidigungsministerium.de" Anleitungen für die Wehrdienstverweigerung ins Netz gestellt. Darin sah das LG Hannover zum einen eine Zuordnungsverwirrung durch die Domainverwendung, weil ein unbefangener Dritter darunter eine Internetpräsenz des Bundesverteidigungsministeriums erwarten würde. Zum anderen ergab die Abwägung, dass die „herausragende Funktion" des Ministeriums „für die Sozialgemeinschaft" stärker wiegt als die individuelle Meinungsäußerung des Seitenbetreibers. Besonders schwer wog dabei, dass die darin publizierten Inhalte der Aufgabe und den Interessen des Verteidigungsministeriums diametral zuwiderliefen.[120]

5.3.1.3 Keine Namensrechtsverletzung bei Gattungsbegriffen

504 Keine Namensanmaßung liegt dagegen dann vor, wenn der Name nicht zu Namenszwecken (Identifikation und Abgrenzung), sondern **als beschreibender Sachbegriff** (Gattungsbegriff) verwendet wird, der einen inhaltlichen Bezug zu den dahinter stehenden Internetseiten hat. So hatte ein Herr Säugling das Nachsehen, als er gegen die Nutzung der Domain „saeugling.de" durch einen Händler mit Säuglingsartikeln vorging.[121] Es ist sogar möglich, dass die Zuordnungsverwirrung eher bei einem Obsiegen des Namensinhabers eintreten würde. So konnte sich die 3 500 Einwohner zählende Gemeinde Winzer aus Niederbayern beim Streit um die Domain „winzer.de" nicht gegen den Winzer-Berufsstand durchsetzen, da der weit überwiegende Teil der deutschsprachigen Bevölkerung den niederbayrischen Ort gar nicht kennt und folglich unter der Domain „winzer.de" auch nicht erwartet.[122]

5.3.1.4 Postmortaler Namensschutz

505 Der Namensschutz endet nicht mit dem Tod des Namensträgers, sondern wirkt als postmortales Recht weiter. Dies gilt zunächst für die **ideellen Bestandteile** des Rechts, weshalb die Erben des Namensträgers gegen eine herabsetzende oder als unwürdig empfundene Verwendung des Namens durch Dritte vorgehen können. Aber für die Dauer von zehn Jahren nach dem Tod des Namensträgers soll auch die **vermögenswerte Verwendung**

---

120 LG Hannover, CR 2001, 860.
121 LG München I, MMR 2001, 545 (saeugling.de); siehe auch OLG Stuttgart, MMR 2002, 388 = CR 2002, 529 (netz.de) und OLG München, MMR 2011, 386 (sonntag.de).
122 LG Deggendorf, CR 2001, 266 (winzer.de).

des Namens – in Anlehnung an § 22 Satz 3 KunstUrhG für das Recht am Bild – den Erben vorbehalten bleiben.[123]

5.3.2 Kennzeichenrecht

Kennzeichen sind Marken, geschäftliche Bezeichnungen und geografische Herkunftsangaben (§ 1 MarkenG).

5.3.2.1 Marken

Marken dienen der **Kennzeichnung von Waren oder Dienstleistungen** **506** (z. B. „VW Golf"). Dies kann durch **alle möglichen Zeichen** – v. a. Wörter, aber auch visuelle Darstellungen (zwei- und dreidimensional) bis hin zu Form- oder Farbgebungen und akustisch wahrnehmbare Signale (z. B. eine bestimmte Melodie) – erfolgen (§ 3 Abs. 1 MarkenG).

Der markenrechtliche Schutz wird begründet **507**
- durch **Eintragung** in das beim Patentamt geführte Markenregister, was nur bei grafisch (nicht aber akustisch) darstellbaren Zeichen[124] möglich ist (§§ 4 Nr. 1, 8 Abs. 1 MarkenG),[125]
- durch die kennzeichenmäßige **Benutzung der Marke,** wenn diese innerhalb der davon betroffenen Verkehrskreise **Verkehrsgeltung** – d. h. einen Bekanntheitsgrad von mindestens 20 %[126] – erlangt hat (§ 4 Nr. 2 MarkenG) oder
- durch das Erlangen „**notorischer (d. h. allgemeiner) Bekanntheit"** i. S. d. Pariser Verbandsübereinkunft (§ 4 Nr. 3 MarkenG).

Mit der bloßen **Registrierung und Konnektierung einer Domain allein** **508** wird noch kein kennzeichenrechtlicher Schutz für den Domainbegriff begründet. Dies erfolgt erst, wenn der Domainbegriff mit konkreten Inhalten, auf die er sich dann als Kennzeichen beziehen kann, verbunden wird. Denn die Benutzung setzt die im Verkehr wahrnehmbare Verknüpfung des Zeichens mit einer Ware oder Dienstleistung voraus (§ 26 MarkenG).[127] Der **Untergang des Rechtsschutzes** tritt bei der eingetragenen Marke mit Zeitablauf (§ 47 MarkenG), Verzicht (§ 48 MarkenG) oder Verfall (§ 49 MarkenG) durch Löschung (§§ 52 ff. MarkenG) und bei der Benutzungsmarke mit Sinken des Bekanntheitsgrades unter 20 % oder

---

123 BGH, NJW 2007, 684 m. Anm. Wanckel = MMR 2007, 196 m. Anm. Stieper = CR 2007, 101 (kinski-klaus.de).
124 Zu den Anforderungen an die grafische Darstellbarkeit vgl. die Markenverordnung.
125 Zum Eintragungsverfahren ausführlich Engels, PMU-Recht, Rn. 692–722; auch Domains als solche können bei hinreichender Unterscheidungskraft als Marken eingetragen werden, vgl. Strömer, Online-Recht, S. 40 f.
126 Engels, PMU-Recht, Rn. 590b; Strömer, Online-Recht, S. 35, spricht von „einem nicht ganz unerheblichen Teil der Verkehrskreise".
127 OLG Hamburg, CR 2007, 47; vgl. Engels, PMU-Recht, Rn. 585.

mit ihrer Nichtbenutzung ein.[128] Korrespondierend zu den Anforderungen an den Beginn des markenrechtlichen Schutzes steht die Fortführung eines Kennzeichens als Domain für sich allein einer Schutzbeendigung nicht entgegen, etwa wenn das Firmenschlagwort durch endgültige Aufgabe der Firma untergeht.[129]

509 In bestimmten Fällen – nämlich beim Vorliegen von Eintragungshindernissen – können Zeichen nicht in das Markenregister eingetragen werden. Dies gilt zunächst für verschiedene Fallgruppen, in denen ein **Freihaltebedürfnis** besteht:

- Die größte Bedeutung haben hierbei **Zeichen ohne Unterscheidungskraft**, § 8 Abs. 2 Nr. 1 MarkenG; für solche Zeichen, die keine Assoziation mit einer bestimmten Ware oder Dienstleistung vermitteln können, besteht ein Freihaltebedürfnis, weil sie nicht bei einzelnen Rechtsinhabern monopolisiert werden sollen. So wurde beispielsweise dem „Klammeraffen" – @ – als Symbol für das Internet und seine Kultur die Unterscheidungskraft abgesprochen; hier ist das Freihaltebedürfnis besonders evident.[130] Aber auch Mehrwortzeichen, die nur beschreibender Art sind oder längere Wortfolgen mit nur allgemeiner Aussagekraft darstellen, oder konturlose Farbzeichen fallen hierunter.[131]
- Außerdem freihaltebedürftig sind die Angaben, die zur **Bezeichnung von Merkmalen oder Eigenschaften** (z. B. des Herstellungsortes, des Gewichts, der Beschaffenheit, der Menge etc.) von Waren oder Dienstleistungen verwendet werden, § 8 Abs. 2 Nr. 2 MarkenG. Damit wird die Identifikations- und Erläuterungsfunktion dieser Angaben für den gesamten Verkehr offen gehalten.[132]
- Schließlich sind **allgemein- oder verkehrsgebräuchliche Begriffe**, die der Bezeichnung von Waren oder Dienstleistungen dienen, freihaltebedürftig, § 8 Abs. 2 Nr. 3 MarkenG.[133] Dazu zählen vor allem rein beschreibende Begriffe (die sogenannten **„Gattungsbegriffe"**). So wurde der Domain „urlaubstip.de" der markenrechtliche Schutz verwehrt, weil dieser Begriff für den Internettourismus lediglich beschreibend sei.[134] Ebenso wenig kann beispielsweise der Begriff „Ochsen" als verkehrsgebräuchlicher Begriff für viele Gastwirtschaften in das Markenregister eingetragen werden.

510 Allerdings kann das **Freihaltebedürfnis** in allen diesen drei Fallgruppen (fehlende Unterscheidungskraft, Bezeichnung von Merkmalen oder Eigen-

---

128 Vgl. Engels, PMU-Recht, Rn. 724 ff.
129 BGH, CR 2006, 54 (seicom.de).
130 BPatG, CR 2000, 854.
131 Vgl. Engels, PMU-Recht, Rn. 664–675; EuG, CR 2008, 576 = MMR 2008, 390, zu „suchen.de".
132 Engels, PMU-Recht, Rn. 677–680.
133 Engels, PMU-Recht, Rn. 681.
134 LG Düsseldorf, MMR 2003, 131.

schaften, Gattungsbegriffe) „**überwunden**" werden, wenn sich die Marke „in den beteiligten Verkehrskreisen durchgesetzt hat"; dann ist gem. § 8 Abs. 3 MarkenG eine Eintragung abweichend von § 8 Abs. 2 Nr. 1–3 MarkenG möglich. Auch wenn die Rechtsprechung für die Frage der **Verkehrsdurchsetzung** stets auf den Einzelfall abstellt und allgemeine Prozentsätze ablehnt, muss hierfür ein deutlich höherer Bekanntheitsgrad als bei der Verkehrsgeltung (> 20 %) vorliegen. Zumindest als grobe Faustregel kann für die Verkehrsdurchsetzung ein erforderlicher **Bekanntheitsgrad von mindestens 50 %** und mehr angenommen werden.[135]

Weiter **nicht eintragungsfähig** sind Zeichen, die den Verkehr über wesentliche Eigenschaften – z. B. Beschaffenheit, Art oder Herkunft – von Waren oder Dienstleistungen **zu täuschen geeignet** sind, § 8 Abs. 2 Nr. 4 MarkenG. Außerdem können solche Zeichen, die **hoheitlichen Belangen** dienen (staatliche Hoheitszeichen, § 8 Abs. 2 Nr. 6 MarkenG; Prüf- und Gewährzeichen, § 8 Abs. 2 Nr. 7 MarkenG; Wappen, Flaggen und Bezeichnungen internationaler Organisationen, § 8 Abs. 2 Nr. 8 MarkenG) oder aus Gründen des öffentlichen Interesses **nicht öffentlich verwendet werden dürfen** (§ 8 Abs. 2 Nr. 5, 9 MarkenG), nicht als Marken eingetragen werden. **511**

5.3.2.2 Geschäftliche Bezeichnungen

Geschäftliche Bezeichnungen sind Unternehmenskennzeichen und Werktitel (§ 5 Abs. 1 MarkenG). Unternehmenskennzeichen dienen der **Kennzeichnung von Unternehmen** bzw. Betrieben als kommerzielle Anbieter von Waren oder Dienstleistungen (z. B. Daimler), § 5 Abs. 2 MarkenG. Werktitel **kennzeichnen Werke** wie z. B. Druckschriften, Film-, Ton- und Bühnenwerke, Computerprogramme o. Ä., § 5 Abs. 3 MarkenG (z. B. Playboy, Focus, Power Point).[136] In beiden Fällen ist entweder eine hinreichende **Unterscheidungskraft** oder aber eine **Verkehrsgeltung** erforderlich. **512**

Bei geschäftlichen Bezeichnungen entsteht der kennzeichenrechtliche Schutz mit **Benutzungsaufnahme** (z. B. bei Werktiteln von periodischen Presseorganen mit dem ersten Erscheinen) oder, wenn es an Unterscheidungskraft mangelt, mit **Verkehrsgeltung** (z. B. Spiegel); eine Eintragung ist nicht möglich. Die Rechtsprechung stellt an die Unterscheidungskraft von Werktiteln (insbesondere bei Zeitschriftentiteln) nur sehr geringe Anforderungen, weshalb hier selten die Verkehrsgeltung erforderlich ist; so hat das OLG Hamburg die Begriffe „Eltern" und „Motorradmarkt" als **513**

---

135 Engels, PMU-Recht, Rn. 590b, 676–676d; Strömer, Online-Recht, S. 40, hält (anders als noch in der Vorauflage, S. 97) 60 % für das Minimum (unter Bezugnahme auf die „01051 Telecom"-Entscheidung des BGH v. 27.11.2003, Az. I ZR 79/01, bei der für den an sich nur beschreibenden Begriff „Telekom" ein Bekanntheitsgrad von 60 % ermittelt wurde; allerdings hat der BGH dies nicht zur Untergrenze erklärt).
136 Vgl. Strömer, Online-Recht, S. 64 f.

hinreichend unterscheidungskräftig für Zeitschrifttitel anerkannt (weshalb es auf den Nachweis der Verkehrsgeltung nicht mehr ankam). Das OLG Stuttgart hat jedoch die Unterscheidungskraft bei der Bezeichnung „Herstellerkatalog" für einen Katalog verneint.[137]

5.3.2.3 Geografische Herkunftsangaben

514 Geografische Herkunftsangaben dienen der **Kennzeichnung der geografischen Herkunft von Waren oder Dienstleistungen** (z. B. Champagner,[138] Dresdner Stollen), § 126 MarkenG. Der kennzeichenrechtliche Schutz wird für **Agrarerzeugnisse und Lebensmittel** durch Registrierung bei der EU begründet (VO 510/2006 EG; §§ 130 ff. MarkenG); im Übrigen entsteht er durch Benutzungsaufnahme.[139] Wer für **Dienstleistungen** den Schutz geografischer Herkunftsangaben in Anspruch nehmen will, muss laut BGH in dem geografisch bezeichneten Gebiet seinen Sitz haben und „von dort" auch die Dienstleistungen erbringen. So darf z. B. eine in Bayern befindliche und wirkende Englisch-Sprachschule nicht die Bezeichnung „Cambridge Institute" führen.[140]

5.3.2.4 Wirkungen des kennzeichenrechtlichen Schutzes bei Marken und Geschäftlichen Bezeichnungen

515 Der kennzeichenrechtliche Schutz von Marken und Geschäftlichen Bezeichnungen schließt alle Nichtinhaber des Schutzrechtes von der **Benutzung im geschäftlichen Verkehr**[141] aus (**absolutes Recht**), §§ 14 Abs. 1, 15 Abs. 1 MarkenG. Daraus folgt, dass kein Dritter die gleichen Zeichen, Begriffe o. Ä. für gleiche Waren und Dienstleistungen oder andere Unternehmen und Werke verwenden darf (§ 14 Abs. 2 Nr. 1 MarkenG). Eine bloße Registrierung einer Domain stellt jedoch noch kein Handeln im geschäftlichen Verkehr dar.[142] Ebenso stellt die Eintragung eines Zeichens als Marke für sich genommen noch keine kennzeichenrechtliche Benutzung für die betroffenen Waren oder Dienstleistungen dar, kann aber einen vorbeugenden Unterlassungsanspruch auslösen.[143] Im Übrigen sind die Anforderungen für die Bejahung des „geschäftlichen Verkehrs" ver-

---

137 OLG Hamburg, MMR 2004, 174 (eltern-online.de); OLG Hamburg, MMR 2002, 825 (Motorradmarkt); OLG Stuttgart, MMR 2002, 754 (Herstellerkatalog).
138 LG München I, CR 2001, 191 (champagner.de).
139 Engels, PMU-Recht, Rn. 885–892.
140 BGH, CR 2007, 655.
141 Vgl. Engels, PMU-Recht, Rn. 584–584c; rein private Webseiten sind jedoch davon nicht erfasst; siehe auch Köhler/Arndt/Fetzer, Recht des Internet, Rn. 58 ff.
142 BGH CR 2002, 525 = NJW 2002, 2031 = MMR 2002, 382 = JZ 2002, 1052 (shell.de); OLG Köln, CR 2002, 285; a. A. noch OLG Hamm, CR 2002, 217 = MMR 2001, 749, das die kennzeichenrechtlichen Verbotstatbestände zur Vermeidung einer Schutzlücke auch schon auf die bloße Registrierung anwendet und dadurch § 12 BGB verdrängt sieht.
143 BGH, CR 2008, 730 (metrosex.de).

gleichsweise gering; davon wird alles abgedeckt, was nicht der rein privaten oder hoheitlichen Betätigung zuzuordnen ist.[144]

Derselbe markenrechtliche Schutz gilt (im geschäftlichen Verkehr) für die **516** Benutzung

- gleicher Zeichen, Begriffe o. Ä. für ähnliche Waren oder Dienstleistungen,
- ähnlicher Zeichen, Begriffe o. Ä. für gleiche oder ähnliche Waren oder Dienstleistungen bzw. für andere Unternehmen oder Werke (§§ 14 Abs. 2 Nr. 2, 15 Abs. 2 MarkenG),

wenn damit eine **Verwechslungsgefahr** verbunden ist. Das ist sowohl dann der Fall, wenn die Verkehrsteilnehmer Original und Plagiat nicht auseinanderhalten können oder beide Zeichen wegen ihrer Ähnlichkeit demselben Rechtsinhaber zuordnen bzw. von einer engen wirtschaftlichen Verbundenheit der Rechtsinhaber ausgehen.[145] So haben das OLG Hamburg bzw. das LG München I eine solche Verwechslungsgefahr zwischen der Zeitschrift „Eltern" und der Domain „eltern-online.de" sowie zwischen der Zeitschrift „Freundin" und der Domain „freundin-online" bejaht.[146] Der Kreativität sind dabei keine Grenzen gesetzt; auch bei Wortzeichen kann eine **Ähnlichkeit im phonetischen Klang**, der beim Aussprechen entsteht, eine Verwechslungsgefahr begründen. Beispiele aus der Rechtsprechung sind „donline" (für „T-Online") sowie „be-mobile" (für „t-mobile").[147]

Des Weiteren setzt eine kennzeichenrechtliche Kollision voraus, dass die **517** beiden Rechtsinhaber zumindest teilweise den **geografisch-regional identischen Markt** ansprechen. Dies ist bei lokal voneinander getrennten Anbietern innerhalb Deutschlands nicht schon der Fall, wenn einer davon das streitige Kennzeichen als SLD eines Internetauftritts unter der auf Deutschland zielenden TLD „.de" verwendet. Denn ein „.de"-Internetauftritt bedeutet nicht automatisch, dass die darin beworbenen Waren oder Dienstleistungen jedem bundesweit angeboten werden sollen.[148] Derselbe Grundsatz gilt auch auf internationaler Ebene: Nicht jedes im

---

144 Ebenso BGH, NJW 2005, 2315 = MMR 2005, 534 m. Anm. Viefhues = CR 2005, 593 (weltonline.de); danach kann „der Inhaber des bekannten Zeitungstitels DIE WELT … gegen einen Dritten, der sich den Domainnamen ‚weltonline.de' hat registrieren lassen, nicht vorgehen, solange keine Anhaltspunkte dafür bestehen, dass der Domainname im geschäftlichen Verkehr in einer das Kennzeichen verletzenden Weise verwendet werden soll" (Leitsatz).
145 Engels, PMU-Recht, Rn. 588, 973 ff.
146 OLG Hamburg, MMR 2004, 174; LG München I, MMR 2003, 677.
147 BGH, MMR 2004, 158 (donline); OLG Hamburg, MMR 2003, 669 (be-mobile.de).
148 BGH, MMR 2005, 171 = CR 2005, 284 (soco.de); auch in der Cambridge Institute-Entscheidung betont der BGH, CR 2007, 655, dass „der Schutz des Unternehmenskennzeichens einer Sprachschule, die nur regional und nicht bundesweit tätig ist, … auf deren räumliches Tätigkeitsfeld beschränkt" ist.

Inland abrufbare Angebot ausländischer Dienstleistungen im Internet führt bei Verwechslungsgefahr mit einer inländischen Marke automatisch zu kennzeichenrechtlichen Ansprüchen.[149]

518 Schließlich ist die Verwendung gleicher oder ähnlicher Zeichen, Begriffe o. Ä. sowohl für Waren und Dienstleistungen als auch für Unternehmen und Werke unzulässig, wenn damit eine **unlautere Ausnutzung der Wertschätzung oder Beeinträchtigung der Unterscheidungskraft** von bekannten[150] Marken oder Geschäftlichen Bezeichnungen verbunden ist (§§ 14 Abs. 2 Nr. 3, 15 Abs. 3 MarkenG, vgl. auch §§ 3, 4 Nr. 9 UWG und unten, Rn. 683).

519 Besonders **berühmte Kennzeichen** mit einem Bekanntheitsgrad von mindestens 80 %[151] sind unabhängig vom Vorliegen einer Verwechslungsgefahr gegen jede Beeinträchtigung ihrer Alleinstellung und Werbekraft namensrechtlich geschützt (**Bekanntheitsschutz** gem. §§ 9 Abs. 1 Nr. 3, 14 Abs. 2 Nr. 3, 15 Abs. 3 MarkenG, früher Verwässerungsgefahr genannt). Denn bei ähnlichen Zeichen geht auch bei Nichtvorliegen einer Verwechslungsgefahr mit der erhöhten Häufigkeit die Prägnanz eines berühmten Kennzeichens verloren. Schutzgegenstand ist in diesen Fällen nicht – wie sonst im Kennzeichenrecht – die Identifikationsfunktion bezüglich einer Ware, einer Dienstleistung, eines Unternehmens oder eines Werks, sondern die besonders hohe Werbekraft und die mit erheblichem Aufwand erarbeitete Alleinstellung.[152] Ein Beispiel dafür stellt die BGH-Entscheidung zu Volkswagen/Volks.Inspektion dar: Danach muss VW es nicht hinnehmen, dass ein Online-Shop für Automobilzubehör mit den Begriffen Volks-Inspektion, Volks-Werkstatt oder Volks-Reifen dem Publikum gegenüber eine wirtschaftliche Nähe zu VW suggeriert.[153]

---

149 BGH, CR 2005, 359 m. Anm. Junker = JZ 2005, 736 m. Anm. Ohly = MMR 2005, 239.
150 Hierfür soll ein Bekanntheitsgrad von ca. 30–40 % in der Gesamtbevölkerung erforderlich sein, vgl. Strömer, Online-Recht, S. 62 m. w. N.; Engels, PMU-Recht, Rn. 987, lehnt die Bezugnahme auf einen Prozentsatz ab und verlangt stattdessen die Prüfung, ob ein Kennzeichen „einem bedeutenden Teil des Publikums bekannt ist", anhand des Marktanteils der Marke, der Intensität und Dauer ihrer Benutzung, der geografischen Ausdehnung ihrer Benutzung und des Umfangs der Investitionen des Markeninhabers zur Förderung der Bekanntheit der Marke.
151 Linke, CR 2002, 271, 273, hält die früher für die Berühmtheit geforderten 65–80 % für nicht ausreichend, m. w. N.; siehe auch Palandt/Ellenberger, BGB, § 12 Rn. 34.
152 Vgl. Linke, CR 2002, 271, 273; Engels, PMU-Recht, Rn. 987.
153 BGH, Urt. v. 11.4.2013 – Az. I ZR 214/11 = MMR 2013, 801.

5.3.3 Anwendung des Namens- und Kennzeichenrechts auf Domainstreitigkeiten

5.3.3.1 Fallgruppen

Die Rechtsprechung sieht in Domains,

520

- die der Identifikation von natürlichen und juristischen Personen außerhalb des geschäftlichen Verkehrs dienen, **Namen,**
- die der Kennzeichnung von Waren und Dienstleistungen dienen, **Marken,** sofern sie eingetragen oder entsprechend bekannt sind; so sind beispielsweise die Domains der großen Suchmaschinen (z. B. Google) als Marken kraft Verkehrsgeltung anzusehen,
- die der Kennzeichnung von Anbietern solcher Waren oder Dienstleistungen dienen, **Unternehmenskennzeichen.**[154]

Der weit überwiegende Teil der Domainstreitigkeiten dreht sich um die Fragen der **Namensanmaßung, der Verwechslungsgefahr und des Bekanntheitsschutzes** von Kennzeichen und der **unlauteren Ausnutzung** von Namen oder Kennzeichen. Die Standard-Prozesssituation sieht so aus, dass der Inhaber eines Namens- oder Kennzeichenrechts, der die dazugehörige Domain nicht hat, gegen den Inhaber der Domain, der das dazugehörige Namens- oder Kennzeichenrecht nicht hat, klagt.

521

Zum **Verhältnis von Kennzeichenrecht und Namensrecht** hat sich der BGH in seiner shell.de-Entscheidung geäußert. Danach geht das Kennzeichenrecht dem Namensrecht zwar grundsätzlich vor. Da aber die Anwendbarkeit des Kennzeichenrechts auf den Bereich des geschäftlichen Verkehrs beschränkt ist, kommt dem Namensrecht im außergeschäftlichen Zusammenhang eine Hilfsfunktion zu. So stellt die Registrierung einer Domain noch kein Handeln im geschäftlichen Verkehr dar (s. o., Rn. 515); sie kann aber als unbefugter Namensgebrauch gem. § 12 BGB rechtlich bekämpft werden.[155]

522

Der kennzeichenrechtliche Schutz ist also dem des Namensrechts vorrangig; nur wenn der kennzeichenrechtliche Schutzbereich gar nicht tangiert ist, kommen namensrechtliche Ansprüche in Betracht. Die **einzelnen Fallgruppen** mit ihren entscheidungserheblichen Anspruchsnormen können danach wie folgt dargestellt werden:[156]

523

---

154 Vgl. Fechner, Medienrecht, Kap. 12 Rn. 225 ff.
155 BGH, CR 2002, 525 = NJW 2002, 2031 = MMR 2002, 382 = JZ 2002, 1052 (shell.de); s. auch OLG Köln, CR 2006, 549.
156 Übersicht in Anlehnung an Foerstl, CR 2002, 518; Linke, CR 2002, 271.

	im geschäftlichen Verkehr	außerhalb des geschäftlichen Verkehrs
Namensleugnung/-bestreiten	§ 12 BGB	
Namensanmaßung		
Verwechslungsgefahr (Identitäts-/ Zuordnungsverwirrung)	§§ 14 Abs. 2 Nr. 2, 15 Abs. 2 MarkenG	§ 12 BGB
(unlautere) Ausnutzung	§§ 14 Abs. 2 Nr. 3, 15 Abs. 3 MarkenG	
Verwässerung des berühmten Kennzeichens	§ 12 BGB	

Übersicht 41: Fallgruppen der namens- und kennzeichenrechtlichen Domainstreitigkeiten

5.3.3.2 Anspruchsvoraussetzungen

524 Bei der Geltendmachung des Anspruchs auf eine Domain sind folgende Voraussetzungen zu beachten:

524a • *Nichtberechtigung des Domaininhabers:* Der beklagte **Domaininhaber** darf zur Benutzung des Namens oder des Kennzeichens **nicht befugt** sein; aus der bloßen Inhaberstellung allein kann nach h. M. keine „eigentumsentsprechende" Befugnis abgeleitet werden.[157] An der Nichtberechtigung des Domaininhabers fehlt es – in der Regel – bei den Gleichnamigkeitsfällen (s. u., Rn. 537 ff.). Allerdings kann eine völlig realitätsferne Verbindung des bürgerlichen Namens mit einem auf eine Tätigkeit o. Ä. hinweisenden Zusatz auch bei Gleichnamigkeit zur Nichtberechtigung an der Domain führen. Daher hat das OLG Stuttgart in einer Domainverbindung „[name]-unternehmensgruppe.de" eine Namensanmaßung gesehen, wenn der Domaininhaber zwar den verwendeten Namen hat, aber weder eine Unternehmensgruppe noch ein einzelnes Unternehmen betreibt, während der namensgleiche Kläger eine Unternehmensgruppe führt.[158] Andererseits kann die grundrechtlich garantierte **Meinungsfreiheit** ausnahmsweise einen Markengebrauch durch einen Dritten rechtfertigen und so die Nichtbefugnis ausschließen. So durfte ein Umweltaktivist die Domain „oil-of-elf.de" für aufklärerische Hinweise an die Öffentlichkeit nutzen, weil er damit eine wesentliche bessere Berücksichtigung bei den Suchmaschinen gefunden hat. Denn dies steht bei Meinungskundgaben unter dem Schutz des Art. 5 Abs. 1 GG.[159]

---

157 A. A. Kazemi/Leopold, MMR 2004, 287.
158 OLG Stuttgart, MMR 2008, 178 = CR 2008, 120.
159 KG, CR 2002, 760 (oil-of-elf).

• *Prioritätsgrundsatz:* Haben beide Seiten Rechte an dem Namen oder **525**
an dem Kennzeichen, gilt der uralte Rechtsgrundsatz des Vorrangs der
zeitlichen Priorität. Hieß es früher „wer zuerst kommt, mahlt zuerst",
sagt man heute im Internet-Denglisch dazu **„first come, first served".**
Diesen aus Ziff. III DDRL folgenden Grundsatz hat der BGH für die
Domainvergabe akzeptiert.[160] Diese Kollisionsentscheidungsregel gilt
auch innerhalb des Kennzeichenrechts (§ 6 MarkenG). Dies hat zur
Folge, dass sich eine ältere Domain mit einer jüngeren Marke gegen
die ältere Marke durchsetzen kann, wenn sich der Inhaber des jüngeren Markenrechts die Domain vor dem Inhaber des älteren Markenrechts gesichert hat.[161] Auf den Prioritätsgrundsatz kann sich auch
derjenige berufen, der eine namens- oder kennzeichenfremde Domain
auf eigenen Namen, aber **im Auftrag des dazu berechtigten Namens-
oder Kennzeichenrechtsinhabers** registriert hat. Allerdings muss dieses
Auftragsverhältnis einfach und zuverlässig überprüft werden können.
Denkbar sind solche Fälle im Verhältnis von Holding und Tochterge-
sellschaft oder von Familienangehörigen.[162]

• *Betroffenheit schützenswerter Interessen:* Schließlich müssen schüt- **526**
zenswerte Interessen des Klägers betroffen sein. Dies ist im Bereich
des Namensrechts in Form einer **Zuordnungsverwirrung** in der Regel
der Fall, wenn der Name des Klägers durch einen Nichtberechtigten
als Domain benutzt wird. Ist allerdings das Recht des Klägers an dem
Namen oder Kennzeichen erst nach der Domainregistrierung entstanden, sieht es mit seinen schützenswerten Interessen eventuell anders
aus. Insbesondere bei einem Unternehmenskennzeichen hätte er ja bei
der Entstehung seines Rechts feststellen können, dass die Domain bereits vergeben ist, und sich für ein anderes Kennzeichen entscheiden
können.[163] Als schützenswerte Interessen kommen aber auch ein **ge-
schäftliches Eigeninteresse** ebenso in Betracht wie eine **Verwechslungsgefahr oder der Bekanntheitsschutz eines Kennzeichens,** wobei die
Rechtsprechung hier durchaus Anforderungen stellt. So hat das KG
bei der bereits erwähnten Domain „oil-of-elf.de" zwar eine Verwechslungsgefahr „auf den ersten Blick" anerkannt, weil man unter der Domain zunächst einen Auftritt der Ölmarke Elf erwartet. Doch erkennt
man schon beim Überfliegen der Suchergebnisse, spätestens aber beim
Anklicken der Domain, dass hier von dritter Seite (kritisch) über Elf

---

160 BGH, MMR 2001, 671 (ambiente.de).
161 LG Stuttgart, MMR 2003, 675.
162 BGH, NJW 2007, 2633 = CR 2007, 590 m. Anm. Klees = MMR 2007, 594 m. Anm.
    Hoeren (grundke.de); BGH, NJW 2006, 146 (segnitz.de); OLG Stuttgart, MMR 2006,
    41; LG München I, MMR 2006, 56. Etwas anderes soll für Markenlizenznehmer – die
    im Unterschied zum Treuhänder eine eigene Rechtsposition wahrnehmen – gelten, vgl.
    LG Bremen, MMR 2008, 479 (winther.de), und Bücker/Fürsen, MMR 2008, 719.
163 BGH, NJW 2008, 3716 = MMR 2008, 815 m. Anm. Kazemi (afilias.de).

informiert wird. Diese nur sehr vorübergehende Unklarheit ist in der Abwägung weniger bedeutend, als der Schutz der Meinungsfreiheit.[164]

527 Inzwischen hat sich eine kaum mehr überschaubare **Kasuistik zu den namens- und kennzeichenrechtlichen Domainstreitigkeiten** gerade unter dem Gesichtspunkt der Verwechslungsgefahr herausgebildet.[165] Hier eine kleine Auswahl:

Fall mit Fundstelle	Entscheidung
WestLotto ./. lotto-privat.de OLG Köln, CR 2002, 285	Gefahr einer Zuweisungsverwirrung i. S. v. § 12 BGB verneint.
Lotto ./. LottoTeam.de Lotto ./. Freelotto.de OLG Köln, MMR 2003, 114	Verwechslungsgefahr i. S. v. § 14 Abs. 2 Nr. 2 MarkenG – auch wegen sachlicher Nähe der jeweils dahinter stehenden Tätigkeit – bejaht.
Versandhandel für Damenbekleidung ./. Internetmagazin „siehan.de" OLG Hamburg, CR 2002, 833	Branchennähe und Verwechslungsgefahr i. S. v. § 15 MarkenG verneint.
Playboy ./. playmate-moni96.de LG Stuttgart, MMR 2002, 486	Verwechslungsgefahr i. S. v. § 14 MarkenG wegen des untrennbaren sprachlichen Zusammenhangs von Playboy und Playmate bejaht.
Motorradmarkt (Zeitschrift) ./. motorradmarkt.de OLG Hamburg, MMR 2002, 825	Unterscheidungskraft des Begriffs „Motorradmarkt" bejaht, ebenso dann – schon wegen Branchenidentität – die Verwechslungsgefahr i. S. v. § 15 MarkenG
PubliKom ./. publi-com.de LG Hamburg, MMR 2003, 127	Trotz Branchenidentität (Werbung) und gleichem Aktionsradius (bundesweit) Verwechslungsgefahr i. S. v. § 15 MarkenG wegen unterschiedlicher Schreibweise verneint, da diese bei der Kl. eine deutschsprachige und bei der Bekl. eine englischsprachige Wahrnehmung nahe legt.
Bioland ./. biolandwirt.de LG München I, MMR 2002, 832	Klage der Marke trotz Branchenidentität wegen fehlender Verwechslungsgefahr abgewiesen.
Versicherungsrecht (Zeitschrift) ./. versicherungsrecht.de OLG Düsseldorf, MMR 2003, 177	Klage der Zeitschrift wegen fehlender Verwechslungsgefahr abgewiesen, weil der maßgebliche Verkehrskreis selten mit dieser Fachzeitschrift zu tun habe und in dem Begriff lediglich eine hinweisende Bezeichnung gesehen werde.
Eltern (Zeitschrift) ./. eltern-online.de OLG Hamburg, MMR 2004, 174	Klage des Verlags, in dem u. a. die Zeitschrift „Eltern" erscheint, wegen Verwechslungsgefahr stattgegeben.
T-Mobile, T-Mobil ./. be-mobile.de OLG Hamburg, MMR 2003, 669	Klage stattgegeben. Große klangliche Ähnlichkeit führt zu Verwechslungsgefahr bzgl. der betrieblichen Zuordnung i. S. v. § 14 Abs. 2 Nr. 2 MarkenG.

---

164 KG, CR 2002, 760 (oil-of-elf.de).

165 Künftig können für die Bestimmung der Verwechslungsgefahr einer Domain – angesichts der erhöhten Bandbreite – auch gTLDs eine Rolle spielen, vgl. *Köhler/Arndt/Fetzer*, Recht des Internets, Rn. 70.

Fall mit Fundstelle	Entscheidung
Flüssiggas-Bayern GmbH & Co. KG ./. fluessiggas-bayern.de OLG München, MMR 2003, 397	Klage stattgegeben. Verwechslungsgefahr bejaht, weil „Flüssiggas-Bayern" (also ohne Rechtsformzusatz) ein unterscheidungsfähiger Firmenbestandteil darstellt, der weder der Umgangssprache zuzurechnen noch als Gattungsbegriff zu qualifizieren ist.

Übersicht 42: Namens- und kennzeichenrechtliche Domain-Entscheidungen

5.3.3.3 Rechtsfolgen

Im Erfolgsfall stehen dem Kläger je nach Fallkonstellation verschiedene **528**
Ansprüche zu:

- *Unterlassungs- und Auskunftsanspruch:* Wird jemand in seinem Na- **528a**
mens- oder Kennzeichenrecht verletzt, steht ihm als Hauptanspruch
ein Unterlassungsanspruch zu, §§ 12, 1004 BGB, 14 Abs. 5, 15 Abs. 4
MarkenG. Setzt sich also der Kläger in einer namens- oder kennzeichenrechtlichen Domainstreitigkeit durch, ist der Beklagte zur **Unterlassung der Domainnutzung** verpflichtet. Dies impliziert auch die
Pflicht zur Rückgängigmachung der Domainregistrierung bei DENIC;
erforderlichenfalls unterliegt diese Pflicht der Zwangsvollstreckung.[166] Neben dem Unterlassungsanspruch hat der Rechtsinhaber
auch einen Anspruch auf **Auskunft über die einzelnen Nutzungen** des
Namens oder Kennzeichens seitens des Rechtsverletzers, §§ 242 BGB,
19 MarkenG, nicht zuletzt deshalb, um einen etwaigen Schadensersatzanspruch konkretisieren zu können.[167]

- *Schadenersatzanspruch:* Außerdem kann der Rechtsinhaber Scha- **529**
denersatz verlangen, wenn ihm durch die Rechtsverletzung ein Schaden entstanden ist, § 823 Abs. 1 i.V.m. § 12 BGB, § 14 Abs. 6, 7,
§ 15 Abs. 5, 6 MarkenG. Bezüglich der Ermittlung der Schadenshöhe
kann auch auf die **Berechnungsmethode der Lizenzanalogie** zurückgegriffen werden (s. o., Rn. 234).[168]

- *Kein Übertragungsanspruch:* Da das Ziel des Klägers bei einer Do- **530**
mainstreitigkeit in aller Regel darin besteht, die streitbefangene Domain selbst zu nutzen, wurde teilweise aus dem Schadensersatzanspruch auch ein Übertragungsanspruch abgeleitet. Danach sollte der

---

166 Wobei freilich streitig ist, ob die Zwangsvollstreckung nach § 890 (Erzwingung von Un-
   terlassungen oder Duldungen), § 888 ZPO (Vollstreckung bei nicht vertretbaren Handlungen durch Zwangsgeld oder -haft) oder nach § 894 ZPO zu erfolgen hat (Fiktion der
   Abgabe einer Willenserklärung, was mir bezüglich des Registrierungswiderrufs gegenüber
   DENIC am einleuchtendsten erscheint; so auch Köhler/Arndt/Fetzer, Recht des Internet,
   Rn. 137), vgl. LG Berlin, MMR 2001, 323; OLG Frankfurt a. M., MMR 2002, 471.
167 Köhler/Arndt/Fetzer, Recht des Internet, Rn. 134.
168 LG Hamburg, CR 2002, 296.

Schaden in der fehlenden Nutzungsmöglichkeit der Domain liegen, der nur durch die Übertragung der Domain ausgeglichen werden kann. Diese Argumentation war jedoch stark vom rechtspolitisch gewünschten Ergebnis geprägt;[169] die Domainnutzung durch den Rechtsverletzer ist nicht der Schaden, sondern die Ursache für den Schaden. Da weder das Namens- noch das Kennzeichenrecht einen Übertragungsanspruch kennen (Ausnahme: Agentenmarke, § 17 MarkenG), kann der Rechtsinhaber **keine direkte Übertragung der Domain verlangen.**[170] Genau deswegen sehen die DENIC-Domainbedingungen ja den **Dispute-Eintrag** vor, der – einer grundbuchrechtlichen Vormerkung vergleichbar – eine Übertragung der Domain auf einen Dritten oder die Registrierung eines Dritten nach Freigabe durch den Rechtsverletzer verhindert (§ 2 Abs. 3 DDB; s. o., Rn. 484) und im Übrigen in der Rechtspraxis zur Umschreibung der Domain auf den Kläger führt, wenn dieser einen rechtskräftigen Titel vorweisen kann.[171]

5.3.4 Sonstige Problemkreise zu Domainstreitigkeiten

5.3.4.1 Gattungsdomains

531 Domainstreitigkeiten müssen nicht immer einen namens- oder kennzeichenrechtlichen Hintergrund haben. Denkbar sind auch **wettbewerbsrechtliche Konflikte.** So war lange Zeit heftig umstritten, ob sog. Gattungsdomains (auch: generische Domains) wettbewerbsrechtlich zulässig sind. Dabei handelt es sich um **beschreibende Domains, die einen ganzen Bereich abdecken** – so z. B. „rechtsanwaelte.de", „mitwohnzentrale.de", „autovermietung.com", „presse.de", etc. Denn hinter diesen Domains stand nicht ein Anbieter, der alle Rechtsanwälte, Mitwohnzentralen oder Autovermietungen z. B. durch Links zugänglich machte, sondern eben jeweils nur ein einziger Anbieter aus dieser Branche. Im Markenrecht sind solche Begriffe gar nicht „markenfähig" (sog. Freihaltebedürfnis gem. § 8 Abs. 2 MarkenG, s. o., Rn. 509), weil deren **Monopolisierung durch einzelne Anbieter** verhindert werden soll.

532 Die Frage war, ob man dieses Freihaltebedürfnis auch auf Internet-Domains übertragen kann. Die Gerichte, die dafür waren, beriefen sich darauf, dass Gattungsdomain-Inhaber den Eindruck erweckten, sie seien alleiniger Anbieter; sie würden die **Kundenströme unter Ausschluss von**

---

169 Vgl. Fechner, Medienrecht, Kap. 12 Rn. 230.
170 BGH, CR 2002, 525 = NJW 2002, 2031 = MMR 2002, 382 = JZ 2002, 1052 (shell.de).
171 Köhler/Arndt/Fetzer, Recht des Internet, Rn. 135 f., weisen darauf hin, dass durch den Dispute-Eintrag in Verbindung mit der Vorlage eines rechtskräftigen Urteils die Umschreibung automatisch erfolgt, weshalb es für die Übertragungskonstruktion keine praktische Notwendigkeit gibt.

Mitbewerbern auf sich umlenken, weil viele Internet-Nutzer nicht über die umständlichen Suchmaschinen, sondern durch die Direkteingabe von Domains nach dem Motto „trial and error" nach Angeboten suchen würden. Deshalb sei dieses Vorgehen wettbewerbswidrig.[172] Die anderen Gerichte betonten, so dumm sei der Verbraucher auch wieder nicht: Wer wirklich durch Direkteingabe von Domains bestimmte Angebote suche, sei sich über das Risiko im Klaren. Deshalb liege keine unlautere Manipulation von Kundenströmen vor. Außerdem gebe die Gattungsdomain ihrem Inhaber **kein Ausschlussrecht** gegenüber anderen (z. B. bezüglich der gleichen Second level domain unter einer anderen TLD) – anders als im Markenrecht, weshalb man das Freihaltebedürfnis bei Marken nicht übertragen könne.[173] Dieser Ansicht hat der Bundesgerichtshof mit der Grundsatzentscheidung „mitwohnzentrale.de" zum Sieg verholfen, allerdings mit zwei Einschränkungen: Es darf **keine Irreführungsgefahr** vorliegen (was anhand des Einzelfalls zu klären ist) und es darf **keine missbräuchliche Domain-Bündelung** vorliegen, d. h. man darf nicht lauter ähnliche Domains unter der TLD „.de" oder die identische SLD unter vielen verschiedenen TLDs („.de", „.com", „.biz", …) gleichzeitig belegen.[174]

Nach Unsicherheiten zur Handhabung der Ausnahme der Irreführungsgefahr[175] hat der BGH die **Messlatte für die Bejahung dieser Ausnahme hoch gelegt** und insbesondere die Startseite des hinter der Domain stehenden Internetauftritts in die Beurteilung der Irreführungsfrage einbezogen.[176] In Fortführung dieser Rechtsprechung hat das OLG Dresden zudem festgestellt, dass eine rein beschreibende Domain auch keinen Eingriff in den eingerichteten und ausgeübten Gewerbebetrieb darstellt. Denn die mit der Nichtverfügbarkeit einer bestimmten beschreibenden Domain verbundene Beeinträchtigung sei – wie z. B. die Nichteintragung in ein Branchentelefonbuch – nur mittelbar. Folglich fehle es an der spezifischen Betriebsbezogenheit des Eingriffs.[177]

533

172 LG München I, CR 2001, 128 (rechtsanwaelte.de); LG Köln, CR 2001, 193 (zwangsversteigerungen.de); OLG Celle, MMR 2001, 531 (anwalt-hannover.de).
173 LG München I, CR 2001, 194, und OLG München, CR 2001, 463 (autovermietung.com).
174 BGH, CR 2001, 777 (mitwohnzentrale.de); vgl. auch Köhler/Arndt/Fetzer, Recht des Internet, Rn. 100 ff.; auch Beater, JZ 2002, 275, 278, zieht in der Abwägung die Begriffsmonopolisierung der strikten – negativen – Gleichbehandlung der Marktteilnehmer als letztlich wettbewerbsfördernde Alternative vor.
175 LG Berlin, MMR 2003, 490 (deutsches-anwaltsverzeichnis.de), Irreführungsgefahr bejaht; OLG Frankfurt a. M., MMR 2002, 811 (drogerie.de), Irreführungsgefahr verneint.
176 BGH, MMR 2003, 252 m. Anm. Schulte = CR 2003, 355 m. Anm. Hoß = NJW 2003, 662 (presserecht.de); so auch OLG Hamburg, CR 2007, 258 (Deutsches-Handwerk.de).
177 OLG Dresden, CR 2006, 856 (kettenzüge.de).

5.3.4.2 Kombination von Gattungsdomains mit Ortsbezeichnungen (Irreführungsgefahr)

534 Eng verwandt – aber nicht identisch – mit der Fallgruppe der Gattungsdomains sind die Kombinationsdomains aus Gattungs- und Ortsbezeichnungen. Wenn eine solche Domain bezüglich ihres Inhabers einen unzutreffenden Eindruck erweckt, kann dies im geschäftlichen Verkehr eine wettbewerbswidrige Irreführungsgefahr (näher dazu unten, Rn. 694 ff.) begründen. Während dem User bei einer allgemeinen Gattungsdomain klar sein muss, dass diese nicht das gesamte Angebotsspektrum dieses beschreibenden Begriffs abdeckt, kann bei der Kombination mit einer Ortsbezeichnung der **Eindruck einer – tatsächlich nicht bestehenden – Spitzen- oder gar Alleinstellung** (bezogen auf den jeweiligen Ort) entstehen. So hat das OLG Hamm aus der Domain „tauchschule-dortmund.de" abgeleitet, dass man die Domaininhaberin für die einzige oder zumindest marktführende Tauchschule in Dortmund halten kann.[178] Ähnlich ging das OLG München davon aus, dass ein durchschnittlich verständiger Internetnutzer unter der Domain „rechtsanwaelte-dachau.de" nicht eine einzelne Kanzlei, sondern ein örtliches Anwaltsverzeichnis vermuten würde.[179] In der Folgezeit hat die obergerichtliche Rechtsprechung die **Anforderungen an die Irreführungsgefahr erhöht**. So hat das OLG Hamm in der Verbindung „anwaltskanzlei-ortsname.de" noch keine Spitzenstellungsbehauptung gesehen, weil diese erst durch die Hinzufügung des bestimmten Artikels („die-anwaltskanzlei-ortsname.de") begründet werde.[180] Schließlich hat der BGH sogar den dahinter stehenden Webauftritt in die Frage der Irreführungsgefahr einbezogen; so hat er für die Domain „steuerberater-suedniedersachsen.de" die Behauptung einer Sonderstellung verneint, weil etwaige Fehlvorstellungen auf der Eingangsseite hinreichend korrigiert würden.[181]

---

178 OLG Hamm, MMR 2003, 471 m. Anm. Karl = CR 2003, 522 m. Anm. Beckmann (tauchschule-dortmund.de).

179 OLG München, CR 2002, S. 757 = NJW 2002, 2113 (rechtsanwaelte-dachau.de); eine Feinheit stellt noch der Umstand dar, dass das OLG München bei Verwendung des Singulars „rechtsanwalt" in Verbindung mit einem Ortszusatz gebilligt hat (rechtsanwalt-kempten.de), weil dann klar sei, dass unter dieser Adresse kein Verzeichnis erwartet werden könne; mit der Tauchschulenargumentation, dass damit eine Alleinstellungs- oder zumindest Spitzenwerbung verbunden sein könnte, setzt sich das Gericht nicht auseinander; hingegen für unzulässig gehalten haben diese Konstellation das OLG Celle, MMR 2001, 531 (anwalt-hannover.de) und das LG Duisburg, NJW 2002, 2114 (anwalt-muehlheim.de).

180 OLG Hamm, MMR 2009, 50 (anwaltskanzlei-ortsname.de).

181 BGH MMR 2010, 820 (steuerberater-suedniedersachsen.de).

Beispielfall 10: Gutes Geschäftsmodell? **535**

Sachverhalt: VWL-Student Valentin (V) lässt die bis dahin noch nicht vergebene Domain „ochsen.de" bei DENIC für sich registrieren. Auf der unter dieser Domain eingerichteten Seite sind allgemeine gastronomische Informationen zu finden sowie Links zu Homepages einzelner Gastronomiebetriebe mit der Bezeichnung „(Zum) Ochsen". Diese Links bietet V allen Ochsen-Wirten und -Hoteliers gegen Zahlung einer Gebühr von 100 €/Monat an. Der schwäbische Ochsen-Wirt Oskar (O), der früher einmal ein paar Semester Jura studiert hat, hält dies für unzulässig. Er fordert von V die Freigabe der Domain, hilfsweise die gebührenfreie Aufnahme eines Links auf den Betrieb von O. Zur Begründung verweist er darauf, dass für allgemein gebräuchliche Begriffe – wie der des Ochsen im Gastronomiebereich – ein markenrechtliches und deshalb auch domainrechtliches Freihaltebedürfnis bestehe. Des Weiteren schließe das Angebot von V alle Ochsenwirte, die nicht zur Zahlung der Gebühr bereit seien, aus; darin liege eine unzulässige Steuerung von Kundenströmen. Sind die Forderungen von O juristisch berechtigt?

Lösungsvorschlag: In der Tat besteht ein markenrechtliches Freihalte- **536** bedürfnis für Begriffe ohne Unterscheidungskraft und für Begriffe, die im allgemeinen Sprachgebrauch als übliche Angebotsbezeichnungen verwendet werden (§ 8 Abs. 2 Nr. 1, 3 MarkenG). Hierunter fällt auch der Begriff des „Ochsen", da es sich dabei um einen beschreibenden Begriff für eine Tiergattung handelt. Fraglich ist jedoch, ob dieser markenrechtliche Grundsatz auch für Domains gilt. Denn anders als die absolute Rechtsstellung des Markenrechtsinhabers (§§ 14, 15 MarkenG) ist die Ausschlusswirkung für eine registrierte Domain nur faktisch-technischer Art. Die Gefahr einer Begriffsmonopolisierung besteht also gerade nicht. Folglich gibt es kein Freihaltebedürfnis für (Gattungs-)Domains.

O könnte des Weiteren von V Unterlassung der Domainnutzung verlangen, wenn dieser keine Berechtigung an der Domain hätte – anders als O, der einen Betrieb unter dieser Bezeichnung führt. Da jedoch V die Domain sachbezogen nutzt, hat auch er ein berechtigtes Interesse an der Ochsen-Domain, wie es auch in seinem Geschäftsmodell eines Internetportals zum Ausdruck kommt. Deshalb kommt es auf das Prioritätsprinzip an, wonach demjenigen die Domain zusteht, der sie zuerst für sich hat registrieren lassen. Dies war vorliegend V. Demnach hat O weder namens- noch kennzeichenrechtliche Ansprüche gegen V auf Unterlassung oder kostenfreie Verlinkung.

Denkbar wären jedoch wettbewerbsrechtliche Ansprüche. Beide Parteien handeln im geschäftlichen Verkehr und stehen in einem weit verstandenen Wettbewerbsverhältnis. Damit ist das Wettbewerbsrecht auf diesen Fall anwendbar. Der Anspruch von O wäre dann begründet, wenn das Verhalten des V als unlauter zu qualifizieren wäre. Hierfür käme die Fallgruppe des Umlenkens von Kundenströmen (§ 4 Nr. 1 UWG) in Betracht. Wer nämlich über eine Direkteingabe die Domain „ochsen.de" aufruft, landet bei dem Internetportal des V und den dort aufgeführten (zahlungswilligen) Ochsen-Wirtschaften. Einem durchschnittlich informierten und verständigen User muss dabei jedoch klar sein, dass die Liste der Ochsen-Wirtschaften kaum vollständig sein kann. Eine Umlenkung von Kundenströmen findet daher – zumindest in einem die Unlauterkeit rechtfertigenden Maße – nicht statt. So kann ein User jederzeit auch den Begriff „Ochsen" in eine Suchmaschine eingeben, woraufhin er auch andere „Ochsen-Seiten" (z. B. „ochsen-goeppingen.de") angezeigt bekäme. Das Angebot von V ist vielmehr dem eines Branchenverzeichnisses vergleichbar, das ebenfalls bekanntermaßen keinen Anspruch auf Vollständigkeit erheben kann. Somit besteht auch wettbewerbsrechtlich kein Anspruch von O auf Unterlassung oder kostenfreie Verlinkung.

5.3.4.3 Gleichnamigkeit

537 Das Namens- und Kennzeichenrecht ist die Grundlage dafür, andere von der Führung des eigenen Namens oder Kennzeichens im Internet ausschließen zu können. So kann Herr Müller von Herrn Maier verlangen, dass Herr Maier die Domain „mueller.de" freigeben muss. Schwierig wird es allerdings, wenn nicht Herr Maier, sondern ein anderer Herr Müller – was bei diesem Namen ja vorkommen soll – bereits die Domain hat. Dann streiten sich **zwei Gleichnamige** um die Domain, die aus technischen Gründen eben **nur ein einziges Mal vergeben** werden kann. Bei einem Zusammentreffen grundsätzlich gleichrangiger Rechtspositionen ist eine **Interessenabwägung** vorzunehmen, bei der das Erhaltungsinteresse des Domaininhabers in aller Regel das Erlangungsinteresse des anderen Namensinhabers überwiegt. Deshalb gilt hier im Normalfall der Grundsatz „first come, first served" (sog. **„Prioritätsgrundsatz"**). Der zweite Herr Müller „ist halt zu spät dran" und hat deshalb das Nachsehen. Der BGH begründet den Prioritätsgrundsatz bei Gleichnamigen mit Gerechtigkeits- und (ganz offen auch mit) Effizienzgesichtspunkten.[182]

538 Aber keine Regel ohne **Ausnahme:** Der Prioritätsgrundsatz gilt nicht, wenn ein Namensinhaber eine **„überragende Verkehrsgeltung"** (also einen **Bekanntheitsgrad von ca. 80 %** oder höher) für sich geltend machen kann, also wenn besonders viele Internet-Nutzer unter dieser Domain ge-

---

182 BGH, CR 2002, 525 = NJW 2002, 2031 = MMR 2002, 382 = JZ 2002, 1052 (shell.de).

rade diesen Namensinhaber erwarten. Hier wiegen die Interessen des prioritätsjüngeren Rechtsinhabers mit überragender Verkehrsgeltung so viel schwerer als die des prioritätsälteren Domaininhabers, dass der **Grundsatz „first come, first served" durchbrochen** wird. Erstmalig entschieden wurde dies im Fall „krupp.de"; hier hatte sich ein Herr Krupp zeitig die Domain „krupp.de" besorgt; der Stahlkonzern gleichen Namens kam erst später auf diese Idee und setzte sich vor Gericht aufgrund der überragenden Verkehrsgeltung seines Namens durch.[183] Diese Linie hat der BGH in dem parallel gelagerten Fall, in dem der Mineralölkonzern Shell gegen die natürliche Person Andreas Shell auf Freigabe der Domain geklagt hatte, bestätigt.[184] Wer also mit seinem Namen als Domain im Netz auftreten will, muss entweder schnell oder berühmt sein.

Zwischen der knallharten Anwendung des Prioritätsgrundsatzes einerseits und dem „Rausschießen" aufgrund überragender Verkehrsgeltung andererseits hat sich inzwischen eine **Mittelgruppe** herausgebildet. So hat der BGH in einem Gleichnamigkeitsfall („vossius.de"), bei dem zwar keine überragende Verkehrsgeltung vorlag, es aber eine gemeinsame „Namenswurzel" und vertragliche Absprachen über die Führung des gemeinsamen Namens gab, eine **Pflicht des Domaininhabers zur Rücksichtnahme auf den anderen Namensträger** „erfunden". Danach kann der Löschungsanspruch des anderen Namensträgers zwar abgewiesen werden, aber nur wenn der Domaininhaber – quasi als „milderes Mittel" – zugleich verpflichtet wird, auf seiner Homepage einen **Abstandshinweis (am besten mit Link) auf den anderen Namensträger** anzubringen. Damit, so der BGH, könne die ansonsten bestehende Verwechslungs- und Irreführungsgefahr vermieden werden.[185]   **539**

Mit dieser Entscheidung weist der BGH über den Einzelfall hinaus einen generellen **Lösungsweg für die Gleichnamigkeitskonflikte.** Denn die Anregung, auf der Homepage auf den anderen Namensträger – am besten per Link – hinzuweisen, bedeutet letztlich nichts anderes als ein unechtes **Domain-Sharing.** Entweder durch geeignete **Subdomains** unterhalb einer gemeinsamen SLD und/oder durch ein gemeinsames **Portal mit weiterführenden Links** zu den einzelnen Rechtsinhabern könnten die Gleichnamigen zu konsensfähigen Lösungen kommen; lediglich bei Bestehen eines erheblichen Bekanntheitsgefälles zwischen den einzelnen Rechtsinhabern   **540**

---

183 OLG Hamm, MMR 1998, 214 (krupp.de).
184 BGH, CR 2002, 525 = NJW 2002, 2031 = MMR 2002, 382 = JZ 2002, 1052; dazu kritisch Körner, NJW 2002, 3442.
185 BGH, CR 2002, 674 = MMR 2002, 456 (vossius.de); beide Parteien waren Anwaltskanzleien, die von einer gemeinsamen „Mutterkanzlei" abstammten und deshalb beide den prägenden Personennamen des Kanzleigründers in ihrem Kanzleititel hatten.

wäre diese Vorgehensweise wegen der Relativierung der Vorrangstellung des „Platzhirsches" problematisch.[186]

541 Dennoch werden bislang noch die allermeisten Gleichnamigkeitskonflikte nach dem Prioritätsprinzip entschieden. Dabei konkurrieren munter Privatnamen, Gemeindenamen, Firmenschlagworte und Wortmarken unter- und miteinander:[187]

Fall	Kläger(in) ./. Beklagte(r)[188]	Entscheidung
boos.de OLG München, CR 2002, 56 = MMR 2001, 825	Gemeindename ./. Firmenschlagwort	Klage abgewiesen. Prioritätsgrundsatz; keine überragende Bedeutung des Gemeindenamens bei 2000 Einwohnern.
vallendar.de OLG Koblenz, CR 2002, 280 = MMR 2002, 466	Gemeindename ./. Firmenschlagwort	Klage abgewiesen. Prioritätsgrundsatz (trotz älterem Namensrecht der Stadt); keine überragende Bekanntheit der Gemeinde. Rechtliche Gleichwertigkeit von Wahlnamen und hoheitlich verliehenem/ gesetzlichem Namen.
bocklet.de LG Düsseldorf, MMR 2002, 398	Firmenschlagwort ./. Gemeindename	Klage abgewiesen. Gemeinde kann auch unter prägender Kurzform ihres Namens auftreten („bocklet.de" für Markt Bad Bocklet). Im Übrigen gilt der Prioritätsgrundsatz.
raule.de BGH, NJW 2009, 1756 = MMR 2009, 394 = CR 2009, 679	(Privat-)Nachname ./. (ausgefallener) Vorname	Klage abgewiesen, Prioritätsgrundsatz; Leitsatz: „Als Namensträger, der – wenn er seinen Namen als Internetadresse hat registrieren lassen – einem anderen Namensträger nicht weichen muss, kommt auch der Träger eines ausgefallenen und daher kennzeichnungskräftigen Vornamens (hier: Raule) in Betracht."
suhl.de LG Erfurt, MMR 2002, 396 = CR 2002, 302 (Ls.)	Gemeindename ./. Privatname	Klage abgewiesen. Prioritätsgrundsatz; keine Vorrangstellung von Gemeinden, im Gegenteil: Schutzbedürfnis von Firmen wegen der damit verbundenen Existenzgrundlage des Unternehmens sogar höher.
krupp.de OLG Hamm, CR 1998, 241 = NJW-RR 98, 909	Firmenschlagwort ./. Privatname	Klage stattgegeben. Firmenschlagwort der Kl. genießt wegen überragender Verkehrsgeltung Schutz gegen Verwässerungsgefahr.[189]

---

186 Linke, CR 2002, 271, 279; kritisch zur Zurückhaltung des BGH bei Portallösungen Körner, NJW 2002, 3442, 3444.
187 Zu den verschiedenen Konstellationen ausführlich Linke, CR 2002, 271, 273 ff.; Fechner, Medienrecht, Kap. 12 Rn. 233.
188 Alle Klagen sind auf Löschung/Übertragung der Domain gerichtet. Der jeweilige Bekl. ist daher stets der Domaininhaber (einzige Ausnahme: hudson.de).
189 Verwässerungsgefahr stellt eine früher gebräuchliche Bezeichnung für den Bekanntheitsschutz dar.

Fall	Kläger(in) ./. Beklagte(r)[188]	Entscheidung
shell.de BGH, CR 02, 525 = NJW 02, 2031 = MMR 02, 382 = JZ 02, 1052	Firmenschlagwort ./. Privatname	Klage stattgegeben. Firmenschlagwort der Kl. genießt wegen überragender Verkehrsgeltung Schutz gegen Verwässerungsgefahr.
hufeland.de BGH, CR 2006, 193 = MMR 2006, 159	Firmenschlagwort in den neuen Ländern ./. Firmenschlagwort in den alten Ländern	Fall (mit klagabweisender Tendenz) an OLG zurück verwiesen; Geltung des Prioritätsgrundsatz betont – jedenfalls „... solange sie [die Bekl.] ihren bisherigen räumlichen Tätigkeitsbereich im Wesentlichen beibehält und die bestehende Gleichgewichtslage nicht stört", also die beiden Firmen (hier: zwei Krankenhäuser) sich nicht örtlich ins Gehege kommen.
Alcon.de OLG Frankfurt, MMR 2000, 486	Firmenschlagwort ./. Firmenschlagwort	Klage abgewiesen. Im konkreten Fall bestand aufgrund fehlender Branchennähe keine Verwechslungsgefahr i. S. v. § 15 II MarkenG.
veltins.com OLG Hamm, CR 2002, 217 = MMR 2001, 749	Firmenschlagwort ./. Firmenschlagwort	Klage stattgegeben. Die Werbekraft des kl. Kennzeichens ist vor Verwässerung zu schützen und das Schlagwort ist für die Bekl. nur ein Teil des Firmennamens, so dass die jetzige Alleinstellung willkürlich ist.
joop.de LG Hamburg, MMR 2000, 620	Firmenschlagwort ./. Firmenschlagwort	Klage stattgegeben. Kl. kann sich auf überragende Verkehrsgeltung – trotz fehlender Verwechslungsgefahr – berufen und damit Bekanntheitsschutz beanspruchen. Außerdem ist der Bekl. der jüngere Namensträger.
hudson.de LG Düsseldorf, MMR 2004, 111	Privatname ./. Wortmarke	Klage (neg. Feststellungsklage) stattgegeben. Überragende Bekanntheit der Marke des Bekl. wird nicht hinreichend dargetan. Außerdem hat Kl. durch langjährige Nutzung und Ablehnung von Kaufangeboten sein erhebliches Interesse an der Domain i. S. d. shell.de-Rechtsprechung des BGH belegt und so einen schutzwürdigen Besitzstand begründet.
bandit.de KG, CR 2004, 135	Wortmarke ./. Begriffsportal	Kl. abgewiesen. Keine Verwechslungsgefahr wegen weiten Branchenabstandes der Parteien und allenfalls normaler Kennzeichenkraft des Wortes „Bandit".

Übersicht 43: Domain-Entscheidungen in Gleichnamigkeitsfällen

Beispielfall 11: David und Goliath   **542**

Sachverhalt: Ein mit dem früheren Bundeskanzler nicht verwandter Mann mit Namen Willy Brandt (W) möchte für seinen Internet-Auftritt die Domain „willy-brandt.de" verwenden, muss aber feststellen, dass diese bereits von der durch Bundesgesetz errichteten „Bundeskanzler Willy Brandt Stiftung" (S) in Berlin als Inhaberin verwendet wird. Sie betreibt unter dieser Domain einen ihrem Stiftungszweck (vgl. § 2 des Errichtungsgesetzes) entsprechenden Internetauftritt. W wendet sich daher an den Stiftungsvorstand und verlangt von diesem die Übertragung der Domain. Zur Begründung führt er an, dass er als Namensinhaber bessere Rechte habe als die Stiftung. Zudem lebe der frühere Bundeskanzler seit über 20 Jahren nicht mehr. Zu guter Letzt macht er zutreffend geltend, dass der frühere Bundeskanzler diesen Namen erst im 2. Weltkrieg als Decknamen angenommen und ursprünglich Herbert Frahm geheißen habe. Hat W Recht?

543   **Lösungsvorschlag:** Der von W geltend gemachte Anspruch einer Domainübertragung bedürfte einer Anspruchsgrundlage. Das hier einschlägige Namensrecht vermittelt jedoch nur einen Unterlassungs- und Beseitigungsanspruch gem. § 1004 BGB und einen Schadenersatzanspruch aus § 823 Abs. 1 BGB. Da die fremde Domainnutzung nicht als Schaden (sondern allenfalls als Ursache eines etwaigen Schadens) angesehen werden kann, hat W jedenfalls keinen Übertragungsanspruch.

Hilfsweise ist daher nur zu prüfen, ob der Unterlassungsanspruch besteht. Bejahendenfalls könnte W sich die Domain über einen Dispute-Eintrag bei DENIC sichern und nach Durchsetzung des Anspruchs für sich registrieren lassen. Zweifellos hat W ein Namensrecht bezüglich der streitigen Domain aus § 12 BGB. Fraglich ist jedoch, ob S als Nichtberechtigte anzusehen ist. Dafür könnte sprechen, dass der Namensgeber der Stiftung ursprünglich anders geheißen hatte. Aber auch Pseudonyme nehmen am namensrechtlichen Schutz teil, wenn sie Verkehrsgeltung haben – also mindestens 20 % der angesprochenen Verkehrskreise bekannt sind. Dies wird man beim Namen des früheren Bundeskanzlers, Friedensnobelpreisträgers und langjährigen SPD-Bundesvorsitzenden annehmen dürfen. Ein weiteres Argument für die Nichtberechtigung von S könnte in dem Umstand liegen, dass ihr Namensgeber schon lange verstorben ist. Allerdings könnten dem postmortale Rechte des Verstorbenen entgegen stehen; wer zu Lebzeiten einen derart hohen Prominenzgrad erreicht hat, kann ein schützenswertes Interesse daran haben, dass sein Name auch nach seinem Tod mit seiner Person verbunden wird. Dies entspricht auch der Erwartungshaltung des weit überwiegenden Teils des von einer „.de"-Domain angesprochenen (deutschen) Publikums. Letztlich kommt es auf diese Einwände aber auch gar nicht an, weil die Stiftung ein eigenes, durch das Errichtungsgesetz begründetes Namensrecht gem. § 12 BGB hat, das ihr die Berechtigung zur Nutzung der Domain vermittelt. Denn „Willy Brandt" ist der Kern des Stiftungsnamens „Bundeskanzler Willy Brandt Stiftung". Demnach haben beide Parteien eine namensrechtliche Berechtigung bezüglich der Domain. Deshalb ist der Fall anhand des Prioritätsprinzips zu entscheiden. Danach steht die Domain demjenigen zu, der sie zuerst für sich hat registrieren lassen. Dies war vorliegend S, weshalb W auch keinen Unterlassungsanspruch hat.

5.3.4.4 Domain-Grabbing

Mit dem Begriff „Domain-Grabbing" wird die sittenwidrige Blockade einer Domain zulasten eines Namens- oder Markeninhabers bezeichnet. Dies ist insbesondere dann der Fall, wenn sich jemand freie Domains sichert, die aber nicht für ihn selbst, sondern für andere (mit entsprechenden Namen oder Marken) interessant sind, um sie dann später **den Namens- und Markeninhabern für teures Geld** („Lösegeld") anzubieten. In rechtlicher Hinsicht ist der Geschäftsgedanke dieser sogenannten „Namens-Piraterie"[190] im Internet für den „Grabber" aber nicht erfolgreich. Der Namens- oder Markeninhaber kann aus dem Namens- bzw. Markenrecht die **kostenlose Freigabe der Domain verlangen**, weil er logischerweise die besseren Rechte daran hat; neben namens- und kennzeichenrechtlichen Ansprüchen sind – z. B. bei rein beschreibenden Domains – auch wettbewerbsrechtliche Ansprüche (Behinderung, Irreführung, u. a.) oder deliktsrechtliche Ansprüche bei Eingriff in den eingerichteten und ausgeübten Gewerbebetrieb (§§ 823 Abs. 1, 826 BGB) denkbar.[191] Eine Sonderform des Domain-Grabbing liegt vor, wenn der „Grabber" die Domain zwar nicht verkaufen, aber doch **zulasten des Rechteinhabers wirtschaftlich verwerten** will. Das ist auch dann der Fall, wenn er die mit der Domain verbundene Homepage als Werbefläche anbietet.[192] **544**

Schließlich kann Domain-Grabbing eine **Erpressung** und bei Marken außerdem eine **Kennzeichenverletzung im strafrechtlichen Sinn** darstellen: Das LG München II (CR 2001, 847) beispielsweise hatte über einen Angeklagten zu urteilen, der in neun Fällen von den Berechtigten Beträge zwischen 6 000 und 14 900 DM für die Domainübertragung gefordert, aber nicht erhalten hat, und in drei weiteren Fällen Beträge zwischen 2 500 und 4 000 DM gefordert und erhalten hat. In zehn weiteren Fällen hatte der Angeklagte sich Domainnamen reservieren lassen, ohne dass es zu einem Kontakt mit den Berechtigten gekommen ist. Dem Gericht erschien es tat- und schuldangemessen, den Angeklagten für die neun Fälle der vollendeten strafbaren Kennzeichenverletzung und versuchten Erpressung zu je drei Monaten Freiheitsstrafe, für die drei Fälle der vollendeten strafbaren Kennzeichenverletzung und vollendeten Erpressung zu je vier Monaten Freiheitsstrafe und für die zehn Fälle der versuchten strafbaren **545**

---

190 Vgl. Fechner, Medienrecht, Kap. 12 Rn. 222.
191 Köhler/Arndt/Fetzer, Recht des Internets, Rn. 93 ff.
192 LG München I, CR 2001, 191 (champagner.de).

Kennzeichenverletzung zu je einem Monat Freiheitsstrafe zu verurteilen. Auch wenn daraus eine erheblich unter der Summe dieser Einzelstrafen liegende Gesamtstrafe gebildet wurde, zeigt das Urteil doch, dass Domain-Grabbing keineswegs nur als Kavaliersdelikt angesehen wird.

5.3.4.5 Tippfehler-Domains (Typosquatting)

546 Da nach wie vor oft Webauftritte durch eine Direkteingabe der Domain (und nicht über Suchmaschinen) aufgerufen werden, haben sog. „Tippfehler-Domains" Konjunktur. Dabei handelt es sich um Domains, die meist sehr bekannten und häufig eingegebenen Domains entsprechen, im Unterschied zu diesen aber **kleine „Schreibfehler" wie Buchstabendreher** o. Ä. enthalten. Gibt dann jemand die bekannte Domain mit einem solchen Tippfehler ein, landet er auf einem anderen Internetangebot. Dieses hinter der Tippfehler-Domain stehende Angebot „surft" quasi auf der Bekanntheit der richtig geschriebenen Ursprungs-Domain. Es liegt auf der Hand, dass damit rechtliche Probleme verbunden sein können.

547 Eine solche Tippfehler-Domain kann kennzeichenrechtlich unter dem Gesichtspunkt der **Verwechslungsgefahr** problematisch sein. Dies gilt dann, wenn sich aus dem dahinter stehenden Webauftritt nicht klar dessen Unterschied zum hinter der „richtigen" Domain stehenden Angebot ergibt. So lag im wetteronlin.de-Fall keine Verwechslungsgefahr vor, weil unter der („richtigen") Domain „wetteronline.de" Wettervorhersagen angeboten werden und unter der Tippfehler-Domain „wetteronlin.de" Angebote privater Krankenversicherungen finden. Da die Tippfehler-Domain aber diejenigen User „abfängt", die eigentlich zur richtig geschriebenen Domain wollten, könnte darin eine **wettbewerbswidrige Behinderung** i. S. v. § 4 Nr. 10 UWG wegen **Manipulation der Kundenströme** liegen. Während die Vorinstanz dies im Fall „wetteronlin.de" noch bejahte, sieht der BGH keinen Wettbewerbsverstoß, wenn der hinter der Tippfehler-Domain stehende Webauftritt die User „sogleich und unübersehbar" über ihren Irrtum aufklärt.[193]

5.3.5 Mitstörerhaftung von DENIC

548 Da DENIC mit der Domainregistrierung einen kausalen und notwendigen Tatbeitrag zu einer mit der Domain verbundenen Rechtsverletzung leistet, stellt sich die Frage, ob DENIC nach den Grundsätzen der verschuldensunabhängigen Störerhaftung (s. o., Rn. 129 ff., 349 ff.) in Domainstreitigkeiten einbezogen werden kann. Immerhin hat DENIC die **uneingeschränkte tatsächliche Sachherrschaft über die Konnektierung der Do-**

---

193 BGH, Urt. v. 22.1.2014 – Az. I ZR 164/12 = NJW 2014, 1534 m. Anm. Lampmann (wetteronlin.de), v. a. Ls. 2; Vorinstanz: OLG Köln, Urt. v. 10.2.2012 – Az. 6 U 187/11 = MMR 2012, 462.

mains und könnte so ohne großen Aufwand einem Unterlassungsanspruch zum Durchbruch verhelfen; doch würde DENIC eine Domain wegen eines ungerechtfertigten Unterlassungsanspruchs dekonnektieren, hätte sie Schadensersatzansprüche des Domaininhabers zu erwarten. Deshalb würde eine Störerhaftung von DENIC eine – ggf. sehr komplexe und diffizile – **juristische Prüfung des Konflikts zwischen Domaininhaber und Rechtsinhaber durch DENIC selbst** – mit den damit verbundenen Kosten, die über die Gebühren auf alle Domaininhaber umgelegt werden müssten – notwendig machen. Da DENIC aber nicht (auch noch) die **Rolle eines „Domaingerichts"** übernehmen soll (und will), kann keine weitreichende Störerhaftung in Betracht kommen.

Genau aus diesem Grund zeichnet sich das Domain Name System nach **549** RFC 1591 von den durch Domains ermöglichten Rechtsverletzungen frei; erst wenn der Domaininhaber **gerichtlich zur Unterlassung der Domainnutzung verurteilt** ist, muss die Registrierungsstelle handeln.

> **RFC 1591 (Domain Name System Structure and Delegation) – Ziff. 4.1:**
> 4. Rights to Names
> 1) Names and Trademarks
> In case of a dispute between domain name registrants as to the rights to a particular name, the registration authority shall have no role or responsibility other than to provide the contact information to both parties. The registration of a domain name does not have any Trademark status. It is up to the requestor to be sure he is not violating anyone else's Trademark.

Dieses **Prinzip der „bewussten Verantwortungslosigkeit"** hat auch DE- **550** NIC in ihre Vergabegrundsätze übernommen, wonach

> „DENIC ... zu keinem Zeitpunkt [prüft], ob die Registrierung der Domain für oder ihre Nutzung durch den Domaininhaber Rechte Dritter verletzt" (§ 2 Abs. 2 DDB).

Gleichwohl sichert sich DENIC auch im Innenverhältnis zum Domaininhaber ab, indem sie sich von diesem von allen Ansprüchen Dritter wegen Rechtsverletzungen durch die Domains freistellen lässt (§ 5 Abs. 4 DDB).

Diese Grundsätze hat der BGH in einer Grundsatzentscheidung zur Haf- **551** tung von DENIC akzeptiert („ambiente.de"). Danach wird eine (Mit-)Störerhaftung von DENIC für rechtsverletzende Domains in der **Registrierungsphase** generell verneint; damit trägt der BGH der vollautomatischen Abwicklung dieser Phase Rechnung.[194] In der daran anschließenden **(Dauer-) Phase der Konnektierung** ist DENIC allerdings zur Löschung dann verpflichtet, wenn sie einen ausdrücklichen **Hinweis auf eine**

---

194 Diese Wertung hat das VG Düsseldorf, Urt. v. 29.11.2011 – Az. 27 K 458/10 = MMR 2012, 846, in das Polizeirecht übernommen; danach kann DENIC auch nicht nach dem GlüStV zur Einschränkung des Zugangs zu Glücksspielinhalten im Netz als Störerin in Anspruch genommen werden.

offenkundige Rechtsverletzung erhält; dies setzt entweder eine rechtskräftige Verurteilung des Domaininhabers oder einen für die DENIC-Mitarbeiter auf Anhieb erkennbaren Rechtsverstoß (z. B. Verletzung einer Marke mit überragender Verkehrsgeltung) voraus.[195] Der BGH hat dies in einem Fall bejaht, in dem ein in Panama ansässiges Unternehmen sich den Namen der Verwaltungsbehörde eines bayrischen Regierungsbezirks („regierung-oberfranken.de") als Domain reserviert hat.[196] Die Offenkundigkeit eines Rechtsverstoßes liegt auch dann vor, wenn die Domain einer Marke mit überragender Verkehrsgeltung (s. o., Rn. 538) entspricht und der Domaininhaber nicht der Markenrechtsinhaber ist.[197]

552 Hieraus folgt auch, dass von DENIC nicht (vorbeugend) verlangt werden kann, bestimmte Domains nicht zu registrieren. Daher kann niemand – selbst bei überragender Verkehrsgeltung – eine seinem Namens- oder Kennzeichenrecht entsprechende oder auch nur verwechslungsfähige Domain bei DENIC auf Dauer – und mit Wirkung gegenüber jedermann – sperren lassen (wenn er sie selbst nicht für sich registrieren lassen will). Denn zum einen müsste dann doch wieder in der Registrierungsphase eine Prüfung erfolgen, und zum anderen kann dann u. U. doch noch ein Gleichnamiger auftreten, der nicht ausgeschlossen werden darf. Diese schmerzliche Erfahrung mussten die größte deutsche Fluggesellschaft Lufthansa bezüglich „Tippfehler-Domains" zu „Lufthansa" (z. B. „lufthnasa", „lufhtansa", „lutfhansa", „lfthansa")[198] und der vormalige sächsische Ministerpräsident Kurt Biedenkopf bezüglich seiner Namensdomain („kurt-biedenkopf.de")[199] machen. Daraus folgt – im Wege des Erst-recht-Schlusses – außerdem, dass DENIC zumindest im Normalfall nicht für Rechtsverstöße verantwortlich gemacht werden kann, die sich nicht aus der Domain, sondern aus der dahinter stehenden Webseite ergeben.[200]

---

195 BGH, MMR 2001, 671 (ambiente.de); vgl. auch Köhler/Arndt/Fetzer, Recht des Internet, Rn. 154 ff.
196 BGH MMR 2012, 529 m. Anm. Welzel; ähnlich OLG Frankfurt a. M. MMR 2010, 689 (regierung-mittelfranken.de).
197 OLG Frankfurt a. M. MMR 2011, 176.
198 Das LG Frankfurt a. M., MMR 2009, 704, hat eine entsprechende Klage der Lufthansa gegen DENIC abgewiesen: „Eine Verpflichtung der Bekl. ..., bestimmte Zeichenfolgen als Domain nicht ... zu registrieren, sowie die damit einhergehende vorbeugende Sperrungsverpflichtung und eine Negativliste in Bezug auf bestimmte Zeichenfolgen als Bestandteile (künftiger) Domains würde der vom BGH hervorgehobenen Bedeutung der Automatisierung für das Registrierungsverfahren gerade zuwiderlaufen."
199 BGH, Urt. v. 19.2.2004 – Az. I ZR 82/01 = MMR 2004, 467 = CR 2004, 531 = NJW 2004, 1793 (kurt-biedenkopf.de).
200 OLG Hamburg, CR 2005, 523.

5.3.6 Internationale Perspektive

Bei internationalen Domainstreitigkeiten hat sich das bereits 1999 von **553** ICANN eingeführte Schiedsverfahren „**Uniform Domain-Name Dispute-Resolution Policy**" (UDRP) – ergänzt durch die „Rules for Uniform Domain Name Dispute Resolution Policy" (RUDRP) – durchgesetzt. Die von ICANN zertifizierten Registrierungsstellen für alle gTLDs (.aero, .asia, .biz, .cat, .com, .coop, .info, .jobs, .mobi, .museum, .name, .net, .org, .pro, .tel und .travel) wenden das UDRP-Verfahren an.[201] Dabei handelt es sich nicht um ein für die Streitparteien freiwilliges Schiedsgerichtsverfahren, sondern um ein kraft Autorität der Registrierungsstellen etabliertes Streitentscheidungsverfahren, dem sich alle Domaininhaber mit der Anerkennung der jeweiligen Vergabeordnung unterwerfen müssen.[202]

Das **Verfahren** wird mit der Einreichung der Beschwerdeschrift und Zah- **554** lung der Verfahrensgebühr (in Abhängigkeit vom angerufenen Vermittler und vom Umfang des Spruchkörpers zwischen 1 000 und 4 000 US-$)[203] gestartet; während des Verfahrens wird die Domain „eingefroren"(ähnlich dem DENIC-Dispute-Eintrag) und kann nicht mehr übertragen werden. Der Domaininhaber (d. h. Beschwerdegegner) hat nach Zustellung der Beschwerdeschrift eine 20-tägige Erwiderungsfrist, in der er auch mitteilen muss, ob er (im Hinblick auf die Kostenfolgen) einen drei- oder nur einköpfigen Spruchkörper wünscht. Anschließend ernennt ein von ICANN akkreditiertes Schiedsgericht (Dispute Resolution Provider)[204] den oder die Richter, die aus einer Liste im internationalen Kennzeichenrecht qualifizierter Personen ausgewählt werden. Binnen zwei weiterer Wochen erfolgt dann die **Entscheidung**; diese gibt der Beschwerde dann statt, wenn der Beschwerdeführer eine Namens- oder Kennzeichenverletzung dartun kann, ohne dass der Domaininhaber dies durch ein eigenes berechtigtes Interesse an der Domain erschüttern kann.[205]

Im Erfolgsfall wird – je nach Antrag – die Übertragung oder Löschung **555** der Domain angeordnet. Die **Zuständigkeit staatlicher Gerichte** bleibt

---

201 Vgl. <https://www.icann.org/resources/pages/help/dndr/udrp-en> (22.5.2015); zur geringen Akzeptanz bei den nationalen Vergabestellen siehe Stotter, MMR 2002, 11; ausführlich Köhler/Arndt/Fetzer, Recht des Internets, Rn. 143 ff.
202 Bettinger, CR 2000, 234, 235.
203 Vgl. <http://www.udrp.de/udrp-verfahrensgebuehren/> (22.5.2015).
204 Als solche „Dispute Resolution Provider" sind derzeit anerkannt das Asian Domain Name Dispute Resolution Centre (ADNDRC) seit 2002, The National Arbitration Forum (NAF) seit 1999, das WIPO Arbitration and Mediation Center seit 1999, das Czech Arbitration Court (CAC) seit 2008 und das Arab Center for Domain Name Dispute Resolution (ACDR) seit 2013; ausgeschieden sind das International Institute for Conflict Prevention and Resolution (CPR) und eResolution Consortium (eRes) – vgl. <https://www.icann.org/resources/pages/providers-6d-2012-02-25-en> (22.5.2015).
205 Bettinger, CR 2000, 234, 235 ff.; Köhler/Arndt/Fetzer, Recht des Internets, Rn. 147 ff.; <https://www.icann.org/resources/pages/rules-be-2012-02-25-en#5> (22.5.2015).

hiervon unberührt. Weist der unterlegene Domaininhaber binnen zehn Tagen nach Entscheidungszustellung nach, dass er die staatliche Gerichtsbarkeit eingeschaltet hat, wird die schiedsgerichtliche Entscheidung ausgesetzt. Das UDRP-Verfahren bietet – v. a. wegen seines meist rein schriftlichen und elektronischen Verfahrensablaufs – eine **schnelle und kostengünstige Klärung** des Konflikts, ist aber **nur für einfache bzw. eindeutige Fälle** geeignet, weil es ansonsten allenfalls als verlängerndes Vorverfahren zu einem ordentlichen Gerichtsverfahren anzusehen ist.[206]

556 Zwischen Verfahrenseinführung am 1.1.2000 und dem 10.5.2004 wurden auf der Grundlage der UDRP **insgesamt 15 710 Verfahren** zu 9 377 Domains durchgeführt, davon endeten 13 311 Verfahren zu 7 790 Domains mit einer Entscheidung.[207] Dabei wurde die Domain in 10 719 Verfahren auf den Beschwerdeführer übertragen und in 60 Verfahren gelöscht; 1892 Verfahren endeten mit einer Zurückweisung der Beschwerde und 640 mit einer Vergleichsentscheidung.[208]

557 **Beispielfall 12: Branchenübergreifender Domaindisput**

Sachverhalt: Der in Süddeutschland sehr bekannte Automobilzulieferer Wilhelm Mörtel AG (M), der weltweit 20.000 Beschäftigte hat, verlangt von dem norddeutschen Baustofflieferant Fixbau (F) mit 15 Beschäftigten, der insbesondere mit Mörtel handelt, die Freigabe der Domain „www.moertel.de“. Parallel dazu wendet sich M auch an DE-NIC mit dem Verlangen, die genannte Domain auf sie umzuschreiben. Wie sind die Erfolgsaussichten zu bewerten
a) für das Verlangen gegenüber F,
b) für das Verlangen gegenüber DENIC und
c) wenn M statt der Domainfreigabe von F verlangen würde, auf deren Homepage einen gut sichtbaren Link zu M aufzunehmen.

558 Lösungsvorschlag:
a) M kann sich für den geltend gemachten Freigabe- d. h. Unterlassungsanspruch auf ihr Namens- und Markenrecht berufen. Da es sich aber zugleich um eine Gattungsdomain für einen gebräuchlichen Baustoff handelt und F diese Domain begriffsgerecht nutzt, indem dort

---

206 Bettinger, CR 2000, 234, 237 f., 239; vgl. auch Köhler/Arndt/Fetzer, Recht des Internet, Rn. 150.
207 Die höhere Verfahrenszahl gegenüber der jeweils betroffenen Domainzahl zeigt, dass es nicht unerhebliche Zahl von Domains gibt, über die mehrere Verfahren angestrengt wurden.
208 Zahlen nach <www.icann.org/udrp/proceedings-stat.htm> (15.7.2015); eine neuere Statistik bietet ICANN leider nicht an; Zahlen können aber für die einzelnen Schiedsgerichtsanbieter im Netz ermittelt werden; so gibt die WIPO an, bereits über 30.000 UDRP-Verfahren abgewickelt zu haben, vgl. <http://www.wipo.int/amc/en/domains/> (22.5.2015).

Baustoffe wie Mörtel beworben werden, ist auch F zur Domainnutzung berechtigt. Bei beidseitiger Berechtigung ist die Entscheidung grundsätzlich anhand des Prioritätsprinzips zu treffen. Danach dürfte F die Domain behalten, weil er die Domain früher für sich hatte registrieren lassen. Dies würde nur dann nicht gelten, wenn M eine überragende Verkehrsgeltung für sein Unternehmenskennzeichen belegen könnte. Dafür müssten 80 % der angesprochenen Verkehrskreise – also der deutschen Internet-Nutzer – mit dem Begriff „Mörtel" das Unternehmen von M assoziieren. Da M laut Sachverhalt (nur) in Süddeutschland sehr bekannt ist, kann man von einer überragenden Verkehrsgeltung in ganz Deutschland aber nicht ausgehen. Es verbleibt daher bei dem Ergebnis des Prioritätsgrundsatzes, wonach M keinen Freigabeanspruch gegen F hat.

b) M könnte außerdem den erhobenen Umschreibungsanspruch gegen DENIC haben. Dies ist vorliegend schon deshalb zu verneinen, weil keine Rechtsverletzung von M durch F vorliegt, an der DENIC als Störerin mitwirken würde. Doch selbst wenn M in ihren Rechten verletzt wäre, ist DENIC seit dem ambiente-Urteil des BGH nur dann zum Handeln verpflichtet (und gegenüber F auch berechtigt), wenn ein offenkundiger Rechtsverstoß oder ein rechtskräftiges Urteil vorliegt. Dies ist nicht der Fall, da der Rechtsverstoß – wenn er gegeben wäre – jedenfalls nicht offenkundig wäre, so dass er sich den DENIC-Mitarbeitern aufdrängen müsste. Auch ein rechtskräftiges Urteil kann M nicht vorweisen. Folglich bleiben auch die Ansprüche gegen DENIC ohne Erfolg.

c) Schließlich bleibt zu prüfen, ob M von F die Aufnahme eines Abstandshinweises oder Links auf den hinter der Domain stehenden Webauftritt verlangen kann. Eine solche Pflicht könnte sich aus der Abwägung der beiderseitigen Interessen ergeben. Dies würde aber eine spezifische Fallkonstellation bedingen, die nicht mit dem Prioritätsprinzip unter Fairnessgesichtspunkten befriedigend gelöst werden könnte. Der BGH hat dies bislang anerkannt, wenn die Namensberechtigung beider Streitparteien auf dieselbe Namens- oder Markenwurzel zurückzuführen ist. Eine solche Konstellation liegt hier aber nicht vor; vielmehr speist sich die Berechtigung beider Parteien an der Domain aus völlig verschiedenen Quellen. Anders als im Fall einer gemeinsamen rechtlichen Wurzel treffen hier die unterschiedlichen Berechtigungen völlig zufällig aufeinander. Dazu kommt, dass wegen der völlig verschiedenen Tätigkeitsbranchen und Adressatenkreise eine allenfalls sehr geringe Verwechslungsgefahr besteht. Nach alledem kann M auch den Abstandshinweis nicht rechtlich einfordern.

5.3.7 Summary „Domainstreitigkeiten"

559

1. Das Namensrecht gilt für natürliche und juristische Personen außerhalb des kommerziellen Bereichs, also im privaten und im hoheitlichen Bereich. Das Firmenrecht stellt ein besonderes Namensrecht für Kaufleute gem. HGB dar, bei dem die Unterscheidungsfunktion besonders wichtig ist. Auch Pseudonyme genießen namensrechtlichen Schutz, wenn sie Verkehrsgeltung erlangt haben. Das Namensrecht wird verletzt, wenn die Namensführung dem Rechtsinhaber verwehrt wird (Namensleugnung, -bestreiten) oder wenn ein anderer den Namen ohne Berechtigung führt (Namensanmaßung) und dadurch schutzwürdige Interessen des Namensträgers verletzt werden.

2. Kennzeichen sind
   a) Marken, die der Kennzeichnung von Waren oder Dienstleistungen dienen und durch Eintragung oder durch Verkehrsgeltung entstehen,
   b) Geschäftliche Bezeichnungen, die der Kennzeichnung von Unternehmen oder von Werken dienen und i. d. R. durch Benutzungsbeginn entstehen, und
   c) Geografische Herkunftsangaben, die die Herkunft von Waren oder Dienstleistungen kennzeichnen.

   Das Kennzeichenrecht schließt im geschäftlichen Verkehr alle Nichtberechtigten vom Gebrauch aus (absolutes Recht). Auch dürfen keine ähnlichen Zeichen für Marken und Geschäftliche Bezeichnungen verwendet werden, wenn dadurch eine Verwechslungsgefahr ausgelöst, die Wertschätzung oder der Ruf einer Marke ausgenutzt oder ein berühmtes Kennzeichen in seiner Alleinstellung tangiert (verwässert) wird.

3. Hinter den meisten Domainstreitigkeiten stehen namens- und kennzeichenrechtliche Ansprüche. Eine erfolgreiche namens- bzw. kennzeichenrechtliche Domain-Klage setzt voraus:
   a) Fehlende Befugnis des Domaininhabers zur Führung des Namen oder Kennzeichens.
   b) Haben beide Seiten Rechte an der Domain, gilt der Prioritätsgrundsatz „first come, first served".
   c) Es müssen schützenswerte Interessen des Klägers betroffen sein, was insbesondere bei Zuordnungsverwirrung sowie Verwechslungsgefahr oder bei einer Betroffenheit des Bekanntheitsschutzes von Marken der Fall ist.

4. Im Erfolgsfall kann der Kläger die Freigabe der Domain verlangen; diese beruht auf dem namens- und kennzeichenrechtlichen Unterlassungsanspruch. Ggf. kann auch ein durch die Rechtsverletzung

entstandener Schaden geltend gemacht werden; ein direkter Übertragungsanspruch lässt sich daraus aber nicht ableiten.

5. Bei Gleichnamigkeit gilt in der Regel der Prioritätsgrundsatz. Nur bei überragender Verkehrsgeltung (mit einem Bekanntheitsgrad von ca. 80 % und mehr) kann sich auch der prioritätsjüngere Rechtsinhaber durchsetzen. In besonderen Fallgestaltungen sind auch Zwischenlösungen denkbar (z. B. Hinweispflicht auf das Angebot des Gleichnamigen auf der Homepage).

6. Allgemein beschreibende Gattungsdomains sind (ausgehend vom Leitbild des mündigen Verbrauchers) wettbewerbsrechtlich nicht – etwa als Kundenabfangen oder als Alleinstellungsbehauptung – zu beanstanden. Etwas anderes gilt nur in besonders gelagerten Missbrauchsfällen oder bei Irreführungsgefahr, die unter Einbeziehung der unter der Domain zu erreichenden Homepage zu bestimmen ist. In der Kombination mit Ortsbezeichnungen wird der Eindruck einer Alleinstellungsbehauptung wesentlich eher bejaht, was eine wettbewerbsrechtlich zu beanstandende Irreführungsgefahr begründet.

7. Die gezielte sittenwidrige Blockade von Domains, die Rechte Dritter verletzen, um sie dann diesen Dritten gegen „Lösegeld" zu überlassen, wird „Domain-Grabbing" genannt. Das Opfer braucht sich darauf nicht einzulassen, sondern kann die kostenfreie Domainfreigabe verlangen; zudem ist Domain-Grabbing strafbar (Kennzeichenrechtsverletzung, Erpressung).

8. DENIC kann – obgleich „Herrin" der .de-Domains – in aller Regel nicht auf Löschung einer rechtsverletzenden Domain im Wege der verschuldensunabhängigen Mitstörerhaftung in Anspruch genommen werden, weil ihr im Rahmen ihres automatisierten Registrierungsverfahrens eine juristisch-inhaltliche Prüfung der Domains nicht zuzumuten ist. Auch auf einen ausdrücklichen Hinweis hin muss DENIC eine Domain nur löschen, wenn der Rechtsverstoß offenkundig ist oder ein rechtskräftiges Urteil vorliegt.

9. Im internationalen Bereich (bei allen gTLDs) wird meist nach dem ICANN-Schiedsverfahren UDRP/RUDRP verfahren, das sehr zügig und kostengünstig ist, aber nur für relativ klare Rechtsverstöße geeignet ist. Der ordentliche Rechtsweg ist unabhängig davon eröffnet.

Kapitel 6:   ecommerce

Im elektronischen Geschäftsverkehr (eCommerce) wird zwischen **560** Handelsgeschäften **von Unternehmen mit Unternehmen** (business-to-business-Geschäften, kurz: „b2b") einerseits und **von Unternehmen mit** **(End-) Kunden** (business-to-consumer-Geschäfte, kurz: „b2c") andererseits unterschieden. Während die „b2b"-Geschäfte regelmäßig in Extranets oder auf der Grundlage von Rahmenverträgen mit entsprechenden Festlegungen zu den verschiedenen Rechtsproblemen stattfinden, erfolgen die „b2c"-Geschäfte teilnehmeroffen und ohne vertragliche Rahmenvorgaben über das Internet.[1] Aus diesem Grund konzentriert sich dieses Kapitel auf den „b2c"-Bereich.

Eine weitere Unterscheidung setzt an der **Art der Vertragserfüllung** an. **561** Von **Offline-Geschäften** spricht man, wenn der Vertragsschluss zwar online, die Leistungserbringung aber offline erfolgt (z. B. bei einer Lieferung von im Internet bestellten Kleidungsstücken oder Möbeln). **Online-Geschäfte** demgegenüber setzen neben dem elektronischen Vertragsschluss auch eine Online-Vertragserfüllung voraus, was allerdings eine digitalisierbare Dienstleistung voraussetzt (z. B. bei einer kostenpflichtigen Nutzung einer über das Internet zugänglichen Datenbank).[2]

---

1 Köhler/Arndt/Fetzer, Recht des Internet, Rn. 163.
2 Vgl. Köhler/Arndt/Fetzer, Recht des Internet, Rn. 164 ff.; zur Frage, ob ein echter Online-Vertrag wegen fehlender Körperlichkeit der Ware kaufrechtlich (als Werklieferungsvertrag) oder werkvertragsrechtlich einzuordnen ist, vgl. Spindler/Klöhn, CR 2003, 81.

562

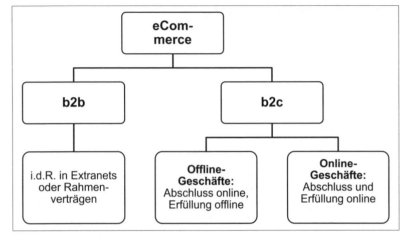

Übersicht 44: Kategorien des eCommerce

6.1 Vertragsschluss im Internet

6.1.1 Elektronischer Vertragsschluss

6.1.1.1 Angebot und Annahme

563 Das Zustandekommen eines Vertrages setzt **zwei deckungsgleiche Willenserklärungen**[3] voraus, nämlich Angebot und Annahme. Das Austauschen dieser beiden Erklärungen kann **unter Anwesenden** – also bei gleichzeitiger Anwesenheit der Erklärenden (besonders augenfällig bei der Eheschließung, die nur unter Anwesenden möglich ist) – geschehen (vgl. § 147 Abs. 1 BGB), aber auch **unter Abwesenden** (§ 147 Abs. 2 BGB); Letzteres ist bei Vertragsschlüssen im Internet der Fall.

564 Hier stellt sich zunächst die Frage der **Abgrenzung zwischen dem Angebot und der Einladung zur Abgabe eines Angebots** (sog. „invitatio ad offerendum"). So wie der Print-Warenkatalog eines Versandhauses nur als invitatio zu werten ist, gilt dies auch für normale Leistungsangebote im Internet. Es ist im Regelfall nicht davon auszugehen, dass der Verkäufer mit der Einstellung von Waren oder Dienstleistungen bereits ein bindendes Angebot abgeben will (weil er dies – je nach Lagerkapazität – gar nicht gegenüber allen Usern erfüllen könnte), sondern nur „Werbung macht",

---

3 Eine Willenserklärung i. S. d. §§ 116 ff. BGB ist definiert als eine auf einen rechtlichen Erfolg gerichtete Willensäußerung mit Rechtsbindungswillen.

also den User zur Abgabe eines Kaufvertragsangebots in Gestalt einer Bestellung ermuntern möchte.[4]

Folglich ist (erst) die Kundenbestellung als Angebot zu werten. Die **An-** **565** **nahme seitens des Verkäufers** kann ausdrücklich oder konkludent – z. B. durch die Erfüllung, also Zusendung der Ware – erklärt werden. Bei Verträgen von Unternehmern mit Endverbrauchern muss der Zugang der Bestellung unverzüglich auf elektronischem Weg bestätigt werden (§ 312i Abs. 1 Satz 1 Nr. 3 BGB);[5] je nach Formulierung dieser in aller Regel vollautomatisch erfolgenden „**Auto-Reply-Erklärung**" kann diese auch als Annahme verstanden werden. Hierfür ist der Empfängerhorizont – also die verständige Wahrnehmung durch den Kunden – maßgeblich. Ist die Bestätigung so zu verstehen, dass beim Absender ein **Annahme- bzw. Erfüllungswille** vorliegt, ist von einer Annahme und damit von einem verbindlichen Vertragsschluss auszugehen; so z. B. dann, wenn neben der Eingangsbestätigung auch eine umgehende Ausführung des Auftrags in Aussicht gestellt wurde.[6] Auch wenn die Rechtsprechung hier noch uneinheitlich ist, sollte der Verkäufer – der nach § 312i Abs. 1 Satz 1 Nr. 3 BGB nur zur Eingangsbestätigung, nicht aber zur Angebotsannahme verpflichtet ist – in seiner Auto-Reply-Erklärung sprachlich klarstellen, dass er – nur – den Eingang bestätigt, aber noch nicht das Angebot annimmt. Denkbar wäre etwa folgende Formulierung:

„Lieber Kunde, hiermit bestätigen wir den Eingang Ihrer Bestellung folgender Ware: … (§ 312i Abs. 1 Satz 1 Nr. 3 BGB). Sobald wir die Ware versandfertig gemacht haben, erhalten Sie von uns eine endgültige Vertragsbestätigung. Mit freundlichen Grüßen …"

An einer rechtlich erheblichen Willenserklärung für einen Vertragsschluss **566** fehlt es allerdings, wenn der Erklärende erkennbar ohne **Rechtsbindungswillen** handelt. Das ist insbesondere dann der Fall, wenn ein User (scheinbar) kostenlose Angebote im Internet (z. B. einen Routenplaner) in Anspruch nehmen möchte und die zu diesem Zweck verlangte Registrierung mit seinen persönlichen Daten vornimmt. Leider passiert es dann nicht selten, dass der User unerwartet eine Rechnung für das angeblich kostenlose Angebot erhält. Die Rechnungshöhe bewegt sich dabei meist in einer Höhe, die zwar spürbar ist, aber viele Leute vom Gang zum Rechtsanwalt noch abhält (59–84 €[7]). Umso drastischer wird das Zahlungsverlangen mit Mahnungen und Anwaltsschreiben eingefordert. In diesen Fällen, für die sich der Begriff „**Vertragsfallen im Internet**" eingebürgert hat, liegt

---

4 Vgl. Köhler/Arndt/Fetzer, Recht des Internet, Rn. 174; LG Essen, MMR 2004, 49.
5 Köhler/Arndt/Fetzer, Recht des Internet, Rn. 189, wollen diese Pflicht auch auf den nicht-unternehmerischen Verkäufer ausdehnen.
6 LG Köln, MMR 2003, 481 = CR 2003, 613; a. A. LG Essen, MMR 2004, 49; ausführlich Stockmar/Wittwer, CR 2005, 118.
7 Buchmann/Majer/Hertfelder/Vögelein, NJW 2009, 3189.

kein Vertragsschluss, sondern eine besonders dreiste Form des Betrugs oder versuchten Betrugs vor (s. u., Rn. 667).[8] Und sollte doch einmal eine Registrierungserklärung als bindende Vertragswillenserklärung auszulegen sein, stehen dem User eine Reihe von Gegenstrategien zur Verfügung (Einstufung des Vertrages als sittenwidrig wegen Missverhältnis von Leistung und Gegenleistung, Widerruf gem. §§ 312g, 355 BGB und Anfechtung).[9]

6.1.1.2 Zugang von Willenserklärungen

567 Eine Willenserklärung unter Abwesenden wird erst mit deren **Zugang beim Adressaten** wirksam (§ 130 Abs. 1 Satz 1 BGB). Dies setzt zunächst voraus, dass die Willenserklärung in den **Machtbereich des Empfängers** gelangt ist. Für eine elektronisch übersandte Willenserklärung bedeutet dies, dass sie auf dem Server des Haus-(Access-)Providers des Empfängers angekommen sein muss[10] – entsprechend zu einer klassischen Banküberweisung, die auch erst dann schuldbefreiend für den Überweisenden wirkt, wenn das Geld bei der Bank des Gläubigers angekommen ist. Allerdings gibt es eine **Ausnahme von diesem Grundsatz:** Handelt es sich bei der Erklärung um eine rechtsgeschäftliche Annahmeerklärung und wurde diese rechtzeitig abgesandt (so dass mit einem rechtzeitigen Zugang unter normalen Umständen zu rechnen war), gilt diese noch als rechtzeitig zugegangen, wenn der Empfänger nicht unverzüglich nach Erhalt die Verspätung rügt (§ 149 BGB).

568 Kommt die Erklärung **rechtzeitig beim Haus-Provider des Empfängers** an, ohne aber – aus welchen Gründen auch immer – im Account des Empfängers abrufbereit gehalten zu werden, hat dies im Verhältnis Absender/ Empfänger dann Letzterer zu vertreten; etwaige finanzielle Nachteile, die dem Empfänger hierdurch entstehen, muss dieser dann bei seinem Hausprovider aus vertraglicher Haftung geltend machen.[11] Ist der Erklärende für den Zugang der Erklärung beim Empfänger verantwortlich, ist es nur folgerichtig, dass er dafür im Streitfall auch **beweispflichtig** ist. Hier gilt für eMails nichts anderes als für analoge Briefe. Daher gibt es sowohl

---

8 Buchmann/Majer/Hertfelder/Vögelein, NJW 2009, 3189, 3193 f.; Ellbogen/Saerbeck, CR 2009, 131, 134 f.
9 Ausführlich zur rechtlichen Bewertung und zu den Gegenstrategien Buchmann/Majer/ Hertfelder/Vögelein, NJW 2009, 3189; Ellbogen/Saerbeck, CR 2009, 131; Alexander, NJW 2012, 1985.
10 Palandt/Ellenberger, BGB, § 130 Rn. 7a; aus einem erfolgreichen Übertragungsprotokoll einer abgesandten eMail kann ein Anscheinsbeweis für den entsprechenden Zugang hergeleitet werden, wenn das Protokoll durch eine DNS-Erweiterung den erfolgreichen Eingang beim Empfänger an den Absender rückmeldet, vgl. Köhler/Arndt/Fetzer, Recht des Internet, Rn. 182; Mankowski, NJW 2004, 1901; für einen „OK"-Vermerk auf einem Fax-Sendebericht hatte dies der BGH verneint, vgl. Strömer, Online-Recht, S. 314.
11 Vgl. Strömer, Online-Recht, S. 315.

analog als auch elektronisch beweiszugängliche Zustellungsformen (Einschreiben mit Rückschein oder eine De-Mail, s. u., Rn. 623 ff.).[12]

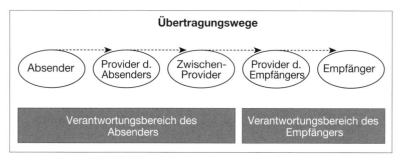

569

Übersicht 45: Verantwortungsbereiche beim Zugang von eMails

Des Weiteren setzt ein wirksamer Zugang voraus, dass mit einer Kenntnisnahme seitens des Empfängers **nach normaler Lebenserfahrung gerechnet** werden darf. So ist beispielsweise längst anerkannt, dass ein am Abend in den Hausbriefkasten eingeworfener Brief erst am nächsten Tag – wenn üblicherweise der Briefträger die Post bringt – zugegangen ist. Ist der Folgetag ein Sonn- oder Feiertag, an dem keine Postzustellung erfolgt, findet der Zugang dann erst am nächsten Werktag statt.[13] Für den Zugang elektronischer Post haben sich noch keine derart gefestigten Gepflogenheiten herausgebildet. Jedoch kann im geschäftlichen Verkehr – insbesondere bei **Widmung des elektronischen Postfachs für die geschäftliche Nutzung** (z. B. bei entsprechender Nennung auf dem Firmenbriefbogen) – während der **regulären Geschäfts-/Bürostunden** von einem jederzeitigen und sofortigen Zugang ausgegangen werden. Bei einer **privaten Account-Nutzung** kommt es darauf an, in welcher Regelmäßigkeit und wann der Empfänger seine eMails abruft, ob er diesen Kommunikationskanal auch für verbindliche Handlungen eröffnet hat (also im Rechtsverkehr – auch – mit seiner eMail-Adresse auftritt) und ob dieses dem Absender bekannt ist.[14]

570

---

12 Vgl. näher hierzu Willems, MMR 2013, 551 ff., auch zu den verschiedenen denkbaren Möglichkeiten der Beweisführung (Absendebestätigung, Zugang einer cc-Mail, Empfangs- oder Lesebestätigung, Vorlage von Providerdaten, De-Mail).
13 Palandt/Ellenberger, BGB, § 130 Rn. 6; s. z. B. BGH, NJW 2008, 843.
14 Vgl. Köhler/Arndt/Fetzer, Recht des Internet, Rn. 177 ff.; LG Nürnberg-Fürth, CR 2003, 293 = MMR 2003, 620 (Ls.); BT-Drs. 14/4987, S. 11; für eine differenzierte Behandlung des Zugangs von eMails und eMail-Anhängen siehe Wietzorek, MMR 2007, 156.

6.1.1.3 Anfechtung

571

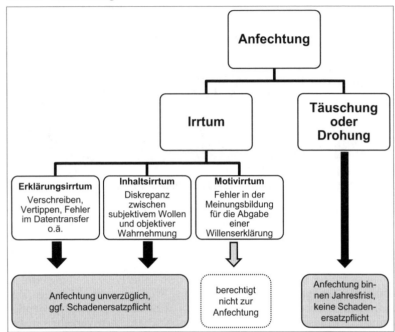

Übersicht 46: Anfechtung von Willenserklärungen

572   Unterlag einer der Vertragspartner bei der Abgabe seiner Willenserklärung einem Irrtum, kann er diese Erklärung anfechten und so den geschlossenen **Vertrag hinfällig machen** (§§ 119, 142 Abs. 1 BGB). Er ist dann jedoch dazu verpflichtet, dem Vertragspartner den **Schaden zu ersetzen**, den dieser durch sein Vertrauen auf den Bestand des Vertrages erlitten hat, z. B. bereits getätigte Aufwendungen zur Vertragserfüllung oder Ablehnung eines anderen Vertragsangebots zum gleichen Gegenstand (§ 122 BGB). Dieses Anfechtungsrecht gilt nur für **Erklärungsirrtümer** (wenn durch Verschreiben, Vertippen o. Ä. die Erklärung etwas anderes aussagt, als der Erklärende will und denkt)[15] und für **Inhaltsirrtümer.** Das ist der Fall, wenn die Erklärung bei objektiver Auslegung aus Sicht des Empfängerhorizonts etwas anderes aussagt, als der Erklärende subjektiv darunter verstanden hat.[16] Das wäre z. B. der Fall, wenn ein Berliner in Süddeutschland einen „Pfannkuchen" bestellt, worunter dort – anders als in Berlin – kein süßes Hefegebäck mit Marmeladekern (in Süddeutschland

---

15 Palandt/Ellenberger, BGB, § 119 Rn. 10.
16 Palandt/Ellenberger, BGB, § 119 Rn. 11 ff.

als „Berliner" bekannt), sondern ein Eierkuchen verstanden wird. Sogenannte **Motivirrtümer sind unbeachtlich** (z. B. die Braut kauft ein teures
Brautkleid ohne zu wissen, dass der Bräutigam bereits die Auflösung der
Verlobung vorbereitet).[17] Darüber hinaus muss die Anfechtung unverzüglich (also ohne schuldhaftes Zögern, § 121 BGB) und gegenüber dem Vertragspartner (§ 143 BGB) erfolgen. Neben diesen Fällen der Irrtumsanfechtung gibt es noch die Anfechtung wegen **Täuschung oder Drohung**
(§ 123 BGB); hier besteht wegen der fehlenden Schutzwürdigkeit des An-
fechtungsgegners keine Schadenersatzpflicht sowie eine einjährige An-
fechtungsfrist (§ 124 BGB).

Besondere Bedeutung für die Online-Vertragsschlüsse kommt dem **Erklä-**   **573**
rungsirrtum durch Vertippen oder Verrutschen des Cursors beim Klicken
der Maustaste zu.[18] Bietet beispielsweise jemand im Internet einen ge-
brauchten Smart, der zwei Jahre alt ist, 17 000km Laufleistung hat und
unfallfrei ist, aufgrund eines Zahlendrehers für 1900 € statt 9 100 € an,
kann er einen Erklärungsirrtum geltend machen. Weil hier der Preis schon
auffällig günstig ist, entfällt auch die Schadensersatzpflicht; denn der Käufer musste bei diesem Angebot vernünftigerweise davon ausgehen, dass
der Preis nicht stimmt (vgl. § 122 Abs. 2 BGB). Aber auch ein – im Verantwortungsbereich des Erklärenden aufgetretener – **Fehler im Daten-**
transfer kann zu einer nicht gewollten Preisangabe führen und eine Anfechtung wegen Erklärungsirrtums rechtfertigen. Das war z. B. der Fall,
als jemand den richtigen Preis für eine Ware in sein Warenwirtschaftssys-
tem eingegeben hat, während auf der Internetseite tatsächlich ein ganz
anderer (viel niedrigerer) Preis erschienen ist. Der BGH hatte darauf abgestellt, dass es für den Erklärungsirrtum irrelevant sei, „ob sich der Erklärende selbst verschreibt beziehungsweise vertippt oder ob die Abweichung
vom gewollten Erklärungstatbestand auf dem weiteren Weg zum Empfänger eintritt".[19]

Umstritten ist noch, ob auch eine **falsche Preisangabe in einer** (als ver-   **574**
bindliche Annahme zu wertenden) **Auto-Reply-Erklärung** zur Irrtumsanfechtung berechtigt. Da die Erklärung nur elektronisch generiert wird und
die Vertragsdaten aus der invitatio ad offerendum übernimmt, ist deren
falsche Preisangabe als technische Fortsetzung des (Tipp-)Fehlers beim
Einstellen der Ware bzw. Dienstleistung ins Netz anzusehen (§§ 119, 120

---

17 Palandt/Ellenberger, BGB, § 119 Rn. 29; Köhler/Arndt/Fetzer, Recht des Internet,
    Rn. 195 ff.
18 Köhler/Arndt/Fetzer, Recht des Internet, Rn. 199.
19 BGH, NJW 2005, 976 = JZ 2005, 791 m. Anm. Spindler = CR 2005, 355 m. Anm.
    Ernst = MMR 2005, 233.

BGB).[20] Dementsprechend muss die Irrtumsanfechtung dann möglich
sein.

575 Beispielfall 13: Schlaues Schnäppchen

Sachverhalt: Autohändler Gernot (G) bietet im Internet Gebrauchtwa-
gen zum Kauf an. Im Angebot befindet sich u. a. ein BMW 118i, Erst-
zulassung vor einem Jahr, 17.000km, unfallfrei (Objekt 3406), der mit
einem Preis von 1.700 € ausgezeichnet ist. Der auf Autosuche befindliche Luft- und Raumfahrtstudent Leon (L) findet dieses Angebot sehr
attraktiv und schickt in einer vorgegebenen Maske eine Bestell-eMail
ab. Wenige Minuten später erhält er von G die automatisch generierte
Antwort: „Lieber Kunde, wir bestätigen den Eingang Ihrer Bestellung
des Fahrzeugs Objekt-Nr. 3406 zum Preis von 1.700 €. Ihre Bestellung
wird so schnell wie möglich bearbeitet, damit Sie schon bald Ihr neues
Auto genießen können. Mit freundlichen Grüßen, Firma G". Einen
Tag später bekommt L eine weitere eMail von G, in der ihm mitgeteilt
wird, dass die Preisauszeichnung des Wagens wegen einer vom System
nicht angenommenen Null versehentlich falsch vorgenommen war
und der richtige Preis 17.000 € beträgt. G fragt vor diesem Hintergrund an, ob L an seiner Bestellung festhalten will. L antwortet empört, er wolle das von ihm gekaufte Auto zum angegebenen Preis von
1.700 € haben. G stellt sich auf den Standpunkt, noch sei gar kein
Vertrag zustande gekommen; hilfsweise fechte er den Vertrag wegen
Erklärungsirrtums an. Welchen Anspruch kann L durchsetzen?

576 Lösungsvorschlag: L könnte die Übereignung des von ihm bestellten
Autos für den Preis von 1.700 € verlangen, wenn ein entsprechender
Kaufvertrag zustande gekommen wäre. Dies würde zwei deckungsgleiche Willenserklärungen voraussetzen. Wenn man im Internetangebot
des G das Angebot und in der Bestellung des L die Annahme sehen
könnte, wäre der Vertrag zum Kaufpreis von 1.700 € zustande gekommen, da beide Äußerungen von diesem Preis ausgegangen sind. Fraglich ist jedoch, ob das Internetangebot bereits als rechtsgeschäftliche
Willenserklärung anzusehen ist. Dagegen spricht, dass G dann ein bindendes Angebot gegenüber einer Vielzahl von Internetusern abgegeben
hätte, das er nie gegenüber mehreren Kunden gleichzeitig erfüllen
könnte. Daher ergibt eine interessengerechte Auslegung, dass es sich
bei der Präsentation im Internet noch nicht um ein bindendes Vertragsangebot, sondern um eine sog. „invitatio ad offerendum" – also
eine Einladung zur Abgabe eines Angebots – handelt. Demnach stellt

---

20 OLG Frankfurt a. M., MMR 2003, 405, und i. Erg. OLG Hamm, Urt. v. 12.1.2004 – Az.
13 U 165/03 = NJW 2004, 2601 = MMR 2004, 761; a. A. allerdings LG Köln, MMR
2003, 481 = CR 2003, 613; Köhler/Arndt/Fetzer, Recht des Internet, Rn. 201.

erst die Bestellung durch L ein rechtsgeschäftliches Vertragsangebot zum Preis von 1.700 € dar. Eine Annahme könnte allerdings in der Auto-Reply-Erklärung von G liegen. Während der erste Satz der Erklärung nur informierender Natur ist und keinen Rechtsbindungswillen erkennen lässt, geht der zweite Satz deutlich weiter. Danach soll der Kunde sein Auto schon bald genießen können. Dieser Hinweis bringt aus Sicht des Empfängers zum Ausdruck, dass er das Auto bekommen soll und die Bestellungsbearbeitung (erster Satz) nur eine Formalität darstellt. Damit enthält die Auto-Reply-Erklärung einen hinreichenden Rechtsbindungswillen, um eine Annahme zu bejahen. Damit ist der Vertrag über den Kaufpreis in Höhe von 1.700 € zustande gekommen.

Dieser Vertrag könnte jedoch durch die hilfsweise Anfechtung des G rückwirkend („ex tunc", § 142 Abs. 1 BGB) weggefallen sein. Dies würde eine wirksame Anfechtung voraussetzen. Als Anfechtungsgrund wird ein Erklärungsirrtum angegeben, weil der Preis fehlerhaft eingegeben bzw. vom System angenommen wurde. Da solche Versehen oder Verarbeitungsfehler den klassischen Fall des Erklärungsirrtums gem. § 119 Abs. 1 Var. 2 BGB darstellen, ist damit ein tragfähiger Anfechtungsgrund gegeben. Die Anfechtungserklärung ist außerdem binnen eines Tages – also unverzüglich – und gegenüber L erfolgt (§§ 121 Abs. 1, 143 Abs. 1 BGB). Damit liegen alle Anfechtungsvoraussetzungen vor, weshalb L keine Ansprüche aus dem Vertrag geltend machen kann. Ihm bleibt lediglich der Schadenersatzanspruch gem. § 122 BGB. Dem könnte allerdings entgegenstehen, dass L den Anfechtungsgrund hätte erkennen müssen (und damit fahrlässig nicht kannte, § 122 Abs. 2 BGB). Bei einem einjährigen und unfallfreien BMW 118i mit einer überschaubaren Laufleistung liegt ein Preis von 1.700 € offenkundig weit unterhalb dem marktüblichen Niveau. L hätte daher erkennen müssen, dass hier ein Fehler vorliegt. Damit scheidet auch der Schadenersatzanspruch aus.

6.1.1.4 Beweiskraft (einfacher) eMails

Viele Online-Verträge werden durch einfache – also nicht qualifiziert elektronisch signierte – eMails geschlossen. Bestreitet nun beispielsweise der Verkäufer, dass die Annahme-eMail von ihm stammt, stellt sich im Prozess die Frage, ob einer vorgelegten einfachen eMail eine Beweiskraft – zumindest als **Anscheinsbeweis**[21] – **bezüglich der Identität seines Absenders** zukommt. Denn „nach dem derzeitigen Stand der Verschlüsselungsmöglichkeiten [kann] nicht davon ausgegangen werden, dass der Handelnde tatsächlich mit der Person identisch ist, auf die der verwendete Namen registriert wurde"; außerdem kann sich zunächst jedermann unter

577

---

21 Zum Begriff des Anscheinsbeweises s. o., Rn. 100.

fremder Identität einen eMail-Account einrichten.[22] Verneint man aus diesen Gründen die Qualität als Anscheinsbeweis, führt dies allerdings faktisch zu einer Beweislastumkehr zulasten des Empfängers. Dieser hat in aller Regel keine Möglichkeit, den Beweis zu erbringen, dass die eMail auch wirklich vom darin genannten Absender stammt. Weiter wird zugunsten einer Anerkennung von eMails als Anscheinsbeweis ins Feld geführt, dass entsprechende Manipulationen, durch die eine eMail so aussieht, als sei sie von jemand anderem, strafbar (§§ 269, 303a StGB) und technisch sehr anspruchsvoll sind.[23] Des Weiteren ist § 292a ZPO, der den Anscheinsbeweis nur für qualifiziert elektronisch signierte Dokumente angeordnet hat und folglich Dokumenten mit deutlich geringerer Sicherheitsqualität diesen Beweiswert verwehrt hat,[24] im Jahr 2005 durch § 371a ZPO ersetzt worden; danach können jetzt qualifiziert elektronisch signierte Dokumente die volle Beweiskraft wie „klassische" Urkunden beanspruchen.[25] Für einfache eMails besteht dadurch Spielraum für die Anerkennung als Anscheinsbeweis; bislang scheint die Rechtsprechung diesen Spielraum jedoch nicht nutzen zu wollen und berücksichtigt eMails lediglich im Rahmen der freien richterlichen Beweiswürdigung.[26] Wird die Identität vom Absender dagegen nicht bestritten, kann auch eine einfache eMail mit ihrem Inhalt als ordentliches Beweismittel (Urkundsbeweis) verwendet werden.

6.1.1.5 Handeln unter fremdem Namen (Identitätsdiebstahl)

578 Die relative Anonymität des Internets begünstigt Vorgehensweisen, bei denen jemand unter dem Namen eines anderen auftritt und Willenserklärungen abgibt, also Verträge abschließt. Für gewöhnlich verlangen Handelsplattformen und Internet-Kaufhäuser die Anlegung eines Kunden-Accounts, bevor sie die Möglichkeit elektronischer Bestellungen eröffnen. Dieser Account umfasst die persönlichen Daten des Kunden[27] und ist – in der Regel durch ein Passwort – zugangsgeschützt. Da der Kunde seine Willenserklärungen über dieses Konto abgibt, verkörpert es zugleich seine Identität gegenüber der Plattform oder dem Internet-Kaufhaus. Gelangt ein Dritter unbefugt an die Zugangsdaten, kann dem Nutzer ein **„Identitätsdiebstahl"** drohen. Da es auch bei sorgfältigem Umgang mit den Konto-Zugangsdaten ohne weiteres denkbar ist, dass Unbefugte in den Besitz der Zugangsdaten

---

22 LG Bonn, CR 2002, 293, m. Anm. Hoeren.
23 Mankowski, CR 2003, 44; die Informatiker unter meinen Hörern haben bei diesem Argument allerdings eine erhebliche Heiterkeit gezeigt.
24 Roßnagel/Pfitzmann, NJW 2003, 1209; OLG Köln, CR 2003, 55; LG Konstanz, MMR 2002, 835.
25 Dazu ausführlich Roßnagel/Fischer-Dieskau, NJW 2006, 806.
26 Köhler/Arndt/Fetzer, Recht des Internet, Rn. 293.
27 Die Anmeldung unter falschen Personalien sowie der anschließende Verkauf unter diesem Account erfüllen nicht den Straftatbestand der Fälschung beweiserheblicher Daten gem. § 269 StGB, OLG Hamm, MMR 2009, 775.

gelangen können, kann der Nutzer nicht generell für das Missbrauchsrisiko der Technologie belangt werden. Hat ein Online-Händler einen Gegenstand verkauft, und der Inhaber des Käufer-Accounts bestreitet sein Kaufangebot, stellt sich die Frage, ob und zwischen wem ein Vertrag zustande gekommen ist. Denn es ist nicht nur möglich, dass der Kunde ein Opfer eines Identitätsdiebstahls geworden ist, sondern auch, dass er sich von einem als ungünstig empfundenen Vertrag wieder lösen will (was in der Regel aber nur außerhalb des Unternehmer-Verbraucher-Verhältnisses relevant ist).

Grundsätzlich obliegt dem Verkäufer die Beweislast für die wahre Identität des Kunden.[28] Ist dies nicht möglich oder steht sogar fest, dass jemand anderes – etwa die Ehefrau, Freundin oder ein Kind des Kunden – die Bestellung aufgegeben hat, kommt noch eine **Zurechnung nach Stellvertreterregeln der §§ 164 ff. BGB** (analog) in Betracht. Hier lassen sich folgende Fallgruppen beispielhaft unterscheiden: **579**
- Der Kunde weiß, dass seine Frau öfters über seinen Account Bestellungen vornimmt. Er hat ihr zwar keine entsprechende ausdrückliche Vollmacht erteilt, weiß aber von der Praxis und nimmt diese hin. In solchen Fällen wird ihm das Handeln der Ehefrau als eigenes Handeln im Wege der sog. **Duldungsvollmacht** zugerechnet. Denn im Verhältnis Kunde – Verkäufer darf Letzterer dann darauf vertrauen, dass die Willenserklärungen mit Billigung oder zumindest Duldung des Käufers erfolgt sind.
- Der Kunde hat keine Kenntnis davon, dass (neben seiner Frau) auch sein Sohn Bestellungen über den Account vornimmt. Aber wenn er seine Konto-Zugangsdaten nicht sorgfältig vor fremdem Zugriff gesichert hat und außerdem seine Nichtkenntnis vom Handeln des Sohnes auf Fahrlässigkeit beruht, muss er sich auch diese Bestellungen zurechnen lassen (sog. **Anscheinsvollmacht**). Denn der Verkäufer darf bei einem passwortgeschützten Kundenaccount davon ausgehen, dass die darüber abgegebenen Willenserklärungen vom Kunden und Kontoinhaber stammen.[29]

Liegen die genannten Voraussetzungen einer Duldungs- oder Anscheinsvollmacht nicht vor, kann im Fall eines Identitätsdiebstahls keine **Zurechnung der abgegebenen Willenserklärung** erfolgen. Ein Vertragsschluss mit demjenigen, der unter der fremden Identität eine Willenserklärung abgegeben hat, scheidet im Normalfall auch aus. Denn die Person des Ver-   **580**

---

28 OLG Hamm, NJW 2007, 611; LG Magdeburg, CR 2005, 466.
29 BGH, Urt. v. 11.5.2011 – Az. VIII ZR 289/09 = NJW 2011, 2421, Rn. 14 ff.; krit. Hauck, JuS 2011, 967, 969, und Sonnentag, WM 2012, 1614, 1615 f., wonach die Kategorien der Duldungs- und Anscheinsvollmacht hier nicht passen; denn bei diesen Zurechnungsformen täuscht die handelnde Person den Vertragspartner über ihre nicht vorhandene Bevollmächtigung, während es beim Handeln unter fremdem Namen um eine Täuschung über die handelnde Person selbst geht.

tragspartners gehört zu den essentialia negotii eines Vertrages; außerdem will der Online-Händler regelmäßig nur mit dem Account-Inhaber einen Vertrag abschließen, weil er (nur) von diesem eine Einzugsermächtigung hat und deshalb seinem Geld nicht hinterher laufen muss.[30] Der Identitätsdieb haftet daher dem Vertragspartner des Identitätsinhabers nur als **Vertreter ohne Vertretungsmacht** (falsus procurator) gem. § 179 BGB. Dies ist dann für den Vertragspartner wenig befriedigend, wenn der falsus procurator mittellos, minderjährig (§ 179 Abs. 3 S. 2 BGB) oder gar unbekannt (Hacker) ist.[31]

581 Noch geringer sind die Zurechnungsanforderungen des BGH im Deliktsrecht. Hier muss der Kontoinhaber für **urheber-, marken- und wettbewerbsrechtliche Verstöße** einstehen,[32] die über sein Konto erfolgt sind, wenn er die Zugangsdaten nicht sorgfältig vor fremdem Zugriff geschützt hat; auf eine Fahrlässigkeit der Nichtkenntnis kommt es hier – im Gegensatz zur vertragsrechtlichen Zurechnung – nicht an.[33] Erst recht ist dann derjenige für die von seinem Konto ausgehenden Handlungen verantwortlich, der die Zugangsdaten regelmäßig einem anderen (absichtlich) zugänglich macht. Das kann bei strafrechtlich relevanten Handlungen sogar zur **Bestrafung wegen Beihilfe** führen.[34]

6.1.1.6 Vertragsschluss durch autonome elektronische Agenten

582 Angesichts der gigantischen Informations- und Angebotsfülle im Internet gibt es **Computerprogramme**, die dem Nutzer dabei helfen, das vorhandene Angebot bestimmter Waren im Internet zu strukturieren. Solche Programme können in besonders entwickelten Versionen sich den Vorlieben des Nutzers zunehmend anpassen und über die Informationssuche hinaus auch die **Verhandlungsführung bis hin zum Vertragsabschluss gestalten**; der Nutzer erfährt von seinen vertraglichen Bindungen dann erst aus dem Bericht seines Programms. Diese Softwareprodukte[35] werden „elektronische Agenten" oder „Softwareagenten" genannt.[36]

---

30 Eine Ausnahme gilt nur bei Bargeschäften des täglichen Lebens (sog. „Geschäft für den, den es angeht"), weil hier die Identität des Vertragspartners nicht wesentlich ist; bei den hier interessierenden Online-Geschäften ist diese Ausnahme jedoch nicht relevant, weil eben gerade nicht bar bezahlt wird.

31 Sonnentag, WM 2012, 1614.

32 Da es sich hierbei um absolute Immaterialgüterrechte handelt, geht deren rechtlicher Schutz weiter, als bei den relativen vertraglichen Ansprüchen in den zuvor genannten Entscheidungen.

33 BGH, CR 2009, 450 m. Anm. Rössel (Halzband); BGH, Urt. v. 11.5.2011 – Az. VIII ZR 289/09 = NJW 2011, 2421, Rn. 19 f.

34 BGH, CR 2008, 727.

35 Cornelius, MMR 2002, 353.

36 Da erscheint die Science-Fiction-Vision einer Machtübernahme durch die Maschinen im Film „Matrix" gar nicht mehr so unwahrscheinlich.

Fraglich ist jedoch, ob ein solcher „Vertragsschluss" juristisch bindend **583**
ist. Die hierfür nötigen Willenserklärungen implizieren jeweils eine
menschliche Handlung. Mangels Menschlichkeit und mangels eigener
Rechtspersönlichkeit kann der elektronische Agent nicht als Vertreter
i. S. d. §§ 164 ff. BGB angesehen werden; außerdem liefe sonst die Haftung für den falsus procurator (§ 179 BGB) ins Leere, weshalb auch Ana-
logien nicht möglich sind.[37] Der Agent muss also eine Willenserklärung
des ihn einsetzenden Nutzers „überbringen". Im Kern geht es daher um
die Frage, welcher **Grad menschlicher Beeinflussung** für die vom Agenten
abgegebene „Willenserklärung" erforderlich ist. So könnte man die **Erstellung einer Willenserklärung „im gestreckten Verfahren"** konstruieren,
bei der sich Mensch und Maschine die Arbeit teilen. Die **abstrakte Vorgabe der Zieldaten** (z. B. Kauf einer Stereoanlage mit Tuner, CD-Player
und Radio, ohne Boxen, die neuwertig sein und unter 1000 € kosten soll)
bedeutet dann eine auf die automatische Erstellung einer Willenserklärung gerichtete Vorbereitungshandlung, die den „menschlichen" Part darstellt.[38] Lässt man dies als den notwendigen menschlichen Mitwirkungs-
akt ausreichen, wäre der Vertragsschluss für den Nutzer, der den Agenten
so einsetzt, bindend.

Doch handelt es sich dabei um eine m. E. **zu weitgehende Entpersonalisie-** **584**
rung der Willenserklärung. Die Software kann nur Unterstützung bieten,
die rechtlich erhebliche – konkrete – Entscheidung muss dem mit Rechtspersönlichkeit ausgestatteten Menschen vorbehalten bleiben. Bei der
Konstruktion einer Willenserklärung „im gestreckten Verfahren" bleibt
der Wille des Erklärenden noch zu abstrakt; die **nicht unwesentliche Wil-
lenskonkretisierung** kann nicht allein durch den Agenten erfolgen. Hinzu
kommt, dass ein Vertragsschluss in aller Regel den Schlusspunkt eines
interaktiven Kommunikationsprozesses darstellt, was durch die vielfältigen verbraucherschützenden Informationspflichten besonders augenfällig
wird; hieran nimmt aber der mit einem Agenten arbeitende Nutzer nicht
teil. Bei einer Bejahung des rechtlich bindenden Vertragsschlusses wären
zudem verschiedene **Folgeprobleme** (z. B. Behandlung von Irrtümern, Einbeziehung von AGBs)[39] nicht systemgerecht lösbar.

Beispielfall 14: Smartphone im See **585**

Sachverhalt: Die alleinerziehende Realschullehrerin Renate (R) kauft
beim Onlinehändler Omazon (O) regelmäßig für sich und ihren 16-jähri-
gen Sohn Sascha (S) ein. Das Spektrum der auf diesem Weg erworbenen
Waren reicht von DVDs und Büchern bis hin zu Lampen und Haushalts-

---

37 Cornelius, MMR 2002, 353, 354 f.
38 Cornelius, MMR 2002, 353, 355.
39 Vgl. Cornelius, MMR 2002, 353, 358.

geräten. R hat die Zugangsdaten auf einem Zettel notiert, den sie in einer unverschlossenen Schublade ihres Schreibtisches verwahrt. S, der dies gelegentlich beobachtet hat, will eines Tages ein neu herausgekommenes Smartphone (Preis: 499 €) unbedingt haben. Aus Sorge, dass R seinen Wunsch abschlagen wird, nutzt er eines Tages deren Abwesenheit dazu aus, das Smartphone mittels der in der Schublade befindlichen Zugangsdaten über den Account von R bei O zu bestellen. Die kurz darauf erfolgende Warensendung wird von S geschickt abgefangen, so dass R von dem Kauf zunächst nichts mitbekommt. Am dritten Tag, den S mit seiner neuen Erwerbung verbringt, geht er mit seinen Kumpels zum Grillen an einen nahe gelegenen Baggersee. Dort wird das Smartphone auf dem Badesteg allseits bewundert, bis es versehentlich ins Wasser fällt. Nach mehreren Tauchgängen wird das Gerät aus dem schlammigen Untergrund des Sees geborgen, ist jedoch leider nicht mehr funktionsfähig. Derweil hat R in ihrem Omazon-Account unter „Ihre letzten Einkäufe" die Bestellung des S (und auch die bereits erfolgte Abbuchung auf ihrem Konto) entdeckt. Sie stellt S nach dessen Heimkehr zur Rede und verbietet den Handykauf. Kann R ihr Geld von O zurückverlangen, obwohl eine Rückgabe des Gerätes nicht mehr möglich ist?

586   **Lösungsvorschlag:** R könnte ihr Geld zurückverlangen, wenn O das Geld rechtsgrundlos erlangt hätte (§ 812 BGB) und keinen anderen Gegenanspruch zur Aufrechnung geltend machen könnte.

Eine rechtsgrundlose Erlangung des Geldes würde ausscheiden, wenn zwischen R und O ein Vertrag über den Kauf des Smartphones zustande gekommen wäre. Da nicht R, sondern S das Gerät bestellt hat, müsste dafür die Bestellung des S der R zuzurechnen sein. Dies wäre nach den Regeln zur Stellvertretung (§§ 164 ff. BGB) denkbar. Eine direkte Anwendung scheidet zwar aus, da R den S nicht entsprechend bevollmächtigt hat und S auch nicht gegenüber O in Erscheinung tritt. Vielmehr handelt S unter dem Namen von R. In einem solchen Fall des Handelns unter fremdem Namen ist eine analoge Anwendung der §§ 164 ff. BGB möglich, wenn R einen Rechtsschein dafür gesetzt hätte, dass S diese Bestellung über ihren Account vornehmen konnte. Da R vom Handeln des S nichts weiß, scheidet eine sog. Duldungsvollmacht aus. Denkbar wäre jedoch eine Anscheinsvollmacht. Diese setzt nach der Rechtsprechung des BGH zunächst voraus, dass der Vertretene – also R – die Zugangsdaten nicht sorgfältig vor unbefugtem Zugriff geschützt hat. Im vorliegenden Fall hat R die Zugangsdaten in der unverschlossenen Schreibtischschublade verwahrt. Da es sich hierbei um einen extrem naheliegenden Ort handelt, an dem ein Dritter nach den Zugangsdaten suchen würde, sind die Daten nicht durch ein Versteck geschützt. Dann aber wäre zumindest zu erwarten gewesen, dass die Schublade abgeschlossen und der Schlüssel andernorts verwahrt worden wäre. Da jedoch auch dies laut Sachverhalt nicht der Fall ist, genügt die Unterbringung der Zugangsdaten nicht den Anforderungen für eine sorgfältige Verwahrung. Des Weiteren setzt eine Anscheinsvollmacht voraus, dass R keine Kenntnis vom Handeln des S hat und diese Unkenntnis auf Fahrlässigkeit beruht. Ausweislich des Sachverhalts hatte R tatsächlich keine Kenntnis davon, dass S ihren Account benutzt. Fraglich ist aber, ob diese Unkenntnis fahrlässig war. Dafür müsste R die im Verkehr erforderliche Sorgfalt außer Acht gelassen haben (§ 276 Abs. 2 BGB). Hier aber ist eine Fahrlässigkeit der R bezüglich dieser Unkenntnis zu verneinen, weil sie bis zur erfolgten Handybestellung keine Anhaltspunkte für einen Zugriff von S auf ihren Account hatte. Da zum Sorgfaltsmaßstab nicht gehört, damit rechnen zu müssen, von Familienangehörigen hintergangen zu werden, kann R hier kein Fahrlässigkeitsvorwurf gemacht werden. Folglich sind die Voraussetzungen der Anscheinsvollmacht nicht (vollständig) erfüllt, weshalb sich R die Bestellung des S nicht zurechnen lassen muss. Folglich ist kein Vertrag zwischen R und O zustande gekommen.

Denkbar wäre allerdings ein Gegenanspruch von O gegen R wegen Verletzung ihrer Aufsichtspflicht über S (§ 832 BGB). Dieser Anspruch müsste durch Erklärung der Aufrechnung geltend gemacht werden. Letztlich stehen einem solchen Anspruch jedoch dieselben Argumente entgegen, die schon zur Verneinung der Anscheinsvollmacht geführt haben: Indem S bis zuletzt keinen Anlass für eine nähere Kontrolle gegeben hat, sind die Anforderungen an die Beaufsichtigung eines 16-Jährigen in ausreichendem Maße erfüllt. Folglich liegt keine Verletzung der Aufsichtspflicht vor.

O ist folglich zur Rückerstattung des Kaufpreises an R verpflichtet. Auch wenn O den S nicht als Vertreter ohne Vertretungsmacht in Anspruch nehmen kann, weil dieser minderjährig ist (§ 179 Abs. 3 S. 2 BGB), hat O einen Schadenersatzanspruch gegen S.[40]

6.1.2 Internet-Auktionen

Selten hat sich eine Erscheinungsform im Internet so durchgesetzt wie die **587** Auktionsplattformen, allen voran „eBay". Sowohl für Neuware wie für gebrauchte Dinge handelt es sich um eine **äußerst attraktive Verkaufsmöglichkeit,** was vor allem daran liegt, dass das Angebot in ganz Deutschland Interessierten zur Verfügung steht und so einen großen potenziellen Ab-

---

40 Dieser ergibt sich aus § 990 BGB, wenn man S für bösgläubig hinsichtlich seines Besitzrechts hält, ansonsten aus §§ 823, 828 BGB.

nehmermarkt erreicht. Die Beliebtheit geht inzwischen sogar soweit, dass auch der Staat davon offiziell Gebrauch machen will. So sieht das „Gesetz über die Internetversteigerung in der Zwangsvollstreckung und zur Änderung anderer Gesetze"[41] in § 814 Abs. 2 Nr. 2 ZPO ausdrücklich die Möglichkeit vor, dass sich der Gerichtsvollzieher bei einer öffentlichen **Versteigerung im Rahmen der Zwangsvollstreckung** auch für eine „allgemein zugängliche Versteigerung im Internet über eine Versteigerungsplattform" entscheiden kann.

6.1.2.1 Angebot und Annahme

588   Bei einer klassischen Versteigerung stellt das Gebot des Bieters das Angebot und der **Zuschlag des Versteigerers** die Annahme dar, § 156 BGB. Für solche Versteigerungen, bei denen der Verbraucher persönlich anwesend ist, gilt **das für Fernabsatzverträge gewöhnlich geltende Widerrufsrecht** gem. § 312g Abs. 1 BGB nicht, § 312g Abs. 2 Satz 1 Nr. 10 BGB. Während hier die Angebotsannahme durch den Zuschlag erfolgt und der Bieter außerdem i. d. R. persönlich anwesend ist, sieht dies bei Internet-Auktionen für gewöhnlich anders aus. Hier wird üblicherweise ein Versteigerungsgegenstand ins Netz gestellt und zugleich erklärt, das in einem bestimmten Zeitraum eingegangene Höchstgebot anzunehmen. Dann stellt aber dieses verkäuferseitige Handeln eine vorweggenommene **Annahme** dar, während die Abgabe des höchsten Gebots durch den Käufer das **Angebot** bedeutet.[42] Je nach Ausgestaltung der AGBs der Versteigerungsplattform kann der Vertragsschluss auch umgekehrt konstruiert werden: Dann erklärt der Verkäufer mit der Freischaltung der Versteigerung ein Angebot unter der aufschiebenden Bedingung, einen Kaufvertrag mit dem Höchstbietenden abzuschließen; dann ist das Höchstgebot als Annahme anzusehen.[43] In beiden Fällen erfolgt der Vertragsschluss durch Angebot und Annahme ohne persönliche Anwesenheit des Verbrauchers, weshalb für § 156 BGB kein Raum mehr ist und das Widerrufsrecht besteht.[44]

589   Diese Konstruktionen von Angebot und Annahme haben zudem zur Folge, dass der Verkäufer an sein freigeschaltetes Angebot **bis zum Ablauf**

---

41 Gesetz vom 30. Juli 2009, BGBl. I, S. 2474.
42 BGH, MMR 2002, 95 m. Anm. Spindler = JZ 2002, 504 m. Anm. Hager (ricardo.de); Köhler/Arndt/Fetzer, Recht des Internet, Rn. 319 ff., zum Einstellen von Angeboten in die Rubrik „Sofort-Kaufen" bei eBay, siehe LG Saarbrücken, MMR 2004, 556, und AG Moers, MMR 2004, 563.
43 Ausführlich dazu Sutschet, NJW 2014, 1041; Deutsch, MMR 2004, 586; vgl. insofern auch § 6 Nr. 2 der eBay-AGBs.
44 Vgl. zur Rechtslage vor Umsetzung der VRRL BGH, MMR 2005, 37 m. Anm. Spindler = JZ 2005, 464; kritisch zum „sehr engen und sehr rechtstechnischen" Begriffsverständnis des BGH: Mankowski, JZ 2005, 444; Braun, JZ 2008, 330, sieht das BGH-Urteil gar als Folge eines „Missverständnisses der Gesetzesmaterialien" an, weil der Gesetzgeber Internetauktionen vom fernabsatzrechtlichen Widerrufsrecht gerade hatte freistellen wollen.

der **Versteigerungsdauer gebunden** ist. Er kann deshalb nach der Freischaltung nicht mehr zurück. Etwas anderes gilt nur dann, wenn ihm ein Anfechtungs- oder Rücktrittsrecht zusteht[45] – etwa im Fall eines Diebstahls des Kaufgegenstandes.[46] Der BGH hat daher entschieden, dass die Willenserklärung des Verkäufers in solchen Fällen unter dem Vorbehalt einer berechtigten Rücknahme steht.[47] Die Angebotsbindung des Verkäufers gilt insbesondere auch dann, wenn sein taktisches Kalkül nicht aufgeht und die Ware erheblich unter Wert verkauft werden muss.[48] Denn die Rechtsordnung schützt niemanden vor **objektiv unvernünftigen oder riskanten Verkaufsstrategien.** So hatte das OLG Köln einen besonders krassen Fall zu entscheiden: Der Verkäufer hatte – ohne dass ihm ein (Erklärungs-)Irrtum unterlaufen wäre – einen Rübenroder[49] im Wert von 60 000 € auf der Versteigerungsplattform von eBay eingestellt; als Startpreis hatte er 1 € angegeben, neben der „Sofort-Kaufen"-Option für 60 000 €. Von Letzterer machte niemand Gebrauch, so dass der Bieter mit dem Höchstgebot von sage und schreibe 51 € einen wirksamen Vertrag abschloss. Da der Verkäufer den Rübenroder bereits anderweitig verkauft hatte und deshalb den Vertrag nicht mehr erfüllen konnte, wurde er vom OLG Köln zu einer Schadenersatzzahlung in Höhe des Wertes von 60 000 € abzüglich des Kaufpreises von 51 € – also zu einer Zahlung von 59 949 € (nebst Zinsen) – verurteilt.[50]

Beispielfall 15: Star schlägt Server **590**

Sachverhalt: Medizinstudent Marc (M) bietet zu Monatsbeginn zur Verbesserung seiner notorisch kritischen Kassenlage im Rahmen seiner privaten Internetpräsenz einen ganz besonderen Artikel meistbietend

---

45 BGH, Urt. v. 10.12.2014 – Az. VIII ZR 90/14 = CR 2015, 189; OLG Oldenburg, NJW 2005, 2556 = CR 2005, 828; OLG Koblenz, MMR 2009, 630; LG Coburg, MMR 2005, 330; LG Berlin, MMR 2007, 802.
46 BGH, Urt. v. 8.6.2011 – Az. VIII ZR 305/10 = NJW 2011, 2643 = CR 2011, 608 m. Anm. Küppers = MMR 2011, 653 m. Anm. Dammers.
47 BGH, Urt. v. 8.1.2014 – Az. VIII ZR 63/13 = NJW 2014, 1292 m. Anm. Kulke = MMR 2014, 165, in Fortführung von BGH, Urt. v. 8.6.2011 – Az. VIII ZR 305/10 = NJW 2011, 2643 = CR 2011, 608 m. Anm. Küppers = MMR 2011, 653 m. Anm. Dammers.
48 BGH, Urt. v. 12.11.2014 – Az. VIII ZR 42/14 = NJW 2015, 548 = CR 2015, 106 m. Anm. Mankowski/Loose = MMR 2015, 103 m. Anm. Wagner/Zenger; dazu Oechsler, NJW 2015, 665.
49 Dabei handelt es sich um eine landwirtschaftliche Maschine zur Ernte von Zuckerrüben, vgl. <de.wikipedia.org/wiki/Rübenroder> (15.7.2015).
50 OLG Köln, CR 2007, 598; in einem ähnlichen Fall (Ersteigerung eines Pkw im Wert von rund 5.000 € für 1 €) hat auch der BGH, Urt. v. 12.11.2014 – Az. VIII ZR 42/14 = NJW 2015, 548 = CR 2015, 106 m. Anm. Mankowski/Loose = MMR 2015, 103 m. Anm. Wagner/Zenger, entschieden, dass ein grobes Missverhältnis zwischen dem Wert des Versteigerungsgegenstandes und des Erlöses für sich allein noch nicht zu einer wucherähnlichen Sittenwidrigkeit i. S. v. § 138 Abs. 1 BGB führt; ebenso BGH, Urt. v. 28.3.2012 – Az. VIII ZR 244/10 = NJW 2012, 2723; s. dazu Kulke, NJW 2012, 2697.

zum Kauf an. Dabei handelt es sich um ein Trikot der amerikanischen Basketball-Mannschaft „Dallas Mavericks" mit dem Namensaufdruck des dortigen deutschen Spielers Dirk Nowitzki und dessen Originalautogramm darauf. Dieses besondere Stück hatte er bei einem Spielbesuch während eines USA-Aufenthalts erworben und signieren lassen. In Anlehnung an die eBay-Gepflogenheiten erklärt er in diesem Angebot, dass er das Trikot demjenigen geben wolle, der bis zum 10. des Monats um 23 Uhr das höchste Angebot abgebe; als Startgebot legt er 200 € fest. Das höchste fristgerecht eingegangene Gebot beträgt 640 € und stammt von Bieter Dani (D). Allerdings geht um 23.02 Uhr noch ein Gebot von Bieter Basti (B) über 950 € ein, das dieser um 22.59 abgesandt hatte. M teilt B daraufhin mit, dass er dessen Gebot noch akzeptiere. B bezahlt erfreut die 950 € und bekommt das Trikot von M zugeschickt. D ist mit diesem Vorgehen nicht einverstanden und verlangt die Übereignung des Trikots zum Preis von 640 €. Mit wem hat M nun einen Kaufvertrag über das Trikot abgeschlossen?

591   **Lösungsvorschlag:** Zunächst ist zu prüfen, ob M einen Kaufvertrag mit D zum Preis von 640 € abgeschlossen hat. M hat das Trikot im Stil einer Online-Versteigerung in seinen Internetauftritt eingestellt und damit eine vorweggenommene Annahme des höchsten Gebots zum Endzeitpunkt der Versteigerung erklärt. Fraglich ist, ob das Gebot des D das relevante Höchstgebot darstellt. Dem könnte das höhere Gebot von B entgegenstehen. Entscheidend für diese Frage ist, ob dessen Gebot noch zu berücksichtigen ist. Dies hängt davon ab, wer das Zugangsrisiko für die Gebote trägt. Bei Willenserklärungen unter Abwesenden liegt dieses Risiko stets beim Erklärenden – also bei B –, bis das Gebot den Machtbereich des Vertragspartners erreicht hat (s. o., Rn. 567). Das Gebot des B ist laut Sachverhalt erst um 23.02 Uhr bei M eingegangen und war damit verspätet. Allerdings hat B sein Gebot noch vor 23 Uhr und damit rechtzeitig abgesandt, weshalb ein Fall des § 149 BGB vorliegen könnte. Danach ist eine verspätet zugegangene Annahmeerklärung, die rechtzeitig abgesandt wurde, nur dann nicht zu berücksichtigen, wenn der Erklärungsempfänger umgehend auf die Verspätung hinweist. Zwar handelt es sich beim Gebot des B um keine Annahmeerklärung, sondern um das Angebot; da dies jedoch der besonderen rechtlichen Konstellation bei Online-Versteigerungen geschuldet ist und für solche Fälle keine Regelung besteht, kann § 149 BGB hier analog angewendet werden. Die Berücksichtigungsfähigkeit des Gebots von B setzt dabei jedoch voraus, dass es „bei regelmäßiger Beförderung […] rechtzeitig zugegangen sein würde". Auch wenn es sich bei eMails um eine extrem schnelle Kommunikationsform handelt, wird man angesichts der notorisch starken Belastung des Netzes nicht generell davon ausgehen können, dass eMails im Regelfall binnen einer Minute zugestellt werden, sondern zumindest mehrere Minuten dafür veranschlagen müssen. Dann aber ist bei einer Gebots-Absendung um 22.59 Uhr unter normalen Umständen kein rechtzeitiger Zugang mehr gesichert. Das Gebot des B kann folglich auch nach § 149 BGB analog nicht mehr berücksichtigt werden. Es steht daher dem Umstand nicht entgegen, dass das Gebot von D das höchste fristgerecht abgegebene Gebot darstellt und damit zusammen mit der vorweg erklärten Annahme des M einen wirksamen Kaufvertrag bildet.

M könnte aber außerdem auch einen Kaufvertrag mit B zum Preis von 950 € abgeschlossen haben. B hat mit seinem Gebot ein Angebot zum Abschluss eines Kaufvertrags gemacht, das alle Vertragsessentialia (Kaufgegenstand und -preis sowie die Vertragsparteien) enthält und nur noch angenommen werden müsste. Diese Annahme liegt nicht in der im Rahmen der Versteigerung von M vorweg erklärten Annahme. Denn diese war – wie dargelegt – auf das Höchstgebot bis 23 Uhr bezogen, während das Gebot des B erst danach einging. Allerdings erklärt M, dass er dieses Gebot – entgegen seiner ursprünglichen Aussage – gelten lassen will; darin liegt nun eine neue Annahmeerklärung, die auf das Gebot von B bezogen ist. Folglich ist auch zwischen M und B ein Kaufvertrag zustande gekommen.

M hat demnach das Trikot zweimal verkauft, was rechtlich möglich ist. Freilich kann M nur einen der beiden Verträge erfüllen. Er entscheidet sich zur Erfüllung gegenüber B, weshalb er den Vertrag mit D nicht erfüllen kann. D steht deshalb wahlweise ein Schadenersatzanspruch statt der Leistung wegen Nichterfüllung des Vertrages (§§ 280 Abs. 1, 3, 283 BGB) oder ein Anspruch auf Herausgabe des Ersatzes (§ 285 BGB) zu. Entscheidet sich D für den Schadenersatzanspruch, muss M den D so stellen, wie er stünde, wenn M den Vertrag erfüllt hätte. Folglich könnte D nun anderweitig ein original-signiertes Nowitzki-Trikot kaufen und den dort entrichteten Kaufpreis von M – abzüglich des mit M vereinbarten Kaufpreises von 640 € – als Schadenersatz einfordern. Wählt D den Anspruch auf Herausgabe des Ersatzes, könnte er von M den höheren Verkaufserlös, den dieser für das Trikot von B bekommen hat, abzüglich des eigenen Kaufpreises verlangen, also 310 €.

6.1.2.2 Konzessionspflicht gem. § 34b GewO

Die gewerbsmäßige Versteigerung fremder Sachen ist nach § 34b Abs. 1 **592** GewO konzessionspflichtig. Grund dafür ist die in spannenden Versteigerungssituationen bestehende Gefahr, dass sich beim **Hochschaukeln des Preises** die Konkurrenzsituation verselbständigt und ein Bieter sich – vergleichbar zu Wett- und Glücksspielsituationen – zu einem **unbedachten und irrationalen (Über-)Bietverhalten** (dessen Folgen er eventuell bitter bereuen wird) hinreißen lässt.[51] Deshalb soll der Kunde vor „schwarzen Schafen" im Versteigerergewerbe geschützt werden, indem der konzessionspflichtige Versteigerer an die Zuverlässigkeitskriterien des Gewerberechts gebunden wird.[52]

593 Wie beim Vertragsschluss stellt sich die Frage, ob eine Internet-Auktion den – hier **gewerberechtlichen** – **Versteigerungsbegriff** erfüllt. Danach muss es sich um eine zeitlich begrenzte Veranstaltung handeln, innerhalb derer eine Mehrzahl von Personen ausgehend von einem Mindestgebot aufgefordert wird, etwas im gegenseitigen Wettbewerb durch Höchstgebot zu erwerben.[53] Die meist auch geforderte Voraussetzung, eine solche Versteigerung müsse auch örtlich begrenzt sein, erscheint bei Berücksichtigung des Schutzzwecks der Konzessionspflicht nicht wesensnotwendig;[54] entscheidend ist vielmehr das **Bestehen der unmittelbaren Konkurrenzsituation**, die die Kenntnis der anderen Gebote voraussetzt.[55] Danach stellen solche Internet-Auktionen, bei denen die Gebote der Mitbieter bekannt sind, Versteigerungen i. S. v. § 34b GewO dar, wenn die Konkurrenzgebote aufgrund der Gesamtgestaltung des Ablaufs der Auslöser für neuerliche Überbietungen sind und deshalb den einzelnen Bieter unter einen **psychischen Druck des Mitbietens** setzen.[56]

594 Ob dies der Fall ist, hängt von den Umständen des Einzelfalls und vom konkreten Versteigerungsablauf ab, weshalb eine generelle Aussage über die Konzessionspflicht von Internet-Auktionen nicht möglich ist. Richten sich Internet-Auktionen an Verbraucher, denen wegen ihrer fehlenden persönlichen Anwesenheit gem. § 312g Abs. 2 Satz 1 Nr. 10 BGB ein **fernabsatzrechtliches Widerrufsrecht** zusteht, sind diese an ein in der Hitze des Gefechts gemachtes Gebot nicht sofort gebunden, weshalb dann der Schutzzweck des § 34b GewO nicht einschlägig sein kann.[57] Den entscheidenden psychologisch-situativen Zugriff auf den einzelnen Bieter hat das Kammergericht – jedenfalls in der erforderlichen Intensität – in einer Entscheidung verneint (und damit auch den gewerberechtlichen Versteigerungsbegriff).[58] Aber selbst dann, wenn eine Internet-Auktion konzessi-

---

51 Vgl. Klinger, DVBl. 2002, 810, 813 f.

52 Zuverlässig ist, wer nach dem Gesamteindruck seines Verhaltens die Gewähr dafür bietet, dass er sein Gewerbe künftig ordnungsgemäß ausübt, vgl. Ehlers, Rn. 56.

53 Klinger, DVBl. 2002, 810, 811 f. m. w. N.; KG, MMR 2001, 764; Köhler/Arndt/Fetzer, Recht des Internet, Rn. 314.

54 Teilweise wird die Voraussetzung auch mit dem „virtuellen Raum" des Internets bejaht, LG Hamburg, CR 1999, 526, und ihm folgend Köhler/Arndt/Fetzer, Recht des Internet, Rn. 316 f.

55 Klinger, DVBl. 2002, 810, 814.

56 Vgl. Klinger, DVBl. 2002, 810, 817.

57 A. A. Köhler/Arndt/Fetzer, Recht des Internet, Rn. 317.

58 KG MMR 2001, 764.

onspflichtig ist und keine Konzession vorliegt, hat dies keine Auswirkungen auf die **Wirksamkeit der Auktionsverträge.**[59]

6.1.2.3 Sniper-Software

Es kann kaum überraschen, dass die Softwareentwicklung schon bald **595** technische Mechanismen erarbeitet hat, um den Bieter in einer Internet-Auktion zu unterstützen. Deshalb gibt es **automatisch arbeitende Biet-Softwareprodukte,** die für den Nutzer zu einem von ihm vorgegebenen Zeitpunkt – in aller Regel also kurz vor Ablauf einer Internet-Auktion – für diesen das bis dahin höchste Gebot platziert und ihm so den Zuschlag sichert (sog. Sniper-Software; vgl. to snipe = engl. umgangssprachl.: abschießen, wegputzen).[60] Da eine solche Software schlau genug ist, das Höchstgebot möglichst niedrig über dem zweithöchsten Gebot zu halten, leidet darunter die Gewinnspanne der Versteigerungen (und damit auch der Gebührenanteil für die Versteigerer). Deshalb haben die Auktionshäuser teilweise versucht, die Nutzung der Sniper-Software bei den von ihnen veranstalteten Auktionen durch AGBs zu untersagen.

Die **rechtliche Bewertung der Sniper-Software ist bislang relativ großzü- 596 gig.** Danach werden die Nutzung dieser Bietsoftware sowohl im Verhältnis zu den Mitbietenden als auch im Verhältnis zum Auktionshaus und zum Verkäufer als rechtlich unbedenklich[61] und entgegenstehende AGBs als unangemessene Benachteiligung gem. § 307 BGB angesehen.[62] Da die Verwendung von Sniper-Software voraussetzt, dass der Nutzer sein Passwort dafür weitergibt, hat das LG Hamburg dies allerdings für **wettbewerbswidrig** erklärt, wenn das Passwort nach den Versteigerungs-AGBs geheim zu halten ist. Das LG Berlin dagegen kommt unter wettbewerbsrechtlichen Gesichtspunkten zu **keiner Beanstandung,** soweit die Bietstrategie freigestellt ist und daher ein Gebot auch in letzter Sekunde zulässig ist.[63]

6.1.2.4 Rückwärts-Auktionen

Eine besondere Auktionsform im Internet sind die sogenannten „Rück- **597** wärts-Auktionen" oder „umgekehrte Versteigerungen". Dabei wird der Kaufgegenstand mit einem Startpreis ins Internet gestellt; der **Preis sinkt dann in bestimmten Zeiträumen in einer bestimmten Höhe** (bei einer

---

59 BGH, MMR 2002, 95 m. Anm. Spindler = JZ 2002, 504 m. Anm. Hager; Köhler/Arndt/
    Fetzer, Recht des Internet, Rn. 318.
60 Leible/Sosnitza, CR 2003, 344 f.
61 Leible/Sosnitza, CR 2003, 344, 345 ff., verneinen in ihrer Untersuchung Absatzbehinde-
    rung, Verleiten zum Vertragsbruch, Ausbeutung fremder Leistung und Eingriff in den ein-
    gerichteten und ausgeübten Gewerbebetrieb.
62 Leible/Sosnitza, CR 2003, 344, 349.
63 LG Hamburg, MMR 2002, 755; LG Berlin, CR 2003, 857.

BGH-Entscheidung wurde der Preis um 300 DM pro Woche gesenkt,[64] bei einer anderen um 250 DM alle 20 Sekunden;[65] in beiden Fällen wurden Autos versteigert). Bei dieser Versteigerungsform muss der Kaufinteressent stets abwägen zwischen der Chance, dass der Preis noch günstiger wird, und der Gefahr, dass jemand anders nicht so lange abwartet, durch entsprechendes Anklicken des Zuschlagsbuttons die Versteigerung beendet und ihm den Kaufgegenstand zu einem noch etwas höheren Preis wegschnappt. Hiergegen sind **wettbewerbsrechtliche Bedenken – wegen Ausnutzung der Spiellust** und die damit verbundenen Verleitung zu unüberlegten Kaufentschlüssen – erhoben worden,[66] denen der BGH jedoch letztlich nicht gefolgt ist.[67]

598 Der BGH argumentiert hier maßgeblich mit der **Höhe großer Investitionen.** Im Umkehrschluss wäre daraus zu folgern, dass für billigere Kaufgegenstände – z. B. Möbel – doch eine Ausnutzung aleatorischer Reize bejaht werden könnte.[68] Auch lässt der BGH hier offen, welche Bedeutung dem **Zeittakt des Preisverfalls** zukommt; bei einer nur wöchentlichen Preissenkung kann freilich von einer ausreichenden Angebotsprüfung durch den Kunden ausgegangen werden. Sobald aber der Zeittakt kürzer als ca. 24 Stunden wird, so dass eine **seriöse Prüfung des Angebots auf Preis-Leistungs-Verhältnis, Qualität und Konkurrenzangebote** kaum mehr möglich ist, spricht auf den ersten Blick einiges für das Vorliegen wettbewerbsrechtlicher Unlauterkeit.[69] Ist jedoch der Käufer ein Verbraucher, steht ihm – da er nicht am Verkaufsort persönlich anwesend ist – ein **Widerrufsrecht** zu (s. o., Rn. 588), weshalb er in aller Ruhe nach dem Vertragsschluss überlegen kann, ob er nun den ersteigerten Gegenstand für diesen Preis wirklich kaufen oder den Abschluss widerrufen will.[70]

6.1.2.5 Gewährleistung

599 Häufig ist bei eBay-Angeboten zu lesen: „Da Privatverkauf keine Gewährleistung". Richtig daran ist, dass bei einem Verkauf einer beweglichen Sache durch einen Unternehmer an einen Verbraucher (sog. „**Verbrauchsgüterkauf**", § 474 Abs. 1 BGB) die Gewährleistung gar nicht ausgeschlossen werden kann (§ 475 Abs. 1 i. V. m. § 437 BGB). Aber auch beim Privatverkauf gilt die Gewährleistung gemäß § 437 BGB, solange sie nicht

---

64 BGH MMR 2003, 465 m. Anm. Leible/Sosnitza = CR 2003, 517 m. Anm. Lindenberg = NJW 2003, 2096.
65 BGH MMR 2004, 160 = NJW 2004, 852 = CR 2004, 290 m. Anm. Leible/Sosnitza.
66 OLG Hamburg, CR 2002, 753 m. Anm. Leible/Sosnitza; siehe auch VGH Baden-Württemberg, Urt. v. 23.5.2013 – Az. 6 S 88/13, der eine sog. Countdown-Auktion als Glücksspiel i. S. v. § 3 GlüStV angesehen hat.
67 BGH, MMR 2003, 465 m. Anm. Leible/Sosnitza = CR 2003, 517 m. Anm. Lindenberg = NJW 2003, 2096.
68 Vgl. Anm. Leible/Sosnitza, MMR 2003, 466.
69 So Anm. Lindenberg, CR 2003, 518; vgl. auch Anm. Leible/Sosnitza, MMR 2003, 466.
70 BGH, MMR 2004, 160 = NJW 2004, 852 = CR 2004, 290 m. Anm. Leible/Sosnitza.

wirksam vertraglich ausgeschlossen worden ist (§ 444 BGB). Freilich kann der Verkäufer damit nicht die Haftung für ihm bekannte, aber (**arglistig**) **verschwiegene Mängel** vermeiden; zudem kann er sich auch dann nicht auf einen Gewährleistungsausschluss berufen, wenn er „eine **Garantie für die Beschaffenheit der Sache** übernommen hat" (§ 444 BGB). Ob eine solche Garantie übernommen wurde, ist aus der Formulierung der Sachbeschreibung zu ermitteln. Wird eine Beschaffenheitsangabe (§ 434 Abs. 1 Satz 1 BGB) mit zu viel Inbrunst und Überzeugung angepriesen, kann im Einzelfall die Grenze zur Beschaffenheitsgarantie überschritten sein. Die Hürde dafür legt der BGH aber vergleichsweise hoch, denn „die Übernahme einer Garantie setzt [...] voraus, dass der Verkäufer in vertragsmäßig bindender Weise die Gewähr für das Vorhandensein der vereinbarten Beschaffenheit der Kaufsache übernimmt" – auch unabhängig von eigener Kenntnis und eigenem Verschulden. Dieser Messlatte hat die Angabe der km-Laufleistung eines Gebrauchtfahrzeugs nicht genügt, weil das Interesse des Verkäufers an der Richtigkeit gerade dieser Angabe nicht so weitreichend ist.[71]

600 Allerdings muss sich der (Privat-)Verkäufer in jedem Fall – also unabhängig von einem Gewährleistungsausschluss – an seinen Beschaffenheitsangaben gem. § 434 Abs. 1 Satz 1 BGB festhalten lassen. Alles andere wäre ja auch ein Widerspruch: Man kann nicht einen Gegenstand mit bestimmten beschreibenden Angaben zu seiner Beschaffenheit anpreisen, und sich dann beim Fehlen einer solchen Beschaffenheit auf einen Haftungsausschluss berufen wollen. Von der **Verantwortung für die Angaben in der Warenbeschreibung** kann man sich auch beim Privatverkauf nicht durch einen pauschalen Haftungsausschluss freizeichnen. In einem vom BGH entschiedenen Fall ging es um ein über eBay verkauftes Motorrad, das mit einem Kilometerstand von 30 000km und Gewährleistungsausschluss angepriesen wurde, tatsächlich aber – abweichend vom Tachostand, der tatsächlich bei 30 000km lag – eine gutachterlich festgestellte Laufleistung von fast 49 000km aufwies.[72]

6.1.2.6 Gegenseitige Bewertung der Vertragsparteien

601 Nicht nur bei Internet-Auktionen, aber vor allem dort, wird die **Seriosität und Vertrauenswürdigkeit von Handelspartnern** über Bewertungssysteme ermittelt. Häufig gibt es – wie bei eBay – eine Gesamtbewertung eines Verkaufsvorgangs mit „Positiv", „Neutral" oder „Negativ", die mit einem wertenden Kommentar und Einzelbewertungen zu bestimmten Aspekten eines Handels (Höhe der Versandkosten, Schnelligkeit des Ver-

---

71 BGH, NJW 2007, 1346 m. Anm. Gutzeit = MMR 2007, 311 m. Anm. Hoffmann.
72 BGH, NJW 2007, 1346 m. Anm. Gutzeit = MMR 2007, 311 m. Anm. Hoffmann.

sands etc.) ergänzt sein können.[73] Insbesondere für den Verkäufer ist diese Bewertung von hoher Bedeutung, da sich viele potenzielle Käufer – auch aufgrund der Anonymität im Netz – bei schlecht bewerteten Händlern zurückhalten werden; denn nach erfolgtem Vertragsschluss muss der Käufer zuerst das Geld überweisen und ist damit bezüglich Lieferzuverlässigkeit und Qualität der Ware vom Verkäufer abhängig, ohne noch über ein eigenes Druckmittel zu verfügen.

602 In rechtlicher Hinsicht ist bei diesen Bewertungen zunächst zwischen Tatsachenbehauptungen – die ggf. widerlegbar sind – und Werturteilen zu unterscheiden. **Tatsachenbehauptungen** sind vorrangig in den Verbalkommentaren zu finden und dürfen nicht erweislich unrichtig sein; ansonsten hat der betroffene Vertragspartner einen Unterlassungs- und Beseitigungsanspruch (vgl. auch oben die Ausführungen zu Bewertungsportalen, Rn. 369 ff.). So hat das OLG Oldenburg den Kommentar eines Verkäufers über eine Käuferin mit dem Inhalt „Bietet, nimmt nicht ab" als unwahre Tatsachenbehauptung eingestuft, weil die Käuferin die Ware durchaus abgenommen und bezahlt hatte; sie hatte jedoch danach Mängel daran geltend gemacht, die der Verkäufer nicht akzeptieren wollte.[74]

603 Ein **Werturteil** dagegen darf scharf, schonungslos und sogar ausfällig sein; erst wenn die Grenze zur Schmähkritik oder Beleidigung überschritten wird, kann sich der Betroffene mit Erfolg dagegen wehren; ein bloßes Gefühl, ungerecht bewertet worden zu sein, reicht dafür noch lange nicht aus.[75] Da die Gesamtnote (positiv/neutral/negativ) als ein solches Werturteil anzusehen ist und aus den Gesamtnoten die „Zuverlässigkeitsquote" gebildet wird, führt dies häufig zu juristisch unbefriedigend lösbaren Meinungsunterschieden über diese Gesamtbewertung. Auch das in § 7 Nr. 2 Satz 2 der eBay-AGBs festgelegte (und ohnehin geltende, s. o., Rn. 374) **Sachlichkeitsgebot** hilft erst dann, wenn bewusste Fehlurteile und Verzerrungen vorgenommen werden.[76]

604 Der **Betreiber der Auktionsplattform** ist regelmäßig nicht zu einer detaillierten Überprüfung der Bewertungen verpflichtet. Aufgrund seiner generellen Störerhaftung (s. o., Rn. 349) ist er nur zur Löschung offensichtlicher Beleidigungen und Verletzungen der Intimsphäre sowie zur Vermeidung von Wiederholungen verpflichtet.[77]

---

73 Da viele Verkäufer die positive Bewertung des Käufers davon abhängig gemacht haben, ihrerseits positiv bewertet worden zu sein (selbst bei wenig überzeugender Leistung), hat eBay die Negativbewertung bei Käufern inzwischen ausgeschlossen.
74 OLG Oldenburg, CR 2006, 694 = MMR 2006, 556.
75 Janal, NJW 2006, 870, 871 f.
76 Janal, NJW 2006, 870, 872.
77 Vgl. Janal, NJW 2006, 870, 873 f.

Beispielfall 16: Schwieriger Schreibtisch **605**

Sachverhalt: Der Philosophie-Student Philipp (P) erhält von seinen Eltern zur Studienfinanzierung einen alten, antiquarischen Schreibtisch, der schon lange im Keller herumgestanden ist und dessen Verkaufserlös er behalten darf. P stellt den Schreibtisch bei eBay mit dem Mindestgebot von 50 € ein. Dazu schreibt er folgenden Text: „Schönes altes Möbel, Zierde für jedes Arbeitszimmer, einmalige Gelegenheit. Je nach Geschmack kleinere Restaurierungsmaßnahmen erforderlich. Privatverkauf wie immer ohne Gewährleistung." Beigefügt sind Fotos, die den Schreibtisch von verschiedenen Seiten – aber immer mit geschlossenen Schubladen bzw. Türen – zeigen. In den letzten Minuten der Auktion gibt es einen regelrechten „Run" auf das Möbelstück; die drei höchsten Angebote lauten 2.481 €, 2.471 € und 1.450 €. Beim Höchstbietenden handelt es sich um Germanistikprofessor Gernot (G), der bei der Abholung vor Ort feststellt, dass die Schubladen völlig verzogen und stark holzwurmgeschädigt sind. Die Seitentür klemmt und die Inneneinteilung des Seitenschränkchens ist völlig kaputt. G ist entsetzt und verlangt von P eine hinreichende Instandsetzung. Da P dies ablehnt, verweigert G die Abnahme und Bezahlung des Schreibtisches. P gibt daraufhin über G folgende Negativbewertung ab: „Alter Nörgler und Vertragsbrecher, der vom Leben keine Ahnung hat." Den Tisch verkauft P schließlich an den Zweithöchstbietenden für 1.460 €, der nur das zu bezahlen bereit ist, was er als Höchstbietender hätte bezahlen müssen (also 10 € über dem Dritthöchstbietenden).[78] Vor Gericht treffen sich P und G wieder. Während P die Bezahlung der Mindereinnahme von 1.021 € verlangt, begehrt G die Löschung der Negativbewertung. Wie geht der Prozess aus?

Lösungsvorschlag: **606**

a) P hätte den geltend gemachten Anspruch auf Ersatz der Mindereinnahme zwischen dem Gebot von G und dem tatsächlich erzielten Kaufpreis von per saldo 1.021 €, wenn zwischen beiden ein Kaufvertrag zustande gekommen und der Anspruch nicht untergegangen wäre. P hat den Schreibtisch bei eBay eingestellt und damit eine vorweggenommene Annahme für das Höchstgebot abgegeben. Dieses Höchstgebot stellt das Angebot von G dar, weshalb zwischen beiden ein Kaufvertrag über den Schreibtisch zu einem Preis von 2.481 € zustande gekommen ist. Dieser Vertrag beinhaltet u. a. einen Anspruch von P gegen G auf Abnahme und Bezahlung des Schreibtisches. Dieser Anspruch könnte jedoch untergegangen sein. Dies wäre der Fall, wenn

---

78 Die Erhöhungsschritte im automatischen Bietsystem bei eBay steigern sich in Abhängigkeit der Gebote; so liegt der Erhöhungsschritt bei Geboten zwischen 1.000 € und 5.000 € bei 10 € und darüber bei 50 €.

G wirksam vom Vertrag zurückgetreten wäre. Ein solches Rücktrittsrecht könnte sich hier aus § 323 Abs. 1 BGB ergeben. Voraussetzung
dafür wäre, dass der Schuldner – also P – seine Leistung nicht vertrags-
gemäß erbringt. Folglich kommt es darauf an, ob der Schreibtisch als
vertragsgemäße Leistung anzusehen ist. Dafür ist der Vertragsinhalt
zu ermitteln, wofür v. a. die Artikelbeschreibung relevant ist. Indem P
darin nur von einem geringen Restaurierungsbedarf spricht, der außerdem geschmacksabhängig – also gar nicht zwingend erforderlich – ist,
wird ein im Kern funktionsfähiges und unbeschädigtes Möbelstück
beschrieben. Dem steht der tatsächliche Zustand des Schreibtisches
gegenüber, der sowohl funktionelle Einschränkungen (Schubladen,
Seitentür) als auch Beschädigungen (Inneneinteilung, Wurmbefall)
aufweist. Folglich entspricht der Kaufgegenstand nicht der zum Vertragsbestandteil gewordenen Artikelbeschreibung. Diesem Ergebnis
steht auch nicht der – beim Privatverkauf grundsätzlich mögliche –
Gewährleistungsausschluss entgegen, da dieser nicht die konkrete Artikelbeschreibung hinfällig machen kann. Folglich ist der Schreibtisch
nicht in dem vertraglich vorausgesetzten Zustand. Da P eine Instandsetzung ablehnt, bedarf es für die Ausübung des Rücktrittsrechts auch
keiner Fristsetzung (§ 323 Abs. 2 Nr. 1 BGB). Damit ist der Anspruch
des P auf Abnahme und Bezahlung untergegangen.

b) Der Anspruch von G auf Löschung der Negativbewertung wäre
nur dann gegeben, wenn die Bewertung die Grenze zur Schmähkritik
überschreiten würde oder unrichtige Tatsachenbehauptungen enthielte. Die Bezeichnungen „alter Nörgler" und „hat vom Leben keine
Ahnung" sind nicht nur unsachlich, sondern greifen das persönliche
Ehrgefühl des G an. Demnach handelt es sich hier um eine Schmähkritik, die P auf Verlangen von G löschen muss. Die Einordnung des G
als „Vertragsbrecher" stellt dagegen eine Tatsachenbehauptung dar.
Wie sich gezeigt hat, hat G jedoch den Kaufvertrag nicht gebrochen,
sondern durch legitime Ausübung seines Rücktrittsrechts hinfällig gemacht. Soweit es hier einen Vertragsbruch gibt, liegt dieser in der viel
zu euphemistischen Artikelbeschreibung durch P. Folglich ist die Tatsachenbehauptung unzutreffend und daher ebenfalls zu löschen.

6.1.3 Elektronische Signaturverfahren

6.1.3.1 Schriftform, elektronische Form und Textform

607 Im Normalfall sind Verträge nach dem BGB an **keine besondere Form**
gebunden, so dass die Vertragsschließenden völlig frei darin sind, ob sie
ihre Vereinbarung mündlich, schriftlich, per Handschlag oder per eMail
„besiegeln" wollen. Nur in einzelnen Fällen ordnet das Gesetz besondere
Formerfordernisse an; dies gilt für die **Schriftform** gem. § 126 BGB, die

beispielsweise für Bürgschaftserklärungen vorgeschrieben ist (§ 766 BGB). Besonders wichtige Verträge bedürfen der **notariellen Beurkundung** gem. § 128 BGB, so beispielsweise der Grundstückskauf (§ 311b Abs. 1 BGB) oder Eheverträge (hier sogar noch unter gleichzeitiger Anwesenheit beider Seiten, § 1410 BGB). Darüber hinaus können Vertragsparteien in einem Vertrag bestimmte Formerfordernisse für Änderungen oder Ergänzungen ihres Vertrages vorsehen (§ 127 BGB), was häufig zugunsten der Schriftform erfolgt. Ist eine solche gesetzlich oder vertraglich festgelegte Form nicht gewahrt, ist die formwidrige Vereinbarung gem. § 125 BGB nichtig.

In der Frühphase des Internets waren eMails – obwohl sie ja schriftlich **608** sind – nicht als Schriftform anerkannt, weil diese eine eigenhändige Unterschrift verlangt (§ 126 Abs. 1 BGB).[79] Soweit also die Schriftform einzuhalten war, konnten Verträge nicht elektronisch geschlossen werden. In Umsetzung der Signaturrichtlinie der EU wurde dann jedoch das BGB geändert. Dabei wurde die „elektronische Form" eingeführt (§ 126a BGB); seither kann ein nach dem SigG **qualifiziert elektronisch signiertes Dokument** die klassische **Schriftform ersetzen** und damit elektronische Vertragsschlüsse, für die die Schriftform vorgeschrieben ist, formwirksam ermöglichen.[80]

Darüber hinaus wurde mit der „**Textform**" eine **neue Formebene** zwi- **609** schen der Schriftform bzw. elektronischen Form einerseits und der bloß mündlichen Form andererseits eingeführt (§ 126b BGB), die zunehmend auch in gesetzlichen Vorschriften vorkommt (z. B. bei der Modernisierungsankündigung oder der Erhöhungserklärung im Mietrecht gem. §§ 555c Abs. 1, 559b Abs. 1 BGB) und ebenfalls vertraglich vereinbart werden kann;[81] diese „Textform" verlangt
• eine „lesbare Erklärung",
• die Nennung der Person des Erklärenden (also i. d. R. eine Namensangabe) sowie

---

79 Eine Spezialregelung gilt im Zivilprozessrecht, wonach ein beim Gericht einzureichender Schriftsatz „die Unterschrift der Person, die den Schriftsatz verantwortet, bei Übermittlung durch einen Telefaxdienst (Telekopie) die Wiedergabe der Unterschrift in der Kopie" enthalten soll (§ 130 Nr. 6 ZPO). Hierzu hat sich eine feinsinnig differenzierte Rechtsprechung entwickelt. So ist diese Anforderung erfüllt, wenn der Schriftsatz als pdf-Dokument eingescannt und dann per eMail dem Gericht zugeleitet wird (BGH, NJW 2008, 2649 = MMR 2008, 666 m. Anm. Hornung); anders dagegen verhält es sich, wenn ein Schriftsatz mit eingescannter Unterschrift per Fax – und nicht unmittelbar aus dem Computer – verschickt wurde (BGH, MMR 2007, 103). Diese unterschiedliche Behandlung hat das BVerfG (MMR 2008, 96) gebilligt.
80 Vgl. Köhler/Arndt/Fetzer, Recht des Internet, Rn. 204 ff.; zur Gesetzesbegründung s. BT-Drs. 14/4987, S. 12 f.
81 Allerdings gibt es auch pragmatisch „schiefe" Wertungen; so lässt das BAG eine eMail in Textform für das Schriftlichkeitsgebot des § 99 Abs. 3 Satz 1 BetrVG ausreichen, MMR 2009, 746 = CR 2009, 680.

- eine Verkörperung dieser Erklärung auf einem dauerhaften Datenträger, damit der Empfänger die Erklärung aufbewahren und bei Bedarf wiedergeben kann.

Dies kann ganz klassisch auf einem Stück Papier erfolgen (ohne Unterschrift, weil sonst Schriftform), aber eben auch elektronisch. Ausweislich der Gesetzesbegründung erfüllen insoweit „Vorrichtungen zur Speicherung digitaler Daten (USB-Stick, CD-ROM, Speicherkarten, Festplatten) und auch eMails" die Voraussetzungen des dauerhaften Datenträgers.

610   Nicht ausreichend ist dagegen eine **herkömmliche Webseite**, da der Empfänger der Erklärung keine eigene Verfügungsgewalt über die Verkörperung der Erklärung erhält.[82] Auch wenn die Dauerhaftigkeit keinen Ewigkeitsanspruch erheben kann und deshalb einer natürlichen zeitlichen Begrenzung unterliegt (– das Gesetz spricht von „einem für ihren Zweck angemessenen Zeitraum" –), ist eine Internetseite schon mit einem Klick wieder weg. Wird die Seite kurz darauf wieder aufgerufen, kann sich der Text bereits geändert haben. Insofern steht die jederzeitige Veränderbarkeit von Internetseiten deren Dauerhaftigkeit entgegen. Auf eine Abspeicherung oder einen Ausdruck durch den User kann es nicht ankommen,[83] weil es nicht am Empfänger liegen kann, ob eine Äußerung des Erklärungen – also des Betreibers einer Webseite – bestimmte Formvoraussetzungen erfüllt. Auch die bloße Möglichkeit der Abspeicherung bzw. des Ausdruckens kann aus diesem Grund nicht genügen.[84] Da ein wesentlicher Zweck dieser Formkategorie erklärtermaßen in einer gewissen **Beständigkeit und Dokumentationsmöglichkeit** liegt, kann eine Internetseite wegen ihrer Flüchtigkeit nie Textformqualität haben.[85] Denn eine eMail kann der Empfänger (ohne dass er zuvor eigene Sicherungsmaßnahmen wie Speichern oder Ausdrucken ergriffen haben muss) jederzeit (bis er sie selbst löscht) in seinem Postfach nachlesen, während eine Internetseite jederzeit durch den Erklärenden modifiziert werden kann.[86]

611   Die „Rangordnung" der **verschiedenen Formarten** lässt sich nun folgendermaßen darstellen:

---

82 BT-Drs. 17/12637, S. 44; Palandt/Ellenberger, BGB, § 126b Rn. 7; so in anderem Zusammenhang auch EuGH, Urt. v. 5.7.2012 – Az. C-49/11, wonach eine Webseite grundsätzlich kein dauerhafter Datenträger ist.

83 So aber noch zur Vorgängerfassung des § 126b BGB das KG, NJW 2006, 3215 = MMR 2006, 678 = CR 2006, 680.

84 So aber Zenker, JZ 2007, 816, 817; Köhler/Arndt/Fetzer, Recht des Internet, Rn. 229.

85 Zenker, JZ 2007, 816, 819.

86 Zenker, JZ 2007, 816, 820.

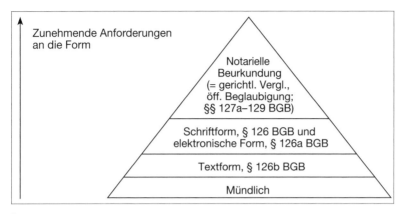

Übersicht 47: Rangordnung der Formarten für Vertragsschlüsse

6.1.3.2 Signaturbegriffe

Entscheidend für die Schriftformäquivalenz im elektronischen Rechtsver- **612** kehr ist die qualifizierte elektronische Signatur nach dem Signaturgesetz. Der **Grundbegriff der elektronischen Signatur** (§ 2 Nr. 1 SigG) erfasst zunächst ein elektronisches Verschlüsselungsverfahren, das mit elektronischen Daten, die den „zu signierenden Inhalt" darstellen (z. B. eine eMail), verknüpft wird. Dabei dient dieses Verschlüsselungsverfahren nicht primär der Geheimhaltung der Inhalte, sondern der **Authentifizierung des Absenders**, der die Nachricht mit einem Absenderschlüssel „signiert"; kann nun der Empfänger die eMail mit dem diesem Absenderschlüssel entsprechenden Entschlüsselungscode problemlos öffnen, ist klar, dass die eMail mit dem Absenderschlüssel signiert wurde (sog. asymmetrische Verschlüsselung).[87] Eine besondere Gewährleistung der Absenderidentität ist mit der (einfachen) elektronischen Signatur jedoch noch nicht verbunden.

Eine „fortgeschrittene elektronische Signatur" (§ 2 Nr. 2 SigG) verlangt **613** darüber hinaus, dass der Absenderschlüssel geheim und allein dem Absender bekannt ist (sog. „private key"), und der öffentlich bekannte Entschlüsselungscode (sog. „public key") eindeutig der Person des Absenders zugeordnet ist. Außerdem muss das „Funktionieren" der Entschlüsselung über die korrekte Absenderverschlüsselung hinaus belegen, dass an den signierten Inhalten keine Veränderung nach ihrer Verschlüsselung vorgenommen worden ist. Damit wird neben der **Identität des Absenders** auch die **Integrität der verschlüsselten Inhalte** nachgewiesen. Dennoch ist die

---

87 Vgl. Köhler/Arndt/Fetzer, Recht des Internet, Rn. 205 f.

fortgeschrittene Signatur noch nicht schriftformäquivalent; sie kann aber als **gewillkürte Form** nach § 127 Abs. 3 BGB vereinbart werden.[88]

614   Die „**qualifizierte elektronische Signatur**" schließlich (§ 2 Nr. 3 SigG) setzt neben den Bedingungen für die einfache und fortgeschrittene Signatur außerdem voraus, dass sie auf einem zum Zeitpunkt ihrer Erzeugung **gültigen qualifizierten Zertifikat** beruht und mit einer **sicheren Signaturerstellungseinheit** (vgl. § 2 Nr. 10 SigG) erzeugt wird. Während die Verwendung der einfachen oder fortgeschrittenen Signatur noch keine besonderen Rechtsfolgen hat, erfüllt die qualifizierte elektronische Signatur die Voraussetzungen für die elektronische Form,

- die gem. § 126a BGB der Schriftform gleichgestellt ist, und
- die gem. § 371a ZPO im Zivilprozess dem Urkundsbeweis gleichgestellt ist.

Dafür ist es nicht erforderlich, dass sich die qualifizierte elektronische Signatur auf jede einzelne Datei im Anhang einer eMail beziehen muss. Vielmehr können die Rechtswirkungen einer solchen Signatur auch bei einer entsprechenden „**Container-Signatur**" eintreten; hier umfasst die Signatur nicht die einzelnen Dateien, sondern nur die gesamte elektronische Nachricht als Ganzes.[89]

615   **Definition:** Folglich versteht man unter einer „**qualifizierten elektronischen Signatur**" Daten in elektronischer Form, die anderen elektronischen Daten beigefügt oder logisch mit ihnen verknüpft sind und die zur Authentifizierung dienen, die

- ausschließlich dem Signaturschlüsselinhaber zugeordnet sind,
- die Identifizierung des Schlüsselinhabers ermöglichen,
- mit Mitteln erzeugt werden, die der Schlüssel-Inhaber unter seiner alleinigen Kontrolle halten kann,
- mit den Daten, auf die sie sich beziehen, so verknüpft sind, dass eine nachträgliche Veränderung der Daten erkannt werden kann,
- auf einem zum Zeitpunkt ihrer Erzeugung gültigen qualifizierten Zertifikat beruhen und
- mit einer sicheren Signaturerstellungseinheit erzeugt werden.

---

88   Vgl. Roßnagel, MMR 2003, 164; Roßnagel/Fischer-Dieskau, MMR 2004, 133, 134 ff.
89   BGH, Beschl. v. 14.5.2013 – Az. VI ZB 7/13 = CR 2013, 437; kritisch dazu Müller, NJW 2013, 3758, 3759.

6.1.3.3 Zertifizierung als wesentliche Bedingung der „qualifizierten elektronischen Signatur"

Durch die **qualifizierten Zertifikate** wird die Zuordnung eines Signatur-   **616**
schlüssels zu einer bestimmten Person elektronisch bescheinigt (§ 2 Nr. 6,
7 SigG i. V. m. § 7 SigG). Dies erfolgt durch **private Zertifizierungsdienste-
anbieter**, die (anders als noch im ersten Signaturgesetz) keiner Genehmigung bedürfen. Allerdings muss die Betriebsaufnahme eines solchen Anbieters gegenüber der BNetzA – deren Zuständigkeit sich aus § 3 SigG
ergibt – **angezeigt** werden (§ 4 Abs. 3 SigG). Bei dieser Anzeige müssen
auch die weitgehend aus dem Gewerberecht übernommenen Voraussetzungen gem. § 4 Abs. 2 SigG dargelegt bzw. nachgewiesen werden: Der
Dienstanbieter muss zuverlässig sein und – entweder selbst oder durch
seine Mitarbeiter – über die notwendige Fachkunde verfügen. Außerdem
muss er ein Sicherheitskonzept vorlegen, das den im SigG und in der SigV
gestellten Sicherheitsanforderungen genügt.[90]

Zudem steht es den Diensteanbietern frei, sich akkreditieren zu lassen. Im   **617**
Fall einer solchen „freiwilligen Akkreditierung" (§ 2 Nr. 15 SigG) unter-
ziehen sie sich einem Verfahren zur Erteilung einer **Betriebserlaubnis**
durch die BNetzA, das mit einer erheblich stärkeren Überprüfung als im
Anzeigeverfahren verbunden ist. Mit dieser Akkreditierung wird der
Nachweis der umfassend geprüften technischen und administrativen Sicherheit für die auf den qualifizierten Zertifikaten beruhenden qualifizierten Signaturen des Anbieters geführt, worauf sich die akkreditierten Zerti-
fizierungsdiensteanbieter auch berufen können (§ 15 Abs. 1 SigG). Von
den derzeit bei der BNetzA geführten zwölf Zertifizierungsanbietern haben acht – also zwei Drittel – von der Akkreditierungsmöglichkeit Gebrauch gemacht. Damit hat sich dieses „Gütesiegel" der BNetzA im Wettbewerb weitgehend durchgesetzt.[91]

Grafisch lässt sich das **Zusammenspiel von BNetzA, Zertifizierungsdiens-**   **618**
teanbietern und Schlüsselinhabern wie folgt darstellen:

---

90 Vgl. Köhler/Arndt/Fetzer, Recht des Internet, Rn. 209 ff.
91 Siehe <http://www.bundesnetzagentur.de/cln_1932/DE/Service-Funktionen/Qualifizierte-
    elektronischeSignatur/WelcheAufgabenhatdieBundesnetzagentur/
    AufsichtundAkkreditierungvonAnbietern/ZertifizierungsDiensteAnbietr_node.html>
    (31.5.2015); vgl. auch Roßnagel, MMR 2003, 164 m. w. N.; Köhler/Arndt/Fetzer, Recht
    des Internet, Rn. 211.

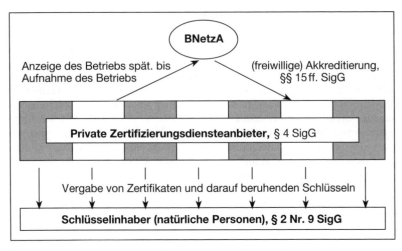

Übersicht 48: Zertifizierung qualifizierter elektronischer Signaturen

6.1.3.4 Mehrstufigkeit der Signaturen

619 Ausgehend von den verschiedenen – stufenweise aufeinander aufbauenden – Signaturbegriffen in Verbindung mit Zertifizierung und Akkreditierung ergibt sich ein **mehrstufiges Signaturensystem:**[92]

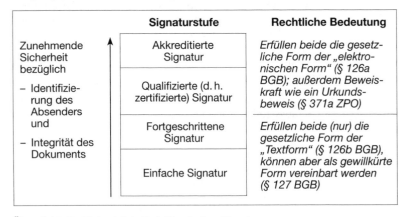

Übersicht 49: Mehrstufigkeit elektronischer Signaturen

---

92 Vgl. hierzu die Beiträge (vor verwaltungsrechtlichem Hintergrund) von Schmitz/Schlatmann, NVwZ 2002, 1281, 1284, und Roßnagel, NJW 2003, 469, 470.

6.1.3.5 Haftung

Sollte eine qualifizierte oder gar akkreditierte Signatur in ihrer Identifizie- **620**
rungs- oder Integritätsfunktion versagen und dadurch ein Schaden entstehen, können sowohl der Absender wie auch der Empfänger der so signierten eMail geschädigt sein. Tritt der **Schaden beim eMail-Absender** ein,
kann dieser aufgrund seiner vertraglichen Beziehung zum Zertifizierungsanbieter gegen diesen unmittelbare Schadensersatzansprüche nach allgemeinem Vertragshaftungsrecht geltend machen. Der **Schaden beim Empfänger einer signierten eMail**, der auf die Identität des Absenders oder
auf die Integrität des Dokuments vertraut hat, könnte beispielsweise in
Aufwendungen zur Erfüllung eines vermeintlich geschlossenen Vertrages
bestehen. Wenn sich nämlich herausstellt, dass entweder die eMail gar
nicht vom Absender war oder aber einen anderen Inhalt hatte, wäre in
beiden Fällen der vermeintliche Vertrag nicht zustande gekommen.

In solchen Fällen haften die für die verwendete Signatur verantwortlichen **621**
Zertifizierungsanbieter gegenüber dem eMail-Empfänger aufgrund eines
gesetzlichen Schadenersatzanspruchs gem. § 11 SigG. Dieser Anspruch
besteht allerdings dann nicht, wenn der eMail-Empfänger von der Fehler-
haftigkeit der eMail bezüglich Identität oder Integrität Kenntnis hatte
oder hätte haben müssen (also fahrlässig Nichtkenntnis hatte), § 11
Abs. 1 Satz 2 SigG. Ebenso kann der Zertifizierungsanbieter den Haf-
tungsanspruch dann abwehren, wenn ihn kein schuldhaftes Handeln
trifft; allerdings trägt er hierfür die Beweislast, was die Geltendmachung
erheblich erschwert, § 11 Abs. 2 und 3 SigG.[93] Damit der eMail-Empfänger seinen Anspruch auch tatsächlich realisieren kann, verpflichtet § 12
SigG die Zertifizierungsanbieter, eine **Mindestdeckungsvorsorge** pro Scha-
densereignis in Höhe von 250 000 € zu treffen. Dies kann durch eine geeignete Haftpflichtversicherung oder durch eine Freistellungs- oder Ge-
währleistungsverpflichtung einer Bank erfolgen (vgl. § 9 SigV).[94]

---

93 Thomale, MMR 2004, 80, 81 f.
94 Thomale, MMR 2004, 80, 86; Köhler/Arndt/Fetzer, Recht des Internet, Rn. 212.

622

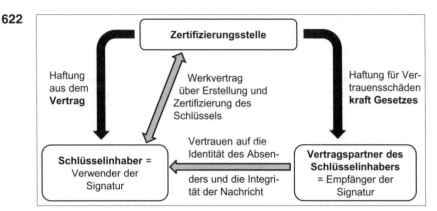

Übersicht 50: Zertifizierungshaftung

6.1.3.6 De-Mail-Gesetz

623 Neben den Signaturmöglichen nach dem SigG besteht auch die Möglichkeit, eMails nach dem De-Mail-Gesetz zu versenden. Hierbei handelt es sich um eine **besondere Form von eMails,** die folgende Zusatzeffekte bieten:[95]

- Schutz gegen Ausspähung und Manipulation,
- Nachweisbarkeit der Identität eines Kommunikationspartners,
- Belastbarkeit als Beweismittel und eine
- rechtssichere Zustellung auch gegen den Willen des Empfängers.

So kann der Absender einer De-Mail sich den Versand und auch den Eingang beim Empfänger in qualifiziert elektronischer Form bestätigen lassen (§ 5 Abs. 7, 8 De-Mail-G). Damit sind Beweiswirkungen verbunden wie beim klassischen Einschreiben mit Rückschein. Auch die Möglichkeit einer Zwangszustellung ist nach § 5a VwZG per De-Mail gegeben.

624 Auch wenn hierbei gewisse Parallelen zur qualifizierten elektronischen Signatur erkennbar sind (Identitäts- und Integritätsschutz), liegen hier völlig verschiedene Regelungsziele vor: Während das SigG ein Äquivalent zur (handschriftlich unterschriebenen) Schriftform anbietet und damit den Formvorschriften für Willenserklärungen gem. §§ 125 ff. BGB zuzuordnen ist, geht es bei der De-Mail um die **Sicherheit und Beweisbarkeit des Übertragungsvorgangs eines Dokuments** (vgl. § 1 Abs. 1 De-Mail-G).

625 Die Nutzung von De-Mails setzt die **Einrichtung eines De-Mail-Kontos** voraus. Anders als bei einem normalen eMail-Konto bei gewöhnlichen Mail-Providern wie gmx oder googlemail setzt die Kontoeinrichtung bei

---

95 Roßnagel, CR 2011, 24; ders., NJW 2011, 1473; Spindler, CR 2011, 309.

einem De-Mail-Diensteanbieter zwingend eine **zuverlässige Identitäts-
kontrolle** i. d. R. mit Ausweis voraus (§ 3 Abs. 2, 3 De-Mail-G), bevor die
Anmeldedaten zur Verfügung gestellt werden. Vor der endgültigen Freischaltung muss der User die Kenntnisnahme der wesentlichen Informationen zur Nutzung des De-Mail-Kontos bestätigen und eine erfolgreiche
Erstanmeldung vorgenommen haben (§§ 3 Abs. 4, 9 Abs. 2 De-Mail-G).
Die **De-Mail-Adresse** des einzelnen Kontoinhabers unterliegt außerdem
zwingenden rechtlichen Vorgaben (§ 5 Abs. 1, 2 De-Mail-G): Bei natürlichen Personen sind Vor- und Nachname und bei juristischen Personen ein
entsprechender Hinweis vorgeschrieben. Soweit eine natürliche Person ein
Pseudonym verwendet, ist ebenfalls eine entsprechende Kennzeichnung
erforderlich. Zudem muss die vom Dienstanbieter zur Verfügung gestellte
Domainadresse (also nach dem Klammeraffen) eine exklusive Kennzeichnung als De-Mail-Dienst enthalten.

Die **De-Mail-Diensteanbieter** müssen sich obligatorisch beim Bundesamt   **626**
für Sicherheit in der Informationstechnik (BSI) akkreditieren, während
dies bei den Zertifizierungsdiensteanbietern gem. SigG freiwillig (und bei
der BNetzA) erfolgt. Die Voraussetzungen sind jedoch vergleichbar: Die
Akkreditierung setzt Sachkunde und Zuverlässigkeit, eine ausreichende
Deckungsvorsorge für Schadensfälle (Mindestsumme 2,5 Mio. €) sowie
den Nachweis hinreichender technischer und organisatorischer Vorkehrungen zur Aufgabenerfüllung voraus (§ 18 De-Mail-G). Alle De-Mail-
Diensteanbieter müssen ein **gemeinsames sicheres Netzwerk** betreiben,
damit die Kunden verschiedener Anbieter miteinander über De-Mail sicher (mit Ende-zu-Ende-Verschlüsselung, § 4 Abs. 3 De-Mail-G) kommunizieren können. Bislang sind allerdings nur vier Provider mit teilweise
unterschiedlichen Zielgruppen (Unternehmen/Privatpersonen) beim BSI
akkreditiert.[96]

6.1.4 Internationale Perspektive

6.1.4.1 Kollisionsrecht und Rechtswahl

Aufgrund des grenzüberschreitenden Charakters der elektronischen Kom-   **627**
munikation kommt dem internationalen Vertragsrecht im eCommerce erhebliche Bedeutung zu. Bislang gelten hierfür die allgemeinen Vorschriften
aus dem Internationalen Privatrecht. Dabei handelt es sich nicht um materielle – also inhaltliche – Regelungen, sondern (nur) um ein „Kollisionsrecht", das bei Sachverhalten mit Anknüpfungspunkten aus mehreren
Staaten entscheidet, **welche nationale Rechtsordnung inhaltlich darauf
anzuwenden ist**, z. B. bei der Kündigung eines in den USA geschlossenen
Vertrags, in dem ein in Frankreich lebender Deutscher einem in Italien

---

96 Vgl. <https://www.bsi.bund.de/DE/Themen/EGovernment/DeMail/Akkreditierte_DMDA/
    Akkreditierte_DMDA_node.html> (31.5.2015).

ansässigen Tochterunternehmen eines russischen Konzerns ein Sportflugzeug verkauft.[97] Dieses Kollisionsrecht ist für vertragliche Schuldverhältnisse seit 2009 unionsrechtlich in der Rom I-VO (VO 593/2008 EG) geregelt. Danach ist grundsätzlich die Rechtsordnung desjenigen Staates maßgeblich, zu dem der Vertrag die engsten Beziehungen aufweist, Art. 4 Abs. 4 Rom I-VO; meist ist dies der **Sitzstaat des Leistungserbringers**, also des Verkäufers, Dienstleisters, Werkunternehmers o. Ä. (vgl. Art. 4 Abs. 1 Rom I-VO).

628 Die Orientierung dieses Kollisionsrechts an der **Stärke der verschiedenen nationalen Bezüge** eines Falles stößt beim eCommerce wegen der weltweiten Wirkung des Internets häufig an ihre Grenzen. Deshalb wird auf UN-Ebene über einen **Übereinkommensentwurf für ein internationales eBusiness-Vertragsrecht** beraten. Die hierfür zuständige „UNCITRAL-Arbeitsgruppe E-Commerce" neigt dabei offenbar stärker zu einer **materiellen Sachkodifikation** als zu einem besonderen Kollisionsrecht. Allerdings ist mit einer Sachkodifikation aufgrund der teilweise stark divergierenden rechtsdogmatischen Strukturen der nationalen Rechtsordnungen die Gefahr neuer Rechtsunsicherheiten verbunden.[98]

629 Zur Vermeidung der Anknüpfungsprobleme kann in vielen Rechtsgebieten – so auch im Vertragsrecht – von den Betroffenen eine **Rechtswahl** vorgenommen werden, Art. 3 Rom I-VO. Dies kann erfolgen durch
- eine entsprechende **Individualvereinbarung** („Dieser Vertrag unterliegt deutschem Recht"),
- die Einbeziehung von **AGBs mit Rechtswahlklauseln** (wobei diese Klausel dann für die Frage, ob die AGBs selbst wirksamer Vertragsbestandteil geworden sind, noch nicht gelten kann) oder
- **schlüssiges Verhalten** der Vertragsparteien, etwa durch Wahl des Gerichtsstandes oder des Erfüllungsortes.[99]

6.1.4.2 Verbraucherverträge

630 Besondere Vorgaben bestehen für Verbraucherverträge. Dies ist der Fall, wenn der Vertragsgegenstand für eine Partei außerhalb (Verbraucher) und die andere Partei innerhalb (Unternehmer) ihrer beruflichen oder gewerblichen Tätigkeit liegt. Bei solchen Verträgen gilt, wenn keine Rechtswahl getroffen wurde, automatisch immer das **Recht des Aufenthaltsstaates des Verbrauchers**, wenn die gewerbliche Tätigkeit des Unternehmers in diesem Staat stattfindet oder darauf ausgerichtet ist (Art. 6 Abs. 1 Rom I-VO). Eine solche Ausrichtung wäre schon zu bejahen, wenn ein ausländischer Anbieter in seiner Internet-Werbung die Sprache, Währung oder

---

97 Anzuwenden ist französisches Recht, da der Verkäufer in Frankreich seinen gewöhnlichen Aufenthalt hat, Art. 4 Abs. 1 lit. a Rom I-VO.
98 Lafontaine, CR 2004, 229 f.
99 Vgl. Köhler/Arndt/Fetzer, Recht des Internets, Rn. 865 ff.

Werbegepflogenheiten des Sitzstaates des Verbrauchers verwendet. Allerdings ist auch bei Verbraucherverträgen eine abweichende Rechtswahl grundsätzlich möglich. Dabei darf sich der Verbraucher im Verhältnis zu dem in seinem Aufenthaltsstaat gewährten Schutz jedoch **nicht rechtlich verschlechtern**, wenn die nationale Schutznorm keiner vertraglichen Modifikation zugänglich ist (Art. 6 Abs. 2 Rom I-VO). Da dies regelmäßig im deutschen Verbraucherschutzrecht der Fall ist (vgl. § 312k Abs. 1 BGB), kann ein in Deutschland ansässiger Verbraucher auch bei erfolgter anderweitiger Rechtswahl nicht auf ein Schutzniveau unterhalb des deutschen Verbraucherschutzrechts beschränkt werden.[100]

6.1.5 Summary „Vertragsschluss im Internet"

1. Der elektronische Vertragsschluss setzt Angebot und Annahme voraus. **631**
   a) Dabei wird eine Internetpräsentation von Waren oder Dienstleistungen regelmäßig als invitatio ad offerendum anzusehen sein, so dass erst die Bestellung des Kunden das Angebot darstellt. Die für den Fernabsatz vorgeschriebene Auto-Reply-Erklärung kann je nach Formulierung als Annahme gewertet werden.
   b) Der Zugang von eMails ist erst zu bejahen, wenn diese beim Haus-Provider des Empfängers angekommen sind und mit einem Abrufen durch den Empfänger gerechnet werden kann. Im gewerblichen Bereich ist dies zu regulären Arbeitszeiten sofort der Fall; im privaten Bereich hängt es von den diesbezüglichen Dispositionen des jeweiligen Empfängers ab.
   c) Eine per eMail übersandte Willenserklärung kann nach den allgemeinen Anfechtungsregelungen angefochten werden, insbesondere wegen (Erklärungs-)Irrtums durch Vertippen.
2. Bei Internet-Auktionen
   a) kommt der Vertragsschluss in der Regel nicht durch Zuschlag gem. § 156 BGB, sondern bereits durch das Höchstgebot des Bieters zustande, weil der Verkäufer mit der Einstellung des Kaufgegenstandes die Annahme des höchsten Gebotes vorab erklärt;
   b) gilt die für normale Versteigerungen geltende Konzessionspflicht gem. § 34b GewO jedenfalls dann nicht, wenn sie sich an Verbraucher wenden, die wegen ihres Widerspruchsrechts gem. § 312g BGB keines besonderen Schutzes vor übereilt eingegangenen Verpflichtungen bedürfen;

---

100 Vgl. Köhler/Arndt/Fetzer, Recht des Internet, Rn. 875 f.

    c) können Rückwärts-Auktionen, bei denen der Preis in bestimmten Zeitintervallen stufenweise sinkt, bis ein Teilnehmer „zuschlägt", insbesondere bei einem sehr schnellen Zeittakt wegen Ausnutzung der Spiellust wettbewerbsrechtlich bedenklich sein;

    d) schützt der beim Privatverkauf in Internet-Auktionen regelmäßig vereinbarte Gewährleistungsausschluss nicht vor Bindungen durch die konkreten Artikelbeschreibungen;

    e) können in den gängigen Bewertungssystemen als unrichtig empfundene Bewertungen nur dann erfolgreich bekämpft werden, wenn Tatsachenbehauptungen unrichtig sind oder Werturteile die Grenze zur Schmähkritik oder Beleidigung überschritten haben.

3. Ist für einen Vertrag ausnahmsweise – durch Gesetz oder einen anderen einschlägigen Vertrag – die Schriftform vorgeschrieben, kann dem auch durch eine qualifiziert elektronisch signierte eMail Rechnung getragen werden. Darüber hinaus bietet das BGB mit der Textform, die durch einfache eMails erfüllt ist, eine zusätzliche Formart zwischen der mündlichen und schriftlichen Form an.

4. Die elektronische Signatur stellt ein technisches Verschlüsselungsverfahren dar, das durch die Anwendung eines Entschlüsselungscodes belegt, ob bei der Verschlüsselung ein bestimmter Schlüssel verwendet wurde. Das elektronische Signaturrecht kennt vier Stufen:

    a) einfache Signatur,

    b) fortgeschrittene Signatur, bei der durch entsprechende Zuordnungen die verlässliche Identifizierung des Absenders und die Integrität des Dokuments möglich ist,

    c) qualifizierte Signatur, die darüber hinaus auf einem qualifizierten Zertifikat beruht; ein so signiertes Dokument ist schriftformäquivalent und kann als Anscheinsbeweis eingesetzt werden;

    d) akkreditierte Signatur, bei der der Anbieter eines qualifizierten Zertifikats den Betrieb nicht nur angezeigt, sondern auch bezüglich seiner technischen und administrativen Sicherheit hat überprüfen lassen.

5. Der Anbieter eines qualifizierten Zertifikats haftet grundsätzlich für Schäden, die durch Mängel in der Identifizierungs- oder Integrationsfunktion qualifizierter oder akkreditierter Signaturen verursacht sind, gegenüber dem eMail-Absender aus dem Zertifizierungsvertrag und gegenüber dem eMail-Empfänger gem. § 11 SigG.

6. Daneben besteht die Möglichkeit der eMail-Verschlüsselung nach dem De-Mail-Gesetz. Hier geht es nicht um die Erfüllung von Formerfordernissen, sondern um die Ermöglichung eines sicheren und vertraulichen Geschäftsverkehrs.

7. Für online geschlossene Verträge mit grenzüberschreitenden Bezügen

a) gilt das allgemeine internationale Vertragsrecht, wonach darauf abgestellt wird, zu welcher nationalen Rechtsordnung der Vertrag den stärksten Bezug hat (meist Sitzstaat des Leistungserbringers);
b) können die Vertragsparteien auch das anzuwendende nationale Recht durch eine Rechtswahl festlegen (individuell, AGB, konkludent);
c) gelten bei Verbraucherverträgen besondere Schutzbestimmungen: Fehlt eine Rechtswahl, gilt automatisch das Recht des Aufenthaltsstaates des Verbrauchers; ist eine Rechtswahl getroffen, darf diese bei vom Verbraucher im Heimatland online geschlossenen Verträgen zu keiner Verschlechterung seiner Rechtsposition gegenüber seinem Heimatrecht führen.

6.2 Verbraucherschutzrecht

6.2.1 Grundsätze des Verbraucherschutzrechts

6.2.1.1 Ziele des Verbraucherschutzes

Ursprünglich war das Zivilrecht beherrscht vom **Grundsatz der Privatautonomie**. Im BGB von 1896 war die Vertragsfreiheit noch fast grenzen- und schrankenlos. Von wenigen zwingenden gesetzlichen Vorgaben abgesehen, konnten die Parteien eines Kauf-, Dienst-, Werk-, Miet- oder anderen Vertrages weitgehend frei vereinbaren, was sie wollten. Der Glaube an eine gewisse Fairness einerseits und an **marktregulierende Kräfte** andererseits stand dabei Pate. Man kann es aber auch ein „Recht des Stärkeren" nennen.[101]

632

In der modernen **Konsum- und Wohlstandsgesellschaft** entstand zunehmend das Bedürfnis, die in Fragen des rechtlichen, technischen und ökonomischen Überblicks immer schwächeren Verbraucher gegen die zunehmend übermächtigen Anbieter zu schützen. Ausgangspunkt waren das verfassungsrechtliche Sozialstaatsgebot (Art. 20 Abs. 1 GG) und § 242 BGB, wonach Verträge dem **Grundsatz von Treu und Glauben** unterworfen sind. Aus diesem einen Satz hat die Rechtsprechung eine umfangreiche Judikatur zum „Kleingedruckten" in den Verträgen – das natürlich immer der Absicherung des Anbieters, nie der des Kunden, diente – entwickelt. Im **Gesetz der Allgemeinen Geschäftsbedingungen** – das als Mutternorm des Verbraucherschutzrechts angesehen werden kann – hat der Gesetzgeber 1977 im Wesentlichen die zuvor von den Gerichten vorgezeichnete

633

---

101 Vgl. Palandt/Grüneberg, BGB, Überbl. v. § 305, Rn. 3 ff.

Linie nachvollzogen; im Rahmen der Schuldrechtsreform von 2000 wurde dieses Gesetz in das BGB (§§ 305–310) inkorporiert.[102]

634 Ziel des **heute recht ausdifferenzierten Verbraucherschutzrechts** ist es also, den einzelnen Verbraucher gegen solche Benachteiligungen zu schützen, die entweder

- auf einer **„ausgebufften"** Vertragsgestaltung – gespeist aus dem Wissensvorsprung des Anbieters auf dem jeweiligen Gebiet – oder
- auf **problematischen Vertragsanbahnungspraktiken** (in für den Verbraucher ungünstigen oder unerwarteten Situationen – z. B. an der Haustür –, durch Preise-Schönreden oder durch Rechenkunststücke bei Krediten)

beruhen. Logischerweise können diese gesetzlichen Bestimmungen nicht zum Nachteil des Verbrauchers abbedungen oder umgangen werden.

635 Bei aller Berechtigung und Notwendigkeit, unseriösen Geschäftemachern rechtlich beizukommen, muss man sich heute schon die Frage stellen, ob nicht das **Verbraucherschutzrecht zu weitgehend** ist. Durch ein kaum mehr überschaubares Regelwerk wird es immer schwerer, in Verträgen – wie das der Grundsatz der Privatautonomie eigentlich vorsieht – einfach den Willen der Vertragsparteien rechtskonform abzubilden. Vielleicht wäre es einer dem Anspruch nach freien Rechts- und Gesellschaftsordnung angemessener, etwas mehr Zutrauen in die Urteils- und Entscheidungsfähigkeit des Individuums und etwas weniger staatliche Regulierung im Privatrecht an den Tag zu legen. Da mittlerweile das Verbraucherschutzrecht durch das Unionsrecht – nämlich die Verbrauchsgüterkaufrichtlinie (RL 1999/44/EG) und die Verbraucherrechterichtlinie (RL 2011/83/EU) – weitestgehend vorgegeben ist, liegt die Entscheidung über diese Fragen heute in Brüssel und Straßburg.

6.2.1.2 Unternehmer-Verbraucher-Verhältnis

636 Die Anwendbarkeit verbraucherschutzrechtlicher Bestimmungen setzt meist das Vorliegen des Unternehmer-Verbraucher-Verhältnisses voraus. **Unternehmer** (§ 14 BGB) und **Verbraucher** (§ 13 BGB) stellen gesetzlich definierte Kategorien dar, die sich spiegelbildlich gegenüber stehen:

---

102 Vgl. Palandt/Grüneberg, BGB, Überbl. v. § 305, Rn. 1.

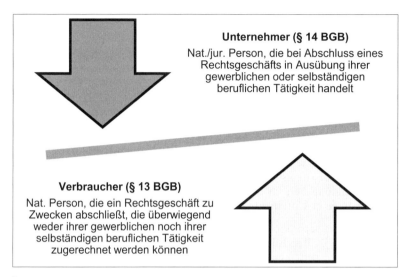

Übersicht 51: Unternehmer-Verbraucher-Verhältnis

An die **Erfüllung des Unternehmerbegriffs** werden dabei – im Interesse **637** des Verbraucherschutzes – keine hohen Anforderungen gestellt. So hat das LG Berlin eine Mutter von vier Kindern, die zahlreiche Kinderbekleidungsstücke bei eBay erworben und verkauft hat, als Unternehmerin i. S. v. § 14 BGB eingestuft. Teilweise wird sogar vertreten, dass bereits die Einrichtung eines eBay-Shops für die Bejahung der Unternehmereigenschaft ausreichen soll; auch soll bei 150 Verkäufen pro Jahr – oder 100 im selben Geschäftsfeld – eine Unternehmereigenschaft widerleglich indiziert sein.[103] Das **Verbraucherleitbild** geht rechtsgebietsübergreifend von einem Durchschnittsverbraucher aus, der situationsabhängig angemessen gut informiert und aufmerksam ist; dies schließt auch eine normale Fähigkeit mit ein, Angeboten kritisch zu begegnen.[104]

---

103 LG Berlin, MMR 2007, 401; Szczesny/Holthusen, NJW 2007, 2586, 2588 f. m. w. N.; vgl. auch LG Hanau, MMR 2007, 339, wonach bei 25 Bewertungen eines Verkäufers innerhalb von zwei Monaten die Gewerblichkeit zu bejahen ist.
104 Näher hierzu Lederer, NJOZ 2011, 1833 (mit Ausnahme für das Strafrecht, bei dem anstelle einer Generalisierung stets auf den Einzelfall abzustellen ist).

6.2.2 Das Recht der Allgemeinen Geschäftsbedingungen

6.2.2.1 Anwendungsbereich

638 Das AGB-Recht der §§ 305–310 BGB regelt in § 305 Abs. 1 BGB die Frage, ob und ggf. welche

> „für eine Vielzahl von Verträgen vorformulierten Vertragsbedingungen, die eine Vertragspartei (Verwender) der anderen Vertragspartei bei Abschluss eines Vertrages stellt",

wirksam sind. Verwender ist dabei – zunächst unabhängig vom Unternehmerbegriff – jeder, der **für viele Verträge gleichlautende Klauseln** – meist formularmäßig – vorgibt. Obgleich das Recht des „Kleingedruckten" als Mutternorm des deutschen Verbraucherschutzrechts gilt, erfasst der heutige Anwendungsbereich des AGB-Rechts zunächst alle Verträge unabhängig von einer Unternehmer-Verbraucher-Konstellation.

639 Der besondere verbraucherschützende Charakter des AGB-Rechts wird in § 310 Abs. 3 BGB sichtbar: Liegt nämlich ein **Unternehmer-Verbraucher-Verhältnis** vor, gelten einige verschärfende Regelungen:
- Erleichterte Zurechnung von AGBs zum Unternehmer,
- Anwendung des AGB-Rechts auch bei nur einmaliger Verwendung, wenn der Verbraucher keinen Einfluss auf die Formulierung hatte,
- Berücksichtigung der Begleitumstände des Vertragsschlusses bei der Wirksamkeitsüberprüfung der AGBs.

640 Eine **erheblich eingeschränkte Anwendung** findet das AGB-Recht auf solche AGBs, die gegenüber Unternehmern oder öffentlich-rechtlichen juristischen Personen verwendet werden (§ 310 Abs. 1 BGB), sowie auf Verträge der Elektrizitäts-, Gas-, Fernwärme- und Wasserversorgungsunternehmen mit Sonderabnehmern (§ 310 Abs. 2 BGB) und Arbeitsverträge (§ 310 Abs. 4 Satz 2 BGB). **Gar keine Anwendung** findet das AGB-Recht auf Verträge auf dem Gebiet des Erb-, Familien- und Gesellschaftsrechts sowie auf Tarifverträge und Betriebs- und Dienstvereinbarungen (§ 310 Abs. 4 Satz 1 BGB).

6.2.2.2 Drei Wirksamkeitshürden für Allgemeine Geschäftsbedingungen

641 Damit eine AGB-Klausel wirksam ist, muss sie drei Hürden bewältigen:

Erste Hürde: Einbeziehung in den Vertrag

setzt Möglichkeit der zumutbaren Kenntnisnahme voraus; gestalterische Anforderungen an die Erkennbarkeit wie bei der Impressumspflicht nach § 5 TMG

Zweite Hürde: Keine Überraschende Klausel

also keine Klausel, mit der der Verbraucher nach den Umständen des Vertragsschlusses vernünftigerweise nicht rechnen muss

Dritte Hürde: Inhaltskontrolle

Prüfung, ob AGBs Verbraucher „unangemessen benachteiligen" (z.B. Rücktrittsvorbehalt, kurzfristige Preiserhöhungen, Leistungsverweigerungsrechte, Vertragsstrafen u.a.)

Übersicht 52: Wirksamkeitshürden für AGBs

- *Erste Hürde – Einbeziehung der AGBs in den Vertrag, §§ 305, 305a* **642** *BGB:* Zunächst müssen die AGBs in den Vertrag einbezogen werden. Dies setzt voraus, dass der Kunde die **Möglichkeit der zumutbaren Kenntnisnahme** von den AGBs hat (§ 305 Abs. 2 BGB). Ist diese Kenntnisnahme im Internet mit **zusätzlichen Kosten** (Telefon- und Internetgebühren) verbunden, steht dies der Zumutbarkeit nicht entgegen, wenn sich der Kunde selbst für dieses (die Zusatzkosten auslösende) Vertragsschlussmedium entschieden hat.[105] Bei Internetangeboten setzt die Zumutbarkeit der Kenntnisnahme allerdings voraus, dass die AGBs **leicht erkennbar** sind; insofern gelten auch hier die für die Anbieterkennzeichnung nach § 5 TMG entwickelten Grundsätze (s. o., Rn. 209 ff.).[106] Auch bezüglich der **Erreichbarkeit** ist – wie bei der Anbieterkennzeichnung – ein Link auf die AGB-Seite ausreichend, wenn dieser im Bestellformular in direkter Nähe zum Bestellbutton gut sichtbar platziert ist. Denn dann stellt das Anklicken des Links keinen größeren Aufwand dar, als das Umdrehen des klassischen Papier-Bestellformulars, bei dem die AGBs auf der Rückseite stehen.[107] Oft werden Verträge über das Internet nur angebahnt, dann aber konventionell geschlossen. Das ist beispielsweise dann der Fall,

---

105 Köhler/Arndt/Fetzer, Recht des Internet, Rn. 247 m. w. N.
106 Hoenike/Hülsdunk, MMR 2002, 516.
107 BGH, NJW 2006, 2976 = CR 2006, 773 = MMR 2006, 737; Köhler/Arndt/Fetzer, Recht des Internet, Rn. 248.

wenn im Internet eine invitatio ad offerendum steht, der Kunde daraufhin seine Bestellung per eMail abgibt und der Verkäufer dann dem Kunden einen schriftlichen Vertrag zur Unterzeichnung zuschickt oder -faxt. In solchen Fällen reicht ein Hinweis auf die AGBs im Internet nicht aus, weil die Einbeziehung immer im **unmittelbaren Zusammenhang mit dem Vertragsschluss** erfolgen muss. Hier müssten also die AGBs auch z. B. auf der Rückseite des zugeschickten Print-Vertrags stehen.[108]

643 • *Zweite Hürde – Keine überraschende Klausel, § 305c BGB:* Wirksam einbezogene AGBs dürfen, um Bestandteil des Vertrages zu werden, keine überraschenden Inhalte haben. Darunter werden solche Bestimmungen verstanden, mit denen der Kunde **nach den Umständen des Vertragsschlusses oder Vertragsinhalts** vernünftigerweise nicht rechnen musste (§ 305c BGB). Hierbei ist auf einen **objektiven Empfängerhorizont** abzustellen, weshalb es unerheblich ist, ob der konkrete Kunde mit solchen Klauseln gerechnet hat oder nicht.[109] Beispiele für überraschende Klauseln sind etwa die Festlegung einer Zimmertemperatur von 18 Grad Celsius in einem Wohnraum-Mietvertrag, eine Entgeltklausel im Vertrag über einen regelmäßig kostenlos angebotenen Eintrag in ein Online-Branchenverzeichnis[110] oder eine Verpflichtung in einem Getränke-Kaufvertrag, für das Leergut neben dem Pfand auch noch Miete zahlen zu müssen.

644 • *Dritte Hürde – Inhaltskontrolle, §§ 307 ff. BGB:* Schließlich dürfen die AGBs, die einbezogen und Vertragsbestandteil geworden sind, nicht gegen die inhaltlichen Vorgaben der §§ 307 ff. BGB verstoßen. Dies gilt nach der Generalklausel gem. § 307 Abs. 1 BGB für solche AGBs, die den Kunden „**entgegen den Geboten von Treu und Glauben unangemessen benachteiligen**". Das kann insbesondere der Fall sein, wenn die Klausel unverständlich formuliert ist (§ 307 Abs. 1 Satz 2 BGB) oder vom Grundgedanken einer gesetzlichen (dispositiven) Regelung erheblich abweicht (§ 307 Abs. 2 Nr. 1 BGB). Die §§ 308 f. BGB enthalten konkrete **Inhaltsverbote für bestimmte einzelne Arten von Vertragsklauseln** (z. B. Rücktrittsvorbehalt, kurzfristige Preiserhöhungen, Leistungsverweigerungsrechte, Vertragsstrafen). Bei einem Verstoß gegen die Inhaltskontrolle ist die betroffene AGB unwirksam; hierbei gibt es **keine geltungserhaltende Reduktion**, d. h. die betroffene Klausel wird dann auch nicht auf die rechtlich noch zulässige Benachteiligung des Kunden umgedeutet, sondern ist **insgesamt nichtig** (nicht aber der ganze Vertrag, § 306 Abs. 1 BGB).[111] Ist beispielsweise die

---

108 OLG Hamburg, CR 2002, 915.
109 Vgl. Palandt/Grüneberg, BGB, § 305c Rn. 4, mit zahlreichen Beispielen Rn. 5 ff.
110 BGH, Urt. v. 26.7.2012 – Az. VII ZR 262/11 = MMR 2012, 741.
111 Palandt/Grüneberg, BGB, Vorb. v. § 307 Rn. 8.

Haftung (bei Sachschäden) für Fahrlässigkeit (komplett) ausgeschlossen, obwohl dies für grobe Fahrlässigkeit nicht zulässig ist (§ 309 Nr. 7b BGB), haftet der AGB-Verwender dann auch für leichte Fahrlässigkeit, weil sein Haftungsausschluss in toto unwirksam ist.[112] Auch bei Lieferschwierigkeiten kann der Verkäufer sich nicht einfach AGB-rechtlich ein Ersatzlieferrecht für einen Artikel, der dem Kaufgegenstand nicht entspricht, aber ähnlich ist, einräumen. So hatte ein Internet-Versandhandelsunternehmen in seinen AGBs eine Klausel mit dem Wortlaut: „Sollte ein bestimmter Artikel nicht lieferbar sein, senden wir Ihnen in Einzelfällen einen qualitativ und preislich gleichwertigen Artikel (Ersatzartikel) zu." Dies hat der BGH jedenfalls im Verhältnis zu Verbrauchern nicht akzeptiert, obwohl ein voraussetzungsloses 14-tägiges Rückgaberecht eingeräumt wurde. Denn in einer solchen Klausel läge ein **einseitiges, für den Käufer unzumutbares Vertragsänderungsrecht des Verkäufers** mit entsprechenden, vom Käufer nicht beeinflussbaren Gestaltungsmöglichkeiten.[113]

Beispielfall 17: Nachlässigkeit beim Namen

645

Sachverhalt: DerAnglistikstudent Adrian (A) bucht über das Internetportal des Flugunternehmens „Flieg mit uns" (F) Flüge für zwei Personen zum Preis von insgesamt 365,42 €. Auf der Seite mit der Buchungsmaske sind am oberen Rand vier gut sichtbare Reiter angebracht, darunter einer mit der Beschriftung „AGB". In die Buchungsmaske gibt A unter der Rubrik „Person 1" seinen Vor- und Zunamen ein. Unter der Rubrik „Person 2" trägt er in das Feld für den Vornamen „Berthold" und in das Feld für den Zunamen „Bettina" ein, obwohl seine Freundin Bettina Berthold (B) heißt. Die elektronische Absendung der Buchung gelingt, ohne dass A ausdrücklich die Kenntnisnahme der Allgemeinen Geschäftsbedingungen bestätigen muss. Noch am selben Tag übermittelt F dem A per eMail eine automatisch erstellte Buchungsbestätigung unter Wiederholung der beiden Namen und zieht den Reisepreis von seinem Konto ein. A fällt dieser „Namensdreher" bei B erst kurz vor Reiseantritt am Flughafen auf. Er wendet sich an eine Servicemitarbeiterin, die ihm erklärt, dass er nur gegen Aufpreis die Namen korrigieren lassen kann. Andernfalls könne es ihm passieren, dass B aufgrund der falsch eingetragenen Namen nicht mitfliegen darf. Sie verweist auf die Allgemeinen Geschäftsbedingungen von F, in denen es u. a. heißt: „Die im Flugschein eingetrage-

---

112 BGH, JZ 2001, 607 zu Klauseln in Allgemeinen Geschäftsbedingungen von Kreditinstituten, nach denen das Institut bei aus technischen und betrieblichen Gründen erfolgten, zeitweiligen Beschränkungen und Unterbrechungen des Zugangs zum Online-Service auch bei grobem Verschulden nicht haftet.
113 BGH, MMR 2005, 833; in der Tendenz vergleichbar (vor einem anderen vertraglichen Hintergrund) BGH, CR 2008, 104.

nen Reisedaten (Flugdatum, Flugnummer, Abflug- und Bestimmungs-
ort, Name des Fluggastes) sind verbindlich und können unter Umständen nur gegen Zahlung einer Umbuchungsgebühr von 50 € oder gar
nicht verändert werden." Muss A den Aufpreis für die Namensände-
rung bezahlen?

646   **Lösungsvorschlag:** A müsste den Aufpreis bezahlen, wenn zwischen
ihm und F ein wirksamer Reisevertrag zustande gekommen und die
genannte Klausel wirksam wäre. Das Angebot des Vertrages liegt in
der Absendung der ausgefüllten Buchungsmaske durch A, während
die Annahme in der automatischen Buchungsbestätigung – spätestens
aber in der Einziehung des Reisepreises – durch F liegt. Ein wirksamer
Vertragsschluss liegt demnach vor. Fraglich ist nun, ob die genannte
Klausel wirksam ist. Hierauf wäre das Recht der allgemeinen Geschäftsbedingungen anzuwenden, wenn die fragliche Klausel deren Legaldefinition in § 305 Abs. 1 Satz 1 BGB erfüllen würde. Da die fragliche Klausel im Rahmen der AGBs des Internetauftritts von F genannt
ist, muss davon ausgegangen werden, dass sie von F standardmäßig
für alle über das Internetportal gebuchten Flugreiseverträge verwendet
wird. Damit handelt es sich um eine AGB-Klausel. Das daher anzuwendende AGB-Recht setzt zunächst voraus, dass die Klausel in den
Vertrag gem. § 305 Abs. 2 BGB einbezogen worden wäre. Dagegen
könnte sprechen, dass A die Kenntnisnahme der AGBs nicht ausdrücklich bestätigen musste. Allerdings ist eine solche Bestätigung auch
nicht erforderlich. Vielmehr genügt die Möglichkeit der zumutbaren
Kenntnisnahme. Im vorliegenden Fall waren die AGBs hinter einem
von vier gut sichtbaren Reitern am oberen Rand der Buchungsseite
aufrufbar. Da der obere Rand notwendigerweise in das Blickfeld gerät
und bei insgesamt nur vier Reitern eine gute Übersichtlichkeit gewährleistet ist, war es A möglich, den AGB-Reiter zu sehen und anzuklicken. Dieser Aufwand darf noch als zumutbar angesehen werden.
Folglich wurden die AGBs – darunter die fragliche Klausel – in den
Vertrag einbezogen. Da außerdem in einem Reisevertrag mit Regelungen über Korrekturen oder Änderungen von Reiseteilnehmern gerechnet werden muss, kann die hier interessierende Klausel auch nicht als
überraschend i. S. v. § 305c BGB angesehen werden. Die Wirksamkeit
dieser Klausel hängt folglich nur noch von der Inhaltskontrolle der
§§ 307 ff. BGB ab. Da vorliegend keines der konkreten Klauselverbote
der §§ 308, 309 BGB betroffen ist, bemisst sich die Inhaltskontrolle
nach der Generalklausel des § 307 Abs. 1 BGB. Danach wäre die
Klausel unwirksam, wenn sie A entgegen den Geboten von Treu und
Glauben unangemessen benachteiligen würde. Die Klausel auferlegt
dem Reisekunden, den Namen korrekt in die Buchungsmaske einzuge-
ben oder einen Aufpreis zu bezahlen. Die korrekte Namenseingabe
kann von einem Vertragspartner ohne Weiteres erwartet werden. Au-

ßerdem dient der Aufpreis der Abdeckung eines administrativen Mehraufwands des Reiseunternehmens. Schließlich ist auch die Höhe des Aufpreises von 50 € angesichts dieses Aufwands, der vertragskonstitutiven Bedeutung der Namen der Vertragspartner und des Gesamtreisepreises durchaus noch vertretbar. Somit kann hier keine unangemessene Benachteiligung des Kunden erkannt werden. Die Klausel ist daher wirksam und A muss den Aufpreis entrichten.[114]

6.2.3 Fernabsatzrecht, §§ 312c ff. BGB

6.2.3.1 Anwendungsbereich

Das Fernabsatzrecht wurde 2013 (gemeinsam mit dem hier nicht relevan- **647** ten Haustürgeschäft, das jetzt „außerhalb von Geschäftsräumen geschlossene Verträge" heißt) durch das **Gesetz zur Umsetzung der Verbraucherrechterichtlinie** (VRRLUmsG) umgestaltet und neu geordnet.[115] **Fernabsatzverträge** gem. § 312c Abs. 1 BGB
- betreffen regelmäßig die Lieferung von Waren oder die Erbringung von Dienstleistungen (arg. e § 312 Abs. 2 BGB) und
- werden **ausschließlich über Fernkommunikationsmittel** (also „ohne gleichzeitige körperliche Anwesenheit", § 312c Abs. 1 BGB)
- zwischen einem Unternehmer und einem Verbraucher abgeschlossen.

Solche Fernkommunikationsmittel können gem. § 312c Abs. 2 BGB klas- **648** sischer Natur sein (Brief, Katalog, Telefon, Fax), aber auch die neuen Medien betreffen (eMail, Telemedien). Das **Ausschließlichkeitsgebot bezüglich der Verwendung von Fernkommunikationsmitteln** gilt auch für die Vertragsanbahnung; dies führt dazu, dass das Fernabsatzrecht schon dann nicht mehr anwendbar ist, wenn vor einem (Fernkommunikations-)Vertragsschluss Verhandlungen in einem persönlichen Zusammentreffen geführt wurden.[116] Allerdings greift dieser Anwendungsausschluss bei persönlichen Kontakten nicht, wenn dabei seitens des Unternehmers ein Bote ohne nähere Instruktionen über die einzelnen Vertragsleistungen agiert hat (z. B. bei Einholung der Verbraucherunterschrift durch einen Postmitarbeiter im Postident-Verfahren). Denn ein solcher Bote „ist nicht befugt und in aller Regel auch nicht in der Lage, […] über die Vertragsleistung Auskunft zu geben."[117]

---

114 Der Fall ist angelehnt an BGH, Urt. v. 16.10.2012 – Az. X ZR 37/12.
115 Dazu umfassend z. B. Wendehorst, NJW 2014, 577; Schärtl, JuS 2014, 577; Bierekoven/ Crone, MMR 2013, 687; Föhlisch/Dyakova, MMR 2013, 3.
116 Grigoleit, NJW 2002, 1151, 1152; etwas weniger streng Palandt/Grüneberg, BGB, § 312c n. F. Rn. 4 (Ausschluss des Fernabsatzrechts nur dann, wenn die Verhandlungen im Vorfeld alle relevanten Umstände behandelt haben und der Vertrag in unmittelbarem zeitlichen Zusammenhang damit abgeschlossen worden ist).
117 BGH, JZ 2005, 357 m. Anm. Wendehorst.

649 Darüber hinaus ist die **Anwendbarkeit des Fernabsatzrechts** für eine Reihe von Vertragsgegenständen (z. B. Bauleistungen, Reise- und Beförderungsverträge, Teilzeitnutzung von Wohngebäuden oder Lieferung von Haushaltsgegenständen des täglichen Bedarfs wie Lebensmittel) ausgeschlossen, § 312 Abs. 2 BGB.[118]

6.2.3.2 Informationspflichten

650 Die Anwendbarkeit des Fernabsatzrechts führt zu einem besonderen Verbraucherschutz, der vor allem den **Spezifika der erhöhten Anonymität im Fernabsatzverkehr** Rechnung trägt. So stehen im Mittelpunkt besondere Informationspflichten des Unternehmers über seine Person (mit ladungsfähiger Anschrift),[119] den Vertragsgegenstand, die Vertragsverpflichtungen, das Widerrufsrecht des Verbrauchers u. a. (vgl. § 312d Abs. 1 BGB i. V. m. Art. 246a § 1 Abs. 1 EGBGB). Diese Informationen müssen vor der Abgabe der vertragsbegründenden Willenserklärung des Verbrauchers „in einer den benutzten Fernkommunikationsmitteln angepassten Weise" zur Verfügung gestellt werden (§§ 312d Abs. 1 BGB i. V. m. Art. 246a § 4 Abs. 3 EGBGB), was nicht zwingend auf einem dauerhaften Datenträger erfolgen muss.[120] Bei einem Online-Vertrag wäre eine „aktive" eMail möglich, aber wohl auch eine entsprechende Informationsseite im Internet – die abgespeichert oder ausgedruckt werden kann[121] – ausreichend. Dafür spricht auch, dass das Gesetz nur eine Zurverfügungstellung verlangt und keine Übermittlung.

651 Nach erfolgtem **Vertragsschluss** ist der Unternehmer dann allerdings doch verpflichtet, die Informationen – soweit nicht schon vorab geschehen – auf einem **dauerhaften Datenträger** zur Verfügung zu stellen; dies muss innerhalb einer angemessenen Frist nach Vertragsschluss, spätestens aber mit der Zusendung der Ware bzw. vor Beginn der Dienstleistung erfolgen (§ 312 f Abs. 2 BGB). Dieses Verkörperungserfordernis ist – anders als bei den vorvertraglichen Informationspflichten – weder mit einem reinen Download-Angebot noch mit einem Link erfüllt;[122] hier muss mindestens eine entsprechende Mail-Zusendung vorliegen (s. o. bei den Anforderungen an die Textform, Rn. 609 f.). Bei reinen **Online-Verträgen**, bei denen

---

118 Vgl. (zur alten Rechtslage) Köhler/Arndt/Fetzer, Recht des Internet, Rn. 257.

119 Für die Anbieteridentität reicht es nicht aus, wenn dem Nachnamen der mit dem Anfangsbuchstaben abgekürzte Vorname vorangestellt ist, KG MMR 2007, 440.

120 Strengere Anforderungen gelten insoweit aber für Fernabsatzverträge über Finanzdienstleistungen, vgl. § 312d Abs. 1 BGB i. V. m. Art. 246b EGBGB; so ist hier eine Verkörperung auf einem Datenträger vorgeschrieben.

121 So jedenfalls die h. M. vor Umsetzung der Verbraucherrechterichtlinie, vgl. KG, NJW 2006, 3215 = MMR 2006, 678 = CR 2006, 680; vgl. Lejeune, CR 2008, 229; Föhlisch/Hoffmann, NJW 2009, 1175, 1176, weisen zutreffend darauf hin, dass der erfolgte Ausdruck bzw. die erfolgte Abspeicherung vom Unternehmer zu beweisen wäre, was in aller Regel nicht möglich ist.

122 EuGH NJW 2012, 2637, 2638.

neben dem Vertragsschluss auch die Erfüllung online erfolgt (z. B. beim Erwerb von Filmen, Musikstücken oder Apps[123]), muss in dieser verkörperten Vertragsbestätigung über die Informationspflichten hinaus dokumentiert sein, dass der Verbraucher der sofortigen Vertragserfüllung im Wissen zugestimmt hat, dass damit der Verlust seines Widerrufsrechts verbunden ist (§ 312 f Abs. 3 BGB).

In jedem Fall müssen die Informationen in einem Online-Angebot „klar **652** und verständlich" (Art. 246a § 4 Abs. 1 EGBGB), also für den rechtsunkundigen Durchschnittsverbraucher nachvollziehbar dargestellt sein. Fremdwörter oder juristische Fachbegriffe bergen daher stets die Gefahr einer nicht ordnungsgemäßen Verbraucherinformation in sich.[124] Aber auch die **ungewöhnliche oder versteckte Platzierung** wesentlicher Informationen auf der Internetseite kann zum Ergebnis einer ungenügenden Information führen. Zu diesem Ergebnis kam das OLG Hamburg bei der Anordnung des Hinweises auf die Informationen „in einem sehr kleinen Schriftgrad und zudem quergestellt um 90° versetzt am oberen rechten Seitenrand neben der Abbildung einer weiblichen Person, zu der er in keiner inhaltlichen Beziehung steht."[125]

Von besonderer Bedeutung ist die **Widerrufsbelehrung**, insbesondere ihre **653** Vollständigkeit (Art. 246a § 1 Abs. 2 EGBGB). So ist eine Widerrufsbelehrung, die nicht über wesentliche Rechte und Pflichten informiert (etwa über Fristen, Verfahren und ggf. Rücksendungskosten), unwirksam.[126] Will der Unternehmer auf Nummer sicher gehen, kann er das in Anlage 1 zum EGBGB bereitgestellte Formular für die Widerrufsbelehrung ausfüllen und in Textform dem Verbraucher übermitteln (Art. 246a § 1 Abs. 2 Satz 2 EGBGB).

Ein Verstoß gegen die Informationspflichten hat nicht nur Folgen für die **654** Wahrnehmung von Rechten und Pflichten aus dem betreffenden Vertrag (v. a. beim Widerrufsrecht), sondern stellt auch eine **unlautere geschäftliche Handlung zulasten der Mitbewerber** dar. Wenn dieser Wettbewerbs-

---

123 Zu dieser Problematik instruktiv Mankowski, CR 2013, 508; s. auch Rudkowski/Werner, MMR 2012, 711.
124 Vgl. Hoenike/Hülsdunk, MMR 2002, 415, 417; der BGH, Urt. v. 9.11.2011 – Az. I ZR 123/10 = MMR 2012, 454, hat eine Widerrufsbelehrung mit dem Einleitungssatz „Verbraucher haben das folgende Widerrufsrecht" als hinreichend deutlich akzeptiert.
125 OLG Hamburg, CR 2003, 927; OLG Hamm, NJW 2005, 2319 = MMR 2005, 540 = CR 2005, 666; danach verstößt es gegen § 312c Abs. 1 BGB a. F. (heute Art. 246a § 4 Abs. 1 EGBGB), wenn der Käufer auf „mich" unter der Rubrik „Angaben zum Verkäufer" klicken muss, um von seinem Widerrufsrecht zu erfahren.
126 BGH, CR 2007, 529.

verstoß nicht unter die Bagatellklausel des § 3 Abs. 2 UWG fällt, kann er von Mitbewerbern abgemahnt werden.[127]

6.2.3.3 Widerrufs- und Rückgaberecht

655 Die andere wesentliche Rechtsfolge des Fernabsatzrechts (neben den Informationspflichten) stellt das Widerrufs- und Rückgaberecht gem. §§ 312g Abs. 1, 355 ff. BGB dar.

655a • *Ausübung:* Das Widerrufsrecht wird vom Verbraucher gegenüber dem Unternehmer durch eine entsprechende Erklärung – die den Widerrufswillen eindeutig erkennen lässt – formfrei ausgeübt (§ 355 Abs. 1 BGB). Die Bundesregierung leitet in der Begründung des Gesetzentwurfs daraus ab, dass eine **kommentarlose Rücksendung** der Ware dafür nicht mehr – wie früher – ausreichen soll.[128] Da jedoch der Gesetzeswortlaut gerade nicht eine „ausdrückliche" (sondern eine „eindeutige") Erklärung verlangt, muss nach allgemeinen Grundsätzen auch eine konkludente Erklärung ausreichen können. Im Normalfall stellt eine kommentarlose Rücksendung ein schlüssiges Handeln dar, wonach der Rücksender die Ware nicht (mehr) haben möchte und deshalb den Vertrag widerruft. Für diese Sichtweise sprechen sowohl die ausdrückliche Entbehrlichkeit einer Widerrufsbegründung (§ 355 Abs. 1 Satz 4 BGB) als auch die verbraucherschutzbezogene Zielsetzung der Novellierung.[128a]

656 • *Frist:* Die **Frist für die Ausübung des Widerrufsrechts** beträgt zwei Wochen. Sie beginnt i. d. R.[129] ab Vertragsschluss (§ 355 Abs. 2 Satz 1 BGB), jedoch nicht vor der (idealerweise schon vorvertraglich erfüllten) vollständigen und korrekten Erfüllung der Informationspflichten über das Widerrufsrecht (§ 356 Abs. 3 i. V. m. Art. 246a § 1 Abs. 2 EGBGB); zur Fristwahrung genügt eine rechtzeitige Absendung (§ 355 Abs. 1 Satz 5 BGB).[130] Da die vorvertragliche Erfüllung der Informati-

---

127 So KG, MMR 2007, 440, bezüglich des unvollständigen Vornamens des Unternehmers, und OLG Hamm, MMR 2008, 469, bezüglich fehlender Impressumsangaben wie des Handelsregisters und der Registernummer. Für eine großzügige Handhabung der Bagatellklausel wirbt Lejeune, CR 2008, 226, 231. In anderen Fällen hat das KG die Bagatellklausel angewendet (MMR 2008, 339; MMR 2008, 341).

128 BT-Drs. 17/12637, S. 60; Schärtl, JuS 2014, 577, 580, formuliert vorsichtiger („regelmäßig" nicht möglich) und verweist auf die zugrundeliegende VRRL, nach der die Warenrücksendung von einer Erklärung „begleitet" sein muss (Erwägungsgrund 44); da jedoch auch eine richtlinienkonforme Auslegung die Wortlautgrenze achten muss, wird man hier von einer unzureichenden Richtlinienumsetzung ausgehen müssen.

128a Ebenso Hoffmann/Schneider, NJW 2015, 2529 ff. unter besonderer Würdigung der zugrunde liegenden EU-Richtlinie.

129 Ausnahmen zur Regelvermutung regelt § 356 Abs. 2 BGB hauptsächlich für besondere Formen des Verbrauchsgüterkaufs.

130 Auf die vollständige und korrekte Erfüllung der übrigen Informationspflichten kommt es dagegen seit der Umsetzung der Verbraucherrechterichtlinie nicht mehr an, vgl. § 355 Abs. 2 BGB a. F.

onspflichten noch keine Verkörperung auf einem dauerhaften Datenträger voraussetzt (s. o. Rn. 650), beginnt das Widerrufsrecht (i. d. R.) mit Vertragsschluss auch dann, wenn der Unternehmer – etwa bei einer Online-Versteigerung – seinen Kunden erst durch den Vertragsschluss „kennen lernt", aber schon auf seiner Verkaufsseite die entsprechende Belehrung vorgenommen hat. Handelt es sich jedoch um einen Verbrauchsgüterkauf (§ 474 Abs. 1 BGB), beginnt die Widerrufsfrist erst mit dem Eintreffen der Ware beim Käufer (§ 356 Abs. 2 Nr. 1 lit. a BGB). Unabhängig davon erlischt jedoch das Widerrufsrecht bei einem Dienstleistungsvertrag und einem Online-Vertrag mit der Erfüllung des Vertrags (bzw. dem Beginn der Erfüllung), wenn der Verbraucher genau darüber vorab belehrt worden ist (s. o., Rn. 651; § 356 Abs. 4, 5 BGB). Spätestens erlischt das Widerrufsrecht nach einem Jahr und 14 Tagen i. d. R. ab Vertragsschluss (§ 356 Abs. 3 Satz 2 BGB). Sonderregelungen gelten für Fernabsatzverträge über Finanzdienstleistungen (§§ 356 Abs. 3 Satz 2, 357a BGB).

- *Folge:* Bei wirksamer Ausübung entfällt die Rechtsbindung beider Vertragsparteien an ihre Willenserklärungen (§ 355 Abs. 1 BGB). Zugleich entsteht ein **Rückgewährschuldverhältnis**, wonach beide Seiten die empfangenen Leistungen unverzüglich (also ohne schuldhaftes Zögern, § 121 Abs. 1 BGB) – spätestens aber binnen 14 Tagen – zurückzugewähren haben (§§ 355 Abs. 3, 357 Abs. 1 BGB). **657**

- *Hin- und Rücksendekosten:* Das durch das Widerrufsrecht ausgelöst Rückgewährschuldverhältnis erfasst auf Seiten des Unternehmers nicht nur den gezahlten Kaufpreis, sondern auch die **Versandkosten (Hinsendekosten)**, soweit diese der Unternehmer verlangt hat und dem Standardangebot entsprechen (§ 357 Abs. 2 BGB). Auf Seiten des Verbrauchers ist der Kaufgegenstand zurückzugeben, was im Regelfall die Tragung der damit verbundenen **Rücksendekosten** mit umfasst. Der Unternehmer hat die Rücksendekosten nur zu tragen, wenn er dies vorab zugesagt oder den Verbraucher über dessen Pflicht zur Übernahme etwaiger Rücksendekosten nicht ordnungsgemäß belehrt hat (§ 357 Abs. 6 BGB i. V. m. Art. 246a § 1 Abs. 2 EGBGB). **658**

- *Wertersatz:* Das Widerrufsrecht will den Käufer vor den spezifischen Risiken schützen, die daraus folgen, dass er beim Fernabsatz die Sache nicht vor Vertragsschluss persönlich prüfen und ausprobieren kann. Deshalb ist der Verbraucher zur Bezahlung des **Wertersatzes wegen einer Verschlechterung der Ware** nicht verpflichtet, wenn er die Ware nur auf ihre Beschaffenheit, Eigenschaften und Funktionsweise hin geprüft hat. Bei einer weitergehenden Nutzung der Ware ist er dagegen zur Leistung von Wertersatz dann verpflichtet, wenn der Unternehmer ihn darauf gem. Art. 246a § 1 Abs. 2 BGB hingewiesen hat (§ 357 Abs. 7 BGB). **659**

660 • *Ausschluss des Widerrufsrechts:* Bei bestimmten Fernabsatzverträgen
ist das Widerrufsrecht grundsätzlich ausgeschlossen (§ 312g Abs. 2
BGB), so z. B. bei der Lieferung von individuell hergestellten bzw. an-
gefertigten Gegenständen oder schnell verderblicher Ware. Allerdings
stellt der BGH gewisse Ansprüche an die individuelle Herstellung, was
inzwischen auch der novellierte Gesetzestext stärker zum Ausdruck
bringt („nicht vorgefertigt [...] und für deren Herstellung eine individuelle Auswahl oder Bestimmung durch den Verbraucher maßgeblich
sind", § 312g Abs. 2 Nr. 1, 1. Alt. BGB). So hat der BGH dies verneint, wenn „die zu liefernde Ware auf Bestellung des Verbrauchers
aus vorgefertigten Standardbauteilen zusammengefügt wird, die mit
verhältnismäßig geringem Aufwand ohne Beeinträchtigung ihrer Subs-
tanz oder Funktionsfähigkeit wieder getrennt werden können." Der
Entscheidung lag ein Fall zugrunde, in dem der Kunde die Herstellung
eines Notebooks aus Standardteilen im Baukastensystem (built-to-or-
der) veranlasst hatte; der Arbeitsaufwand der Wieder-Zerlegung lag
unter 5 % des Warenwertes.[131]

661   Beispielfall 18: Kaputter Kreisel

Sachverhalt: Hausfrau Hilde (H), die zunächst nur alte Spiel- und Klei-
dungswaren ihrer inzwischen studierenden Kinder über eBay versteigert hat, verkauft inzwischen für Freunde, Nachbarn und Bekannte
gebrauchte Kinderartikel über eBay. Die Versteigerungsseiten von H
sind einfach strukturiert und enthalten keinerlei rechtliche Hinweise
oder Belehrungen bis auf die Bemerkung: „Da Privatkauf keine Gewährleistung". Dabei kommt sie auf durchschnittlich ca. 50 Artikel
im Monat. Der Erlös geht dann zu je 50 % an die früheren Eigentümer
und an H, die damit ihre Haushaltskasse etwas aufbessern kann. Im
Rahmen dieser Tätigkeit versteigert H einen alten Brummkreisel, den
die junge Mutter Marion (M) für ihren dreijährigen Sprössling Severin
(S) für 8,50 € zzgl. Versandkosten i. H. v. 5 € am 15. März erwirbt. H
schickt den Kreisel mit einer schriftlichen Bestätigung des Kaufvertrags M zu. Die Unterlagen enthalten auch die vorgeschriebenen Informationen über das Widerrufsrecht, insbesondere zur Wertersatzpflicht
bei einer über Prüfzwecke hinausgehenden Behandlung. Nur zu den
Versandkosten erfolgen keine Angaben. M erhält das Paket am
23. März und übergibt den Kreisel dem S am Ostersonntag, den 7. April, als Ostergeschenk. S ist von seinem neuen Spielzeug so begeistert,
dass er eine Dreiviertelstunde lang mit dem Kreisel spielt. Schließlich
zeigt sich der schon etwas altersschwache Kreisel der Nutzung durch
S nicht mehr gewachsen und fällt in seine Einzelteile auseinander. Am
9. April schickt M die Einzelteile des Kreisels kommentarlos an H zu-

---

131 BGH, MMR 2003, 463 = NJW 2003, 1665.

rück, wofür sie 3,95 € bezahlen muss. Nachdem sie von H in den Folgewochen nichts hört, hakt sie Ende April per eMail nach und verlangt ihr Geld nebst Hin- und Rücksendekosten zurück. Sind die Ansprüche von M berechtigt?

Lösungsvorschlag: Die Ansprüche von M könnten nur dann berechtigt **662** sein, wenn ihr ein Widerrufsrecht zustünde, das sie wirksam ausgeübt hat.

Ein solches Widerrufsrecht wäre dann gegeben, wenn der zwischen M und H geschlossene Kaufvertrag über den Brummkreisel als Fernabsatzvertrag zu qualifizieren wäre. Dies setzt zunächst eine Unternehmer-Verbraucher-Beziehung voraus. Während offenkundig ist, dass M für private Zwecke als Verbraucherin gehandelt hat, ist die Unternehmer-Eigenschaft bei H fraglich. Denn auch sie handelt nur „nebenbei", ohne von den Einnahmen ansatzweise leben zu können. Der Sachverhalt spricht in diesem Zusammenhang von einer (geringen) Aufbesserung der Haushaltskasse. Auf der anderen Seite vertreibt H nicht (mehr) nur ein paar private Artikel, sondern verkauft inzwischen fremde Gegenstände auf Provisionsbasis. Mit den im Sachverhalt genannten ca. 50 Artikeln im Monat kommt sie auf ca. 600 Artikel im Jahr, was bereits als geringfügige freiberufliche Tätigkeit i. S. v. § 14 Abs. 1 BGB anzusehen ist. Denn im Interesse eines effektiven Verbraucherschutzes sind die Anforderungen an den Unternehmerbegriff nicht erst bei (Semi-)Professionalität zu bejahen. Die Rechtsprechung hat daher bereits deutlich geringere Jahresverkaufszahlen als bei H für den Unternehmerbegriff ausreichen lassen. Demnach ist H als Unternehmerin anzusehen und ein Unternehmer-Verbraucher-Verhältnis gegeben. Als weitere Voraussetzung verlangt ein Fernabsatzvertrag, dass es (im Wesentlichen) um die Lieferung von Waren oder Erbringung von Dienstleistungen geht. Dies ist vorliegend mit dem Kaufvertrag über den Brummkreisel unproblematisch erfüllt; insbesondere sind keine Bereichsausnahmen gem. § 312 Abs. 2 BGB einschlägig. Schließlich liegt ein Fernabsatzvertrag nur dann vor, wenn Vertragsanbahnung und -abschluss ausschließlich über Fernkommunikationsmittel erfolgt sind. Hier hat M den Kreisel bei H über eBay im Internet ersteigert, ohne dass es irgendwelche persönlichen Vorfeldkontakte gegeben hätte. Damit ist auch die letzte Bedingung erfüllt, weshalb ein Fernabsatzvertrag vorliegt. M steht daher ein Widerrufsrecht gem. §§ 312g Abs. 1, 355 ff. BGB zu; insbesondere ist keine der Ausnahmen gem. § 312g Abs. 2 BGB einschlägig.

Fraglich bleibt jedoch, ob M dieses Widerrufsrecht auch wirksam ausgeübt hat. Insbesondere könnte M verspätet gehandelt haben. Denn die Widerrufsfrist beginnt im Regelfall gem. § 355 Abs. 2 Satz 2 BGB mit dem Vertragsschluss, der in diesem Fall am 15. März erfolgt ist. Allerdings setzt ein Fristbeginn bei Vertragsschluss voraus, dass der Unternehmer den Verbraucher bereits vorvertraglich über sein Widerrufsrecht belehrt hat. Da jedoch die Verkaufsseite von H auf eBay keine Aussagen zum Widerrufsrecht macht, fehlt es hieran. Deshalb kann die Widerrufsfrist nicht vor Erfüllung der Belehrungspflicht beginnen. Dies ist vorliegend mit der Vertragsbestätigung erfolgt, die am 23. März – zusammen mit dem Kreisel – bei M eingegangen ist. Da hier jedoch – wie dargelegt – eine Verbraucherin eine bewegliche Sache von einer Unternehmerin kauft, liegt ein Verbrauchsgüterkauf gem. § 474 Abs. 1 BGB vor. Daher beginnt die Frist ohnehin erst, wenn der Kreisel bei M eintrifft (§ 356 Abs. 2 Nr. 1 lit. a BGB). Folglich beginnt die Widerrufsfrist am 24. März (§ 187 Abs. 1 BGB) und endet rechnerisch mit Ablauf des 6. April. Da es sich bei diesem Tag jedoch um einen Samstag handelt, endet die Frist gem. § 193 BGB erst mit Ablauf des nächsten Werktages, also dem 9. April (nachdem der 7. und 8. April als Ostersonntag und -montag Feiertage sind). An genau diesem Tag schickt M den zerstörten Kreisel kommentarlos zurück. Da die rechtzeitige Absendung für die Fristwahrung genügt (§ 355 Abs. 1 Satz 5 BGB), kommt es darauf an, ob in der kommentarlosen Rücksendung eine wirksame Ausübung des Widerrufsrechts liegt. Denn die eMail von Ende April wäre auf jeden Fall verspätet. Da § 355 Abs. 1 BGB keine ausdrückliche oder mit Begründung versehene Widerrufserklärung verlangt, kann der Widerruf (nach der hier vertretenen Auffassung) auch konkludent erklärt werden, wenn der Widerrufswille eindeutig zu erkennen ist. Dabei ist auf den Empfängerhorizont abzustellen. Hier bekommt H die Einzelteile des zerstörten Kreisels zurück. Angesichts des geringen Warenwertes erscheint es lebensfremd, darin ein Reparaturverlangen sehen zu wollen. Dann aber bleibt als einzige realistische Auslegungsoption, dass M den Kaufvertrag rückgängig machen möchte. Also liegt hier mit der kommentarlosen Rücksendung nicht nur eine fristgemäße, sondern auch eine wirksame Ausübung des Widerrufsrechts vor.

M könnte daher ihr beim Kauf gezahltes Geld (Waren- und Versandkosten in Höhe von zusammen 13,50 €) grundsätzlich im Rahmen des Rückgewährschuldverhältnisses zurückverlangen. Dem dürfte jedoch kein Wertersatzanspruch von H entgegenstehen. Da H insoweit M ordnungsgemäß belehrt hat, kommt es nur darauf an, ob die in der Zerstörung des Kreisels liegende Verschlechterung der Ware auf einen Umgang zurückzuführen ist, der über die zulässige Prüfung hinausgeht. Laut Sachverhalt hat S mit dem Kreisel ca. 45 Minuten intensiv gespielt. Da es sich bei einem Brummkreisel um ein nicht allzu komplexes Gerät handelt, müsste eine hinreichende Prüfung der Funktionsweise und der Eigenschaften spätestens nach 5 bis 10 Minuten erfolgt sein. Die hier deutlich längere Spieldauer reicht folglich über die bloße Prüfung hinaus und ist für die Zerstörung des Kreisels ursächlich. Damit steht dem Rückzahlungsanspruch von M ein Wertersatzanspruch von H in Höhe des vollen Warenwertes – also 8,50 € – gegenüber. M kann folglich nur die von ihr bezahlen Hinsendekosten (5 €) zurückverlangen.

Abschließend bleibt zu prüfen, ob M auch die Rücksendekosten i. H. v. 3,95 € geltend machen kann. Dies ist grundsätzlich nicht der Fall, da diese Kosten dem Verbraucher zugewiesen sind. Hier hat aber H ausweislich des Sachverhalts M über diese Folge der Ausübung des Widerrufsrechts nicht informiert, weshalb die Kostenzuordnung ausnahmsweise zulasten des Unternehmers geht (§ 357 Abs. 6 BGB). M kann folglich auch die Rücksendekosten geltend machen und demnach insgesamt von H 8,95 € verlangen.

6.2.4 Pflichten im elektronischen Geschäftsverkehr, §§ 312i, 312j BGB

6.2.4.1 Anwendungsbereich

Verträge im elektronischen Geschäftsverkehr gem. § 312i Abs. 1 BGB **663**
* betreffen die Lieferung von Waren oder die Erbringung von Dienstleistungen und
* werden unter Zuhilfenahme von Telemedien
* von Unternehmern abgeschlossen.
Diese auf EU-Recht zurückgehenden Regelungen zielen auf einen Schutz der Vertragspartner vor vorschnellem Handeln und Leichtsinnsfehlern (Tippfehler) beim Vertragsschluss.

Im **Verhältnis zu den Fernabsatzverträgen** gem. § 312c BGB sind bei die- **664** sen Verträgen die Vertragsgegenstände im Wesentlichen identisch und die Vertragsschlussmedien enger (nur Telemedien gegenüber allen Fernkommunikationsmitteln). Andererseits aber ist der Anwendungsbereich des Vertrags im elektronischen Geschäftsverkehr weiter, indem
* hierunter nicht nur b2c-, sondern auch b2b-Verträge von Unternehmern mit Unternehmern fallen (die aber Abweichendes vereinbaren können, § 312i Abs. 2 Satz 2 BGB),
* die Bereichsausnahmen vom Fernabsatzrecht gem. § 312 Abs. 2 BGB hier nicht gelten und
* das Ausschließlichkeitsgebot bezüglich der Fernkommunikationsmittel nicht gilt, also auch online geschlossene Verträge mit persönlichen Vorverhandlungen unter die Verträge im elektronischen Geschäftsverkehr fallen.

Soweit ein Vertrag in die **Schnittmenge** beider Vertragsarten fällt, gelten das **Fernabsatzrecht und die Pflichten im elektronischen Geschäftsverkehr** nebeneinander.[132]

665 Die folgende Gegenüberstellung verdeutlicht die Abgrenzung dieser drei Vertragstypen:

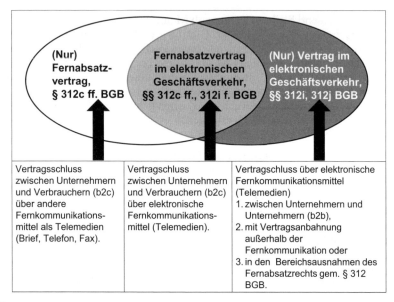

(Nur) Fernabsatz-vertrag, § 312c ff. BGB	Fernabsatzvertrag im elektronischen Geschäftsverkehr, §§ 312c ff., 312i f. BGB	(Nur) Vertrag im elektronischen Geschäftsverkehr, §§ 312i, 312j BGB
Vertragsschluss zwischen Unternehmern und Verbrauchern (b2c) über andere Fernkommunikations-mittel als Telemedien (Brief, Telefon, Fax).	Vertragschluss zwischen Unternehmern und Verbrauchern (b2c) über elektronische Fernkommunikations-mittel (Telemedien).	Vertragschluss über elektronische Fernkommunikationsmittel (Telemedien) 1. zwischen Unternehmern und Unternehmern (b2b), 2. mit Vertragsanbahnung außerhalb der Fernkommunikation oder 3. in den Bereichsausnahmen des Fernabsatzrechts gem. § 312 BGB.

Übersicht 53: Fernabsatzvertrag und Vertrag im elektronischen Geschäftsverkehr

6.2.4.2 Rechtsfolgen

666 Sind die Anwendungsvoraussetzungen des Vertrages im elektronischen Geschäftsverkehr erfüllt, trifft den „Vertragsanbieter" (der nicht im Sinne von § 145 BGB zu verstehen ist, sondern die elektronische Vertrags-schlussform anbietet) eine **Reihe von besonderen Pflichten,** wenn der Vertrag über das Internet (und nicht rein individuell per eMail) geschlossen werden soll:

- Er muss die Internetseiten, die der Kunde zum Vertragsabschluss an-klicken bzw. ausfüllen muss, so gestalten, dass der Kunde **Eingabefeh-ler** vor der endgültigen Bestellung (d. h. Vertragsangebot i. S. v. § 145 BGB) **erkennen und auch berichtigen** kann (§ 312i Abs. 1 Satz 1 Nr. 1 BGB). Deshalb ist bei Internetshops regelmäßig eine nochmalige Dar-stellung aller bestellten Waren mit der ausdrücklichen Frage nach Än-

---

132 Köhler/Arndt/Fetzer, Recht des Internet, Rn. 285.

derungswünschen bzw. mit einer Bestätigungsaufforderung vorgesehen, bevor man überhaupt den Bestellbutton anklicken kann.
- Außerdem muss der Vertragsanbieter **Informationen** über den technischen Ablauf und die Dokumentation des Vertragsschlusses sowie über die Berichtigungsmöglichkeiten in der Vertragsanbahnungsphase u. a. (§ 312i Abs. 1 Satz 1 Nr. 2 BGB i.V. m. Art. 246c EGBGB) übermitteln.
- Schließlich muss er gegenüber dem Besteller den **Zugang der Bestellung bestätigen** (§ 312i Abs. 1 Satz 1 Nr. 3 BGB), was in der Regel durch die bereits angesprochene „Auto-Reply-Erklärung" erfolgt (s. o., Rn. 565).[133]
- Hinzu kommt die – auch bei rein individuell im elektronischen Geschäftsverkehr abgeschlossenen Verträgen – bestehende Pflicht, dem Kunden zu ermöglichen, dass er die **Vertragsinhalte und AGBs** beim Vertragsschluss **abrufen und bei sich abspeichern** kann, § 312i Abs. 1 Satz 1 Nr. 4 BGB.

Zusätzliche Pflichten des Anbieters bestehen außerdem, wenn er als Unternehmer gegenüber einem Verbraucher handelt. Dies gilt für die vor Vertragsschluss anzugebenden Lieferbeschränkungen und Zahlungsmittel sowie für bestimmte Informationspflichten aus dem Fernabsatzrecht (§ 312j Abs. 1, 2 BGB). Außerdem muss der Unternehmer den Bestellvorgang so gestalten, dass der Verbraucher sich zwingend über die mit der Bestellung verbundene Zahlungspflicht im Klaren ist. Erfolgt die Bestellung durch das Anklicken eines Bestellbuttons, kommt der Vertrag nur zustande, wenn auf diesem eine Formulierung wie „zahlungspflichtig bestellen" steht (§ 312j Abs. 3, 4 BGB). Mit dieser sog. **„Buttonlösung"** versucht der Gesetzgeber, den im Internet verbreiteten **Vertragsfallen** entgegenzuwirken.[134] In diesen regelmäßig betrügerischen[135] Fällen versuchen raffinierte Geschäftemacher, Usern im Nachgang zur Inanspruchnahme irgendwelcher Internet-Dienstleistungen dafür Geldbeträge als angebliche Zahlungspflichten abzuluchsen. Neben dieser vertragsrechtlichen Sanktionierung dürften die Vertragsfallen regelmäßig auch lauterkeitsrechtliche Ansprüche auslösen.[136] Die meisten dieser Pflichten gelten allerdings für den Unternehmer nur, sofern der Vertrag nicht ausschließlich

667

---

133 Zu den damit verbundenen datenschutzrechtlichen Problemen vgl. Bergt, NJW 2011, 3752.
134 Dazu allgemein Leier, CR 2012, 378; Kredig/Uffmann, ZRP 2011, 36; kritisch zur rechtsdogmatischen Einordnung in das BGB-System Kirschbaum, MMR 2012, 8; Raue, MMR 2012, 438; krit. zum Umsetzungsaufwand Bergt, NJW 2012, 3541.
135 Zur Täuschungsabsicht bei Verschleierung der Kostenpflichtigkeit eines Angebots vgl. BGH, Urt. v. 5.3.2014 – Az. 2 StR616/12 (Routenplaner) = NJW 2014, 2595 = MMR 2014, 843.
136 Alexander, NJW 2012, 1985, 1989 f.

durch Individualkommunikation abgeschlossen wird (§ 312j Abs. 5 BGB).

668 Da der Schutzweck, den Kunden vor übereilten Entscheidungen und Leichtsinnsfehlern zu bewahren, vor allem durch die Berichtigungsmöglichkeiten erfüllt wird, sehen die Bestimmungen zum elektronischen Geschäftsverkehr **kein Widerrufsrecht** vor. Soweit aber parallel hierzu das Fernabsatzrecht einschlägig ist, treten dessen Rechtsfolgen – also v. a. die damit verbundenen (anderen) Informationspflichten und das Widerrufsrecht – hinzu. Dies zeigt auch, dass sich diese beiden Vertragstypen nicht nur beim Anwendungsbereich, sondern auch bezüglich der Rechtsfolgen gut ergänzen und nicht verdrängen.

6.2.5 Preisangabenrecht

669 Die auf dem Preisangaben- und Preisklauselgesetz (PAngG) beruhende Preisangabenverordnung (PAngV) will sicherstellen, dass der Verbraucher die für ihn entstehenden **Kostenfolgen eines Vertrages reell einschätzen** kann. Die PAngV wendet sich also gegen ausgebuffte Verschleierungsstrategien; sie ordnet daher an, dass bei Angeboten und Werbung[137] – soweit Preise genannt werden – immer die sog. **Endpreise anzugeben** sind, also einschließlich Umsatzsteuer und etwaiger weiterer Preisbestandteile (§ 1 Abs. 1 PAngV).

670 Bei **Fernabsatzverträgen** muss sogar ausdrücklich mitgeteilt werden, dass die genannten Preise alle Preisbestandteile enthalten und ob zusätzliche Liefer- und Versandkosten – ggf. in welcher Höhe – sowie Umsatzsteuer[138] anfallen (§ 1 Abs. 2 PAngV). Bei **Krediten** müssen die Gesamtkosten als jährlicher Prozentsatz (mit der Bezeichnung als „effektiver Jahreszins") angegeben werden (§ 6 PAngV). Leistungsanbieter haben ein **Preisverzeichnis** gut sichtbar anzubringen, was ausdrücklich auch für Bildschirmanbieter gilt (§ 5 Abs. 1 PAngV). Außerdem müssen die Endpreise **dem Angebot eindeutig zugeordnet** werden und **leicht erkennbar** sein (§ 1 Abs. 6 PAngV). Dieser Vorgabe genügt beispielsweise eine Werbung, bei der die Preisangabe mit einem Link „Top-Tagespreis" erfolgt, und (erst) bei Anklicken des Links den konkreten Preis offenbart, nicht.[139] Etwas anderes gilt nur dann, wenn der Endpreis erst nach Eingabe preisbildender Faktoren durch den Kunden bestimmt werden kann und darauf aus-

---

137 Der BGH hat ausdrücklich festgestellt, dass die Vorgaben der PAngV auch für die Werbung gelten, wenn diese unter Angabe von Preisen erfolgt, MMR 2009, 690, 691; ebenso OLG Hamburg, MMR 2005, 467.

138 BGH, NJW 2008, 1595 = CR 2008, 446; die Nichtangabe, dass die Umsatzsteuer enthalten ist, kann laut KG, MMR 2007, 791, wettbewerbsrechtlich einen Bagatellverstoß darstellen.

139 OLG Hamburg, Urt. v. 6.11.2003 – Az. 5 U 48/03 = CR 2004, 460.

drücklich hingewiesen wird. Dies hat der BGH vor dem Hintergrund eines Falles entschieden, in dem ein Online-Reservierungssystem für Flugreisen nicht sofort den Endpreis angab, weil dieser erst durch weitere Eingaben ermittelt wurde.[140]

Aber auch die Anforderungen an die **Angaben zu den Versandkosten und** **671** **zur Umsatzsteuer** werden vom BGH moderat gehandhabt; danach müssen diese Angaben „irgendwo" auf dem Weg zum Bestellvorgang leicht erkennbar und gut wahrnehmbar erfolgen, nicht aber in unmittelbarer räumlicher Nähe zu den Netto-Preisangaben.[141] Nicht ausreichend ist nach dem OLG Hamburg jedoch ein Hinweis ganz am Ende einer Seite, der nicht durch ein Sternchen oder einen Link mit der Preisangabe verbunden ist; diese Angaben findet dann nur derjenige, der die Seite (quasi zufällig) bis ganz unten durchscrollt, was dem Erfordernis der leichten Erkennbarkeit und guten Wahrnehmbarkeit nicht entspricht.[142]

Allerdings verlangt der BGH den Ausweis der Umsatzsteuer auch dann, **672** wenn der Preis „nur" in an die Allgemeinheit gerichteter Werbung genannt wird und der Werbende gar keine Verträge mit Letztverbrauchern schließt. Auch mit **Preissuchmaschinen** ist der BGH **strenger** umgegangen: So dürfen bei einer Werbung auf Preisvergleichslisten einer Preissuchmaschine die Versandkosten nicht fehlen bzw. erst auf der eigenen Internetseite des konkreten Anbieters auftauchen.[143] Hat der Anbieter den Preis ohne Versandkosten einer Suchmaschine übermittelt, handelt er wettbewerbswidrig.[144] Wegen der zunehmenden Bedeutung von Preissuchmaschinen im Netz hat der BGH auch das Vertrauen der Verbraucher in die Aussagekraft und Aktualität der Preisvergleiche dadurch geschützt, dass der Suchmaschine bereits dann eine Irreführung vorgeworfen werden kann, wenn der Preis – etwa nach einer Preiserhöhung – nur für wenige Stunden zu niedrig angegeben wird.[145]

Verstöße gegen das Preisangabenrecht führen nicht – wie sonst im Ver- **673** braucherschutzrecht – zur (Teil-)Unwirksamkeit der Verträge, sind aber als **Ordnungswidrigkeiten** bußgeldbewehrt (bis zu 25 000 €), § 10 PAngV i.V.m. § 3 WiStG. Außerdem ist die PAngV eine wertbezogene Norm

---

140 BGH, MMR 2003, 785 = CR 2003, 849 = NJW 2003, 3055.
141 BGH, MMR 2008, 39 m. Anm. Hoffmann = CR 2008, 108 m. Anm. Kaufmann; ebenso BGH, NJW 2008, 1595 = CR 2008, 446 m. Anm. Schirmbacher = MMR 2008, 461; BGH, NJW 2006, 211 = CR 2006, 120; ähnlich bereits OLG Hamburg, CR 2005, 128, und MMR 2005, 467, wonach ein eindeutig bezeichneter Link zu weiteren Preisbestandteilen ausreichend sein kann.
142 OLG Hamburg, CR 2009, 683.
143 BGH CR 2010, 192 (froogle I).
144 BGH MMR 2010, 823 = CR 2010, 809 (froogle II).
145 BGH CR 2010, 680.

i. S. d. Wettbewerbsrechts, weshalb ein Verstoß gegen die PAngV stets wettbewerbsrechtlich unlauter ist.[146]

6.2.6 Summary „Verbraucherschutzrecht"

674

1. Das Verbraucherschutzrecht modifiziert den zivilistischen Grundgedanken der Privatautonomie zugunsten des einzelnen Kunden gegenüber ökonomisch und juristisch überlegenen Anbietern. Im Mittelpunkt stehen dabei formularmäßige Vertragsklauseln und problematische Vertragsanbahnungspraktiken.
2. Das Recht der Allgemeinen Geschäftsbedingungen sieht für formularmäßig verwendete Vertragsklauseln drei Bedingungen für deren Wirksamkeit vor:
   a) Sie müssen wirksam in den Vertrag einbezogen worden sein, was die Möglichkeit der zumutbaren Kenntnisnahme bedingt; bei Internetangeboten muss der AGB-Link gut sichtbar in Nähe des Bestellbuttons angebracht sein.
   b) Sie dürfen keine Inhalte haben, mit denen ein durchschnittlicher Verbraucher objektiv nicht rechnen musste.
   c) Sie dürfen den Kunden nicht inhaltlich unangemessen benachteiligen, insbesondere die Grundgedanken dispositiver Normen nicht völlig abbedingen.
3. Das Fernabsatzrecht korrigiert bei b2c-Verträgen, die ausschließlich über Fernkommunikationsmittel – wozu auch Internet und eMail zählen – abgeschlossen werden, die Risiken der damit verbundenen höheren Anonymität.
   a) Zum einen auferlegt es dem Unternehmer eine Verpflichtung bezüglich einer ganzen Reihe von Informationen, v. a. bezüglich seiner Person, des Vertragsgegenstandes und der Vertragsverpflichtungen.
   b) Zum anderen gewährt es dem Verbraucher ein begründungsloses Widerrufs- und Rückgaberecht, dessen 14-tägige Ausübungsfrist erst mit vollständiger und korrekter Information über das Widerrufsrecht zu laufen beginnt.
4. Ergänzt wird dies durch die Pflichten im elektronischen Geschäftsverkehr, die die mittels Telemedien abgeschlossenen Verträge (auch im b2b-Bereich) betreffen. Der Vertragsanbieter muss vor allem technisch Vorsorge treffen, dass der Kunde Eingabefehler erkennen und auch berichtigen kann.

146 BGH, MMR 2003, 783 m. Anm. Hoeren (Leitsatz 4).

5. Das Preisangabenrecht will den Verbraucher vor Preisverschleierungsstrategien schützen und verlangt eine klare Ausweisung von Endpreisen. Verstöße sind wettbewerbsrechtlich unlauter und stellen Ordnungswidrigkeiten dar.

6.3 Wettbewerbsrecht

6.3.1 Stellung, Bedeutung und Anwendbarkeit des UWG

Der Begriff des Wettbewerbsrechts erfasst das Kartellrecht (v. a. im unionsrechtlichen Verständnis, Art. 101 ff. AEUV) und das Lauterkeitsrecht (v. a. im deutschen Verständnis, § 3 UWG). Letzteres ist Gegenstand des Gesetzes gegen den unlauteren Wettbewerb (UWG), um dessen internetrechtliche Relevanz es in diesem Abschnitt geht. Das im UWG geregelte Lauterkeitsrecht wird auch als Teil des „Gewerblichen Rechtsschutzes" angesehen; hierzu zählen außerdem das Patent- und Gebrauchsmusterrecht, das Geschmacksmusterrecht sowie das Warenzeichen- oder Markenrecht. Diese übrigen Gebiete des Gewerblichen Rechtsschutzes verfolgen vorrangig den Schutz geistig-gewerblicher Schöpfungen als eigentumsähnliche Rechte, die dem Rechtsinhaber absolut, d. h. gegenüber jedermann, zustehen. Das UWG dagegen vermittelt nur **relative Rechte wie Schadensersatz- oder Unterlassungsansprüche** (§§ 8, 9 UWG), die nur bestimmte Personen gegenüber anderen bestimmten Personen geltend machen können.[147]

675

Das Wettbewerbsrecht verfolgt **drei unterschiedliche Schutzzwecke:** Es schützt subjektiv die **Mitbewerber** vor unlauteren Methoden der Konkurrenz, es schützt objektiv den unverfälschten, lauteren **Wettbewerb als Allgemeinwohlbelang** und es schützt die sonstigen Marktteilnehmer. Dazu zählen vor allem die **Verbraucher**[148] mit ihrem legitimen Interesse, nicht im Rahmen von Wettbewerbsmaßnahmen zum Spielball der Konkurrenten gemacht und in ihrer Entschließungsfreiheit (z. B. durch irreführende Angebote) eingeschränkt zu werden. Diese „Schutzzwecktrias" ist ausdrücklich in § 1 UWG normiert und geht von einer grundsätzlichen **Gleichrangigkeit aller drei Schutzzwecke** aus.[149]

676

Die Anwendbarkeit des UWG setzt als Erstes voraus, dass ein Wettbewerber **im geschäftlichen Verkehr** handelt. Dies ergibt sich aus einer Reihe

677

---

147 Rittner/Dreher/Kulka, Wettbewerbs- und Kartellrecht, Rn. 102–105.
148 Das UWG geht ausdrücklich vom Verbraucher- und Unternehmerbegriff der §§ 13 f. BGB aus, § 2 Abs. 2 UWG (Näheres zu diesen Begriffen s. o., Rn. 636 f.).
149 BT-Drs. 15/1487, S. 15 f.; Köhler, NJW 2004, 2121; s. auch Rittner/Dreher/Kulka, Wettbewerbs- und Kartellrecht, Rn. 92.

von Unzulässigkeitsvorschriften (§§ 3 Abs. 1, Abs. 2 Satz 1, Abs. 3, 7 Abs. 1 UWG). Hierzu ist der Begriff der „geschäftlichen Handlung" in § 2 Abs. 1 Nr. 1 UWG umfangreich legaldefiniert. Danach fällt darunter jedes Verhalten einer Person zugunsten eines Unternehmens, das auf eine Förderung der Geschäftstätigkeit dieses Unternehmens zielt.[150] Dieser Anwendungsbereich erfasst folglich kein privates oder amtliches Handeln, weshalb beispielsweise eine private Internet-Homepage mit Meinungsäußerungen oder Berichten nichtkommerzieller Art keinen wettbewerbsrechtlichen Ansprüchen ausgesetzt ist.

678 Hinzu kommt als zweite Voraussetzung, dass bei Ansprüchen zwischen Mitbewerbern ein konkretes **Wettbewerbsverhältnis** gegeben sein muss (vgl. § 2 Abs. 1 Nr. 3 UWG), also deren gewerbliche Interessen miteinander kollidieren können.[151] Dies ist regelmäßig der Fall, wenn sie gleiche oder gleichartige Waren oder Dienstleistungen anbieten, die sich an den gleichen Abnehmerkreis richten.[152] Bei einer Kleider-Boutique in Wuppertal ist dies gegenüber einem Blumenhändler in Tübingen schwer vorstellbar, während dies bei einem BMW- und einem VW-Händler in Stuttgart regelmäßig erfüllt ist. Allerdings ist Branchenidentität für ein Wettbewerbsverhältnis nicht zwingend, sondern nur eine Übereinstimmung bezüglich des Abnehmerkreises und betroffenen Markts; dies ist der Fall, wenn die Angebote für einen verständigen Kunden austauschbar sind.[153] Wirbt beispielsweise ein Kaffeehersteller mit dem Slogan „statt Blumen Onko Kaffee", kann sich unser Tübinger Blumenhändler dagegen zur Wehr setzen, weil damit bereits der Begriff des konkreten Wettbewerbsverhältnisses erfüllt ist.[154]

6.3.2 Verbot unzulässiger geschäftlicher Handlungen

6.3.2.1 Beispieltechnik und Unlauterkeitsklausel

679 Von 1909 bis 2004 galt nahezu einhundert Jahre lang die Generalklausel des § 1 UWG a. F., wonach Handlungen „im geschäftlichen Verkehr zu Zwecken des Wettbewerbs [...], die gegen die guten Sitten verstoßen", Unterlassungs- und Schadensersatzansprüche auslösen. Im Jahr 2004 hat

---

150 Der Begriff der Wettbewerbshandlung erfasst dabei jede auf die Förderung des Absatzes oder Bezugs von Waren oder Dienstleistungen gerichtete Handlung unabhängig davon, ob die wettbewerbliche Handlung zum Nachteil eines Mitbewerbers erfolgt, vgl. Köhler, NJW 2004, 2121, 2122; siehe auch Köhler/Arndt/Fetzer, Recht des Internet, Rn. 654.
151 Rittner/Dreher/Kulka, Wettbewerbs- und Kartellrecht, Rn. 149 ff.; Fechner, Medienrecht, Kap. 6 Rn. 49; Köhler/Arndt/Fetzer, Recht des Internet, Rn. 655 ff.
152 Vgl. hierzu BGH, GRUR 2012, 193 – Sportwetten im Internet II; BGH, GRUR 2009, 980 – E-Mail-Werbung II.
153 Köhler/Arndt/Fetzer, Recht des Internet, Rn. 661.
154 BGH GRUR 1972, 553 (Onko Kaffee); Köhler/Arndt/Fetzer, Recht des Internet, Rn. 661; der Fall zeigt im Übrigen auch, dass das Wettbewerbsverhältnis sogar zwischen zwei Akteuren unterschiedlicher Absatzstufe (Hersteller/Endverkäufer) bestehen kann.

der Gesetzgeber – nachdem wettbewerbsrechtliche Sondernormen wie das Rabattgesetz und die Zugabeverordnung schon zuvor gefallen waren – das UWG in Anpassung an europarechtliche und internationale Standards komplett überarbeitet und neu erlassen. Diese Novelle brachte vor allem zahlreiche Liberalisierungen wie die Aufhebung der Reglementierung von Schlussverkäufen, Jubiläumsverkäufen und Räumungsverkäufen und eine Neuordnung des Werberechts.[155] Dabei wurde auch die Sittenwidrigkeits-Generalklausel abgeschafft und durch eine Unlauterkeitsklausel gem. § 3 Abs. 1 UWG sowie ein wesentlich differenzierteres Regelwerk ersetzt. Danach enthalten nun die §§ 4–7 UWG eine **umfangreiche Auflistung von konkreten und meist beispielhaften Regelungen**, wann eine geschäftliche Handlung unlauter und damit unzulässig ist. Diese Auflistung ist jedoch nicht abschließend. Vielmehr kann § 3 Abs. 1 UWG auch als Auffangtatbestand dienen, wonach sich die Unzulässigkeit einer unlauteren geschäftlichen Handlung aus einer spürbaren Beeinträchtigung der Interessen von Mitbewerbern, Verbrauchern oder sonstigen Marktteilnehmern ergibt.[156] Der anstelle des früheren Sittenwidrigkeitsbegriff nun verwendete Schlüsselbegriff der Unlauterkeit entspricht der unionsrechtlichen Terminologie („unlauter" = „unfair").[157]

Bei der **Strukturierung des Lauterkeitsrechts** kann man zwischen dem horizontalen Verhältnis unter den Mitbewerbern (b2b) einerseits und dem vertikalen Verhältnis zwischen Unternehmern und Verbrauchern (b2c) differenzieren. Denn dies sind die beiden großen subjektiven Schutzrichtungen des UWG.[158] Im **Horizontalverhältnis** geht es dabei vor allem um nachahmende oder vergleichende Werbung, um gegenseitige Behinderung von Wettbewerbern und um Verstöße gegen Marktverhaltensregeln. Dagegen hat das **Vertikalverhältnis** vor allem die Entscheidungsfreiheit des Verbrauchers im Blick, weshalb hier Kundenfang und unzumutbare Belästigungen durch Werbung im Mittelpunkt stehen.[159] Natürlich gibt es auch Beispielregelungen, die in beiden Verhältnissen wirken (z. B. vergleichende Werbung, § 5 Abs. 2, 3, § 6 UWG).

680

---

155 Vgl. Köhler, NJW 2004, 2121.
156 Köhler, in: Köhler/Bornkamm, UWG, § 3 Rn. 7.
157 Köhler, NJW 2004, 2121, 2122; vgl. auch die amtliche Begründung des der Novelle zugrunde liegenden Gesetzentwurfs der Bundesregierung, BT-Drs. 15/1487, insbes. S. 13, 16.
158 Das Kürzel „b2b" steht im Internet-Denglisch für „business to business" und „b2c" für „business to consumer".
159 Ähnlich Köhler/Arndt/Fetzer, Recht des Internet, Rn. 658 f.

681

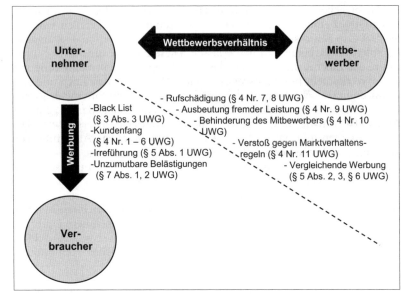

Übersicht 54: Schutzrichtungen des Lauterkeitsrechts

6.3.2.2 Horizontalverhältnis (b2b)

6.3.2.2.1 Schädigung eines fremden Rufs

682 Eines der wertvollsten Güter von Unternehmen ist deren Ruf. Deshalb werden Verhaltensweisen, die das Leistungsangebot oder die Person bzw. das Unternehmen des Mitbewerbers **herabsetzen oder verunglimpfen**, als unlauter eingestuft (§ 4 Nr. 7 UWG). Dasselbe gilt, wenn **unbewiesene Gerüchte** oder gar **wahrheitswidrige Behauptungen** über den Konkurrenten oder sein Angebot in die Welt gesetzt werden (§ 4 Nr. 8 UWG). Diese Regelbeispiele erfassen alle Formen der Anschwärzung, der Kredit- und Ansehensschädigung, oder sonstigen Schlechtmachens.

6.3.2.2.2 Ausbeutung fremder Leistung

683 Ebenso ist es unlauter, die **Früchte fremder Arbeit und Investitionen** unter eigener Ersparnis gerade dieses Aufwandes für sich nutzbar zu machen. Im Internet kann dies beispielsweise bei bestimmten Linkformen erfüllt sein (s. o., Rn. 386, 388, 393).[160] Dies gilt vor allem für unkörperliche Leistungen wie bestimmte Werbeslogans oder einen guten Ruf, aber in bestimmten Fällen auch für Produkte oder andere körperliche Leistungen,

---

160 Steckler, Grundzüge des IT-Rechts, S. 161 f.

soweit diese nicht bereits durch das Patent- oder Urheberrecht geschützt sind. Zu dieser Fallgruppe zählen:[161]

- **Nachahmen fremder Leistung** – z. B. bei einer starken Anlehnung an eine erfolgreiche Werbe- oder Produktlinie eines Mitbewerbers mit nur geringen Abweichungen (vgl. §§ 4 Nr. 9, 6 Abs. 2 Nr. 6 UWG),
- **Übernahme fremder Arbeitsergebnisse** – z. B. kann dies bei einem entsprechenden kommerziellen Zusammenhang bei Software-Kopien oder beim Framing (dazu s. o., Rn. 388) der Fall sein,
- **Ausnutzen eines fremden Rufs** – d. h. eine gezielte und systematische Anlehnung an einen (mit viel Geld und Einsatz erarbeiteten) fremden guten Ruf (z. B. durch Verwendung als Vorspann), so dass viele Kunden die positiven Assoziationen auf den Ausbeuter übertragen (vgl. §§ 4 Nr. 9b, 6 Abs. 2 Nr. 4 UWG).

Als Vorbereitungshandlung ist das **Ausspähen von Geschäfts- und Betriebsgeheimnissen** unter Strafe gestellt (§§ 17–19 UWG).

6.3.2.2.3 Vergleichende Werbung

Eine weitere wichtige Fallgruppe bildet auf der horizontalen Schutzebene **684** das Verbot von **vergleichender Werbung**, die den als Vergleichsmaßstab herangezogenen Konkurrenten unmittelbar oder mittelbar erkennbar macht. Allerdings ist vergleichende Werbung nicht schlechthin unlauter und verboten. Es kommt vielmehr darauf an, dass dadurch auf eine nicht einfach und objektiv überprüfbare Art und Weise das Angebot des Mitbewerbers madig gemacht wird (§ 4 Nr. 7, 8, § 6 Abs. 2 Nr. 2, 5 UWG), oder der Konkurrent persönlich herabsetzt wird, z. B. durch eine sachfremde Thematisierung seiner strafrechtlichen Vergangenheit oder seiner ungünstigen finanziellen Situation (§§ 4 Nr. 7, 6 Abs. 2 Nr. 5 UWG). Ebenso handelt unlauter, der durch die vergleichende Werbung eine Verwechslungsgefahr zwischen eigenen und fremden Produkten verursacht oder den Ruf konkurrierender Marken ausnutzen möchte, was im Internet z. B. bei Metatags häufig der Fall ist (s. o., Rn. 393; §§ 5 Abs. 1 Nr. 1, Abs. 2, 6 Abs. 2 Nr. 3, 4 UWG). Man unterscheidet daher bei der unzulässigen vergleichenden Werbung zwischen irreführenden, herabsetzenden und anlehnenden Vergleichen.[162]

6.3.2.2.4 Gezielte Behinderung eines Mitbewerbers

Mit der Unlauterkeit der Behinderung werden Fallkonstellationen erfasst, **685** bei denen ein Mitbewerber über das normale, wettbewerbsimmanente Leistungsstreben hinaus Maßnahmen ergreift, um seine Konkurrenten in

---

161 Rittner/Dreher/Kulka, Wettbewerbs- und Kartellrecht, Rn. 432 ff.
162 Krimphove, Werberecht, Rn. 382 ff.

ihrer Marktentfaltung gezielt zu behindern (vgl. § 4 Nr. 10 UWG). Dies gilt im Einzelnen für folgende Fälle:[163]

- **Betriebsstörung** – z. B. Blockade einer Zufahrt oder gezielte Beschädigung von Produktionsanlagen,
- **Ausspannen** – d. h. das Abwerben von Mitarbeitern unter unlauteren Begleitumständen (was auch über soziale Netzwerke erfolgen kann),[164]
- **Rechtsdurchsetzung** – d. h. Überziehen des Konkurrenten oder seiner Vertragspartner mit bewusst missbräuchlichen Klagen oder Anträge bei Gerichten und Behörden,
- **Werbebehinderung** – z. B. Zerstörung von Werbeplakaten des Konkurrenten, sog. TV-Werbeblocker, die Werbung aus dem laufenden Fernsehprogramm automatisch ausblenden können,[165]
- **Boykott** – d. h. die Aufforderung zu einer Liefer- oder Bezugssperre, indem der Konkurrent in Verruf gebracht wird, z. B. durch öffentliche Aufrufe, die Produkte eines bestimmten Lebensmittelherstellers nicht mehr zu kaufen, weil dieser Kinderarbeit in der Dritten Welt fördere, und
- **Preiskampf** – d. h., wenn eine ruinöse Preisunterbietung gegen einen bestimmten Konkurrenten erfolgt.

686   Im Internet ist die Fallgruppe der Behinderung beispielsweise dann betroffen, wenn jemand Kunden durch fremde Metatags zu sich „umleitet" (s. o., Rn. 393), die Firmen-Domain eines anderen belegt und nur gegen Zahlung von „Lösegeld" diese freizugeben bereit ist (**Domain-Grabbing,** Näheres hierzu s. o., Rn. 544 f.)[166] oder aber eine in Klang oder Schreibweise einem anderen Unternehmen sehr ähnliche Domain belegt und zu Werbezwecken nutzt (**Typosquatting,** s. o. Rn. 546 f.).[167] Ebenso ist die Behinderung erfüllt bei einer technischen Blockade eines Internetauftritts oder eines eMail-Accounts durch Verstopfens mit Datenmüll (**Trashing**), bei einem durch eine **DoS-Attacke** provozierten Server-Absturz oder bei einer Suchmaschinenmanipulation, durch die eine Umleitung von Suchanfragen von einer fremden Seite auf die eigene bewirkt wird.[168] Streitig ist die rechtliche Bewerbung der kostenlos im Internet erhältlichen **Ad-Block-Software,** mit deren Hilfe man seinen Browser in die Lage versetzen kann, als nervig empfundene Online-Werbung zu blockieren. Derzeit wird vor verschiedenen Gerichten darüber gestritten, ob es wettbewerbs-

---

163 Rittner/Dreher/Kulka, Wettbewerbs- und Kartellrecht, Rn. 374 ff.; Steckler, Grundzüge des IT-Rechts, S. 162 f.
164 LG Heidelberg MMR 2012, 607 (Xing).
165 TV-Werbeblocker sind allerdings nicht per se als wettbewerbswidrige Behinderung anzusehen, BGH MMR 2004, 662;
166 Rittner/Dreher/Kulka, Wettbewerbs- und Kartellrecht, Rn. 389.
167 Vgl. BGH GRUR 2014, 393 zu sog. Tippfehlerdomains (wetteronline).
168 OLG Hamm, MMR 2010, 36.

rechtlich zulässig ist, wenn ein Anbieter von Werbeblockern einzelne Werbetreibende gegen Zahlung einer Gebühr von der Blockade ausnimmt (sog. kostenpflichtige „Whitelist"). Hierin werden von den jeweiligen Klägern „erpresserische Züge" gesehen, die über die allgemeine Tätigkeit des Blockierens von Werbeanzeigen hinausgehen. Die ersten vorliegenden Entscheidungen sind den Klagen jedoch nicht gefolgt und haben das Vorliegen einer wettbewerbswidrigen Behinderung verneint.[169]

6.3.2.2.5 Verstoß gegen Marktverhaltensregeln

Der auf Vorsprung gegenüber Mitbewerbern gerichtete Kampf im Wettbewerb kann auch die Versuchung nahelegen, auf die „außerrechtliche Überholspur" zu wechseln und so die Konkurrenz hinter sich zu lassen. Wettbewerbsrechtlich relevant ist dabei aber nicht jeder Rechtsverstoß, sondern nur die Missachtung von solchen Normen, die – auch – einen wettbewerbsschützenden Zweck haben und das Marktverhalten regeln (vgl. § 4 Nr. 11 UWG); man spricht dann von einer **wettbewerbsrechtlichen „Wertbezogenheit"**. Dies war z. B. für die Anbieterkennzeichnung nach § 5 TMG strittig (bis zur bejahenden Klärung durch den BGH, s. o. Rn. 216 f.). So führen Verstöße gegen Rechtsvorgaben außerhalb des Wettbewerbsrechts nur dann zur wettbewerbsrechtlichen Unlauterkeit, wenn die verletzten Normen dem **Schutz wichtiger Rechts- oder Gemeinschaftsgüter** dienen (was insbesondere für weite Teile des Strafrechts zu bejahen ist) oder der Wettbewerber gerade durch die Rechtsverletzung **nennenswerte Vorteile gegenüber der rechtstreu gebliebenen Konkurrenz** erlangt hat oder erlangen wollte. Daraus folgt, dass die Fallgruppe des Verstoßes gegen Marktverhaltensregeln sowohl den Wettbewerb als Allgemeinwohlbelang als auch die einzelnen Wettbewerber in ihrem Interesse an fairen Wettbewerbsbedingungen schützt.[170]

687

Besonders praktisch relevant ist der Verstoß gegen **wirtschafts- und steuerrechtliche Vorschriften**, wozu z. B. preisrechtliche Ordnungsvorschriften (PAngV, §§ 66a ff. TKG für die Mehrwertdienste-Rufnummern, Buchpreisbindung), aber auch die Informationspflichten in § 312d BGB, die Pflichten im elektronischen Geschäftsverkehr gem. §§ 312i, 312j BGB, das Ladenschlussrecht, Teile des Arbeitsrechts, standesrechtliche Vorgaben für bestimmte Berufsgruppen wie Rechtsanwälte und Ärzte sowie gesetzliche Werbeverbote (z. B. für Glücksspiele, Lotterien und Ausspielungen, vgl. §§ 284 Abs. 4, 287 Abs. 2 StGB) gehören.[171] Ebenso bedeutsam

688

---

169 LG Hamburg, Urt. v. 21.4.2015 – Az. 416 HK O 159/14; LG München I, Urteile v. 27.5.2015 – Az. 37 O 11673/14 und 37 O 11843/14.

170 Rittner/Dreher/Kulka, Wettbewerbs- und Kartellrecht, Rn. 453 ff.; vgl. auch Köhler, NJW 2004, 2121, 2124.

171 Krimphove, Werberecht, Rn. 376 ff.; das OLG Hamburg, MMR 2002, 471, hat das lizenzlose Anbieten von Wetten im Internet unter Hinweis auf die Strafnorm § 284 Abs. 1, 4 StGB als wettbewerbsrechtlich unlauter qualifiziert.

sind Verstöße gegen solche Normen, die gemeinhin in einem **Spannungs-verhältnis zum wirtschaftlichen Entfaltungsdrang** stehen und ebenfalls das Marktverhalten regeln, wie z. B. das Umwelt- und Abfallrecht sowie gesundheitsrechtliche Vorschriften (Arzneimittel- und Lebensmittel-recht).[172]

6.3.2.3 Vertikalverhältnis (b2c)

6.3.2.3.1 Black List

689 Das UWG enthält im Anhang eine Liste mit 30 näher benannten geschäftli-chen Handlungen gegenüber Verbrauchern, die gem. § 3 Abs. 3 UWG stets unzulässig sind. Zu diesen **Black List-Handlungen** zählen beispielsweise die Verwendung von Qualitätskennzeichen o. Ä. ohne die erforderliche Geneh-migung (Nr. 2), die unberechtigte Inanspruchnahme von Bestätigungen von dritter, insbesondere auch staatlicher Seite (Nr. 4), Lockvogelangebote (Nr. 5), die Herausstellung gesetzlicher Pflichten (z. B. des Widerrufsrechts gem. § 312g BGB) als freiwilliges Zusatzangebot (Nr. 10), als Information getarnte Werbung (Nr. 11), sog. Schneeballsysteme (Nr. 14), die unwahre Behauptung einer baldigen Geschäftsaufgabe (Nr. 15), Pseudo-Gewinn-spiele (z. B. nach dem Motto „Sie haben gewonnen"; Nr. 17, 20), die wahr-heitswidrige Behauptung der Kostenfreiheit (Nr. 21) oder Mitleidswerbung, wonach der Unterhalt des Unternehmers bei Nichtabschluss eines Geschäfts gefährdet sei (Nr. 30).

6.3.2.3.2 Kundenfang und Irreführung

690 Kundenfang beschreibt solche Wettbewerbsmaßnahmen, die den **freien Ent-scheidungsspielraum des Kunden wesentlich beeinträchtigen**, also qualitativ erheblich über die normale Kundenansprache und -beeinflussung der Wer-bung hinausgehen (vgl. § 4 UWG). Dies kann in vielfältiger Weise geschehen (und überschneidet sich auch mit der Black List):

691 • **Zwang** – d. h. die Entscheidungsfreiheit des Verbrauchers wird durch Zwangsmittel oder andere Benachteiligungen unzulässig beeinträchtigt (§ 4 Nr. 1 UWG). Dies ist zunächst dann der Fall, wenn auf den Verbrau-cher **Druck** ausgeübt wird (§ 4 Nr. 1 Alt. 1 UWG), ihm also ein konkreter Nachteil zugefügt oder angedroht wird. So darf beispielsweise ein Kunde nicht mit physischem Zwang am Verlassen eines Ladens gehindert wer-den, um einen Vertragsabschluss zu erwirken. Der Druck kann aber auch auf wirtschaftlicher Überlegenheit oder sozialem Zwang beruhen.[173] Des Weiteren kann diese Unterfallgruppe durch **sonstigen unangemessenen unsachlichen Einfluss** erfüllt sein (§ 4 Nr. 1 Alt. 3 UWG). Hierzu zählt beispielsweise das Aufbauen eines **psychischen Kaufzwangs**, etwa durch

---

172 Vgl. Köhler, in: Köhler/Bornkamm, UWG, § 4 Rn. 11.6; Krimphove, Werberecht, Rn. 376; relevant z. B. für Internet-Apotheken.
173 Rittner/Dreher/Kulka, Wettbewerbs- und Kartellrecht, Rn. 228–231.

einen Werbeeinsatz von Kollegen, Vereinskameraden, Verwandten (Laienwerbung)[174] oder durch eine zusammenhanglose Verbindung von Angeboten (Koppelungsangebote).[175] Das ist z. B. der Fall, wenn ein Autokauf mit der Finanzierung einer Urlaubsreise verbunden wird. Ebenso können sog. „Werbe-/Butterfahrten" oder Gewinnspiele, die eng mit dem Warenabsatz verbunden sind, zielgerichtet einen psychischen Kaufzwang schaffen (vgl. § 4 Nr. 5, 6 UWG); da aber der online umworbene Verbraucher in aller Regel anonym bleiben kann, ist eine solche Situation im Internet relativ unwahrscheinlich.[176]

- **Ausnutzung besonderer Umstände** – wenn die Werbung nicht besondere Drucksituationen herbeiführt, sondern vorhandene ausnutzt, ist diese Fallgruppe erfüllt (vgl. § 4 Nr. 2 UWG).[177] Hierzu zählt etwa die gezielte **Ausnutzung fehlender Sachkenntnis bzw. der geschäftlichen Unerfahrenheit** des Kunden, insbesondere bei Kindern oder Jugendlichen, oder der ungebetene Hausbesuch eines Bestattungsunternehmers oder eines Grabsteinherstellers bei den Hinterbliebenen eines Verstorbenen, die ihre Dienste offerieren.[178]   **692**

- **Unlautere Vorteile** – darunter werden beispielsweise Maßnahmen der Verschleierung des Werbecharakters geschäftlicher Handlungen in Form getarnter Werbung oder Schleichwerbung (§ 4 Nr. 3 UWG), weitreichende Rabattaktionen, Geschenke und andere Lockangebote verstanden (§ 4 Nr. 4 UWG).   **693**

Besonders ausführlich setzt sich das UWG mit dem weiten Feld der **irreführenden Werbung** auseinander, die in § 5 Abs. 1 Satz 1 UWG ebenfalls ausdrücklich für unlauter erklärt wird.[179] Wegen des vorrangig verbraucherschützenden Telos dieser Fallgruppe umfasst der wettbewerbsrechtliche Irreführungsbegriff nicht nur den Fall, dass der Kunde unter Vorspiegelung bestimmter, unzutreffender Tatsachen umworben wird. Vielmehr gilt auch als irreführend, wenn die objektiv zutreffende Werbeaussage dennoch eine **subjektive Fehlvorstellung** des angesprochenen Verbraucherkreises zur Folge hat (vgl. die Täuschungseignung gem. § 5 Abs. 1 Satz 2 UWG). Hierfür reicht es aus, wenn ca. 10 % der angesprochenen Verkehrskreise die durch die Werbemethode bezweckte Fehlvorstellung entwickelt haben.[180]   **694**

---

174 Rittner/Dreher/Kulka, Wettbewerbs- und Kartellrecht, Rn. 237.
175 Vgl. Krimphove, Werberecht, 330.
176 Rittner/Dreher/Kulka, Wettbewerbs- und Kartellrecht, Rn. 235 f.
177 Rittner/Dreher/Kulka, Wettbewerbs- und Kartellrecht, Rn. 273–277.
178 BGHZ 56, 18.
179 Krimphove, Werberecht, Rn. 74 ff.; vgl. auch Köhler, NJW 2004, 2121, 2124 f.; vgl. auch BT-Drs. 15/1487, S. 20.
180 Steckler, Grundzüge des IT-Rechts, S. 166.

695 Hierzu gehören beliebte Werbetricks wie beispielsweise die Werbung mit Rabattpreisen, wenn der zuvor verlangte höhere Preis nur für ganz kurze Dauer gegolten hat (§ 5 Abs. 4 UWG); damit wird dem Kunden unzutreffend suggeriert, dass das Angebot besonders günstig sei. Eine andere Fallgruppe ist die „**Irreführung durch Selbstverständlichkeiten**"; das ist beispielsweise der Fall, wenn ein Verkäufer bei neuen Handys die 24-monatige Garantiezeit als besondere Leistung herausstellt, obwohl es sich dabei um die gesetzlich vorgeschriebene Mindestgewährleistungsfrist bei Neuwaren handelt (§ 438 Abs. 1 Nr. 3 BGB), oder „Marmelade ohne Streckungsmittel" bewirbt, obwohl dies bereits lebensmittelrechtlich vorgeschrieben ist, vgl. §§ 3 Abs. 3 i. V. m. Anhang Nr. 10, 5 Abs. 1, Satz 2 Nr. 2 UWG.[181]

696 Die Irreführung kann sich auch aus dem **Unterlassen bestimmter Hinweise oder Informationen** ergeben, etwa wesentliche Merkmale der Ware, die Identität des Unternehmers oder Zahlungs- und Lieferbedingungen betreffend (§ 5a Abs. 3 UWG). Im Übrigen kommen als Gegenstand der Irreführung auch das Verfahren mit dem Umgang von Beschwerden und Informationen über das Bestehen von Rücktritts- und Widerrufsrechten in Betracht,[182] ebenso geschäftliche Verhältnisse (Behauptung besonderer Seriositätsmerkmale) oder die eigene Marktbedeutung (z. B. Angabe überhöhter Zugriffszahlen auf eine Internetseite). Da Irreführung regelmäßig auf Täuschung des Kunden angelegt ist, kann irreführende Werbung auch den Tatbestand der strafbaren Werbung (§ 16 Abs. 1 UWG) und des Betrugs erfüllen (§ 263 StGB).[183]

6.3.2.3.3 Unzumutbare Belästigungen und Spam-Werbung

697 Als unzumutbare Belästigungen werden **besonders aufdringliche oder hartnäckige Werbemethoden** bezeichnet, bei denen oft auch die Privatsphäre des Kunden nicht respektiert wird. Dies ist der Fall, wenn der Kunde das Angebot vor allem deshalb akzeptiert, um die aufdringliche Umwerbung los zu werden; ebenso bei einer Direktansprache von Passanten an öffentlichen Orten oder in unangemessenen Situationen (wenn z. B. ein Beteiligter eines Verkehrsunfalls noch an Ort und Stelle einen Reparatur- oder Mietwagenvertrag angeboten bekommt) oder bei der Zusendung unbestellter Ware.

698 Die Frage nach einer unzumutbaren Belästigung stellt sich im Internet auch bei **Pop-Up Fenstern**. Hier haben sich in der Vergangenheit verschiedene Techniken entwickelt, beim Aufruf oder Verlassen einer Webseite dem Nutzer Werbung in einem sich separat öffnenden Fenster zu präsentieren. Insbesondere auf werbefinanzierten Webseiten ist das Öffnen ein-

---

181 Krimphove, Werberecht, Rn. 89, 196.
182 Krimphove, Werberecht, Rn. 81.
183 Krimphove, Werberecht, Rn. 76 f.

facher Pop-Ups grundsätzlich nicht zu beanstanden.[184] Hier steht die Nutzung der Seite nämlich gerade unter der Prämisse, dass der Nutzer sich mit Werbung konfrontieren lässt. Auch die inzwischen weit verbreiteten **Layer-Ads**, die sich kaum durch technische Maßnahmen blockieren lassen[185], stellen jedenfalls dann keine unzumutbare Belästigung dar, wenn sie nach wenigen Sekunden automatisch verschwinden.[186] Eine unzumutbare Belästigung kann sich jedoch aus besonderen Umständen ergeben. So sind etwa Pop-Ups, die sich bereits vor der eigentlichen Seite aufbauen und diese teilweise überdecken (Interstitials) nach § 7 Abs. 1 UWG unzulässig, wenn sie keinerlei Beseitigungsmöglichkeit bieten.[187] Ebenfalls unzulässig sind Exit Pop-Ups, bei denen das Schließen eines Fensters mit dem automatischen Öffnen weiterer Fenster beantwortet wird, so dass der Nutzer praktisch auf einer Seite gefangen gehalten wird.[188]

Ganz besonders aber stellt jede Form von Telefon- oder eMail-Werbung **699** gegenüber Verbrauchern ohne deren Einwilligung grundsätzlich eine unzumutbare Belästigung dar.[189] Als besonders **einfaches Kommunikationsmittel** ist die eMail auch **als Werbeträger sehr attraktiv**. Nahezu jeder eMail-Account wird – mehr oder weniger stark – mit unbestellten bzw. unerwünschten Werbe-eMails überschwemmt (sog. Spamming).[190] Dies geht soweit, dass die Attraktivität der eMail als Kommunikationsmedium darunter erheblich leidet; wer beim Abruf seiner eMails mehr Zeit damit verbringt, die unverlangten Werbe-eMails auszusortieren, als seine eigentlichen eMails anzusehen, wird über kurz oder lang die Lust daran verlieren. Die Schätzungen über den Anteil von Spam-Mails an allen eMails bewegen sich zwischen 60 und 90 %.[191] Im Jahr 2008 wurden nach einer Studie 62 Billionen Spam-Mails verschickt, die insgesamt 33 Mrd. Kilowattstunden Strom verbraucht haben (was dem Jahresverbrauch von 2,4 Mio. Haushalten entspricht).[192]

---

184 So etwa Köhler, in: Köhler/Bornkamm, UWG § 7 Rn. 93.
185 Zur wettbewerbsrechtlichen Zulässigkeit von Pop-Up Blockern siehe LG Hamburg, Urt. v. 21.4.2015, Az. 416 HK O 159/14.
186 Zur Zulässigkeit sogar auf einer Kinderseite: KG, MMR 2014, 44.
187 LG Berlin, GRUR-RR 2011, 332.
188 LG Düsseldorf, CR 2003, 525.
189 Rittner/Dreher/Kulka, Wettbewerbs- und Kartellrecht, Rn. 246 ff.
190 „Spam" ist die Abkürzung von „spiced pork and ham" (= amerikanisches Pressfleisch). Das Wort kam in einem berühmten amerikanischen Sketch ca. 120 Mal vor, weshalb damit die Massenhaftigkeit von Werbemails assoziiert wird, so Strömer, Online-Recht, S. 158.
191 Köhler/Arndt/Fetzer, Recht des Internet, Rn. 678; Strömer, Online-Recht, S. 158 f. (75 %).
192 <http://www.heise.de/newsticker/meldung/Spam-Mails-verbrauchen-jaehrlich-33-Milliarden-Kilowattstunden-213130.html> (2.5.2015).

700 Die Rechtsprechung hat schon vor geraumer Zeit die **Telefonwerbung** sowohl gegenüber Privatpersonen als auch Gewerbetreibenden für unzulässig erklärt, soweit nicht ein ausdrückliches oder konkludentes Einverständnis vorliegt oder bei objektiver Würdigung ein sachliches Interesse des Angerufenen vermutet werden kann.[193] In Fortführung dieser Linie wurde auch **unverlangte Fax-**[194] **und SMS-Werbung**[195] beanstandet. Im Mittelpunkt der jeweiligen Argumentation steht zum einen die Beeinträchtigung der Privat- bzw. Betriebssphäre (z. B. Blockadewirkung für erwünschte Nachrichten) und zum anderen die mit diesen Werbeformen dem Adressaten aufgezwungenen Kosten (z. B. Telefaxpapier, Toner, Strom). Diese Grundsätze hat nun – nach entsprechender unterinstanzlicher Rechtsprechung[196] – der BGH auch auf die eMail-Werbung übertragen; zwar ist der Belästigungsgrad bei einer einzelnen Werbe-eMail noch relativ gering, doch stellt sich dies beim einzelnen Adressaten angesichts der Summierung zahlreicher unverlangter Werbe-eMails schon anders dar.[197]

701 In Umsetzung entsprechender EU-rechtlicher Vorgaben hat dann auch das UWG die Grundsätze dieser Rechtsprechung gesetzlich weiter verschärft. So stellt Werbung

- „mit einem Telefonanruf gegenüber einem Verbraucher ohne dessen vorherige ausdrückliche Einwilligung oder gegenüber einem sonstigen Marktteilnehmer ohne dessen zumindest mutmaßliche Einwilligung", oder
- „unter Verwendung einer automatische Anrufmaschine, eines Faxgerätes oder elektronischer Post, ohne dass eine vorherige ausdrückliche Einwilligung des Adressaten vorliegt", oder
- „mit einer Nachricht, bei der die Identität des Absenders, in dessen Auftrag die Nachricht übermittelt wird, verschleiert oder verheimlicht wird"

grundsätzlich eine **unzumutbare Belästigung** dar, die als wettbewerbsrechtlich unlauter qualifiziert ist (§ 7 Abs. 2 Nr. 2–4 UWG).

702 Dabei fällt auf, dass § 7 Abs. 2 UWG inzwischen explizit „vorherige ausdrückliche" Einwilligungen verlangt, also weder eine konkludente[198] noch eine im Nachgang erfolgende Einwilligung ausreicht. Des Weiteren

---

193 Vgl. BGH, CR 2000, 596 – Telefonwerbung VI; BGH, CR 2008, 220 (gegenüber Gewerbetreibendem); krit. dazu Bernreuther, MMR 2012, 284.
194 Vgl. BGH, CR 1996, 337; MMR 2007, 46 (für Computerfax).
195 LG Berlin, MMR 2003, 419 = CR 2003, 339 m. Anm. Ayad.
196 KG, CR 2002, 759.
197 BGH, Urt. v. 11.3.2004 – Az. I ZR 81/01 = NJW 2004, 1655 = CR 2004, 445 m. Anm. Eckhardt = MMR 2004, 386 m. Anm. Hoeren = JZ 2005, 94 m. Anm. Mankowski; kritisch zur „holzschnittartigen" Übertragung auf eMails, Köhler/Arndt/Fetzer, Recht des Internet, Rn. 679.
198 Vgl. zu den Anforderungen an eine konkludente Einwilligung – noch vor dem Hintergrund der etwas großzügigeren Rechtslage gem. § 7 Abs. 2 UWG a. F. – BGH, CR 2008, 718 = MMR 2008, 662 m. Anm. Schulze (FC Troschenreuth).

ist bemerkenswert, dass bei eMails (anders als bei Telefonanrufen)[199] auch die – von der Rechtsprechung noch akzeptierte – mutmaßliche Einwilligung nicht mehr ausreicht. Diese **harte „Opt-in"-Lösung**[200] gilt nur dann nicht, wenn ein Unternehmer die eMail-Adresse des Empfängers im Rahmen einer vertraglichen Beziehung mit ihm erhalten hat, der Kunde bei jeder Werbe-eMail ausdrücklich auf sein Widerspruchsrecht (dessen Ausübung mit keinen besonderen Kosten verbunden sein darf) hingewiesen wird und dieser davon keinen Gebrauch macht (insofern: Opt-out-Lösung), § 7 Abs. 3 UWG.[201] Im Übrigen hat die Rechtsprechung hohe Anforderungen an eine wirksame Einwilligung aufgestellt: So ist eine gewerbliche Homepage mit einem Kontaktangebot noch keine Einwilligung, auf diesem Weg Werbung erhalten zu wollen.[202] Eine mit Zustimmungshaken voreingestellte positive Einwilligung ist ebenfalls unwirksam, auch wenn die Gesamtmail abgesandt wird.[203] Zudem muss die Zustimmungserklärung sich ausschließlich auf die Einwilligung in die Werbung bezogen sein und darf nicht mit anderen Fragen vermischt werden.[204] Auch in den AGBs kann keine „Opt-in"-Regelung ohne positive Kennzeichnung erfolgen.[205] Von Interesse ist auch das häufig anzutreffende **„double-opt-in-Verfahren"**: Danach wird ein Werbeadressat, der sich in eine Mailing-Liste eingetragen hat, nochmals gefragt, ob er Werbung erhalten möchte. Damit wird verhindert, dass jemand Werbung bekommt, weil ihn jemand anderes in eine Mailing-Liste eingetragen hat. Der BGH hat darin zwar keine automatische Einverständniserklärung gesehen; aber die Darlegungslast, doch keine Mails bekommen zu wollen, geht dadurch auf den Empfänger über.[206]

---

199 Dieselhorst/Schreiber, CR 2004, 680, 681 f., sehen hierin einen Wertungswiderspruch, da Telefonanrufe einen höheren Belästigungsgrad haben als eMails.

200 Zur Begrifflichkeit: Ist eine positive Zustimmung nötig, spricht man von „Opt-in"; besteht nur ein Widerspruchsrecht, von dem nicht Gebrauch gemacht wird, liegt eine „Opt-out"-Lösung vor.

201 Vgl. Stober, DÖV 2004, 221, 228; Weiler, MMR 2003, 223, 229; auf die konkreten Probleme in der praktischen Anwendung weisen Dieselhorst/Schreiber, CR 2004, 680, 682 hin.

202 BGH CR 2010, 525.

203 OLG Jena MMR 2011, 101 = CR 2010, 815.

204 BGH MMR 2011, 458.

205 BGH, NJW 2008, 3055 = CR 2008, 720 m. Anm. Brisch/Laue = MMR 2008, 731 m. Anm. Grapentin; Rudolph, CR 2010, 257, 260, will dagegen in b2b-Verhältnissen bereits die Übergabe einer Visitenkarte mit eMail-Adresse als ausdrückliche Zustimmung ansehen.

206 BGH, Urt. v. 10.2.2011 – Az. I ZR 164/09 = MMR 2011, 662 = CR 2011, 581; allerdings haben Instanzgerichte die „Check"-Mail, mit der die Bestätigung angefordert wird, ihrerseits bereits als unzulässige Werbung angesehen, vgl. etwa OLG München, Urt. v. 27.9.2012 – Az. 29 U 1682/12 = MMR 2013, 38 m. Anm. Heidrich = CR 2013, 44 (Ls.) m. Anm. Schirmbacher.

703 Zumutbar und wettbewerbsrechtlich lauter ist eine Werbung also nur unter folgenden Bedingungen:

	gegenüber Verbrauchern	gegenüber anderen (v. a. Gewerbetreibenden)
Telefon	nur bei ausdrücklicher Einwilligung	bei ausdrücklicher oder mutmaßlicher Einwilligung
Fax	nur bei ausdrücklicher Einwilligung	
eMail	nur bei ausdrücklicher Einwilligung oder bei Vertragsbeziehung mit Widerrufsrecht	

Übersicht 55: Zulässigkeit von Telefon-, Fax- und eMail-Werbung

6.3.3 Rechtsfolgen

6.3.3.1 Lauterkeitsrechtliche Ansprüche

704 Lauterkeitsrechtsverstöße lösen hauptsächlich zivilrechtliche Rechtsansprüche aus.[207] Liegen die Voraussetzungen der Unlauterkeit im Verhalten eines Wettbewerbers vor, kann

- jeder Mitbewerber,
- jeder vom konkreten Fall branchenmäßig angesprochene Berufsverband,
- jeder anerkannte[208] Verbraucherschutzverband,
- jede Industrie- und Handelskammer und
- jede Handwerkskammer

gegen diesen Wettbewerber **Beseitigung** etwaiger Folgen bzw. fortdauernder Wirkungen des unlauteren Verhaltens und bei Wiederholungs- oder auch Erstbegehungsgefahr **Unterlassung** des unlauteren Verhaltens verlangen (§ 8 UWG). Diese Ansprüche werden auch Abwehransprüche genannt und bestehen verschuldensunabhängig.[209]

705 Darüber hinaus kann jeder Mitbewerber, dem durch das unlautere Verhalten ein materieller Schaden entstanden ist, von demjenigen, der das Verhalten schuldhaft begangen hat, **Schadensersatz** verlangen (§ 9 UWG). Dieser kann im Einzelfall der Höhe nach schwer zu bestimmen sein, weshalb die Abwehransprüche praktisch viel häufiger geltend gemacht werden. Für die **Schadensbemessung** kommen verschiedene Berechnungsmethoden in Frage. In jedem Fall kann der Geschädigte nach der Differenz-

---

207 Zu den strafrechtlichen Konsequenzen s. o., Rn. 295.
208 Die Anerkennung richtet sich nach § 4 Unterlassungsklagegesetz und nach Art. 4 der Verbraucherschutz-Richtlinie 98/27/EG der EU, vgl. § 8 Abs. 3 Nr. 3 UWG.
209 Rittner/Dreher/Kulka, Wettbewerbs- und Kartellrecht, Rn. 490 f.

hypothese den Ersatz von Vermögenseinbußen und entgangenen Gewinn fordern. Je nach Fallgestaltung kann jedoch auch auf die Grundsätze der sog. „dreifachen Schadensberechnung" zurückgegriffen werden (z. B. im Falle des § 4 Nr. 9 UWG). Danach kann neben dem konkreten Schaden auch die Herausgabe des von der Gegenseite gerade aufgrund des unzulässigen Verhaltens erzielten Gewinns oder die Zahlung einer „fiktiven Gebühr" im Wege der Lizenzanalogie verlangt werden (wie im Urheberrecht, siehe dort, Rn. 234).

Die für die Abwehransprüche gem. § 8 UWG aktivlegitimierten Verbände **706** und Kammern können von unlauter handelnden Wettbewerbern die Herausgabe des durch dieses Verhalten erzielten Gewinns verlangen, wenn dieser auf Kosten einer Vielzahl von Abnehmern zustande gekommen ist (§ 10 UWG). Hintergrund dieses auf den ersten Blick etwas ungewöhnlichen **Gewinnabschöpfungsanspruchs** sind die sog. **Streuschäden**. Dabei handelt es sich um Fälle, in denen eine große Anzahl von Personen jeweils nur in sehr geringem Umfang geschädigt worden ist. Dies ist häufig der Fall bei der Einziehung geringer Beträge ohne Rechtsgrund, bei Vertragsschlüssen aufgrund irreführender Werbung oder bei gefälschten Produkten. Die Geschädigten sehen dabei wegen der ungünstigen Nutzen-/Kostenrelation von einer Geltendmachung meist ab.[210] Der Abschöpfungsanspruch soll verhindern, dass die Schädiger aus diesem Umstand faktisch regelmäßig Kapital schlagen können. Da allerdings der so abgeschöpfte Gewinn auch nicht den klageberechtigten Organisationen zustehen kann, kann das Herausgabeverlangen **zugunsten des Bundeshaushalts** geltend gemacht werden (ggf. unter Abzug der für die Anspruchsverfolgung erforderlichen Aufwendungen). Soweit der Schädiger (einzelnen) Geschädigten deren Schaden ersetzt hat oder noch ersetzt, kann er dies von seiner Abschöpfungsschuld abziehen bzw. vom Bundesamt für Justiz zurück verlangen (§ 10 Abs. 2, 5 UWG).

Trotz der klaren Ausrichtung des UWG auch auf den Verbraucherschutz **707** besteht keine Möglichkeit des einzelnen Verbrauchers, die Verletzung einer verbraucherschützenden UWG-Regelung rechtlich geltend zu machen. Vielmehr ist der Kreis derjenigen, die Ansprüche aus dem UWG ableiten können (sog. **Aktivlegitimation**), in § 8 Abs. 3 UWG abschließend definiert. Da der einzelne Verbraucher dort nicht genannt ist, lässt sich dessen rechtlicher Schutz nur über das Verbraucherschutzrecht v. a. im BGB organisieren. Das Schutzkonzept des Lauterkeitsrechts setzt bei seiner Durchsetzung demgegenüber auf das Mitbewerber-Verhältnis und sog. Wettbewerbsverbände, um die Unternehmen nicht zu überfordern bzw. nicht zur Vermeidung der Überforderung das Schutzniveau absenken zu müssen.[211]

---

210 Vgl. BT-Drs. 15/1487, S. 23 ff.; Rittner/Dreher/Kulka, Wettbewerbs- und Kartellrecht, Rn. 532–535.
211 BT-Drs. 15/1487, S. 22; Köhler/Arndt/Fetzer, Recht des Internet, Rn. 660 f.

6.3.3.2 Ansprüche der Betroffenen bei unverlangter Werbung (insbesondere Spam)

708 Die Unterlassungsansprüche gegen unverlangte Werbung (als wesentliche Fallgruppe der unzumutbaren Belästigungen) werden in Literatur und Rechtsprechung nicht nur lauterkeitsrechtlich begründet, sondern **außerdem aus §§ 1004, 823 Abs. 1 BGB abgeleitet** und stehen damit auch den Betroffenen unmittelbar zu. Dabei wird das verletzte Recht i. S. v. § 823 Abs. 1 BGB bei Privatpersonen im allgemeinen Persönlichkeitsrecht und bei Betrieben im eingerichteten und ausgeübten Gewerbebetrieb gesehen.[212] Als wesentliches Argument dient der Beseitigungsaufwand und die Gefahr eines Überlaufens des eMail-Accounts, so dass wichtige eMails nicht mehr ankommen können.[213] Dagegen kann auch nicht ins Feld geführt werden, dass die Empfänger durch den **Einsatz von Spamfiltern** ihre Beeinträchtigung reduzieren können,[214] zumal auch hier rechtliche Probleme auftreten können.[215]

709 Praktischen Nutzen können aber auch die „schönsten" Unterlassungsansprüche nur dann entfalten, wenn man den **Anspruchsgegner mit ladungsfähiger Anschrift** identifizieren kann; da das Spamming aber weit überwiegend mit nicht hinterlegten Pseudonym-Adressen verschickt wird, ist das Recht hier leider oft nur ein stumpfes Schwert. Da hilft es auch wenig, dass das deutsche Recht ein Transparenzgebot aufstellt: So ist bei Werbe-Telefonanrufen die Rufnummernunterdrückung ebenso untersagt (§ 102 Abs. 2 TKG) wie die Verschleierung des Absenders (§ 7 Abs. 2 Nr. 4 lit. a UWG) oder des Inhalts in der Betreffzeile bei Werbe-eMails (§ 6 Abs. 2 TMG).[216]

710 Das Versenden unverlangter eMail-Werbung als solches ist in der EU nicht strafbar (Art. 13 EKDS-RL); das schließt freilich eine **Strafbarkeit** in einzelnen Fällen – etwa wegen Betrugs bei besonders unseriösen Angeboten oder wegen Computersachbeschädigung (§ 303a StGB) bei entsprechenden Folgen beim Nutzer – nicht aus.[217] In den USA dagegen wurde Ende 2003 ein Gesetz gegen Spamming (für dessen Rechtswidrigkeit die

---

212 BGH, NJW 2009, 2958 = CR 2009, 733 = MMR 2010, 33; s. auch Dieselhorst/Schreiber, CR 2004, 680, 683.
213 KG, CR 2003, 291; OLG München, Urt. v. 12.2.2004 – Az. 8 U 4223/03 = MMR 2004, 324; LG Karlsruhe, MMR 2002, 402; auch bzgl. der Provider, vgl. Härting/Eckart, CR 2004, 119, 120 ff.
214 OLG München, Urt. v. 12.2.2004 – Az. 8 U 4223/03 = MMR 2004, 324.
215 Bei erlaubter Privatnutzung geschäftlicher eMail-Accounts kann die durch einen Spamfilter erfolgende Löschung privater eMails von Mitarbeitern eine dem Arbeitgeber zuzurechnende Straftat (§§ 206 Abs. 2 Nr. 2, 303a StGB) darstellen, vgl. Heidrich/Tschoepe, MMR 2004, 75, 76 ff., 79 f.
216 Zur begrenzten Wirkung deutscher Gesetze gegen überwiegend aus dem Ausland kommenden Spam-Mails vgl. Köhler/Arndt/Fetzer, Recht des Internet, Rn. 678.
217 Frank, CR 2004, 123, 124 f., 127 f.

Hürden allerdings deutlich höher gelegt sind) verabschiedet, das Haftstrafen bis zu fünf Jahren und Geldstrafen bis zu 6 Mio. US-Dollar vorsieht.[218]

6.3.4 Internationale Perspektive

Das internationale Wettbewerbsrecht ist kollisionsrechtlich in der Rom **711**
II-VO (VO 864/2007 EG) geregelt. Danach ist bezüglich des anzuwendenden nationalen Rechts darauf abzustellen, in welchem Staat eine Beeinträchtigung der Wettbewerbsbeziehungen, der kollektiven Interessen der Verbraucher oder des Marktgeschehens erfolgt ist oder droht (Art. 6 Abs. 1, 3 Rom II-VO). Dies entspricht im Wesentlichen der **Marktortegel**, wonach die Rechtsordnung desjenigen Staates maßgeblich ist, in dem die wettbewerbliche Interessenkollision der Streitparteien erfolgt.[219] Allerdings kann dies in einer Weltwirtschaft, in der „global players" auf globalen Märkten agieren, nahezu überall der Fall sein – erst recht in einem grenzüberschreitenden Medium wie dem Internet. Um nicht das deutsche Wettbewerbsrecht damit auf alle Wettbewerbsstreitigkeiten im world wide web anwenden zu müssen, bedarf die Marktortregel einer einengenden Ergänzung. So ist unter Anwendung des aus dem klassischen Medienrecht (auch der Rundfunk macht an den Staatsgrenzen nicht einfach halt, insbesondere nicht bei den kegelförmigen Ausstrahlungsflächen von Satelliten) stammenden **„spill-over"-Gedankens** die bestimmungsgemäße Verbreitung eines wettbewerbsrechtlich relevanten Internetangebots zu ermitteln.[220]

Dies kann nicht nur anhand der technischen Möglichkeiten erfolgen, son **712**
dern auf der Grundlage **aussagekräftiger Hilfsindizien**:
• **Sprache**, Gestaltung und Inhalt der Werbung (z.B. nationaler Bekanntheitsgrad auftretender Prominenter),
• räumlich-territoriale **Marktbedeutung** des werbenden Unternehmens (hilfreich bei nur lokal, regional oder national agierenden Unternehmen) und
• soweit vorhanden, die angegebenen Zahlungs- und Versandmodalitäten (einschließlich Währung!).[221]
Diesem Gedanken folgend hat das LG Köln dem Internetauftritt unter „budweiser.com" die **wettbewerbsrechtliche Ausrichtung auf Deutschland** abgesprochen, weil er in englischer Sprache gehalten war, in der durch Flaggen gekennzeichneten Auswahl die deutsche Fahne fehlte, keine deutsche Kon-

---

218 Frank, CR 2004, 123; Wendlandt, MMR 2004, 365.
219 Köhler/Arndt/Fetzer, Recht des Internet, Rn. 846.
220 Köhler/Arndt/Fetzer, Recht des Internet, Rn. 855 ff.
221 Köhler/Arndt/Fetzer, Recht des Internet, Rn. 859.

taktadresse angegeben war und mit in Deutschland unbekannten Personen geworben wurde.[222]

713   **Beispielfall 19: Zoff um Zubehör**

Sachverhalt: Oldtimer-Händler Octavian (O) aus Oldenburg bietet im Internet Ersatz- und Zubehörteile für ältere Kraftfahrzeuge an. In seinen AGBs findet sich eine Klausel, wonach der Kunde kein Recht habe, nach Abschluss des Vertrages über die Lieferung eines bestimmten Gegenstands Ansprüche wegen zu langer Lieferdauer geltend zu machen. Zur Begründung wird in der AGB dargelegt, dass O aus Kostengründen keine Vorratshaltung betreibe. Dies missfällt dem Kfz-Händler Kilian (K) aus Konstanz, der Ersatz- und Zubehörteile vor allem für aktuelle Fahrzeuge im Internet anbietet, aber vereinzelt auch für ältere Autos. K verlangt von O, diese Klausel umgehend aus den AGBs zu streichen und sich darauf gegenüber seinen Kunden nicht mehr zu berufen. Kann sich K mit diesem Verlangen durchsetzen?

714   **Lösungsvorschlag:** K könnte sich mit seinem Verlangen durchsetzen, wenn er einen entsprechenden Anspruch gegen O hätte. Dieser könnte sich aus dem Wettbewerbsrecht ergeben, das einen Unterlassungsanspruch auch unter Mitbewerbern kennt (§ 8 Abs. 1 UWG).

Die Anwendbarkeit des UWG setzt zunächst voraus, dass die Streitparteien im geschäftlichen Verkehr handeln. Da sowohl O als auch K mit ihrem jeweiligen Online-Handel mit Ersatz- und Zubehörteilen ihre kommerziellen Interessen verfolgen und nicht in privater oder amtlicher Eigenschaft agieren, ist dies erfüllt. Des Weiteren setzt ein Anspruch aus dem UWG voraus, dass die Streitparteien in einem konkreten Wettbewerbsverhältnis zueinander stehen. In diesem Fall bieten beide Seiten Ersatz- und Zubehörteile für ältere Fahrzeuge im Internet an. Daran ändert auch der Umstand nichts, dass der Schwerpunkt der Tätigkeit von K bei aktuellen Fahrzeugen liegt. Folglich liegt eine (teilweise) Branchenidentität vor. Da außerdem beide Parteien ihre Waren im Internet auf Versandbasis anbieten, haben sie keine voneinander zu trennenden regionalen Kundenkreise, sondern sprechen dieselben Zielgruppen in der ganzen Bundesrepublik an. Insofern ist auch das Wettbewerbsverhältnis gegeben.

Der Unterlassungsanspruch gem. § 8 Abs. 1 UWG setzt weiter voraus, dass O mit der Verwendung der streitigen Klausel eine „nach § 3 oder § 7 unzulässige geschäftliche Handlung" vornimmt. Hierfür kommt § 3 i. V. m. § 4 Nr. 11 UWG in Betracht. Danach handelt unlauter, wer

---

222 LG Köln, MMR 2002, 60.

„einer gesetzlichen Vorschrift zuwiderhandelt, die auch dazu bestimmt ist, im Interesse der Marktteilnehmer das Marktverhalten zu regeln." Folglich ist zunächst zu prüfen, ob die Klausel von O gegen gesetzliche Vorschriften verstößt. Da es sich dabei um eine AGB-Klausel handelt, kommen dafür vorrangig die §§ 307–309 BGB in Betracht. So erklärt § 308 Nr. 1 BGB u. a. eine Klausel für unwirksam, wonach „sich der Verwender unangemessen lange oder nicht hinreichend bestimmte Fristen für [...] die Erbringung einer Leistung vorbehält". Hier mutet O seinen Kunden zu, ohne zeitliche Eingrenzung – also auch unangemessen lange – zuzuwarten, bis der Vertrag irgendwann einmal erfüllt wird. Dadurch werden Schadenersatzansprüche und Rücktrittsrechte der Kunden abgeschnitten. Genau dies soll nach § 308 Nr. 1 BGB nicht in AGB-Form vereinbart werden können, weshalb diese Klausel in den AGBs von O rechtswidrig ist. Als weitere Bedingung des Unterlassungsanspruchs ist es aber auch noch erforderlich, dass die verletzte Norm – also § 308 Nr. 1 BGB – als Marktverhaltensregel i. S. v. § 4 Nr. 11 UWG anzusehen ist. Ansonsten ginge den K eine Klausel des O, die dessen Kunden schlecht behandelt, nichts an. Durch eine Klausel wie hier können die wirtschaftlichen Interessen des Durchschnittsverbrauchers als Marktteilnehmer spürbar tangiert sein, weil er sich irrigerweise an der Geltendmachung berechtigter Ansprüche gehindert sieht. Folglich handelt es sich bei § 308 Nr. 1 BGB um eine Marktverhaltensregel. Damit sind alle Voraussetzungen des Unterlassungsanspruchs gegeben, weshalb sich K gegen O durchsetzt.[223]

6.3.5 Summary „Wettbewerbsrecht"

1. Das Wettbewerbsrecht schützt die einzelnen Mitbewerber, den Wettbewerb als solchen und die einzelnen Verbraucher.
2. Das Wettbewerbsrecht ist (nur) auf das Handeln im geschäftlichen Verkehr anwendbar.
3. Die Regelungstechnik geht von einer Unlauterkeits-Generalklausel aus, die durch zahlreiche Einzelfallgruppen in den §§ 4–7 UWG konkretisiert wird. In Anlehnung an die Haupt-Schutzrichtungen kann dabei zwischen dem Horizontalverhältnis zwischen den Mitbewerbern (b2b) und dem Vertikalverhältnis zwischen Unternehmern und Verbrauchern (b2c) unterschieden werden.
   a) Zum Horizontalverhältnis zählen Fallgruppen der Rufschädigung, der Nachahmung fremder Leistung, der Behinderung von Mitbewerbern, der Verstöße gegen Marktverhaltensregeln und der vergleichenden Werbung.

---

223 Der Fall ist angelehnt an BGH, Urt. v. 31.5.2012 – Az. I ZR 45/11 = NJW 2012, 3577.

b) Im Vertikalverhältnis sind die „Black List" (ein Anhang mit 30 stets unzulässigen geschäftlichen Handlungen gegenüber Verbrauchern), Fälle des Kundenfangs und der Irreführung sowie unzumutbare Belästigungen von wesentlicher Bedeutung. Zu den Letztgenannten gehört insbesondere die unverlangte Werbung (spam-mails). Die von der Rechtsprechung für unverlangte Telefon- und Telefaxwerbung entwickelten Grundsätze hat der BGH zunächst auch auf das Spamming übertragen; danach ist die Werbezusendung unzulässig, wenn nicht mindestens von einer auf objektive Gesichtspunkte gestützten mutmaßlichen Zustimmung des Empfängers auszugehen ist. Das UWG hat dies noch weiter verschärft, indem danach – außer bei vorausgegangener Vertragsbeziehung zwischen Absender und Empfänger sowie jederzeitiger Widerrufsmöglichkeit – für die Zusendung von eMail-Werbung stets eine ausdrückliche positive Zustimmung erforderlich ist (Opt-in-Lösung).

4. Ein solches unlauteres Verhalten führt zu
   a) Beseitigungs- und Unterlassungsansprüchen von Mitbewerbern, Verbänden und Kammern,
   b) Schadensersatzansprüchen von Mitbewerbern und
   c) Abschöpfungsansprüchen von Verbänden und Kammern zugunsten des Bundeshaushalts bei Streuschäden.

5. Die im internationalen Wettbewerbsrecht geltende Marktortregel wird im Bereich des Internets durch den „spill-over"-Gedanken ergänzt, so dass anhand geeigneter Hilfskriterien wie Sprache u. a. zu untersuchen ist, ob der jeweilige nationale Markt von einem wettbewerbsrelevanten Internetauftritt überhaupt angesprochen wird.

Kapitel 7: eGovernment

Der Begriff des eGovernment ist nicht präzise festgelegt. Im weitesten **716**
Sinne können darunter **IuK-gestützte Kommunikations- und Partizipati-**
onsmöglichkeiten im Verhältnis zwischen Staat, Gesellschaft und Bürgern
verstanden werden.[1] Dieses weite Begriffsverständnis umfasst nach der
„Speyerer Definition von Electronic Government" sowohl die **politische**
Dimension des Regierens und der demokratischen Willensbildung als
auch die **administrative Beziehung** zwischen Bürgern und Behörden.[2] Darauf Bezug nehmend versteht die Bundesregierung unter eGovernment
„die Abwicklung geschäftlicher Prozesse im Zusammenhang mit Regieren
und Verwalten (Government) mit Hilfe von Informations- und Kommuni-
kationstechniken über elektronische Medien".[3]

Dennoch wird der Begriff des eGovernment von vielen Autoren **eingeengt** **717**
auf die verwaltungsbezogene Sichtweise.[4] Dieses Begriffsverständnis umfasst
- die Abwicklung von Verwaltungsabläufen über Internet und eMail,
- IuK-Dienstleistungen für die „Kunden" der öffentlichen Verwaltung
  und
- elektronische Märkte für das behördliche Beschaffungswesen.[5]
Die hiervon nicht erfasste politische Dimension der IuK-Möglichkeiten
wird in der Literatur dann teilweise unter andere Begriffe wie „eGover-
nance" und „eDemocracy" subsumiert.[6]

Da „Government" als Begriff sowohl die Regierungs- als auch die Verwal- **718**
tungsdimension umfasst, überzeugt die Einengung auf die administrativen

---

1 Kaiser, Bürger und Staat im virtuellen Raum, S. 57.
2 Lucke/Reinermann, unter <http://foev.dhv-speyer.de/ruvii/SP-EGov.pdf>, S. 1 (14.6.2015).
3 BT-Drs. 17/11473, S. 1.
4 Dieses – enge – Begriffsverständnis haben sich auch diejenigen Gesetzgeber zu eigen gemacht, die „E-Government-Gesetze" erlassen haben (Österreich, Schleswig-Holstein, s. u.,
   Rn. 761); letztlich gilt dies auch für den Bundesgesetzgeber, auch wenn in der Begründung
   zum EGovG-Entwurf ausdrücklich auch die politische Dimension als Begriffsmerkmal genannt wird (s. vorstehende Fn.).
5 Kaiser, Bürger und Staat im virtuellen Raum, S. 57.
6 Kaiser, Bürger und Staat im virtuellen Raum, S. 57, 58.

IuK-Prozesse nicht; vielmehr ist „eGovernment" – entsprechend dem o. g. weiten Begriffsverständnis – als **Oberbegriff** sowohl für die politische als auch für die administrative Dimension des Einsatzes neuer Medien anzusehen. Die IuK-gestützte politische Willensbildung und Staatslenkung kann dem **Unterbegriff** „eDemocracy" zugeordnet werden und umfasst die Bereiche Durchführung von Wahlen (eVoting), Wahlkampfinstrumente (eCampaigning), Prozesse der politischen Willensbildung wie z. B. über Umfragen, Foren, Abstimmungen, Spendeneinwerbung (eFundraising), ePetitionen, u. a. Der andere **Unterbegriff** „eAdministration" umfasst demgegenüber das administrative Zusammenwirken von Behörden untereinander („a2a"), mit dem Bürger („a2c") – etwa in der Form des „virtuellen Rathauses", oder von eBürgerdienste-Portalen –, mit der Wirtschaft („a2b") und mit Verbänden. Dieses – weite – Begriffsverständnis liegt diesem Kapitel zugrunde.

719

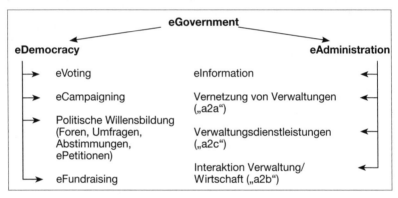

Übersicht 56: Unterscheidungen beim eGovernment

7.1 eDemocracy

7.1.1 Wahlen im Internet

7.1.1.1 Realisierungsstand

720 *Modellversuche:* Die Vorstellung, am heimischen PC seine Stimme bei Wahlen und Abstimmungen abzugeben, ist eine faszinierende Perspektive. Dies würde auch eine ganz **neue Dimension von Demokratie** ermöglichen, weil dann mit geringem Aufwand die gesamte (über einen PC-Zugang verfügende) Bevölkerung zu wichtigen Fragen Stellung nehmen könnte. Doch nicht zuletzt wegen **noch nicht erreichter technischer „Serienreife"** stehen verbindliche, über das Internet abgewickelte Wahlen noch am Anfang. In Deutschland gab es bislang erst **einzelne wenige Modellversuche** wie z. B. die Wahl zum Studierendenparlament der Universität Osnabrück, zu den Gremien der Hochschule Bremerhaven oder zum Jugendgemeinderat Esslingen.[7]

In der für ihre ausgeprägten **direktdemokratischen Instrumente** bekannten **Schweiz** werden die elektronischen Möglichkeiten bereits relativ offensiv für Abstimmungen genutzt. Dort wurde – nach Pilotprojekten auf kommunaler Ebene – im September 2004 erstmals die elektronische Stimmabgabe bei einer landesweiten Volksabstimmung, zunächst beschränkt auf vier Genfer Gemeinden, erprobt;[8] inzwischen können die Auslandsschweizer an Volksabstimmungen online teilnehmen, wovon rund 70 % der Betroffenen Gebrauch machen. Dies hat die dortigen Behörden ermutigt, auch über Möglichkeiten des Online-Sammelns von Unterschriften für Bürger- oder Volksbegehren nachzudenken.[9] **721**

Einsatz von Wahlgeräten als Vorstufe: In Deutschland wurde von der in § 35 BWahlG eröffneten Möglichkeit, **Wahlgeräte statt Stimmzettel und Wahlurnen** einzusetzen, durchaus Gebrauch gemacht. Bei der Bundestagswahl 2005 gaben immerhin schon 2,5 Mio. Wähler – also über 5 % von knapp 47,3 Mio. abgegebenen (Zweit-) Stimmen – ihr Votum mithilfe eines elektronischen Wahlgerätes ab. Auch Kommunalwahlen und Oberbürgermeisterwahlen wurden mit zum Teil weitreichendem Einsatz elektronischer Wahlgeräte durchgeführt.[10] In den USA wurden bei den Präsidentschaftswahlen im Jahr 2000 10 % der Stimmen und bei den Kongresswahlen 2006 bereits fast 50 % der Stimmen mit elektronischen Wahlgeräten abgegeben; diese seinerzeit heftig umstrittene Wahl ist übrigens nicht über diese Geräte „gestolpert", sondern über die Maschinenlesbarkeit dafür angeblich geeigneter Stimmzettel (nur 1 % aller Stimmen wurde über von Hand auszuwertende Stimmzettel abgegeben).[11] **722**

Der Einsatz von Wahlgeräten nach dem BWahlG führt allerdings zu **keinen besonderen Erleichterungen bei der Stimmabgabe.** Denn zunächst wird – wie bei der normalen Wahlhandlung – im Wahllokal die Wahlberechtigung geprüft, bevor das Wahlgerät zur Stimmabgabe freigeschaltet wird und der Wähler seine Stimme abgibt. Nach Wahlende wird das Ergebnis – dieses allerdings dann sehr schnell – vom Gerät ermittelt und **723**

---

7 Vgl. <www.innovations-report.de/html/berichte/informationstechnologie/bericht-369.html>, <www.jgrwahl.esslingen.de/4020612_stz_jgrwahl.pdf> (jew. 14.6.2015).
8 Vgl. <http://www.kommune21.de/meldung_3848_E-Vote-Versuch+erfolgreich.html> (14.6. 2015).
9 So Staatsschreiber Grünenfelder (Kanton Aargau) bei der 3. Demokratiekonferenz Baden-Württemberg/Aargau am 11.6.2015 in Stuttgart.
10 Zahlen nach Schiedermair, JZ 2007, 162, 165.
11 Leder, DÖV 2002, 648, 649; zu den Kongresswahlen 2006 siehe Schiedermair, JZ 2007, 162, 163.

ausgedruckt. Anschließend wird das Gerät versiegelt, bis das amtliche Endergebnis festgestellt ist und keine Wahlprüfungen mehr anhängig sind. Der erleichterten Ergebnisermittlung stehen bei diesem Vorgehen vergleichsweise **hohe Kosten** gegenüber.[12]

724 Dem Chaos Computer Club Berlin (CCC) ist es allerdings gelungen, die **erhebliche Manipulationsanfälligkeit** der amtlich geprüften Geräte nachzuweisen. Dabei ist die Manipulation auch im Nachhinein nicht mehr erkennbar.[13] Damit aber ist eine zentrale Basis der **Integrations- und Legitimationsfunktion öffentlicher Wahlen** maßgeblich bedroht: das Vertrauen des Wählers in die korrekte Ermittlung des Wahlergebnisses. Bestehen in der Wählerschaft Zweifel an der Richtigkeit des Wahlergebnisses, schwindet die Akzeptanz des Wahlergebnisses (v. a. bei der politisch unterlegenen Seite) und damit der darauf aufbauenden Legitimationsakte wie die Regierungsbildung etc.; letztlich lebt eine funktionierende und stabile Demokratie von der Akzeptanz und Zweifelsfreiheit des Wahlergebnisses. Genau diese Basis aber ist gefährdet, wenn von einer nennenswerten Manipulationsgefahr bei zugleich fehlender Überprüfung des Wahlergebnisses auszugehen ist. Denn dann fehlt nach den Worten des BVerfG „das für das Funktionieren der Demokratie und die demokratische Legitimität staatlicher Entscheidungen notwendige Vertrauen des Souveräns in die dem Wählerwillen entsprechende Besetzung des Parlaments". Aus diesem Grund muss eine Überprüfbarkeit und Nachvollziehbarkeit des Wahlergebnisses möglich sein, ohne dafür besondere (womöglich software-technische) Fachkenntnisse haben zu müssen.[14]

7.1.1.2. Wahlgrundsätze bei Wahlen von Volksvertretungen

725 Neben technischen Problemen stellen sich bei Internet-Wahlen jedenfalls bei Wahlen von Volksvertretungen auf allen Ebenen verschiedene Rechtsfragen, die an die **Wahlrechtsgrundsätze** gem. Art. 38 Abs. 1 Satz 1, 28 Abs. 1 Satz 2 GG anknüpfen.

725a • *Geheime Wahl:* Jeder Wähler muss seine Stimme geheim abgeben. Zwar kann er sein Stimmverhalten gegenüber anderen offenbaren (bzw. behaupten), doch dürfen die anderen dies nicht – etwa durch Einsichtnahme in die Stimmzettel – überprüfen. Im Wahllokal setzt der Staat dieses Wahlgeheimnis durch (§ 33 Abs. 1 BWahlG), was er naturgemäß in den privaten vier Wänden nicht tun kann.[15] Eine weit-

---

12 Leder, DÖV 2002, 648, 650; Schiedermair, JZ 2007, 162, 165, betont demgegenüber den erheblichen Einspareffekt bei den Wahlhelfern.
13 Näher siehe Schiedermair, JZ 2007, 162, 163.
14 BVerfG, Urt. v. 3.3.2009 – Az. 2 BvC 3, 4/07, Rn. 108 = BVerfGE 123, 39, 69 = NVwZ 2009, 708 = JZ 2009, 566 m. Anm. Schiedermair = MMR 2009, 316.
15 Das Wahlgeheimnis ist nicht nur ein Recht, sondern eine Pflicht, weshalb der gleichzeitige – auch einvernehmliche – Aufenthalt mehrerer Wähler in einer Wahlkabine unzulässig ist, vgl. Trute, in: v. Münch/Kunig, GG, Art. 38 Rn. 69 f.

reichende Lockerung dieser Durchsetzbarkeit war daher mit der Zulassung der **Briefwahl** verbunden, deren Zugangshürden inzwischen zur Vermeidung weiterer Einbrüche bei der Wahlbeteiligung sehr großzügig gehandhabt werden.[16] Eine flächendeckende Einführung der Möglichkeit zur Stimmabgabe am heimischen PC wäre **qualitativ der Briefwahl vergleichbar** (insbesondere dann, wenn damit die eidesstattliche Versicherung bezüglich der persönlichen bzw. willensgetreuen Stimmabgabe gem. § 36 Abs. 2 WahlG per signierter Datei verbunden wäre), wenn die Identifikation des Wählers sauber getrennt von der Registrierung der Stimmabgabe erfolgt (was für die Vermeidung von Mehrfachwahlen eines Wählers notwendig ist, s. u. Rn. 727). Dennoch würde dadurch die **Aushöhlung des Grundsatzes der geheimen Wahl quantitativ weiter verstärkt** werden.[17]

- *Allgemeine Wahl:* Der Grundsatz der allgemeinen Wahl verlangt, dass keine **Bevölkerungsgruppe von der Wahlteilnahme ausgeschlossen** werden darf. Dies gilt für die Wahlberechtigten, die nicht zu der – mit der Gesamtbevölkerung nicht gleich zu setzenden – Internetgemeinde zählen. Denn auch ein nur **faktischer Ausschluss** von der Ausübung des Wahlrechts ist unzulässig. Eine ausschließlich über das Internet abzuwickelnde Wahl, die keine Angebote für Wähler ohne eigenen Internetanschluss (beispielsweise in Wahllokalen mit Online-Zugängen) vorsieht, wird immer an diesem Wahlgrundsatz scheitern.[18] Aber auch bei einer nur optionalen Internetwahl muss technisch sichergestellt werden, dass die **Übermittlung der Stimmabgabe nicht verhindert oder gar sabotiert** werden kann. Diese Gefahr bestünde beispielsweise dann, wenn der Empfangsserver – etwa durch einen DoS-Angriff – mit so vielen Zugriffen bombardiert würde, dass er zusammenbricht und keine Stimmen mehr annehmen könnte. Ebenso müssten manipulierte Schein-Empfängerserver, die tatsächlich von Dritten kontrolliert werden (Web Spoofing), sowie die Stimmabgabe verhindernde oder gar verändernde Viren technisch mit an Sicherheit grenzender Wahrscheinlichkeit ausgeschlossen sein.[19] **726**

- *Gleiche Wahl:* Seit der Abschaffung des nach verschiedenen Steuerklassen differenzierenden Zensuswahlrechts (zuletzt für das preußische Abgeordnetenhaus bis 1918) ist die Stimme eines jeden Wahlbe- **727**

---

16 Die Briefwahl wurde 1956 (BWahlG vom 7.5.1956, BGBl. I S. 383) eingeführt; das BVerfG hatte sie seinerzeit nur unter einer Reihe von Maßgaben als Ausnahmefall akzeptiert (vgl. BVerfGE 59, 119), vgl. Leder, DÖV 2002, 648.
17 Ähnlich auch Rüß, MMR 2000, 73, 75.
18 Vgl. Will, CR 2003, 126, 127 f.
19 Will, CR 2003, 126, 128 f.

rechtigten gleich viel wert.[20] Deshalb müsste bei Internetwahlen ausgeschlossen sein, dass ein Wähler mehrfach seine Stimme abgeben kann. Dies gilt sowohl für eine **elektronische Mehrfach-Stimmabgabe** als auch für die **Parallel-Stimmabgabe im Wahllokal und per eMail**. Deshalb müsste die Wahl-eMail qualifiziert elektronisch signiert und eine hinreichende Sicherheit der Software, durch die Stimmen ausgewertet werden, sichergestellt sein. Zudem gelten für den elektronischen Stimmzettel die allgemeinen Anforderungen, wonach alle Parteien bzw. Kandidaten formal gleich (bezüglich Größe, Farbe, Anordnung) dargestellt sein müssen.[21]

728 • *Öffentliche Wahl:* Aus dem Grundsatz der öffentlichen Wahl – den das BVerfG aus Art. 38 Abs. 1 GG i. V. m. dem Demokratieprinzip in Art. 20 GG ableitet[22] – folgt, dass sowohl die Wahlhandlung (bis auf die Markierung des Stimmzettels natürlich) wie auch die Feststellung des Wahlergebnisses öffentlich und nachprüfbar erfolgen. Deshalb hat nach Schließung der Wahllokale um 18 Uhr jeder Wähler das Recht, der Stimmenauszählung beizuwohnen. Diese **öffentliche Kontrolle, dass die Stimmen richtig ausgezählt werden**, ist bei einer elektronischen Ergebnisermittlung naturgemäß nicht möglich. Hier muss daher die öffentliche Kontrolle zeitlich vorgelagert an der **Auswahl und Kontrolle der technischen Hard- und Software** ansetzen, um Missbrauchs- und Willkürgefahren zu minimieren.[23] Genau dies hat das Bundesverfassungsgericht – am Beispiel der elektronischen Wahlgeräte – als nicht ausreichend angesehen, weil hier nicht jeder Wähler „zuverlässig nachvollziehen kann, ob seine Stimme unverfälscht erfasst und in die Ermittlung des Wahlergebnisses einbezogen wird und wie die insgesamt abgegebenen Stimmen zugeordnet und gezählt werden."[24]

7.1.1.3 Online-Wahlen im Vereinsrecht und Selbstverwaltungsbereich

729 Anders als bei Wahlen von Volksvertretungen geht es bei Vereinswahlen und Wahlen im Selbstverwaltungsbereich nicht um die Legitimierung von

---

20 Dies gilt zumindest für den Zählwert der Stimmen; im Erfolgswert kann es zu Unterschieden kommen; so wird eine Stimme, die für eine unter der 5 %-Hürde gebliebene Partei abgegeben wurde, genauso gezählt wie alle anderen Stimmen, doch schlägt sie sich nicht in der Zusammensetzung des Parlaments nieder; vgl. hierzu Trute, in: v. Münch/Kunig, GG, Art. 38 Rn. 58 f.
21 Will, CR 2003, 130 ff.; Rüß, MMR 2000, 73, 74 f.
22 BVerfG, Urt. v. 3.3.2009 – Az. 2 BvC 3, 4/07, Rn. 105 ff. = BVerfGE 123, 39, 68 ff. = NVwZ 2009, 708 = JZ 2009, 566 m. Anm. Schiedermair = MMR 2009, 316.
23 Leder, DÖV 2002, 648, 652.
24 BVerfG, Urt. v. 3.3.2009 – Az. 2 BvC 3, 4/07, Rn. 111 f. = BVerfGE 123, 39, 70 = NVwZ 2009, 708 = JZ 2009, 566 m. Anm. Schiedermair = MMR 2009, 316; zu Umsetzungsmöglichkeiten durch das „Vote Casting Device with Voter Verifiable Summary of the Voter Paper Audit Trail" (Stimmabgabegerät mit verifizierbarer Zusammenfassung des Stimmzettelprotokolls) vgl. Henning/Budurushi/Volkamer, DÖV 2012, 789, und durch Stimmzettelbelege dies., MMR 2014, 154.

Verfassungsorganen durch den Souverän, sondern um einen Organisationsprozess verbandsinterner Willensbildung. Folglich gelten hier auch **nicht die Wahlgrundsätze des Art.** 38 GG, sondern – bei Vereinen – die allgemeinen vereinsrechtlichen Bestimmungen der §§ 21 ff. BGB. Diese eröffnen einen **weiten Gestaltungsspielraum,** der durch die Satzung und ggf. eine Wahlordnung konkretisiert werden kann. Solange Mitglieder nicht – auch nicht faktisch, etwa durch fehlenden PC-Zugang – von der vereinsinternen Willensbildung ausgeschlossen sind[25] und die Chancengleichheit gewahrt ist, können demnach auch Online-Wahlen vorgesehen werden (das Schriftlichkeitsgebot gem. § 32 BGB kann gem. § 40 BGB durch die Satzung abbedungen werden). Wegen der damit verbundenen erheblichen Absenkung der Aufwandsschwelle für die Wahlteilnahme kann dadurch – je nach Zuschnitt der Mitgliedschaft – eventuell eine deutlich bessere Wahlbeteiligung erreicht werden.[26] Aber natürlich muss auch hier eine Prüfung der Wahlberechtigung sowie eine Vermeidung von Mehrfach-Stimmabgaben sichergestellt sein; sieht die Satzung eine geheime Wahl oder Abstimmung vor, ist auch dies zu gewährleisten. Professionelle Wahldienstanbieter verfügen insoweit über das erforderliche technische Know-how.[27]

7.1.2 Politische Willensbildung

7.1.2.1 Bedeutung für die politische Kommunikation

Das Internet hat die klassischen Formen politischer Kommunikation revo-   **730**
lutioniert. Für die früher sehr geringen unmittelbaren Partizipationsmöglichkeiten von Bürgern und (einfachen) Parteimitgliedern an Entscheidungsprozessen des Staates und der Parteien bestehen im digitalen Zeitalter qualitativ und quantitativ stark erweiterte Möglichkeiten. Die damit einhergehende **Verlagerung politischer Meinungsbildungsprozesse** mit Vorentscheidungscharakter etwa durch Online-Abstimmungen im Rahmen von Internetauftritten von Parteien oder Verbänden können zu einer **Erosion der traditionellen demokratischen Meinungsbildungs- und gar Entscheidungsstrukturen** führen.

Dieser Trend wird durch die Möglichkeiten des Internets rapide verstärkt,   **731**
etwa wenn **Online-Umfragen mit exorbitant hohen Teilnehmerzahlen** (z. B. Perspektive Deutschland mit über 620 000 Teilnehmern bei der 2005/2006-Umfrage) bestimmte politische Handlungsweisen nahele-

---

25 Die DFG konnte diesen Weg (ohne alternative Briefwahl) bei der Wahl der Mitglieder der Fachkollegien gehen, weil die stimmberechtigten Mitglieder als Wissenschaftler an wissenschaftlichen Einrichtungen tätig sein mussten und so alle über einen Netzzugang verfügen, vgl. Roßnagel/Gitter/Opitz-Talidou, MMR 2009, 383, 384, 385.
26 Vgl. Roßnagel/Gitter/Opitz-Talidou, MMR 2009, 383, 384 mit Beispielen.
27 Im Einzelnen siehe Roßnagel/Gitter/Opitz-Talidou, MMR 2009, 383, 385 f.

gen.[28] Die Ergebnisse einer auf der Meinung von vielen Bürgern basierenden Erhebung entwickeln ihr eigenes politisches Gewicht und werden mit steigender Teilnehmerzahl von immer mehr politischen Entscheidungsträgern dem eigenen Handeln zugrunde gelegt. Dieser zunächst schleichende Prozess führt zu **Legitimitätsverlusten der Verfassungsinstitutionen** und kann – konsequent zu Ende gedacht – sogar das Grundprinzip der repräsentativen Demokratie infrage stellen.

732 Einen besonders eindrücklichen Vorgeschmack darauf gab bereits im Jahr 2000 der Rücktritt des damaligen SPD-Bundesverkehrsministers Klimmt, der wegen finanzieller Unregelmäßigkeiten im Zusammenhang mit dem 1. FC Saarbrücken ins Gerede gekommen war. Nachdem die SPD-Basis in hunderten von eMails an die Bundesgeschäftsstelle den Rücktritt von Klimmt – den die Parteispitze im Amt halten wollte – gefordert hatte, trat dieser (nicht nur, aber auch wegen dieses Drucks) zurück, ohne dass irgendein Parteigremium (Parteitage oder Ortsverbände) die innere Willensbildung der SPD in diesem Sinne betrieben hätte.[29] Dies zeigt, dass die **neuen Formen der Willenskundgabe** ihre Eigendynamik entwickeln und eine wachsende Konkurrenz für die tradierten – meist schwerfälligeren und daher bei schnellen Kommunikationsprozessen schon strukturell benachteiligten – Entscheidungsfindungsprozessen darstellen können.[30]

733 Umgekehrt entdecken viele Bürger das Internet auch als Entscheidungshilfe bei der eigenen politischen Willensbildung. Prominentestes Beispiel dafür ist der von der Bundeszentrale für politische Bildung betriebene **Wahl-O-Mat.** Unter „www.wahlomat.de" kann man vor Bundestags- und Landtagswahlen zu ca. 40 wesentlichen politischen Fragestellungen aus allen relevanten Themenfeldern sein Votum mit „stimme zu", „neutral" oder „stimme nicht zu" abgeben; durch eine Doppelgewichtung kann man bestimmten Fragen zusätzlich Gewicht verleihen. Auf der Basis dieser Voten erstellt der Wahl-O-Mat dann eine prozentuale Übereinstimmungsquote mit den vom User angeklickten Parteien. Grundlage für diese Bewertung sind die Aussagen der zur Wahl zugelassenen Parteien in ihren Wahlprogrammen. Der Wahl-O-Mat erfreut sich wachsender Beliebtheit; so wurde dieses Angebot seit seinem Start im Jahr 2002 bis Juni 2015 insgesamt **43,5 Mio. mal genutzt.** Davon entfallen 13,3 Mio. auf die Bundestagswahl 2013 (gegenüber 6,7 Mio. 2009).[31] Bezogen auf die Anzahl der Deutschen, die zur Wahl gegangen sind (rd. 44,3 Mio.)[32] stellt dies

---

28 Vgl. <http://de.wikipedia.org/wiki/Perspektive-Deutschland> (14.6.2015).

29 Reitze, Wer wird Kanzler in de.land?, S. 21.

30 Zum Zusammenspiel von Netzgemeinde und klassischen Medien bei politischen „Skandalen" vgl. Lehner, ZRP 2013, 85 ff.

31 Vgl. <http://www.bpb.de/politik/wahlen/wahl-o-mat/176527/die-geschichte-des-wahl-o-mat> (12.6.2015).

32 Vgl. <http://www.bundeswahlleiter.de/de/bundestagswahlen/BTW_BUND_13/ergebnisse/bundesergebnisse/index.html> (12.6.2015).

einen Anteil von 30 % der Wähler dar. Diese Zahlen verdeutlichen den erheblichen Einfluss des Wahl-O-Mats. Vor diesem Hintergrund liegt bei den Betreibern dieses Angebots eine große Verantwortung bei der Auswahl der Fragen und bei der Festlegung der Anzahl von Fragen je Politikfeld; denn es ist evident, dass damit auch nicht geringe Manipulationsgefahren verbunden sind.[33]

7.1.2.2 Probleme

- *Schwache Repräsentativität:* Nun ist es ja in einem demokratischen   **734**
  Gemeinwesen nicht von vornherein kritisch zu bewerten, wenn das
  Volk via Internet und eMail seine Partizipationsmöglichkeiten an Entscheidungsprozessen ausbaut und nutzt. Allerdings darf man nicht
  übersehen, dass die Internet-Nutzer **keinen repräsentativen Querschnitt der Bevölkerung** darstellen, sondern im Durchschnitt besser
  gebildet und jünger sind, über ein höheres Einkommen verfügen, mehr
  Städter und mehr Männer sind. Auch wenn diese Verzerrungen mit
  der steigenden Vernetzung der Bundesbürger abnehmen, bleiben sie
  demokratietheoretisch problematisch.[34]

- *Rückmeldungs-Overkill:* Aber nicht nur für die Willensbildung der   **735**
  Bevölkerung, sondern auch für die **Informationsverarbeitung dieser
  Willensäußerungen** durch die Entscheidungsorgane können durch die
  interaktiven Kommunikationsformen neue Probleme entstehen. Die
  stärkere Bürgerbeteiligung kann nämlich zu einem Daten-Overkill
  führen, indem die **Aufnahmekapazität der Behörden oder Entscheidungsträger schlichtweg überfordert** wird und dann gar keine Äußerungen mehr berücksichtigt werden. Dies gilt z. B. für die zunehmende
  Übung, Gesetzentwürfe parallel zum Anhörungs- und Gesetzgebungsverfahren ins Internet zu stellen und zur Abgabe von Stellungnahmen
  einzuladen.[35] Bei politisch umstrittenen Entwürfen mit einer quantitativ hohen Betroffenheitsrate kann der geschilderte Überforderungseffekt eintreten. Da aber die Aufnahmekapazität der Entscheidungsorgane nicht mit den interaktiven Kommunikationsmöglichkeiten mitwächst, sondern begrenzt bleibt, bedarf es **intelligenter elektronischer
  Filter- und Ordnungssysteme,** um die mit den neuen Möglichkeiten
  verbundenen Chancen überhaupt sinnvoll realisieren zu können.[36]

---

33 Insofern kann man dankbar sein, dass eine parteipolitisch neutrale und in ihrer Seriosität anerkannte Einrichtung wie die Bundeszentrale für politische Bildung dieses Angebot verantwortet.

34 Vgl. die ARD-ZDF-Onlinestudie (Online-Nutzung/Internetnutzer) unter <http://www.ard-zdf-onlinestudie.de/index.php?id=504> (12.6.2015).

35 Ein besonders prägnantes Beispiel dafür ist die Kampagne „Wir wollen deinen Kopf" des baden-württembergischen Wissenschaftsministeriums, mit dem der Gesetzentwurf zur Wiedereinführung der Verfassten Studierendenschaft im Internet begleitet wurde, vgl. <http://www.init.de/news/wir-wollen-deinen-kopf> (12.6.2015).

36 Eifert, ZG 2001, 115, 118.

736 • *Destruktivitätspotenzial:* Schließlich können die interaktiven Kommunikationsmöglichkeiten im politischen Meinungskampf auch gezielt destruktiv eingesetzt werden. Dies gilt etwa für „eDemos" oder „virtuelle Sit-ins", wenn darunter gezielte DoS-Attacken auf Server Andersdenkender verstanden werden. Mit der Blockade der Homepage ist deren Betreiber die mediale Ausstrahlung via Internet unmöglich gemacht. So kann **politischer Druck aufgebaut** oder auch nur auf die Dringlichkeit eines politischen Anliegens aufmerksam gemacht werden. Dies war beispielsweise bei der Aktion „Lufthansa goes offline" gegen die Lufthansa AG während deren Aktionärs-Hauptversammlung der Fall; die Aktion richtete sich gegen die Lufthansa-Beteiligung an Flügen zur Abschiebung von abgelehnten Asylbewerbern (s. u., Beispielfall 20).[37] Allerdings können sich die Verantwortlichen derartiger Aktionen nicht auf die an klassischen Auseinandersetzungsformen orientierten Grundrechte berufen. Die **Demonstrationsfreiheit gem. Art. 8 GG** scheitert daran, dass zum einen kein Zusammentreffen an einem Ort erfolgt (was man zur Not noch mit dem „virtuellen Raum" zu begründen versuchen könnte), und zum anderen keine Kommunikation der „Demonstranten" untereinander stattfindet, weshalb (mindestens) ein zentrales Merkmal des Versammlungsbegriffs unerfüllt ist.[38] Die **Kommunikationsgrundrechte des Art. 5 Abs. 1 GG** sind zwar im Schutzbereich tangiert, doch stoßen die geschilderten Aktionen an die Grenze der allgemeinen Gesetze. Ob durch dieses Vorgehen die Tatbestände von Nötigung und Datenunterdrückung erfüllt sind, ist allerdings umstritten.[39]

7.1.2.3 Wahlwerbung im Internet und per eMail (eCampaigning)

737 Das Internet spielt auch in politischen Wahlkämpfen eine große Rolle. In den USA findet systematische **Internet-Wahlwerbung** seit 1992 statt, in Deutschland seit 1998. Beim damaligen Bundestagswahlkampf hat v. a. die SPD das Medium wegen seiner hohen Informationsgeschwindigkeit zur parteiinternen Kommunikation und Steuerung eingesetzt, so dass die untersten Parteigliederungen vor Ort ohne Zeitverluste mit Sprachregelungen und Informationen zu aktuellsten Entwicklungen versorgt werden konnten. Dies hat nicht unmaßgeblich zum geschlossenen Erscheinungsbild der SPD von der Bundespartei bis zum letzten Ortsverband beigetragen.

---

37 Kraft/Meister, MMR 2003, 366 f.
38 Möhlen, MMR 2013, 221 ff.
39 Dafür: Kraft/Meister, MMR 2003, 366, 367 ff., AG Frankfurt a. M., MMR 2005, 863 m. Anm. Gercke; dagegen: OLG Frankfurt a. M., MMR 2006, 547 m. Anm. Gercke = CR 2006, 684; für die Nötigung fehle es an der physischen Gewalteinwirkung, für die Datenunterdrückung an der Dauerhaftigkeit des Eingriffs.

Eine fast noch größere Bedeutung kommt dem Internet im unmittelbaren **738**
Außenverhältnis zum Wähler zu. Bundestags- oder Landtagskandidaten
bzw. -abgeordnete verfügen inzwischen über **persönliche Internetauftritte**,
über die sie Interessierte über Person und Ziele informieren und auch
elektronisch rasch angesprochen werden können. Nach einer Erhebung
des Magazins „politik&kommunikation" lag 2004 die Webpräsenz von
Landtagsabgeordneten zwischen 11,8 % im Saarland und 79,2 % in Nie-
dersachsen und ging quer durch alle Parteien; die Landtagsabgeordneten
der Grünen waren mit 52,3 % am stärksten im Internet vertreten, dicht
gefolgt von der FDP mit 48,6 %, der SPD mit 47,4 %, der CDU/CSU mit
45,5 % und der PDS mit 45,0 %.[40] Es ist davon auszugehen, dass diese
Zahlen heute zumindest nahe 100 % liegen dürften. Aber auch **allgemeine
Internetauftritte** werden gezielt zur Wahlwerbung eingesetzt.[41]

Ein besonders eindrückliches Beispiel eines offensiven und erfolgreichen **739**
Internet-Wahlkampfs stellen die **Kampagnen von Barack Obama im Jahr
2008 und 2012** dar; dabei wurde das Internet im Zeitalter des web 2.0
eben nicht nur als Mitteilungsforum, sondern als Partizipationsangebot
im weitesten Sinne eingesetzt. Unter der Website „www.mybarack-
obama.com" konnten die Wähler ihre Ansichten und Positionen zu den
verschiedensten Themen einbringen, sich untereinander vernetzen, gegenseitig für die Wahl von Obama motivieren und Nachbarn, Bekannte und
Kollegen dafür gewinnen; sogar Spenden und freiwillige Helfer wurden
in erheblichem Umfang über diese Plattform geworben. Letztlich ist es
Obama gelungen, über seinen Internetauftritt eine eigene virtuelle Partei
mit allen Querverstrebungen und einer starken Binnenkommunikation zu
schaffen; davon ist die deutsche Politik noch meilenweit entfernt.[42] Grund
dafür dürften der vergleichsweise strenge deutsche Datenschutz und das
ebenfalls stark geschützte Wahlgeheimnis sein. So beruht das im US-Wahl-
kampf 2012 eingesetzte „**Big Data Mining**" auf der Erfassung beeinfluss-
barer Wähler, was die Kenntnis und Speicherung politischer Einstellungen
von Personen voraussetzt; diese sollen dann durch „Freunde" in sozialen
Medien gezielt angesprochen und zur gewünschten Stimmabgabe bewegt
werden.[43]

Die politischen Parteien haben außerdem die Vorteile der leichten und **740**
schnellen **Verbreitung von Werbebotschaften per eMail** entdeckt, so dass

---

40 Vgl. politik&kommunikation, Ausgabe 19, September 2004, S. 32 ff.
41 Z. B. die von der SPD im Bundestagswahlkampf 2002 unterhaltenen Seiten unter
    „www.nicht-regierungsfaehig.de", die im Sinne der Domainaussage der CDU/CSU und
    ihrem Kanzlerkandidaten gewidmet war.
42 Vgl.   <http://www.schonleben.de/2008/09/internetwahlkampf-obama-vs-mccain/>
    (14.6.2015); zu den dennoch starken Auswirkungen auf deutsche Wahlkämpfe vgl. Röm-
    mele/Einwiller, ZParl 2012, 103, 104 ff., die insbesondere eine Veränderung vom „partei-
    gesteuerten" zum „bürger-gesteuerten" Wahlkampf feststellen.
43 Näher hierzu Richter, DÖV 2013, 961 ff.

auch hier das Spam-Problem aufgetreten ist. Zwar haben die Parteien die grundgesetzliche Pflicht, an der politischen Willensbildung des Volkes mitzuwirken (Art. 21 Abs. 1 Satz 1 GG); auch sollten die Wähler sich im Hinblick auf ihre staatsbürgerliche Verantwortung vor einer Wahl informieren. Dennoch hat die Rechtsprechung für Briefkästen mit der Aufschrift „Bitte keine Werbung" entschieden, dass der **Unterlassungsanspruch des Bürgers** gegen kommerzielle Werbung auch **gegenüber politischer Wahlwerbung** gilt.[44] Dann ist es nur folgerichtig, die Grundsätze für unverlangte kommerzielle eMail-Werbung (s. o., Rn. 697 ff.) auf unverlangte politische eMail-Wahlwerbung anzuwenden.[45]

7.1.2.4 Informations- und Öffentlichkeitsarbeit der Exekutive

741 Ebenfalls von erheblicher Bedeutung für die politische Information und Willensbildung der Bevölkerung ist die Informations- und Öffentlichkeitsarbeit der Regierung im Internet. So umfasste das Internetangebot der Bundesregierung bereits 2004 ca. 15 000 Seiten und wurde monatlich von rund 2 Mio. Nutzern gezielt in Anspruch genommen.[46] Anders als bei den klassischen Medien gilt hier nicht das **Gebot der Staatsferne**, das das Bundesverfassungsgericht aus den Mediengrundrechten abgeleitet und zur Sicherung einer freien Meinungspluralität in vielen Entscheidungen betont hat.[47] Eigene Internetauftritte von Bundes- und Länderregierungen sind daher grundsätzlich zulässig, müssen aber – um nicht in den Anwendungsbereich des Art. 5 GG zu geraten (wie dies z. B. bei Online-Ausgaben von Printmedien der Fall ist) – primär **auf Information statt auf Meinungsbildung gerichtet** sein.[48] Dies gilt namentlich bei interaktiven Kommunikationsformen wie Foren, Chat-Rooms, und Online-Abstimmungen, weil hier sofort die Gefahr einer unzulässigen staatlichen Mitwirkung an gesellschaftlichen Meinungsbildungsprozessen besteht.[49]

742 Zudem steht die aus Steuergeldern finanzierte Informations- und Öffentlichkeitsarbeit der Regierung in einem ständigen Spannungsverhältnis zu der aus Parteimitteln zu finanzierenden Wahlwerbung der Regierungsparteien. Die Regierung als Verfassungsorgan darf die Öffentlichkeit über ihre Arbeit und auch über ihre Leistungen informieren, doch darf dies

---

44 BVerfG NJW 2002, 2938. Allerdings verkennt diese Entscheidung (die die gegenwärtige Parteienverdrossenheit widerspiegelt) m. E. die Bedeutung von Parteien als Institutionen mit Verfassungsrang sowie deren Auftrag. In einer Demokratie muss der Bürger es sich gefallen lassen, wahlrelevante Informationen entgegen zu nehmen; der Aufwand, Wahlprospekte im realen Briefkasten wegzuwerfen bzw. Wahlwerbe-eMails zu löschen, ist ihm daher – anders als im kommerziellen Bereich, in dem ihn keine verfassungsrechtliche Funktion als Wähler trifft – zuzumuten.

45 LG München I, MMR 2003, 282, m. Anm. Winter.

46 Mandelartz/Grotelüschen, NVwZ 2004, 647, 648.

47 Fechner, Medienrecht, Kap. 10 Rn. 42 ff.

48 Vgl. Ladeur, DÖV 2002, 1, 6 f.

49 Vgl. auch Ladeur, DÖV 2002, 1, 8 ff.

nicht – wie im Wahlkampf meist üblich – in marktschreierischer und plakativer Art und Weise erfolgen. Auch muss sich die Regierung im unmittelbaren Vorfeld von Wahlen eine besondere Zurückhaltung auferlegen, um ihrer **Verpflichtung zur parteipolitischen Neutralität** gerecht zu werden und eine die **Freiheit der Wahl gefährdende Wahlbeeinflussung** zu vermeiden. Dies gilt insbesondere dann, wenn die Grenzen zwischen Regierungs- und Parteiprogrammen verschwimmen. Entsprechendes gilt auch für alle anderen staatlichen Organe.[50]

7.1.3 Online-Petitionen

7.1.3.1 Öffentliche ePetition des Deutschen Bundestages

Als besonderes Anregungs- und Artikulationsformat „von unten nach oben" gibt es seit jeher das Petitionsrecht gem. Art. 17 GG. Dieses hat seit einigen Jahren auch den Weg in das Internet gefunden. So bietet der Deutsche Bundestag neben der klassischen – überwiegend auf persönliche Einzelfälle der Petenten bezogenenen – Petition, die an den Bundestag geschickt und dort im Petitionsausschuss behandelt wird, seit 2008 auch das Format einer öffentlichen ePetition an.[51] Hier kann jeder (einzeln oder mit anderen) **Anliegen von allgemeinem Interesse, die sich für eine sachliche öffentliche Diskussion eignen**, einreichen. Dabei müssen zum einen verschiedene formale Anforderungen erfüllt sein (Sachlichkeit, Verständlichkeit, deutsche Sprache, Angabe von Name, Anschrift und eMail-Adresse). Außerdem darf die Petition keine Rechtsverstöße (z. B. gegen die Menschenwürde und Persönlichkeitsrechte anderer, Beleidigungen oder Aufforderungen zu Straftaten), keine Werbung und keine die Würde des Parlaments verletzende Sprache enthalten. Sind diese Anforderungen erfüllt, gibt der Petitionsausschuss des Bundestages die Petition für das Petition-Forum in aller Regel[52] frei.[53] **743**

Daran schließt sich die sechswöchige Phase der öffentlichen Diskussion an (Ziff. 8 RLöP). Jeder, der sich mit seinem Namen, seiner Anschrift und seiner eMail-Adresse registriert (wovon nur der Name oder auf Wunsch ein standardisiertes Pseudonym veröffentlicht werden), kann in dieser **744**

50 Trute, in: v. Münch/Kunig, GG, Art. 38 Rn. 45 f. Umfassend zur Öffentlichkeitsarbeit der Regierung im Internet: Mandelartz/Grotelüschen, NVwZ 2004, 647.
51 Vgl. die „Richtlinie für die Behandlung von öffentlichen Petitionen (öP) gem. Ziff 7.1 (4) der Verfahrensgrundsätze" (RLöP) unter <http://www.bundestag.de/blob/190940/c0cbbd627e20fcc1519b03dc61db04df3/richtlinie_oeffentliche_petitionen-data.pdf> (12.6.2015).
52 Es gibt noch sog. fakultative Ausschlussgründe, etwa wenn sich eine sachgleiche Petition bereits im Verfahren befindet oder sogar in der laufenden Wahlperiode schon entschieden wurde, offensichtlich erfolglos bleibt oder wenn der Petent schon mit anderen öffentlichen Petitionen präsent ist (Ziff. 4 RLöP).
53 Vgl. <https://epetitionen.bundestag.de/epet/petuebersicht/mz.nc.html> (12.6.2015).

Phase eine solche Petition durch **Mitzeichnung** unterstützen oder auch mit **Diskussionsbeiträgen** – die denselben Regeln unterliegen wie die Petitionen selbst – kommentieren (Ziff. 7, 9 RLöP). Bereits in den ersten 14 Monaten des Bestehens der öffentlichen ePetition haben 495.611 Nutzer bei 886 Petitionen insgesamt 1.099.541 Mitzeichnungen vorgenommen;[54] bis Mitte Juni 2015 wurden über 3.300 öffentliche Petitionen behandelt.

745   Im Anschluss an die Diskussionsphase entscheidet der Petitionsausschuss darüber, ob die Petition im ganz normalen parlamentarischen Verfahren behandelt wird, oder ob der Hauptpetent die **Möglichkeit einer Anhörung** im Petitionsausschuss erhält oder eine **öffentliche Ausschussberatung** der Petition erfolgen soll (vgl. Ziff. 11 RLöP). Dies dürfte zum einen von der gesellschaftlichen Relevanz der Petition und zum anderen von ihrer Resonanz in der Diskussionsphase abhängen; nach Angaben in der Literatur soll der Hauptpetent dann zur Anhörung in einer öffentlichen Sitzung eingeladen werden, wenn die Petition in den ersten drei Wochen mindestens 50.000 Mitzeichnungen erhält.[55]

7.1.3.2 Elektronische Form der Europäischen Bürgerinitiative

746   Auf Ebene der EU besteht die Möglichkeit, mit einer Bürgerinitiative gem. Art. 11 Abs. 4 EUV ein Thema auf die **Agenda von Kommission und Parlament** zu setzen. Die Einzelheiten sind in VO 211/2011 EU geregelt. Wenn ein Organisationsausschuss (mit mindestens sieben Personen aus verschiedenen Mitgliedsstaaten) eine Bürgerinitiative mit bestimmten Pflichtangaben und unter Wahrung inhaltlicher Anforderungen eingereicht hat (Art. 3, 4 VO), prüft die Kommission deren formale und inhaltliche Zulässigkeit. Anschließend erfolgt die Registrierung der Bürgerinitiative durch Zuteilung einer Identifikationsnummer und ihre **Veröffentlichung im Online-Register** (Art. 4 Abs. 4 VO); die laufenden Initiativen können dann im Internet eingesehen werden.[56]

747   Daran schließt sich (ähnlich zur öffentlichen ePetition im Bundestag) eine maximal zwölfmonatige Sammlungsphase an (Art. 5 Abs. 5 VO). Diese ist erfolgreich, wenn mindestens **1 Mio. Unterschriften aus mindestens einem Viertel der EU-Staaten** (derzeit sieben) zusammengetragen werden können, wobei in jedem Staat eine Mindestanzahl vorgeschrieben ist.[57] Diese Sammlung ist nicht nur in klassischer Form durch Unterschriftenlisten möglich, sondern auch online, wenn entsprechende Sicherheitsanforderungen namentlich zur Datensicherheit und -überprüfung erfüllt sind (Art. 6 Abs. 4 VO). Im Erfolgsfall können die Organisatoren ihr Anliegen der Kommission und in einer öffentlichen Anhörung dem Europäischen

---

54 Junghans/Jürgens, ZParl 2011, 523, 527.
55 Junghans/Jürgens, ZParl 2011, 523, 527 m. w. N.
56 <http://ec.europa.eu/citizens-initiative/public/initiatives/ongoing> (12.6.2015).
57 Instruktiv und ausführlich dazu Tiedemann, NVwZ 2012, 80 ff.

Parlament vorstellen, bevor die Kommission eine abschließende Bewertung vornimmt. Diese kann in einer Ablehnung des Anliegens bestehen, aber auch im Aufgreifen durch die Erarbeitung einer entsprechenden Rechtssetzungsinitiative.

7.1.3.3 Private Petitionsforen

Neben diesen offiziellen Artikulationskanälen gibt es auch private Petiti-   **748**
onsforen im Netz. Soweit diese seriös agieren, verfügen sie über **Standards, die denen der öffentlichen ePetition des Bundestages ähneln.** In Deutschland sind v. a. „openPetition" (knapp 2,7 Mio. Mitglieder) und „compact!" (knapp 1,7 Mio. Mitglieder) aktiv; auf internationaler Ebene spielen „Avaaz" (gut 41,5 Mio. Mitglieder in 194 Staaten) und „change.org" eine starke Rolle.[58] Während „compact!" über fünf Grundpositionen eine (sozial- und ökologisch-reformerisch geprägte) politische Ausrichtung vorgibt,[59] ist „openPetition" politisch neutral. Hier wird über **Nutzungsbedingungen** sichergestellt, dass die auf der Plattform diskutierten und unterstützten Petitionen politische Anliegen darstellen und rechtliche Grenzen (z. B. demokratische Grundrechte, Urheberrechte und Persönlichkeitsrechte anderer) achten.[60] Zudem hängt die öffentliche Listung der Petitionen von **Qualitätsstandards** bezüglich der Verständlichkeit, der Seriosität und der Sicherung von zugrunde liegenden Fakten ab.[61] Damit entspricht das Anforderungsprofil von „openPetition" in hohem Maße dem der offiziellen Petitionsformen.

Entscheidend für private Petitionsformen ist ihre **Anschlussfähigkeit an**   **749**
den politischen Prozess. Deshalb sehen alle privaten Petitionsforen eine Weitergabe stark unterstützter Petitionen an die Politik vor. Im Einzelnen zeigen sich dabei durchaus erhebliche Unterschiede. So versteht sich „compact!" als politisches Aktionsbündnis, das besonders stark unterstützte Petitionen im Rahmen politischer Kampagnen – oft mit fachlich einschlägigen anderen Aktionsbündnissen wie BUND u. a. – gegenüber den offiziellen Institutionen weiterverfolgt.[62] Bei „openPetition" wird die Petition bei ausreichender Unterstützung an die zuständigen offiziellen Gremien (i. d. R. Volksvertretungen) weitergeleitet und die daraufhin erteilte Stellungnahme veröffentlicht. Das dafür erforderliche **Mindestquorum** wird in Abhängigkeit von der Bevölkerungszahl der betroffenen Re-

---

58 Alle Zahlen sind Eigenangaben, vgl. <https://www.openpetition.de/>, <https://www.campact.de/>, <http://www.avaaz.org/de/> (12.6.2015).
59 Vgl. im Einzelnen <https://www.campact.de/campact/ueber-campact/die-positionen/> (12.6.2015).
60 Vgl. <https://www.openpetition.de/content/terms_of_use> (12.6.2015).
61 Vgl. <https://www.openpetition.de/blog/blog/2014/05/19/qualitaetssicherung-fuer-petitionen/> (12.6.2015).
62 Vgl. <https://www.campact.de/campact/ueber-campact/campact-im-ueberblick/> (12.6.2015).

gion (Gemeinde, Land, Bund) errechnet (z. B. 6.600 Unterschriften bei
1 Mio. potenziell Betroffener).[63]

7.1.3.4 Typischer Verfahrensablauf

750 Ausgehend von der ePetition beim Deutschen Bundestag lassen sich für
alle vorstehend genannten ePetitionsformen im Wesentlichen ähnliche Ab-
laufmuster feststellen:

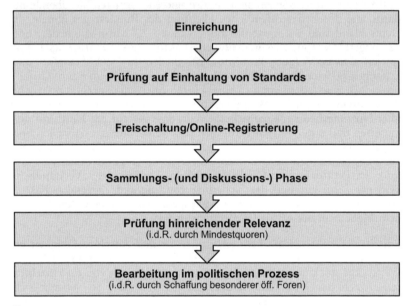

Übersicht 57: Verfahren bei ePetitionsformen

7.1.4 Parteien im virtuellen Raum

7.1.4.1 Erscheinungsformen

751 Die politischen Parteien haben das Internet längst auch als Medium für
die **innerparteiliche Willensbildung** entdeckt. Dies zeigt sich etwa bei im
Netz abgehaltenen **Parteitagen**, dort angebotenen **Diskussionsforen** zu
verschiedenen politischen Themen und – als stärkste Form – bei **virtuellen
Parteiorganisationen**. So bieten die CDU und die Grünen jeweils ihren
Mitgliedern und Unterstützern ein internes (login-geschütztes) Forum an
(„cduplus.de" bzw. „wurzelwerk.gruene.de"). Andere Parteien sind wei-

---

63 Vgl. <https://www.openpetition.de/blog/blog/2014/08/08/openpetition-bringt-petitionen-
ins-parlament/> (12.6.2015).

tergegangen und hatten oder haben förmlich organisierte Internetverbände.

So hatte die SPD bereits seit 1995 einen „Virtuellen Ortsverein – Arbeits   **752**
kreis Sozialdemokratinnen und Sozialdemokraten im Internet (VOV)"
(www.vov.de), der als nichteingetragener Verein unter Billigung des SPD-
Bundesvorstandes eingerichtet war; trotz seiner Bezeichnung handelte es
sich dabei ausdrücklich nicht um einen Ortsverein im Sinne des SPD-
Statuts. Mit einer eigenen Gremienstruktur bis hin zum Vorstand und
eigener Mitgliedschaft war er eigenständig organisiert und stand sowohl
SPD-Mitgliedern wie politisch Nahestehenden offen. Heute wird die Internetadresse des VOV auf die Homepage der Bundes-SPD weitergeleitet,
auf der sich kein Hinweis mehr auf den VOV findet. Ähnlich hat die
LINKE ihren als PDS im Jahr 2000 gegründeten „17. Landesverband"
im Internet (www.pds-lv17.de) wieder aufgegeben.[64] Von den größeren
deutschen Parteien unterhält demnach nur noch die FDP ihren seit 2000
bestehenden „Internet-Landesverband der FDP" (www.lvnet.fdp.de), dessen Mitgliedschaft nicht an das FDP-Parteibuch gebunden ist; allerdings
dürfen die Mitglieder nicht mit der FDP konkurrierenden Parteien angehören.[65] Da das Parteiengesetz bis heute keine virtuellen Parteiorganisationen anerkennt (s. u., Rn. 754), handelt es sich beim Internet-Landesverband um keinen parteienrechtlichen Verband, sondern um eine politische
Vorfeldorganisation, deren Mitgliedschaft über „www.meine-freiheit.de"
organisiert ist.

Am weitesten ging die erste rein digitale Partei, die **Virtuellen VolksVertre**   **753**
ter Deutschlands (VVVD – www.vvvd.de).[66] Dabei handelte es sich um
eine rein virtuelle Gemeinschaft, die den **direktdemokratischen Gedanken**
einer „Politik in Echtzeit" (Ziff. 1.3 des Statuts) umsetzen möchte. Dabei
sollte die von den klassischen Parteien organisierte Meinungsbündelung
aufgebrochen und der unmittelbare Wählerwille ermittelt werden. So
könnte sich ja in den Regierungsparteien mehrheitlich ein bestimmter
Standpunkt durchsetzen, den die Opposition geschlossen ablehnt. Dann
würde im Parlament für eine Entscheidung gestimmt werden, die eigentlich die Mehrheit der Mandatsträger (Minderheit in der Regierungspartei
und Opposition) ablehnt.[67] Die VVVD setzten sich daher für eine **Bin**
dung von Mandatsträgern an Online-Abstimmungsergebnisse zu bestimmten Sachfragen ein, was sowohl für Redebeiträge als auch für Abstimmungen gilt. Bei Letzteren sollten die Mandatsträger entsprechend

---

64 Vgl. <de.wikipedia.org/wiki/Virtuelle_Parteigliederung> (17.7.2015); zum LV17 der PDS
    vgl. Kraft, MMR 2002, 733, 734.
65 Vgl. <http://www.lvnet.fdp.de/freierubrik1.php> (12.6.2015).
66 Siehe <http://vvvd.de/statut/vvvd-statut.pdf> (12.6.2015).
67 Die VVVD nennen dies das „Ostrogorski-Paradoxon", vgl. Ziff. 1.6 des Statuts.

proportional zum User-Meinungsbild abstimmen.[68] Da der letzte Termin-eintrag auf der (noch bestehenden) Webseite vom September 2002 datiert, hat diese Partei ihre Tätigkeit offenbar schon länger eingestellt.

753a Dieses Anliegen eines onlinevermittelten stärkeren Einflusses von Partei-mitgliedern auf „ihre" Mandatsträger prägt auch das **Konzept der „liquid democracy"**, wie es von der Piratenpartei praktiziert wird. Danach kön-nen inhaltliche Positionierungen der Partei über Partizipationsplattformen im Internet mithilfe der Software „LiquidFeedback" vorgenommen wer-den. Um einen Vorschlag dort auf die Agenda zu bringen, muss man ein Unterstützerquorum von 10 % der an dem betroffenen Politikfeld Interes-sierten gewinnen. Gelingt dies, schließt sich eine Diskussionsphase mit der Möglichkeit von Veränderungen und Weiterentwicklungen des ur-sprünglichen Vorschlags an, bevor in einer dritten Phase nur noch Alter-nativvorschläge (mit eigener Überwindung des Einstiegsquorums) mög-lich sind und schließlich die Abstimmung erfolgt. Wegen des Territorial-prinzips des deutschen Parteienrechts haben jedoch auch diese Entschei-dungen rechtlich nur empfehlenden Charakter für die „analogen" Parteiorgane.[69] Eine nähere Betrachtung für zwei Landesverbände im Jahr 2012 belegt jedoch, dass auch bei der Piratenpartei mehr Mitglieder an den mitgliederoffenen Parteitagen analoger Prägung teilnehmen, als an den onlinevermittelten Partizipationsforen.[70]

7.1.4.2 Rechtliche Probleme

754 Das Grundgesetz gibt den Parteien in Art. 21 Abs. 1 Satz 3 GG eine **de-mokratische Binnenstruktur** vor. Im Parteiengesetz (§§ 6 ff.) ist dies näher konkretisiert. Im Mittelpunkt steht dabei die Vorgabe einer **Gliederung in geografische Gebietsverbände**, die je nach Größe des Mitgliederbestandes weiter untergliedert sein müssen, damit jedes Mitglied eine **reale Mitwir-kungschance** hat (§ 7 Abs. 1 PartG). Diesen (regionalen) Anforderungen genügen virtuelle Parteigliederungen nicht, weshalb sie keine förmlichen Einheiten im Aufbau von Parteien darstellen können (z. B. wie „richtige" Landes- oder Ortsverbände). Deshalb behilft sich die FDP organisatori-scher „Notkonstruktionen", die keine formalen Teilhaberechte an der Willensbildung ihrer Partei haben. Zugleich dürfte darin der Grund lie-gen, dass andere Parteien das Projekt von Online-Verbänden nicht mehr weiter verfolgt haben.

755 Hinzu kommt, dass die **Mitwirkungsrechte der Parteimitglieder durch vir-tuelle Organisationen nicht dupliziert** werden dürfen. Da bislang jedes Parteimitglied zwingend einem geografisch abgegrenzten Parteiverband

---

68 Vgl. Ziff. 3.2.1, 3.3.1 (4.), 3.3.3 („Aufteilung des Abstimmungsverhaltens") des Statuts.
69 Bullwinkel/Probst, ZParl 2014, 382 (392) mit ausführlicher Schilderung der theoretischen Grundlagen (385 ff.) und des Ablaufs (389 f.); vgl. auch Buck, ZParl 2012, 626.
70 Bullwinkel/Probst, ZParl 2014, 382 (391 ff.).

zugeordnet sein muss, woraus sich auch die Partizipationsmöglichkeiten (z. B. Antragsrechte) ergeben, kann es nicht zugleich mit denselben Rechten einer ebenfalls der Partei zugehörigen anderen Einheit angehören. Der FDP-LVNet trägt diesem Gesichtspunkt in Ansätzen Rechnung, indem er seinen **Ergänzungscharakter im Verhältnis zur Gesamtpartei** betont. So sieht sich der FDP-LVNet vorrangig als eine Plattform für solche FDP-Mitglieder, die nicht in geografischen Untergliederungen aktiv sind. Dies gilt sowohl für Mitglieder mit Wohnsitz im Ausland als auch für solche, die aus anderen Gründen in ihrem Ortsverband eine passive Rolle spielen oder dort bestimmte Themenbereiche nicht behandelt sehen.[71]

Auch die VVVD mussten sich zumindest formal in Gebietsverbände untergliedern; hinzu kommt, dass ihre starke Bindung von Mandatsträgern an Online-Beschlüsse mit dem **Grundsatz des freien Mandats** gem. Art. 38 Abs. 1 Satz 2 GG (wonach jeder Mandatsträger nur seinem Gewissen verantwortlich ist) nicht vereinbar ist. Dahinter steht der Konflikt zwischen dem Grundprinzip der (von den VVVD praktizierten) direkten Demokratie, wonach die wesentlichen Entscheidungen von den Bürgern selbst getroffen werden, und dem **repräsentativ-demokratischen System des Grundgesetzes**, wonach die Entscheidungen bei gewählten freien Vertretern der Bürger liegen. Die VVVD wurden daher auch nicht – trotz regionaler Untergliederung – zur Bundestagswahl 2002 zugelassen.[72] **756**

Angesichts des erheblichen politischen Potenzials des Netzes ist erstaunlich, dass sich die **„Online-Mitgliedschaft" außerhalb der regionalen Gliederungsstrukturen** bis heute nicht durchsetzen konnte, obwohl dies durch einen Ausschluss einer parallelen Mitgliedschaft in einer regionalen Gliederung rechtlich möglich wäre. Eine entsprechende **Änderung des Parteiengesetzes** könnte jedenfalls nicht an der grundgesetzlichen Vorgabe einer demokratischen Binnenstruktur scheitern, da die realen Partizipationsmöglichkeiten im virtuellen Raum je nach konkreter Ausgestaltung nicht hinter denen in regionalen Verbänden zurückbleiben müssen, sondern sogar deutlich stärker sein können. Und allein auf diese **tatsächlichen Mitwirkungschancen** muss es ankommen.[73] **757**

Beispielfall 20: Digitale Demo **758**

Sachverhalt: Die deutsche Soziologie-Studentin Sabine (S) ist über die vielen Abschiebungen von abgelehnten Asylbewerbern empört. Insbesondere ärgert sie sich darüber, dass die Fluggesellschaft „Flieg mit uns" (F) bei den Abschiebungen mitwirkt, indem sie auf Anweisung der deutschen Behörden die Asylbewerber gegen deren Willen in ihre

---

71 Vgl. <http://lvnet.fdp.de/> (17.7.2015).
72 Kraft, MMR 2002, 733, 735.
73 Vgl. Kraft, MMR 2002, 733, 735.

Heimatländer zurücktransportiert. Daher ruft sie zu einer „Internet-Demonstration" gegen F auf. Diese soll am 10. Oktober stattfinden. Dabei soll durch wiederholtes Aufrufen der F-Homepage von zahlreichen Computern aus innerhalb einer festgelegten Zeitspanne eine Blockade des Servers erreicht werden, so dass Kunden die Homepage nicht mehr besuchen können und damit wirtschaftliche Einbußen für F verbunden sind. Hierfür stellen S und ihre Freunde eine spezielle Protest-Software den Online-Demonstranten zur Verfügung, welche die wiederholten Aufrufe automatisch von deren PCs aus durchführt. Obwohl F bereits im Vorfeld Kenntnis von der Aktion hat und weitere Leitungskapazitäten zur Datenübertragung zukauft, erzielt die Aktion erheblichen Erfolg. Es erfolgen ca. 1.262.000 Zugriffe von 13.614 IP-Adressen auf den Internetauftritt von F. Durch den verstärkten Zugriff auf die Homepage zum fraglichen Zeitpunkt kam es für zwei Stunden zu erheblichen Verzögerungen beim Aufbau der Website oder sogar zum Totalausfall. F erlitt hierdurch neben dem Imageschaden auch einen materiellen Verlust. Kann sich S auf Grundrechte berufen und hat sie sich strafbar gemacht?

759 **Lösungsvorschlag:**
a) S könnte sich auf die Versammlungsfreiheit gem. Art. 8 Abs. 1 GG berufen. Zu prüfen ist zunächst, ob der Schutzbereich dieses Grundrechts eröffnet ist. Da S ausweislich des Sachverhalts deutsche Staatsangehörige ist, fällt sie in den personellen Schutzbereich. Der sachliche Schutzbereich würde voraussetzen, dass der Versammlungsbegriff erfüllt wäre. Darunter versteht man Zusammenkünfte mehrerer Personen an einem gemeinsamen Ort, um in gemeinschaftlicher Erörterung und Kundgebung auf die öffentliche Meinungsbildung einzuwirken. Hier ist fraglich, ob der Begriff des „gemeinsamen Ortes" erfüllt ist. Denn dies wäre nicht der Fall, wenn der Begriff allein geografisch zu verstehen wäre. Im Hinblick auf das Internet könnte aber dieser Begriff um eine virtuelle Dimension zu erweitern sein. Dafür spricht, dass jedes Gesetz im Wirkzusammenhang seiner Zeit steht.[74] Dagegen spricht jedoch, dass der Wortsinn des Versammlungsbegriffs eine innere und äußere Verbundenheit der sich versammelnden Personen zum Ausdruck bringt. Die äußere Verbundenheit setzt eine örtlich erkennbare Gemeinschaft voraus, während die innere Verbundenheit ein gemeinschaftliches Handeln erfordert.[75] Hier fehlt beides: Im virtuellen Raum ist keine örtliche Erkennbarkeit möglich. Außerdem handeln die Teilnehmer der digitalen Demo nicht miteinander, sondern nebeneinander, weil jeder Teilnehmer allein und unabhängig von den ande-

---

74 Vgl. Kraft/Meister, MMR 2003, 366, 368.
75 Vgl. Haug, Öffentliches Recht für den Bachelor, Rn. 542 ff.

ren die F-Seite aufruft. Folglich liegt keine Versammlung i. S. v. Art. 8 GG vor.

Allerdings könnte das Verhalten von S durch die Meinungsfreiheit gem. Art. 5 Abs. 1 GG gedeckt sein. Der Begriff der Meinung erfasst jede wertende Äußerung, die zu einer geistigen Auseinandersetzung beiträgt. Die Kritik von S an der Mitwirkung von F an Abschiebungen und der Aufruf zu einer digitalen Demo stellen solche Äußerungen dar. Zwar ist der Blockade-Aufruf mit wirtschaftlichem Druck verbunden, was in extremen Formen aus dem Schutzbereich herausfällt;[76] aber in diesem Fall sind die Nachteile von F noch überschaubar. Angesichts der konstitutiven Bedeutung der Meinungsfreiheit für die demokratische Grundordnung fällt ein Blockadeaufruf, der mit nicht allzu gravierenden wirtschaftlichen Nachteilen verbunden ist, noch nicht aus dem Schutzbereich heraus.[77] Folglich kann sich S auf das Grundrecht der Meinungsfreiheit berufen. Ein Eingriff – der in einer Strafverurteilung bestehen könnte – wäre allerdings gerechtfertigt, wenn S gegen ein allgemeines Gesetz wie z. B. das StGB verstoßen hätte (Art. 5 Abs. 2 GG).

b) S könnte sich wegen Nötigung gem. § 240 StGB strafbar gemacht haben, wenn sie jemanden rechtswidrig mit Gewalt zu einer Handlung, Duldung oder einem Unterlassen gezwungen hat. Da wegen der zeitweiligen Blockade die Kunden von F auf die Seite von F nicht mehr zugreifen konnten, liegt eine erzwungene Unterlassungshandlung von anderen – nämlich diesen Kunden – vor. Fraglich ist aber, ob hier der Gewaltbegriff erfüllt ist. Während dafür das Reichsgericht die Anwendung körperlicher Kraft verlangt hat,[78] genügte dem BGH zwischenzeitlich auch die Entfaltung psychischen Zwangs.[79] Das BVerfG sah darin jedoch einen Verstoß gegen das Analogieverbot des Art. 103 Abs. 2 GG und hat das Erfordernis einer körperlichen Kraftentfaltung für die Erfüllung des Gewaltbegriffs wieder hergestellt.[80] Hier wird zwar in minimalem Umfang – durch das Bedienen von Maus und Tastatur – körperliche Kraft entfaltet, die allerdings durch technische Mittel erheblich verstärkt wird. Sie richtet sich jedoch nicht gegen den Körper der Opfer (Kunden von F), sondern bewirkt nur einen Sachentzug durch die Verunmöglichung des Zugangs zur F-Webseite. Damit scheidet eine (unmittelbare) körperliche Zwangswirkung auf die Kun-

---

76 BVerfGE 25, 256 – Blinkfüer.
77 Kraft/Meister, MMR 2003, 366, 369; BVerfGE 7, 198 – Lüth.
78 RGSt 73, 343, 344.
79 BGHSt 1, 145, 147; BGH NStZ 1982, 189.
80 BVerfG, Beschl. v. 10.1.1995 – Az. 1 BvR 718, 719, 722, 723/89 = BVerfGE 92, 1, 15 ff.

den von F aus.[81] Eine Nötigung könnte aber auch dann vorliegen, wenn S die F mit einem empfindlichen Übel bedroht hätte. Dies würde jedoch voraussetzen, dass S die Verwirklichung des Übels von einem bestimmten Verhalten des Bedrohten abhängig machen würde. Hier gab es aber gar keine Kommunikation zwischen S und F, wonach S die Durchführung der Internetblockade F gegenüber davon abhängig gemacht hätte, die Mitwirkung an den Abschiebungen einzustellen. Folglich liegt keine Nötigung vor.

In Betracht käme aber eine Strafbarkeit wegen Datenveränderung gem. § 303a Abs. 1 StGB. Dies würde voraussetzen, dass S Daten gelöscht, unterdrückt, unbrauchbar gemacht oder verändert hat. Eine Löschung, Unbrauchbarmachung oder Veränderung der Daten liegt aber nicht vor, da die Homepage nach der Attacke wieder uneingeschränkt erreichbar und nutzbar ist. Für eine Datenunterdrückung wäre erforderlich, dass die Daten dem Zugriff des Berechtigten auf Dauer oder für einen nicht unerheblichen Zeitraum entzogen werden, so dass er diese nicht mehr verwenden kann.[82] Da der Server laut Sachverhalt nur für zwei Stunden zu Einschränkungen und Ausfällen kam, ist dies vorliegend nicht erfüllt.

Schließlich könnte an eine Computersabotage gem. § 303b Abs. 1 Nr. 2 StGB zu denken sein. Dafür müsste S eine Datenverarbeitung, die für einen fremden Betrieb von wesentlicher Bedeutung ist, dadurch stören, dass eine Dateneingabe mit einer Nachteilszufügungsabsicht erfolgt. Da für eine Fluggesellschaft das Buchungsportal der Homepage von wesentlicher Bedeutung ist und die Server-Attacke durch Dateneingaben mit der Absicht, F zu schaden, erfolgt ist, sind diese Voraussetzungen erfüllt. Allerdings setzt die Wesentlichkeit auch voraus, dass die Störung nicht nur bagatellhaft oder vorübergehend ist.[83] Hier liegt laut Sachverhalt nur eine zweistündige Einschränkung der Nutzbarkeit der Homepage von F vor, was noch als vorübergehend anzusehen ist. Im vorliegenden Fall kommt hinzu, dass sich die Handlungen von S im Schutzbereich eines überaus bedeutsamen Grundrechts bewegen (Art. 5 Abs. 1 GG, s. o.). Folglich ist hier noch keine hinreichende Störungsschwelle für eine Computersabotage erreicht. S bleibt somit straflos.

---

81 OLG Frankfurt a. M., Beschl. v. 22.5.2006 – Az. 1 Ss 319/05 = JuS 2006, 943 m. Anm. Jahn.
82 Fischer, StGB, § 303a Rn. 10.
83 Fischer, StGB, § 303b Rn. 10.

7.1.5 Summary „eDemocracy"

1. Wahlen im Internet sind vor dem Hintergrund der verfassungsrechtlichen Wahlgrundsätze der geheimen, allgemeinen, gleichen und öffentlichen Wahl problematisch. Dies gilt insbesondere für die sichere Übermittlung von Stimmabgaben, den Ausschluss von Mehrfach-Stimmabgaben und die hinreichende öffentliche Kontrolle bei der Feststellung des Wahlergebnisses.
2. Internet-Wahlen werden daher bisher nur in wenigen Modellversuchen bei Gremien mit relativ geringer politischer und rechtlicher Bedeutung erprobt. Auch der Einsatz von Wahlgeräten ist – als Vorstufe – wegen bisher fehlender Nachvollziehbarkeit und Dokumentation des Wahlergebnisses am Grundsatz der öffentlichen Wahl beim BVerfG gescheitert. Allerdings lassen sich im Vereinsrecht relativ weitreichende Spielräume für interne Internetwahlen finden.
3. Das Internet hat folgenreiche Auswirkungen auf die politischen Kommunikationsprozesse und damit auch auf Meinungsbildungsund Entscheidungsprozesse. Dabei nimmt das direktdemokratische Element zu, wobei die fehlende Repräsentativität der Internet-Gemeinde für die Gesamtbevölkerung zu beachten ist. Bei virtuellen Demos oder Sit-ins (etwa durch DoS-Attacken) muss die strafrechtliche Grenze gewahrt werden.
4. Wahlkämpfe finden zunehmend auch im Internet statt, sowohl zur innerparteilichen Kampagnensteuerung als auch zur öffentlichen Präsentation. Bei der Verbreitung von Wahlwerbung per eMail sind die für das kommerzielle Spamming aufgestellten Grundsätze zu beachten. Für die Öffentlichkeitsarbeit der Exekutive via Internet gilt das rundfunkrechtliche Staatsferne-Gebot nicht, soweit sie auf Information statt auf Meinungsbildung gerichtet ist. Unabhängig davon gilt der Grundsatz der parteipolitischen Neutralität auch hier.
5. Besondere Bedeutung hat das Internet beim politischen „AgendaSetting" insbesondere durch offizielle und private Petitionsformate. Bei Wahrung gewisser Seriositäts- und Rechtsstandards kann dadurch ein Anliegen in ein öffentliches Forum getragen werden. Der Bundestag bietet dafür die öffentliche ePetition an; auf Ebene der EU gibt es mit der elektronischen Form der Bürgerinitiative ein ähnliches Format.
6. Die politischen Parteien organisieren ihre innere Willensbildung zunehmend auch über das Internet. Wegen des geltenden Regionalisierungsprinzips im Parteiengesetz gibt es aber kaum eigenständige Online-Organisationsformen.

7.2 eAdministration

7.2.1 Grundfragen

7.2.1.1 Ziele

761 Mit den umfangreichen eAdministration-Angeboten bei Bund, Länder und Gemeinden wird vorrangig das Ziel einer **Stärkung der Serviceleistung und Bürgernähe der Verwaltung** verfolgt. Dies soll zum einen durch den direkten Zugang zu Verwaltungsdienstleistungen via Internet (statt aufwändigen Behördengängen) und zum anderen durch eine Bündelung verschiedener Verwaltungsvorgänge, die auf denselben Lebenssachverhalt zurückgehen, erfolgen. So wäre beispielsweise denkbar, dass alle mit einem Wohnsitzwechsel verbundenen behördlichen Folgen (Ummeldung bei der Meldebehörde, bei der Kfz-Zulassung, beim Finanzamt etc.) durch ein einziges Internetformular abgearbeitet werden können. Statt zahlreicher Behördengänge mit jeweiliger eventueller Wartezeit wäre alles mit einem Mausklick erledigt. Damit könnten zugleich die **Effizenz der Verwaltung** erhöht und ihre Kosten gesenkt werden.[84] Um für alle IT-gestützten Verwaltungsangebote einen umfassenden Rechtsrahmen zu bieten, haben Österreich (2004)[85] und Deutschland (2013) sowie verschiedene Bundesländer (z. B. Schleswig-Holstein 2009)[86] ein „E-Government-Gesetz" (EGovG) erlassen.

7.2.1.2 Verwaltungsdienstleistungen

762 Im Mittelpunkt der eAdministration-Bemühungen stehen die „virtuellen Rathäuser", da die Kommunen die größte Schnittstelle zum Bürger haben. So gut wie jede Gemeinde hat heute ihren Internet-Auftritt und bietet neben **Informationen** über Kommunalpolitik, Gemeindegeschichte, Vereinsleben, Zuständigkeitsverteilung und Ansprechpartner im Rathaus u. a. auch mehr oder weniger ausgeprägt **Verwaltungsdienstleistungen** an.[87]

- Die einfachste Stufe stellen **online abrufbare Formulare** dar, die der Bürger dann nicht erst anfordern oder gar abholen muss, sondern bequem zuhause ausdrucken kann („**Offline-Formulare**"). Dies ist inzwischen schon relativ weit verbreitet. Allerdings muss der Bürger diese Unterlagen noch manuell ausfüllen und körperlich dem Rathaus zuleiten.

- Bei Dienstleistungen der zweiten Stufe können die **Formulare online ausgefüllt und elektronisch zurückgeschickt** werden („**Online-Formu-**

---

84 Vgl. Eifert, ZG 2001, 115, 119.
85 Bundesgesetz über Regelungen zur Erleichterung des elektronischen Verkehrs mit öffentlichen Stellen (E-Government-Gesetz – E-GovG), BGBl. I Nr. 10/2004 i. d. F. BGBl. I 7/2008.
86 Gesetz zur elektronischen Verwaltung für Schleswig-Holstein (E-Government-Gesetz – EGovG) vom 8. Juli 2009, GVOBl. 2009, S. 398.
87 Vgl. Boehme-Neßler, NVwZ 2001, 374, 375 f.

lare"). So bietet beispielsweise der Neckar-Odenwald-Kreis seit März 2004 die vollständige Online-Zulassung von Fahrzeugen an.[88]
- Die höchste Stufe stellen diejenigen Online-Formulare dar, die über Zuständigkeitsgrenzen hinweg die o. g. **Bündelungsfunktion bei verschiedenen Verwaltungsvorgängen** mit identischem Anlass erfüllen.

Das **EGovG auf Bundesebene von 2013** enthält eine Reihe konkretisierender Verpflichtungen.[89] Diese gelten zum einen für die Bundesbehörden und zum anderen für die Landes- und Kommunalbehörden, wenn sie (was sehr oft der Fall ist) Bundesrecht ausführen (§ 1 EGovG). **763**
- § 2 Abs. 1 EGovG verpflichtet alle Behörden zur **Eröffnung eines elektronischen Zugangs.** Die Bundesbehörden müssen außerdem ein De-Mail-Konto haben und einen elektronischen Identitätsnachweis anbieten (§ 2 Abs. 2, 3 EGovG).
- Nach § 3 Abs. 1 EGovG müssen alle Behörden im Internet allgemein verständliche **Informationen über ihre Aufgaben, ihre Anschrift, ihre Geschäftszeiten** sowie **Angaben zu ihrer postalischen, telefonischen und elektronischen Erreichbarkeit** veröffentlichen. Ebenfalls im Internet sollen Formulare und Informationen über beizubringende Unterlagen und zu entrichtende Gebühren zur Verfügung gestellt werden (§ 3 Abs. 2 EGovG). Für Kommunalbehörden gilt dies jedoch nur bei entsprechender landesrechtlicher Anordnung (§ 3 Abs. 3 EGovG).
- In einer Sollbestimmung werden die Bundesbehörden außerdem ab 2020 zur elektronischen Aktenführung verpflichtet (§ 6 EGovG). Parallele Papierdokumente oder -akten sollen dann nicht mehr angelegt bzw. vernichtet werden (§ 7 EGovG). Das Recht auf Akteneinsicht (§ 29 VwVfG) kann dann beispielsweise durch Überlassung eines Ausdrucks oder eMail-Zusendung der Dokumente erfüllt werden (§ 8 EGovG).
- § 13 EGovG erleichtert den **elektronischen Formularverkehr.** So entfällt bei gesetzlich vorgegebenen Formularen mit einem Unterschriftenfeld eben dieses, wenn das Formular zum elektronischen Versand an die Behörde angeboten wird.

Darüber hinaus enthält das EGovG noch einige **Vorgaben für das elektronische Verwaltungsverfahren:** **764**
- So müssen die anfallenden **Gebühren** auf einem im elektronischen Geschäftsverkehr üblichen Weg (z. B. Überweisung, Lastschrift oder Kreditkarte) bezahlt werden können (§ 4 EGovG).

---

88 Stuttgarter Zeitung, 20.9.2004, S. 6.
89 Vgl. Ramsauer/Frische, NVwZ 2013, 1507 ff.; Roßnagel, NJW 2013, 2710; Müller-Terpitz/Rauchhaus, MMR 2013, 10 (noch zum Gesetzentwurf); Habammer/Denkhaus, MMR 2013, 358; kritisch wegen nicht erfolgter Notifizierung des EGoVG und seiner Verbindung mit dem De-Mail-G bei der EU-Kommission Heckmann, MMR 2013, 561 ff.

• Soweit **Nachweise** vorzulegen sind, muss dies auf elektronischem Weg ermöglicht werden (§ 5 Abs. 1 EGovG). Dies kann als gescanntes Dokument erfolgen, aber auch – wenn das Dokument von einer deutschen Behörde stammt – durch direkte elektronische Einholung bei dieser Behörde; letzteres setzt natürlich die Einwilligung des Betroffenen voraus (§ 5 Abs. 2, 3 EGovG). Ausdrücklich unberührt bleibt allerdings das Recht der Behörde, nach pflichtgemäßem Ermessen bei bestimmten Verfahren oder im Einzelfall die Vorlage des Originaldokuments zu verlangen.

765 Aber auch in der **elektronischen Verwaltungspraxis** gibt es vielfältige Aktivitäten zur Schaffung und Verstärkung von Online-Verwaltungsdienstleistungen. Jedes Bundesland unterhält einen zentralen Internetauftritt mit zahlreichen Informationsangeboten und teilweise konkreten Nutzungsangeboten wie z. B. das bayerische Portal für Landesverwaltungsleistungen „www.verwaltungsservice.bayern.de". Der Bund hat verschiedenen Programmen („BundOnline 2005", „E-Government 2.0") die Grundlage dafür gelegt, alle onlinefähigen Dienstleistungen von Bundesbehörden im Internet anzubieten. Zugleich organisiert der Bund unter „www.verwaltung-der-zukunft.de" verschiedene Wettbewerbsinstrumente zur Stimulierung von eAdministration-Angeboten. Zudem arbeiten Bund, Länder und Gemeinden unter der Bezeichnung „Deutschland Online" zusammen, um den Anteil einheitlicher elektronischer Verwaltungsdienstleistungen gemeinsam zu erhöhen.[90]

766 Die Dienstleistungsrichtlinie der EU (RL 2006/123/EG) gibt in Art. 8 Abs. 1 den Mitgliedstaaten vor, Dienstleistungserbringern die Abwicklung aller zu ihrer Tätigkeit gehörenden behördlichen Verfahren medienbruchfrei elektronisch zu ermöglichen. Damit soll den Dienstleistern der Umgang mit den Behörden erleichtert und insbesondere ein eigenes Durchdringen der Abläufe und Zuständigkeiten im Behördenapparat erspart werden[91]. Hierfür besteht im Verwaltungsrecht die Figur eines „**Einheitlichen Ansprechpartners (EA)**". Dessen Funktion besteht darin, die ggf. verstreuten behördlichen Zuständigkeiten für den Dienstleister zu bündeln und zu koordinieren und diesen umfassend zu informieren. Es obliegt den Landesgesetzgebern, für ihr jeweiliges Verwaltungsverfahrensrecht diese Einheitlichen Ansprechpartner zu definieren. Die Inanspruchnahme des EA ist nicht verbindlich; jeder Dienstleister darf sich auch weiterhin direkt an die zuständigen Behörden wenden.[92]

---

90 Schliesky, DÖV 2004, 809.
91 Vgl. Knopp, MMR 2008, 518, 520 f.
92 Vgl. Bund-Länder-Ausschuss Dienstleistungswirtschaft: Anforderungsprofil für „Einheitliche Ansprechpartner", Stand 1. Okt. 2007, Einführung und Abschnitt I, unter <http://www.einheitlicher-ansprechpartner.info/fr-auswahl1.htm> (14.6.2015).

Parallel zu den Aktivitäten zur Ausweitung der eAdministration-Angebote **767** hat auch der Gesichtspunkt der **Barrierefreiheit** solcher Angebote an Bedeutung gewonnen. Danach müssen insbesondere solche Internetangebote, die von Behörden gegenüber Bürgern („a2c") zur Erleichterung oder anstelle von Behördengängen sowie zur Ermöglichung von Kommunikation gemacht werden, auch Behinderten gleichermaßen offen stehen. Dieser aus Art. 3 Abs. 3 Satz 2 GG abgeleitete Grundsatz ist in § 7 des Behindertengleichstellungsgesetzes (BGG), in § 16 EGovG i. V. m. § 4 BGG sowie in entsprechenden Parallelnormen der Länder[93] konkretisiert. Nach § 4 BGG verlangt der Begriff der Barrierefreiheit, dass die Angebote für Behinderte „ohne besondere Erschwernis und grundsätzlich ohne fremde Hilfe zugänglich und nutzbar" sind. Die Anforderungen dazu sind im Einzelnen in der Anlage zur ,Barrierefreie Informationstechnik-Verordnung' (BITV) aufgelistet; so muss beispielsweise für audio-visuelle Inhalte ein Äquivalent bereitgestellt werden, das die gleiche Funktion erfüllt (z. B. eine optional zuschaltbare Untertitelung eines Videostreams).[94]

7.2.1.3 Probleme

Auch wenn damit auf relativ breiter Front eAdministration-Angebote be- **768** stehen und genutzt werden, ist eine Reihe von Problemen noch ungelöst. So steht beispielsweise der **datenschutzrechtliche Grundsatz der informationellen Gewaltenteilung** (s. o., Rn. 145) der angestrebten Bündelungswirkung entgegen, wenn hierfür verschiedene Behörden – insbesondere bei unterschiedlichen Verwaltungsträgern – zusammenwirken müssen. Da die eAdministration-Angebote im Internet als Telemedien zu qualifizieren sind, unterliegen sie den Datenschutzbestimmungen der §§ 11–15 TMG.[95] Besonders offenkundig wird dieses Problem beim „Einheitlichen Ansprechpartner" der Dienstleistungsrichtlinie.[96]

Aber auch das tradierte **Mehrebenensystem der Verwaltung** mit seinen **769** horizontalen Abschottungen steht der notwendigen Vernetzung verschiedener administrativer Ebenen entgegen. Da der hierfür nötige Koordinierungsbedarf faktisch kaum leistbar ist, stellt ein durchgreifendes System der eAdministration den dezentralen Aufbau der deutschen Verwaltung und damit auch das Kompetenzgefüge im Grundgesetz letztlich infrage.[97] Der verfassungsändernde Gesetzgeber hat darauf reagiert und mit Art. 91c GG eine Ermächtigung zum Zusammenwirken von Bund und

---

93 Siehe <https://www.einfach-fuer-alle.de/artikel/bitv/lgg/> (14.6.2015).
94 Umfassend dazu Roggenkamp, NVwZ 2006, 1239.
95 Weiterführend Boehme-Neßler, NVwZ 2001, 374, 376 f.
96 Knopp, MMR 2008, 518, 522.
97 Ausführlich hierzu Schliesky, NVwZ 2004, 809, 810 ff., der auch die verfassungsrechtlichen Dimensionen der Zuständigkeitsordnung beleuchtet; vgl. auch Eifert, ZG 2001, 115, 120 ff.; siehe dazu auch Knopp, MMR 2008, 518, 522.

Ländern bei der Planung, Errichtung und dem Betrieb informationstechnischer Systeme geschaffen.

7.2.2 Elektronische Kommunikation im Verwaltungsverfahren

7.2.2.1 Bedeutung und Vorgeschichte

770 Die meisten eAdministration-Verfahren unterliegen dem Verwaltungsverfahrensrecht, weil sie auf **rechtsverbindliche Behördenentscheidungen** (Verwaltungsakte gem. § 35 VwVfG) gerichtet sind (z. B. Zuteilung einer Autonummer, Festsetzung einer Steuerschuld, Erteilung einer Baugenehmigung etc.). Daher setzt die Abwicklung von Online-Dienstleistungen entsprechende **Rechtsgrundlagen zur Form rechtsverbindlicher Erklärungen des Bürgers und der Behörde** voraus, da in vielen Fällen die Schriftform vorgeschrieben ist. Nach ersten Experimentiergesetzen in Baden-Württemberg und in Bremen zur Anerkennung der digitalen Signatur[98] hat der Bund die **elektronische Kommunikation 2003 in das Verwaltungsverfahren eingeführt,**[99] was die Länder im Rahmen der üblichen Simultangesetzgebung im Verwaltungsverfahrensrecht in ihre Verwaltungsverfahrensgesetze übernommen haben.

7.2.2.2 Der Verwaltungsakt in der elektronischen Kommunikation

771 Das zentrale Instrument des Verwaltungsverfahrens ist der Verwaltungsakt. Entsprechend zur Textform gem. § 126b BGB (s. o. Rn. 609) besteht neben den tradierten Formen „mündlich", „schriftlich" und „in anderer Weise" die **Form des „elektronischen Verwaltungsaktes"** (§ 37 Abs. 2 VwVfG). Ein solcher Verwaltungsakt liegt – unabhängig von einer qualifizierten Signatur – immer dann vor, wenn er „unter Nutzung eines elektronischen Speichermediums von der Behörde erlassen wird".[100] Im Übrigen gelten für den elektronischen Verwaltungsakt die **gleichen Formvorgaben** wie für den schriftlichen (Erkennbarkeit der erlassenden Behörde, Begründung – §§ 37 Abs. 3, 39 Abs. 1 VwVfG).

772 Da jedoch viele Vorschriften des besonderen Verwaltungsrechts Schriftformerfordernisse kennen, reicht der elektronische Verwaltungsakt ohne ausdrückliche **Schriftformäquivalenz** oft nicht aus. Herzstück der verwaltungsverfahrensrechtlichen Regelungen für den Online-Bereich ist daher die Generalklausel gem. § 3a Abs. 2 VwVfG, wonach – entsprechend zu

---

98 Baden-Württemberg: Gesetz zur Erprobung elektronischer Bürgerdienste unter Verwendung der digitalen Signatur (e-Bürgerdienste-Gesetz) vom 21.7.2000, GBl. S. 536; Bremen: Gesetz zur Erprobung der digitalen Signatur in der Verwaltung vom 14.6.1999, GBl. S. 138.
99 BGBl. I 2002, S. 3322.
100 Schmitz/Schlatmann, NVwZ 2002, 1281, 1286.

§ 126a BGB für den rechtsgeschäftlichen Bereich (s. o. Rn. 608) – alle nach dem SigG qualifiziert elektronisch signierten Dokumente als schriftformäquivalent grundsätzlich anerkannt werden.[101] Eine Ausnahme gilt dann, wenn spezialgesetzlich eine besondere Medienbindung – etwa an einen Papiervordruck mit verschiedenfarbigen Durchschlägen – vorgeschrieben ist.[102] § 3a Abs. 2 Satz 4 bietet außerdem weitere Möglichkeiten des **Ersatzes der klassischen Schriftform** an, so insbesondere bei

- der Verwendung eines elektronischen und von der Behörde zur Verfügung gestellten Formulars, wenn dies mit einem Identitätsnachweis i. S. v. § 2 Abs. 3 EGovG (v. a. über den Personalausweis) verbunden ist, und
- Anträgen, Anzeigen, elektronischen Verwaltungsakten oder anderen elektronischen Dokumenten der Behörde, die nach § 5 Abs. 5 De-Mail-G per De-Mail verschickt werden.

Nicht selten dient das Schriftformerfordernis über die Dokumentations- **773** und Nachweisfunktion hinaus auch dem **Bedürfnis der dauerhaften Möglichkeit zur Überprüfung von Verwaltungsakten.** Dies gilt insbesondere bei Dauerverwaltungsakten, die nicht durch einen einmaligen Vollzug erledigt sind, sondern dauerhaft Rechtsfolgen entfalten (z. B. eine Gaststättenkonzession). Daher sieht § 37 Abs. 4 VwVfG vor, dass bei entsprechender gesetzlicher Anordnung über die qualifizierte Signatur hinaus eine **dauerhafte Überprüfbarkeit der qualifizierten Signatur erforderlich** ist. Maßgeblich hierfür ist der jeweilige Stand der Technik; die Dokumentation des Qualifizierungszertifikats muss mindestens 30 Jahre lang nach dessen Gültigkeitsverlust sichergestellt sein (§§ 10 SigG, 8, 4 Abs. 2 SigV).[103]

Danach lassen sich die **Formabstufungen des elektronischen Verwaltungs-** **774** **akts** wie folgt darstellen:

---

101 Das bedeutet natürlich auch, dass Dokumente, für die die Schriftform vorgeschrieben ist, ohne qualifizierte elektronische Signatur keine Rechtswirkungen – wie etwa eine Fristwahrung – entfalten, vgl. OVG Koblenz, NVwZ-RR 2006, 519.
102 Schmitz/Schlatmann, NVwZ 2002, 1281, 1284.
103 Schmitz/Schlatmann, NVwZ 2002, 1281, 1287; Roßnagel, NJW 2003, 469, 473.

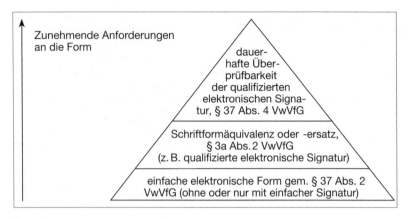

Übersicht 58: Rangordnung der Formarten für elektronische Verwaltungsakte

7.2.2.3 Voraussetzungen für die elektronische Kommunikation im VwVfG

775 Der Einsatz elektronischer Kommunikation im Verwaltungsverfahren ist nur möglich, wenn die Beteiligten objektiv dazu in der Lage und subjektiv damit einverstanden sind. Deshalb erfordert die elektronische Kommunikation in § 3a Abs. 1 VwVfG, dass der jeweilige Kommunikationsempfänger den **Zugang für diese Kommunikationsform eröffnet** hat. Dies setzt objektiv voraus, dass der Empfänger über einen **Internet- und eMail-Anschluss** verfügt. In subjektiver Hinsicht muss er darüber hinaus diesen Anschluss **dieser Kommunikation gewidmet** haben. Dies kann durch eine ausdrückliche, aber auch durch eine konkludente Erklärung erfolgen. Bei Behörden oder beruflicher Nutzung seitens des Bürgers (als Betrieb, Rechtsanwalt o. Ä.) liegt diese konkludente Widmung bereits dann vor, wenn die eMail-Anschrift auf dem Briefbogen verwendet wird. Nutzt der Bürger seinen Anschluss dagegen nur privat, wird man noch nicht von einer regelmäßigen Pflicht zur Abrufung von eMails ausgehen können; hier bedarf es einer eindeutigen Widmung, die auch darin liegen kann, dass der Bürger von sich aus die elektronische Kommunikationsform im Verfahren verwendet.[104]

7.2.2.4 Kommunikationsprobleme

776 Kommunikationsprobleme gehen – wie immer – grundsätzlich **zulasten des Absenders**. So kann der Absender mit einem für den Empfänger nicht lesbaren elektronischen Dokument keinen Zugang bewirken. Allerdings sieht § 3a Abs. 3 VwVfG die **Pflicht der Behörde** als Empfängerin vor, bei Eingang eines für sie nicht les- oder verwendbaren elektronischen Doku-

---

104 Schmitz/Schlatmann, NVwZ 2002, 1281, 1285; Roßnagel, NJW 2003, 469, 472 f.

ments dem Absender unverzüglich eine entsprechende Rückmeldung zu geben. Ebenso ist sie als Absenderin verpflichtet, in anderer elektronischer oder analoger Form zu kommunizieren, wenn sie vom Bürger eine derartige Rückmeldung erhält. An die **Verständlichkeit des elektronischen Dokuments** dürfen dabei jedoch **keine überzogenen Anforderungen** gestellt werden. Sind einzelne Zeichen – z. B. Umlaute – durch andere Zeichen ersetzt, der Inhalt aber nach wie vor eindeutig erkennbar, liegt ein wirksamer Zugang (mit z. B. fristwahrender Wirkung) vor.[105]

7.2.2.5 Sonstige Formen elektronischer Kommunikation im öffentlichen Bereich

Neben diesen elektronischen Kommunikationsformen und -möglichkeiten im Verwaltungsverfahren haben die digitalen Medien **auch in der Justiz** Einzug gehalten. So hat das Justizkommunikationsgesetz[106] u. a. das „gerichtliche elektronische Dokument" (§ 130b ZPO) und die „elektronische Akte" (§ 298a ZPO) bei Gericht eingeführt. Ebenso hat das „Gesetz zur Einführung des elektronischen Rechtsverkehrs und der elektronischen Akte im Grundbuchverfahren sowie zur Änderung weiterer grundbuch-, register- und kostenrechtlicher Vorschriften"[107] die Grundbuchordnung und die Grundbuchverfügung mit dem elektronischen Rechtsverkehr und der elektronischen Grundakte vertraut gemacht (§§ 135 GBO ff., 94 ff. GBV).

777

7.2.3 Summary „eAdministration"

> 1. eAdministration dient dem Ziel einer Stärkung der Serviceleistung und Bürgernähe der Verwaltung, indem behördliche Dienste bequem vom heimischen PC aus in Anspruch genommen werden können.
> 2. Vor allem in virtuellen Rathäusern werden neben gemeindebezogenen Informationen und Hinweisen auch Verwaltungsdienstleistungen angeboten, wobei zwischen drei Stufen unterschieden werden kann:
>   a) online abrufbare Formulare („Offline-Formulare"),
>   b) online ausfüllbare Formulare zur elektronischen Rücksendung („Online-Formulare"),
>   c) Online-Formulare mit Bündelungsfunktion, d. h. zur gleichzeitigen Erledigung verschiedener virtueller Behördengänge.

778

---

105 Schmitz/Schlatmann, NVwZ 2002, 1281, 1285 f.
106 „Gesetz über die Verwendung elektronischer Kommunikationsformen in der Justiz" vom 22.3.2005, BGBl. I, S. 837.
107 Gesetz vom 11.8.2009, BGBl. I, S. 2713.

3. Die zentrale gesetzliche Regelung stellt das EGovG dar, das die Behörden zur elektronischen Kommunikation verpflichtet und dafür konkrete Vorschriften enthält. Außerdem stehen Dienstleistungserbringern „Einheitliche Ansprechpartner" zur Verfügung. Sind für einen Vorgang verschiedene Behörden zuständig, koordiniert der EA dies für den betroffenen Dienstleistungserbringer, der sich nicht mit Abläufen und Zuständigkeiten innerhalb des Behördenapparats befassen müssen soll.

4. Probleme der elektronischen Verwaltungskommunikation folgen aus dem datenschutzrechtlichen Gewaltenteilungsgrundsatz und aus dem administrativen Mehrebenensystem Deutschlands.

5. Durch Ergänzungen des VwVfG wurde das Verwaltungsverfahrensrecht online-fähig gemacht. Deshalb gibt es neben den tradierten Formen auch einen elektronischen Verwaltungsakt in dreifacher Abstufung:
   a) einfache elektronische Form (wie Textform im BGB),
   b) qualifiziert signierte elektronische Form (wie elektronische Form im BGB), die schriftformäquivalent ist, und
   c) die dauerhaft überprüfbar qualifiziert signierte elektronische Form (bei besonderer gesetzlicher Anordnung).

6. Die elektronische Kommunikation im Verwaltungsverfahren setzt voraus, dass die Beteiligten jeweils den Zugang für diese Kommunikationsform eröffnet haben. Dies bedingt sowohl objektiv entsprechende technische Kommunikationsmittel wie subjektiv eine entsprechende Widmung dieses Kommunikationsmittels für das Verwaltungsverfahren. Kommunikationsprobleme müssen von der Behörde angezeigt werden und gehen im Übrigen zulasten des jeweiligen Absenders.

Anhang: Legaldefinitionen

Juristisch entscheidend ist häufig das Verständnis eines maßgeblichen gesetzlichen Begriffs. Oft gibt der Gesetz- oder Verordnungsgeber selbst eine Erläuterung, was er unter bestimmten wichtigen Begriffen versteht; diese Erläuterungen nennt man „Legaldefinitionen". Nachfolgend sind die meisten wichtigen Legaldefinitionen der im Internetrecht relevanten Normen aufgeführt. Allerdings ist zu beachten, dass jedes Gesetz seine Legaldefinitionen immer in einen inhaltlichen Regelungszusammenhang stellt. Deshalb können Legaldefinitionen weder ohne Weiteres für alle Rechtsgebiete verallgemeinert noch einfach auf andere Themenfelder übertragen werden.

Begriff	Legaldefinition	Fundstelle
Abrechnungsdaten	Nutzungsdaten [, die] über das Ende des Nutzungsvorgangs hinaus … für Zwecke der Abrechnung mit dem Nutzer erforderlich sind	§ 15 Abs. 4 Satz 1 TMG
Akkreditierung, freiwillige	Verfahren zur Erteilung einer Erlaubnis für den Betrieb eines Zertifizierungsdienstes, mit der besondere Rechte und Pflichten verbunden sind	§ 2 Nr. 15 SigG
Allgemeine Geschäftsbedingungen	Alle für eine Vielzahl von Verträgen vorformulierten Vertragsbedingungen, die eine Vertragspartei (Verwender) der anderen Vertragspartei bei Abschluss eines Vertrags stellt. Gleichgültig ist, ob die Bestimmungen einen äußerlich gesonderten Bestandteil des Vertrags bilden oder in die Vertragsurkunde selbst aufgenommen werden, welchen Umfang sie haben, in welcher Schriftart sie verfasst sind und welche Form der Vertrag hat. Allgemeine Geschäftsbedingungen liegen nicht vor, soweit die Vertragsbedingungen zwischen den Vertragsparteien im Einzelnen ausgehandelt sind	§ 305 Abs. 1 BGB

Begriff	Legaldefinition	Fundstelle
Anonymisieren (von Daten)	Verändern personenbezogener Daten derart, dass die Einzelangaben über persönliche oder sachliche Verhältnisse nicht mehr oder nur mit einem unverhältnismäßig großen Aufwand an Zeit, Kosten und Arbeitskraft einer bestimmten oder bestimmbaren natürlichen Person zugeordnet werden können	§ 3 Abs. 6 BDSG
Anruf	Eine über einen öffentlich zugänglichen Telekommunikationsdienst aufgebaute Verbindung, die eine zweiseitige Sprachkommunikation ermöglicht	§ 3 Nr. 1 TKG
Auskunftsdienste	Bundesweit jederzeit telefonisch erreichbare Dienste, insbesondere des Rufnummernbereichs 118, die ausschließlich der neutralen Weitergabe von Rufnummer, Name, Anschrift sowie zusätzlichen Angaben von Telekommunikationsnutzern dienen; die Weitervermittlung zu einem erfragten Teilnehmer oder Dienst kann Bestandteil des Auskunftsdienstes sein	§ 3 Nr. 2a TKG
Barrierefrei	Bauliche und sonstige Anlagen, Verkehrsmittel, technische Gebrauchsgegenstände, Systeme der Informationsverarbeitung, akustische und visuelle Informationsquellen und Kommunikationseinrichtungen sowie andere gestaltete Lebensbereiche, wenn sie für behinderte Menschen in der allgemein üblichen Weise, ohne besondere Erschwernis und grundsätzlich ohne fremde Hilfe zugänglich und nutzbar sind	§ 4 BGG
Bestandsdaten	Personenbezogene Daten eines Nutzers ..., soweit sie für die Begründung, inhaltliche Ausgestaltung oder Änderung eines Vertragsverhältnisses zwischen dem (→) Diensteanbieter und dem Nutzer über die Nutzung von Telemedien erforderlich sind	§ 14 Abs. 1 TMG
	Daten eines Teilnehmers, die für die Begründung, inhaltliche Ausgestaltung, Änderung oder Beendigung eines Vertragsverhältnisses über Telekommunikationsdienste erhoben werden	§ 3 Nr. 3 TKG
Datei, nicht-automatisierte	Jede nicht automatisierte Sammlung personenbezogener Daten, die gleichartig aufgebaut ist und nach bestimmten Merkmalen zugänglich ist und ausgewertet werden kann	§ 3 Abs. 2 Satz 2 BDSG
De-Mail-Dienst	Dienste auf einer elektronischen Kommunikationsplattform, die einen sicheren, vertraulichen und nachweisbaren Geschäftsverkehr für jedermann im Internet sicherstellen sollen	§ 1 Abs. 1 De-Mail-G
Diensteanbieter (von Telemedien)	Natürliche oder juristische Person, die eigene oder fremde Telemedien zur Nutzung bereithält oder den Zugang zur Nutzung vermittelt	§ 2 Satz 1 Nr. 1 TMG

Begriff	Legaldefinition	Fundstelle
Diensteanbieter (*von TK-Diensten*)	Jeder, der ganz oder teilweise geschäftsmäßig a) Telekommunikationsdienste erbringt oder b) an der Erbringung solcher Dienste mitwirkt	§ 3 Nr. 6 TKG
Diensteanbieter, niedergelassener	Anbieter, der mittels einer festen Einrichtung auf unbestimmte Zeit Tele-/Mediendienste geschäftsmäßig anbietet oder erbringt; der Standort der technischen Einrichtung allein begründet keine Niederlassung des Anbieters	§ 2 Satz 1 Nr. 2 TMG
Dienst mit Zusatznutzen	Jeder Dienst, der die Erhebung und Verwendung von Verkehrsdaten oder Standortdaten in einem Maße erfordert, das über das für die Übermittlung einer Nachricht oder die Entgeltabrechnung dieses Vorganges erforderliche Maß hinausgeht	§ 3 Nr. 5 TKG
Endnutzer	Nutzer, der weder öffentliche Telekommunikationsnetze betreibt noch öffentlich zugängliche Telekommunikationsdienste erbringt	§ 3 Nr. 8 TKG
Endpreise	Preise, die einschließlich der Umsatzsteuer und sonstiger Preisbestandteile zu zahlen sind	§ 1 Abs. 1 Satz 1 PAngV
Erheben (*von Daten*)	Das Beschaffen von Daten über den Betroffenen	§ 3 Abs. 3 BDSG
Erscheinen eines Werkes	Wenn mit Zustimmung des Berechtigten Vervielfältigungsstücke des Werkes nach ihrer Herstellung in genügender Anzahl der Öffentlichkeit angeboten oder in Verkehr gebracht worden sind; ein Werk der bildenden Künste gilt auch dann als erschienen, wenn das Original oder ein Vervielfältigungsstück des Werkes mit Zustimmung des Berechtigten bleibend der Öffentlichkeit zugänglich ist (*vgl.* → *Veröffentlichung*)	§ 6 Abs. 2 UrhG
Fernabsatzverträge	Verträge, bei denen der Unternehmer oder eine in seinem Namen oder Auftrag handelnde Person und der Verbraucher für die Vertragsverhandlungen und den Vertragsschluss ausschließlich Fernkommunikationsmittel verwenden, es sei denn, dass der Vertragsschluss nicht im Rahmen eines für den Fernabsatz organisierten Vertriebs- oder Dienstleistungssystems erfolgt	§ 312c Abs. 1 BGB
Fernkommunikationsmittel	Kommunikationsmittel, die zur Anbahnung oder zum Abschluss eines Vertrags eingesetzt werden können, ohne dass die Vertragsparteien gleichzeitig körperlich anwesend sind, wie Briefe, Kataloge, Telefonanrufe, Telekopien, eMails, über den Mobilfunkdienst versendete Nachrichten (SMS) sowie Rundfunk und Telemedien	§ 312c Abs. 2 BGB

Begriff	Legaldefinition	Fundstelle
Geschäftliche Handlung (*i. S. d. Wettbewerbsrechts*)	Jedes Verhalten einer Person zugunsten des eigenen oder eines fremden Unternehmens vor, bei oder nach einem Geschäftsabschluss, das mit der Förderung des Absatzes oder des Bezugs von Waren oder Dienstleistungen oder mit dem Abschluss oder der Durchführung eines Vertrags über Waren oder Dienstleistungen objektiv zusammenhängt	§ 2 Abs. 1 Nr. 1 UWG
Geschäftsmäßiges Erbringen von Telekommunikationsdiensten	Das nachhaltige Angebot von Telekommunikation für Dritte mit oder ohne Gewinnerzielungsabsicht	§ 3 Nr. 10 TKG
Geschlossene Benutzergruppe	Angebote [in Telemedien, bei denen] ... von Seiten des Anbieters sichergestellt ist, dass sie nur Erwachsenen zugänglich gemacht werden	§ 4 Abs. 2 Satz 2 JMStV
kommerzielle Kommunikation	Jede Form der Kommunikation, die der unmittelbaren oder mittelbaren Förderung des Absatzes von Waren, Dienstleistungen oder des Erscheinungsbilds eines Unternehmens, einer sonstigen Organisation oder einer natürlichen Person dient, die eine Tätigkeit im Handel, Gewerbe oder Handwerk oder einen freien Beruf ausübt	§ 2 Satz 1 Nr. 5 TMG
Löschen (*von Daten*)	Unkenntlichmachen gespeicherter personenbezogener Daten	§ 3 Abs. 4 Satz 2 Nr. 5 BDSG
Marktteilnehmer	Neben (→) Mitbewerbern und (→) Verbrauchern alle Personen, die als Anbieter oder Nachfrager von Waren oder Dienstleistungen tätig sind	§ 2 Abs. 1 Nr. 2 UWG
Mitbewerber	Jeder (→) Unternehmer, der mit einem oder mehreren Unternehmern als Anbieter oder Nachfrager von Waren oder Dienstleistungen in einem konkreten Wettbewerbsverhältnis steht	§ 2 Abs. 1 Nr. 3 UWG
Nachricht	Jede Information, die zwischen einer endlichen Zahl von Beteiligten über einen öffentlich zugänglichen elektronischen Kommunikationsdienst ausgetauscht oder weitergeleitet wird; dies schließt nicht Informationen ein, die als Teil eines Rundfunkdienstes über ein elektronisches Kommunikationsnetz an die Öffentlichkeit weitergeleitet werden, soweit die Informationen nicht mit dem identifizierbaren Teilnehmer oder Nutzer, der sie erhält, in Verbindung gebracht werden können	§ 2 Abs. 1 Nr. 4 UWG
Nummern	Zeichenfolgen, die in Telekommunikationsnetzen Zwecken der Adressierung dienen	§ 3 Nr. 13 TKG
Nutzer (*von Telemedien*)	Natürliche (oder juristische) Person, die (→) Telemedien nutzt, insbesondere um Informationen zu erlangen oder zugänglich zu machen	§§ 2 Satz 1 Nr. 3, 11 Abs. 2 TMG

Begriff	Legaldefinition	Fundstelle
Nutzer (*von Tele-kommunikation*)	Jede natürliche oder juristische Person, die einen öffentlich zugänglichen Telekommunikationsdienst (→) für private oder geschäftliche Zwecke in Anspruch nimmt oder beantragt, ohne notwendigerweise (→) Teilnehmer zu sein	§ 3 Nr. 14 TKG
Nutzung (*von Daten*)	Jede Verwendung personenbezogener Daten, soweit es sich nicht um Verarbeitung handelt	§ 3 Abs. 5 BDSG
Nutzungsdaten	Personenbezogene Daten eines Nutzers ..., [die] erforderlich [sind], um die Inanspruchnahme von Telemedien zu ermöglichen und abzurechnen; Nutzungsdaten sind insbesondere 1. Merkmale zur Identifikation des Nutzers, 2. Angaben über Beginn und Ende sowie des Umfangs der jeweiligen Nutzung und 3. Angaben über die vom Nutzer in Anspruch genommenen Telemedien	§ 15 Abs. 1 Satz 1, 2 TMG
Öffentlich zugänglicher Telefondienst	Ein der Öffentlichkeit zur Verfügung stehender Dienst, der direkt oder indirekt über eine oder mehrere Nummern eines nationalen oder internationalen Telefonnummernplans oder eines anderen Adressierungsschemas das Führen folgender Gespräche ermöglicht: a) aus- und eingehende Inlandsgespräche oder b) aus- und eingehende Inlands- und Auslandsgespräche	§ 3 Nr. 17 TKG
Öffentliches Telefonnetz	Ein (→) Telekommunikationsnetz, das zur Bereitstellung des öffentlich zugänglichen Telefondienstes genutzt wird und darüber hinaus weitere Dienste wie Telefax- oder Datenfernübertragung und einen funktionalen Internetzugang ermöglicht	§ 3 Nr. 16 TKG
Personenbezogene Daten	Einzelangaben über persönliche oder sachliche Verhältnisse einer bestimmten oder bestimmbaren natürlichen Person	§ 3 Abs. 1 BDSG
Premium-Dienste	Dienste, insbesondere der Rufnummernbereiche (0) 190 und (0) 900, bei denen über die Telekommunikationsdienstleistung hinaus eine weitere Dienstleistung erbracht wird, die gegenüber dem Anrufer gemeinsam mit der Telekommunikationsdienstleistung abgerechnet wird und die nicht einer anderen Nummernart zuzurechnen ist	§ 3 Nr. 17b TKG
Pseudonymisieren (*von Daten*)	Ersetzen des Namens und anderer Identifikationsmerkmale durch ein Kennzeichen zu dem Zweck, die Bestimmung des Betroffenen auszuschließen oder wesentlich zu erschweren	§ 3 Abs. 6a BDSG

Begriff	Legaldefinition	Fundstelle
Rufnummer	Eine (→) Nummer, durch deren Wahl im öffentlich zugänglichen Telefondienst eine Verbindung zu einem bestimmten Ziel aufgebaut werden kann	§ 3 Nr. 18 TKG
Rundfunk	Ein linearer Informations- und Kommunikationsdienst [, der] ... die für die Allgemeinheit und zum zeitgleichen Empfang bestimmte Veranstaltung und Verbreitung von Angeboten in Bewegtbild oder Ton entlang eines Sendeplans unter Benutzung elektromagnetischer Schwingungen [ist]; der Begriff schließt Angebote ein, die verschlüsselt verbreitet werden oder gegen besonderes Entgelt empfangbar sind	§ 2 Sätze 1, 2 RStV
Sammelwerk	Sammlung von Werken, Daten oder anderen unabhängigen Elementen, die aufgrund der Auswahl oder Anordnung der Elemente eine persönliche geistige Schöpfung sind	§ 4 Abs. 1 UrhG
Signaturen, elektronische	Daten in elektronischer Form, die anderen elektronischen Daten beigefügt oder logisch mit ihnen verknüpft sind und die zur Authentifizierung dienen	§ 2 Nr. 1 SigG
Signaturen, fortgeschrittene elektronische	(→) elektronische Signaturen ..., die a) ausschließlich dem (→) Signaturschlüssel-Inhaber zugeordnet sind, b) die Identifizierung des Signaturschlüssel-Inhabers ermöglichen, c) mit Mitteln erzeugt werden, die der Signaturschlüssel-Inhaber unter seiner alleinigen Kontrolle halten kann, d) mit den Daten, auf die sie sich beziehen, so verknüpft sind, dass eine nachträgliche Veränderung der Daten erkannt werden kann	§ 2 Nr. 2 SigG
Signaturen, qualifizierte elektronische	(→ Fortgeschrittene) elektronische Signaturen ..., die a) auf einem zum Zeitpunkt ihrer Erzeugung gültigen qualifizierten (→) Zertifikat beruhen und b) mit einer (→) sicheren Signaturerstellungseinheit erzeugt werden	§ 2 Nr. 3 SigG
Signaturerstellungseinheiten, sichere	Software- oder Hardwareeinheiten zur Speicherung und Anwendung des jeweiligen (→) Signaturschlüssels, die mindestens die Anforderungen nach § 17 oder § 23 ... [SigG] und der sich darauf beziehenden Vorschriften der Rechtsverordnung nach § 24 erfüllen und die für (→) qualifizierte elektronische Signaturen bestimmt sind	§ 2 Nr. 10 SigG
Signaturprüfschlüssel	Elektronische Daten wie öffentliche kryptographische Schlüssel, die zur Überprüfung einer (→) elektronischen Signatur verwendet werden	§ 2 Nr. 5 SigG

Begriff	Legaldefinition	Fundstelle
Signaturschlüssel	Einmalige elektronische Daten wie private kryptographische Schlüssel, die zur Erstellung einer (→) elektronischen Signatur verwendet werden	§ 2 Nr. 4 SigG
Signaturschlüssel-Inhaber	Natürliche Personen, die (→) Signaturschlüssel besitzen; bei (→) qualifizierten elektronischen Signaturen müssen ihnen die zugehörigen (→) Signaturprüfschlüssel durch qualifizierte (→) Zertifikate zugeordnet sein	§ 2 Nr. 9 SigG
Speichern (*von Daten*)	Erfassen, Aufnehmen oder Aufbewahren personenbezogener Daten auf einem Datenträger zum Zweck ihrer weiteren Verarbeitung oder Nutzung	§ 3 Abs. 4 Satz 2 Nr. 1 BDSG
Sperren (*von Daten*)	Kennzeichnen gespeicherter personenbezogener Daten, um ihre weitere Verarbeitung oder Nutzung einzuschränken	§ 3 Abs. 4 Satz 2 Nr. 4 BDSG
Standortdaten	Daten, die in einem (→) Telekommunikationsnetz oder von einem Telekommunikationsdienst erhoben oder verwendet werden und die den Standort des Endgeräts eines (→) Endnutzers eines öffentlich zugänglichen (→) Telekommunikationsdienstes angeben	§ 3 Nr. 19 TKG
Teilnehmer	Jede natürliche oder juristische Person, die mit einem Anbieter von öffentlich zugänglichen (→) Telekommunikationsdiensten einen Vertrag über die Erbringung derartiger Dienste geschlossen hat	§ 3 Nr. 20 TKG
Teilnehmeranschluss	Die physische Verbindung, mit dem der Netzabschlusspunkt in den Räumlichkeiten des (→) Teilnehmers mit den Hauptverteilerknoten oder mit einer gleichwertigen Einrichtung in festen öffentlichen Telefonnetzen verbunden wird	§ 3 Nr. 21 TKG
Telekommunikation	Der technische Vorgang des Aussendens, Übermittelns und Empfangens von Signalen mittels (→) Telekommunikationsanlagen	§ 3 Nr. 22 TKG
Telekommunikationsanlagen	Technische Einrichtungen oder Systeme, die als Nachrichten identifizierbare elektromagnetische oder optische Signale senden, übertragen, vermitteln, empfangen, steuern oder kontrollieren können	§ 3 Nr. 23 TKG
Telekommunikationsdienste	In der Regel gegen Entgelt erbrachte Dienste, die ganz oder überwiegend in der Übertragung von Signalen über (→) Telekommunikationsnetze bestehen, einschließlich Übertragungsdienste in Rundfunknetzen	§ 3 Nr. 24 TKG
Telekommunikationsgestützte Dienste	Dienste, die keinen räumlich und zeitlich trennbaren Leistungsfluss auslösen, sondern bei denen die Inhaltsleistung noch während der Telekommunikationsdienstleistung erfüllt wird	§ 3 Nr. 25 TKG

Begriff	Legaldefinition	Fundstelle
Telekommunika-tionslinien	Unter- oder oberirdisch geführte Telekommunikationskabelanlagen einschließlich ihrer zugehörigen Schalt- und Verzweigungseinrichtungen, Masten und Unterstützungen, Kabelschächte und Kabelkanalrohre	§ 3 Nr. 26 TKG
Telekommunika-tionsnetz	Die Gesamtheit von Übertragungssystemen und gegebenenfalls Vermittlungs- und Leitwegeinrichtungen sowie anderweitigen Ressourcen, einschließlich der nicht aktiven Netzbestandteile, die die Übertragung von Signalen über Kabel, Funk, optische und andere elektromagnetische Einrichtungen ermöglichen, einschließlich Satellitennetzen, festen, leitungs- und paketvermittelten Netzen, einschließlich des Internets, und mobilen terrestrischen Netzen, Stromleitungssystemen, soweit sie zur Signalübertragung genutzt werden, Netzen für Hör- und Fernsehfunk sowie Kabelfernsehnetzen, unabhängig von der Art der übertragenen Information	§ 3 Nr. 27 TKG
Telemedien	Alle elektronischen Informations- und Kommunikationsdienste, soweit sie nicht (→) Telekommunikationsdienste ..., die ganz in der Übertragung von Signalen über Telekommunikationsnetze bestehen, (→) telekommunikationsgestützte Dienste ... oder (→) Rundfunk ... sind	§§ 1 Abs. 1 Satz 1 TMG, 2 Abs. 1 Satz 3 RStV
Übermitteln (*von Daten*)	Bekanntgeben gespeicherter oder durch Datenverarbeitung gewonnener personenbezogener Daten an einen Dritten in der Weise, dass a) die Daten an den Dritten weitergegeben werden oder b) der Dritte zur Einsicht oder zum Abruf bereitgehaltene Daten einsieht oder abruft	§ 3 Abs. 4 Satz 2 Nr. 3 BDSG
Übertragungsweg	(→) Telekommunikationsanlagen in Form von Kabel- oder Funkverbindungen mit ihren übertragungstechnischen Einrichtungen als Punkt-zu-Punkt- oder Punkt-zu-Mehrpunktverbindungen mit einem bestimmten Informationsdurchsatzvermögen (Bandbreite oder Bitrate) einschließlich ihrer Abschlusseinrichtungen	§ 3 Nr. 28 TKG
Unternehmer	Eine natürliche oder juristische Person oder eine rechtsfähige Personengesellschaft, die bei Abschluss eines Rechtsgeschäfts in Ausübung ihrer gewerblichen oder selbständigen beruflichen Tätigkeit handelt	§ 14 Abs. 1 BGB
	Jede natürliche oder juristische Person, die geschäftliche Handlungen im Rahmen ihrer gewerblichen, handwerklichen oder beruflichen Tätigkeit vornimmt, und jede Person, die im Namen oder Auftrag einer solchen Person handelt	§ 2 Nr. 6 UWG

Begriff	Legaldefinition	Fundstelle
Verändern (*von Daten*)	Das inhaltliche Umgestalten gespeicherter personenbezogener Daten	§ 3 Abs. 4 Satz 2 Nr. 2 BDSG
Verarbeiten (*von Daten*)	Speichern, Verändern, Übermitteln, Sperren und Löschen personenbezogener Daten	§ 3 Abs. 4 Satz 1 BDSG
Verarbeitung, automatisierte	Erhebung, Verarbeitung oder Nutzung personenbezogener Daten unter Einsatz von Datenverarbeitungsanlagen	§ 3 Abs. 2 Satz 1 BDSG
Verbraucher	Jede natürliche Person, die ein Rechtsgeschäft zu Zwecken abschließt, die überwiegend weder ihrer gewerblichen noch ihrer selbständigen beruflichen Tätigkeit zugerechnet werden können	§ 13 BGB
Verbrauchsgüterkauf	Verträge, durch die ein Verbraucher von einem Unternehmer eine bewegliche Sache kauft [, auch wenn der Vertrag] … neben dem Verkauf einer beweglichen Sache die Erbringung einer Dienstleistung durch den Unternehmer zum Gegenstand hat	§ 474 Abs. 1 BGB
Verkehrsdaten	Daten, die bei der Erbringung eines (→) Telekommunikationsdienstes erhoben, verarbeitet oder genutzt werden	§ 3 Nr. 30 TKG
Veröffentlichung eines Werkes	Wenn es mit Zustimmung des Berechtigten der Öffentlichkeit zugänglich gemacht worden ist (*vgl. → Erscheinen*)	§ 6 Abs. 1 UrhG
Verteildienste	Telemedien, die im Wege einer Übertragung von Daten ohne individuelle Anforderung gleichzeitig für eine unbegrenzte Zahl von Nutzern erbracht werden	§ 2 Satz 1 Nr. 4 TMG
Werke (*Urheber-*)	Persönliche geistige Schöpfungen (*der Literatur, Wissenschaft und Kunst*)	§ 2 Abs. 2 i.V.m. § 1 UrhG
Zertifikate	Elektronische Bescheinigungen, mit denen (→) Signaturprüfschlüssel einer Person zugeordnet werden und die Identität dieser Person bestätigt wird	§ 2 Nr. 6 SigG
Zertifizierungsdiensteanbieter	Natürliche oder juristische Personen, die qualifizierte (→) Zertifikate oder qualifizierte Zeitstempel ausstellen	§ 2 Nr. 8 SigG

Stichwortverzeichnis

Die angegebenen Ziffern beziehen sich auf die Randnummern des Werkes.

Stichwortverzeichnis

Stichwortverzeichnis

Stichwortverzeichnis

Stichwortverzeichnis

2010. XII, 148 Seiten. Kart. € 17,90
(Mengenpreise) inkl. CD-ROM
mit Hörfassung und interaktiven Fällen
ISBN 978-3-17-020932-9
Kompass Recht

Dirk-Michael Barton

Multimediarecht

Das Multimediarecht umfasst als Querschnittsmaterie Problemstellungen, die den unterschiedlichsten Rechtsbereichen zuzuordnen sind, wie etwa der Vertragsabschluss über das Internet, die Providerhaftung, Domainstreitigkeiten oder die elektronische Signatur. Das Werk vermittelt Studenten und Rechtspraktikern die notwendigen Grundlagen dieses komplexen Rechtsgebiets. Beispiele und Hinweise für Klausur und Praxis erleichtern den konkreten Umgang mit der Materie, Literaturangaben ermöglichen eine vertiefende Beschäftigung mit den materiell-rechtlichen und auch prozessualen Fragen.Die beiliegende CD enthält u.a. eine Hörfassung des Buchinhalts (MP3), die wesentlichen im Buch in Bezug genommenen Entscheidungen und Normen, interaktive Fälle und einen Multiple-Choice-Test zur Überprüfung des Gelernten.

Der Autor: Prof. **Dr. jur. Dirk-Michael Barton** ist Inhaber des Lehrstuhls für Wirtschafts- und Medienrecht an der Universität Paderborn.

Leseproben und weitere Informationen unter www.kohlhammer.de

W. Kohlhammer GmbH
70549 Stuttgart

Kohlhammer